改革开放与中国特色社会主义道路

王伟光◎著

中国言实出版社

图书在版编目(CIP)数据

改革开放与中国特色社会主义道路 / 王伟光著 . --
2版. -- 北京：中国言实出版社, 2021.2

ISBN 978-7-5171-3738-2

Ⅰ.①改… Ⅱ.①王… Ⅲ.①改革开放—中国—文集
②中国特色社会主义—文集 Ⅳ.①D61-53

中国版本图书馆 CIP 数据核字（2021）第 009928 号

出 版 人　王昕朋
责任编辑　赵　歌
责任校对　冯素丽

出版发行　中国言实出版社

地　　址：北京市朝阳区北苑路 180 号加利大厦 5 号楼 105 室

邮　编：100101

编辑部：北京市海淀区花园路 6 号院 B 座 6 层

邮　编：100088

电　话：64924853（总编室）　64924716（发行部）

网　址：www.zgyscbs.cn

E-mail：zgyscbs@263.net

经　　销　新华书店

印　　刷　北京中科印刷有限公司

版　　次　2021 年 3 月第 2 版　　2021 年 3 月第 1 次印刷

规　　格　710 毫米 ×1000 毫米　1/16　40 印张

字　　数　650 千字

定　　价　168.00 元　　ISBN 978-7-5171-3738-2

　　王伟光，教授，哲学博士，博士研究生导师，毕
业于北京大学哲学系。中国共产党第十七届中央委员
会候补委员，第十八届中央委员会委员，第十届全国

人大代表、法律委员会委员。第十三届全国政协常务委员。历任中央党校副校长，中国社会科学院院长、党组书记，学部主席团主席，中国社会科学院大学校长。兼任辩证唯物主义研究会会长。马克思主义理论研究和建设工程咨询委员会委员、首席专家。马克思主义理论一级学科、哲学一级学科学术带头人。

主要研究领域集中在马克思主义哲学和马克思主义哲学中国化、马克思主义和马克思主义中国化、中国特色社会主义理论体系和中国特色社会主义重大问题研究等方面。出版学术专著40余部，代表作有《社会矛盾论》《利益论》《王伟光自选集》《王伟光讲习录》《王伟光论文辑》《哲林漫步》《中国道路与马克思主义中国化》《改革开放与中国经验》《党的建设研究》《马克思主义学习文稿》《马克思主义中国化的最新成果》等。主编著作主要有《新大众哲学》《马克思主义基本问题》《"三个代表"重要思想概论》《"三个代表"重要思想研究》《科学发展观概论》《建设社会主义新农村的理论与实践》《社会主义通史（八卷本）》《中国特色社会主义理论体系研究》《共产党员必备哲学修养》等。在国家级报纸杂志上发表论文550余篇。

自　序

应中国言实出版社之约，我收集了本人20世纪80年代以来关于改革开放的学术论文、调研报告、演讲等文稿，编撰了这本《改革开放与中国特色社会主义道路》，以纪念改革开放40周年和中国特色社会主义的成功。改革开放是中国的第二次革命，是中国特色社会主义发展的强大动力。40年的改革开放使中华民族的伟大文明和中国人民的精神面貌发生了深刻的历史性变化，取得了历史性的成就，走出了一条相对落后的国家可以不经过资本主义制度的"卡夫丁峡谷"而实现现代化的中国特色社会主义道路。

对改革开放最好的纪念，就是总结改革开放的宝贵经验，坚定不移地把我国的社会主义改革开放进行到底。总结改革开放的经验，最最重要的：一是始终坚持实事求是、解放思想，坚持社会主义市场经济的改革方向不动摇。改革改革再改革，开放开放再开放，创新创新再创新，永不止步。二是始终坚持四项基本原则，加强党的领导，加强加强再加强；坚持社会主义制度，坚持坚持再坚持；坚持马克思主义，把马克思主义与新的时代和实际相结合，结合结合再结合；坚持人民民主专政，巩固人民民主专政的社会主义国体，巩固巩固再巩固。

党的十一届三中全会拉开了改革开放的大幕，我举双手赞同，全身心地投入到改革开放的大潮。我的理论研究和政治生涯与改革开放同呼吸、同命运、同步调。自改革开放之初，我就时时刻刻地关注着改革开放的理论与实践，站在理论工作者的视角，从理论的维度出发，撰写了一系列关于改革开放的理论文章、调研报告和演讲稿。

改革开放实践发展到哪一步，理论研究就前进到哪一步。作为在改革开放进程中成长起来的理论工作者，既要发挥理论的预见性，打出提前量，又要适时总结改革开放的新鲜经验，发展理论、创新理论。该文集文稿撰写的逻辑顺序大体上与改革开放发展的实际脉络相一致，每采取一项改革开放重大举措，每展开一次关于改革开放方向、战略、举措等的重要讨论时，在每一次改革开放转折的关键点、每一次认识深化的关节点，该文集都有文字的记忆和理论的印迹，反映了一名理论工作者思维框架中的改革开放脉络，反映了改革开放的进程、成就、经验、问题和困难。

从 20 世纪 80 年代初我发表了关于改革开放的第一篇文章至今，日月如梭、历史如烟、沧桑巨变、旧貌新颜。收入这本文集的文章穿越了改革开放 40 年的时空，因时间久远、时过境迁，实践在变化，认识在深化。把当时所写就的文章拿到今天来看，难免有许多不尽如人意之处，甚至显见认识局限的地方。有些提法和概念在今天看来已然落伍，譬如，当时提出的"商品经济"，现在提的是"市场经济"，等等。随着实践发展变化而不断深化提高的认识，是不可能永远停留在固定的时间点上的，理论是不断成熟完善的。汇编这本文集时，我尽可能地以尊重历史的态度，不做根本性修改，只做个别文字的修订，尽可能保留原文。尽管当时的一些认识、说法和论断，在今天看来可能是不适宜的，但我都没有做修改，以便读者能够通过文字这扇窗口，真实地、完整地、历史地回望改革开放的伟大历程，进而深刻认识中国的改革开放是怎样走过来的。深刻认识哪些是改得对的、必须坚持改下去；哪些是不能改的、必须坚持不动摇；哪些是需要改的、必须坚持改得更好。在衡量得失、总结经验的基础上更加全面地推进改革开放，以夺取中国特色社会主义更大的胜利。

王伟光

2018 年 9 月 14 日

目录

红色岁月

红色历程

红色史诗

红色经典

消极因素大大小于积极效果 [1]

邓小平同志关于建设中国特色社会主义的论述，是对马克思主义关于社会主义建设理论的重大发展。邓小平同志认为，搞中国特色的社会主义，关起门来搞建设不行。他说，"现在的世界是开放的世界，……关起门来搞建设是不行的"[2]，"中国现在实行对外开放、对内搞活经济的政策"[3]。邓小平同志关于对外开放的论述，是根据马克思主义关于商品经济和国际分工的理论，依据发展中国特色社会主义生产力的根本任务，总结新中国成立以来正反两个方面的经验，从我国生产力水平低，商品经济还不发达，存在闭关自守的自然经济的根源，存在民族经济的孤立性和闭塞性的具体国情出发，而提出的基本结论。对外开放理论是邓小平同志关于建设中国特色社会主义理论的重要部分。

自从中央提出对外开放政策以来，已有五年时间了。围绕着开放政策，有人持怀疑态度，担心引进外国资金和先进技术会把西方资产阶级腐朽没落的东西也带进来，会给我国社会主义建设带来消极的影响。对此，邓小平同志明确指出，实行开放政策，"会带来一些问题，但是带来的消极因素比起利用外资加速发展的积极效果，毕竟要小得多。危险有一点，不大"[4]。

事实胜于雄辩，我们实行开放政策五年实践所取得的成绩，充分地证明了邓小平同志的这些基本估计是完全正确的。首先，几年来，我们搞活了对外贸

[1] 本文发表于《中央党校通讯》，1985 年 3 月 30 日。
[2]《邓小平文选》第 3 卷，人民出版社 1993 年版，第 64 页。
[3]《邓小平文选》第 3 卷，人民出版社 1993 年版，第 59 页。
[4]《邓小平文选》第 3 卷，人民出版社 1993 年版，第 65 页。

易体制，扩大了对外贸易，我国外贸和国际收支从逆差转为顺差，增加了外汇储备，促进了国民经济的发展。从 1981 年开始，我国出口连年大于进口，1981—1983 年的贸易顺差共达 94 亿美元，外汇储备额已达 160 多亿美元，我国的经济实力增强了。其次，经济特区越办越好，成为我国引进技术、引进管理、引进知识和对外开放的窗口，成为我国发展经济的骨干基地。再有，利用外资初步打开了我国经济开放的局面，有利于国民经济的调整。从 1980 年到 1983 年底，我国利用各种形式的外资总额 116 亿美元，1984 年有了更大规模的增加，这样就弥补了我国建设资金的不足，支持了若干重点建设项目，帮助复活了一批资金缺乏、准备停缓建的项目，促进了我国海上石油的开发，提高了老企业的技术改造工作。还有，大量引进外国的先进技术，加强了同各国之间的经济、科学、文化交流，扩大了世界信息量，对于促进我国社会主义建设，产生了无法用金钱来计算的巨大作用和影响。

当然，实行对外开放政策必然带来一些问题，如在吸收外资方面造成了一些损失，让资本家拿了我们一些钱，甚至一些西方资本主义的腐朽的拜金主义观念和腐朽的生活方式也会传进国内，产生一些消极的影响。但是，从实行对外开放的巨大成绩来看，积极效果是主流，消极因素是次要的，它的影响和作用大大小于积极效果。我们有些同志所担心的什么"资本主义变样""剥削制度还魂""劳动人民遭殃""社会风尚败坏"，只要我们防范工作做好了，是可以避免的。这是因为：1. 我国是以社会主义公有制经济为主体的，社会主义经济基础很巩固，适当地吸收外资，动摇不了我国的社会主义公有制；2. 我们是社会主义国家，坚持的是社会主义分配原则，鼓励劳动致富、共同富裕，提倡一部人先富起来，但是不搞两极分化，不会出现资本主义阶级对立的现象；3. 只要我们善于掌握，就会增强而绝不会削弱我们自力更生搞建设的能力，如果我们采取开放政策，积极发展对外经济贸易关系，尽量利用外资、外技，加强国际交流，就是增强我国的国际竞争力，增强我国的发展动力；4. 有坚强的中国共产党，有社会主义精神文明的基础，可以抵御住西方腐朽的东西。实行对外开放，会带来一些消极因素、一些风险，然而，如果我们始终坚持四项基本原则，就不会出大的问题，翻不了社会主义这条大船。当然，如果放弃了四项基本原则，就会放大消极因素，使社会主义变质，与我们对外开放的初衷相左。即使对四项基本原则重视不够，抓得不实，也会使消极因素逐步大于积极因素，会使对外开放走向反面。

　　实际上，我们有些同志是戴着有色眼镜看待西方影响、外国影响的，他们不做具体分析，或是把外国说成什么都好，连外国的月亮都比国内圆，或是把外国说成什么都坏，外国人一无是处。他们分不清外国哪些是先进的东西，哪些是落后的东西。他们所说的"消极因素"，实际上有一部分并非真的那么"消极"，比如说，西方的进步文化，西方人民优渥的衣、食、住、行与生活资料，有些现在已为我国人民所接受，在我国流行，成为我国人民丰富的社会生活的一个部分。我们有些同志不问青红皂白，通通打上"错误"的印记，禁止人民去接受它，是不对的。在实行开放政策时，我们要注意抵制的是真正消极的东西。对于这些消极因素，我们不要怕它，不要因噎废食。不能因怕之，就闭关自守、闭门锁国，而是要敢于承认它，善于抵制它，善于诱导人民在接受外来的先进的东西的同时，注意剔除不良的东西。这才是马克思主义的科学态度。

　　邓小平同志关于实行开放政策，积极效果大大多于消极因素的估计，贯穿了如何观察和解决问题的马克思主义立场、观点、方法，贯穿了马克思主义的活的灵魂，贯穿了马克思主义的最基本的策略和原则。既要实事求是地看到问题的积极方面，又要实事求是地估计到问题的消极方面，同时又要抓住问题的主导方面、主流方面，根据事物发展的主导因素、主流倾向来制定我们的基本方针，来增强我们完成某一项任务的决心。这样科学的思想方法和工作方法是贯穿邓小平同志《建设有中国特色的社会主义》一书的精神实质。学习《建设有中国特色的社会主义》，必须抓住这个实质，学好、学透，切实指导我们当前的改革工作和发展工作。

哲学的现实与现实的哲学 [1]

马克思主义哲学以往的生命力就在于它不断地回答了时代提出的问题。马克思主义哲学要保持它的旺盛的生命力，决不能停留在原有的结论上，必须面对现实，继续回答新时代提出的现实问题。哲学工作改革的出路就在于此。只有这样，哲学才是富有生命力的、现实的哲学。在当今社会主义改革的时代，积极回答改革中提出的问题，才能真正谈得上发展马克思主义哲学，丰富马克思主义哲学。

一

我国哲学界的现实状况并不尽如人意，当前哲学改革的呼声得到广泛响应的态势就可以说明这一点。且不讲"哲学改革"这个词用得是否合适，从人们在讨论中提出的在哲学研究方面，哲学教学的内容、体系、方法等方面的"改革"设想，就可以看出，我们现在的哲学工作在许多方面有脱离现实的倾向。

一些哲学工作者不注意研究现实问题，既不了解国外的情况，又不了解国内的情况，对自然科学的发展状况知之甚少，对当代各种社会主义现实运动的发展漠不关心……由此，许多论著、论文、讲稿空洞冗长，缺乏现实感；许多过于"标准化"的教科书东拼西凑，缺乏新的见解和方法，就连得到世界范围广泛重视的控制论、系统论、信息论，某些教科书也没有给予应有的反映。当

---

[1] 本文是作者 1985 年 10 月写就的随感，原载《哲林漫步》，中国社会科学出版社 2013 年版。

4

然，这是个别情况，就相当一部分哲学工作者来说，对现实问题还是有比较多的了解的，但是，在理论与实践结合的工作上成效不大。了解现实情况是一回事，讲的、写的又是一回事。

造成这种状况的原因是多方面的，我们的哲学研究工作和教学工作与现实脱节是一个比较严重的问题。

哲学是时代的精华。哲学属于意识形态范畴，任何社会意识都是一定社会存在的反映，哲学也不例外。但是哲学并不直接反映社会存在，它以最抽象、最概括、最普遍的理论形态反映社会存在。一定的社会历史现象反映到人们头脑中，形成关于自然、关于社会历史、关于人类思维的一定的科学理论形态，进而形成一系列具体的自然科学和社会科学学科，这些学科的理论形态反映了人类对世界的一定的看法，反映了一定的世界观。而哲学正是在这些学科的基础上，经过人类抽象思维的进一步加工，形成最高层次的理论形态，也就是对自然、对人类社会、对认识的最一般规律的认识。正是在这个意义上讲，哲学是人类思维成果的精华。

然而，任何一门科学理论都不是静止不变的，都不是僵死固定的。自然界和人类社会在不断地变化，人们对它们的认识也不断地变化、不断地充实，乃至改变自己的内容，从而不断地改变自身的表达形式。任何一个理论形态的发展、变化，其原动力都来源于实践。每个时代都会提出自己时代的问题，因此，每个时代理论形态如果与自己时代相适合，就必然要回答该时代的问题。

譬如，古代希腊哲学的产生是从对世界整体形成概念开始的，也就是说，希腊哲学的早期阶段，哲学家们偏重于从客体方面的研究入手，竭力探索世界的本源问题，探索世界最本原的物质究竟是什么。这就应运而生了许多关于客体的本体论的学说：以泰勒斯为代表的米利都学派提出"始基"的概念，赫拉克利特和亚里士多德进一步发展了这个概念，德谟克利特提出了朴素的原子论，等等。

自然科学和社会科学的各个学科只是回答本学科的具体的时代问题，而哲学则要回答最根本、最普遍、带有共同性的时代问题，也就是说要回答时代的根本问题、总问题。

一般地说，一定的时代必然提出一定的根本问题。只有回答这个根本时代问题的哲学，才是富有生命力的哲学。在古代希腊社会，人类所面临的一个根本问题，就是何为世界本原的问题，反映到哲学上，就是朴素唯物论和唯心论的论战。在欧洲中世纪，一直贯穿着唯名论和唯实论的斗争，从表面上看，这是宗教内部的派别之争，然而，却反映了冲破封建神学束缚的时代要求。历史越向前发展，人类的思维也就越成熟，哲学反映时代的要求也就越明显、越强烈。在欧洲，处于封建社会和资本主义社会之交的时期，在封建社会内部萌发了资本主义经济关系，随着资本主义经济的成熟，逐步地提出了政治要求，冲破封建束缚，这就是资产阶级时代的要求，与这个时代要求相一致，资产阶级的人文主义运动、启蒙运动，站在时代的前列，反映了时代的要求，论述资本主义社会代替封建社会的合理性。康德—黑格尔德国古典哲学适应德国资产阶级试图代替封建社会的时代要求。所以，我们说，哲学不仅是人类思维的精华，在更进一步意义上讲，哲学是时代精神的精华。

任何一个理论形态都不是被动地、直观地反映现实存在，作为时代精神精华的哲学更是如此。一旦哲学反映了现实要求，体现了历史发展的规律和趋势，正确地回答了历史发展所提出的问题，哲学就具有指导人们变革的实践的功能。当世界资本主义开始取代封建主义的时候，时代所提出的问题，主要是为资本主义制度做合理性辩解。这个历史任务要求人们必须承认资本主义必然存在的事实，承认历史的进化。于是便产生了为资本主义的诞生大喊大叫的英国经验论哲学、法国启蒙哲学和 18 世纪法国唯物主义，以及后来的德国古典哲学，尤其是黑格尔的唯心主义辩证法。他们有的是直接论述资本主义的合理性，为资本主义制度的建立提供理论根据，如洛克哲学的三权分立说，法国启蒙哲学对神学、对蒙昧主义的抨击，以及法国唯物主义的自然法学说，费尔巴哈的人本主义。正如恩格斯所说："从 15 世纪中叶起的整个文艺复兴时代，在本质上是城市的，从而是市民阶级的产物，同样，从那时起重新觉醒的哲学也是如此。哲学的内容本质上仅仅是那些和中小市民阶级发展为大资产阶级的过程相适应的思想的哲学表现。"[1]

当无产阶级开始登上政治舞台的时候，正是资本主义社会的内在矛盾日益暴露、开始尖锐化的时候，时代哲学就面对推翻资本主义制度、实现社会主义的伟大任务。论证资本主义的必然灭亡、社会主义的必然胜利，这个历史任务要求彻底的唯物主义和彻底的辩证法，马克思主义哲学应运而生了。它创立了

---

[1]《马克思恩格斯选集》第 4 卷，人民出版社 1972 年版，第 249—250 页。

辩证唯物论，并运用它来观察分析社会历史现象，创立了历史唯物主义，揭示了人类社会发展的一般规律，为无产阶级革命提供了必要的理论武器。

然而，马克思、恩格斯所处的时代是自由资本主义上升时期，他们利用历史唯物主义所作出的某些结论，只是适用于当时的时期。他们站在彻底的马克思主义哲学立场上只能预见到未来社会发展的一般情况，并不能对未来社会作出具体的结论。在无产阶级革命和帝国主义时期，列宁捍卫和发展了马克思主义哲学，解决了该时代的历史任务。

可见，时代不断地发展，不断地提出新的历史问题，作为时代精华的哲学也必须不断地回答时代提出的问题，才能永葆理论之青春。当然，哲学所回答的问题同具体科学所回答的问题不同，哲学要抓住时代提出的根本问题，也必须经过一番努力和反复。因此，只有回答时代提出的问题的哲学才能称得上是现实的哲学，否则马克思主义哲学就没有生命力。

二

马克思主义哲学观察问题、分析问题、解决问题的一般立场、观点、方法，是建立在彻底的唯物主义和彻底的辩证法的基础上的，因而就目前来说，马克思主义哲学的基本原则并没有过时，但这不等于说马克思主义哲学就不需要发展了，就不需要充实了。每个时代都有其现实的问题，马克思主义哲学通过回答时代提出的问题来充实、发展和完善自身。马克思主义哲学有两个基本原则，一是发展的观点，二是历史的观点。从这两个基本原则出发，马克思主义哲学对自身也必须采取历史的、发展的态度，人们在一定的历史条件下对自然、对社会的认识结论，随着时代的交替，有些过时了，需要修改，需要重新作出结论。当然，这恰恰不意味着马克思主义哲学过时了，说明的却是马克思的哲学是彻底的理论、彻底的哲学，是富有生命力的哲学，是现实的哲学。反之，如果我们抱住马克思主义哲学的本本不放，既不用它来说明新的问题、作出新的结论，又不在实践中不断发展它，那么，马克思主义哲学在这些人手中就会变成僵死的教义。

总之，发展马克思主义哲学，实现哲学研究和教学领域内的进一步变革，关键问题就是要紧密结合现实，回答时代提出的问题。目前，许多同志对"哲学改革"这个词很感兴趣，有的同志认为，哲学改革的关键问题就在于寻找哲学与实践的中介，寻找哲学与实践的连接点，于是出现"中介哲学""应用哲学""管理哲学"，大体上认为现在的哲学太抽象，离实际太远，解决不了具体问题，应该在最高层次的哲学与实践之间，找到一种介于二者之间的理论，找到一门直接能够解决具体问题的哲学。这种看法的正确与否，我们姑且不论，但是，我们必须明确，哲学的功能不是解决某个具体的问题，而只是为解决具体问题提供一般的世界观和方法论指南；哲学应该面向现实，不能一味地埋头于故纸堆中考证、注释，而要成为现实的哲学，但现实哲学的意思并不是让哲学处理具体学科的问题；"哲学改革"（我暂且用这个词，我认为提"哲学工作的改革"比较合适）的根本出发点在于回答时代提出的根本问题，回答实践提出的根本问题。

我们现今的时代提出哪些重大的、带有根本性的问题，需要哲学来回答呢？这就要从当前时代发展的基本趋势来分析。目前世界有两大潮流：一是科技革命的潮流。这个潮流的浪潮可以追溯到 18 世纪的工业革命。18 世纪工业革命促成了 19 世纪自然科学的飞跃发展（如三大发现等）。19 世纪自然科学的发展推动了工业的发展，又带来了 19 世纪末 20 世纪初的科学技术的第二次革命（如电子的发现、基本粒子说、相对论的提出等）。世界步入 20 世纪，尤其是二战后，电子计算机、自动控制等科学技术的崛起，激起 60 年代、70 年代世界范围的更大规模的、更广范围的、更深层次的科学技术大发展。目前，这场科技大浪潮向哲学提出了许多带有根本性的问题，迫切需要哲学来加以总结、加以说明。如，人工智能问题提出了人类思维的一系列新问题，需要马克思主义认识论来回答；系统论提出了一系列新的原则，需要辩证法来总结，并促进辩证法自身的日益丰富。

恩格斯说过，自然科学的每一个重大发展，都迫使唯物主义改变自己的形式。实际上，自然科学的每一次重大发展，不仅使哲学改变形式，而且还使其内容得到丰富。19 世纪自然科学的重大发展推动了马克思以辩证唯物主义哲学来代替机械唯物主义哲学；19 世纪自然科学的新发现促使列宁写出了《唯物主义和经验批判主义》，提出了许多新的哲学见解，丰富了马克思主义哲学。今天，我们的哲学如果不回答现代科技发展的浪潮中涌现出来的新问题，就不能丰富自身。

当代第二个浪潮是社会主义浪潮。世界社会主义浪潮从马克思、恩格斯创立科学社会主义以来，已有一百多年的历史，至今方兴未艾。初始，它像一个幽灵在欧洲少数几个发达的资本主义国家徘徊，今天已经发展成为世界的燎原之火。哲学要发展就必须面对这个现实，回答这个现实所提出的问题。

马克思创立了历史唯物主义，以历史唯物主义为武器，分析了资本主义社会的经济运动，揭示了资本主义社会发展的内在矛盾，揭示了资本主义必然灭亡、社会主义必然胜利的客观规律，提出了无产阶级革命的理论，使科学社会主义由空想变成了科学。在无产阶级革命和帝国主义时期，列宁提出了一国社会主义胜利的理论，发展了历史唯物主义。在殖民地、半殖民地国家如何搞社会主义革命，毛泽东同志根据中国革命的实践，提出了"实事求是""独立自主""群众路线"为特点的毛泽东哲学思想，由此来分析中国具体国情，提出了中国革命"分两步走"的正确战略，提出了农村包围城市、武装夺取政权的具体革命道路。可见，随着社会主义实践的发展，随着社会主义浪潮的发展，哲学需要不断地回答时代提出的新问题。

目前，社会主义已经成为世界性的浪潮。其标志是一系列社会主义国家建立，一系列国家在寻找通向社会主义的发展途径，并在发展道路上遇到种种新的问题和新的挑战。那么，目前提出哪些问题呢？

（一）按照马克思主义的说法，社会主义一旦建立，就会以比资本主义快得多的速度来发展自身的生产力。可是，从现实的社会主义国家国内经济建设的速度来说，并没有达到人们预想的结果。当然，许多社会主义国家的底子薄、基础差，与发达资本主义国家的经济相比，存在着不可比拟性。但是，就社会主义经济发展本身来讲，存在着两个问题：一是战后资本主义经济发展很快，如日本、联邦德国，这些国家战后经济迅速恢复，而且发展也很快，美国、法国等国的经济也有了很大的发展，相比之下社会主义国家的发展慢了一些。二是战后许多一分为二的国家，单就经济发展指标来讲，走社会主义道路的国家要慢一些。比如南、北朝鲜相比，东、西德相比，等等。当然，我们这里是就经济发展这个单一指标而言，对其他各种复杂因素不做考虑。这样就提出两个问题：为什么社会主义的经济没有以比资本主义高得多的速度发展？为什么资本主义经济相对来说还有了很大的发展？

（二）发达资本主义国家目前尚无社会主义革命的形势。按照马克思的预言，当资本主义矛盾发展到极点就是社会主义革命的前夜。换句话说，也就是社会主义革命应当在发达资本主义国家发生。然而，并非如此。比如二战后，日本、欧美资本主义国家一直处于经济和社会危机之中，政治罢工、工人示威层出不穷。然而，随着资本主义经济的发展，进入70年代和80年代以来，一些资本主义国家实行"四高"政策，工人革命热情下降了，马克思所预见的那种发达资本主义的革命形势不仅没有出现，而且处于低潮。在这种形势下，欧美许多共产党员和个人组织纷纷采取议会斗争的形式，出现了许多民主党、社会党执政的现象，在工人运动中提出了走和平过渡、议会道路的理论，甚至对无产阶级专政的提法也提出了诘难。这些现象集中起来，可以归纳为这样的问题：马克思站在历史唯物主义立场，所揭示的资本主义必然灭亡、社会主义必然胜利的规律是否正确，通过怎样的道路社会主义才能代替资本主义？

（三）社会主义国家的建立，使社会主义进入新的阶段。然而社会主义国家在其发展过程中，却出现了一系列国内问题和矛盾。现在人们都在思索什么才叫社会主义、怎样建设社会主义的问题。马克思、恩格斯、列宁、斯大林都曾预见过，社会主义社会是一个美好的社会，在社会主义社会，财产公有，共同劳动，按劳取酬，消灭了剥削和压迫，但是对社会主义本身出现的问题和矛盾，他们都没有充分估计到。

最早建立的社会主义国家苏联，建国之初至50年代一直采取斯大林的模式。这种模式在建国之初也许是必要的，然而到50年代就暴露出它的缺陷。在苏联之后的许多国家，都采取了苏联的模式，在其发展道路上也都暴露出一些缺陷。斯大林在世时，坚持认为社会主义只有苏联这一个模式，把任何党、任何国家对社会主义具体途径的不同选择都斥为修正主义、非马克思主义。

尽管如此，在社会主义内部的确出现了一些问题和矛盾，匈牙利事件，波兰事件（波兹南事件），捷克布拉格之春，苏联赫鲁晓夫上台、下台，中国"文化大革命"，等等。

这些问题说明，社会主义本身存在着矛盾，如果对这些处理不当，就潜伏着危机。苏联的模式是不利于社会主义健康发展的，而且发展社会主义不应只有一个固定的模式。南斯拉夫较早地开始认识上述问题，采取了一些改革的措施。随之而来，一系列社会主义国家都开始了改革。我国现在也在进行改革。

总而言之，上述三个问题集中到一点，就是无产阶级夺取政权后，面临如何认识社会主义的规律，如何按社会主义的客观规律办事，使社会主义真正以比资本主义快得多的速度发展。这就是当今时代提给马克思主义哲学的又一重大问题。

三

由上所述，我们可以看出，在发展马克思主义哲学这个意义上讲"哲学改革"也可以，就是要回答当前两大浪潮提出的根本问题。怎样回答科技浪潮提出的问题，本文暂不做具体的讨论，下面仅对社会主义浪潮所提出的问题提出一些看法。

在历史唯物主义创立之前，人们对历史发展的规律众说纷纭，找不到正确的答案。马克思创立了历史唯物主义，为科学地认识人类社会提供了正确的认识工具。马克思运用历史唯物论，分析了资本主义社会矛盾，发现了剩余价值的秘密，从而正确地说明和认识了资本主义社会的客观规律，找到了无产阶级革命的途径。然而，马克思、恩格斯所在的时代，并没有社会主义国家的建立。列宁也只有在建国初期的实践。对于什么是社会主义、社会主义的具体规律是什么，他们并没有具体的说明，也不可能有具体的说明。许多社会主义国家的建立是按照马克思、恩格斯的设想进行的。经过几十年的实践，社会主义在发展进程中暴露出一些问题，说明我们对社会主义的认识还很不够，对社会主义社会的内在矛盾和发展规律缺乏认识。因此，站在马克思主义历史唯物论立场上分析社会主义的经济运行，从经济基础的分析入手，揭示社会主义社会的基本矛盾、基本规律，是回答社会主义浪潮提出的问题的重要任务。

几十年的社会主义建设的实践，提出了这样一个严肃的问题：社会主义公有制的建立，提供了一个比资本主义制度优越得多的社会主义制度，可是为什么社会主义制度的优越性没有充分地发挥出来，甚至在经济发展等方面落于资本主义国家之后？这说明我们对社会主义客观规律的认识有问题，没有制定出或采取符合社会主义客观规律的路线、方针和政策，没有解决对这一根本规律的认识。

马克思、恩格斯只设想社会主义社会是一个消灭阶级和压迫的、不存在商品生产和货币交换的社会。列宁领导了无产阶级夺取政权之后向社会主义过渡的阶段的社会主义实践，看到了过渡时期矛盾的复杂性、阶级斗争的残酷性，实际上采取了货币经济的措施和新经济的政策。斯大林开始是否认社会主义存在商品经济的，不承认社会主义社会还存在矛盾，认为政治上和道义上的一致是社会主义社会发展的动力。到晚年，他开始意识到社会主义经济不单单是计划经济，社会主义还存在着矛盾。1957 年，毛泽东同志鉴于匈牙利事件，鉴于国内的斗争和矛盾，提出社会主义社会还是存在着矛盾的，社会主义社会矛盾是社会主义社会发展的动力，社会主义社会存在两大类矛盾：基本矛盾是生产关系与生产力、上层建筑与经济基础的矛盾；社会主义还存在人民内部矛盾。认识到这些，是人们对社会主义认识的一大进步。但是，这种认识还是粗线条的、一般的、有某些不足的。首先，我们对社会主义社会矛盾的认识是从矛盾的一般原则出发，分析社会主义社会矛盾现象而得出的一般结论。如果我们具体地从分析社会主义的经济运行入手，认识社会主义矛盾的经济条件，就会对社会主义矛盾的认识得出具体的结论。比如基本矛盾是生产关系与生产力、上层建筑与经济基础的矛盾这个结论，一般来说是正确的，但是并没有具体说明这对基本矛盾在社会主义的表现是什么。马克思在分析资本主义社会的基本矛盾时，找出四个基本表现，而我们研究社会主义矛盾的结论还是一般原则的。由于没有从具体的社会主义经济问题入手分析问题，找出具体矛盾表现，因而，就会在什么是主要矛盾问题上摇摆不定，导致中国社会主义建设的重大失误。其次，片面地理解矛盾，把矛盾是发展动力的原则引申为以阶级斗争为纲。这个错误的认识根源也在于不能具体地认识基本矛盾的表现。

由此可见，要分析认识社会主义社会的客观规律，必须从分析社会主义社会的经济条件入手，实事求是地从社会主义基本经济关系中的矛盾分析入手，找出社会主义社会经济关系本身所固有的矛盾，找出社会主义社会基本矛盾的具体表现形态，从而认识社会主义社会的不以人的意志为转移的客观规律，以此来制定政策，采取适合本国国情的社会主义发展模式，充分发挥社会主义制度的优越性。

总而言之，哲学研究和教学工作要改变自己不尽如人意的现状，就需要每一个哲学工作者自觉地面对现实，克服哲学界存在的理论与现实联系不够密切的状态，清除本本主义的余毒。在坚持四项基本原则的大前提下，勇于实践，提出并解决社会主义革命和建设中存在的迫切问题，使我们的哲学成为充满生气和活力的现实的哲学。

论当前我国的政治体制改革[1]

社会政治体制是社会根本政治制度的具体组织形式的总和，换句话说，它是与一定的经济基础相适应的政治上层建筑的具体构成形式的总和。政治体制的核心问题是政治权力的构成形式问题，即国家的政体问题。广泛的政治体制改革应当包括：国家政治权力的合理构成，国家领导体制和社会管理体制改革，行政机构改革，干部人事制度改革，国家政治生活运行机制的调整等方面。

一、政治体制改革的迫切性和重要性

我国的人民民主专政是与社会主义的经济基础基本相适应的政治制度，这是比资本主义的资产阶级少数人专政的政治制度优越得多的政治制度。然而，社会主义制度的优越性需要适当的政治体制、适当的政治组织形式才能体现出来，只有在实践中不断地改革和完善现行的政治体制，才能使社会主义政治制度的优越性充分地体现出来。

但是，随着经济体制改革的逐步深入，我国现行政治体制的某些弊端越发暴露出来了。我国的社会主义民主体制尚不健全，人民还不能完全直接地、迅速地、有效地监督国家机构和国家工作人员中滋生起来的一些腐败现象，还不能完全参与国家政治生活的决策，不能充分地调动起人民群众的政治积极性；

---

[1] 本文原载《学术论坛》，1986 年第 6 期。

干部人事制度的变革没有跟上经济体制改革的步伐，实际存在"官本位制"、领导干部终身制、家长制，干部的种种特权现象，人事干部制度统得过死，干部选拔缺乏健全的民主程序等，严重影响了改革发展的顺利进行；机构重叠臃肿，人员膨胀，办事效率低也是经济机制良性运行的一个大障碍……

现行政治体制所存在的某些弊端的根源在于：（1）由于我国几千年来根深蒂固的封建主义影响，以及这种影响赖以存在的落后的社会基础尚未彻底清除掉，致使我国现行政治体制还保留有某些封建的残余因素。（2）现行国家体制还保存许多过渡时期国家政权机构的特点，如相对高度集中的国家权力和行政管理机构。（3）我国现行的政治体制在一定程度上还受到苏联模式的僵化的高度集权的政治体制的影响。

按照马克思主义的原理，生产力与生产关系、经济基础与上层建筑既相适应又不相适应的矛盾运动推动了社会主义社会的发展。经济体制改革主要调整生产关系不适应生产力发展的某些环节和方面。当经济体制改革取得了一定的成果，上层建筑的某些方面和环节就不适应已经改革了的经济体制。因此，改革现行政治体制以适应和促进经济体制改革，不能不是一件紧迫的大事。近几年来，通过经济体制的重大改革，有计划地发展商品经济的、充满生机与活力的新体制开始取代原有的僵化的计划经济旧体制，这就必然要求我们进行相应的政治体制的改革。不相应地进行政治体制改革，经济体制改革就无法继续深入，并最终取得成功。

二、社会主义政治体制改革的战略目标

社会主义现代化建设是人类历史上一项极其宏伟的事业，从事这项事业一定要有明确的战略目标，这个战略目标既是我们为之奋斗的理想，同时又是我们实际行动的指南，是我们采取实际改革步骤的基本原则。社会主义政治体制改革同样需要制定出正确的战略目标，它既是我们政治体制改革的目的，又是我们进行政治体制改革的原则和指南。

我们的目的是要建设具有中国特色的社会主义现代化强国。这个现代化有特定的含义，它应包括经济上的现代化、政治上的现代化和思想文化上的现代化。也就是说，要建设比资本主义更发达的社会主义的物质文明、政治文明和

精神文明。

社会主义政治文明就是指先进的、不断趋于完善的、有利于社会主义物质文明建设、促进和保证社会主义精神文明建设的社会主义政治制度及其适当的政治体制和政治观念。我们的人民民主专政的政治制度是较之资本主义政治制度先进得多、文明得多的政治制度，这就构成了社会主义政治文明的基本点。然而，我们的政治制度还需要进一步完善，我们还没有建成一个更好地发挥社会主义政治制度优越性的完善合理的政治体制。就这点而言，我们对社会主义政治文明建设还没有给予应有的重视。

社会主义政治文明是社会主义物质文明建设的指南和保证，同时也是社会主义精神文明建设的指南和保证。加强社会主义政治文明的建设，是社会主义现代化建设不可缺少的环节，同时也应当是我们进行政治体制改革的战略目标。

从目前我国的实际情况来看，我国政治体制改革的战略目标就是要建立高度民主、法制完备、富有效率的社会主义政治体制。政治体制改革的具体战略目标是：

（一）要建立与社会主义商品经济相一致的社会主义民主体制。民主政治体制是与经济发展相适应而形成的。封建的专制制度和高度集中的中央集权体制是与自给自足的自然经济发展相适应的。资本主义商品经济的发展，要求彻底的自由贸易、自由交换，要求实行交换领域的平等原则，这种自由平等的经济要求就迫切需要打破封建专制，确立一种民主平等的政治环境，以利于资本主义商品经济发展，资本主义的民主体制便应运而生了。同埋，社会主义的商品经济就需要比资本主义更高类型的社会主义民主体制。我们目前现行的政治体制是与计划经济体制、与改革前的农村经济体制相适应的，这种政治体制助长了我们政治生活中不正常的现象的生长，与社会主义商品经济发展不相一致。因此，建立与社会主义商品经济发展相适应的民主体制，应是我们政治体制改革的中心任务。

（二）建立和健全人民群众参与管理国家大事的民主体制。社会主义国家政治权力机构、领导体制应当是根据人民的利益和意志，代表人民行使管理国家权力的组织实体，是社会主义政治体制的主体部分。坚持中国共产党的核心领导地位又是关键。目前我们的政治体制在这方面有两点明显的不足：（1）还没有一种有效的办法，从制度上来保证人民及时地清除政治权力机构滋生出来的某些腐败现象，不能随时罢免不称职的，甚至蜕化变质的工作人员，任命真正为人民服务的、德才兼备的工作人员，并对在职的工作人员实行有效的监督。（2）目前的政治体制在一定程度上不能有效发挥人民管理国家大事、参与国家决策的政治积极性。社会主义事业是全体人民的事业，建设社会主义要靠人民的积极性和创造性。调动人民的积极性需要一定的物质利益刺激，但是仅靠物质利益还是不够的。只有彻底地实行社会主义的民主体制才能完全调动起群众的政治热情。因此，建立在党坚强领导下的人民参政、人民监督、人民自治的对国家政治权力和领导体制的权力制约体制，是社会主义民主体制建设的关键。

增强企业的活力是经济改革的中心环节。承认企业是相对独立的商品生产和经营的经济实体，增强企业的活力，就必须在政治上给予独立的经济实体以更大的权力，使它们享有更大的自治权和自由权。高度集中的政治体制显然不适应商品经济发展的要求。必须建立与社会主义"开放搞活"的经济体制改革相一致的，建立民主集中制基础上的分权制。这种分权制包括横向分权、纵向分权。横向分权就要把党与政、政与企区别开来；纵向分权就是简政放权，中央给地方、地方给下属以更多的权力，基层单位实行人民直接参政，基层以上单位实行人民通过代表间接参政。以调动各个层次的积极性，使社会主义社会真正成为充满活力的社会有机体。

（三）彻底改革与完善党和国家的干部制度，建立与新的经济体制相适应的国家工作人员选任考核制度。社会主义的国家机构和领导体制是社会主义政治体制的主体部分，而各级党和国家干部又是这个主体部分的主要成分。我国现行干部队伍的成分基本上是只进不出、只升不降，其结果是，干部的总数量只增不减，人才不合理构成继续存在。全国各行各业都要打破大锅饭，打破铁饭碗，打破平均主义，而某个人一旦当了干部，进入了干部的圈子，就捧定了干部职业的铁饭碗，只要不犯法，干好干坏总归有饭吃，一直提升，只要没有生活作风问题、不贪污，总是降不下来，而且某些人借助于权力往往比旁人吃得要更好，这样就形成了一个对内对外缺乏人才流动的封闭的人事体系。我们国家的权力构成、领导体制与这个封闭体系有重要的联系。这与我们以搞活开放为目的的经济体制改革是不相称的。现行干部制度的许多不完善的方面在制度上维持了该封闭体系。因此，必须首先改革与完善现行干部制度。干部制度改革的根本目的就是要从制度上破除干部的种种特权现象，打破僵化的干部体系。实行干部制度的改革，必须要健全对干部选拔、监督和罢免的民主程序，实行干部任期制、选任制、轮换制、招聘制等，坚决消灭干部职务终身制，建立一个适应改革需要的、开放型的、流动型的国家工作人员选任考核制度，以便同工人劳动合同制大体协调起来。

（四）要建立与高效益的社会主义经济体制和运行机制相配套的社会主义政治体制的组织办事机构及其运行机制。社会主义经济体制改革的目的是要建立高效益的社会主义经济体制，与此相应，也必须努力建立高效率的社会主义政治体制。著名社会学家韦伯有一段话讲得十分精彩，他说："现代资本主义的利益关系在内部首先建筑在计算的基础上，它的生存要求有一个能使它的活动至少在原则上可以按照确定的一般规律，进行合理的计算的司法系统和行政系统……跟旧时代的资本主义的既得形式相区别的现代资本主义的特征如下：在任何不合理地组织起来的政治制度内，依据于合理的技术对劳动的严格合理的组织是不存在的，也绝不可能产生出来，因为具有固定的资本和依赖于精确计算的现代企业，对于法律和管理的不合理性是十分敏感的，只有具有合理法律的官僚国家中它们才能产生出来。"[1]韦伯揭示了讲究效益的资本主义经济企业同结构合理的国家体制和法律体制之间的相互依赖关系。我国的现行政治体制毛病很多：机构重叠、臃肿，因人设事、人浮于事、扯皮推诿，官多兵少、冗员过多等，这些官僚主义的现象严重阻碍了经济机制高效率的运行。按照社会经济发展和整个社会发展的要求，建立合理的行政办事机构势在必行，必须实现社会主义政治体制机制的良性运行。

（五）加强和完善社会主义法制。政治体制改革的核心问题是建立高度的社会主义民主政治，民主政治需要社会主义的法制保障，同时社会主义商品经济的发展也需要法制的保障。政治体制改革的一个重要任务，就是坚决肃清封建专制主义的残余思想影响，加强立法和司法工作，使人民的民主、自由、平等权利得到切实的保障，使国家权力机构和工作人员置于法制的严格监督和制约之下，使各项经济活动有法可依。

---

[1]〔德〕马克斯·韦伯：《经济与社会》，商务印书馆1997年版，第491页。

三、近期可行性政治体制改革的步骤

近期可行性政治体制改革的步骤，即指在现有的条件下，政治体制改革能走多远，采取哪些具体步骤，而又不至于超出政治体制改革的社会承受力所能承担得了的界限，并且通过近期改革的确可以取得较好的社会效益。我的初步意见是：

（一）进行广泛而深入的思想理论准备，改革政治体制首先必须进行政治理论和政治观念的变革。从国外经济体制改革的经验来看，在进行经济体制改革之前，都进行了长期的思想理论准备工作，他们在采取具体步骤之前，对传统的经济理论都有重大的突破，比如对社会主义商品经济特征、市场机制、价值规律的作用、社会主义的多种所有制体系等方面的看法，都突破了原有的经济理论观念。我国的经济体制改革在改革展开之前，在一些重大理论上也有许多突破。进行政治体制改革，风险更大，因此更需要进行广泛的理论讨论，对传统的政治理论观念进行广泛深入的探索，把理论准备、思想准备工作做得更充分一些。现在我们思想理论战线上的一个重要任务就是反对封建主义。邓小平同志在 1980 年 8 月《党和国家领导制度的改革》一文中，指出了我们现行的具体制度中的主要弊端"就是官僚主义现象，权力过分集中的现象，家长制现象，干部领导职务终身制现象和形形色色的特权现象"。并指出："这种现象，同我国历史上封建专制主义的影响有关。"继续肃清思想政治方面的封建主义残余的影响，实行政治思想观念的根本变革，这是政治体制改革的极其重要而必不可少的步骤。

（二）目前政治体制改革的准确提法应是，在改革经济体制的同时，必须相应地进行某些政治体制的改革。社会主义社会是一个有机的系统的整体，它既包括经济，又包括政治。社会主义有机体的运行离不开这两个系统的运行及其相互作用的机制。社会主义改革也是一个伟大的社会系统工程，需要政治体制改革与经济体制改革同时配套进行，才能取得最佳的社会改革效应。为什么只提进行某些方面的政治体制改革呢？原因是：（1）我国现行的政治体制在许多基本方面，还是与社会主义根本政治制度相一致的；（2）几年来，在政治体制改革方面，我们已经采取了一些重大的措施，如制定了一系列法律，加强法制建设，

按"四化"标准调整领导班子，废除领导职务终身制等，这些改革已经取得了较好的成效；（3）政治体制改革是一个事关全局的敏感问题，必须看准一步走一步，一拥而上就会造成不可弥补的损失，因此一个方面一个方面地逐步改革政治体制，是积极而稳妥的。

（三）在制度上采取一系列切实的改革措施，清除干部的种种特权现象。目前，影响经济体制改革健康发展的一个突出问题，是干部特权现象，这是封建主义的特权思想、特权制度在我们政治体制上的影响。当前我们政治生活中有一个怪事，就是一切向"官"看，有人把"官"看作一种特权。干部特权现象造成了风气不正、官僚主义，只对上负责，不对下负责，一定程度上影响了人民的政治积极性；干部特权现象表现为尚未彻底废除的终身制、"官"本位制、裙带关系，权力过分集中；干部特权问题不解决，机构就不可能彻底精简，冗员就不可能彻底裁掉。一句话，表现在干部身上的种种特权现象是社会主义商品经济发展的大敌。改革干部制度，从制度上打掉封建特权影响，是政治体制改革的重点。改革干部制度必须先认真实行任期制和轮换制，坚决消灭终身制。应作出明确规定，各级领导干部连任不得超过两期，从制度上来避免任何变相的终身制。一般说来，担任领导职务之前干什么，离任后还干什么，真正做到能上能下、能官能民。由于我们党是从战争年代过来的，保留有大量战争年代的老干部，因此，彻底消灭终身制可以采取过渡性的办法，可以规定出一条时间界限或级别界限，界限范围之内的干部可以完全包下来，通过离退休的办法自然减员。界限范围外的干部一律能上能下、能官能民，坚决实行任期制和轮换制，任期满后就离开领导干部岗位，去从事原来的工作。其次，实行干部选聘制、考任制，缩小干部委任制的范围，建立健全人民群众选举、监督、罢免干部的民主程序和制度。各级政府和司法部门的领导干部必须由党组织提名，同级人代会选举产生，各级政府机构和司法部门的领导人由党提名，人民代表大会通过，其余领导干部和工作人员实行聘任制。企事业单位的主要领导干部由企事业单位的党组织提名，职工代表大会选举产生，各单位的主要部门负责人由党组织提名，职代会投票表决，其余干部和工作人员实行聘任制、考任制。

（四）以调整和转变国家机构职能为中心，进行行政职能合理化和人才结构合理化的机构改革。就机构重叠臃肿而精简，就人员膨胀、人浮于事而精简，恐怕达不到精简的目的，精简目的在于机构职能合理化和人员构成合理化，以最优的效应适应社会发展的需要，而不在于精简本身。因此行政机构改革必须以调整和转变国家机构职能和人才合理构成为目标，制定出切实可行的机构职能合理化和人才构成合理化的最佳方案。必须严格控制现有国家机构编制和人员，一般情况下，严禁增加机构、提高机构等级、增设职位、增设人员。因工作需要而必增不可的机构和人员采取机构职能合理转换和人才结构合理调配的办法来解决。机构中的冗员，可采取自然减员（老同志退休）、充实基层、离职学习等办法来裁减。

机构改革的重点、原则依据和实施步骤 [1]

在全面改革的进程中，机构改革已作为一项重大任务提上改革日程。机构改革的直接目的，是通过调整和改变各级行政机构的结构、人员配置和运行方式，实现职能的合理转变，全面提高行政效率。机构改革的成功，对进一步增强企业活力，建立和完善社会主义计划市场体系，实现宏观控制方式的顺利转轨，将产生有力的推动；同时，也将为政治体制改革的顺利展开，创造有利的条件，使我国的上层建筑更加适应发展社会主义商品经济、进一步解放社会生产力的客观需要。

一、经济管理部门的改革是当前机构改革的重点

机构改革的核心是将职能科学分解，在此基础上达到国家行政机关的机构设置、人员配备和运行方式的全面合理化，以适应组织大规模经济建设的新要求。国家"七五"计划规定要在"七五"期间形成新型宏观经济管理体制的基本框架。这就进一步明确了政府经济职能的合理转换，即由直接控制微观经济转向通过完善市场间接引导企业，应成为政府机构改革的重点。政府经济职能合理转换的过程和结果，必然意味着经济管理部门的改革和重组。这种重组在整个政府机构改革中处于主导和领先的地位。

---

[1] 这是作者与卢中原合作的论文。原载《城市机构改革的调查与研究》，劳动人事出版社 1988 年 4 月版。

当前机构改革应围绕着经济管理部门改革这一重点展开，首先是由经济体制改革进程中暴露的矛盾决定的。中等城市机构改革试点城市的情况表明，经济管理部门的权力、职能、人员配置和运行方式同发展商品经济、搞活企业的内在要求不相适应，已经日益成为新旧体制交替过程中各种矛盾的汇集点。这些矛盾具体表现为：

（一）放权不落实，政企不分问题仍未解决。截权收权、横向移权现象较为普遍。据丹东市有关方面对 40 个企业的调查，扩权条款基本落实的企业仅占 22.5%，扩权条款大部分落实的企业仅占 34.5%，扩权条款落实较差的企业则占 41.9%，其中工资奖金权、资金使用权、人事劳动权尚未落实。另外，有些城市直接干预企业日常经营的现象还比较严重。例如自贡市，主管部门仍在抓企业生产的月计划，甚至日计划。

（二）部门之间职能交叉，政出多门。例如一件事九个部门同时抓，一个会六个部门同时下通知，使企业无所适从；层次繁多，效率低下，妨碍企业捕捉经济机会。有些城市的企业报批一件事，往往要经过行政公司、主管局、计经委、市政府等诸多层次。

（三）机构主要职能不清，结构性冗缺矛盾突出。科室设置和人员配备比例不当，难以搞好宏观平衡和微观放活。例如，衡阳工业主管局 60% 以上的人从事行政性和社会性工作，主要业务人员不足 40%。

（四）综合经济管理部门薄弱。在政府机构、人员普遍超编的情况下，经济调节和经济监督机构却不健全，人员编制往往也不足，难以承担发展和完善市场体系的任务。

从以上情况来看，要在"七五"期间奠定新经济体制的基础，不从经济管理部门改革入手，就很难打破目前的僵局。

将经济管理部门改革作为政府机构改革的重点，不仅是经济体制深入改革所提出的要求，而且具有跨领域改革的意义。经济管理部门作为政府经济职能的载体和整个国家机器的重要组成部分，处于经济体制和政治体制的接合部，在改革过程中必然触及政治领域的重大问题，因此，经济管理部门的改革不可能不构成政治体制改革的一项内容。正是由于经济管理部门处于"接合部"的地位，就更有理由使政府机构改革从这里先行一步。这样做，既直接有利于经济发展，又可避免机构改革全面铺开可能引起的政治动荡。而且，经济管理部门改革的成功还势必向其他部门提出改革要求并提供必要的经验和条件。从这个意义上说，我们可以把经济管理部门率先改革，当作政府机构全面改革的前哨战。

二、机构改革面临的主要障碍以及需要创造的条件

经济管理部门的改革，要放在全面改革的战略高度，特别是中国政治体制的总格局中来考虑。为了使经济管理部门这一场前哨战顺利实施，需要认真总结历史经验，清理改革面临哪些重大障碍，并针对其中最主要的障碍展开一场外围战，创造基础性条件，以避免孤军深入可能导致的消极后果。从历史经验和现状调查中，可以看出经济管理改革乃至整个机构改革所面临的主要障碍以及造成这种局面的重要原因有这样几个方面：

（一）总量膨胀中的结构失调。以往的机构调整和改革未抓住政府职能科学分解，尤其是经济职能合理转换的核心，局限于中央和地方集权分权、调整条块行政隶属关系；在简政放权过程中，一方面习惯于用增人增机构来实行职能代替，另一方面不撤香火就拆庙，造成"管理真空"，机构不得不减而复增。因而，总量膨胀难以控制，结构失调也未好转。

（二）党政关系、政企关系尚未理顺。党的领导实现方式欠合理，机构重叠、职能交叉，事实上无助于加强和改善党的执政地位，反而加大管理内耗，降低行政效率；政企不分，经营部门庞大，影响企业积极性。

（三）领导职务终身制尚未彻底打破。它使其他方面的干部制度改革难以深入，缘官设庙、机构升格、增设虚职闲职、编余干部不好安排等问题也难彻底解决。

（四）干部制度改革缺乏适当的疏导机制。特别是由于职务工资制的出台缺少与之配套的相应改革，导致争相当官的消极攀比，助长了增设领导岗位、扩大编制、提高级别的势头，造成人员流向和分布不合理。

（五）机构设置和人员编制的确定缺乏严格的法律依据，审批机构缺乏权威性。

克服以上五个方面的障碍，将为机构改革创造有利的环境。但由于每个障碍的制约因素各不相同，难于同时展开全面的外围战，我们只有从矛盾最突出、

制约因素较弱小、最能起带动作用的方面创造基础条件，有所侧重，循序渐进，才能保证前哨战的道路畅通。基于这种考虑，我们认为需要创造的条件是：

第一，立即"落闸截流"，控制机构膨胀势头。目前应当采取果断措施停止增编、提职、加设机构（尤其是以增设机构来实行职能转换）的做法。这是实行职能合理分解的前提，也是为了避免出现边改边增的局面。

第二，推出革命性的干部制度改革方案。这是机构改革的基础条件。调整机构必然落实到人事变动上，不仅涉及一般编余干部，也会影响在职干部。只有下决心采取革命性的变革措施，彻底废除领导职务终身制，形成激励干部努力学习、提高自身创新素质而不是消极攀比的制度保障，以经济管理部门为重点的机构改革方能顺利实施，整个机构改革也才能有一个良好的环境。

第三，健全疏导机制。为了使机构改革中的人员流向和分布趋于合理，需要建立健全行之有效的疏导机制。它的关键内容是科学的干部分类管理制度和相应的分类工资制度。企业家，科、教、文、卫等行业的知识分子和党政干部管理要分开，并应在工资制度上同职务工资制脱钩，现出适当差别。当这一种疏导机制建立起来时，就可以引导人们弃官从文、从医、从商、从教，等等，职务工资制单兵突进造成的消极后果也可得以消除，从而使其正常发挥应有的作用。

第四，对机构和人员编制实行法律控制，这是机构改革的必要保障。编制审批机关的权威性也要通过法律手段来保证和加强。

第五，理顺党政关系和政企关系。随着厂长负责制的真正贯彻和不断完善，对经济管理部门内部的党政关系以及经济管理部门同业的关系要作出相应调整，以便加强党对经济工作的领导，改变政企不分。

三、进行机构改革的原则

机构改革只有在合理转变职能的基础上才能达到预期目的。为此需要认真研究职能转变的原则，目前有两种可供选择的方法。（1）模式方法。这个方法是先行调查研究，尔后针对实际问题提出关于职能分解、机构改革的几种具体模式，以供选择。从全国中等城市机构改革试点情况来看，目前对经济管理部门的改革已经提出了三种具体模式：第一种模式，主张撤局、留委，实行统管；

第二种模式，主张撤委、留局，同时赋予主管局行业管理职能，实行分管；第三种模式，主张撤局、放权企业，经委转变职能，建立行业协会。（2）原则方法。这个方法是在深入调查研究的基础上，只对机构改革提出指导原则，而不提供具体模式。各地可以参照这些基本指导原则，结合本地区的特点，适当借鉴上述几种模式的经验，建立适合本地区经济、政治、社会发展特点的新型政府机构。

按照第一种方法制定的改革方案，有据可依，有例可效，任务明确，改起来简便，推行起来迅捷。凡是符合改革模式所给定的条件的那些地方，都可按给定的模式进行机构改革。然而，中国经济发展程度不平衡，尤其是改革开放以来，各地商品经济发展程度很不相同，它们对机构改革的要求也不尽相同。如果着眼于提供具体模式，就很难适应千差万别的实际情况。而根据各地的共性和特性概括出有针对性的指导原则，并据此提出适合本单位特点的改革步骤，可能更有利于统一性和灵活性的结合，使各地创造出既考虑到全国统一机构格局，又考虑到本地区实际特点的，最适合本地区实际需要的机构格局。研究职能分解的科学依据，为机构改革提供基本指导原则而不是具体的改革模式，更有利于机构改革的健康发展。

我们认为如下一些原则是进行机构改革的指导原则：

（一）促进市场发育的系统优化原则。从全国情况看，各地区商品经济发展水平和市场发育程度差异很大。有些地区相当落后，还需要在相当大程度上依靠旧行政机构的权威促进市场的发育成熟，以获得良好的竞争环境。现在的问题是先不要忙于撤机构，而是要使现有机构迅速适应建立和发展市场体系的客观要求，在结构配置和职能转换方面，按照促进市场发育的系统优化原则，通过新旧职能代替，稳步过渡，完成新旧机构的合理更替，从而避免机构裁并带来的权力真空。具体来说，就是根据本地区市场发育情况，暂时不能撤的机构先不动，"老瓶装新酒"，发挥原有机构的作用，通过职能转换，促进市场发育，随着市场发育程度而逐步完成机构的合理配置，实现管理机构结构优化，提高机构组合效率，进而带动整个机构的结构重组。

（二）城市功能特点原则。机构改革的一个重要目的是，逐步扭转政府管企业、企业办社会的恶性循环现状。城市作为政治、经济、文化中心，都相应地具有城市管理的共同功能，今后一段时间的趋势是城市政府机构在政治、文化、社会公用事业和福利保障事业等方面加强自己的管理职能，为企业提供良好的外部环境而不是直接管企业。这是城市管理的共同点。但每个城市又因其不同的经济、政治、文化、地理、历史等特点，在城市功能方面各有侧重，这些功能特点在经济体制改革过程中又获得了不同程度的发展，因而应当将不同城市的功能特点作为设计机构改革的重要指导原则。各城市实行机构改革必须紧紧抓住本城市的特点，建立能够充分发挥本城市特有优势，弥补劣势，具有最优结构功能的机构模式。可以按不同的城市类型来考虑其功能特点，例如，对于工业城市，要建立为建设工业基础设施、投资环境和协调生产而服务的机构职能；对于消费城市，要突出为政治、文化、市政建设、公用事业服务的机构职能；对于旅游城市，要加强第三产业、生态平衡、资源文物保护，以及为旅游提供基础设施建设服务等职能；对于经济特区，要加强它们在改善和发展投资环境、第三产业、经济监督、咨询、调节、市场管理等方面的功能。城市功能特点原则就是按照城市的主要经济发展特点，建立富有本城市特点的体现本城市主要功能特点的机构。

（三）企业分类管理原则。由于各地市场发育程度不同，各种类型的企业在当地经济发展中所起的作用也不同，因而对机构职能转变和重组的要求不可能千篇一律。例如，乡镇企业比重大的地区和国营大中型企业比重大的地区对机构职能分解和科学设置的要求必然存在差别。尽管经济管理机构都要向间接管理办法过渡，但只有从不同类型企业的具体情况和要求出发，才能使职能转变和机构重组达到搞活企业的目的。对企业实行分类管理，一方面要有利于搞活国营大中型企业，并注意消除妨碍市场正常竞争的垄断行为；另一方面，要有利于使小型企业能够参与竞争，主管部门应制定相应的进入和退出市场竞争的必要规则，避免不正当的竞争，以维护竞争秩序，促进市场正常发育。对重要的基础设施，不可能完全排斥政企合一的组织、管理方式，在生产方向、物资供应、产量和定价等方面需要偏重直接控制；对垄断性强、产品批量大而种类单一的企业，也不可能完全依靠间接管理手段，必要的指标控制和产品限价不能偏废；对那些竞争性强、产品种类繁多而批量小的企业，在放手让其进入市场竞争的同时，要借助经济参数调节和法规制约来引导其经营方向，使这些企业在组织产供销方面已经形成的市场关系得到健康发展，歪曲市场的行为尽量减少以至消除。在双重体制可能还要相持一段时间的情况下，政府调节市场，市场制导企业的理想状态，需要由直接控制与间接控制并重的过渡来创造条件。这种过渡状态的形成、维持以及向理想状态的转换，沿着企业分类管理原则来考虑，不失为一条路子。随着国有制内部结构的调整，向间接管理为主过渡的基础会更坚实些。按搞活企业的要求来转变职能、调整机构，需要把政府的生产管理职能逐步弱化，加强政府的行业管理、国家资产管理和社会管理的职能，使企业从社会管理职能中解脱出来。但是对不同类型的企业，政府职能转换的程度不应该一概而论。例如，政府对国营大中型企业的生产管理和资产管理要强于小型企业（包括非国营的），而政府对大中型企业的社会管理职能则要弱于小型企业。

（四）机构内部结构合理配置原则。现行机构内部结构的不合理，最突出的有两点：（1）官多兵少；（2）机构内部从事该机构主要职能的处、科、室和工作人员与辅助性处、科、室及工作人员的比例严重失调。一个机构就是一个五脏俱全的"小政府"，严重影响了机构主要职能的发挥。因此，为了提高工作效率，就要在职能转变的基础上，使机构内部结构达到合理配置，具体应做到：（1）把官与兵的比例严格控制在 1∶4 的限度内；（2）坚决执行一正一副（至多两副）的规定；（3）严格掌握不设虚职、闲职；（4）机构内部从事该机构主要职能的下属机构和工作人员同辅助性下属机构和工作人员的比例要合理，至少应达到六四开，有条件的可按七三开或八二开的比例来配置。机构内部凡是可以不设辅助性下属机构和工作人员的，应首先压缩这部分多余的单位和人员。

四、机构改革的步骤和措施

（一）松动基础，下促上调。机构改革的关键条件是企业有没有要求。微观基础松动程度决定了机构调整的方向和时机。调查表明，企业搞活了，市场体系形成了，就会造成"逼宫夺权"的态势。即是说，企业实力雄厚了，经济发展了，就会寻求脱离原有的不适应的机构，从而架空上面的机构。这样就造成了以下促上的局面。目前可以通过三方面工作来松动基础：（1）彻底贯彻厂长负责制；（2）推动横向经济联合；（3）加速各类市场的形成和建设。

（二）政企对话，彻底放权。一般来说，政企之间层次越多，扩权条款落实越差。针对扩权不落实的问题和企业发展的需要，由政府和企业直接面对面地对话，把近几年下放给企业的权力加以理清，看看哪些权力放而收回、哪些权力放而不用、哪些权力根本未放，找出症结所在，由企业提出放权条款和项目。原则上，凡是一切可以下放给企业的权力一律下放给企业。权力下放后，必然造成"香火已撤、庙佛空在"的局面，在这个基础上才可以大刀阔斧地拆庙撤菩萨。

（三）分解职能，调整机构。在政企对话的同时，先行对经济管理机构的职能进行新的分解。在分解职能的基础上，做到：（1）加强宏观经济管理部门，建立联合协调的组织形式。（2）在总体上对职能萎缩、退化和消失的原有机构实行撤、并、转。（3）增设、加强、充实新职能所需要的机构。

（四）稳妥地安排好精简人员的退路。在科学分解机构职能、理顺党政关系的前提下，即可进入最后定编精简。最终定编精简是政策性十分强的工作，而能否安排好精简人员的退路，则关系到机构改革的成功与否。

精简人员退路安排的设想是：（1）自然减员。妥善安排已到离退休年龄的人顺利离退休，适当采取优厚的办法引导一部分人提前离退休。（2）利用疏导机制，将一部分专业干部和其他干部引导到文教卫生、科学技术等工作岗位上去。（3）定向培训，把一部分冗员充实到结构性缺员单位。（4）鼓励干部到基层、农村、边远地区、企业、事业单位去工作。我们还可以采取一些临时性的措施：如提高离退休的待遇；组织参加定向培训，可留原工资至新岗位确定之前；精简后不服从安排的，或定向培训后不服从安排的，可减发或停发工资直至上班为止；干部到基层、农村、边远地区的，要给予适当的待遇上的鼓励；等等。

（五）建立、健全必要的法律保障和财政制度保障。法律制度是机构改革正常顺利进行的保障，也是机构改革完毕后，新机构规范化、稳定化、运转正常化的保障。因此要建立编制法、行政法、国家工作人员法。尤其要实行编制立法，确保编制部门的法律权威性。编制和编制预算经过人大批准生效，任何个人和组织不得干预编制立法；擅自增设机构和人员，应受法律制裁。

在健全法律保障的同时，可考虑运用经济手段控制编制。编制预算与财政体制改革相配套，对编制实行财政控制，地方编制预算纳入地方财政预算，若编制经费结余，地方财政可以留成，若编制经费超额，除进行财政罚款外，还要受法律制裁，以令退编。

既要有权威的民主，又要民主基础上的权威 [1]

最近一年来，新权威主义思潮犹如一块投入水中的顽石，在沉寂一时的思想之潮中激起了层层涟漪，掀起了阵阵波浪，引起了人们深刻的反思，展开了对社会主义现代化发展道路和民主政治建设的热烈讨论。讨论中提出了各种不同的观点，对这些意见的取向和抉择，将对我国的改革进程和社会主义现代化的发展方向产生重大影响。下面，我从理论上谈几点粗浅的看法。

一、走什么样的道路

关于新权威主义思潮的讨论，实质上是关于我国社会主义现代化建设走什么样道路的争论。对此有两种截然不同的思路：一是全盘西化，幻想通过西方议会民主来实现社会主义的商品化和现代化，这就是西方议会民主派所主张的意见；一是试图靠集权政治、靠少数政治强人，向西方民主过渡，来实现社会主义的商品化和现代化，这就是新权威主义所坚持的主张。然而，我国走什么样的道路，通过什么方式来实现社会主义的现代化，必须从我国的实际国情出发。西方议会民主的道路，是发达资本主义国家根据自己的国情，经过几百年的努力，建立起比较完备的资产阶级民主政治，而走上资本主义现代化道路的；新权威主义所主张的道路，是第三世界一些不发达的国家和地区，特别是"亚洲四小龙"走向现代化的某些成功经验所提供的一种途径。无论是西方发达资

[1] 本文原载《党校科研信息》，1989 年 4 月 15 日。

本主义国家，还是第三世界的一切走向现代化的不发达国家，都有他们各自的具体国情，而我国同这些国家的情况不同，所处的历史条件也不同。我们是社会主义国家，我们是在公有制经济占主体、多种经济成分并存、商品经济不成熟不发达不平衡的前提下来建设社会主义的，这就决定了我们必须从这个基本事实出发，来考虑我国社会主义的发展道路问题。当然，我们也不能排斥别国成功的经验，但是，如果照搬别国的经验，十有八九是要误国误民的。

公有制基础上的商品经济结构，具有计划经济和市场经济的双重性，这种双重性又决定了社会主义生产具有双重目的性：整个社会生产以满足社会需要为整体目的，而具体生产单位又必须把追求利润作为局部目的。从整个社会生产来看，满足社会需要的社会生产是通过国家有计划的宏观控制来实现的，而具体生产单位的生产又必须通过生产单位之间的市场竞争来实现。这种二重结构和二重目的使社会主义经济具有两个方面的特性：如果宏观计划控制不当，会造成企业生产的盲目性，使整个经济失控，比例失调；如果宏观计划控制过死，会造成企业缺乏活力，造成生产停滞下降，发生经济困难。这就要求一方面要对社会主义经济实行有计划的宏观控制，另一方面又必须充分调动企业的积极性，通过市场竞争来增强社会主义经济的活力。这个根本特征要求社会主义生产关系的具体体制一方面必须从根本上适应商品经济计划性的需要，另一方面又必须适应商品经济市场发展的需要。

充分体现不同层次的经营主体的相对独立性，充分发挥具体经济细胞活力的社会主义所有关系的具体结构，必然要求上层建筑的具体结构和具体形式，尤其是国家领导体制及其组织机构也必须具有两个特点：一是要体现出社会主义商品经济的有计划性和实行有效宏观调控的特点，这就需要能代表人民根本利益的、高效率的、相对集中统一的领导体制；一是又要体现出商品经济发展所要求的灵活性和相对独立性，要求能够充分调动起企业和个人的积极性来，这就需要国家领导体制具有充分的民主性和灵活性，对商品经济、市场机制的适应性。由此看来，与社会主义经济基础相适应的应当是，既坚持社会主义国家政权的相对集中管理职能的性质，又充分发挥社会主义民主；既符合商品经济的有计划的要求，又符合有计划的市场经济的要求；既能对社会主义经济实行有效的宏观调控，又能充分发挥出不同经济实体的相对独立性、充分实现人民民主的社会主义上层建筑的具体体制。

上述分析表明，只有建立既能够实行有效宏观控制、具有集中领导权威的中央政府，又能够充分发挥独立经济实体和广大群众的积极性这样的社会主义经济—政治体制，才能保证完成社会主义现代化建设的任务。一句话，社会主义商品经济的发展既需要民主，又需要权威，需要把二者有机地结合起来的社会体制。

尤其是我国正处于社会主义发展的初级阶段，还保留有大量的个体经济和私营经济，还存在着其他形式的分配方式，如经营收入、剥削收入。商品经济一方面是不成熟的，一方面又同一定的个体和私营经济相联系。某些个体经济的经营者和私营经济的雇主就个人生产的目的来说，仍然是以追求利润和资本增殖为唯一目的。在这种私人生产目的驱动下的某些个体或私营的经营者，一方面在正确政策的引导下和严密法律的规范下，可以有利于社会生产，有利于人民的需要，有利于社会的稳定发展；另一方面，他们又可以不顾社会整体需要盲目地发展生产，甚至可以违法犯法、投机倒把，这就会使商品经济生产的盲目性膨胀发展，损害人民的需要，扩大分配不公，引起社会矛盾的尖锐化，造成一定程度的社会动乱。这种情况就要求我们：一方面必须坚定不移地发扬民主，推进政治体制改革，充分调动社会各方面的积极性，促进商品经济的发展；另一方面，又必须实事求是地、稳妥有步骤地建设社会主义民主，尤其在实施民主的过程中，必须强调加强统一领导、集中管理的权威。

二、经济建设与民主建设须臾不可分离

一些主张新权威主义的学者认为，新权威主义并不排斥民主，它所主张的最终目标也是社会主义的政治民主化和经济现代化。分歧不在于最终目标的设定，而在于实现目标所采取的途径和手段。问题的症结在于，新权威主义主张目前在我国不宜推行"民主政治"，而是要把权力集中在领袖人物和少数精英分子手里，实行"开明专制""集权政治"，由一些强有力的领导人物强制性地推行现代化，以此来防止社会动乱和腐败，扫除商品经济发展道路上的种种障碍，以保证经济上实行自由企业制，待商品经济充分发展以后，才谈得上实行民主，这样做比马上实行彻底的民主更为可行。这里就提出了两个问题：在我国实现社会主义现代化的建设过程中，经济建设和民主建设能不能分开；民主和权威

能不能分开。

我们在进行社会主义现代化的经济建设的同时，必须切实稳妥地进行社会主义的民主建设。这是因为：

第一，生产资料的社会主义公有制需要建立与此相一致的社会主义民主制度的国家形式。社会主义公有制是全体劳动人民共同占有生产资料，实行按劳分配的社会主义根本经济制度，这种经济制度的实质就是劳动人民当家作主，真正成为生产资料的主人，与这种经济制度相适应的应是社会主义的民主制度，它是人民当家作主的政治制度，是保障全体人民享有管理政治、经济、文化等社会事务的权利的政治制度。

第二，社会主义有计划的商品经济也需要建立与其相适应的民主政治。作为一种政治制度的民主，是与经济发展相适应而形成的，是为经济服务的。从社会发展历史来看，商品经济的形成是民主制国家形式形成和发展的前提条件，商品经济的发展水平制约着民主制国家形式的完善程度，制约着民主的实现程度。社会主义民主建设要有赖于商品经济的发展，是社会主义商品经济发展的必然产物。反过来说，民主同任何上层建筑一样，归根到底是为经济服务的，它必然会影响和推动商品经济的进一步发展。封建的专制制度和高度集中的中央集权体制是与自给自足的自然经济发展相适应的。资本主义商品经济的发展，要求彻底的自由贸易、自由交换，要求实行交换领域的平等原则，这种经济要求迫切需要打破封建专制，确立一种资产阶级所需要的民主平等的政治环境，以利于资本主义商品经济发展，资本主义的民主体制便应运而生了。同理，社会主义的商品经济应当需要比资本主义更高类型的社会主义民主体制。因此，建设与社会主义商品经济发展相配套的民主政治体制，既是社会主义商品经济的必然产物，又是发展社会主义商品经济的根本需要。

第三，社会主义现代化必须包括政治上的现代化。我们的目的是要建设具有中国特色的社会主义现代化强国。这个现代化有特定的含义，它应包括经济上的现代化、制度上的现代化和思想文化上的现代化。也就是说，要建设比资本主义更发达的社会主义的物质文明、制度文明和精神文明。

社会主义的物质文明就是先进技术武装起来的、高效率的社会生产力，在生产发展基础上积累起来的越来越充裕的物质财富以及全面反映这种物质条件的人民的丰富的社会物质生活。社会主义精神文明是指与社会主义物质文明相适应的教育、文化、科学、文学艺术、新闻出版、广播电视、群众娱乐等文化方面及其相应的设施，以社会主义世界观和道德为核心的思想、道德和纪律等思想方面及其相应的机构，以及全面反映这种精神文明的人民的丰富多彩的思想文化生活和较高的思想境界和文化素质。社会主义制度文明就是指先进的、不断趋于完善的、有利于社会主义经济发展、促进和保障社会主义两个文明建设的社会主义制度及其体制。社会主义制度文明是社会主义物质文明和精神文明建设的指南和保证。社会主义的根本制度是较之资本主义制度先进得多、文明得多的制度，这就构成了社会主义制度文明建设的基本起点。然而，虽然我们的根本制度是好的，但是我们现行的具体体制还存在着种种弊端和缺陷，我们还没有最终找到一个很好地发挥社会主义制度优越性的完善合理的具体体制。

　　比较现代发达的资本主义各国和现实社会主义各国的经济状况，可以看出这样一点：现代资本主义社会制度仍然具有强大的动力机制。社会主义社会制度本应具有比资本主义强大得多的动力，而事实上，社会主义的经济却并没有达到应有的发展速度。问题的一个重要症结在于，二战后的资本主义经过激烈的混乱和动荡时期，经过几次世界性的经济危机和两次世界大战的浩劫，吸取了以往的历史经验和教训，采取了一系列的调整措施。首先，对生产关系的各个领域、各个环节加以调整，逐步形成了比较规范的资本主义商品经济的秩序。其次，对上层建筑的一些具体制度加以调整，建立了比较严密和完备的资本主义民主政治体制和法律体系。这就为资本主义社会的商品竞争创造了一个比较规范化和制度化的平等环境，使得战后资本主义各国的国内矛盾相对缓和，社会经济有一个相对和平稳定的发展条件。相比之下，现实中的社会主义各国还没有建立起完备的、严密的现代社会主义文明制度。社会主义要把自身蕴藏的动力充分地发挥出来，必须在进行社会主义物质文明建设的同时，紧紧抓住社会主义现代制度文明的建设。

　　我国社会主义建设的主要历史教训，就是没有集中力量发展社会生产力，尽快实现工业化和生产的商品化、现代化和社会化，建设雄厚的社会主义物质文明基础。而要发展社会生产力，就必须调动起全体人民群众的积极性，调动起社会主义的方方面面的积极性。怎样调动各方面的积极性呢？一是在经济上充分利用利益的刺激作用，政治上切实加强民主建设，从经济和政治上激发起人们的主动性和创造性；二是切实加强社会主义制度文明建设，把社会主义建成一个完备的法治社会，给社会成员创造公平合理的竞争环境，提供有效的社会矛盾协调体制。运用利益的刺激作用，可以调动起社会主义各方面的积极性，但利益的激励作用是有条件的，如果利益竞争机会不均等，利益分配不公，反而会挫伤群众的积极性，引起不必要的利益冲突，酿成不安定的社会因素。因此，在充分发挥利益激励作用的前提下，必须加强制度保障，协调好人民内部的利益矛盾。从经济上来说，主要就是建立合理的分配体制和税赋制度，建立经济法规协调体系，通过制度和法规来调整人民内部的经济利益矛盾，保障有一个秩序井然、公正合理的利益竞争环境。从政治上来说，主要就是加强社会主义的民主和法制建设，民主体制可以使社会各个利益群体都具有表达和实现自己利益的正常渠道，可以通过民众政治参与、决策民主化、扩大政治透明度等具体制度来调动广大群众的积极性，可以通过法制来制止党内和政府内腐败现象的发生，减少社会不安定因素，尽可能地化消极因素为积极因素。

以上分析表明，社会主义经济建设为民主建设提供基础和前提，社会主义经济建设又需要民主建设来保证、来促进，二者互为因果，互相促进。在社会主义现代化的进程中，我们必须注意防止两种倾向：一种倾向是脱离经济建设发展的需要和实际的经济现状，幻想在一天之内就完成民主化进程，犯有民主建设急性病；一种是借口经济建设落后，人民民主意识较差，而主张民主缓行，先搞"开明专制"，待经济发展后，再搞民主建设，犯有民主建设慢性病。这两剂治国药方都是误国误民的假药，民主激进会造成不必要的社会动乱，阻碍经济建设的发展，民主缓行同样也会使社会不安定，贻误经济建设的时机，社会主义的经济建设和民主建设须臾不可分离。

三、民主和权威缺一不可

现在我们回答新权威主义思潮提出的第二个问题：在我国社会主义现代化建设中，民主和权威能不能分开。

要搞清这个问题，必须首先讨论一下何为民主、何为权威。古往今来，民主表现为三个形态：作为意识形态而存在的民主意识和民主观念，主要指人们的民主意识、民主思想、民主理论、民主观点，等等；作为政治上层建筑而存在的民主制度和民主体制，主要是国家的根本制度、国家所采取的具体政体形式、在国家政治生活中通行的民主程序和法律规则；作为规范社会组织和个人行为方式准则的民主原则和民主方法，如政党内部实行的民主集中制原则、人们在解决各类争端问题时所采取的平等协商的处理方法、群众组织的组织原则，等等。其中，作为政治上层建筑而存在的民主制度和民主体制是最重要的民主形态，我们这里重点讨论的就是作为国家政治制度和体制的民主，即民主政治。民主政治的具体构成形式可以依不同的历史条件、不同的国情特点有所不同，但都必须依据程序原则、按多数人的意愿办事的原则和尊重少数人的权利的原则。作为国家制度和体制的民主并不排斥统一，并不排斥集中，并不排斥领导，并不排斥个人的作用。因为任何民主的国体和政体，都必须通过适当的集中统一的领导体制表现出来；在民主基础上选举出来的、集中代表人民意愿的政府，也必然要通过活生生的个人来组成。可以想象，没有领导者个人存在的政府是什么样的政府，没有统一领导、代表人民共同利益的民主政治制度是什么样的制度。作为国家制度和体制的民主只是同专制制度、同个人专断相对立，同统一意志、同集中领导是相一致的。

什么叫权威？ 1871 年，恩格斯在《论权威》一书中以铁路为例说明权威时指出："在这里，活动的首要条件也是要有一个能处理一切所属问题的起支配作用的意志，——不论体现这个意志的是一个代表，还是一个负责执行有关的大多数人的决议的委员会，都是一样。不论在哪一种场合，都要碰到一个表现得很明显的权威。"[1] 权威表现为在人们活动中起支配作用的、使人们服从的一种强制性的意志力量，体现这个意志力量的可以是一个代表，也可以是一个组织。权威具有两个方面，一方面是一定的强制，另一方面是一定的服从。服从有自觉的服从，也有被迫的服从。在人类社会发展的任何时候、任何条件下，人们的社会活动都离不开权威。譬如在大海里行船，在危险关头，要拯救大家生命，所有的人就必须立刻服从一个人的意志，这时的权威就是不能侵犯的绝对权力。权威可以同物质财富结合，也可以同思想结合；可以同权力结合，也可以同威望、荣誉结合；可以同组织的力量结合，也可以同个人的力量结合；可以同民主结合，也可以同专制结合，而产生一种使人服从的威慑力。在人类社会活动中，权威是必不可少的东西，马克思主义并不是一般地反对权威。不适当的权威会产生消极的，甚至坏的作用，比如，为社会发展所不允许的专断的权威，

---

[1]《马克思恩格斯选集》第 2 卷，人民出版社 1995 年版，第 553 页。

会阻碍经济的发展和社会的进步。但是"把权威原则说成是绝对坏的东西,而把自治原则说成是绝对好的东西,这是荒谬的"。[1]因此,对权威的社会作用要进行具体的、历史的分析。

就狭义的范围来讲,我们这里所讨论的权威是政治权威,是同政治权力相结合而产生的权威,这种政治权威的前提是民众的服从,而这种服从有两种情况:一种情况是多数人的被迫服从,一种情况是多数人的自愿服从,前者的服从是通过专制制度而产生的权威造成的,后者的服从是通过民主制度而产生的权威造成的。也就是说,政治权威既可以同专制制度结合而产生集权政治的权威力量,也可以同民主制度相结合而产生民主政治的权威力量。

在资本主义产生之前,奴隶制国家、封建制国家基本上实行的是专制政治,靠的是专制政治的权威维持政权,当然这并不排斥个别国家在个别历史阶段所建立的奴隶主民主制和封建民主制的政体。在资本主义出现之后,专制体制曾起到了阻碍商品经济进一步发展的消极作用,只有当资产阶级逐步建立起比较完备的资本主义民主政治秩序,才有力地促进了资本主义商品经济的发展。资产阶级民主政治的权威具有比专制政治的权威更优越的历史进步性,它是以一定程度的自愿服从为前提的。从历史的进步性上来看,自觉服从造成的民主政治权威比被迫服从的专制权威表现出更大的、更长远的优势力量。以自愿服从为基础的民主政治权威产生的是内在的凝聚力量,以被迫服从为前提的专制政治权威产生的是外在的胁迫力量。社会主义本质上是人民当家作主的制度,这种制度所需要的权威应当是民主政治的权威,是以大多数人的自觉服从为基础的权威。

专制政治的权威离不开个人专断,离不开封建家长制,而民主政治的权威反对个人专断和封建家长制,又不排斥个人的领导作用,不排斥集中统一的领导。这里问题的关键在于,领导者个人是否是通过民主的程序选拔上来的,是否接受群众的有效监督,集中统一是否在民主决策的基础上形成,集中统一的领导是否按多数人的原则来实施。我国是社会主义性质的国家,我们要建立有计划的商品经济秩序,我们必须要建立以大多数人的自觉服从为前提的民主政治权威。眼下群众中流传着这样一句话:"我们既不要无政府主义,也不要无主义政府。"这也就是说,我们既要反对否定一切权威的极端民主化的倾向,也要

---

[1]《马克思恩格斯选集》第2卷,人民出版社1995年版,第553页。

反对否定民主建设的迫切性和重要性，主张实行"集权政治""开明专制"的思潮，这两种倾向都是不利于社会主义现代化建设的。在我国的现代化建设进程中，民主和权威是不能分离的，不能只强调民主而不要权威，也不能只强调权威而不要民主。

以上三个方面的分析可以归结为一个结论：我们社会主义现代化建设，必须走经济建设和民主建设并进、民主和权威有机结合的道路，逐步建立起既能切实实现有权威的人民民主，又能在民主基础上实施有权威的宏观控制的社会体制，通过制度和体制的保障来实现社会主义的现代化。

社会主义社会矛盾及其发展动力问题 [1]

一、重大而迫切的时代课题

自从 1917 年第一个社会主义国家建立以来，现实社会主义的实践运动已经经历了 70 余年的历程。几十年来，社会主义在发展过程中曾经取得了举世瞩目的巨大成就，在一定程度上显示了新制度的优越性。然而令人遗憾的是，一系列现实社会主义国家在其迄今的发展进程中，还没有达到科学社会主义理论所预期的两个目标：（1）发达的社会主义生产力；（2）高度的社会主义民主。也就是说，社会主义制度的优越性并没有充分地发挥出来。我国和其他社会主义国家的实践表明：社会主义制度的建立和发展，情况比人们事先预想的要复杂得多、困难得多，新社会成长过程中所经受的阵痛，比人们过去预料的时间要长得多，旧社会所遗留下来的残存物，比人们所想象到的要顽固得多，其消极影响也比人们所估计到的要大得多。由于人们对社会主义的矛盾和发展规律还缺乏全面的、正确的认识，致使社会主义国家的经济、政治发展走过了一条不平坦的道路，遭受过挫折，也发生了许多动乱。

第一，消灭了阶级剥削制度和阶级对立的社会主义国家，并不像人们想象的那样，是一个和谐一致、无矛盾、无冲突的理想化了的社会，相反，现实的社会主义国家在自身发展过程中，暴露出来一系列矛盾。

---

[1] 本文原载《经济利益·政治秩序·社会稳定——社会主义矛盾的深层反思》，中共中央党校出版社 1991 年版。

　　纵观社会主义国家几十年的发展历史，可以看出，现实的社会主义国家是一个充满矛盾的社会，其具体表现是：

　　（1）社会主义国家在社会生活方面存在着矛盾、冲突和动乱。无论是过去，还是现在，在社会主义国家内部，一直存在着一定程度、一定范围的阶级矛盾和阶级斗争，存在着官僚主义、贪污腐败，存在着刑事犯罪和反革命破坏活动；一直发生着不同利益群体之间的利益纷争，以及人民群众内部的种种摩擦和纠纷，断断续续地爆发了一系列民族纠纷、宗教冲突、群众闹事、示威游行、工人罢工、学生风潮等。这些现象和事件充分表明，社会主义国家内部矛盾不仅是客观存在的，而且在一定条件下还会激化，导致社会冲突，造成社会动乱，使社会主义国家陷入社会危机的境地。如1956年波匈事件，80年代的波兰团结工会运动，等等。

　　（2）许多社会主义国家在政治生活方面都程度不同地发生过混淆社会矛盾的性质、阶级斗争扩大化、社会主义民主和法制遭到严重破坏的现象，直至发生政治冲突和政治危机。政治生活方面的矛盾、冲突、危机，或者是复杂社会矛盾的激化而引发的，如波兹南事件、匈牙利事件、波兰几次党政领导的更迭等；或者是混淆了不同性质的矛盾，如苏联30年代以来以及战后东欧的肃反扩大化、我国的"反右"扩大化等；或者原本是由领导层的路线、方针的分歧、对立而发展到严重政治动乱的地步。而更多的政治冲突的发生，则是由于上述多方面原因在不同条件下的不同的结合而造成的。社会主义国家内部矛盾的存在是客观的，矛盾的发生是必然的。由于人们不能正确地认识和把握矛盾，由于没有健全的社会主义民主和法制，使得社会矛盾得不到及时的解决，结果这些矛盾逐步激化发展为政治冲突。政治冲突又致使原有一些民主和法制遭到严重破坏，从而使这些矛盾、冲突更加尖锐化，最终导致严重的政治后果。

　　（3）如果把视野扩大，社会主义国家的社会矛盾就不仅存在于一个国家的内部，而且在社会主义国家之间也存在着外部冲突和矛盾。一些社会主义国家之间发生了一系列纠纷和矛盾，甚至逐步升级，发展到出现流血事件、爆发局部战争的境地。从1948年苏联和南斯拉夫两党两国之间的分裂，到其后发生的一系列社会主义国家之间的矛盾和冲突，都表明社会主义国家之间存在着外部矛盾。这些外部矛盾尽管和一个国家的内部矛盾情况有所不同，但从广义上来说，也属于社会主义国家的社会矛盾，有待于我们从理论上加以探索和解决。

上述三点说明，社会主义国家是充满矛盾的社会，对社会主义国家内部矛盾处理不当，就会酿成社会冲突和动乱，严重破坏社会主义民主和法制，危及社会主义制度本身的命运。

第二，按照马克思主义经典作家的说法，社会主义一旦建立，就会以比资本主义高得多的劳动生产率和快得多的速度来发展自身的社会生产力。社会主义各国的现实建设成就雄辩地证明了这一点。然而，就目前社会主义国家经济发展状况而言，它并没有达到人们预想的结果，许多社会主义国家都曾遇到或正在遇到未曾估计到的经济困难。

各国社会主义制度的建立，特别是在国家工业化和战后经济恢复时期，经济有了迅速的增长，这在一定程度上印证了马克思主义经典作家的预言。据统计，第一个社会主义国家苏联从 1917 年到 1953 年国民收入增加了 12.67 倍，而同时期美国是 2.03 倍，德国是 0.49 倍，其他资本主义国家更低。苏联经济上的成就对许多国家的人民产生了巨大的影响。东欧各国解放初期，尤其是在 50 年代，国民经济都得到了很快的发展，经济增长率要比资本主义国家高得多。中国在三年恢复时期和第一个五年计划期间，经济发展迅速，社会主义经济在竞争中战胜了资本主义经济。这时，社会主义在世界人民的心目中享有崇高的威望，没有任何人怀疑社会主义的发展速度。

社会主义国家所取得的伟大成就，证明了社会主义的优越性，但是这并不等于说，社会主义社会生产力发展已经达到应有的程度了。实际上，苏联早在斯大林逝世前夕，尽管工业生产和国防力量有了进一步的增长，但农业状况却很不理想，日用消费品生产相当落后，经济上已经出现了许多困难。斯大林逝世后，1956—1965 年两个五年计划任务一再落空，国民经济增长率不断下降，1951—1955 年平均每年增长 11.3%，1956—1960 年降为 9.1%，1961—1965 年降为 6.1%，1971—1975 年降为 5.7%，1981—1982 年降为 2%。到 80 年代初，已下降到几乎临近经济停顿的程度。从 50 年代中期以来，东欧社会主义各国经济处于波浪式的发展中，也逐渐放慢了发展速度，经济增长率都呈现出下降的趋势，甚至在 70 年代末至 80 年代以来，一些国家的经济增长还出现负增长。由于经济发展速度下降，东欧的某一些社会主义国家近年不同程度地遇到了严重的经济困难。中国经过"三年大跃进"之后，特别是经过"文化大革命"，经济发展速度下降，到 1975—1976 年几乎陷于停滞状态。

另一方面，发达的资本主义国家经过战后的经济恢复，通过对生产关系的调整，对不发达国家采取了新的政策，特别是从 70 年代以来，科学技术革命得到迅速的发展，尽管有不可避免的周期性的经济危机、萧条和其他经济困难，但总的来说，经济速度增长很快，人民生活也相对提高。然而，同发达的资本主义国家相比，社会主义的经济发展水平、文化技术水平和管理水平确实还比较落后，人民生活确实还比较贫困，现在社会主义国家生产力的平均水平，还落后于发达的资本主义国家，许多社会主义国家在生产力发展方面，还面临着发达资本主义国家已经解决了的任务。而且，恰恰在世界上许多资本主义国家经济迅速增长的时期，有的社会主义国家却由于自己内部的矛盾和冲突，忽视了国际上科学技术的进步和经济上的交流，耽误了本应并且本能发展更快的经济建设。同时，由于第三世界的分化，在特殊条件下出现的一系列新兴工业国家和地区，特别是亚洲"四小龙"，若干年来经济有了飞速的发展，对社会主义国家经济发展形成了新的挑战。上述这些情况表明，社会主义社会生产力并没有得到应有的发展，社会主义制度所具有的强大发展动力没有很好地发挥出来。

与科学社会主义理论所预期的两个目标相联系的是两个重大的现实理论问题：如何认识和正确处理社会主义社会的矛盾，如何认识和充分发挥社会主义社会的内在发展动力。这是当代社会主义所面临的重大而又迫切的现实理论问题，是向马克思主义哲学提出，并且必须从哲学上加以回答的重大时代课题。马克思主义必须有重大的发展，这是现时代的大趋势。总结正反两方面的经验，发展马克思主义关于社会主义的理论，形成当代的社会主义论，这是理论发展的根本性问题。而说明和解决社会主义社会的矛盾和动力问题，又是当代社会主义论的重要哲学基础和问题的关键。

二、当代社会主义论的哲学基石

上面提出了问题，那么为什么要这样提出问题呢？下面作简单的说明和分析。

对社会主义社会矛盾和发展动力问题的认识，是解决对社会主义再认识问题的哲学基础。现实社会主义大体经历了社会主义制度和体制的确立，二战后社会主义制度和体制在东欧和亚洲一系列国家的推广，20 世纪 50 年代后期以来社会主义各国先后开始进行改革这样三个时期。在第一个时期，和马克思原来的设想不同，苏联按照科学社会主义原理，在帝国主义包围下，第一个在一个经济落后的国家建立了社会主义制度，同时又由于后来苏联在某种程度上教条地搬用了马克思和恩格斯的某些原理，确立了以高度集权为主要特征的社会体制，这种体制在当时历史条件下发挥了一定的推动经济发展的作用。在第二个时期，东欧和亚洲国家先后取得了革命胜利，确立了社会主义制度，然而它们却一定程度上教条地搬用苏联一国的模式，把苏联一国僵化的体制推广到一系列社会主义国家。在这两个时期，与社会主义现行的僵化体制相一致，人们逐步形成了关于社会主义的一整套固定的僵化观念，社会主义各国逐步放慢了经济发展的速度，出现了许多社会主义的变形现象。在第三个时期，社会主义各国的实践者们逐步认识到，必须抛弃关于社会主义的一整套僵化的观念，对阻碍社会主义经济发展和民主进程的僵化体制必须加以彻底的改革，否则社会主义的优越性就不能充分地发挥出来，社会主义就不能最终战胜资本主义。总之，在现实社会主义的三个时期的发展过程中，已经出现了，或者正在出现着，或者即将出现一系列新情况、新问题和新矛盾，这些问题和矛盾与马克思主义经典作家的理论设想之间存在着很大的差距。怎样建设社会主义，建设什么样的社会主义，这是摆在我们面前最重大的问题，要回答这个问题，必须重新认识社会主义。这就提出了对社会主义进行再认识的课题。

现实社会主义出现一系列社会冲突和社会动乱，社会经济没有发展上去，其中一个重要原因就在于现实社会主义在其发展进程中形成了一套僵化封闭的社会体制，无法有效地协调社会矛盾，充分发挥出发展动力的作用来。从主观原因来说，之所以会形成僵化封闭的社会体制，就在于我们没有搞清什么是社会主义、怎样建设社会主义这个根本认识问题。而重新认识社会主义，必须对社会主义社会矛盾和动力问题有一个准确、全面、科学的认识，这是社会主义发展的现时代赋予我们的重大哲学课题，是人们认识社会主义的哲学思想武器。

黑格尔从唯心主义观点出发揭示了哲学和时代的关系，他说："哲学的任务在于理解存在的东西，因为存在的东西就是理性，就个人来说，每个人都是他那时代的产儿。哲学也是这样，它是被把握在思想中的它的时代。"[1]时代哲学是时代矛盾的理论结晶，任何社会历史的哲学命题，都是由该时代矛盾的尖锐化

---

[1] 黑格尔：《法哲学原理》，商务印书馆1961年版，第12页。

而提出来的。对该时代矛盾的正确的认识，科学的抽象，正是对该时代的特征、规律的认识，这种认识就是该时代的时代精神——时代哲学。资本主义时代所特有的矛盾是唯物史观产生的客观条件，唯物史观主要就是在对资本主义内在矛盾的理论概括和科学说明的基础上形成的时代哲学。由于现实的社会主义大都是建立在经济落后的国家，这些社会主义国家在实际发展进程中，存在着一系列的社会矛盾和社会问题。因此，发现和认识现实社会主义社会的矛盾和动力作用的新特性，揭示社会主义社会的矛盾和动力作用的客观规律，是当代马克思主义继承者所面临的重大的时代哲学课题。马克思回答了资本主义社会的矛盾和发展动力问题，从而创立了自由资本主义时代的马克思主义。列宁分析了帝国主义时代的特性和矛盾，解决了社会主义在一国胜利的问题，从而创立了帝国主义时代的马克思主义—列宁主义。在当代，谁回答了社会主义社会的矛盾和发展动力问题，谁就完成了可以与马克思所完成的历史任务相媲美的现时代的历史任务，也就为社会主义论奠定了哲学基石。

解决社会主义发展规律这个问题，必须把握社会主义的本质，而把握社会主义的本质，就必须深刻认识社会主义社会矛盾的特殊性。认识事物就是认识事物的内在矛盾的特殊性，认识社会主义也就是要认识社会主义社会内在矛盾的特殊性。只有深刻认识社会主义社会矛盾的特殊性，才能认识社会主义的本质特征，认识社会主义社会有机体的整体结构特点。

解决如何建设社会主义这个问题，必须要全面、系统地认识社会主义社会发展的客观规律，而把握社会主义社会发展的客观规律，就必须深刻认识社会主义社会矛盾的运动规律。现实社会主义的运动实践表明，每当社会主义的领导力量对社会矛盾判断和处理失误，就会严重影响社会主义的民主和法制建设，就会给社会主义建设带来不应有的损失。实际上，社会主义社会矛盾是一个复杂的系统，有着特殊复杂的运动规律，人们只有自觉地、系统地认识社会主义社会的矛盾运动规律，才能自觉地而不是被动地，正确地而不是错误地处理社会主义社会的矛盾；才能按照社会主义社会矛盾的客观规律，建立起能够有效协调社会矛盾的民主体制和法制体系，保证社会主义的协调发展。

现实社会主义为什么会存在前面提到的一系列矛盾呢？原则地说，不外乎三大根源：

一是社会主义社会产生的历史根源。社会主义不是凭空产生的，而是从旧社会中脱胎出来的，它必然地要带有旧社会的胎记和残存物，这些旧社会的胎记和残存物表现为旧社会的政治、经济、文化、思想、道德等残余因素和残余影响的存在，表现为一定范围内存在的阶级斗争。这些残余因素和影响是社会主义出现变质和变形现象的重要客观原因。这些旧社会的残余因素和影响，必然同社会主义的新的因素之间发生一定的矛盾，从而构成社会主义社会矛盾存在的历史原因。在不同的国度里，旧社会的因素和影响的存在形式、范围和程度是大不相同的。比起其他封建主义较少的国家来说，在我们中国这样有着悠久封建传统的国家里，恐怕封建主义的因素和影响要更顽固，新旧因素之间的斗争要更持久。在社会主义社会的发展进程中，旧的残余因素有两种情况：一种情况是，在社会主义社会发展的某个阶段或某种条件下，有些残余因素对社会主义的发展会产生有利的影响，如我国现阶段存在的个体所有制经济，这类因素同社会主义新因素的矛盾在一定条件下是非对抗性矛盾；另一种情况是，有些残余因素是社会主义社会发展的破坏性因素，它们同社会主义新因素的矛盾是对抗性矛盾。

二是社会主义本身内部的客观根源。社会主义作为人类历史上新型社会形态的一个特定历史阶段，其本身必然有一个运动发展变化过程，这个发展变化过程就是社会主义不断产生矛盾、不断解决矛盾的自身运动过程，社会主义自身内部的客观原因，是社会主义社会矛盾存在的重要根源。

三是年轻的社会主义实践者们主观上的根源。社会主义是一个新生事物，什么是社会主义，怎样搞社会主义，对于年轻的社会主义实践者们来说，一直是一个需要在实践中不断加以认识的重大课题，也可以说，是一个尚未解决的课题。这样，在社会主义建设的指导思想上，社会主义的实践者们就难免犯错误。社会主义实践者在主观认识上犯错误，必然会导致实践工作中的错误和挫折，必然会造成一些不应有的矛盾发生，或者使本来可以妥善解决的矛盾，暂时得不到解决，使矛盾向恶性方向发展。社会主义社会矛盾的运动规律是客观存在的，但往往由于人们对社会主义社会矛盾的客观规律缺乏认识，使客观存在的社会矛盾激化、逆转，以至于爆发社会动乱。因此，人们只有正确认识社会主义社会矛盾的运动规律，才能把主观造成的矛盾激化、矛盾逆转现象减少到最低限度，才能对客观存在的社会矛盾因势利导，使其向有利于社会主义发展的方向运动。

　　社会主义采用什么样的社会体制，才能推动社会生产力的迅速发展，这就必须解决什么是社会主义发展动力、怎样认识社会主义发展动力的运动规律这个问题。从矛盾产生的根源来说，社会主义所存在的客观矛盾，就其社会功能来说，是社会主义发展的内在动力和根本源泉。既然社会主义所存在的客观矛盾是社会主义发展的动力和源泉，那么解决采用什么样的体制，才能推动社会生产力的迅速发展这个问题，也就必须要解决对社会主义社会矛盾的社会功能的认识问题。实际上，社会主义社会矛盾和发展动力是两个互相联系而又有区别的哲学问题。社会矛盾植根于深厚的经济事实之中，经济原因乃是社会矛盾发生、存在和解决的最深厚的根源。从现实社会主义各国发生的矛盾和动乱来看，矛盾的激化、动乱的发生、危机的出现往往同经济发展相联系，政治局势是经济矛盾的具体表现。当执政党主观上犯错误，当社会或经济出现严重困难时，往往就伴随着社会矛盾的激化，甚至会发生严重的政治动乱，正常的民主生活和法制秩序会遭到破坏。由此看来，现实社会主义所发生的矛盾激化现象，如社会动乱、政治冲突、民族纠纷，等等，往往是直接或间接地同社会主义国家的经济发展问题联系在一起的。如果生产搞不上去，人们生活水平提不上去，经济发展搞不过资本主义，社会主义的优越性就不能充分体现出来，深藏于深厚的经济事实中的社会矛盾就很容易激化。社会主义社会的经济发展速度问题是决定社会主义社会矛盾发生、发展、变化和解决的条件。从哲学上来说，社会主义社会的经济发展速度问题，体现了社会主义的发展动力问题。因此，社会主义社会矛盾的发展、变化和解决，在一定程度上同社会主义社会的经济发展动力是否最大限度地发挥出其固有的能量相联系。

　　然而，从矛盾的作用和功能来说，社会主义社会矛盾又是社会主义发展的内在动力和源泉，正确认识社会主义社会矛盾及其动力作用，是正确认识社会主义社会发展动力的必要前提条件。从某种意义上来说，社会主义社会矛盾比社会发展动力更具有基础和根本的意义。从社会现象的外在联系来看，社会矛盾激化，社会动荡不安，反过来必然会影响社会的经济发展速度，影响正常的社会经济建设。任何一个民族、任何一个国家都没有本事在社会动乱中实现经济腾飞。用哲学的话来说，社会矛盾的存在状态及其人们对社会矛盾的处理方式，又是社会动力作用正常发挥的条件。从社会现象的内在发展逻辑来看，社会矛盾乃是社会发展的内在动力和源泉。因此，认识社会主义社会的发展动力，就要从认识社会主义社会矛盾入手，关于社会主义社会矛盾的正确认识，是全面认识社会主义社会发展动力的必要前提。

关于社会主义社会矛盾和发展动力问题，从某种意义上说，可以归结为对社会主义社会矛盾的特殊性、运动规律和动力功能的认识，只有深刻地认识社会主义社会矛盾及其动力作用，才能认识社会主义的本质和客观规律，才能按照社会主义的发展规律，建立起有效协调社会主义社会矛盾、充分发挥出社会主义社会发展动力作用的社会体制，最终把社会主义社会建成具有高度民主和发达生产力的理想社会。

三、曲折认识过程中的深刻反思

从苏联宣布成为第一个进入社会主义社会的国家到今天，社会主义实践的发展已经有了 50 余年的历史。这 50 年的社会主义实践过程，也是人们对社会主义社会矛盾问题的认识过程，这个认识过程，大体可以划分为三个阶段。

第一阶段，以"完全适合论"和"统一动力论"为代表的，否认社会主义社会矛盾的基本倾向占统治地位的阶段（1936 年到 50 年代初期）。

这个阶段是从 1936 年苏联宣布进入社会主义社会到 50 年代初期斯大林逝世前后。随着社会主义制度在苏联的建立，在人类历史上第一次出现了社会主义的实践。在新社会内部的矛盾还没有充分暴露、人们的实践经验还很缺乏的条件下，人们企图从与阶级社会，特别是与资本主义社会的对比中来把握新社会的特点，揭示新制度的优越性。在这种情况下，由于思想方法的片面性，斯大林提出了"完全适合论"和"统一动力论"，否认社会主义国家内部存在矛盾，以形而上学代替了社会主义社会发展辩证法，这是这一阶段关于社会主义社会矛盾问题的基本理论倾向。

在苏联宣布建立社会主义制度以前，斯大林承认社会主义过渡时期存在着矛盾、阶级和阶级斗争，他对当时苏联社会矛盾作过一些分析，在 1930 年他明确使用过"内部矛盾"（指工农之间的矛盾）和"外部矛盾"（指社会主义国家和资本主义国家之间的矛盾）这样的概念[1]。而在 1936 年，当斯大林作《关于苏联宪法草案》报告宣布苏联进入社会主义社会时，他就提出工人、农民和知

---

[1]《斯大林全集》第 8 卷，人民出版社 1954 年版，第 62 页。

识分子三个社会集团之间的经济的和政治的矛盾，"在缩小，在消失"[1]。1937 年 8 月，当需要对正在开始的大规模肃反活动作出理论说明时，斯大林提出了著名的"左"的论点："如果阶级斗争的一端在苏联境内有所行动，那么它的另一端却延伸到包围我们的资产阶级国家的境内去了。"[2] 这就是把苏联的社会矛盾都说成是剥削阶级残余进行的反抗和斗争，说成是敌我矛盾。而且把引发矛盾的主要原因归结为外部，归结为资本主义包围，否认了社会主义国家内部存在着矛盾。1938 年斯大林在《论辩证唯物主义和历史唯物主义》一文中，首次指出：社会主义社会的"生产关系同生产力状况完全适合"的论点[3]，"完全适合"也就是说它们之间是没有矛盾的。这样，"完全适合"论就随着收载该文的《联共（布）党史简明教程》的普及而广为传播。既然认为社会主义社会是无矛盾的，不是由矛盾推动而前进的，那么在理论上就必须对社会主义社会发展动力问题作出新的说明。1939 年 8 月，斯大林在联共（布）第四次代表大会上指出，苏联社会"在道义上和政治上的一致，苏联各族人民的友谊以及苏维埃爱国主义这样一些动力也得到了发展"[4]。这也就是说一致、统一是动力。斯大林关于社会主义社会动力问题没有其他的论述，这也就可看作是斯大林的动力论。斯大林虽然没有关于社会主义社会矛盾问题的专门的、系统的理论论述，但从以上的一些论述中也完全可以看出，他直截了当地否认了社会主义社会的内在矛盾，他的论点显然是形而上学的。

斯大林的理论给苏联带来了有害的影响，由于斯大林的观点从 30 年代以来就一直在苏联占着统治地位，这种占统治地位的形而上学观点就成为苏联僵化的经济和政治体制形成的重要哲学支柱。在实践上，由于否认了社会主义内部人们之间的矛盾，导致以斯大林为代表的苏联党的领导在国家政治生活中严重混淆两类不同性质的矛盾，犯了一系列肃反扩大化的错误，严重破坏了社会主义社会的正常民主生活，长期阻滞了这种民主生活的发展进程；在经济上，由于否认了客观存在的矛盾运动，找不到真实的发展动力，形成了严重窒息社会主义社会经济活力的社会体制，造成了苏联后来社会经济发展的缓慢和停滞。

第二阶段，关于社会主义社会矛盾的理论初步形成阶段（50 年代中期到 60

[1]《斯大林文集（1934—1952）》，人民出版社 1985 年版，第 105 页。

[2]《斯大林文集（1934—1952）》，人民出版社 1985 年版，第 153 页。

[3]《斯大林选集》下卷，人民出版社 1979 年版，第 449 页。

[4]《斯大林文集（1934—1952）》，人民出版社 1985 年版，第 263 页。

年代）。

这个阶段是从 50 年代中期开始持续到 60 年代。第二个认识阶段实际上是自 1936 年以来，关于社会主义社会矛盾的第一次大规模的论争，关于社会主义社会矛盾的理论在争论中开始形成。这个认识阶段是同社会主义国家出现的第一次改革浪潮的历史背景相联系的。第二次世界大战之后，列宁亲手创立的第一个社会主义国家经受了苏联国内战争的考验，尤其是经受了第二次世界大战的考验，成为世界强国之一。与此同时，二战后又涌现出一系列的社会主义国家。这个伟大的历史事实向世界人民证明了社会主义制度的优越性。然而，当世界历史进入一个新的转折点之后，资本主义各国相继调整了国内政策，对资本主义的体制进行了较为广泛的改革，进入了相对和平的科学技术和经济发展的时期。社会主义各国经过新的社会制度初创之后，也相继进入和平建设阶段。在这种历史条件下，社会主义各国的国内矛盾开始突出了：（1）所执行的过"左"的那些路线和政策造成的后果，开始暴露出来；（2）社会主义各国按照苏联模式所建立的旧体制开始暴露出其固有的弊病，阻碍了社会主义经济的进步发展；（3）社会主义各国人民内部的利益矛盾开始突出出来了。正是在这种历史条件下，国际共产主义运动展开了对"斯大林主义"的反思和论争。

除了 40 年代末期，南斯拉夫被开除出情报局，走上"工人自治"的独立发展道路外，1956 年，苏共召开二十大，开展批判"个人迷信"和肃反扩大化的运动，触发了东欧一些社会主义国家要求冲破旧体制束缚、摆脱苏联控制、冲开苏联模式的民主和改革浪潮。由于波兰、匈牙利本身特殊的国内外矛盾的激化，再加上掌权的领导人错误地估计了形势，混淆了两类不同性质的矛盾，以及帝国主义和反社会主义分子挑拨离间和资产阶级思潮的影响，造成了 50 年代的波匈事件。波匈流血事件使波匈两党开始清醒，尤其是匈牙利社会主义工人党及时地总结了匈牙利事件的经验教训，开始有目的、有步骤地进行社会主义改革，扩大社会主义经济民主和政治民主，调整国内利益关系和矛盾关系。50 年代后期，匈牙利改革又连续引起苏联和东欧一些国家的局部性改革；50 年代中期、后期的社会主义改革浪潮，进一步促使一些国家的共产党人清醒地看到，社会主义国家内部存在着矛盾、危机和冲突，必须调整和处理好社会主义社会矛盾，否则就会给社会主义带来严重的损失。于是，如何看待斯大林关于社会主义社会矛盾问题的论述，如何正确理解和处理社会主义社会矛盾问题，就成为当时最迫切的马克思主义现实的理论问题之一。这个阶段的特点是，开始肯定社会主义国家内部存在矛盾，并逐步提出社会主义社会矛盾的初步理论，中国共产党人和毛泽东同志关于社会主义社会矛盾问题的思想是这个阶段的最高理论成果。

在关于社会主义社会矛盾这个重大理论问题上，我们党和毛泽东同志有独创的理论贡献，提出了主要矛盾、基本矛盾、两类不同性质矛盾的理论，并且作了深刻的论证和阐述。1956 年 9 月党的八大决议指出："我们国内的主要矛盾，已经是人民对于建立先进的工业国的要求同落后的农业国的现实之间的矛盾，人民对于经济文化迅速发展的需要同当前经济文化不能满足人民需要状况之间的矛盾。"明确了我们国内的主要矛盾。1956 年，在苏共二十大批判斯大林所引起的一场政治风波之后，我们党发表了《关于无产阶级专政的历史经验》和《再论无产阶级专政的历史经验》两篇文章，阐述了我们党关于社会主义社会矛盾问题的认识，认为，社会主义社会的发展是在生产力和生产关系的矛盾中进行的，社会主义社会存在两种不同性质的矛盾。这是我们党第一次公开阐明的有关社会主义社会矛盾，关于两类不同性质矛盾的原则性观点。1957 年，我国完成了社会主义三大改造，过渡时期的基本任务已经完成，大规模的群众性的阶级斗争基本结束，而人民内部的各种矛盾突出出来了。鉴于波匈事件的教训，鉴于国内的新情况，毛泽东同志总结了我国社会主义建设的实践经验，注意到斯大林和当时苏联理论界关于社会主义社会矛盾的不正确认识，发表了《关于正确处理人民内部矛盾的问题》的讲话，创造性地发展了马克思主义关于社会主义社会矛盾的理论。它的主要贡献是：(1) 把对立统一规律贯彻到对社会主义社会的研究，通过对社会主义社会矛盾特殊性的揭示，坚持了矛盾普遍性的原理，阐明了社会主义不是没有矛盾而是充满矛盾，只是这种矛盾和旧社会根本不同，它是非对抗性的矛盾，可以经过社会主义制度本身，不断得到解决。这也就批判了斯大林等人看到社会主义与阶级社会不同的某些特点，否定社会主义社会存在矛盾的形而上学观点，坚持了辩证法的宇宙观。(2) 明确指出社会主义的基本矛盾仍然是生产关系和生产力之间、上层建筑和经济基础之间的矛盾，其特点是它们之间既有基本适应的一面，又有不相适应的一面。(3) 提出了两类社会矛盾的学说，认为，敌我矛盾是对抗性的矛盾，人民内部矛盾是非对抗性的矛盾，二者解决的办法是不同的。人民内部矛盾是社会主义国家内部大量存在的矛盾。在这前后，刘少奇同志也对两类矛盾的学说作出一定的贡献，他认为，人民内部矛盾"大量地表现在人民群众同领导者之间的矛盾问题上。更确切地讲，是表现在领导上的官僚主义与人民群众的矛盾这个问题上"。[1]他还认为，人民内部矛盾"还特别表现在分配问题上"。[2] 这样刘少奇同志进一步阐述了人民内部矛盾的主要表现和人民内部矛盾的主要表现领域。（4）在发展动力问题上，指出正是这些社会主义社会矛盾推动着社会主义社会向前发展。（5）关于国内的主要矛盾，明确指出，革命时期的大规模的疾风暴雨式的群众阶级斗争已基本结束，我们的根本任务已经由解放生产力变为在新的生产关系下面保护和发展生产力。

中国共产党和毛泽东同志的上述理论，是关于社会主义社会矛盾认识史上的重要里程碑，它批判了形而上学观点，扭转了方向，把矛盾问题提到涉及社会主义社会发展的全局而不是局部、根本而不是枝节的理论问题的高度，并解决了一些重大的理论问题。尽管它还有许多不足和缺陷，如没有真正揭示出社会主义社会矛盾的经济根源和具体表现，没有解决与此相联系的社会主义民主建设问题，因而也没有涉及旧体制的弊端等问题，但毕竟还是为全面、科学地认识社会主义社会矛盾问题奠定了重要的基础。

事情的发展是曲折的。由于理论问题解决得不彻底，由于主观判断上的偏差，由于当时着重从政治思想上来分析社会主义社会矛盾，缺乏从根本的经济原因上来认识社会主义社会矛盾，在"反右"开始后，毛泽东同志逐步违背了关于社会主义社会矛盾问题的正确论断，把阶级斗争看作是我国社会主义面临的主要矛盾，后来发展到发动"文化大革命"，提出"无产阶级专政下继续革命"的理论。这是对我们党和毛泽东同志关于社会主义社会基本矛盾、主要矛盾、两类不同性质矛盾正确学说的背离。

第三阶段，深入研究社会主义社会矛盾，社会主义社会矛盾理论的进一步形成阶段（60年代后期到80年代）。

第三个阶段大约从60年代后期持续到80年代，在这个阶段出现了关于社会主义社会矛盾问题的第二次论争高潮。这个认识阶段是同社会主义国家第二次改革高潮相联系的。60年代以来，一直到80年代，世界上爆发了一系列全球

---

[1]《刘少奇选集》下卷，人民出版社1985年版，第303页。
[2]《刘少奇选集》下卷，人民出版社1985年版，第303页。

性的重大事件：（1）经过力量的重新组合，社会主义阵营已经不复存在，社会主义各国之间发生了一系列冲突乃至流血事件，如中苏两党公开论战，中苏、中越边界流血事件等；（2）许多社会主义国家内部爆发了一系列社会动乱，如中国"文化大革命"十年内乱，波兰80年代动乱等；（3）社会主义各国逐渐减慢了发展的速度，并且先后出现了各种经济困难，而资本主义世界的一些国家和地区在经济上却有了很快的发展，科技革命蓬勃兴起，日本、西德、亚洲"四小龙"等国家和地区的经济发展尤为显著。这些情况和事件发生的原因和性质虽然并不相同，但都进一步引起人们对社会主义社会发展动力和社会主义社会矛盾问题的思索，提出了对社会主义再认识的历史课题。理论上对社会主义的再认识，推动了社会主义改革实践的进一步发展。从50年代后半期开始，经过60年代、70年代，到80年代，一些社会主义国家掀起了改革的高潮。社会主义各国改革实践表明，关于社会主义社会矛盾的理论是社会主义社会改革的重要理论依据，只有正确认识社会主义社会矛盾，才能认识社会主义社会改革的动因，认清改革的方向、性质和特点，明确改革的范围和内容。正是社会主义社会的改革高潮，促使对社会主义社会矛盾问题的认识进入了新的阶段。

关于社会主义社会矛盾的错误理论，及其在这个理论指导下发动的"文化大革命"，给中国人民和社会主义事业造成了深重的灾难，这个教训从反面说明了正确认识社会主义社会矛盾的极端重要性。1978年党的十一届三中全会以来，我们党彻底清理和纠正了长期存在的"左"倾思想和理论观点，其中也纠正了关于社会主义社会矛盾问题的错误观点。党的十一届三中全会果断地停止使用"以阶级斗争为纲"的口号。1981年6月，党的十一届六中全会通过的《关于建国以来党的若干历史问题的决议》（以下简称《决议》）指出："在社会主义改造基本完成以后，我国所要解决的主要矛盾，是人民日益增长的物质文化需要同落后的社会生产之间的矛盾。"同时《决议》对社会主义时期的阶级斗争进行了新的理论概括，指出在剥削阶级作为阶级被消灭以后，阶级斗争已经不是社会主义社会的主要矛盾，但由于国内的因素和国际的影响，阶级斗争还将在一定范围内长期存在，在某种条件下还有可能激化。然而，我们党和理论界并没有仅仅停留在拨乱反正的工作上，而是从总体上提出了对社会主义再认识的问题，进一步发展关于社会主义社会矛盾的理论。在对社会主义再认识的过程中，人们认识到，过去对社会主义的认识同现实社会主义的实践之间存在着矛盾，正是这种认识和实践的矛盾，促使我们党和理论界到社会主义实践中去探讨社会矛盾的特点和规律，深化了关于社会主义社会矛盾的理论认识，有了一些突破和飞跃：（1）充分认识到生产力在社会主义社会基本矛盾运动中的决定性作用，把生产力标准提到第一位，把发展生产力作为社会主义社会的根本任务，深化了对社会主义社会基本矛盾的认识。1984年10月党的十二届三中全会作出的《中共中央关于经济体制改革的决定》中指出，把是否有利于发展社会生产力作为检验一切改革成败的最主要标准。1987年10月党的十三大报告指出："是否有利于发展生产力，应当成为我们考虑一切问题的出发点和检验一切工作的根本标准。"（2）深刻认识到我国多年来形成的过分集中的僵化的社会主义经济—政治体制，它严重地束缚了社会生产力的发展，目前我国改革的迫切任务就是在坚持社会主义根本制度的前提下，改革不适应生产力发展的僵化的经济体制和原有的政治体制，进一步解放生产力，使社会主义真正变得生机盎然、充满活力，从而初步揭示了社会主义社会基本矛盾的具体表现和解决矛盾的根本途径。（3）坚持实事求是的思想路线，具体分析我国的国情，从我国生产力的实际状况出发，明确指出我国正处于社会主义初级阶段和我国目前阶段的主要矛盾，说明我们必须从这个最基本的重要国情和客观实际出发，不能做超越阶段的事情，全面提出了党在社会主义初级阶段的基本路线，为认识社会主义社会矛盾奠定了重要基础。正是在党的正确路线指引下，我国理论界从实际情况出发，对社会主义社会矛盾问题进行了广泛的探讨和研究，进一步深化了对社会主义社会矛盾问题的正确认识。

从以上的历史叙述中可以看出，关于社会主义社会的矛盾和发展动力问题，在半个世纪以前，斯大林提出两个基本观点：一是"完全适合论"，这是他看到社会主义同以往的阶级社会不同，消灭了阶级对立，社会主义社会成员之间根本利益是一致的，就误认为这种"一致"就是没有矛盾。事实上，社会主义社会不是不存在矛盾，只是和阶级剥削社会的矛盾性质不同，而矛盾性质不同不等于没有矛盾。一是"统一动力论"，他看到，既然在社会主义社会人民的根本利益是一致的，那么矛盾也就不成为动力了，只有一致才是动力。斯大林只看到了人民根本利益的一致，否认了人民在根本利益一致基础上还存在着矛盾，而正是这种矛盾才是推动社会主义社会前进的动力。斯大林关于社会主义社会矛盾的形而上学观点流传了整整半个世纪，曾一度统治着社会主义国家的思想阵地,给社会主义的实践带来了不良的影响。半个世纪以来围绕着斯大林提出的论点逐步展开的争论,是在马克思主义发展史上关于唯物辩证法和形而上学的一场大论战。这场论战不仅旷日持久,而且意义极为深远,关系到社会主义的前途和命运。在论战中辩证法逐步克服了形而上学,而毛泽东同志的《关于正确处理人民内部矛盾的问题》是这一转变的标志。随着历史的发展,社会主义的实践者们也逐步突破斯大林观点的束缚,原则上承认社会主义社会存在着矛盾,认为矛盾是社会主义社会的动力和源泉,开始深入探讨社会主义社会矛盾的一系列理论问题。近年来,甚至提出社会主义社会存在着对抗性矛盾,存在着社会危机,必须改革旧的体制,才能进一步解放和发展生产力的观点。

总之,半个世纪以来,关于社会主义社会矛盾问题,人们经历了一个正确与错误、真理与谬误的反复认识过程。可以说,至今人们尚未完成对社会主义社会矛盾的全面科学的认识,除了社会主义社会发展的客观条件给人们造成的局限以外,没有从经济入手,分析社会主义社会矛盾产生的最终根源,也是其中一个最重要的认识上的原因。对社会主义社会矛盾存在的经济根源不展开分析,就无法从总体上深入、完整、正确地把握社会主义社会矛盾的特点和运动规律。因此,现在摆在我们面前的重要任务是:从社会主义社会的经济分析入手,揭示社会主义社会矛盾产生、发展和解决的经济根源,深刻认识社会主义社会利益矛盾,以便全面、科学地表述社会主义社会基本矛盾的具体表现和社会主义初级阶段的主要矛盾,实事求是地说明社会主义社会冲突、动乱、危机等矛盾激化、对抗现象,清楚地认识到什么是社会主义社会的发展动力,怎样通过改革,采取什么样的社会体制,才能有效地协调和处理社会主义社会矛盾,最大限度地发挥出社会主义固有的动力作用。

四、走出理论"涤罪所"的解脱之路

对社会主义社会矛盾认识过程的历史回顾表明,关于怎样认识和处理社会主义社会的矛盾问题,虽然已经取得了许多研究成果,但至今还是一个亟待解决的重大课题。对于这个有重大理论和实践意义的根本性问题,要形成具有科学形态的系统理论,还需要我们做艰巨的工作,还需要我们在人们已经达到的认识基础上继续前进,克服一些认识方法上的缺陷,用历史唯物主义原理系统地总结正反两方面的实践经验，把握唯物辩证法，从社会主义社会的现实出发，首先是从分析社会主义社会经济事实入手，不断进行深入的、系统的、全面的研究。为此，就要找到推动社会主义社会经济，从而推动整个社会发展的矛盾的主线，找到沿着主线、从经济分析入手、对社会主义社会矛盾进行深刻分析的正确思路来。只有这样，才能走出社会主义社会矛盾问题理论研究的"涤罪所"。

（一）生产与需要的矛盾是把握社会主义社会矛盾的主线。商品经济阶段是社会主义发展所不可逾越的历史阶段，现实社会主义社会必然存在商品经济。存在商品经济的现实社会主义社会的矛盾是极为复杂的，要认识这一复杂的矛盾系统，必须把握生产与需要矛盾这一主线。为了说明把握生产和需要的矛盾对认识社会主义社会矛盾的特殊意义，先简略地说明把握它对认识社会历史的一般意义。

人类社会历史就是不断地满足自身的需要而进行生产活动的历史，生产和需要的矛盾贯穿人类历史发展始终，横跨社会生产和社会消费两大领域，推动社会生产的发展，从而推动着社会历史的发展。马克思和恩格斯把生产和需要作为完整地说明整个历史发展的最重要的范畴之一。他们认为，生产和人的生产，人的生活需要和人的生产需要，这两种需要和两种生产，"从历史的最初时期起，从第一批人出现时"，"就同时存在着，而且就是现在也还在历史上起着作用"[1]。需要范畴反映了人对客观外界的一种依赖关系，生产总是由需要引起的，没有需要也就没有生产，需要构成了"生产的观念上的内在动机"，构成"生产的前提"，构成"生产的动力"。离开需要就无法理解生产，人们的社会需要是刺激人们从事社会生产活动的内在动机。但是，"过程总是从生产重新开始的"，需要的满足、新的需要的产生是通过生产实现的。"生产本身就创造需要"[2]，"需求本身也只是随着生产力一起发展起来的"[3]。因此，需要是生产观念上的起点，生产是需要的实际起点，正是生产和需要的辩证矛盾运动构成了社会经济发展的动力，从而成为推动社会历史矛盾运动的基础。

不过各个社会成员的需要并不是径直地，而是通过生产关系影响社会生产，

---

[1]《马克思恩格斯全集》第 46 卷（上），人民出版社 1979 年版，第 28—29 页。

[2]《马克思恩格斯全集》第 46 卷（上），人民出版社 1979 年版，第 402 页。

[3]《马克思恩格斯全集》第 46 卷（上），人民出版社 1979 年版，第 114 页。

推动社会生产力的发展。尽管生产与需要的矛盾贯穿于人类社会始终，但在不同的历史条件下，生产和需要矛盾的具体表现形式是不同的。在阶级剥削社会里，由于生产资料占有的私人性质，社会生产的直接目的是满足统治阶级的私人需要，而不是直接满足社会需要，不是直接满足劳动人民的物质文化生活的需要。恩格斯指出："鄙俗的贪欲是文明时代从它存在的第一日起直至今日的起推动作用的灵魂；财富，财富，第三还是财富，——不是社会的财富，而是这个微不足道的单个人的个人的财富，这就是文明时代唯一的、具有决定意义的目的。"恩格斯在阐明这对社会生活其他方面发展的意义时又指出："如果说在文明时代的怀抱中，科学曾经日益发展，艺术高度繁荣的时期一再出现，那也不过是因为在积累财富方面的现代的一切积聚财富的成就不这样就不可能获得罢了。"[1] 这也就是说，在私有制社会里，科学、文化、艺术和教育等的发展，归根到底都是和统治阶级私人积累财富的目的相联系，受它制约的。这是对一元论的唯物主义历史观的一种精辟论述。因此，在阶级社会里：（1）需要对生产从而对社会发展的推动是以歪曲的、间接的形式表现出来的，是通过统治阶级追求己欲和私利的形式表现出来的。在奴隶社会，表现为奴隶主阶级对奴隶劳动成果的榨取；在封建社会，表现为地主阶级对农民阶级剩余劳动的夺取；在资本主义社会，则表现为资本家对利润的追求，"利润，成了唯一的动力"[2]。经过生产关系的折射，资本主义社会生产与需要的矛盾表现为生产的无限扩大的趋势和劳动群众购买力相对缩小的矛盾，造成生产的相对过剩，形成周期性的经济危机。（2）生产和需要的矛盾必然表现为人与人之间的阶级矛盾。例如在资本主义社会里，工人阶级必然会起来反对使他们的生活需要得不到满足的整个资本主义剥削制度，社会生产和需要的矛盾就表现为工人阶级为了获得自己的合理需要而同资产阶级之间发生的阶级斗争。总之，在阶级剥削制度下，社会的生产和需要的关系与矛盾采取了曲折的、间接的、对抗的形式，表现为阶级矛盾，最终导致通过阶级斗争推翻阶级剥削制度，把社会推向更高的历史阶段。

在社会主义国家中，生产与需要的联系和矛盾具有与阶级剥削社会不同的特点和表现形式。

[1]《马克思恩格斯选集》第4卷，人民出版社1995年版，第173页。

[2] 恩格斯:《自然辩证法》，人民出版社1971年版，第161页。

（1）社会生产和社会需要二者之间的联系形式开始转变为直接性的，二者的矛盾性质转变为非对抗性的，而这种矛盾的运动则成为推动经济发展，从而推动社会发展的强大动力。

在以公有制为基础、为主体的条件下，社会主义社会的生产关系开始把生产和需要直接联系起来，满足不断增长的人民的物质文化需要成为社会主义生产的根本目的。在实践上，发展社会生产力就成为社会主义社会的根本任务。在社会主义条件下，需要和生产之间也会发生矛盾，但这种矛盾一般不再表现为阶级矛盾，而表现为在根本利益一致基础上的人民内部的、非对抗性的社会矛盾。社会生产和社会需要之间矛盾的不断产生和不断克服，推动着社会主义社会经济不断发展，成为经济运动的基本内容，成为推动经济发展的强大动力，因而也成为推动整个社会发展的最深厚的动力源泉。需要和生产之间的矛盾，在人际关系上展开为人民内部的各类矛盾，成为社会主义社会内在的发展动力。问题在于，要根据客观实际建立起能最大限度地发挥这种动力作用的合理的社会体制。

然而，在社会主义初级阶段，由于社会主义商品经济存在和发展的必然性，社会主义商品经济又给生产和需要的联系和矛盾带来一系列重要的特点。这主要是：社会主义社会商品经济决定社会产品还不是直接分配到消费者手中，还需要经过商品交换，生产与需要之间的联系必须经过商品关系的中介。因此，生产和需要的联系在向直接性的转化过程中，呈现出直接性和间接性相结合的形式，既不是完全直接性的联系形式，又不是完全间接性的联系形式。社会生产和社会需要的矛盾同社会主义社会商品经济的矛盾交错在一起，交织成以生产和需要矛盾为主线的复杂的矛盾系统，社会整体需要构成了社会生产的根本动力，企业的特殊需要构成了局部生产的动力，劳动者的个人需要构成了个人生产活动的动力，这些动力既统一又矛盾，构成了以社会整体需要为根本动力的推动经济发展的动力系统。

具体来说，国家代表全体人民的共同利益，满足社会的整体需要是国家计划、指导以至组织社会生产的直接目的，直接满足人民的需要是目的，而解决目的的手段是发展生产，目的和手段之间的矛盾运动推动了社会生产发展。而国家又必须通过商品经济的具体运行来实现社会生产和分配，这样，社会生产和社会需要的联系，就社会生产目的和社会生产手段的关系来说，采取了直接的形式；就社会生产和社会分配的实际运行来说，又采取了以商品交换为中介的一定程度的间接形式。

在社会主义商品经济中，公有制的生产单位（企业）具有相对独立性，它们在国家的计划指导下，为满足社会需要而生产的同时，也把自己特殊的利益作为局部生产的目的，获得利益成为生产单位（企业）生产经营的动力。满足社会整体需要是通过具有特殊生产目的的生产单位（企业）之间的竞争实现的。这样，也就使得生产和需要的联系具有一定的间接性，形成了社会生产目的和动力的二重化。然而，由于企业和国家的根本利益是一致的，全社会的利益作为主导性利益制约着企业的特殊利益，社会整体需要作为主导性的目的和动力制约着企业的生产与经营的目的和动力，构成矛盾统一的社会生产的目的和动力系统。

由于在社会主义社会历史阶段，劳动还不能成为人们生活的第一需要，而还仅仅是谋生的手段，所以满足个人物质文化生活的需要，实现个人利益，就成为劳动者个人从事生产劳动的具体目的和动力。作为不同的成员，劳动者的利益只有在这种不同层次的集体中才能个体化，他们的目的和利益既同企业、社会的目的和利益相矛盾，又同企业、社会的目的和利益相一致，他们的目的和利益必须与企业、社会的目的和利益相结合，并且受后者的制约。按劳分配是实现劳动者利益个体化的原则和基本方法。满足社会需要、满足局部需要是通过以个人需要为目的的劳动者之间的劳动竞争实现的。这样，社会生产和社会需要的联系和矛盾，同具有局部生产目的和利益要求的生产单位和具有个人生产目的和利益要求的劳动者个人之间的矛盾交织在一起，同具有不同的生产目的和利益要求的劳动者个人之间的矛盾交织在一起，使得生产和需要的联系和矛盾又多了一个层次的间接关系，形成了最终统一于整体社会需要的多重化的生产目的和生产动力系统。

在我国社会主义发展的现阶段，还存在着多种经济成分。一方面，个体经济和私营经济有着不同于公有制经济的生产目的和动力，同公有制经济存在着一定的矛盾，个体经济和私营经济的私人需要同社会需要有一定矛盾，同整个社会生产也有一定矛盾。但是另一方面，它们又不是孤立存在的，而是与社会主义经济相联系而存在的，作为社会主义社会经济的必要补充，它们的存在和发展也有利于社会生产力发展，客观上有助于满足社会的整体需要。社会生产和社会需要的矛盾同具有不同需要、不同经济成分之间的矛盾交织在一起。社会生产和社会需要的联系又多了个体经济和私人经济的私人需要和社会生产的矛盾这个层次，具有了更多层次的间接性，形成了更为复杂的生产目的和动力系统。

总之，在现实社会主义国家中，社会生产和社会需要的联系和矛盾，就是通过商品经济运行中的纵向的社会、集体、劳动者个体的矛盾关系，横向的集体之间、劳动者个体之间的矛盾关系，以及各种经济成分之间的矛盾关系，贯穿于人们的生产活动以至整个社会活动中，在联系形式上表现出不完全的直接性，以及由此而带来的其他一系列重要特点，如生产目的的多重化、生产动力的多样化，以及多重目的的矛盾统一和多样动力的矛盾统一的特点。

（2）社会生产和社会需要的矛盾在社会主义社会起根本性作用。

为什么说社会生产和需要的矛盾在社会主义社会起根本性作用呢？这就必须从生产和需要的矛盾同社会主义社会基本矛盾的相互关系，从基本矛盾的运动特点来探讨。生产与需要的矛盾运动赋予社会主义社会基本矛盾运动以新的特点，是社会主义社会基本矛盾运动的主干线。

首先，从社会主义社会生产和社会需要的矛盾运动同生产力和生产关系矛盾运动的关系来说，前者是后者的实质和核心。前面我们已经说过，社会生产和社会需要的矛盾运动是社会主义社会经济运动的基本内容，社会生产和社会需要矛盾的不断产生和不断克服，形成生产力和生产关系矛盾运动的实质，生产力和生产关系的矛盾运动正是围绕着生产和需要矛盾运动这一核心进行的。在社会主义条件下，需要是生产的直接目的，而需要又受到生产力发展状况和生产关系具体形式的制约，需要的满足和发展是通过生产力和生产关系矛盾的不断克服来实现的，这样，需要就成为人们运用和改善生产关系以促进生产力发展的根本动力，构成生产力和生产关系矛盾运动的起点和归宿。生产和需要的矛盾必然表现为生产力和生产关系的矛盾运动。当然，另一方面，生产总是处于一定生产关系下的生产，需要也总是处于一定经济关系下的需要，生产与需要矛盾的发展和解决，也要受到生产力和生产关系矛盾运动的影响。

其次，从同经济基础和上层建筑矛盾的关系来说，在社会主义条件下，社会生产和社会需要的矛盾运动又是经济基础和上层建筑矛盾运动的最深刻原因。经济基础和上层建筑的矛盾运动是在生产和需要矛盾运动的基础上展开的。在经济上，社会需要成为社会生产的直接目的；在政治上，就要求必须保证这种目的得到完满的实现。这也就是说，适应经济基础的发展，必须从政治上找到相应的形式，保证人民有权支配自己的生产资料，成为社会生产力、生产关系和一切社会关系的主人，这也正是社会主义民主政治的本质。至于社会主义意识形态的发展，科学、教育、文化的发展，其根本动因归根到底也是来自发展社会生产满足社会需要的要求。这样，社会需要通过社会主义民主政治和社会主义意识形态，从上层建筑方面对经济基础的发展起到促进作用。生产和需要的矛盾运动也就必然表现为经济基础和上层建筑的矛盾运动，前者成为推动和影响后者发展的根本原因。当然，反过来说，生产和需要的矛盾运动也要受经济基础和上层建筑矛盾运动的影响。

再次，在社会主义条件下，社会的基本矛盾不表现为阶级矛盾和阶级斗争，生产和需要的矛盾也不表现为阶级冲突和阶级斗争，而表现为人民内部矛盾。社会生产和社会需要的矛盾同社会基本矛盾在人际关系上的表现是一致的，而人际矛盾最终落在人的需求分配上。

最后，社会生产和社会需要的矛盾，虽然贯穿于社会主义社会发展过程的始终，但是在不同的历史阶段具有不同的实际内容，因而显示出发展的阶段性来。这种阶段性同社会主义社会基本矛盾运动所体现出来的阶段性是一致的。我们可以把生产和需要矛盾运动的阶段性作为一个重要标准，来划分社会主义社会发展的阶段。人的需要是随着生产的不断发展而发展的，永远不会停留在一个固定的需求水准上。恩格斯说："有了生产，所谓生存斗争便不再围绕着单纯的生存资料进行，而要围绕着享受资料和发展资料进行。"[1]在社会主义初级阶段，生产与需要的矛盾突出表现为不断增长的社会物质文化需要同相对落后的社会生产的矛盾，而这个矛盾的解决，就会使社会主义由初级阶段进入更高一级阶段。当人们一定的生活需要得到满足之后，人们又要求进一步满足享受和发展的需要。人的全面发展是社会主义社会需要的最高要求，这个最高的社会需要不断推动社会生产向广度和深度发展，因而也推动社会主义不断向更高阶段进展。

总而言之，社会主义社会生产和需要的矛盾运动，渗透到社会主义社会生活各个方面、各个领域，对社会主义社会的经济、政治和文化的发展，对社会

---

[1]《马克思恩格斯全集》第20卷，人民出版社1971年版，第653页。

和人的发展都具有重要的影响；同时它又贯穿于社会主义社会矛盾运动的全部历史过程，它的矛盾运动不断推动社会主义社会前进。所以说，社会生产和需要的矛盾渗透到社会主义社会的方方面面，贯穿于社会主义社会历史全过程，起着根本性的作用。既然如此，那么我们在研究社会主义社会矛盾时，就应当把生产和需要的矛盾作为一条主线，沿着这条主线，展开对社会主义社会矛盾的具体分析。

（二）马克思分析方法的启示。怎样抓住社会主义社会矛盾的研究主线，从经济分析入手，揭示社会主义社会的矛盾呢？从1842—1843年的《莱茵报》时期，经过1844—1845年的唯物史观创立时期，最后到《资本论》创作时期，马克思分析资本主义社会矛盾可资借鉴的思路是：从社会历史的一般分析转入物质利益分析，再从物质利益分析转入对"市民社会"的初步经济分析，从而揭示了社会基本矛盾的一般原理，建立了历史唯物主义理论体系；尔后，又根据历史唯物主义关于社会基本矛盾的一般原理，对资本主义经济的细胞——商品进行理论分析，揭示出资本主义社会经济关系的内在矛盾，揭示出资本主义社会的利益矛盾，以及以上述经济矛盾和利益矛盾为基础的阶级矛盾，从而揭示出资本主义社会基本矛盾的运动规律。在这里，马克思为我们提供了研究社会主义社会矛盾问题的正确思路：不停留在对社会矛盾问题的社会历史分析上，必须深入到分析社会矛盾产生的利益根源，对利益的分析又必须深入到对社会矛盾所赖以存在的经济事实的分析，从中揭示社会经济关系的内在矛盾，然后才能把握植根于社会经济事实中的社会矛盾，才能切实地、系统地把握社会主义社会矛盾及其运动规律，避免在社会主义社会矛盾的研究上存在脱离实际的空泛议论。

利益矛盾是一切社会矛盾、冲突、动荡产生的根源，社会矛盾不外是一定社会利益关系的体现，而利益关系是由一定的生产关系决定的。在这里，一定的经济关系决定一定的利益关系，一定的利益关系又决定一定的社会政治、文化等更为广泛的社会关系。经济范畴分析→利益范畴分析→社会历史范畴分析，这就是我们分析社会主义社会矛盾的具体思路。从经济分析入手，进行经济范畴分析，揭示社会主义社会最基本经济关系的内在矛盾；然后由经济分析进入利益分析，进行利益范畴分析，揭示社会主义社会利益矛盾；最后由利益分析进入社会历史分析，进行社会历史范畴分析，揭示作为社会有机体的社会主义社会结构的矛盾，从而把握社会主义社会矛盾运动的特殊规律和社会主义社会的动力系统，揭示体现在人际关系中的社会主义社会的人民内部矛盾。为了沿着正确方向推进社会主义社会的全面改革，为了回答本文一开始提出的两大课题，做这样的分析和研究是十分必要的。

现实社会主义社会是一个充满错综复杂矛盾的有机体。从世界史的进程来看，社会主义社会是作为扬弃几千年私有制的结果而出现的，它又要经过漫长的发展进程进入更高阶段的共产主义社会，因此，它的社会矛盾就呈现出特殊的复杂性。为了从错综复杂的社会矛盾中理出清晰的头绪和找到规律性，为了对社会矛盾作出具体的、系统的分析，还要运用科学抽象的方法，对社会矛盾加以归纳和分类，把握它们之间的联系和区别。

正确认识社会主义社会矛盾，是一个难度很大的重大理论问题，应当从社会主义社会现有的经济事实的剖析入手，首先展开对社会主义社会基本经济关系内在矛盾的分析，然后依次进入对社会主义社会利益矛盾的分析，对社会主义社会结构矛盾的分析，对社会主义社会人际关系矛盾的分析，对社会主义社会矛盾作用规律，即动力规律的分析，从而对社会主义社会矛盾体系展开初步的具体分析，最后才能得出通过改革，建立适应社会主义社会矛盾运动规律和动力作用规律的社会体制，保障社会主义事业健康、顺利发展的重要结论。

改革是社会主义社会发展的重要动力 [1]

党的十四大报告指出："在社会主义的发展动力问题上，强调改革也是一场革命，也是解放生产力，是中国现代化的必由之路，僵化停滞是没有出路的。"下面就这个问题谈几点体会。

一、研究社会主义社会发展动力的重大理论和实践意义

（一）社会主义社会现实发展过程表现出来的"动力不足"现象。按照科学社会主义经典作家的说法，社会主义社会一旦建立，就会以比资本主义社会快得多的速度来发展自身的社会生产力。然而，就东欧剧变前的一段时期许多社会主义国家国内经济发展速度的现实状况而言，它并没有达到人们事先预想的速度，甚至都曾遇到过，或正在遇到未曾估计到的经济困难。

按照马克思最初的预见，资本主义社会的生产关系已经严重阻碍了生产力的发展，资本主义的丧钟已经敲响了，而社会主义社会新的生产关系可以最大限度地解放生产力，促进生产力以资本主义所不可比拟的速度向前发展。列宁说得好："资本主义创造了在农奴制度下所没有过的劳动生产率。资本主义可以被最终战胜，而且一定会被最终战胜，因为社会主义能创造新的高得多的劳动

[1] 本文是 1992 年 11 月至 12 月在一些地方干部学习班的讲演稿（根据录音整理），原载《王伟光讲习录》，中共中央党校出版社，2008 年版。

生产率。"[1] 社会主义制度在一些国家的建立和迅速发展确实在一定程度上印证了马克思主义经典作家的预言。第一个社会主义国家苏联克服了重重困难，在经济建设上取得了伟大的胜利，对其他许多国家的人民产生了巨大的吸引力。"走俄国人的道路，建立社会主义"，成为第二次世界大战之后，世界社会主义力量的共同心声。社会主义在世界人民的心目中享有崇高的威望。东欧各国解放后，正是由于建立了社会主义制度，国民经济都得到了高速度的发展，特别是在50年代，东欧社会主义各国的经济增长率尤为突出。如1950—1955年期间，东欧多数国家年平均增长率都保持在8%以上。其中，罗马尼亚、民主德国和保加利亚的年平均增长率分别高达14.2%、13.1%和12.2%。在后来的五年计划期间，东欧各国的经济增长率也仍保持较高的水平。总的来说，东欧各国在社会主义社会建立初期，经济增长率要比资本主义国家的经济增长率高得多。社会主义中国的经济发展速度，在中国历史上是前所未有的，而在世界历史上也是罕见的。到1985年，我国工农业总产值达13269亿元，国民收入6765亿元，分别比1948年时提高了328倍和18倍。到1986年，我国钢突破了5000万吨，比1949年提高了316倍。钢产量从50万吨到5000万吨，美国、日本用了52年，苏联用了65年，西德用了94年，而我国从1949年的15.8万吨发展到5000万吨只用了37年。

　　社会主义国家所取得的伟大成就，雄辩地证明了社会主义制度的优越性，但是这并不等于说社会主义制度的优越性已经充分发挥出来了，社会主义社会的生产建设已经达到预想的结果了。实际上，苏联早在斯大林逝世前夕，尽管工业生产和国防力量有了进一步的增长，但农业状况却很糟糕，日用消费品生产相当落后，经济上已经出现许多困难。斯大林逝世后，经济形势日益恶化，1956—1965年的两个五年计划任务一再落空，国民经济增长率不断下降，1951—1955年平均每年增长11.3%，1956—1960年降为9.4%，1961—1965年降为6.1%，1971—1975年降为5.7%，1981—1982年降为2.4%。从50年代中期以来，东欧社会主义各国也逐渐放慢了发展速度，经济增长率都呈现出下降的趋势。下面列出的表1、表2的数据是这些国家实际国民生产总值的平均年增长率和人均国民生产总值实际增长的平均年增长率的例证。

　　通过表1、表2可以看出，整个东欧社会主义国家，还有苏联的经济发展建设，除一些个别年份稍有回升之外，一般都是呈下降趋势，甚至在70年代末至

---

[1]《列宁选集》第4卷，人民出版社1995年版，第16页。

80年代初，一些国家的经济增长还出现过负增长数字。

我国在新中国成立后的三年恢复时期和第一个五年计划期间，国民经济发展迅速，社会主义国营经济在竞争中战胜了资本主义经济，那时几乎很少有人怀疑社会主义的发展速度，但是在"三年大跃进"之后，特别是经过"文化大革命"，到了1975—1976年我国经济发展逐步下降。

就在社会主义各国经济发展处于相对下降的时期，资本主义世界各发达国家却在经历了30年代的经济大危机和40年代二次大战的动荡之后，从50年代开始，尤其到了60—70年代，科学技术得到了迅速的发展，经济速度增长很快，人民生活水平也相对地得到提高。

表1 实际国民生产总值的增长（%）

	平均年增长率				1978	1979	1980	1981	1982
	1961—1965	1966—1970	1971—1975	1976—1977					
苏联和东欧									
苏联 a	5.0	5.2	4.3	4.0	3.4	0.4	1.7	2.2	2.0
东欧	3.7	3.7	4.7	3.0	2.7	1.0	−0.1	−1.0	−0.2
保加利亚	6.4	5.1	4.7	1.0	2.2	3.8	3.1	3.0	2.8
捷克斯洛伐克	2.4	3.4	3.4	3.0	1.7	0.9	2.1	−1.1	0.5
民主德国	2.9	3.2	3.4	2.5	1.7	2.8	2.2	2.4	0.5
匈牙利	3.9	3.0	3.3	3.2	2.4	0.3	0.9	0.4	1.7
波兰	4.5	4.0	6.5	2.2	3.5	−1.8	−2.4	−5.4	−4.0
罗马尼亚	5.3	4.9	6.7	6.6	4.7	3.7	−1.6	0.6	2.7
南斯拉夫	6.8	5.8	5.9	5.9	6.9	7.0	2.3	1.5	0.3

a. 按价格因素。

表2 人均国民生产总值实际增长（%）

	平均年增长率				1978	1979	1980	1981	1982
	1961—1965	1966—1970	1971—1975	1976—1977					
苏联和东欧									
苏联	3.5	4.2	2.7	3.1	2.5	−0.4	0.9	1.4	1.2
东欧	3.2	3.1	4.1	2.3	2.2	0.5	−0.7	−1.4	−0.6
保加利亚	5.5	4.4	4.1	0.5	2.1	3.7	−3.6	2.6	2.6
捷克斯洛伐克	1.8	3.2	2.7	2.2	1.0	0.3	1.6	−1.1	0.1
民主德国	3.1	3.1	3.7	2.8	1.8	2.9	2.3	2.4	0.5
匈牙利	3.5	2.7	2.9	2.7	3.2	NEGL	0.8	0.3	1.8
波兰	3.4	3.3	5.5	1.2	2.5	−2.4	−3.3	−6.3	−4.8
罗马尼亚	4.7	3.6	5.7	5.6	3.8	2.8	−2.3	−0.2	2.2
南斯拉夫	5.8	4.8	4.9	4.9	6.0	6.1	1.7	0.8	−0.4

以实际国民生产总值年平均增长率对比为例（见表1），可以看出，一些发达资本主义国家的经济发展速度很快，其发展的大体趋势超过了苏联，也超过了东欧的一些社会主义国家。

可以具体地比较一下苏联和美国的情况。当时苏联的经济力量和劳动生产率大约只是美国的一半，苏联的农产品产量只是美国的 20%—25%，尖端技术同美国相差 3—5 年的时间。二战结束后，战败的日本经济相当困难，然而在 50 年代中期以后，日本结束了战后经济恢复时期，发生了令人瞩目的经济腾飞。从 1955 年到 1970 年，日本经济高速度发展，国民生产总值实际增长了 3.2 倍，年平均增长率达到 10%。战后日本经济发展速度居资本主义世界首位，国民生产总值 1966 年超过法国，1967 年超过英国，1968 年超过西德，成为资本主义世界第二经济大国。资本主义世界中较为落后的韩国、巴西、新加坡等国，近一二十年的经济发展速度也很快，韩国从 1962 年到 1981 年的 20 年中，国民生产总值的年平均增长率前十年为 7.1%，后十年为 10.9%，人均国民生产总值到 1983 年已达到 1876 美元，从而在经济发展方面走在发展中国家和地区的前列。匈牙利经济学家科尔内的《短缺经济学》认为，资本主义经济的主要矛盾是生产过剩，社会主义经济的重要问题是"短缺和排队"。

当然，资本主义国家同社会主义国家的制度根本不同，与社会主义各国的经济起点、经济发展环境、条件也不同，所以，在经济发展速度上存在着很大的不可比性。简单地把只有几十年历史的年轻的社会主义国家同已有几百年历史的资本主义国家相比，把独立自主、自力更生的社会主义经济同畸形发展、过分依赖国外经济的某些发展较快的小国和地区进行类比，都是不全面的。如果因此而得出"社会主义不如资本主义"的结论，那是背离事实和马克思主义原则的。

但是，把社会主义的经济发展同资本主义的经济发展进行横比也是必要的。一方面通过横比，我们可以清楚地看到，同发达资本主义国家相比，社会主义的经济发展水平、文化技术水平和管理水平确实还比较落后，人民生活还是比较贫困的。用世界银行公布的数据估计，我国人均国民生产总值约合 300 美元，英国是我国的 26 倍，法国是 30 倍，西德约为 35 倍，日本约为 37 倍，美国则是我国的 53 倍。显然，人家比我们阔，我们比人家穷。通过这样的横比，我们可以认清形势，找到差距，激发干劲。如果我们面对这样紧迫的挑战，不加倍努力，我们的国家和民族可能会更加落后，在世界上就将没有我们的应有地位。另一方面我们可以正确认识 20 世纪 50—70 年代以来，正是世界上许多国家经济迅速增长的时期，恰恰就在这个时期，社会主义国家却囿于自己内部的矛盾和冲突，忽视了国际上的科学技术进步和经济交流，耽误了本应取得并且可能取得的迅速发展的经济进步，丧失了许多宝贵时间，使社会主义各国，尤其是使我国同世界经济发展水平之间本已趋于缩小的差距又拉开了。苏联解体、东欧蜕变原因何在呢？一个重要原因是生产力没有发展上去。进行这样的横比，使我们能够冷静地总结经验，吸取教训，改正错误，处理好国内的矛盾和冲突，创造经济腾飞的良好环境，奋起直追。

通过纵比和横比的分析，通过对社会主义各国，特别是对我国经济发展速度的一上一下的对比表明，社会主义社会生产力的发展速度没有最大限度地发挥出来，社会主义制度所具有的强大发展动力也没有发挥出来，因而使社会主义制度的优越性并没有得到充分的发挥。社会主义社会的发展动力是什么，怎样才能最大限度地发挥社会主义制度的优越性，这是需要我们在实践中进一步思考的重大问题。

社会主义社会和其他社会一样，有自身的内在发展动力。如何认清社会主义社会发展动力，认识到采取什么样的体制，才能使社会主义更充分地发挥其固有的动力作用，迅速在经济上超过，并最终战胜资本主义，这是具有重大理论意义和现实意义的事情。

（二）现实社会主义社会在发展中表现出"动力不足"的原因分析。除了社会主义是一个新生事物，人们对其有一个不断认识的过程，以及社会主义国家的外部的破坏干扰压力以外，人们在主观上的错误认识导致实践的失误，也是社会主义社会发展表现出"动力不足"的重要原因。

从社会主义实践者的主观原因来说，社会主义制度本身所固有的发展动力没有充分地发挥出来，是因为社会主义实践者的主观认识违背了社会主义社会发展的客观规律，干了许多违背客观规律的蠢事。社会主义社会矛盾运动，社会主义社会固有的发展动力的作用过程，本来是不以人们的意志为转移的客观规律，可是我们却对社会主义社会矛盾的运动规律，社会主义社会发展动力的作用规律，缺乏清醒的认识，没有按照这些客观规律去办事，造成了工作上的严重失误，致使社会主义社会现实中发生了许多不该发生的事情，出现了许多矛盾激化现象，严重地阻碍了社会主义社会发展。总结我国社会主义建设的经验教训，我们在处理社会主义社会的矛盾，发挥社会主义社会发展动力作用上存在哪些重大失误，给社会主义社会发展动力造成了哪些不应有的重大的障碍呢？

1. 对我国现存的具体国情，即我国现实社会矛盾的特殊性缺乏清醒的了解，从而对我国正处于社会主义初级阶段这一特殊性缺乏明确的认识。对我国目前阶段的社会主要矛盾判断失误，这是我们所犯错误的总的认识根源。正是在这一错误认识的指导下，我们脱离我国社会发展的实际状况，急于向社会主义的高级阶段，向共产主义过渡，办了许多脱离现阶段实际国情的事情，使我国的社会主义建设走了很长一段弯路，严重影响了社会主义发展动力的正常发挥。

2. 对社会主义社会基本矛盾缺乏清醒的认识，忽略了生产力这个历史发展的"决定性因素"的作用，离开了我国生产力的实际状况，片面强调不断拔高生产关系，不断进行上层建筑领域的社会主义革命，在社会经济、政治、文化、道德生活中形成了束缚生产力发展的种种障碍因素。

3. 长期否认发展社会主义商品经济的必然性，更看不到社会主义商品经济关系的基本矛盾，一直采取限制和企图消灭商品交换的政策和措施，否认社会主义商品经济关系中经济实体和劳动者个人的相对独立性，过早地运用产品经济的模式来套社会主义经济的实际，幻想尽快地过渡到产品经济社会。实际上，社会主义商品经济中蕴藏着创造巨大生产力的市场竞争机制，社会主义商品经济的基本矛盾蕴藏着推动社会主义经济发展的强大的动力，蕴藏着社会主义经济的活力。限制商品经济的发展，否认商品经济关系中劳动者个人劳动和局部联合劳动的特殊性，就会阻碍社会主义劳动者之间的正常竞争，窒息社会主义社会经济应有的活力，使社会经济发展缺乏动力。

4. 对社会主义社会利益矛盾缺乏深刻认识，不重视劳动者的个人利益要求，不重视生产单位的局部利益要求，认为拉开劳动者之间收入的档次就会造成新的阶级分化，采取平均主义的分配办法，严重地挫伤了劳动者和劳动集体的积极性。社会主义社会的根本活力在某种程度上就在于劳动者个人、劳动者集体积极性的发挥。社会主义社会生产的发展取决于劳动者的劳动效率，即取决于劳动者对生产力发展所作的贡献，而劳动者的劳动效率来源于劳动者的劳动积极性，劳动者的劳动积极性又来自对劳动者的利益刺激。因此，按照劳动的质和量付给劳动报酬，承认个人和企业的利益要求，适当扩大劳动收入的差别，扩大利益差别，是推动社会生产力发展的基本手段。采取平均主义分配办法，漠视劳动者和劳动集体的合理利益要求，是窒息社会主义社会活力的重大障碍。

5. 对社会制度、社会体制及其相应的组织机构的社会职能及其相互关系缺乏科学的认识。长期以来，在我国形成了同生产力要求不相适应的高度集中的经济体制模式，形成了同社会主义商品经济关系不相适应的权力过分集中的政治体制模式，这种过于僵死的社会主义体制严重地限制了人民群众生产的积极性和政治热情，束缚了社会主义社会各方面积极性的发挥，影响了社会主义商品经济的发展，阻碍了社会生产力的发展。在社会主义制度既定的条件下，具有重大缺陷的社会体制是影响社会主义社会动力发挥的最重要的障碍因素。

生产力的发展程度，要受到经济基础和上层建筑的反作用力的制约，社会需要和社会利益也必须经过一定的生产关系才能发挥激励作用。这样，生产关系和上层建筑就成为制约和影响社会动力作用机制的重要条件。生产关系和上层建筑又具体地表现为一定的社会制度和社会体制，在社会主义制度既定的前提条件下，具体社会体制就成为社会主义社会动力作用发挥的重要制约条件。

（三）社会主义社会发展动力的机制作用。我们不仅仅要认识社会主义社会发展动力的体制特点，还必须搞清社会主义社会发展动力的作用机制，只有认识社会主义社会发展动力的特点，搞清社会主义社会发展动力的作用机制，才能建立适当的社会体制，充分发挥社会主义社会发展动力的作用。

1. 改革机制。社会主义社会发展动力是社会主义制度所固有的，但是否能够正确地和充分地发挥它的作用，要取决于以下两个基本条件：一是取决于人们对社会主义社会发展动力的认识程度；二是取决于人们采取什么样的社会体制来发挥这种动力的作用。关于人们对社会主义社会发展动力的认识，我们在此不赘言。从社会主义社会动力的作用机制来看，建立一个什么样的体制才能最大限度地发挥社会主义社会动力的作用，是一个重要的问题。社会主义社会的根本动力是生产力和生产关系的矛盾运动，具体表现为生产力同生产关系的具体体制，同上层建筑的具体体制的矛盾。因此，在社会主义条件下，改革与生产力不相适应的社会体制，则是最大限度地发挥社会主义社会根本动力作用的基本条件。当然，社会主义社会的发展是一个历史的过程，改革也不是一蹴而就、一劳永逸的事情，随着社会主义社会的发展，不断地进行社会主义改革，是不断地使社会主义制度释放其固有动力能的根本机制条件。

2. 激励机制。人类社会发展的历史事实表明，一个社会的劳动者"自主活动"，即自己创造历史的活动所受到的束缚程度反映了生产力的发展程度。从宏观角度来说，束缚人类"自主活动"的发挥是一个制度和体制问题。例如，在中国封建社会中后期，中国封建社会的专制主义锁链对劳动者的束缚，是中国封建社会生产力的发展处于缓慢和停滞状况的一个重要原因。从微观角度来说，束缚人类"自主活动"的发挥，则是一个利益刺激机制问题。从理论上来说，先进的社会制度总比落后的社会制度更能发挥利益对人的激励作用。在同样的制度下，适当的社会体制总比不适当的社会体制更能发挥利益对人的积极性的激励作用。社会主义制度为充分地发挥利益的刺激机制提供了良好的基本条件。在这种条件下，运用社会体制的功能，建立健全利益激励机制，合理发挥利益的刺激作用，是发挥社会主义社会动力作用的一个重要作用机制条件。

在社会主义制度下，通过精神鼓励来调动人们积极性的精神动力的作用是不可忽视的。建立社会主义社会的动力激励机制，绝对不能忽视精神动力的作用，提高全民的文化素质和思想素质，建立有效的社会主义政治思想工作制度，通过有效的政治思想工作，通过精神鼓励的办法，来调动社会主义社会劳动者的积极性，是社会主义动力激励机制不可缺少的环节。

在社会主义制度下，创立动力激励机制需要有一个探索的过程。我们现在可以从三个方面进行探索：一是深化各种分配制度、分配形式的改革，真正把责、权、利有机地结合起来，充分体现出按劳分配、多劳多得的原则。允许合法的非劳动收入的存在，使工资和奖金，还有其他形式的个人收入，正常发挥出刺激功能来。二是建立健全劳动组织内部的民主管理制度，尊重职工的主人翁地位，实行广泛的人民自治和经济管理民主化，激励起广大职工的政治热情。三是建立健全政治思想工作制度，丰富职工群众的业余文化生活，建立一整套有效的精神鼓励的办法和制度，从思想上、道德上不断提高劳动者的素质和工作积极性。

3. 民主机制。在上层建筑当中，主要是政治权力对社会生产力的发展起着极其重要的反作用力。恩格斯曾把来源于经济运动而又反作用于经济运动的政治运动，主要归结为国家权力的运动，以及为争取国家权力而进行的阶级斗争。

恩格斯指出:"国家权力对于经济发展的反作用可能有三种:它可以沿着同一方向起作用,在这种情况下就会发展得比较快;它可以沿着相反方向起作用,在这种情况下,像现在每个大民族的情况那样,它经过一定的时期都要崩溃;或者是它可以阻止经济发展沿着既定的方向走,而给它规定另外的方向——这种情况归根到底还是归结为前两种情况中的一种。但是很明显,在第二和第三种情况下,政治权力会给经济发展带来巨大的损害,并造成人力和物力的大量浪费。"[1] 在社会主义国家,实行广泛的民主政治,可以从根本上激发起人民群众参加社会主义建设的积极性。社会主义社会的劳动者是国家的主人,是生产资料的主人,他们不仅仅是单纯从事劳动的劳动者,而且是参与国家经济管理和政治管理的社会活动者。如果我们不实行广泛的社会主义民主,仍将无法调动群众的积极性和创造性。建立和健全社会主义民主政治,实行广泛的民主,也是调动群众积极性、推动社会主义发展的重要动力机制。

4. 竞争机制。竞争是商品经济的活力所在。在商品经济中,每个商品生产者只有尽快地把产品卖出去,而且尽可能获得较多的利润,才能使劳动耗费得到补偿,才能不断地扩大劳动积累,才能生存和发展。为此,商品生产者就必须尽最大的努力掌握市场信息,改善管理,采用先进设备,提高工艺水平,降低劳动消耗,提高产品在市场上的竞争能力。否则,它就会被其他生产者击败,就会被淘汰。商品生产竞争是社会动力发挥的一个重要作用机制。

在不同的商品经济条件下,竞争的性质是不同的。在私有制条件下,竞争是你死我活的对抗性竞争。在公有制条件下,劳动者个体和联合体之间的非对抗性的、和平的、友好的劳动竞赛,是根本利益一致基础上的竞争。竞争的性质不同,其后果自然也不同。私有制条件的竞争,最终导致一种危机和垄断的趋势,阻碍社会生产力的发展。社会主义商品经济的竞争,可以使落后的企业在竞争的压力下赶上或超过先进的企业,使少部分素质太差的企业并、停、兼、转,或者被淘汰掉,从而促进社会经济整体健康地发展。劳动群众之间的竞争,可以奖勤惩懒,激励先进,改变后进。竞争是企业活力的必然表现,是社会成员的积极性和能动性发展的外在压力,竞争可以消灭扯皮推诿、不思进取的官僚主义现象。竞争局面的形成,必将促进社会主义社会经济的发展。

5. 协调机制。利益的激励作用,一方面体现为人民内部的矛盾竞争,又一

---

[1]《马克思恩格斯选集》第 4 卷,人民出版社 1995 年版,第 701 页。

方面体现为人民内部的矛盾协调。竞争可以促进社会主义社会经济的发展，而协调同样也可以促进社会主义社会向前发展。我们所说的人民内部利益矛盾是社会主义社会前进的动力，这是就人民内部矛盾的正确处理和解决而言的，也是就利益的有效协调而言的。如果协调不好人民内部的利益矛盾，同样也会阻碍社会主义社会经济的发展。过去我们在分配问题上搞的"平均主义""吃大锅饭"，忽视人们由于劳动差别而带来的利益差别，通过分配上的平均主义来人为地消灭差别，这样做不仅没有使群众满意，反而激化了人民内部的利益矛盾，使得劳动者个人干多干少一个样，干好干坏一个样，使得企业盈利亏损一个样，多盈少盈一个样，多亏少亏一个样，个人吃集体的大锅饭，集体吃国家的大锅饭。分配上的平均主义加剧了人民内部的利益矛盾，挫伤了个人和企业的积极性。因此，建立跟生产力发展水平相一致的分配体制和各种利益的协调机制，有效地协调和解决人民内部的利益矛盾，是调动人民积极性的重要途径。

协调人民内部的利益矛盾，一要靠适当的体制，即通过适合生产力发展的分配体制，有效地协调好人民内部在分配问题上的矛盾，使利益协调制度化；二要靠好的政策，即通过党所制定的各项分配政策、利益协调政策、富民政策，来保证人民正当的利益收入，协调人们之间的利益纠纷，兼顾三者之间的利益矛盾；三要靠行之有效的工作，各级领导机关和领导干部要密切关心群众生活，不断地深入到群众中去，改进工作方法，解决在群众中的各种分配问题、各种矛盾纠纷，及时地把不利因素、不稳定的因素消灭在萌芽状态。

从社会主义社会发展动力的以上特点和作用机制来看，如何使社会主义发展动力发挥出最佳的效果呢？最终还是要落在这样两个基本问题上，一是如何正确处理好生产力和生产关系、经济基础和上层建筑的矛盾，集中一切力量充分发展社会主义社会生产力，充分发挥社会生产力在历史发展中的"决定性"作用；一是如何正确处理好人民内部的矛盾，调动和提高人民群众的社会主义劳动积极性。人民群众作为自主创造活动的劳动主体，要分两个层次：一是劳动者个人，一是劳动者的劳动联合体（主要是企业）。如能调动起这两个层次的积极性，就能推动社会主义社会生产力的发展。因此，发挥社会主义社会动力作用的总题目，就是正确处理和解决社会主义社会矛盾，以调动人民群众的积极性，大力发展社会生产力。根本问题是体制问题、改革问题。

二、马克思主义的社会发展动力理论

是什么力量使个人乃至整个民族、整个阶级，乃至整个人类行动起来，是什么力量促使人类之间发生冲突、纷争，直至爆发战争？总之一句话，是什么力量推动人类社会向前发展？这是一个伟大的社会历史之谜。社会发展动力理论所要回答的问题是，社会历史运动是由哪些力量推动前进的，在这些力量中间哪种力量起着最终的决定性作用，其他力量又起着什么样的作用。马克思主义的社会发展动力理论，从根本上揭示了推动社会历史发展的力量及其作用规律，从而说明了社会历史发展的客观规律。马克思主义的社会发展动力理论，是历史唯物主义基本理论的重要组成部分，它从根本上揭示了社会历史发展的谜底。

在马克思主义哲学产生之前，社会历史领域一直是唯心主义的世袭领地。历史唯心主义是用人的思想、动机和意志，用"理念""绝对精神""抽象的人性"等来解释历史发展和社会现象的，即使一些有见地的旧唯物主义者提出一些有价值的思想，也只是涉及历史的一般表面现象，并且在他们的正确观点中往往掺杂有荒谬和自相矛盾的成分。恩格斯说："旧唯物主义在历史领域内自己背叛了自己，因为它认为在历史领域中起作用的精神的动力是最终原因，而不去研究隐藏在这些动力后面的是什么，这些动力的动力是什么。"[1] 马克思总结了前人在探索人类社会奥秘的过程中所提出的天才论点，破天荒地第一次解决了社会存在和社会意识这个人类哲学历史观的基本问题，找到了认识社会的物质基础——生产关系的总和，创立了唯物史观的理论大厦。借助于唯物史观，马克思正确地阐述了"动力的动力"。物质资料的生产和再生产是社会存在的基础和前提。那么人类为着什么目的去生产？生产力和生产关系、经济基础和上层建筑的矛盾运动，是社会历史发展的根本规律。那么人们维护或者要求变革同生产力发展状况不相适应的生产关系和上层建筑，进行社会改革乃至社会革命的动因是什么？在阶级社会里，阶级斗争是社会发展的直接动力。那么各阶级之间的斗争和联系，流血或不流血的战争原因是什么？马克思主义的社会发展动力理论正确地回答了这些问题，从而说明了历史发展的客观规律。马克思主

---

[1]《马克思恩格斯选集》第4卷，人民出版社1995年版，第248页。

义的社会发展动力理论，包括哪些主要内容呢?

（一）阐述了社会发展动力的普遍原理。

　　1. 阐明了社会矛盾是一切社会发展的动力和源泉这一普遍真理。马克思主义哲学告诉我们，矛盾是一切事物发展的源泉和动力。社会历史过程是整个自然历史过程的一部分，社会历史发展也必然要遵循矛盾发展的运动规律，是社会矛盾构成了社会发展的源泉和动力，恩格斯明确指出，"运动本身就是矛盾"[1]，认为正是矛盾推动着自然界、人类社会和人类认识的发展。马克思揭示了资本主义社会发展的内在矛盾，从而揭示了资本主义的产生、发展和必然灭亡的运动规律。列宁明确指出，对立统一规律是辩证法的核心，认为矛盾是事物自身运动的源泉和动力。他运用对立统一的观点，创造性地分析了当时俄国的经济、政治和社会矛盾，揭示了帝国主义的内部矛盾和发展规律。毛泽东同志在新的历史条件下，发展了马克思主义的矛盾辩证法，他认为，事物内部的矛盾性是该事物发展的内部原因，也是事物发展的根本原因。他运用对立统一规律观察社会主义社会，正确地揭示了社会矛盾在社会主义发展中的地位和作用。他肯定了生产关系和生产力，上层建筑和经济基础是推动社会主义社会向前发展的基本矛盾，认为正是人民内部矛盾是推动社会主义向前发展的动力。

　　2. 揭示了社会历史发展的最后动力和终极原因。马克思和恩格斯为了探究历史发展的真正动力，倾注了毕生的心血。在《路德维希·费尔巴哈和德国古典哲学的终结》一书中，恩格斯谈到两个非常重要的思想：一是人类历史发展的最后动力或终极原因是经济因素；一是阶级斗争是历史发展的直接动力。恩格斯指出："如果要去探究那些隐藏在——自觉地或不自觉地，而且往往是不自觉地——历史人物的动机背后并且构成历史的真正的最后动力的动力，那么问题涉及的，与其说是个别人物、即使是非常杰出的人物的动机，不如说是使广大群众、使整个整个的民族，并且在每一民族中间又是使整个整个阶级行动起来的动机。"[2] 恩格斯在这里提出了"最后动力"的概念。最后动力指的就是使个人乃至整个民族、整个阶级行动起来的动机背后的起最终决定性作用的力量或终极原因。接着恩格斯就以西欧资本主义社会历史发展为例，说明土地贵族、

---

[1]《马克思恩格斯选集》第 3 卷，人民出版社 1995 年版，第 462 页。

[2]《马克思恩格斯选集》第 4 卷，人民出版社 1995 年版，第 249 页（着重号是本书作者自行加的）。

资产阶级和无产阶级"这三大阶级的斗争和它们的利益冲突是现代历史的动力"[1]，随后他又进一步剖析了阶级斗争背后的经济原因。他指出，这些阶级斗争"首先是为了经济利益而进行的，政治权力不过是用来实现经济利益的手段"，"但是这些阶级是怎样产生的呢？……显而易见，这两个大阶级的起源和发展是由于纯粹经济的原因"[2]，"国家的意志总的说来是由市民社会的不断变化的需要，是由某个阶级的优势地位，归根到底，是由生产力和交换关系的发展决定的"[3]。从恩格斯的推导可以看出，阶级斗争是历史发展的直接动力，而阶级斗争是由经济利益决定的，经济利益又是由一定的生产力和生产关系的发展所决定的。"生产力和交换关系"的发展就是社会历史发展的最后动力或终极原因，探究社会历史发展的"直接动力"，必须探究"终极原因"或"最后动力"，最后动力或终极原因与直接动力相比，前者更根本，后者是派生的。所以，有时又把最后动力或终极原因称为根本动力。总之，物质经济因素是历史发展的最终决定性力量。从这个意义上来说，生产力和生产关系的矛盾运动是历史发展的根本动力，生产力是决定性的因素。马克思主义科学地表述了社会历史发展的最终动力和终极原因。

3. 阐明了需要和利益是人们进行一切社会活动的具体动因。为了阐明社会需要和社会利益在人们社会历史活动中的地位和作用，马克思和恩格斯做过许多开拓性和奠基性的工作，明确指出需要和利益是人们进行社会历史活动的根本目的，正是需要和利益推动人们从事创造性的历史活动。

无论在任何社会，利益都构成人类进行历史活动的思想动机背后的具体动因。但是，在不同的社会历史条件下，利益的动力形式表现是不同的。在私有制的社会中，利益集中表现为私有利益，私利成为社会统治阶级从事历史活动的具体动因。在奴隶社会，最大限度地追求奴隶的剩余劳动，是奴隶社会经济发展的主要动因。在封建社会，追求地租又是封建社会生产发展的主要动因。追求利润，则成为资本主义社会经济发展的动力。在私利作为驱使人们进行历史活动的社会中，劳动人民只是剥削阶级为达到自己私利而被驱动的工具，劳动者的个人利益得不到应有的满足，劳动人民自觉的活动受到极大的限制。社

---

[1]《马克思恩格斯选集》第 4 卷，人民出版社 1995 年版，第 250 页。

[2]《马克思恩格斯选集》第 4 卷，人民出版社 1995 年版，第 250 页。

[3]《马克思恩格斯选集》第 4 卷，人民出版社 1995 年版，第 251 页。

会主义制度的建立使劳动者直接为自身获取劳动成果而进行劳动，利益真正成为劳动者个人进行社会历史活动的动力。在社会主义制度的条件下，利益的动力作用再也不需要经过歪曲的、曲折的、间接的剥削阶级的私利的形式表现出来。利益的这种直接动力形式，能够比私有制社会中的私利形式释放出更大的动力能量。由于社会主义社会劳动的分离特点，人们还把劳动仅仅看成为谋利的工具，这就决定了在社会主义条件下，在整个利益体系中，个人利益是刺激个人活动积极性的最有效的动力因素。

（二）指明了社会历史发展的各种动力。

1. 社会基本矛盾是促进人类历史发展的根本动力，其中生产力是最终决定性因素。

2. 在阶级社会中，阶级斗争是直接动力。在社会主义条件下，人民内部矛盾成为直接动力。

3. 革命是历史发展的火车头，改革是社会主义社会发展的重要动力。

恩格斯说："我认为，所谓'社会主义社会'不是一种一成不变的东西，而应当和任何其他社会制度一样，把它看成是经常变化和改革的社会。"[1]

（三）提出了历史发展的合力理论。

从政治、法律、科学、哲学、教育等对社会经济运动的反作用角度来看，从物质和精神、存在和意识、经济和政治的相互作用的角度来看，能对历史发展起促进作用的力量和因素，都可以视为历史发展的动力。这就是说，历史发展的动力不是一个而是多个。当然，这些动力因素同经济因素相比，经济因素又是更有力得多的、最原始的、最有决定性的力量。所以，不能把历史的发展归结为某一种单一的动力，而只能归结为多种动力形成的合力作用。1890 年 9 月，恩格斯针对当时盛行的所谓"经济因素"是"唯一决定性因素"，这一对唯物史观的庸俗化的解释，提出了历史合力的概念。他说："历史是这样创造的：最终的结果总是从许多单个的意志的相互冲突中产生出来的，而其中每一个意志，又是由于许多特殊的生活条件，才成为它所成为的那样。这样就有无数互相交错的力量，有无数个力的平行四边形……融合为一个总的平均数，一个总

---

[1]《马克思恩格斯选集》第 4 卷，人民出版社 1995 年版，第 693 页。

的合力。"[1] 由此看来，历史发展的最终结果是由历史的合力促成的。

三、"改革也是解放生产力"的思想，是对马克思主义社会发展动力理论的发展

邓小平同志指出，革命是解放生产力，改革也是解放生产力。这个论断有着深刻的理论意义和对现实工作的指导意义。

（一）革命是解放生产力，这是马克思主义一个基本观点。

马克思主义认为，从历史发展的总趋势来看，资本主义的私人占有制阻碍了社会生产力的发展，而资本主义的上层建筑又竭力保护这种阻碍生产力发展的关系。所以，无产阶级要进行政治革命，推翻维护这种落后生产关系的政权，建立无产阶级专政，改革旧的生产关系，建立公有制的生产关系，使生产力得到解放和发展。共产党人的历史旗帜就是通过革命解放生产力。

革命解放生产力的真理，经历了历史实践的一再检验。俄国十月革命后，造成了生产力的大发展。推翻帝国主义、封建主义、官僚资本主义的反动统治，使中国的生产力获得解放。我们党领导人民由新民主主义向社会主义过渡，也极大地解放了生产力。在中国社会主义改造高潮的 1956 年，毛泽东同志就指出："社会主义革命的目的是为了解放生产力。农业和手工业由个体所有制变为社会主义的集体所有制，私营工商业由资本主义所有制变为社会主义所有制，必然使生产力大大地获得解放。这样就为大大地发展工业和农业的生产创造了社会条件。"[2] 新中国成立初期和"一五"时期经济的迅速恢复和发展，充分显示了革命对解放生产力的巨大作用。

（二）在社会主义条件下，怎样才能使生产力不断发展，这是科学社会主义理论面临的重大问题。

社会主义社会的基本任务是发展生产力。但是，在社会主义条件下，怎样才能使生产力持续不断地向前发展呢？这是科学社会主义理论需要认真解决而又还未能解决好的问题。列宁在十月革命前夕写成的《国家与革命》一书中曾

[1]《马克思恩格斯选集》第 4 卷，人民出版社 1995 年版，第 697 页。
[2]《毛泽东著作选读》下册，人民出版社 1986 年版，第 717 页。

这样说过，经过革命，剥夺剥夺者，"会使生产力有蓬勃发展的可能"。[1] "但是，生产力将以什么样的速度向前发展，将以什么样的速度发展到打破分工、消灭脑力劳动与体力劳动的对立、把劳动变成'生活的第一需要'，这都是我们所不知道而且也不可能知道的。"[2] 这样的重大问题只能在社会主义实践中解决。

社会主义制度建立以后，生产力和生产关系、经济基础和上层建筑的关系将是怎样的呢？生产力作为社会发展的最活跃的因素，会不会同生产关系发生矛盾呢？斯大林20世纪30年代对这个问题作了片面的、形而上学的概括。他认为，在社会主义制度下，"这里生产关系同生产力状况完全适合"，"生产力在这里以加快的速度发展着，因为适合于生产力的生产关系使生产力有这样发展的充分广阔的天地"[3]。他认为在社会主义条件下，生产力与生产关系、经济基础与上层建筑完全适应，一笔勾销了社会基本矛盾，这种观点是不符合实际的。这个片面性认识妨碍了人们研究的思路，从而使由于种种社会历史原因而形成的某些妨碍劳动者积极性发挥、阻碍生产力发展的那部分生产关系和上层建筑的具体体制得以强化起来，并把苏联模式，推广到了其他社会主义国家。

50年代中叶，毛泽东同志在中国进行社会主义改造、建立社会主义制度的进程中，认真研究了苏联东欧社会主义实践的经验教训，以彻底的唯物主义态度来认识问题，对社会主义社会矛盾作出了新的概括。一方面，毛泽东同志指出："我国现在的社会制度比较旧时代的社会制度要优胜得多"，"比较旧时代生产关系更能够适合生产力发展的性质"，"能够容许生产力以旧社会所没有的速度迅速发展"[4]，"我们的根本任务已经由解放生产力变为在新的生产关系下面保护和发展生产力"[5]；另一方面，他又明确指出，"在社会主义社会中，基本的矛盾仍然是生产关系和生产力之间的矛盾，上层建筑和经济基础之间的矛盾"，这些矛盾，同旧社会的生产关系和生产力、经济基础和上层建筑之间的矛盾，具有根本不同的性质和情况，是又相适应又相矛盾，"它不是对抗性的矛盾，它可以经过社会主义制度本身，不断地得到解决"[6]。毛泽东同志提出要抓改革。他

[1]《列宁全集》第31卷，人民出版社1985年版，第92页。
[2]《列宁全集》第31卷，人民出版社1985年版，第92页。
[3]《斯大林选集》下卷，人民出版社1979年版，第449页。
[4]《毛泽东著作选读》下册，人民出版社1986年版，第767页。
[5]《毛泽东著作选读》下册，人民出版社1986年版，第771—772页。
[6]《毛泽东著作选读》下册，人民出版社1986年版，第767页。

说："我们国家要有很多诚心为人民服务、诚心为社会主义事业服务、立志改革的人。我们共产党员应该是这样的人。""我们还需要有一批党外的志士仁人，他们能够按照社会主义、共产主义的方向，同我们一起来为改革和建设我们的社会而无所畏惧地奋斗。"[1]在社会主义制度刚刚建立起来的时候，毛泽东同志把改革同解决社会主义社会基本矛盾相联系，把改革同建设相联系，这是一个很光辉的思想。也是在50年代，刘少奇、周恩来、陈云、邓小平、邓子恢等同志，都在调查研究和总结群众实践创造经验的基础上，就工业、农业、商业、财政、科技、教育等方面管理体制改革，提出了许多有价值的主张。如果这些正确观点和主张得到贯彻，并在实践中进一步探索完善，必然对生产力的发展、对社会主义事业的发展，起到积极作用。但是，改革要改什么、怎么改，对于这样的问题，还缺乏经验。而这时，党内"左"的倾向逐步发展，一方面，搞阶级斗争为纲，经济建设为中心被冲击；另一方面，则在生产关系上搞脱离生产力发展水平的"穷过渡"、搞一"大"二"公"。这样，不但不能使生产力加快发展，反而由于"文化大革命"制造的大乱，把国民经济推向了崩溃的边缘。

党的十一届三中全会在坚定地把全党工作重点转到经济建设的同时，已清醒地认识到，对束缚生产力发展的经济政治体制进行改革是十分必要的。三中全会公报指出："实现四个现代化，要求大幅度地提高生产力，也就必然要求多方面地改变同生产力发展不适应的生产关系和上层建筑，改变一切不适应的管理方式、活动方式和思想方式，因而是一场广泛、深刻的革命。"在三中全会改革方针的指引下，中国农村出现了一场以家庭联产承包责任制为主要内容的重大改革。党中央支持中国农民的伟大创造精神，因势利导，在全国农村全面展开改革。农村改革取得成功后，又把改革重点转向城市，形成全面改革的局面。13年的改革，使我国的经济发展上了一个台阶，取得了举世瞩目的成就。

（三）改革也是革命的含义，决定了改革具有解放生产力的功能。

革命具有两种含义：一种是从狭义上讲的社会变革，一般指一种社会制度代替另一种社会制度的革命性变革，达到解放生产力的目的。在阶级社会中，这种革命，一般是在以阶级对抗为基础的社会中，通过剧烈的斗争形式而实现的。如历史上有过奴隶反对奴隶主的革命、农民（奴）阶级反对封建地主阶级

---

[1]《建国以来毛泽东文稿》第六册，中央文献出版社1992年版，第387页。

的革命、无产阶级反对资产阶级的革命等。另一种是从广义上理解的社会变革，即社会经济、政治、科技、文化的重大变革。如产业革命、科技革命、文化革命等重大的社会变革，等等。无产阶级革命的彻底性决定了革命的广泛性含义。无产阶级的社会主义革命不但要消灭一切剥削制度和剥削阶级，而且要完善和发展社会主义社会的生产关系和上层建筑，并在这个基础上逐步消灭一切阶级差别，逐步消灭一切主要由于生产力发展不足而造成的重大社会差别和社会不平等，进一步解放和发展生产力，直到共产主义实现。这是人类历史上空前伟大的革命。我们现在所进行的改革和建设事业，正是这个伟大革命的一个阶段。从这个意义讲，改革也是革命。邓小平同志指出，"改革是中国的第二次革命"[1]。

两种含义的社会革命具有外在形式上的区别性和内在功能上的根本一致性。其区别性主要有：一是革命的依据不同。前者以对生产资料私有制社会基本矛盾的分析为依据，后者以对社会主义社会基本矛盾的运动作为依据。二是革命的对象不同。前者以那些竭力维护旧生产关系和上层建筑的反动统治阶级及其政治代表人物为打击对象，后者以那些妨碍生产力发展的旧体制为对象，既不是指向社会主义的根本制度，也不是指向已经消灭的剥削阶级，更不是指向作为国家主人的人民群众，它"不是对人的革命，而是对体制的革命"[2]。三是革命的性质不同。前者属于对抗性的阶级斗争，后者属于非对抗性的人民内部矛盾。四是革命的方法不同。前者采取暴力手段，后者采取和平、改造和渐进的方法。虽然两种含义的社会革命在依据、对象、性质和方法等外在形式上有区别，但在内在功能上却具有根本一致性。其一，解放和发展生产力是不同社会形态在不同历史时期的共同任务。在剥削阶级占统治地位的社会里，腐朽的生产关系严重阻碍生产力的发展，解放生产力是社会革命的首要任务；在社会主义社会里，发展生产力是根本任务，但是僵化的经济、政治体制严重束缚了生产力的发展，通过改革解放生产力同样是首要任务。其二，夺取政权的革命是关系国家和民族命运与前途的大事，改革也同样和国家的命运与前途休戚相关。因为只有改革，不断地解放和促进生产力的发展，才能充分挖掘社会主义的潜力，使社会主义的优越性得到充分的发挥，才能增强社会主义的吸引力，使社

[1]《邓小平文选》第3卷，人民出版社1993年版，第113页。

[2]《邓小平文选》第2卷，人民出版社1994年版，第397页。

会主义立于不败之地。其三，"第一次革命"和今天的改革都是权力利益关系的调整，前者调整对立阶级之间的权力利益关系；后者调整社会主义内部各阶级阶层之间的权力利益关系，无论是哪种的权力利益调整，都将会调动广大人民群众的积极性、主动性和创造性，同样具有解放生产力的功能。其四，夺取政权的革命是量变过程中的质变；改革并不是量变过程中的质变，而是社会主义宏观整体的渐变和某些环节、某些方面突变的统一，两者都具有解放生产力的意义。由此看来，改革确实是中国的第二次革命，它不仅能保护和发展生产力，而且具有解放生产力的功能。

（四）社会主义社会基本矛盾运动规律决定了要通过改革解放生产力。

无产阶级和人民群众掌握政权以后，完成了社会主义革命的历史任务，就要把"尽可能快地增加生产力的总量"即发展社会生产力，作为自己的根本任务。党的基本路线中所规定的"以经济建设为中心"，就体现了无产阶级和人民群众在社会主义建设时期发展社会生产力这一伟大历史使命。但是，这并不意味着只要专心致志地发展生产力就行了，不必再考虑调整和改善生产关系和上层建筑的问题了。社会主义制度作为人类历史上崭新的社会制度，有一个从低级到高级、从不完善到比较完善的发展过程。1957 年，毛泽东同志在《关于正确处理人民内部矛盾的问题》一文中指出："在社会主义社会中，基本的矛盾仍然是生产关系和生产力之间的矛盾，上层建筑和经济基础之间的矛盾。"[1] 同时还指出："社会主义生产关系已经建立起来，它是和生产力的发展相适应的；但是，它又还很不完善，这些不完善的方面和生产力的发展又是相矛盾的。除了生产关系和生产力发展的这种又相适应又相矛盾的情况以外，还有上层建筑和经济基础的又相适应又相矛盾的情况。"[2] 这里，非常明确地阐明了一个基本的事实：社会主义社会的基本矛盾，在基本的方面是相适应的，是非对抗性的矛盾；同时还有相矛盾的一面，这又说明我国还处在社会主义初级阶段。目前的经济、政治体制还不完全适应生产力发展的要求，还有束缚人的手脚、阻碍社会生产力发展的弊端。我国的经济体制是在新中国成立初期和"一五"计划时期仿照苏联模式建立的，其最大特点是高度集中，虽然在当时的条件下曾发挥

---

[1]《毛泽东著作选读》下册，人民出版社 1986 年版，第 767 页。
[2]《毛泽东著作选读》下册，人民出版社 1986 年版，第 768 页。

过积极的历史作用，但是随着历史条件的变化，由于原来的所有制结构不合理，管理权限过分集中，地区和部门分割，忽视价值规律作用，这样的经济体制日益严重地束缚生产力的发展。20 世纪 50 年代后期，我们已察觉到旧经济体制的弊端，并力图加以调整。但以往的调整仅仅是在条条、块块管理权力分配的框框里兜圈子，结果形成了"一统就死、一放就乱"的非正常循环，始终没有能从根本上解决问题。十年内乱更是恶化了旧经济体制的弊病。在这种僵化的经济体制作用下，我国政治体制的弊病也日渐明显。主要存在党政不分、官僚主义、权力过分集中、家长制、领导干部终身制等，同样雪上加霜地束缚了生产力的发展。什么是解放生产力？生产力包括劳动者、劳动工具和劳动对象，其中人是最活跃的因素。我们说剥削制度束缚着生产力的发展，主要是劳动者处于被剥削的地位，不能唤起他们的劳动积极性。革命使劳动者获得主人翁的地位，于是发挥了劳动积极性。在社会主义基本制度下，采取什么样的具体制度，同样对调动劳动者的积极性会发生正的或负的效应。改革的目的，集中到一点，就是革除那些抑制人们积极性的体制弊端，从体制上解放人，进而解放生产力。这种改革，是解放生产力和发展生产力的辩证统一；虽然不是改变社会主义的基本制度，但要求对社会主义具体制度作出相应变革；它将涉及政治、经济、社会生活等各个领域，从深度和广度上为解放生产力建立新的运行机制。因此，社会主义社会基本矛盾的运动过程，社会主义制度的自我完善，就是不断通过改革解放生产力的过程。

（五）改革也是解放生产力，已被建设中国特色社会主义的实践所证明。

回顾十多年来的改革开放实践，人们都会有这样的深切感受：改革的时间虽然不长，但它给我国社会生产力的发展带来了勃勃生机。在农村，革除了人民公社体制，实行了家庭联产承包责任制，建立了统分结合的双层经营体制，调整了农业的生产关系，极大地调动了亿万农民的生产积极性。在城市，总结经济建设正反两个方面的经验，明确提出社会主义经济是公有制为基础的有计划的商品经济，各项经济活动必须自觉地依据和运用价值规律，比较彻底地破除了在所有制问题上急于求公、求纯的"左"的指导思想，开始由单一的公有制向以公有制为主体的多种经济成分并存转变；在宏观经济管理方式上，开始由过去主要依靠行政手段和指令性计划的直接管理向主要运用经济的、法律的和必要的行政手段的间接管理转变；在社会分配方式上，开始由过去搞平均主义、吃"大锅饭"的分配方式向以按劳分配为主的多种分配方式转变，如此等等。改革极大地激发了人民群众的积极性，解放了生产力。经过十多年的改革，我国社会主义社会的生产力有了很大的发展，国家的综合国力有了显著增强，人民生活有了明显改善。可见，"改革也是解放生产力"的论断体现了马克思主义基本原理与中国社会实践的结合。

（六）把改革同解放和发展生产力相联系，是邓小平同志的发明。

邓小平同志指出："社会主义基本制度确立以后，还要从根本上改变束缚生产力发展的经济体制，建立起充满生机和活力的社会主义经济体制，促进生产力的发展，这是改革，所以改革也是解放生产力。"[1]

我们在改革实践中不断探索，不断总结实践经验，并作出理论概括。我们确立了"体制改革"这样准确的概念，并且阐明了改革的性质、内容和方法等一系列根本问题。1980 年 8 月，邓小平同志就在中央政治局扩大会议上作了《党和国家领导制度的改革》的重要讲话。1982 年邓小平讲到精简机构时就指出："这是一场革命。当然，这不是对人的革命，而是对体制的革命。"[2] 1984 年，党的十二届三中全会在《关于经济体制改革的决定》中，是这样提出问题的："在坚持社会主义制度的前提下，改革生产关系和上层建筑中不适应生产力发展的一系列相互联系的环节和方面。这种改革，是在党和政府的领导下有计划、有步骤、有秩序地进行的，是社会主义制度的自我完善和发展。"1985 年，邓小平同志进一步明确："不改革政治体制，就不能保障经济体制改革的成果，不能使经济体制改革继续前进，就会阻碍生产力的发展，阻碍四个现代化的实现。"[3] 1987 年，邓小平同志又一次明确指出："我们的改革要达到一个什么目的呢？总的目的是要有利于巩固社会主义制度，有利于巩固党的领导，有利于在党的领导和社会主义制度下发展生产力。"[4] 1992 年，邓小平同志又进一步指出，改革是从根本上改变束缚生产力发展的经济体制。可以看出，党的十一届三中全会以来，我们党把改革同解放和发展生产力相联系的认识，是一贯的，并且

[1]《邓小平文选》第 3 卷，人民出版社 1993 年版，第 370 页。
[2]《邓小平文选》第 2 卷，人民出版社 1994 年版，第 397 页。
[3]《邓小平文选》第 3 卷，人民出版社 1993 年版，第 176 页。
[4]《邓小平文选》第 3 卷，人民出版社 1993 年版，第 241 页。

是不断深化的。

党的十一届三中全会以来改革的成就使人们进一步认识到，马克思主义政党领导人民革命为的是解放生产力，社会主义制度建立后，理所当然地要把发展生产力作为根本任务，而要发展生产力，不改革束缚生产力发展的体制不行，要发展生产力，必须解放生产力；解放生产力，为的是发展生产力，必须把两者统一起来。这是社会主义优越性得到持续、长足的发挥的基础。

邓小平同志关于"革命是解放生产力，改革也是解放生产力""社会主义条件下发展生产力，还要通过改革解放生产力"的论断，把解放生产力同发展生产力辩证地统一起来，揭示了解放生产力和发展生产力的相互关系。这个论断进一步加深了对社会主义社会基本矛盾的认识，进一步说明了社会主义条件下基本矛盾在运动中是通过改革来进行的，进一步说明了社会主义条件下的改革同为建立社会主义制度而进行的革命，都是为了解放生产力。只是革命是对束缚生产力发展的旧的社会根本制度进行摧枯拉朽般的彻底打碎，而改革则是在坚持社会主义根本制度下，有领导、有步骤地变革束缚生产力发展的经济政治体制。这个论断进一步加深了对社会主义本质和任务的认识，进一步说明了社会主义社会的根本任务是解放和发展生产力，进一步说明了社会主义的本质是解放生产力，发展生产力。

回顾改革的认识史，可以看到，我们对改革的认识是随着实践经验的积累而不断深化的。没有社会主义的实践，不可能达到如此认识的高度；没有对社会主义实践的科学总结，也不可能达到如此的认识高度。从 1890 年恩格斯提出社会主义 "是经常变化和改革的社会"[1] 到 1992 年邓小平同志强调 "改革也是解放生产力" 这样的百年历程，可以看到，我们对社会主义条件下的改革的认识，的确深刻得多、丰富得多了，这是经过了对要不要改、改什么、怎么改之类问题进行了实践，取得正反的经验比较的基础上所达到的，这是付出了重大代价而得到的认识，一定要十分珍视、深刻理解。

邓小平同志关于 "改革也是解放生产力" 的论断，为我国的改革奠定了坚实的理论基础，对我们深化改革有重大指导意义。我们的改革要始终明确完全是为了解放生产力的，是为发展生产力开辟道路的。因此，解放生产力是改革的出发点，更是检验改革是否正确有效的准则，凡是束缚生产力发展的，就要

[1]《马克思恩格斯选集》第 4 卷，人民出版社 1995 年版，第 693 页。

改革，凡不是束缚生产力发展的，就不应乱动；凡是经过试验，能够解放生产力的，就要推行，就要肯定，并稳定下来；凡是经过实践证明某些改变不能解放生产力，就要及时改正。总之，只要我们始终坚持"解放生产力"这个指导思想，改革必然会搞得越来越好。

四、抓住时机，加快改革开放、集中精力把经济建设搞上去

党的十四大报告指出：我们要在 90 年代把中国特色社会主义的伟大事业推向前进，最根本的是要坚持党的基本路线，加快改革开放，集中精力把经济建设搞上去。

（一）加快发展经济，不仅是重大经济问题，而且是重大政治问题。

江泽民同志指出："我国近代的历史和当今世界的现实都清楚表明，经济落后就会非常被动，就会受制于人。当前国际竞争的实质是以经济和科技实力为基础的综合国力较量。世界上许多国家特别是我们周边的一些国家和地区都在加快发展。如果我国经济发展慢了，社会主义制度的巩固和国家的长治久安都会遇到极大困难。所以，我国经济能不能加快发展，不仅是重大的经济问题，而且是重大的政治问题。"[1] 只有从这样的高度来认识加快发展经济的意义，才能在实践中积极推进改革开放。

（二）改革是解放生产力，是实现中国现代化的必由之路。

"改革也是一场革命，也是解放生产力，是中国现代化的必由之路，僵化停滞是没有出路的。"[2] 加快改革开放，是发展生产力，也是实现中国现代化的唯一道路。

第一，改革是解决现阶段社会基本矛盾不相适应的方面，是进一步解放生产力的需要。社会主义社会的基本矛盾仍然是生产关系与生产力、上层建筑与经济基础之间的矛盾。这种矛盾与旧的阶级社会不同，可以在社会主义制度范围内，通过改革不断地加以解决。生产力决定生产关系，生产关系必须适应生产力的性质和水平。生产关系对生产力，滞后了不行，超越了也不行。立足本

[1]《十四大以来重要文献选编》上册，人民出版社 1996 年版，第 16 页。
[2]《十四大以来重要文献选编》上册，人民出版社 1996 年版，第 11 页。

国国情，总结实践经验，根据社会生产力的现实水平和进一步发展的客观要求，自觉调整生产关系中与生产力不相适应的部分，调整上层建筑中与经济基础不相适应的部分，这就是社会主义改革。如果不进行这样的改革，就会窒息社会主义内在的活力和生机，严重妨碍社会主义优越性的发挥。

第二，改革是新旧体制（模式）转换的必经途径，是迅速建立社会主义市场经济体制和社会主义民主政治体制以适应生产力发展的需要。为了解放和发展生产力，社会主义国家必须从传统社会主义体制转变为现代社会主义体制。苏联在 20 世纪二三十年代，在资本主义包围和临战状态下，建立起高度集中的社会主义体制，即传统社会主义模式。这种高度集中的经济政治体制，使当时苏联能够把有限的人力、物力、财力用到最急需的建设和防务上来。同时，被压迫被剥削的无产阶级和劳动群众由于获得解放而迸发出的革命热情，弥补了这种体制的缺陷，使它得以运转，并取得相当成功和迅速发展。第二次世界大战以后，欧亚一些国家走上社会主义道路，他们在缺乏实践经验的情况下，或是模仿或是参照传统的苏联体制，建立了自己的经济、政治体制。这种高度集中的体制，在我国第一个五年计划期间，大体上还能适应生产力的发展。但是，进入正常建设年代以后，在革命战争年代群众所特有的那种激情减少之后，这种过分集权、统得过死、排斥商品和市场的经济体制的弊端就明显地暴露出来，严重阻碍了生产力的发展。这种体制既易使国家机关工作人员滋生官僚主义、瞎指挥和以权谋私等不良倾向，又使企业的管理者、劳动者缺乏改善经营、发展生产的内在动力，妨碍其发挥积极性和创造性，导致生产效益低，产品品种少、质量差，不能满足人民的需要。经过一段实践，我国和东欧某些国家较早地觉察到这种体制有严重缺陷。毛泽东同志早在 20 世纪 50 年代中期就从实践中认识到这种体制的弊端，提出要"以苏为鉴"。党的十一届三中全会以后，我们党通过认真总结历史经验，认识到必须进行根本改革，使不适应的经济政治体制转换为具有生机和活力的现代社会主义体制。

第三，改革是把经济搞上去，最终战胜资本主义的需要。发达资本主义国家在 20 世纪五六十年代先于社会主义国家干了两件事。一是掀起一场新的科技革命，即历史上第三次科技革命，大大地促进了生产力的发展。二是从生产关系到上层建筑进行了一系列自我改良。这两件大事使现代资本主义所容纳和创造的社会生产力以惊人的速度和规模扩展着。据统计，从 1945—1975 年，即战后头 30 年，世界工业总产值累计额是人类历史全部工业总产值累计额的两倍左右。在世界经济比重中，24 个发达资本主义国家占 70% 左右。这就是说，发达资本主义国家战后 30 年生产的产品，超过了过去 200 多年产品的总和。通过西方发达国家的"输血"，我国大陆周边的"四小龙"——中国香港、中国台湾、新加坡、韩国，在 60—80 年代，发展速度相当快。最近，又出现了新"四小龙"，即印尼、马来西亚、泰国和菲律宾。据联合国统计，1990 年，人均国民生产总值以美元计算，日本 2.7065 万美元，美国 2.255 万美元，德国 2.1475 万美元，法国 2.1085 万美元，中国香港 1.38 万美元，新加坡 1.36 万美元，中国台湾 8685 元美元，韩国 6245 元美元，我国大陆仅为 325 元美元。当然，人均国民生产总值并不能完全反映一个国家人民的实际生活水平。按照西方的标准，人均 300 多美元根本无法生活，可是在我国却过着温饱生活。因为我国同西方国家相比，职工不交所得税，有医疗保险、房租低、物价便宜。据美国《幸福》杂志计算，1990 年中国实际生活水平为人均 2472 美元。正如邓小平同志在 80 年代初所说：如我国人均国民生产总值达到 1000 美元，那我们的日子要比他们好过得多。即使如此，我们同西方发达国家仍有很大的差距。社会主义面临着现代资本主义的严峻挑战。随着世界大潮从紧张趋向缓和，竞争的重点从军事领域转向经济、科技领域，社会主义国家如不进行改革，实现从传统社会主义体制向现代社会主义体制的转变，就难以同现代资本主义国家进行有力的竞争。在东欧剧变、苏联解体，社会主义遭受严重挫折的形势下，中国的状况如何，直接关系到世界社会主义的前途和命运。中国的振兴在于改革，中国通过改革，经济实力和综合国力上去了，走在世界前列，世界社会主义就大有希望。

（三）通过全面的改革，建设富强、民主、文明的现代化中国。

改革是促进社会经济、政治、文化全面发展的根本途径。改革是社会主义制度的自我完善。改革不仅能够解放和发展生产力，而且能够完善社会主义制度。社会主义制度的确立并不是一劳永逸的，它有一个从不完善走向完善的过程。实现这个过程的唯一途径就是改革。我国的改革是在中国共产党的领导下，在社会主义制度范围内进行的，就其实质来说是社会主义制度的自我完善，即通过改革具体制度，逐步完善根本制度。党的十一届三中全会以来，我国的改革尽管受到这种那种干扰，但始终沿着这个方向，在这个范围内进行。邓小平同志一再指出："在改革中坚持社会主义方向，这是一个很重要的问题。"[1]某些社会主义国家在改革中全盘否定历史，把几十年的社会主义说成是"扭曲变形的社会主义""官僚专制的社会主义"。在"更新""重建"的幌子下，根本否定社会主义制度，从而导致改变的不是模式体制而是社会根本制度，改革变成"改向"，出现了历史大悲剧大倒退。这是一个严重的教训。

在完善社会主义制度的道路上坚持走下去，经过一定时间的探索，就可以实现社会主义的定型化。邓小平同志预计，在有了"一个中心、两个基本点"的基本路线的前提下，再经过 30 年的努力，我们可以在各方面形成一整套成熟、定型的制度。

我国的改革是全面的根本的改革，而不是局部的改革；是对不适应的体制的根本改革，而不是修修补补。邓小平同志说："改革是全面的改革，不仅经济、政治，还包括科技、教育等各行各业。"[2]社会主义改革之所以是全面改革，一是旧体制的弊端在各个领域都存在，必须经过改革改掉它；二是改革必须配合建设，为建设服务。社会主义是一个全面发展的社会。党的基本路线规定的奋斗目标是一个全面的奋斗目标。"为把我国建设成为富强、民主、文明的社会主义现代化国家而奋斗"包括了经济、政治、文化三个方面的要求，既是三位一体的现代化目标，又是有中国特色的社会主义的三个重要方面。全面改革是为全面建设服务的。在全面改革中，与经济体制改革相适应，我们同时进行了政治体制改革。我国政治体制改革的目标是，建设有中国特色社会主义的民主政治，健全社会主义法制，切实保证人民群众当家作主的权利。政治体制改革的总目的，就是要有利于巩固社会主义制度，有利于巩固党的领导，有利于发展生产力，有利于取得和保持一个经济发展所必需的稳定的社会政治环境。思想文化领域的教育体制改革的指导原则是，教育要"面向现代化，面向世界，面向未来"；科技体制改革的战略方针是"经济建设必须依靠科学技术，科学技术必须面对经济建设"，把科技成果迅速应用于四化建设。

"三个目标"是：经济体制改革的目标，是在坚持公有制和按劳分配为主体，其他经济成分和分配方式为补充的基础上，建立和完善社会主义市场经济：

---

[1]《邓小平文选》第 3 卷，人民出版社 1993 年版，第 138 页。

[2]《邓小平文选》第 3 卷，人民出版社 1993 年版，第 117 页。

政治体制改革的目标，是以完善人民代表大会制度，中国共产党领导的多党合作和政治协商制度为主要内容，发挥社会主义制度的优势；文化体制改革的目标，是与经济、政治上改革的发展相适应，以有理想、有道德、有文化、有纪律为目标，建设社会主义精神文明。

改革是全面的，又是有重点的。重点就是经济体制改革。这个重点的确立，是由以经济建设为中心的根本任务决定的。以经济建设为中心，进行社会主义现代化建设，不断发展社会生产力，不断提高人民的物质文化生活水平，始终是发展社会主义事业的根本和关键，是最终战胜资本主义的决定因素，也是保持社会稳定的基本条件。

中国经济体制改革的路子怎么走，必须从中国的客观实际出发。中国是一个农民占人口绝大多数的国家。我们党从这个客观实际出发，确定了经济体制改革首先从农村开始。到1984年，发展到以城市为重点的全面经济体制改革。我国经济体制改革的基本理论和基本实践，是发展公有制基础上的商品经济，建立社会主义市场经济新体制。我们通过实践破除了对马克思主义教条化的理解，作出两个科学论断，即社会主义经济的实体，既不是资本主义的商品经济，也不是共产主义的产品经济，而是在公有制基础上的商品经济；商品经济的充分发展阶段不能逾越，离开商品经济的发展，就不能实现生产的社会化，就不能迅速发展生产力，就不能实现现代化。在这个大方向和大前提下，主要围绕两个方面展开。一是在所有制结构上，坚持以公有制为主体的前提下发展多种经济成分。公有制占主体地位决定了我国社会的社会主义性质。在这个前提下，适当发展并发挥个体经济、私营经济和其他经济成分对公有制经济的有益补充作用。二是在经济运行机制上，坚持计划和市场调节相结合。既然要发展商品经济，就要充分利用市场。市场不带有社会制度的属性，资本主义可以利用它，社会主义也可以利用它，坚持计划和市场调节相结合，目的是把两个方面各自的优点和长处都充分发挥出来，始终坚持以经济体制改革为重点，这是我国改革的成功之路。相反，某些国家的改革之所以失败，一个重要原因就是在经济体制改革没有取得明显成效的情况下，匆忙将改革的重点转向政治领域，引起了政治过热和政治动荡，冲淡和放松了经济体制改革。结果经济形势急剧恶化，人民生活每况愈下，动摇了群众的社会主义信念。

（四）改革要坚持对内改革和对外开放相结合。

我国的对内改革和对外开放是紧密联系在一起的。二者相辅相成、相互促进、相得益彰。改革是生产力解放和发展的必由之路，对外开放是实现社会主义现代化的必要条件。改革和开放并行，这是中国社会主义改革的一个鲜明特色。我国在党的十一届三中全会以后，坚持实行对外开放，是顺乎历史潮流，在"现在的世界是开放的世界"[1]这个大背景下提出来的国策。我们之所以坚持实行对外开放，是因为：第一，不实行对外开放就会长期落后。邓小平同志多次指出："现在任何国家要发达起来，闭关自守都不可能。我们吃过这个苦头，我们的老祖宗吃过这个苦头。恐怕明朝明成祖时候，郑和下西洋还算是开放的。明成祖死后，明朝逐渐衰落，中国被侵略了。以后清朝康乾时代，不能说是开放。如果从明朝中叶算起，到鸦片战争，有300多年的闭关自守。如果从康熙算起，也有近200年的闭关自守。把中国搞得贫穷落后，愚昧无知。新中国成立以后，我们第一个五年计划也是对外开放，只不过是对苏联东欧开放。以后关起门来，没有什么发展。"[2]第二，社会主义社会本身就应是一个开放性质的社会。人类最早的两个阶级社会——奴隶社会和封建社会，当时虽然有了简单商品生产，但是以自给自足的自然经济为主体，社会处于闭关自守状态，各个国家和各个民族之间的经济联系很少，生产力的发展极其缓慢。这两个社会都是封闭性的社会。资本主义社会则不同，由于商品经济的高度发展，商品交换要求冲破闭关自守状态，实行对内对外开放。社会主义社会既然是有计划商品经济的社会，它和资本主义社会就一样都是开放性的而不是封闭性的社会。

经过12年的努力，我国对外开放成绩显赫，目前已形成了"经济特区—沿海开放城市—沿海经济开发区—内地"这样一个逐步推进的开放格局。近来，已由沿海开放发展到沿江开放，又发展到沿边开放。我们实行的是全方位的对外开放，其中包括对西方发达资本主义国家、社会主义国家和第三世界发展中国家。我国实行对外开放的结果，引进了大量资金、先进的科学技术和管理方法，给社会主义事业带来了强大活力。

从宏观战略上来讲，对外开放的重要目的就是吸收人类文明的一切成果，特别是西方发达国家的文明成果。资本主义是人类社会发展进程中非常重要的

---

[1]《邓小平文选》第3卷，人民出版社1993年版，第64页。

[2]《建设有中国特色的社会主义》增订本，人民出版社1987年版，第77页。

一个历史阶段，它在几百年所创造的物质文明和精神文明远远超过了以往世纪的总和。拒绝吸收和借鉴资本主义所创造的文明成果是愚蠢的。20世纪社会主义的实践，不是发达资本主义国家而是经济文化比较落后的国家首先走上社会主义道路。这些国家在确立了社会主义制度以后，虽然在社会制度上具有优越性，但是在经济文化、科学技术的发展上仍落后于发达资本主义国家。因此，社会主义国家在改革开放中，不仅要改造旧体制和探索新模式，而且要吸收发达资本主义国家的先进科学技术和经营管理方法，并且把二者结合、融合起来。

在过去很长的一段时间内，人们往往只强调社会主义同资本主义对立、斗争的一面，而忽略了借鉴、利用、学习、协作的一面，这是一种片面性。特别是在西方发达国家具有资本、科学技术、对外贸易、产业结构应变能力强、劳动者素质较高等优势下，这样做对社会主义事业是极为不利、极其有害的。邓小平同志说："社会主义要赢得与资本主义相比较的优势，就必须大胆吸收和借鉴人类社会创造的一切文明成果，吸收和借鉴当今世界各国包括资本主义发达国家的一切反映现代社会化生产规律的先进经营方式、管理方法。"[1]这样做不是引进资本主义，而是为了更好地坚持和发展社会主义。

（五）改革开放迈大步，必须进一步解放思想。

"改革是中国的第二次革命"[2]，这里的意思是说，在完成消灭剥削制度的社会革命之后，还要通过改革进一步解放生产力。就我国的改革所引起社会变革的广度和深度来说，可以说是又开始了一场新的革命，其实质和目标，就是要从根本上改变束缚我国社会生产力发展的原有僵化的经济体制，建立充满生机和活力的社会主义新经济体制，同时相应地改革政治体制和其他体制，以实现中国的社会主义现代化。邓小平同志说："总之，现在我们干的是中国几千年来从未干过的事。这场改革不仅影响中国，而且会影响世界。"[3]在邓小平同志南方谈话之后，中国出现了第二次改革高潮，全国一片热气腾腾。现在世界上许多政治家和学者都认为中国在21世纪将成为经济巨人、世界强国。美国著名未来学家奈比斯特在《2000年的大趋势》一书中认为，中国的10年改革成就斐然，"已经开始腾飞的中国经济会受到香港和台湾这两支火箭的助推"，到2010年成

[1]《邓小平文选》第3卷，人民出版社1993年版，第373页。

[2]《邓小平文选》第3卷，人民出版社1993年版，第113页。

[3]《邓小平文选》第3卷，人民出版社1993年版，第118页。

为仅次于美国的经济大国。在美国享有极高荣誉的综合长期策略委员会的一项研究说，中国在今后 20 年里很可能跃居世界第二号经济强国。这份报告按"购买力对等"方程式算出的按美元币值折算的中国经济实力，到 2010 年将跃居第二位，国民生产总值约 3.8 万亿美元，日本以 3.7 万美元尾之。独联体吉尔吉斯工联代表团领导成员访华后说："中国改革开放取得惊人成就，简直是个神奇的世界。到处在建设大饭店、大工厂、大桥、住宅，特别是开发区的发展，整个国家是个大的建设工地。中国已成为巨人"，"中国走了一条正确的道路，之所以正确，是因为中国不是今天听你的，明天听他的，而是坚定不移地走自己的道路。这条路是从中国实际情况出发，具有中国特色的社会主义道路"，"现在苏联解体了，东欧国家四分五裂，也不知向什么主义发展了。社会主义寄希望于中国了。今天的中国是社会主义的基石"。

马克思、恩格斯认为，在阶级社会，解决社会基本矛盾的阶级斗争是"历史的直接动力"，无产阶级反对资产阶级的阶级斗争是"现代社会变革的巨大杠杆"。如果说，阶级斗争和革命是阶级社会历史发展的直接动力，那么，改革则是社会主义"推进一切工作的动力"[1]。在消灭了剥削阶级和剥削制度的社会主义社会，改革是解决社会基本矛盾的一种基本形式。上升到"动力"的高度，从根本上说，就是解放生产力，并在此基础上发展生产力。过去在战争年代，人们都争当革命者，现在在和平建设时期，人们也应该立志做改革者，为改革大业做出应有的贡献，改革是振兴中华的希望所在，是中国社会主义现代化的必由之路。

---

[1]《十三大以来重要文献选编》上册，人民出版社 1991 年版，第 13 页。

坚持四项基本原则是社会主义建设的政治保证 [1]

"一个中心、两个基本点"是建设有中国特色社会主义的基本路线的主要内容。社会主义的根本任务是发展社会生产力，社会主义建设要始终以经济建设为中心。一方面，要发展生产力，必须实行改革开放，通过改革开放，解放生产力，促进社会主义的现代化建设。另一方面，我们要实现的现代化是社会主义的现代化，只有坚持四项基本原则，才能统一全国人民的思想和意志，实现安定团结，保持社会稳定，为经济建设创造一个良好的环境；才能保证经济建设的社会主义性质和方向，巩固和完善社会主义制度。坚持四项基本原则是改革开放和现代化建设健康发展的保证，又从改革开放和现代化建设获得新的时代内容。

一、只有社会主义才能救中国、发展中国

社会主义代替资本主义，是不以人的意志为转移的人类历史发展的客观规律，是历史的必然。科学社会主义创始人马克思、恩格斯运用历史唯物主义一般原理，从事资本主义经济的研究，创立了剩余价值学说，揭示了资本主义的社会基本矛盾，从而指出了资本主义必然灭亡、共产主义必然胜利的历史趋势。科学社会主义认为，资本主义创造了社会化大生产，这种社会化的大生产具有

---

[1] 本文是作者 1992 年 10 月在中共中央党校主体班次学习十四大报告专题课上的讲课提纲。原载《王伟光讲习录》，中共中央党校出版社，2008 年版。

一种革命的本性，它要求生产关系也社会化，社会化生产已经不具有个体的私人生产的性质，是否定私有制的基础。然而，在资本主义制度下，由广大劳动者共同使用的生产资料，却属于资本家私人占有；生产过程虽然已经变成众多人共同协作的社会行动，但组织和管理社会化生产的却是资本家及其代理人；由工人阶级共同创造的社会产品，也为资本家私人占有。这就形成生产社会化同资本主义私人占有制之间不可调和的矛盾。这一基本矛盾具体表现为，个别企业的有组织性和社会生产的无政府状态之间的矛盾，表现为无产阶级和资产阶级的根本对立。这些矛盾的尖锐化必然引起周期性的经济危机和社会冲突的爆发，反过来，危机和冲突又促使资本主义社会矛盾的进一步加剧。根据这一矛盾的运动规律，马克思、恩格斯创立了无产阶级革命和无产阶级专政的理论，为无产阶级及其政党自觉地认识这个规律，推翻资本主义，建立社会主义社会提供了理论武器。只要资本主义社会的基本矛盾还存在，科学社会主义创始人所揭示的这一规律就会长期地起作用，社会主义迟早要代替资本主义，这是不可抗拒的历史潮流。

在 20 世纪，社会主义从理想到现实，从一国实践到多国实践，在坎坷和曲折中不断前进，开创了人类社会最伟大变革的历史进程。

社会主义制度的确立、巩固和发展，是中国历史上最伟大、最深刻的变革。只有社会主义才能救中国，只有社会主义才能发展中国。这是由社会主义世界进程的历史趋势所决定的，更重要的是由中国的国情所决定的。中国人民选择社会主义道路是历史的必然。鸦片战争之后，中国沦为半殖民地、半封建社会，中国人民为了挽救民族的危亡，使中国成为一个独立富强的国家，曾经进行了可歌可泣的斗争，但都没有成功。其中，资产阶级改良派康有为、梁启超实行"戊戌变法"，资产阶级革命派孙中山所发动的辛亥革命，是两次试图在中国走资本主义道路的尝试，都最终失败了。实践证明，中国走独立自主地发展资本主义的道路是行不通的。

中国不走社会主义道路就没有别的选择。中国人民的先进分子在十月革命影响下，选择了社会主义。1921 年建立了中国共产党，在中国共产党和毛泽东同志领导下，探索一条有中国特色的革命道路，经过 28 年艰苦卓绝的斗争，建立了中华人民共和国，取得了中国革命的胜利。中国革命胜利以后，我们比较顺利地实现了新民主主义向社会主义的转变。中国人民在建设社会主义的过程中，尽管曾发生了"大跃进""文化大革命"这样重大的失误，但中国建设社会主义的伟大成就是有目共睹的事实。我们在 40 多年的时间里取得了旧中国几百年、几千年所没有取得过的进步，取得了举世瞩目的成就。我们基本解决了 11 亿多人口的温饱问题，不仅粮食、棉花、钢铁、煤炭、电力等主要工农业产品已列属世界前列，而且在航天技术、核技术、生物工程等高科技领域的某些方面，也达到了世界先进水平，人民的物质文化生活不断改善。

社会主义代替资本主义是必然的，然而这种必然的取代却是一个很长的历史过程，这个过程是艰难的、复杂的、曲折的，有时还会出现反复。近些年来一些社会主义国家发生的动荡和演变，仅仅证明了社会主义发展的长期性、曲折性，并不能证明社会主义必然性是虚幻的。历史唯物论和历史辩证法告诉我们，一种社会制度代替另一种社会制度，从来都是一个充满斗争的曲折过程。作为消灭剥削制度的社会主义革命来说，这个过程就更为曲折、复杂了。这是因为：（1）走上社会主义道路的国家绝大多数都是经济文化落后的国家，在这样的国家搞社会主义没有一个相当长的过程是无法完成的；（2）社会主义是一个新生事物，建设社会主义是没有任何现成的方案和成功的经验可资借鉴的，什么是社会主义，如何搞社会主义需要长期探索，甚至要在失败中总结经验；（3）社会主义在其建设过程中，面对着一个强大的资本主义世界，它们对社会主义构成严重的威胁；（4）社会主义国家内部还存在着旧社会的残余势力、残余因素、残余分子，还存在一定范围内的阶级斗争。这些因素就使得社会主义建设成为一个长期曲折的过程，但这并不能改变社会主义代替资本主义的历史必然趋势，坚持社会主义道路，是符合历史发展规律的正确选择。

二、必须依靠人民民主专政进行社会主义建设

无产阶级专政是无产阶级实现历史使命的工具，是达到消灭阶级，进入无阶级社会的必由之路。离开无产阶级专政，坚持社会主义就成为一句空话。列宁曾经指出："只有承认阶级斗争，同时也承认无产阶级专政的人，才是马克思主义者。"[1]依靠无产阶级专政，保卫社会主义制度，领导社会主义建设，这是马克思主义的一个重要原则。

[1]《列宁选集》第 3 卷，人民出版社 1995 年版，第 199 页。

无产阶级专政是新型民主和新型专政的国家，无产阶级专政就是无产阶级的阶级统治，对广大人民实行最广泛的民主，对少数敌人实行专政。随着无产阶级国家的建立、巩固和发展，无产阶级专政的范围越来越小，民主的范围越来越大。无产阶级专政的主要职能是保卫社会主义事业和人民的成果，压迫反动阶级、反动派和反社会主义分子；剥夺剥削者，消灭私有制，建立公有制；在人民内部发扬民主；领导、组织、管理社会主义建设；防御国家外部敌人的颠覆活动和可能的侵略；等等。

无产阶级专政的具体形式可以多种多样。我国的人民民主专政是无产阶级专政的一种类型，是具有中国特色的无产阶级专政，是中国共产党根据无产阶级专政学说，结合中国国情所作出的伟大创造。我国的人民民主专政经历了两个发展阶段，其前期即社会主义过渡时期，是各革命阶级的联合专政；后期即社会主义建设时期，实质是无产阶级专政。

我们为什么必须坚持人民民主专政呢？这是因为：首先，在国内，社会主义改造基本完成以后，剥削阶级作为一个阶级是不存在了，阶级斗争已经不是主要矛盾了，但一定范围内的阶级斗争还存在，敌视社会主义的反动分子还存在。在国际上，企图颠覆、消灭社会主义的敌对势力仍然存在，他们加紧对社会主义国家的和平演变，使用政治、经济、舆论等手段，披着维护人权的外衣，时刻想改变社会主义国家的性质。因此，为了保卫人民的胜利成果，保卫社会主义事业，正确地处理一定范围内存在的阶级斗争，人民民主专政丝毫不能削弱。

其次，我国经济和文化发展比较落后，还不能完全清除剥削阶级的残余和遗毒，还不能完全杜绝破坏社会主义的犯罪分子的产生，还不能完全防止社会成员以及党内某些成员腐化变质，还不能完全根除如吸毒、嫖娼、经济犯罪以及其他刑事犯罪活动。因此，必须利用人民民主专政打击各种犯罪活动，扫除各种丑恶现象，防止剥削阶级腐朽思想和生活作风的影响，推进社会主义精神文明建设。

再次，人民民主专政还担负着集中力量发展生产力，逐步创造高于资本主义劳动生产率的重要职能，这是社会主义最终战胜资本主义的最重要的物质条件。如果社会主义不能做到这一点，就不能最终地、全面地战胜资本主义。我国正处于改革开放的关键时期，要发展生产力，必须要大胆地探索。只要我们坚持人民民主专政，把政权牢牢地掌握在我们手里，我们就可以大胆地闯、大胆地试，把资本主义发达国家一切有利于我们社会主义现代化建设的经营方式、管理方法拿来为我所用，把一切先进的技术，把资金、人才吸引过来为我所用，即使在改革试点中出现了一些差错，也好纠正。人民民主专政是保证我们改革开放事业顺利进行的可靠的政治保证。

三、必须坚持中国共产党的领导

共产党的领导是实现社会主义的基本条件，同时也是建设社会主义的基本条件。要把我国建设成为富强、民主、文明的社会主义现代化国家，必须始终坚持中国共产党的领导地位。这是"四个坚持"的核心。

（一）中国共产党的领导和执政地位是在长期的斗争中形成的。

中国共产党在国家和社会生活中的领导地位和核心作用是中国革命历史发展的必然结果。自1840年鸦片战争以来，为了摆脱帝国主义和封建主义的残酷剥削和压迫，许多仁人志士进行了可歌可泣的斗争，但最后都以失败告终。究其原因，除了客观社会历史原因以外，没有一个以先进理论为指导的革命政党的领导，也是一个十分重要的原因。中国的农民阶级虽然是中国革命的主要动力，但它不是同先进的生产关系相联系的阶级，不可能成为中国革命的领导阶级。中国的资产阶级，一部分成为依附于帝国主义的官僚买办阶层，他们是革命的对象；另一部分是民族资产阶级，他们既有要求革命的一面，又有软弱性、妥协性的一面，也不能担负起领导中国革命的重任。只有先进生产力的体现者——中国工人阶级才能肩负起领导中国革命的重任。中国工人阶级的领导是通过其政党中国共产党实现的。中国共产党自成立之日起，就勇敢地承担起领导中国革命的历史重任。它创造性地把马克思主义基本原理同中国革命的具体实践相结合，制定了新民主主义革命的路线，带领中国人民经过28年的浴血奋战，推翻了三座大山，取得了新民主主义革命的胜利。实践证明，没有共产党，就没有新中国。中国共产党的领导地位不是自封的，而是在长期的革命斗争中形成的。中国共产党的核心作用是其他任何政治力量所无法替代的。

（二）中国共产党是中国社会主义革命、社会主义建设和改革的合格领导者。

中国共产党不仅领导中国人民推翻了三座大山，建立了新中国，而且还领导中国人民胜利地进行社会主义三大改造，完成了社会主义革命的任务。尔后，又领导中国人民克服重重困难，开展了社会主义建设的伟大事业，也取得了一系列胜利。特别是党的十一届三中全会以来，我们党纠正了自身的错误，把科学社会主义的普遍原理同中国具体国情相结合，逐步形成了建设有中国特色的社会主义理论，制定了"一个中心、两个基本点"的路线，取得了改革开放的一系列成就。可以说，没有共产党，就没有社会主义革命的基本胜利，就没有社会主义建设的初步成就，就没有改革开放的大好局面。坚持中国共产党的领导，就可以保持社会主义建设和改革所必需的长期安定团结的政治局面和社会环境，就可以始终坚持社会主义方向。

（三）党的宗旨、性质和光荣传统决定中国共产党始终是建设有中国特色社会主义的坚强领导核心。

中国共产党是中国工人阶级的先锋队，是中国各族人民利益的忠实代表，是由工人阶级最有党性、最有理想的先进分子所组成，全心全意为人民服务是它的宗旨，党的指导思想是马列主义、毛泽东思想，中国共产党的性质、宗旨和优良传统使得中国共产党人能从人民群众的根本利益出发，站在马克思主义哲学世界观的高度，正确把握历史发展规律，科学分析中国国情，制定正确的路线、方针和政策。当然，我们的党在领导中国人民取得社会主义革命和建设一系列成就的同时，也的确发生过这样或那样的失误，我们党从人民的利益这个大局出发，从来不回避、不掩饰自己的错误。我们党总是能出于公心，发现和纠正自己的错误，在错误中吸取教训，把社会主义建设事业推向前进。

坚持中国共产党的领导是不可动摇的基本原则。我们必须加强党的领导、改善党的领导，联系党的政治路线和历史使命，全面加强党的建设，更好地发挥党的领导作用。

四、坚持马克思列宁主义、毛泽东思想，把社会主义改革开放事业推向前进

马克思主义为工人阶级提供了正确认识和改造世界最有力的武器，工人阶级及其政党在社会主义革命和建设中必须把马克思主义作为自己的理论基础。

这是因为：1. 马克思主义是科学的真理，是完整的思想体系。马克思主义之所以具有强大的生命力，就在于它是科学的真理，是最彻底、最深刻地反映客观世界的本质及发展规律的学说。马克思主义是包括哲学、政治经济学、科学社会主义在内的严密完整的科学体系。其中，哲学是马克思主义思想体系的根本理论基础，政治经济学是主要内容，科学社会主义是实际纲领。这三个方面的结合，正确揭示了社会生活的本质和内在矛盾，科学地概括了人类社会发展的一般规律。马克思主义之前的社会科学，尽管包括许多合理的、有价值的思想，但从总体上来说，它们并没有提供对社会历史现象的真正科学的说明。我们坚持马克思主义，就因为它是科学的，它使人们对社会历史的认识变成真正的科学。

2. 马克思主义是无产阶级世界观，是历史上最先进阶级的意识形态。马克思主义的科学性同历史发展的方向，同阶级性是一致的。在阶级存在的条件下，意识形态就本质而言，是一定阶级利益的理论表达，是有阶级性的。马克思主义反映了生产力的发展方向，体现了新生产力的代表——无产阶级的根本利益，它是无产阶级的世界观和意识形态，是无产阶级从事革命和建设实践的指导思想。

3. 马克思主义是发展的理论。马克思主义是开放的、发展的，随着实践的发展，它必须不断地充实和丰富自身。

毛泽东思想是马克思主义基本原理和中国革命具体实践相结合的产物，是中国共产党人集体智慧的结晶，是马克思主义在中国具体历史条件下的运用和发展，是当代中国的马克思主义。在民主革命时期，以毛泽东同志为代表的中国共产党人对中国社会的半殖民地半封建性质和中国革命等一系列问题作了客观而清醒的分析、研究，制定出一整套关于新民主主义革命的理论、路线和政策。新中国成立以后，以毛泽东同志为代表的中国共产党人又探索了新的历史条件下的新问题和新矛盾，提出了一系列新的理论。

以邓小平同志为代表的中国共产党人在新的历史时期，提出了建设有中国特色的社会主义理论，这是中国共产党人在新时期对马克思主义做出的创造性的贡献和发展，是对毛泽东思想的坚持和发展。在新的时期，恢复和发展了党的"一切从实际出发，理论联系实际，实事求是，在实践中检验真理和发展真理"的思想路线；制定了"一个中心、两个基本点"的基本路线；提出了关于新时期党的中心任务是发展生产力的理论；关于我国还处于社会主义初级阶段的科学论断；关于改革是社会主义的强大动力的理论；关于社会主义市场经济的重要观点；关于以公有制为主体多种经济成分并存，以按劳分配为主体多种分配形式并存的理论；关于新形势下加强党的建设的理论；加强两个文明建设的理论；关于建设社会主义民主政治的理论；关于"一国两制"完成祖国统一的理论，等等，形成了一整套建设有中国特色的社会主义理论。在这一理论的指导下，我们开创了改革开放的新局面。目前，我国经济繁荣，人民安居乐业，和独联体、东欧各国形成鲜明的对比。这再一次充分表明，搞革命，没有马克思列宁主义、毛泽东思想指导不成，搞建设、搞改革、搞开放，离开马克思列宁主义、毛泽东思想指导，也无法成功。

党的十一届三中全会实行工作重心转移，形成了改革开放的新局面以来，邓小平同志针对社会上和党内出现的怀疑和反对四项基本原则的右的思潮，反复强调了坚持四项基本原则的极端重要性。邓小平同志关于坚持四项基本原则的论述同时也是针对极"左"思潮的，他认为，极"左"思潮也是反对四项基本原则的。坚持四项基本原则，这是邓小平同志的一贯思想。他提出了"一手抓改革开放，一手抓'四个坚持'"的重要战略思想；他认为，在思想政治上坚持四项基本原则，是实现四个现代化的根本前提。为了在改革开放中坚持四项基本原则，他提出了"一手抓改革开放，一手抓打击犯罪"，"一手抓建设，一手抓法制"，"一手抓物质文明建设，一手抓精神文明建设"的"两手抓"的重要思想；他还提出"反对资产阶级自由化"，"肃清封建主义思想影响"，阶级斗争"不应该缩小，也不应该夸大"，"坚持党的领导、改善党的领导"等重要思想。这些思想都是围绕如何在改革开放中坚持四项基本原则而提出来的。

坚持改革开放和坚持四项基本原则这两个基本点并不对立，二者是相互贯通、互相依存，缺一不可的。改革开放是社会主义建设的必由之路，四项基本原则是社会主义建设的政治保证，二者皆统一于建设有中国特色社会主义的实践。进行改革开放，促进社会主义经济发展，必须坚持社会主义道路，坚持人民民主专政，坚持中国共产党的领导，坚持马克思列宁主义、毛泽东思想。实践证明，坚持这四项基本原则，社会主义事业就兴旺发达，国家就繁荣昌盛，反之，就会影响改革开放和社会主义事业的发展，就会动摇整个社会主义制度。

坚持生产力标准，解放思想，解放生产力[1]

邓小平同志总是经常地、反复地强调生产力标准的极端重要性，要求全党把它作为考虑一切问题的出发点。生产力标准的观点是邓小平思想的重要组成部分。在党的十一届三中全会以来提出并形成的一系列科学理论观点中，生产力标准的观点居于核心地位。生产力标准是马克思主义历史唯物主义的精髓，具有丰富的理论内容，具有重大的现实指导意义。

一、生产力标准的观点是马克思主义的根本要义

生产力问题是历史唯物主义的基石，在历史唯物主义理论体系乃至整个马克思主义理论体系中，具有十分重要的地位。

如果说马克思主义哲学的创立是人类哲学发展史上的根本变革，那么历史唯物主义则是马克思对人类哲学思想发展的最具有独创性的新贡献。如果说历史唯物主义是马克思一生的第一个伟大发现，那么发现生产力在人类社会生活中的决定性作用，则是马克思主义历史唯物主义的最精华的要点。历史唯物主义的产生，结束了唯心史观在社会历史领域长期占统治地位的局面，从而使哲学唯物主义第一次具有真正彻底的、完整的意义。可以说，没有对历史领域的科学认识，也就没有历史唯物主义的创立，辩证唯物主义就不可能彻底、不可

---

[1] 本文原载《马克思主义科学世界观和党的思想路线专题讲座》，中共中央党校出版社，1993年1月出版。

能完善，马克思、恩格斯也就不可能完成人类哲学史上的伟大变革。在马克思之前，在 18 世纪法国唯物主义者那里，唯物论已经获得了在形而上学占统治地位条件下它所能获得的成就。在黑格尔那里，辩证法已经达到了在唯心主义框子里所能达到的高度。在这方面，马克思主义哲学诞生时所面临的最主要工作，就是批判形而上学唯物论和唯心主义辩证法的历史局限性，完成唯物论和辩证法的科学结合。但是当时在历史观方面，情况就不同了。在历史领域基本上还是唯心主义占统治地位的情况下，马克思主义哲学破天荒地第一次解决了社会存在和社会意识的关系问题，彻底地把唯物论和辩证法在历史领域内结合起来，找到了一条解开历史之谜的正确途径，使历史观第一次具有了科学的性质。

马克思、恩格斯是怎样在历史领域内彻底地解决社会存在和社会意识的关系问题，发现人类社会的客观规律的呢？他们是从一个最简单的道理，即从人要吃饭这样一个简单的道理出发，发现人类为了生存和发展，就必须进行物质资料的生产，物质生产是人类社会存在和发展的前提和基础。正是基于这个道理，马克思、恩格斯提出了科学的生产力概念，认识到生产力是社会历史发展的决定性力量，是判断社会历史进步的最高标准。在生产力概念的基础上，马克思、恩格斯提出生产关系概念，发现了社会基本矛盾，创立了唯物史观，找到了人类社会历史发展的规律。

应该说，生产力标准问题，是马克思主义经典作家反复强调的一个基本观点。马克思在写给安年科夫的信中指出：生产力是"全部历史的基础"[1]。"各种经济时代的区别，不在于生产什么，而在于怎样生产，用什么劳动资料生产。劳动资料不仅是人类劳动力发展的测量器，而且是劳动借以进行的社会关系的指示器。"[2] 列宁明确讲过："生产力的发展"，"这是社会进步的最高标准"[3]，是"整个社会发展的主要标准"[4]。他还多次指出："劳动生产率，归根到底是保护新社会制度胜利的最重要最主要的东西。资本主义造成了在农奴制度下所没有过的劳动生产率。资本主义可以被彻底战胜，而且一定会被彻底战胜，因为社会主义能造成新的高得多的劳动生产率。"[5] 毛泽东同志明确指出："中国一切政党

[1]《马克思恩格斯选集》第 4 卷，人民出版社 1995 年版，第 532 页。

[2]《马克思恩格斯全集》第 23 卷，人民出版社 1972 年版，第 204 页。

[3]《列宁全集》第 13 卷，人民出版社 1990 年版，第 223 页。

[4]《列宁全集》第 32 卷，人民出版社 1990 年版，第 224 页。

[5]《列宁选集》第 4 卷，人民出版社 1960 年版，第 16 页。

的政策及其实践在中国人民中所表现的作用的好坏、大小，归根到底，看它对于中国人民的生产力的发展是否有帮助及其帮助之大小，看它是束缚生产力的，还是解放生产力的。"[1]

从以上引证和论述来看，生产力标准是历史唯物主义的根本要义，是历史唯物主义的核心观点，是马克思主义题中应有之义，这是不容有任何怀疑的马克思主义的真理。

二、从实践标准到生产力标准的大讨论是思想解放的进一步深化

1978年开展的实践标准的大讨论，为生产力标准的提出作了充分的思想理论准备，生产力标准的提出是实践标准大讨论的继续和深入。

在形而上学思想猖獗的"文化大革命"期间，生产力标准，这个本来是马克思主义的命题被弄得面目全非。林彪、"四人帮"及其爪牙打着批"唯生产力论"的幌子，根本不准提生产力标准问题，认为谈生产力、讲生产力标准就是主张"唯生产力论"，就是"以生产压革命"。他们竭力鼓吹"生产关系、上层建筑决定论""精神万能论"，"在上层建筑领域内闹革命"，一个劲地在"拔高生产关系"上做文章，奢谈什么"抓革命促生产"，把抓阶级斗争作为压倒一切的中心任务。党的十一届三中全会以前的20多年间，尤其是十年内乱，正是"以阶级斗争为纲"的"左"的政治路线和作为这条政治路线的思想理论基础的主观唯心主义、教条主义、个人崇拜等极"左"思潮的指导，导致了我们党在社会主义建设的实际工作中和"文化大革命"的长期重大失误。粉碎江青反革命集团以后，广大群众强烈要求纠正过去"左"的思想路线和政治路线，但是，当时主持中央工作的领导同志却提出了"两个凡是"（即"凡是毛主席作出的决策，我们都坚决维护；凡是毛主席的指示，我们都始终不渝地遵循"）的错误主张，严重地束缚了人们的思想，影响了人民群众要求拨乱反正的政治积极性。在这样的历史背景下，究竟什么是真理的标准，是实践，还是"最高指示"？如此重大的问题必然要反映到理论上，反映到思想上，并集中通过作为世界观方法论的哲学理论问题而反映出来。当时，如果不彻底搞清这个问题，就无法实现思想上的大解放，就无法从思想理论上同错误的思想政治路线相决裂。于

---

[1]《毛泽东选集》第3卷，人民出版社1991年版，第1079页。

是，一场不可避免的思想理论大决战就开始了。实践标准的大讨论，为我们党重新确立一条实事求是的思想路线和正确的马克思主义政治路线，为党的十一届三中全会以来全面拨乱反正，纠正"文化大革命"极"左"的错误，为冲破长期以来禁锢人们的思想枷锁，并为以后实行改革开放、开创社会主义现代化建设的崭新局面开辟了道路。

从实践标准到生产力标准，是党的十一届三中全会以来，坚持实事求是的思想路线，对社会主义进行再认识的必然结果，是进一步解放思想、大胆改革开放的必然结果。

依据实践标准，在建设有中国特色的社会主义问题上，就必须一切从实际出发，从中国具体国情，尤其是从中国的生产力现实状况出发，制定出正确的马克思主义政治路线。那么，基于什么样的理论来制定正确的政治路线呢？根据马克思主义的生产力理论和生产力标准，就必须把是否有利于社会主义社会生产力的发展，作为制定建设中国特色的社会主义政治路线的根本着眼点和落脚点。这样，对生产力标准的学习、研究、讨论和落实，就成为进一步解放思想、解放生产力的关键环节。生产力标准正是在社会主义建设和改革开放的新的历史条件下，为了进一步端正思想路线、加快改革开放步伐、集中力量发展经济的需要而提出来的。

从党的十一届三中全会以来，党中央不失时机地提出了把工作重心转移到发展经济上来、一切以经济建设为中心的方针。在十几年的改革和建设实践中，我们党逐步形成了"一个中心、两个基本点"的政治路线。十几年来，我们每一项改革的提出、试验和推广，都贯彻了实事求是的思想路线和以经济建设为中心的指导方针。然而，在改革开放的实践过程中，我们每走一步，都涉及进一步检验党的十一届三中全会以来思想政治路线的正确性，都涉及衡量改革举措的必要性的客观标准问题。坚持客观的判断标准，克服右和"左"两个方面，是社会主义改革能否取得胜利的关键。特别是1989年春夏之交的政治风波之后，有个别人对党的十一届三中全会以来的路线产生了怀疑，对改革开放的一系列举措产生了怀疑。到底以什么标准来看待改革开放十多年的成绩，要不要始终不渝地坚持这条路线，这在政治路线方面，在改革开放的实际举措方面就提出了一个衡量的客观标准问题，这个客观标准就是生产力标准。

如果说，实践标准的重新提出是为了重新确立党的思想路线，明确认识一切问题都必须从客观出发的认识路线。那么生产力标准的提出，则进一步明确，在社会生活中最大最根本的实际就是发展生产力，建设中国特色的社会主义所面临的最大最根本的实际也就是发展生产力。这样的认识，看起来很简单，但这是对我国 40 年来社会主义建设经验教训反思的结果，是我国十几年改革成功经验的深刻总结。生产力标准是实践标准的具体化，从实践标准的重新提出到生产力标准的提出，是我国社会主义建设和改革深入发展的客观要求。

实际上，在党的十一届三中全会召开的 1978 年，邓小平同志就提出了生产力标准问题。他在《解放思想，实事求是，团结一致向前看》的重要讲话中指出："今后，政治路线已经解决了，看一个经济部门的党委善不善于领导，领导得好不好，应该主要看这个经济部门实行了先进的管理方法没有，技术革新进行得怎么样，劳动生产率提高了多少，利润增长了多少，劳动者的个人收入和集体福利增加了多少。各条战线的各级党委的领导，也都要用类似这样的标准来衡量。"1984 年 10 月 24 日《中共中央关于经济体制改革的决定》中明确提出了生产力标准，指出："把是否有利于发展生产力作为检验一切改革得失成败的最主要标准。"1987 年 10 月，党的十三大报告对生产力标准问题作了比较完整的阐述，指出："是否有利于发展生产力，应当成为我们考虑一切问题的出发点和检验一切工作的根本标准。"报告把生产力标准作为争取马克思主义在中国新胜利的"核心问题"加以阐述，强调无论是坚持四项基本原则，还是坚持改革、开放、搞活，从根本上说，都是为了发展我国的生产力，"一切有利于生产力发展的东西，都是符合人民根本利益的，因而是社会主义所要求的，或者是社会主义所允许的。一切不利于生产力发展的东西，都是违反科学社会主义的，是社会主义所不允许的。在这样的历史条件下，生产力标准就更加具有直接的决定意义"。邓小平同志在南方谈话中，再次提出了生产力标准问题，并做了高度的阐述，他指出："改革开放迈不开步子，不敢闯，说来说去就是怕资本主义的东西多了，走了资本主义道路。要害是姓'资'还是姓'社'的问题，判断的标准，应该主要看是否有利于发展社会主义社会的生产力，是否有利于增强社会主义国家的综合国力，是否有利于提高人民的生活水平。"增强国力和提高人民生活水平，关键和基础是发展生产力，在"三个有利于"中，最根本的还是生产力的标准。实践标准主要是针对"两个凡是"的观点，恢复和重新确立了马克思主义的思想路线，划清了辩证唯物主义和主观唯心主义的界限，是一次伟大的思想解放运动。生产力标准主要是针对"生产关系决定论""僵化的社会主义模式论"，恢复和坚持历史唯物主义原理，划清社会主义和种种空想社会主义的界限，形成了又一次伟大的思想解放运动。从实践标准到生产力标准的大讨论是思想解放的进一步深入，是以邓小平同志为代表的中国共产党人对马克思主义在新的历史条件下的再阐发。生产力标准讨论的理论和实践意义在于：

第一，坚持生产力标准，是坚持和发展社会主义的需要。社会主义社会的根本任务是发展生产力，这是社会主义发展的内在要求。邓小平同志指出，什么叫社会主义，什么叫马克思主义？我们过去对这个问题的认识不是完全清醒的，马克思主义最注重发展生产力。我们讲共产主义，共产主义的含义是什么？就是各尽所能，按需分配，这就要求社会生产力高度发展，社会物质财富极大丰富。所以，社会主义阶段最根本的任务就是发展生产力。只有发展生产力，才能真正体现社会主义的优越性。在粉碎"四人帮"不久，邓小平同志就曾指出，如果在一个很长的历史时期内，社会主义国家生产力发展的速度比资本主义国家慢，还谈什么优越性？他还反复强调，社会主义要消灭贫穷，贫穷不是社会主义，更不是共产主义。社会主义的优越性就体现在它的生产力要比资本主义发展得更高一些，更快一些。1987 年，他更尖锐地指出，要进一步建设比资本主义具有优越性的社会主义，首先必须摆脱贫困。只有到了 21 世纪中叶，达到了中等发达国家水平，才能说真的搞了社会主义，才能理直气壮地说社会主义优于资本主义。学习邓小平同志一系列论述，我们可以看出，社会主义到底优越不优越，关键看生产力发达不发达，离开生产力的发展来谈社会主义的优越性，是没有说服力的。衡量社会主义优越不优越首先看生产力的发展状况，离开生产力的发展，社会主义就失去其意义，甚至根本无所谓社会主义。一切有利于生产力发展的东西，都是符合人民根本利益的。一切不利于生产力发展的东西，都是社会主义所不允许的。正是在这个意义上讲，坚持生产力标准，是坚持和发展社会主义的需要。

第二，坚持生产力标准，是坚持中国特色社会主义理论体系 [1]，坚持党的基本路线的需要。党的十一届三中全会以来，我们党在对社会主义再认识过程中，在哲学、政治经济学和科学社会主义等方面，发展了一系列理论观点，形成了

[1] 作者注：本文都采用中国特色社会主义理论体系的提法（当时的提法是建设有中国特色社会主义理论）。

中国特色社会主义理论，并在这一理论的基础上制定了党的基本路线。这一理论和路线的认识论基础是关于解放思想、实事求是的实践标准的观点，这一理论和路线的一个历史观基础就是生产力标准的观点。

中国特色社会主义理论体系，可以理解为有机地包括这样几个方面的内容：（1）我国现阶段正处于社会主义的初级阶段；（2）社会主义初级阶段的根本任务是发展社会生产力；（3）只有发展生产力，才能真正体现出社会主义制度的优越性；（4）必须一切从实际出发，从中国国情出发，寻找一条适合中国的社会主义建设道路；（5）在我国社会主义的现阶段，必须坚持"一个中心、两个基本点"的基本路线。生产力标准正是这些要点的一个理论依据。我国已处于社会主义初级阶段这个判断，主要是根据并运用生产力标准，具体分析我国的生产力现状而得出的科学结论。坚持生产力标准，就必须把发展生产力作为我们党的中心任务。要发展生产力，就必须坚持改革开放，而我们的改革开放，发展生产力，最终目的是要实现人民的共同富裕。从生产力标准出发，根据中国的实际国情，必然会提出"一个中心、两个基本点"的正确路线。从某种意义上来说，离开了生产力标准的正确观点，也就不可能有中国特色社会主义理论，不可能有党的基本路线。

在我国，在社会主义制度确立之后如何对待经济建设，如何对待生产力发展问题上，也是几经反复，经历了一个极其曲折的过程，付出了沉重的代价。新中国刚刚成立，党的一个重要任务是要抓经济建设，要把生产力搞上去，在那时，我们的党还是清醒的。在经济建设取得初步成效、社会主义改造基本完成的情况下，我们党召开了八大，明确了经济建设的主要任务。但是，八大的决议还没有得到全面实施，党的有些领导在认识上却发生了极大的转变。对社会主义改造以后我国社会的主要矛盾作了"左"的估量，继续强调"以阶级斗争为纲"，把发展生产力摆在了次要的位置上，离开生产力的发展，老是在"拔高"生产关系上做文章，从阶级斗争中找出路。以"阶级斗争为纲"的错误路线，使我国经济长期发展缓慢，并最终引发了"文化大革命"，几乎把我国的经济发展推向绝境。党的十一届三中全会以来，我们党毅然抛弃了"以阶级斗争为纲"的错误路线，把党的工作中心转移到以经济建设为中心的轨道上，实现了根本性的拨乱反正。十几年改革开放的伟大成就充分证明，我们党在党的十一届三中全会以来形成的一系列路线、方针、政策是完全正确的。

　　我国经济建设一正一反的经验教训充分证明，党的十一届三中全会以来，我们党形成的中国特色社会主义理论体系，以及在这一理论的支撑下所制定的党的基本路线是完全正确的。这一理论和路线的一个重要观点就是生产力标准。中国特色社会主义理论是以生产力为标准，对中国的具体国情，尤其是生产力发展现状的深刻分析作为现实依据的。而党的基本路线也正是把发展社会主义社会生产力作为根本任务。因此，坚持生产力标准，就是坚持中国特色社会主义理论、坚持党的基本路线的需要。

　　第三，坚持生产力标准，是坚持警惕右，防止"左"，解放思想，加快改革开放步伐的需要。邓小平同志在南方谈话中指出，现在影响我们的，有右的东西，也有"左"的东西，但根深蒂固的还是"左"的东西，拿大帽子吓唬人，好像越"左"越革命。我们要警惕右，但主要是防止"左"。搞动乱就是右的，把改革开放说成是引进和发展资本主义，认为和平演变的主要危险来自经济领域，就是"左"。右和"左"都可以葬送社会主义，并不是只有右会葬送社会主义，"左"也会葬送社会主义。在当前改革的实践中，"左"的思想严重地阻碍了改革开放的步伐。邓小平同志指出，改革开放迈不开步子，不敢闯，说来说去就是怕资本主义的东西多了，走了资本主义道路，这是"左"的思想的总病根。

　　坚持生产力标准，对于我们在改革开放的实践中，正确区分社会主义和资本主义，正确对待资本主义的东西，对于我们警惕右，防止"左"，进一步解放思想，有直接的指导意义。应该说，在改革开放的根本方向、根本道路、大政方针乃至具体举措上，要问一下姓"社"还是姓"资"，是首要的也是必要的。然而，这里的关键是以什么样的标准来判断姓"社"还是姓"资"。生产力标准的观点告诉我们，既然生产力是一切社会发展的最终决定性力量，是判断社会进步的根本标准，是判断社会主体的认识和实践是否正确的最终尺度，那么离开生产力的发展来谈论什么资本主义和社会主义，就是用空想的原则、抽象的教条来裁剪火热的现实生活，就会在思想上陷入唯心史观的泥潭，在政治上导致错误路线，在实践上阻碍生产力的发展。在这里，关键在于科学地掌握姓"社"与姓"资"的标准，只要用生产力这个根本标准来分析这个根本问题，许多疑惑不解就会一扫而光。在改革开放中，生产力标准是根本性的判断标准，如果离开这个标准，也就离开了社会主义的根本方向，就没有什么是非曲直可言，就会陷入主观随意性，甚至可能会重犯历史性的错误，如果我们一旦解决了这个根本标准的认识问题，那么我们就可以抛掉沉重的思想包袱，冲破思想牢笼，就会在改革开放实践中大胆地想、大胆地闯、大胆地试、大胆地干。坚持生产力标准，是进一步解放思想、大胆改革开放的需要。

三、正确认识生产力标准的科学含义

所谓标准是指人们用以衡量某一对象的性质、水平的尺度和准则。什么是生产力标准？生产力标准的科学含义是什么？这是坚持生产力标准首先必须弄明白的理论问题。所谓生产力标准，也就是用生产力的发展状况，作为衡量社会主体、社会历史现象和社会历史进步的根本尺度，它是生产力对社会历史发展进程起最终决定作用的历史唯物主义原理在实践中的延伸和运用。生产力标准是历史唯物主义历来强调的三大观点，即生产观点、阶级和阶级斗争观点以及群众观点的一个重要内容或方面。如果否认生产力标准，那就等于否定了历史唯物主义，否定了马克思主义。关于生产力标准的科学含义，我们可以从下面几个方面来探讨。

（一）生产力标准的检验对象。

生产力标准的检验对象，可以分为社会主体和社会客体两大类。社会主体是指人及其群体，如阶级、阶层、集团、民族、国家。社会客体是指社会主体认识和实践的社会对象，如社会形态、社会制度、社会体制、生产力、生产关系、上层建筑等社会历史现象（其中还应包括作为认识和实践对象的人及群体，但为了避免检验对象的重复，作为检验对象在这里就不包括人及群体了）。如何运用生产力标准来检验社会主体呢？就是以生产力作为判断标准，检验社会主体的认识及实践是否符合客观规律，对社会进步是否有价值。这里讲的社会主体的认识是指社会主体的理论、思想、路线、方针及政策，实践则是指社会主体按照一定的思想、理论指导，实施路线、方针、政策的实践行为。如何运用生产力标准来检验社会客体呢？就是以生产力作为判断标准，来衡量社会客体的进步性、优越性、适合性。生产力标准的检验对象问题，是理解生产力标准基本含义的重要问题。具体来说，关于生产力标准的检验对象，应包括这样几层意思：

第一，生产力标准是划分社会经济时代的决定标准。马克思指出："各种经济时代的区别，不在于生产什么，而在于怎样生产，用什么劳动资料生产。"[1]他还认为，机械性的劳动资料比只是充当劳动对象的容器的劳动资料，"更能显示一个社会生产时代的具有决定意义的特征"[2]。马克思这里讲的经济时代，也就是生产时代，是从生产力的角度出发，以生产力为决定性标准来划分社会发展时代的概念。从生产力角度出发，来划分经济（生产）时代应是既包括生产力的技术状况，又包括生产力的社会状况的全部生产力总和。例如，人们从生产力标准出发，根据生产力的总和，将生产发展时代划分为石器时代、青铜时代、铁器时代、蒸汽时代、电气时代、信息时代。这种经济（生产）时代的划分，明确了作为社会物质技术基础的生产力对社会发展的决定性意义。以生产力作为决定性标准来划分经济时代，目的是从生产力发展的视角来揭示社会发展的经济阶段。

第二，生产力标准是划分社会经济形态的最终标准。建立在一定发展阶段的生产力之上的经济基础和上层建筑的统一，就构成了一定的社会经济形态。社会经济形态是指以一定的生产关系总和为经济基础的社会。历史唯物主义的社会经济形态理论把社会看作是建立在一定生产力之上的以经济关系为基础的有机整体。这就从由生产力所决定的生产关系的性质上，区分出不同的社会形态。既然生产力是划分社会经济时代的决定性标准，那么有什么样的生产力，就有什么样的生产关系，所以从归根结底的意义上来说，生产力是划分生产关系的性质，从而是划分社会经济形态的最终标准。马克思说："社会关系和生产力密切相联。随着新生产力的获得，人们改变自己的生产方式，随着生产方式即谋生的方式的改变，人们也就会改变自己的一切社会关系。手推磨产生的是封建主的社会，蒸汽磨产生的是工业资本家的社会。"[3]即是说，社会上只要出现了新的生产力，它就必然地或迟或早地要求有新的生产关系与之相适应，从而就决定社会经济形态的改变，决定社会性质的变化。

为什么在这里只提最终标准呢？这是因为生产力只是在最终意义上决定社会的性质，并不直接决定社会经济形态的性质，直接决定社会经济形态的标准是生产关系。这是因为生产力决定生产关系既有相对性，又有绝对性。绝对性

---

[1]《马克思恩格斯全集》第 23 卷，人民出版社 1972 年版，第 204 页。

[2]《马克思恩格斯全集》第 46 卷（上），人民出版社 1979 年版，第 141 页。

[3]《马克思恩格斯选集》第 1 卷，人民出版社 1995 年版，第 108 页。

表现为两个方面：一方面，一种新的社会制度的产生，要有起码的、足够的生产力水平，否则，新的社会制度建立起来，也会倒退回去；另一方面，一定的新的生产力出现以后，最终地或迟或早地，总要有一定的新的生产关系与其相适应，这就是生产力作为最终标准的意义和根据所在。生产力决定生产关系的相对性在于：生产力和生产关系的适应，不一定都是同步的，除了同步现象外，还有"超前""滞后""分异"等复杂情况存在。这种相对性决定了生产力并不能作为划分经济形态的直接、唯一的标准。

在划分社会经济形态、划分社会性质问题上，有两个重要标准：一是生产力标准，一是生产关系标准。生产力标准是最终标准，生产关系标准是直接标准。两者既有联系，又有区别，不能相互混淆、相互代替。最终标准和直接标准是辩证统一的，这种统一体现了生产力决定生产关系的相对性和绝对性的统一。只有全面辩证地运用这两个标准，才能全面地具体地认识和划分社会经济形态的特殊性质。在划分社会经济形态上，切不可认为划分社会经济形态、决定社会性质的标准只是生产关系，而忽视了生产力的最终决定性作用，又不能简单化地把生产力看成是唯一的标准，而忽视生产关系的直接标准的作用。

第三，生产力的发展是衡量社会进步的最高标准。社会形态的发展是一个自然的历史过程，是不断由低级向高级发展的过程，是不断进步的过程。然而，社会形态的进步并不是简单的低级向高级的直线上升，而是一个曲折前进、停滞后退的曲折过程。无论历史发展是多么曲折复杂，从归根结底的意义上来说，社会历史总是沿着前进、上升的总趋势在发展进步。用什么标准来衡量社会进步与否呢？衡量社会进步的标准是多方面的，但从一定的社会形态的整体来说，生产力发展的水准则是衡量社会进步的最高标准。衡量一个社会形态、一个社会制度进步与否，最后必须要用生产力标准来衡量。生产力标准是统帅、支配、决定其他标准的最高标准，离开生产力标准的判断，其他标准是无法最终说明问题的。

第四，生产力标准是检验生产关系和上层建筑以及社会制度和体制是否适合的主要标准。一个社会的生产关系、上层建筑以及社会制度和体制是否适合，主要看它是不是有利于生产力的发展，凡是有利于社会生产力发展的生产关系、上层建筑及相应的社会制度和体制都是适合的，因而也是合理的。生产力标准应当是检验一个社会的生产关系、上层建筑以及社会制度和体制是否适合的主要标准。一般说来，凡是适合生产力发展的生产关系、上层建筑和社会制度及其体制，都在某种意义上具有历史的进步性和优越性。但是，绝不能反过来说，凡是现有生产力水平愈高的国家，它的生产关系、上层建筑和社会制度及体制就越优越。这是由于生产力决定生产关系的相对性，使得现有生产力水平高的国家并不一定表明它的社会制度就是进步的、优越的，现有生产力水平比较低的国家，也并不一定表明它的社会制度是落后的、不优越的，这需要进行历史的、具体的分析。从历史发展的进程看，不论哪一种新的社会制度，都不可能在它发展的初期阶段就变得十分完善，资本主义社会发展的历史充分证明了这一点。同时，不论哪一种旧的社会制度及其体制，当它还具有一定的合理性时，它就会在某种程度上促进生产力的发展，表现出一定的适应性来。再一方面，一种新的社会制度之所以比旧的社会制度更适合、更优越、更先进，关键就在于它能够比旧的社会制度以更快的、更稳定的速度来推动生产力向前发展。生产关系、上层建筑是这样，一定社会制度下的社会体制也是如此。因此，生产力标准是衡量社会的上层建筑、生产关系以及社会制度和体制是否适合的主要标准。

第五，是否有利于发展生产力，应当成为我们检验一切工作的根本标准。由于生产力是人类全部历史的物质技术基础，是一切社会发展的决定性力量，是判断社会主体认识与实践是否正确，社会客体是否具有进步性、优越性、适合性的根本标准。因此，我们无产阶级政党必须把发展生产力，作为我们检验一切工作的根本标准和考虑一切问题的出发点。

发展生产力已经成为全党直接的中心任务，成为最大的政治任务，从这个意义上来说，生产力标准就更加具有直接的决定意义。然而这并不等于说，目前我们的一切工作部门都要以发展生产力作为评价工作好坏的直接标准和唯一标准。用什么标准来评价不同具体工作部门的工作成绩，要做具体分析。例如，对于经济工作部门来说，是否有利于发展生产力，直接关系到其工作的好坏。对于政治、军事、教育、文化等部门来说，它们工作的好坏，都有各自特殊的、具体的标准。提出生产力标准是检验一切工作的根本标准，是从归根结底的意义上讲的，是就全党一切工作都必须服从发展生产力这个中心任务而言的。

（二）生产力标准的功能和自身规定。

生产力标准作为衡量社会历史现象的根本尺度和最高准则，具有三个功能：一是价值评价功能，用生产力标准作为根本尺度来评价社会主体、客体的社会价值，比如评价社会主体的思想、理论、方针、政策和行动对社会历史发展进程是起推动作用还是起阻碍作用，起多大作用；二是检验划分功能，用生产力标准作为根本尺度对社会历史现象的性质、水平、作用进行检验，比如检验社会制度是否具有历史进步性，社会历史主体的言行是否具有历史进步性，对社会经济形态性质如何判断、社会经济时代如何划分；三是分析认识功能，生产力标准是人们认识一切社会历史现象的根本出发点，是考虑一切问题的根本出发点，是制定路线、方针、政策的根本依据。

生产力标准是一个整体性的尺度系统，它是由各种不同层次的具有不同规定性的因素所构成的，包括生产力的性质、生产力的总量、生产力的速度、生产力的效益等几个方面的规定，这几个方面的规定既有区别，又有联系，它们结合在一起，从不同的侧面来规定生产力标准的自身尺度。

第一，生产力的性质。生产力的性质是一个质的概念，是生产力的质的规定性，这种质的规定性包括生产力的技术方面的性质和社会方面的性质。生产力的技术方面的质的规定性取决于人们用什么样的工具进行生产。从历史上看，生产力的性质的变革是从生产工具的变革开始的，如青铜器取代石刀石斧，标志着原始社会的生产力进化到奴隶社会的生产力，铁器取代铜器，标志着奴隶社会的生产力进化到封建社会的生产力。生产力的社会方面的质的规定性取决于社会劳动的性质、劳动的组织结构、管理结构以及管理方法，如工人雇佣劳动制反映了资本主义生产力的社会性质。

第二，生产力的总量。生产力的总量是一个量的概念，是生产力的量的规定性。在一定生产力的质的基础上，就要有一定的量的规定性，它表现为一定质态基础上的生产规模、社会化程度、技术状况、生产产品的总量、总值等。标志生产力总量的具体数量标准主要有固定资产总值、国民生产总值、人均生产总值、国民收入及人均收入。此外，还有一些专门性的数量衡量标准，比如计算机拥有总量、高速公路总长度、汽车拥有总量，等等。这些基本数量标准综合在一起构成生产力发展水平、发展程度、发展规模的总的数量规定。

第三，生产力的速度。生产力的发展速度问题，是生产力自身标准的重要规定之一。生产力的发展速度是指生产力总量的增长速度。生产力总量的增长速度主要是用经济增长速度来衡量，当然也包括生产力性质的变化速度。在我国，有人长期以来把经济增长简单理解为社会总产品的增长和经济社会的总发展。如果经济增长速度的加快离开了经济效益，那么就不一定能够反映生产力的增长和经济社会的总发展，生产力的增长和经济社会的总发展应当是在提高效益的基础上的稳定增长。当然，离开一定的速度，生产力的发展也就毫无意义了。邓小平同志在谈到我国经济发展速度时指出："什么叫慢？实际上慢就是停顿，停顿就是后退。逆水行舟，不进则退。看样子，如果我们始终保持6%的速度，就是停顿，就是后退，不是前进，不是发展。"看来，一定的生产力发展速度是必要的，一定的发展速度反映了一定的生产力水平。

第四，生产力的效益。生产力的效益问题，也是生产力自身标准的重要规定之一。生产力整体效益的增长是生产力发展速度增长的实质，没有效益或负效益的增长不仅对生产力发展无益反而有害。我们党提出的我国到 20 世纪末经济建设的总的目标，是要求在经济效益不断提高的前提下，力争我国的工农业总产值翻两番，这种提法就是为了防止重复那种片面追求产值的速度，而忽视经济效益，忽视生产力发展的错误倾向。劳动生产率是衡量生产力内在效益的重要数量标准。劳动生产率表示劳动者创造物质财富的效益，它是在单位时间内生产的产品所消耗的社会平均必要劳动时间，是整体生产力效益的综合反映。

生产力是个整体系统，作为检验手段的生产力标准自身规定，是包括生产力性质、生产力总量、生产力速度、生产力效益在内的整体规定系统，它反映了生产力的总体水平和现实状况。

（三）生产力标准和实践标准的区别和联系。

生产力标准和实践标准是两个不同的范畴。一般说来实践标准属于认识论范畴，生产力标准属于历史观范畴。在检验对象、检验领域、范围和层次上二者都有所侧重、有所不同。但是，另一方面，实践标准和生产力标准又有内在的逻辑联系。首先，两者都是以实践结果作为检验对象的标准。实践标准是以实践结果作为检验人们的主观认识是否符合客观的标准，生产力标准是以生产实践的结果作为检验人们的认识及其活动是否有价值的尺度。其次，生产力标准是实践标准的深化和发展。实践标准把基本的实践形式——生产实践的结果作为根本标准，生产力标准则是实践标准在社会历史领域的扩展。最后，在内在逻辑上，两者互相渗透、互相结合。实践标准内在地包括生产力标准，生产力标准也内在地包括实践的标准，两者基本上是一致的。从广义上来说，实践标准不仅是一个认识论范畴，而且也是一个历史观范畴，因为实践的含义本来就是指人的社会历史活动，实践范畴是马克思主义历史观的基本范畴。用实践活动的结果来衡量和检验社会主体的各项工作，就使之具备了社会历史观的含义。从这个意义上看，实践标准包括生产力标准。反过来，从广义上来说，生产力标准也不仅仅是一个单纯的历史观问题，它还具有认识论方面的功能。因为在广义上，它除了检验社会客体，诸如生产关系、上层建筑、社会制度和社会体制的好坏优劣，是否有利于生产力发展之外，它还可以检验社会主体的认识和实践正确与否。从这个意义上说，它同时也具有认识论的功能。总之，生产力标准是实践标准在社会历史领域的深入和具体化，同时也是对实践标准的进一步充实、丰富和发展，它不仅比实践标准更深刻，而且对社会历史发展和社会进步所起的作用更根本、更直接。

四、坚持生产力标准，进一步解放思想、解放生产力

在理解和运用生产力标准问题上，有两种极端的认识和做法是要不得的：一是将生产力标准同社会主义原则对立起来，错误地认为，坚持生产力标准，就是只要生产，不要政治；只讲物质，不讲精神；只管发展经济，不问姓"社"还是姓"资"，并且用别的什么标准来代替生产力标准，作为判断社会进步的根本标志。一是绝对地、片面化地、简单地、庸俗地对待生产力标准，把生产力标准混同于衡量一切具体工作的具体标准，变成衡量一切工作的唯一标准，视为单纯的赚钱标准、数量标准、利润标准，只顾局部、不顾全局，只顾当前、不顾长远，把它解释成无所不包的标准，从而离开生产力标准的本来含义。当前，把握和运用生产力标准，在注意后一种倾向的同时，防止前一种倾向是主要的。

历史的经验告诉我们，在反对唯心论的时候，人们往往容易放松对机械唯物论的警惕，从而给形而上学以可乘之机，要特别注意坚持辩证法；反之，在

批评形而上学的时候，要防止唯心主义和诡辩论鱼目混珠，要特别注意坚持唯物论的基本立场。因此，在理解和运用生产力标准的实践过程中，必须坚持唯物论辩证法，全面辩证地理解和运用生产力标准。正确把握生产力标准应当注意这样两个方面的原则：第一，按照生产力标准的本来含义来把握这一标准，坚持客观性原则，即坚持唯物论的基本立场。第二，注意生产力标准的辩证本性，科学地把握这一标准的多方面的辩证联系，即坚持辩证法。以上两个原则的有机结合，就是唯物辩证法。坚持唯物辩证法的基本立场，全面辩证地理解和运用生产力标准，有助于进一步解放思想，解放生产力，加快改革开放的步伐。

生产力标准是评价社会历史进步与否，人们的社会认识和实践正确与否的根本标准，它具有价值评价功能和认识功能，是唯物史观的最基本的范畴。唯心史观否认物质因素，从而否认生产力是历史发展的最终决定力量，把精神性的因素看作是历史发展的真正动力，它们否认生产力标准的判断功能，把精神性的东西，把从属于物质因素的第二性的东西看作是衡量历史发展的标志。譬如，西方资产阶级思想家就一直把"理性""自由""平等""博爱""正义"等抽象的原则作为衡量历史进步的最终尺度。德国古典哲学家黑格尔就把"绝对精神"作为衡量划分历史发展阶段的标准，他认为，人类社会的发展史就是"绝对精神"的发展史。法国空想社会主义者圣西门认为，历史是人类理性进化的历史，研究人类理性的历史发展，就可以看出人类社会历史的未来发展。他认为，剥削社会是不合乎理性的，必须要建立合乎理性的共产主义社会。按照理性的判断标准，根本不用解放和发展生产力，只需解决人的理性问题，历史就可以前进。近现代资产阶级人本主义哲学流派则把抽象的人、人性、人的发展程度作为评价社会历史的根本标准。法兰克福学派代表人物马尔库塞认为，人的性力（Libido）的解放是文明发展的动力，性本能摆脱一切束缚，即性的解放就是人类的解放。他把性欲作为社会历史发展的动力和标志。

上述这些唯心主义观念在今天的现实生活中仍有反映。在有些人那里，不就存在一种貌似公正的历史评价标准吗？他们离开生产力的发展空谈社会主义原则、空谈先进生产关系的优越性、空谈先进社会制度的优越性，把离开生产力发展的空想社会主义原则，把离开具体国情的空洞理论教条看作是高于一切的东西，看作为历史评价的根本尺度。他们认为，评价一个社会制度的好坏，不是看生产力发展了没有，而是离开生产力的发展抽象地看生产关系是否先进。他们离开生产力这个根本标准抽象地去谈论姓"社"还是姓"资"的问题。他们提出什么"企业亏损、群众贫困事小，离开社会主义原则事大"，好像贫穷才是社会主义。这些实质上就是"文化大革命"中的极端说法"宁要社会主义的草，不要资本主义的苗"的翻版。

在改革开放的大潮中，这种貌似公正实为荒谬的"左"的唯心主义的僵化思想，仍然统治着我们许多人的头脑，致使一些人用离开生产力发展的抽象、空想的社会主义原则来衡量改革中的新事物。比如，对农村家庭联产承包责任制，有人看不到它对解放农村生产力的巨大作用，而错误地认为这是生产关系上的一种倒退，是社会制度上的倒退，说什么"辛辛苦苦几十年，一下退到1953年"；对于改革开放中出现的一些新的措施、办法和政策，如股份制、市场经济、土地承租转让，有人首先考虑的是这些做法是社会主义性质、还是资本主义性质；对于个体经济、私营经济、资本主义的一些手段和办法，有人完全不顾这些东西对促进生产力发展的有益作用，而一概都打上偏离社会主义方向的标记，加以抛弃……诸如此类的僵化观念，看上去坚持了马克思主义原则、坚持了社会主义原则，实际上却违背了发展社会主义生产力的根本方向，违背了人民的根本利益，违背了马克思主义的根本原则。

坚持生产力标准，反对"左"或右的错误倾向，正确认识社会主义，我们就会认识到：

第一，不发达生产力基础上的社会主义是初级阶段的社会主义，照搬理想的社会主义模式只是一种空想，这是必须要彻底抛弃的抽象空想的社会主义原则。

什么是社会主义？按照马克思主义创始人的设想，社会主义将实现生产资料的全社会占有，计划经济取代商品经济，按劳分配是唯一的分配形式。马克思和恩格斯所设想的社会主义是建立在发达的资本主义基础上，建立在高度发达的社会生产力基础上。而我们的社会主义则是脱胎于生产力水平很低的半封建半殖民地的落后国家，这与马克思所设想的社会主义的物质基础有很大的差别。如果离开生产力发展的现状，把马克思当时的设想硬套到落后的国家，就会形成一种抽象的、空想的社会主义原则。如果再用这种原则来裁剪现实、评价现实，就只能在理论上陷入唯心主义的空想社会主义的泥潭，在实践上就会导致社会主义的挫折和失败。很长时期以来，实践中的社会主义者却忽视了物质生产力上的巨大的差距，把马克思所设想的建立在发达生产力基础上的社会主义特征，生搬硬套到在落后的生产力水平上所建立的社会主义上，这种离开具体生产力现状的社会主义的僵化模式已经为实践所证实是失败的。

第二，社会主义不是凭空产生的，不能离开人类社会发展的文明大道，完全排斥资本主义一切可用的东西，这是必须要彻底抛弃的幼稚可笑的社会主义观念。

长期以来，在一些人的思想中，不仅没有搞清什么是社会主义，而且连什么是资本主义也没有搞清。他们不仅把社会主义教条化、理想化、原则化，而且还把资本主义简单化、扩大化。在社会主义改革和建设中，随意把许多不属于资本主义的东西扣上资本主义的帽子而拒之千里。

社会主义不是空中楼阁，不能凭空建成，它必须继承人类社会包括资本主义社会所创造的一切文明成果。相对社会主义来说，用生产力标准来衡量，资本主义社会的东西存在着这样几种情况：（1）不单单是属于资本主义的，而且是属于人类社会共同的文明财富。比如，资本主义所创造的现代工业技术，组织社会化大生产的经验和方法，对于这类东西，社会主义必须大胆引入。（2）具有两重性的东西。比如，资本主义社会中的生产管理。马克思在《资本论》中指出，资本主义管理具有两重性，通过一定的规章制度来实现资本主义的生产目的，这既体现资本主义的利益，又体现社会化大生产的要求，一身兼二用。对于这类东西，只要对社会主义有好处，就可以大胆地引进。（3）属于中性的，而不属于资本主义所固有的东西。任何一个社会的经济手段和方法都可以分成两种情况，一种反映的是社会制度的本质，具有阶级属性，譬如榨取剩余价值的办法；而另一种则反映的是生产力的要求，揭示的是事物的普遍规律，它们不具有阶级属性，是中性的手段和方法，不存在姓"社"还是姓"资"的问题。比如，计划与市场、股票、商品经济、价值规律，等等，这类东西，凡是有利于生产力发展的，也必须大力吸取。（4）纯属资本主义性质的东西。比如资本主义私有制、资产阶级剥削，等等。然而，在社会主义发展的初级阶段，只要对社会生产力发展有好处，就可以有所借鉴、有所引进。比如，外资企业的确带有资本主义性质。但目前资金短缺，管理水平比较低，就业压力又大，发展经济只靠国有经济力量是远远不够的，必须动员一切可以动员的力量，调动一切可以调动的资金。这样，引进外资是有益于我国经济发展的，我国改革开放的实践也充分证明了这一点。

第三，发展社会主义市场经济，绝不能只看到经济繁荣的一面而忽视消极现象，也不能见到一些消极现象就动摇发展经济的信心，社会发展进步总是要付出一定的代价。

改革开放以来，一方面我们取得了伟大成就，带来了繁荣、富裕；另一方面，对外开放、国门打开、引进外资的同时，也带来了腐朽和混乱。在社会主义市场发育过程中，在新旧体制转换过程中，消极腐败现象不可能完全避免。社会主义优越性不在于根本不存在消极现象，而在于可以最大限度地减少或逐步消灭消极现象。我们既不能因为存在腐败和消极现象而停止改革开放，又不能借口改革开放而对消极现象放任自流，必须坚持两手抓的原则，只有这样，才有利于社会主义社会的全面进步。

总而言之，坚持建设有中国特色的社会主义，离不开坚持生产力标准。党的十一届三中全会之前，我们所犯的"左"倾错误，归根到底，就是离开了生产力的发展状况，搞所谓"一大二公""穷过渡""割资本主义尾巴"，等等，其结果是妨碍、破坏了社会生产力的发展。只有破除离开生产力抽象地谈论社会主义的僵化思想，坚持生产力标准，才能排除"左"的思想干扰，实现思想上的再一次大解放，大胆地改革开放，大胆地解放生产力。当然，坚持生产力标准，还必须防止简单化、庸俗化和狭隘功利主义的倾向，防止把生产力标准理解成为单纯的产值标准、利润标准和赚钱标准，防止把生产力这个根本标准、最终标准、最高标准的功能同衡量各项具体工作的具体标准混为一谈。在坚持生产力标准的过程中，必须把全局效益和局部效益统一起来，把长远效益和眼前效益统一起来，把社会效益和经济效益统一起来，把物质效益同精神效益统一起来，科学地、辩证地、全面地把握和使用生产力标准。

现实的哲学必须研究现实的矛盾^[1]

现实的哲学必须研究现实的矛盾 [1]

——访王伟光教授

问：听说您一直致力于现实问题的哲学研究，尤其对社会主义初级阶段的社会矛盾问题有一定造诣。那么，您为什么要选择这样的研究方向？您已经开展了哪些方面的研究？

答：说我有志于现实问题的哲学研究，这倒是真的，但"造诣"却谈不上。我之所以选择现实问题的哲学研究，是基于这样两个方面的考虑。其一，哲学应当面对现实，只有回答现实提出的重大问题，它才有生命力，也只有从现实生活中捕捉出重大课题，加以深入的开拓发展，才能真正地发展哲学。黑格尔曾从唯心主义观点出发，揭示了哲学和时代的关系，他说："哲学的任务在于理解存在的东西，因为存在的东西就是理性，就个人来说，每个人都是他那个时代的产儿。哲学也是这样，它是被把握在思想中的它的时代。"哲学的生命力在于它是时代精神的概括，现实的哲学就是时代的哲学。时代哲学是时代矛盾的理论结晶，任何社会历史的哲学命题，都是该时代矛盾的尖锐化而提出来的。对该时代矛盾的正确认识和科学抽象，正是对该时代特征、规律的把握，也就是该时代的时代精神——时代哲学。资本主义自由竞争时代所特有的矛盾是唯物史观产生的客观条件，唯物史观主要就是在对资本主义内在矛盾的理论概括和科学说明基础上形成的时代哲学。我国现实的社会主义正处于其发展的初级

---

[1] 本文原载《哲学动态》，1994 年第 1 期。

阶段。它在发展过程中存在着一系列的社会矛盾。因此，发现和认识我国社会主义初级阶段社会矛盾的新特点，揭示我国社会矛盾和矛盾动力作用的客观规律，正是马克思主义哲学在中国所面临的重大的时代哲学课题。

其二，社会主义在中国及别国所走过的曲折历程，尤其是它在苏东所遭受的重大挫折，也充分说明了正确认识社会主义初级阶段的社会矛盾之必要。

关于我近几年结合现实生活提出的重大问题所进行的理论探讨和研究，主要有以下一些课题：社会形态理论及社会形态演变规律；社会主义初级阶段的利益群体和利益矛盾；社会主义初级阶段的基本矛盾、主要矛盾；人民内部矛盾和社会主义的发展动力；社会主义初级阶段的意识形态等。

问：您是否认为，回答了社会主义初级阶段的社会矛盾问题，也就为建设有中国特色的社会主义理论提供了哲学基础？

答：是的，在我们这样的大国实现社会主义的现代化，谈何容易！从主观上看，恐怕必须要解决好对中国社会发展规律的认识。毛泽东同志指出："辩证法的宇宙观，主要地就是教导人们善于去观察和分析各种事物的矛盾运动，并根据这种分析，提出解决矛盾的方法。"认识事物规律，就是认识事物内在矛盾的特殊性；认识中国社会主义现阶段的国情，就是认识它的内在矛盾的特殊性。只有深刻认识社会主义现阶段社会矛盾的特殊性，才能认清中国社会现阶段的社会本质，认清有中国特色的社会主义的发展规律。

问：认清了中国社会主义现阶段的国情、本质，把握有中国特色的社会主义发展的内在规律，也就可以制定指导我国社会主义现代化建设的正确的路线、方针、政策和措施了。

答：是这样的。正是从这个角度讲，对我国社会主义初级阶段社会矛盾的科学认识，为建设有中国特色社会主义理论提供了一定的哲学依据。新中国成立40多年来的实践表明，每当党和国家的领导对社会矛盾的判断和处理失误，就会严重影响社会主义民主和法制的建设，就会给社会主义中国带来不应有的损失。社会矛盾是一个复杂的系统，只有正确处理我国社会存在的各类矛盾，才能按照我国现阶段社会矛盾的客观规律，建立起能够有效地调节社会矛盾的民主体制和法制体制，保证有中国特色的社会主义协调发展。

问：您对社会主义现阶段社会矛盾问题的研究进展如何？

答：驾驭社会主义初级阶段的社会矛盾这样一个重大课题，是有很大难度的。我分三个阶段开展对该课题的研究：一是收集综合资料阶段；二是专题研究阶段；三是完成研究成果阶段。在第一阶段，我收集了国内外理论界关于社会主义国家内部矛盾的有关研究资料和社会主义各国的国内矛盾的现实状况，以及东欧演变过程中和事变之后的社会矛盾演变情况，出版了一些资料汇编性的成果。如《论社会主义社会的矛盾和发展动力》等。在第二阶段，分门别类地进行专题研究，发表了《社会主义矛盾和改革》《社会利益论》等论著。第三阶段，是科研最终成果，出版了《经济利益、政治秩序、社会稳定——社会主义社会矛盾的深层反思》这一专著。现在我正准备在现有研究的基础上，进一步拓宽深化这个课题的研究，如对社会主义初级阶段的利益群体及群体矛盾的研究。

　　问：关于社会主义社会的矛盾问题，一直是我国理论界普遍关注的重大理论课题之一，请问您在第三阶段完成的这本书，在理论探索上有哪些新方法、新思路？

　　答：以往对社会主义社会矛盾的研究，侧重于从政治思想方面来分析，而从经济事实出发，分析社会主义社会矛盾产生、发展和解决的根源则不够。我力图跳出旧的思路，打破脱离实际，套用辩证法的矛盾范畴，给实践贴标签的做法，确定了新的研究视角，这就是立足经济分析，从实际出发，注重从现实的社会主义国家实际存在的矛盾出发，考察中外社会主义建设的历史经验和教训，进行具体的、缜密的分析研究。在进行矛盾分析时，我采取了从经济利益入手，再进入政治、思想、文化领域的思路。全书按照这一思路分为六章，分别探讨了社会主义国家的经济矛盾、利益矛盾、商品经济矛盾、社会结构矛盾、人际矛盾，最后探讨了社会动力和体制改革。本书循着这一思路，坚持以唯物史观的基本观点为指导，比较系统地概括了我国和其他国家的社会主义实践经验，比较完整地展现了社会主义社会矛盾纵横交错的生动图景，并提出了如何解决这些矛盾的原则性意见。

　　问：能否介绍一下这本著作在理论观点方面有哪些新的见解？

　　答：社会主义国家的社会矛盾是一个"老问题"，社会主义建设的历史有多长，这个问题的讨论时间就有多长。我力图在坚持马克思主义基本原则和坚持社会主义的前提下，解放思想，力求在理论上有所创新。主要有以下内容：

　　认真分析了社会主义现阶段商品生产的内在矛盾（在我写这个问题时，社会主义市场经济概念还没有成为全党的共识）。我认为社会主义商品（市场）经济的内在矛盾表现为社会劳动和个别劳动的矛盾。这个矛盾具体表现为社会整体联合劳动、局部联合劳动、联合劳动成员个人劳动之间的矛盾；社会生产目的的两重性，经济运行的两重形式和社会分配的双重矛盾关系；社会主义商品（市场）经济的有计划性和一定的盲目性的矛盾，这对矛盾在社会主义生产力和生产关系的运动中展开为一定程度的相对发展的生产社会化，同不同所有制经济成分及公有制基础上不同层次的经营主体的相对独立性之间的矛盾。这个分析较好地揭示了社会主义商品（市场）经济发展的客观规律，预见了社会主义国家在发展商品（市场）经济的过程中可能出现的问题和困难，提出了如何发展社会主义商品（市场）经济的建设性的意见。

在分析了社会主义现阶段商品（市场）经济基本经济关系之后，提出了经济利益问题，提出了在社会主义现阶段，在剥削阶级作为整体阶级已被消灭的前提下，怎样认识不同利益群体之间的利益矛盾问题。认为，人民内部利益矛盾是一切人民内部矛盾存在、发展和解决的总根源，是制约其他各类矛盾发展的主导性矛盾；必须按照历史唯物主义的原则正确划分人民内部的利益群体，人民内部不同利益群体之间存在着群际矛盾；在一定条件下，人民内部的利益矛盾可转化为对抗性的利益冲突；必须加强民主制度和法制制度建设，用经济办法和思想政治工作来处理好人民内部的矛盾，等等。

本书还对社会主义基本矛盾和主要矛盾等概念做了明确区分，提出社会需要和社会生产的矛盾，渗透到社会主义社会生活各个领域、各个方面，贯穿于社会主义历史发展全过程，起着根本的作用，构成社会主义社会基本矛盾的实质和核心；可以从生产力、生产关系（经济基础），上层建筑和制度、体制、机构这两个层次上来认识社会主义社会的基本矛盾；等等。

这本书是在两年多前写的。我通过对社会主义国家内部和外部矛盾交叉状况，经济、政治和思想矛盾的交叉状况，以及人民和敌我两类矛盾的交叉状况的分析，预见到社会主义国家内部有可能出现对抗性的矛盾，出现社会冲突和政治动乱，乃至出现社会危机现象，并且提出了预防和制止动乱和危机发生，保证社会正常秩序的根本措施和应急办法。在全面分析社会主义国家内部矛盾的基础上，还从主体和客体两个方面揭示了社会主义社会的发展动力，认为必须从物质利益和精神鼓励两方面来调动劳动者的积极性和创造性，必须通过改革，建立适当的利益刺激体制和经济政治体制，才能充分调动起群众的劳动热情，最大限度地发挥出社会主义社会发展动力的作用，在经济发展上最终超过资本主义，真正体现出社会主义制度的优越性。

问：在加快社会主义经济建设和改革开放的新时期，人民内部的矛盾有哪些新的特点？正确处理人民内部矛盾的意义何在？

答：新时期的人民内部矛盾，呈现出更加复杂的状态，其主要特点是：

（1）物质利益矛盾更为尖锐、更为突出。

（2）人民内部矛盾大量地、经常地发生在分配领域，集中表现为群众收入的差距，表现为收入差别所引起的矛盾。我国改革开放以来，社会分配格局发生了新的分化和组合，一方面，分配上的平均主义尚未完全打破，分配的合理格局远未完全形成；另一方面，又出现了收入差距过大和不合理的现象。因此，虽然群众的收入总体上增加了，但又引起群众新的不满情绪，加剧了群众之间的摩擦和矛盾。

（3）人民内部利益矛盾以直接冲突的形式表现出来。如一些群众之间会因为财产纠纷、资产分配、土地使用等问题，爆发激烈的纠纷和暴力冲突。如果对这些问题缺乏警惕，处理不当，就会影响社会稳定。

（4）人民内部利益矛盾往往集中通过干群关系表现出来，相当一部分群众的意见指向所在地区和单位的直接领导。

（5）人民内部利益矛盾冲突双方的群体界限十分清楚，群体意识十分明确。例如，在我国，知识分子具有明确的建立社会主义民主政体的政治意向，具有改善本利益群体生活待遇和工作条件的强烈的群体要求；普通职工群众的注意力则更多地集中在工资、物价和福利待遇的物质利益要求上。

（6）目前正在进行的社会主义市场经济体制改革，使人民内部矛盾又出现了一些新情况。首先，社会主义市场经济体制改革一方面繁荣了社会主义经济，另一方面又使人民内部的利益矛盾更加普遍和明显。比如，由于把企业推向市场，进行了以增强企业活力为重点的改革，给企业"松绑"，这既调动了企业的积极性，使企业之间发生了广泛的横向经济联系，同时又使得社会主义的经济关系趋于复杂化，有可能促使企业更多地注重自身的效益，使生产和分配领域内的利益矛盾更突出、更复杂。又如，由于逐步培育了各类市场，利用市场机制进行经济调节，一方面搞活了社会主义经济，另一方面又使得社会主义的市场关系复杂化、矛盾多重化。其次，社会主义经济体制改革的发展，提出了政治体制改革的任务，使政治生活中的各种关系和矛盾明朗化、突出化。比如，如何处理党政关系、政企关系、党同民主党派的关系、中央同地方的关系，等等。再次，社会主义市场经济体制改革深刻地改变了人们的思想观念，改变了社会主义的人际关系结构，使得人民内部的人际关系更为复杂化、多层次化。总之，社会主义市场经济体制改革所带来的社会生活的深刻变化，赋予人民内部利益矛盾以新的内容和形式。

（7）在复杂的国际国内因素的综合作用下，人民内部利益矛盾同敌我利益矛盾，同一定范围内的阶级斗争交叉在一起，使人民内部利益矛盾表现出错综复杂的状况。

在新时期，正确处理人民内部矛盾，调动一切积极因素，化消极因素为积极因素，是我国当前政治生活的主题，也是维护社会稳定、发展社会主义市场经济的重要的基础，我们必须结合新的实际，认真研究和正确处理新时期人民内部矛盾。

问：通过您的介绍，我体会您的基本观点是，哲学研究必须紧密结合实际，分析现实矛盾，回答从现实中提炼出来的重大课题，这就是哲学面临的现实任务。

答：您理解得很对。哲学只有说明现实才有生命力，只有揭示时代矛盾才有理论上的彻底性。哲学要具有生命力，在理论上必须有现实感和时代感。哲学一定要从现实中提炼问题，才能升华，才能发展。而且，哲学所概括的问题必须是该时代的重大课题，是时代矛盾的集中反映。拿马克思主义的历史唯物主义来说，要发展，就要解决三个层次的问题：一是善于概括历史唯物主义的基础理论，如社会发展规律论，社会矛盾论，社会动力论，社会利益论，社会价值论等；二是善于回答时代和现实提出的重大理论问题，如社会主义发展的规律问题，社会主义改革问题，人民内部矛盾问题等；三是善于解决当前历史唯物主义研究中的难点、热点问题。做好这三个层次的概括，才能从时代高度发展马克思主义的历史唯物主义。

基本路线要管一百年 动摇不得 [1]

《邓小平文选》第三卷自始至终贯穿一个基本的指导思想，那就是党的十一届三中全会以来逐步形成的"一个中心、两个基本点"的基本路线不能改变，一百年都不能改变。学习《邓小平文选》第三卷，必须深刻理解基本路线要管一百年、动摇不得这一重要观点。

一、坚持党的基本路线一百年不动摇，是邓小平同志的重要的科学论断

"一个中心，两个基本点"是邓小平同志亲自制定的党在社会主义初级阶段的基本路线。邓小平同志在总结党的十一届三中全会以来的基本经验时指出："搞社会主义现代化建设是基本路线，要搞现代化建设使中国兴旺发达起来，第一，必须实行改革、开放政策；第二，必须坚持四项基本原则，主要是坚持党的领导，坚持社会主义道路，反对资产阶级自由化，反对走资本主义道路。这两个基本点是相互依存的。"[2] 党的十三大把这一思想概括为"一个中心、两个基本点"，明确作为社会主义初级阶段的基本路线。十几年来，邓小平同志多次向全党、全国人民乃至全世界郑重声明，我们党制定的新的历史时期的基本路线不能变、不会变、也不许变。1984 年 10 月，邓小平同志明确表示："我们现在制定的这些方针、政策、战略，谁也变不了"。[3] "不但我们这一代不能变，下一

---

[1] 本文原载《中国教育报》，1994 年 5 月 25 日，第 3 版。

[2]《邓小平文选》第 3 卷，人民出版社 1993 年版，第 248 页。

[3]《邓小平文选》第 3 卷，人民出版社 1993 年版，第 83 页。

代、下几代，都不能变，变不了。"[1]1989 年春夏之交的政治风波过后，一些人对社会主义丧失信心，一些人对党的基本路线产生怀疑。邓小平同志坚定地认为："'一个中心、两个基本点'没有错"，"我们原来制定的基本路线和基本方针、政策都不变"。[2]在南方谈话中，邓小平同志坚决批评了怀疑、干扰、影响党的基本路线贯彻执行的"左"和右两个方面的错误倾向，再三强调基本路线要管一百年，动摇不得。他说："要坚持党的十一届三中全会以来的路线方针政策，关键是坚持'一个中心，两个基本点'。不坚持社会主义，不改革开放，不发展经济，不改善人民生活，只能是死路一条。基本路线要管一百年，动摇不得，只有坚持这条路线，人民才会相信你，拥护你。谁要改变三中全会以来的路线、方针、政策，老百姓不答应，谁就会被打倒。"[3]15 年伟大实践的经验，集中到一点，就是毫不动摇地坚持党的基本路线。坚持党的基本路线一百年不动摇，这是邓小平同志经过深思熟虑的，也是经过实践检验的非常重要的科学论断。

二、坚持党的基本路线一百年不动摇，是一个伟大的战略决策

为什么基本路线要坚持一百年不能变呢？邓小平同志为什么把这个问题提得那么高，说得那么重呢？

第一，15 年的实践充分证明，党的基本路线符合我国现阶段客观实际，反映了中国社会主义初级阶段发展的客观规律，是使社会主义得到发展、使人民生活得到改善的唯一正确的路线。

党的十一届三中全会以来的 15 年，中国发生了巨大的变化，取得了举世瞩目的成就，经济迅速发展了，综合国力大大增强了，人民生活明显改善了。中国之所以能够出现这样大的发展，归根结底是因为我们党形成并始终不渝地贯彻了"一个中心、两个基本点"的基本路线。党的基本路线会不会改变，归根结底取决于这条基本路线对不对，符合不符合客观规律，是不是"三个有利于"。这条基本路线之所以见效快、见效好，最重要的就在于它符合中国的国情，符合中国的实际，符合"三个有利于"的判断标准。15 年的实践证明，坚

[1]《邓小平文选》第 3 卷，人民出版社 1993 年版，第 84 页。

[2]《邓小平文选》第 3 卷，人民出版社 1993 年版，第 305 页。

[3]《邓小平文选》第 3 卷，人民出版社 1993 年版，第 370—371 页。

持这条路线一百年不动摇，中国就大有希望。

第二，这条基本路线经受了国际国内各种政治风波的严峻考验，是国家长期稳定、兴旺发达的根本政治保证。

能不能始终坚持以经济建设为中心不动摇，坚持党的基本路线不动摇，最重要的是能不能始终坚持实事求是地分析国内外的政治形势，正确认识和处理国内的阶级斗争问题，能不能冷静地处理国内和国际的突发事件。党的十一届三中全会以来，我们党恢复了八大提出的集中精力发展经济的正确提法，正确判断了形势，制定了正确路线，促进经济大发展。15 年来，国内发生了几起资产阶级自由化思潮泛滥，发生了 1989 年春夏之交的政治风波；国际上风云突变。面对着复杂多变的形势，我们党并没有改变对形势的正确估计，没有改变党的基本路线，既沉着地应付这些事件，又果断地平息了政治风波。也正是由于我们坚持了基本路线不改变，才能在复杂的国际环境中站稳脚跟，在国内改革开放方面取得伟大的成绩。党的基本路线经受住了各种风浪的考验，证明是保证我国社会主义立于不败之地的根本保证。

第三，坚持这条基本路线是广大人民群众的根本利益所在，谁要改变党的十一届三中全会以来的路线方针政策，老百姓不答应，谁就会被打倒。

党的十一届三中全会以来，邓小平同志多次向全党、全国、全世界郑重声明，我们党确立的路线和政策不会变、不能变、不许变。其之所以不要变，最根本的是因为党的基本路线使广大人民群众得益，为广大人民拥护，改变必然不得人心。十年内乱，人民遭殃，国民经济濒临崩溃，经历过的人至今记忆犹新。改革开放以来，坚持以经济建设为中心，实行改革开放，坚持四项基本原则，政局稳定，经济发展，人民生活水平提高。谁要是再改变党的十一届三中全会以来的路线，倒退回去，老百姓决不答应。站在人民的立场，从人民的根本利益出发，必须坚持党的基本路线不动摇。

第四，坚持党的基本路线一百年不动摇，是由社会主义的长期性、复杂性所决定的，是由我国经济发展分三步走的伟大战略目标所决定的。

为什么邓小平同志提出坚持党的基本路线一百年不动摇，而不是五十年、三十年呢？这是因为我国的社会主义初级阶段至少是一个上百年的历史，完成国民经济分三步走的战略目标，也大体需要一百年的时间。到了 21 世纪中叶，社会主义现代化基本实现，人均国民生产总值达到中等发达国家水平，社会主义对资本主义的优越性比较充分地显示出来，社会主义制度的长治久安才能基本解决。正是从社会主义初级阶段的长期性、实现经济现代化的长期性来说，基本路线要坚持一百年。另外，社会主义初级阶段不仅具有长期性，而且具有复杂性。在这个阶段，国内国际形势复杂多变，社会关系、社会矛盾错综复杂，会有人从右或"左"两个方面来干扰正确路线的实施。这就需要我们提高执行党的基本路线的坚定性、自觉性，排除来自右或来自"左"的干扰，坚持基本路线不动摇。邓小平同志说的基本路线一百年不改变，其用意就在于指出在整个社会主义初级阶段，始终坚持这条路线，不能有丝毫的动摇，这期间，可能会发生天灾、动乱，但是这条基本路线不能改变。

三、坚持党的基本路线不动摇，关键是坚持以经济建设为中心不动摇

15 年来，尽管国际国内发生了一系列重大变化，但我们都没有动摇坚持以经济建设为中心的决定。今后我们也必须坚定不移地抓住这个中心不放。邓小平同志说："现在要横下心来，除了爆发大规模战争外，就要始终如一地、贯彻始终地搞这件事，一切围绕着这件事，不受任何干扰。"[1]

坚持党的基本路线一百年不动摇，重要的是必须把坚持改革开放和坚持四项基本原则有机地统一起来，坚持改革开放，坚持四项基本原则，这是基本路线不可分割的两个方面，这两个方面都是为了更好地解放和发展生产力，缺一不可。

坚持党的基本路线一百年不动摇，必须巩固和发展团结稳定的政治局面，注意防止"左"、右两种错误倾向。坚持党的基本路线一百年不动摇，并不是党的具体方针和政策就都不变化了，并不是否定党的具体方针政策会随着社会实践的发展而发展。邓小平同志强调党的基本路线不能改变，是指总的、基本的方针政策不变了，这是一种战略构想。实际上，我国正处于新旧体制的交换过程之中，社会主义市场体制的定型化需要一个长期的过程。在这个过程中，具体的方针、具体的政策、具体的举措会随着实践的发展而不断地发展、不断地完善。只有在实践中不断调整，坚持那些经过实践检验的合适的东西，修正那些经过实践检验的不合适的东西，才能真正地坚持党的基本路线。

[1]《邓小平文选》第 2 卷，人民出版社 1994 年版，第 249 页。

　　"一个中心、两个基本点"的基本路线来之不易，是我们党在社会主义建设的挫折和失败中，在社会主义建设的成功和前进中，经过认真的总结而取得的。强调坚持党的基本路线一百年不动摇，是邓小平同志对我们全党所作的重要的"政治交代"。我们一定要确定这样一个信心和决心，党的基本路线一定要坚持，也一定能坚持。社会主义在中国一定要胜利，也一定能够胜利。

正视差距、重视差距，选择协调均衡发展战略，推进中西部发展，逐步缩小地区差距 [1]

改革开放以来，中国各地区均获得了难得的发展机遇，但在整体大发展的同时，不同地区之间，特别是东部地区与中西部地区之间也拉大了发展差距，使我国的经济社会发展面临着一些新的问题。科学地认识发展中的差距，选择协调均衡发展战略，积极推进中西部地区的发展，逐步缩小地区差距，对于进一步调动各地区、各民族人民的积极性和创造性，全面推进社会主义现代化建设，最终实现社会主义共同富裕，具有十分重要的战略意义。

一、差距是客观存在、不可避免的，甚至还有扩大的趋势

我国地区差距主要是指我国三大经济地带即东、中、西部地区的差距。根据"七五"计划，三大经济地带分别是：东部沿海地带，包括北京、天津、河北、辽宁、上海、江苏、浙江、福建、山东、广东（当时海南尚未建省）、广西；中部地带，包括山西、内蒙古、吉林、黑龙江、安徽、江西、河南、湖北、湖南；西部地带，包括四川（当时重庆还不是直辖市）、贵州、云南、西藏、陕西、甘肃、青海、宁夏、新疆。我们可从经济发展水平、产业结构水平、固定

[1] 本文是作者提交 1996 年 12 月在香港召开的"中国经济改革与社会发展中的各地区间协调发展国际研讨会"的论文，原载《北京社会科学》，2001 年第 2 期。

资产投资水平、利用外资水平和收入水平等几个方面，历史地分析一下东部与中西部地区的差距。

（一）国民生产总值（GNP）的差距。

1980 年至 1994 年的 15 年间 GNP 的年均增长速度是，东、中、西部之比为 19.88：16.20：15.78，差距明显拉大，东部地区高出中部地区 3.68 个百分点，高出西部地区 4.10 个百分点。1987 年人均 GNP 东、中、西部分别为 1492 元、888 元和 715 元，东、中、西部之比为 1：0.62：0.50，三者之间虽有差距，但不甚悬殊；但到 1993 年，人均创造的 GNP，东、中、西部分别为 4580 元、2075 元和 1408 元，东、中、西之比扩大为 1：0.45：0.31，东部地区是中部地区的 2.21 倍，是西部地区的 3.25 倍。东、中、西部地区人口在全国的比重，近 15 年内几乎没有明显变化，但 GNP 在全国的比重却发生了较大变化。1980 年为 52.3：31.2：16.5，1993 年则为 60.1：26.8：13.1。1993 年与 1980 年相比，东部地区的比重提高了 7.9 个百分点，中、西部地区则分别下降了 4.4 个和 3.4 个百分点。仅占国土总面积 10.7% 的东部地区创造的 GNP，却为占国土总面积 69.1% 的西部地区的近 5 倍。到 1998 年底，东、中、西部人均创造的 GNP 分别为 9403 元、5201 元、4021 元，东、中、西部 GNP 占全国的比重为 58.1：27.9：14.0。

国民生产总值及人均国民生产总值增长的绝对差距在拉大。1979—1991 年，国民生产总值绝对差距的变化是：沿海比内地扩大了 1738 亿元，相当于原差额的 10.1 倍；东部比中部扩大了 4349 亿元，相当于原差额的 5.9 倍；东部比西部扩大了 6282 亿元，相当于原差额的 5.1 倍。人均国民生产总值绝对差额的变化是：沿海比内地扩大 768 元、相当于原差额的 4.4 倍；东部比中部扩大了 730 元，相当于原差额的 4.7 倍，东部比西部扩大了 826 元，相当于原差额的 4.9 倍。

（二）国内生产总值（GDP）的差距。

1993 年的统计数字表明，西部 9 个省区人均 GDP 在 2000 元以下的低收入地区有 6 个，在 2000 元到 3000 元之间的中下等收入地区有 3 个。这 9 个省区除新疆外人均 GDP 为 1232 元，仅占全国平均数 2663 元的 46.2%。1994 年，东部与中、西部地区人均 GDP 差别分别为 1745 元和 2027 元，预计到 2000 年将上升到 2770 元和 3220 元。云南国内生产总值在 1979 年至 1994 年的 16 年间，增长速度也比东部地区慢 1.5%。

（三）工业增长速度和工业劳动生产率的差距。

从 1985 年到 1990 年，我国东、中、西部地区工业增长速度之比呈现出由东至西递减的趋势。1991 年，全国平均水平的全员劳动生产率为 33161 元 /（人·年），其中，上海为 58555 元 /（人·年），最高，相当于平均水平的 1.6 倍。北京、天津、江苏、浙江、广东超过 40000 元 /（人·年）。山西、江西、贵州、陕西、甘肃、青海等均在 30000 元 /（人·年）以下。最低的内蒙古为 21956 元 /（人·年），相当于平均水平的 66%。

（四）产业结构的差距。

东部与西部在产业结构上的差距也是很明显的。1993 年，第一产业（农业）仅占 21.2%，第二产业占 27%，第三产业占 51.8%。1998 年，一、二、三产业的对比为 18.4%、48.7%、32.9%。而在第二产业的增加值中，约有 90% 是由工业制造来提供的。因此，工业发展速度的快慢，对于整个经济的发展至关重要。东、中、西部地区工业生产增长速度存在显著差距。其中 1985—1994 年的 10 年中，年均增长速度比例为 1.42∶1.06∶1，这就使东部地区的工业总值在全国的比重由 1985 年的 46.3% 提高到 1993 年的 66.47%，西部地区则相应由 12.75% 降为 11.33%。1998 年，东、中、西部工业总产值的比重为 67.0%、23.8%、9.2%，于是出现了第一产业的比重西高东低，二、三产业的比重东高西低的现象。西部地区第一产业的比重高于东部地区 12.8 个百分点，二、三产业的比重分别低于东部地区 10.4 个和 2.4 个百分点。东部与中、西部乡镇企业发展的差距也很明显：1993 年全国乡镇企业产值达 29023 亿元，其中，东部地区占 65.8%，西部地区仅占 7.6%，东部地区是西部地区的 9 倍；1998 年全国乡镇企业增加值为 22186.5 亿元，其中东部地区占 60.4%，西部地区仅占 8.6%。在乡镇企业的发展速度上，东、中、西部地区也很悬殊。从 1990—1994 年的 5 年来看，东部地区年均发展速度达 48%，中部地区为 29.2%，西部地区为 16.5%。陕西省乡镇企业投资总额目前只占全国的 0.7%，为江苏的 4.5%、山东的 5.4%。

（五）资本投资的差距。

中西部地区在资本投资方面与东部地区的差距也越来越大。1982—1992年固定资产投资年均增长速度，东、中、西部分别为21.7%、16.10%、18.28%，全国在1992年的投资增量中，约有62.1%是由东部地区完成的。1998年，东、中、西部投资比重由上年的62.2%、23.1%、14.7%转变为61.3%、22.4%、16.3%。青海省1985年人均投资额为420元，相当于全国水平的175.1%，1994年人均投资990元，相当于全国投资水平的72.5%，9年下降102.6%。1998年，青海省人均投资额2144.7元，相当于全国平均水平2248.6元的94%。全国最高的上海与最低的贵州相比，人均投资额差1994年高达21.2倍，上海人均8031元，贵州人均379元。至1998年，上海与贵州人均投资分别为13344元和759元。

（六）利用外资的差距。

中西部与东部相比，在利用外资方面悬殊更大。仅广东外资利用率就高达26%。至1998年底累计，全国共批准外商投资企业合同（章程）外资金额6084.25亿美元，实际使用外资金额3171.69亿美元。这些外资的近89%分布在东部地区，中西部地区只占约11%。至1994年底累计，东部地区批准外商投资企业合同（章程）外资金额2626.82亿美元，是中西部地区336.44亿美元的7.8倍；东部地区实际使用外资金额331.65亿美元，约合2856亿元人民币，约占当年全国固定资产投资总额15926亿元人民币的17.9%，其中中西部地区占2.2%，中西部地区比东部地区低13个百分点。1998年外商在东、中、西部投资比重分别为87.3%、9.7%和3%。

（七）收入水平的差距。

东部与西部城乡居民收入上的差距也在不断扩大。1980年全国农民人均纯收入为191.33元，东、中、西部地区农民人均纯收入之比为1.39∶1.11∶1。1993年全国农民人均纯收入921元，其中东部地区人均纯收入为1380元，中部地区为786元，西部地区为604元，东、中、西部地区之比为2.25∶1.75∶1，东部地区比西部地区高出776元。1998年东、中、西部农民人均纯收入的比例为1.94∶1.35∶1。城镇居民收入也存在着明显的差距。1993年，东、中、西部地区城镇居民的人均生活费收入分别为2878元、1886.8元和2045.1元，其差距由 1992 年的 1：0.69：0.77，变为 1：0.65：0.71。1998 年城镇居民人均年收入最高为 11021.49 元，最低为 2505.02 元，相差 4.4 倍。全国人均年收入 500 元以下者，54% 在西部地区。由于西部地区收入偏低，整个西部地区物价总水平向东部地区靠拢，物价涨幅较猛，已经出现了"低收入，高物价"的态势，使西部地区城乡居民收入水平相对下降。

以上各项指标表明，十几年来，历史上已经形成的东、中、西部区域差距的存在是客观的，不仅没有缩小，还有所扩大。一般地说，相对差别扩大了，绝对差别也扩大了。东部和中、西部的差距主要表现在两个方面：一是经济发展的差距。改革开放以来，全国各地经济都有不同程度的发展，但发展进度不大相同。东部沿海地区高速发展，中部、特别是西部，尤其是中西部的贫困地区发展缓慢，差距越拉越大。比如，1998 年上海与贵州相比，人均国民生产总值已是贵州的 10.9 倍，绝对差数超过 22736 元。二是居民收入水平上的差距。在居民收入上，东部与中西部差距较大。1998 年东、中、西部人均全年收入分别为 6574 元、4492 元、4754 元，分别比上年增长 4.7%、4%、6%，收入之比由上年的 1.45：1：1.04 上升到 1.46：1：1.06。以收入差距悬殊的上海和贵州为例，农村居民家庭人均全年消费支出上海为 4206.89 元，贵州为 1049.39 元，城镇居民家庭人均全年消费性支出上海为 6866.41 元，贵州为 3799.38 元。我国目前 80% 以上的贫困人口集中在西部，全国 90% 的贫困县也集中在中西部地区。经济发展和居民收入上的差距，引起东部与中西部社会发展上的一系列差距。

在我国这样一个大国，在一定历史发展阶段上，各个地区发展不平衡是正常的，地区差距具有不可避免的性质。地区差距，首先是经济差距的形成和扩大，是由各种因素综合作用造成的。有自然地域性因素，历史性因素，体制性因素，政策性因素，人文人为性因素，生产力布局因素等。

（一）自然地域性因素。自然地理条件和环境的差距是地区差距形成的基础。地区差距是在自然条件差别基础上，经济发展到一定阶段的产物。我国中西部许多地区自然条件十分恶劣，农业产量很低，人民是在十分恶劣的条件下从事生产和生活的。同时，市场有限、交通不便、信息不灵、通讯落后，经济发展长期落后。而市场经济引导资源流向，其第一位的条件就是要看资本要素的回报率。哪里回报率高，资金、人才、技术、生产资料就会往哪里流。改革开放以来，东部沿海地区在地域上的优势造成投资要素回报较高，生产要素从西部向东部流。例如，西部优势在资源，以原材料工业为主，以东部为市场，出卖初级产品，中西部的产品向东部运，运输线长，运费高，运费在商品价格的形成中占有很大的比例，造成商品生产者无利可图或获利较少。外资权衡利弊，不贸然把资本投入到中西部。这种资本投入回报率上的差别，使东部与中西部的差距继续加大。

（二）历史性因素。新中国成立以前，我国是一个半封建半殖民地的国家，少数民族大多数聚居在中西部地区，贫穷落后的地区也是中西部居多。长期以来，旧社会的封建主义、帝国主义、官僚资本主义对少数民族实行歧视的政策、压榨的政策，对中西部的资源进行野蛮的掠夺，进一步加剧了中西部的贫穷落后。帝国主义为了掠夺高额利润，纷纷在东部沿海地区投资建厂，这就进一步促成了中西部落后的历史后果。

（三）政策性因素。地区经济发展的程度与国家宏观经济政策是密切相关的。国家实行地区倾斜政策，向哪个方向倾斜，对地区经济发展影响很大。改革开放以来，国家率先对东部沿海地区实行了一系列特殊开放政策和措施，开放了 16 个沿海城市，开办了一些特区、开发区、保税区。东部沿海地区利用地域优势，充分利用国家给予的优惠政策，较为灵活地运用市场机制，引进外资，优先发展回报率高的产业，形成了许多投资热点和发展热点，发展相当快。当然随着改革开放的深入，国家实行的特殊政策也由东向西逐渐倾斜。然而不可否认的是，东部沿海地区是国家改革开放政策的最初受惠者，而相比之下中西部就显得发展缓慢一些，落后一些。

（四）体制性因素。在旧的计划经济体制下，经济运行自身的原因和规律必然会直接导致地区差距的扩大。在计划经济体制下，中西部地区资源丰富，在水力、煤炭、石油、稀有金属、矿产资源等方面占有绝对优势，以原材料、能源、重工业等基础工业为主，以出卖初级产品为主。对于初级产品产业来说，原材料工业投入大，但价格却偏低，甚至国家在历史上有时采取无偿调拨的做法，势必造成价格的严重扭曲。改革开放以后，计划经济体制运行还在一定程度、一定范围内起作用，价格还没有完全理顺。东部沿海地区高附加值、高科技产业加快发展，而使用的却是低廉的中西部原材料，这一进一出进一步造成了中西部双重价值的流失。

（五）人文人为性因素。就东西部地区的人文情况，即人的素质、人的文化状况、受教育状况来看，差距也是比较大的。一般来说，东部沿海地区教育比较发达，人们素质比较高，对外来文化的接受程度较强，市场意识、竞争意识也较强。而中西部文化水平、教育水准就差一些，人的开放程度差一些，素质相对低一些。

（六）生产力布局因素。由于历史的原因、体制的原因，按照国家产业垂直区域分工布局，加工主导型产业主要集中在沿海地区，资源开发型产业大都分布在西部地区。沿海地区三资企业、乡镇企业、非国有企业发展很快，而中西部地区三资企业少，乡镇企业、非国有企业也不发达。再加之长期以来，基础产品的价格与价值严重背离，资金回报率低、投入能力低，致使资金"一江春水向东流"，人才"孔雀东南飞"。

以上分析表明，我国东、中、西三个地区差距的存在有一定的不可避免性，甚至在一定时期有所扩大也在所难免。像我们这样的大国，地域差距很大，加上复杂的各种因素的综合作用，造成东部沿海地区经济发展快一些，而中西部地区慢一些，经济发展不平衡是正常的。改革开放以来，东部地区经济高速增长，进一步加大区域发展的不平衡，加大了地区差距。

二、地区经济差距不只有消极后果，也有一定的积极作用

根据我国生产力发展不平衡、地区差距客观存在的特殊国情，邓小平提出了允许一部分人、一部分地区先富起来，先富带后富，最后走共同富裕道路的战略思想。根据邓小平的战略思想，我国提出了东部沿海地区发展战略，制定了改革开放的政策和措施，东部沿海地区发展很快。事实证明，这是符合地区经济发展不平衡差距客观存在的国情的。承认我国经济发展不平衡的规律，承认一定差距的存在，有利于调动多方面的积极性，调动一些有条件的地区先上快上，有利于我国经济的整体快速健康发展。

邓小平中国特色社会主义理论，强调最终目的是达到共同富裕。但为了实现共同富裕，就要承认地区经济发展不平衡规律，承认差距的存在，允许和鼓励有条件的地方，如东部沿海地区，发展得更快、更好一些，这样做可以增强综合国力，以更好地带动、帮助、支持中西部落后地区。像我们这样人口众多、幅员广阔、经济技术落后、经济发展不平衡的国家，再好的政策也不会同时惠

及每个地区。从战略上看，谁有条件，谁有机遇，谁有优势，谁就先上，这是一个大局。发展到一定时候，先上的要支持后上的，这也是一个大局。应该说，相对旧体制下"共同贫困"，允许一部分人、一部分地区先富起来，这是一个巨大的进步。改革开放实践证明，政策措施适当，先富起来的东部沿海地区的高速发展是不会妨碍中西部地区发展的。当然凡事要有先后，要有一定的度。不承认差距不行，但差距过大也不好。必须承认差距、正视差距、不回避差距，从全局出发，历史地、辩证地、发展地看待差距、重视差距。应该看到现在的地区差距是发展中的差距，是可以逐步缩小的差距。在发展过程中，地区发展差距的出现，甚至有时会暂时扩大，这是发展过程中难以避免的经济现象。一定时期承认差距是有一定积极意义的。

目前，有人讲地区差距往往夸大它的不利的、消极的一面，而没有看到这种差距的必然性，以及保持一定限度的差距的积极的、有利的方面。平心而论，同样的国家，其公民却仅仅由于生活在不同的地域而受到不同待遇，这当然意味着某种不公平、不公正。如果历史地、辩证地、全面地来看待地区差距的话，就可以承认，在整个国家资源有限，市场经济发育不成熟，地区经济、政治、文化发展不平衡的情况下，差距的存在有一定的必然性，在一定时期差别有所扩大也不一定是坏事。在今天，笼统地讲"消灭差距"，不一定是明智的、合理的选择。

对待差距，有三种态度和解决办法。一是"差距有害"论，认为要尽快"消灭差距"；二是"差距有益"论，认为差距越大越好，有多大差距就有多大动力；三是"合理差距"论，认为在一定阶段上把差距保持在一定的合理限度内，以发达地区带动落后地区，促进落后地区的发展，以达到逐步缩小差距、最后共同富裕的目的。

笼统地讲"消灭差距"是违背客观规律的。在目前情况下，差距是消灭不了的，谁想在一个早晨就消灭差距，谁就要受到规律的惩罚。"消灭差距"不能成为目的，目的是发展生产，提高人民生活水平。怎样"缩小差距"呢？一种办法是抽肥补瘦，截长补短。在"文化大革命"之前、之中搞的绝对平均主义、"一平二调"，就是这种办法，其结果是非常有害的。再一种办法是正视差距、重视差距，采取适当政策和措施，以推动发达地区发展，带动落后地区发展，而不是用抑制发达地区发展的办法来逐步消灭差距。显然，第二种办法是可取的。

差距的存在是客观的，保持一定限度的合理差距是有利的。然而差距超过一定的限度，影响社会稳定和发展，不利于各方面积极性的调动。把差距保持在一定合理的限度内，既不无限制地扩大，又不无原则地消除它，以积极态度，以支持中西部地区尽快发展起来的办法，来逐步缩小差距，最终达到共同富裕。

什么叫合理的限度？我看主要是三个方面的考虑，第一方面是在资源配置上、生产力布局上、价格调整上要尽可能地合理。譬如在资金的投入上，要尽可能地使东部与中西部大体保持合理的配置，在价格上要理顺旧体制下扭曲的价格。第二方面是在政策措施上要向中西部倾斜。第三方面是在群众收入上，国家要采取一些有力的措施，避免东部与中西部贫富悬殊过大。

但是，差距毕竟是差距，客观存在的区域差距同样表明人们在经济收入上的不平等，收入差距过于悬殊并不是我们所希望出现的结果。地区差距的存在和扩大必须有一个限度，不能任其扩大，差距过大必有消极的后果。第一，差距过大，经济收入差别过大，会引起落后地区群众不满，影响他们的积极性，影响社会生产力的发展，影响国家的稳定。第二，差距过大，使得共同富裕的社会主义目标难以实现。第三，差距过大，中西部人民收入低，不利于开拓扩大中西部市场，影响整个经济发展。第四，差距过大，影响对中西部基础工业的投入，影响中西部的发展，会使我国整个经济发展后继无力。第五，差距过大，人财物就会流向东部沿海地区，继续扩大差距，拉大不平衡。从我国的实际情况来看，中西部不发展，中国就难以稳定，东部沿海地区也难以持续高速发展。

三、促进中西部地区尽快发展，逐步缩小地区差距，最终走向共同富裕

东西部差距拉大的问题，是一个十分现实的问题，表面上看是一个经济问题，实际是政治问题，处理不好，会影响政治稳定的大局，必须重视差距问题。如果中西部不发展，就谈不上整个国家富强。但是不能用老办法即平调的办法、平均主义的办法来解决问题，也不能用抑制东部发展、放慢东部发展速度的办法来解决问题，不能用人为地拉平差距的办法来解决差距问题。对于差距问题又不能操之过急，搞硬性一刀齐、拉平、齐步走，当然也不能任其无限制地扩

大。必须有效控制地区差距的过分拉大，尽可能地缩小不合理的差距。因此，在整个国家宏观经济发展战略问题上，应该选择允许一部分人、一部分地区先富起来，同时提倡地区经济均衡协调发展战略。通过国家宏观调控，东部支持中西部，当然主要靠中西部自身发展的路子，以开放促开发，以开发促发展，逐步缩小差距，达到共同富裕。

逐步缩小东西部差距，解决好分配不公问题，促进区域经济协调发展，是保持社会稳定的重要条件，是体现社会主义本质的重要方面。我国"九五"规划和2010年发展远景规划对缩小东西部差距提出了六条重要政策措施。之后提出了实施西部开发战略。党的十五届五中全会又通过了《中共中央关于制定国民经济和社会发展第十个五年计划的建议》，强调我国经济生活中的最主要矛盾是结构矛盾，提出要合理调整生产力布局，实施西部大开发战略，积极稳妥地推进城镇化，促进地区、城乡协调发展。这就需要我们包括中西部地区共同努力，认真保证各项措施及时到位，最终完成共同富裕的远大目标。

（一）加强中央政府的宏观调控。中央政府应当通过宏观调控，在全社会范围内充当利益调节者的角色，对不合理的地区差距实行有效的宏观调节。首先，对于中西部地区要在政策上平等对待，甚至给予一些灵活性的政策支持。譬如，沿海地区不能再有减税让利的政策了，而要实行按市场经济规律办事的政策；如果中西部不继续实行减免政策的话，就很难吸引人家去投资，应该在价格、运输、土地、信贷等方面实行一定的优惠政策。譬如实行原材料、能源方面的价格补贴，征收资源税、减免税，提供免息、低息或贴息贷款，等等。其次，通过财政转移支付制度、公共投资重点分配制度、政策性贷款，适当加强中央政府对中西部特别是中西部的贫困地区、少数民族地区、老根据地的财政支持和信贷支持。最后，加大对中西部扶持的力度。对中西部的支持，应当体现在资本的投入上。资本投入的渠道主要有四种：一是直接引进外资，二是争取联合国援助项目，三是争取东部的支持，四是中央直接投资。在这四个方面都要加大对中西部投入的力度。要设立中西部的开发基金。建立对中西部的多种财政支持和政策性补贴的措施。

（二）逐步调整不合理的生产力布局，理顺不公平的价格关系，为中西部发展提供一个公平的市场环境。中央要采取一些必要的措施，使东部地区的工业向国际市场发展，尽量不与中西部地区争原料、劳动力和市场，以利于西部工业的发展。要有计划地把中西部的能源、原材料等基础工业项目逐步改造成为深加工、高附加值的工业，改变中西部的生产力布局。要把中西部的初级产品价格逐步提高，最终达到平均利润的水平，纠正不合理的产品比价，把中西部和东部的产品比价建立在平等的基础上。

（三）积极推进发达地区对中西部地区的支持与合作。国家要以行政的力量动员东部发达地区，提供必要的示范、扶持和帮助，动员东部地区在教育、人才、资金、技术、管理、项目等方面，挤出一定的人力、财力、物力支援中西部地区。鼓励东部发达地区的西进战略，搞一些对口支援的项目。当然更重要的是，以合作形式来动员东部地区对西部地区的支持，提倡东部同西部在互利互助的基础上搞优势互补、利益共享式的合作，如共同开发项目，合资经营等。

（四）加快中西部自身的经济发展。中西部的优势在资源，但是资源优势并不完全等于经济优势。中西部应当首先把开发重点放在市场需求旺盛、价格昂贵的资源上，如油、水、气、有色金属等，以积累资金。其次，要把能源、工业的深加工工业抓上去，以求更高的效益。再次，以较快的速度改善交通、能源、通信等条件，加强基础设施建设，改善投资环境。最后，要利用一切机遇，积累发展资金，加大投入、夯实基础，以加快中西部的发展。

（五）进一步解放思想，更新观念，兴科教，加大改革力度。中西部地区经济落后，差距较大，原因是多方面的，其中一个重要原因是这些地方的干部群众思想解放还不够，改革开放力度还不够。特别是其中一部分干部群众的思想观念还没有从计划经济体制的束缚下解放出来，还存在许多保守、封闭的小农意识和小生产观念，思想方法和认识水平还跟不上社会主义市场经济发展的需要，等、靠、要思想依然严重，改革开放的步子不够大。因此，中西部地区还要进一步加大思想解放力度，紧紧抓住经济建设这个中心任务不放，千方百计求发展，树立全方位开放意识，敞开大门，大胆引进资金、技术、人才和先进管理技术。通过思想解放，带动改革开放，解决制约发展的体制上的深层次矛盾，以改革开放带动发展，同时抓好教育，抓好科技，以教育为本，以科技来振兴经济，促进发展。

坚持"三个有利于"判断标准　开拓改革开放的新局面[1]

党的十五大报告强调指出："邓小平理论要求我们增强和提高解放思想、实事求是的坚定性和自觉性，一切以是否有利于发展社会主义社会的生产力，有利于增强社会主义国家的综合国力，有利于提高人民的生活水平这'三个有利于'为根本判断标准，不断开拓我们事业的新局面。"邓小平理论包含有两个极为重要的基本观点：一是解放思想、实事求是的观点；二是"三个有利于"的观点。解放思想、实事求是是邓小平理论的精髓、基础和前提，"三个有利于"判断标准是解放思想、实事求是在实践中的延伸，是实际工作的根本判断标准，具有极强的理论针对性、具体实践性和政策操作性。解放思想、实事求是与"三个有利于"判断标准是一致的，坚持解放思想、实事求是，才能在实际工作中运用"三个有利于"的判断标准推进社会主义改革开放事业；坚持"三个有利于"的判断标准，才能彻底地解放思想、实事求是，不断开拓社会主义改革开放的新局面。

一、"三个有利于"判断标准是邓小平理论的重要内容

关于"三个有利于"判断标准的思想，1978年党的十一届三中全会以来，邓小平同志就多次加以强调。他在《高举毛泽东思想旗帜，坚持实事求是的原则》的谈话中讲道："我们是社会主义国家，社会主义制度优越性的根本表现，

---

[1] 本文原载《理论前沿》，1997年12月1日。

就是能够允许社会生产力以旧社会所没有的速度迅速发展，使人民不断增长的物质文化生活需要能够逐步得到满足。按照历史唯物主义的观点来讲，正确的政治领导的成果，归根结底要表现在社会生产力的发展上，人民物质文化生活的改善上。"[1] 在《解放思想，实事求是，团结一致向前看》的重要讲话中指出："今后，政治路线已经解决了，看一个经济部门的党委善不善于领导，领导得好不好，应当主要看这个经济部门实行了先进的管理方法没有，技术革新进行得怎么样，劳动生产率提高了多少，利润增长了多少，劳动者的个人收入和集体福利增加了多少。各条战线的各级党委的领导，也都要用类似这样的标准来衡量。"[2] 1979 年 10 月，他指出："对实现四个现代化是有利还是有害，应当成为衡量一切工作的最根本的是非标准。"[3] 在 1982 年 1 月，他强调："各项工作都要有助于建设有中国特色的社会主义，都要以是否有助于人民的富裕幸福，是否有助于国家的兴旺发达，作为衡量做得对或不对的标准。"[4] 1985 年，邓小平同志在一次同外宾谈话谈到中国社会主义建设的经验时，说："十一届三中全会以后，我们探索了中国怎么搞社会主义。归根结底，就是要发展生产力，逐步发展中国的经济。""不发展生产力，不提高人民的生活水平，不能说是符合社会主义要求的。"[5] 1987 年 3 月，在《怎样评价一个国家的政治体制》的谈话中，邓小平同志指出："我们评价一个国家的政治体制、政治结构和政策是否正确，关键看三条：第一是看国家的政局是否稳定；第二是看能否增进人民的团结，改善人民的生活；第三是看生产力能否得到持续发展。"1987 年 10 月，党的十三大报告把邓小平同志的有关论述概括为生产力标准，并作了比较完整的阐述，指出："是否有利于发展生产力，应当成为我们考虑一切问题的出发点和检验一切工作的根本标准。"报告把生产力标准作为争取马克思主义在中国的新胜利的"核心问题"加以阐述，强调无论是坚持四项基本原则，还是坚持改革、开放、搞活，从根本上说，都是为了发展我国的生产力，"一切有利于生产力发展的东西，都是符合人民根本利益的，因而是社会主义所要求的，或者是社会主义所允许的。一切不利于生产力发展的东西，都是违反科学社会主义的，是社会

[1]《邓小平文选》第 2 卷，北京：人民出版社，1994 年 10 月第 2 版，第 128 页。
[2]《邓小平文选》第 2 卷，北京：人民出版社，1994 年 10 月第 2 版，第 150 页。
[3]《邓小平文选》第 2 卷，北京：人民出版社，1994 年 10 月第 2 版，第 209 页。
[4]《邓小平文选》第 3 卷，北京：人民出版社，1993 年 10 月第 1 版，第 23 页。
[5]《邓小平文选》第 3 卷，北京：人民出版社，1993 年 10 月第 1 版，第 116—117 页。

主义所不允许的。在这样的历史条件下，生产力标准就更加具有直接的决定意义"。党的十三大以后，邓小平同志反复强调只有紧紧抓住生产力不放，才能提高人民的生活水平，才能增强社会主义国家的综合国力。

1992 年初，邓小平同志在南方谈话时说："改革开放迈不开步子，不敢闯，说来说去就是怕资本主义的东西多了，走了资本主义道路。要害是姓'资'还是姓'社'的问题。判断的标准，应该主要看是否有利于发展社会主义社会的生产力，是否有利于增强社会主义国家的综合国力，是否有利于提高人民的生活水平。"明确提出了"三个有利于"判断标准。

党的十五大报告进一步坚持、重申和发挥了邓小平同志"三个有利于"判断标准的重要思想，并把落实这个标准和深入发展社会主义市场经济的实践紧密结合起来。报告指出，"一切符合'三个有利于'的所有制形式都可以而且应该用来为社会主义服务"。提出要坚持生产关系一定要适合生产力发展水平的马克思主义观点，以是否有利于发展社会主义社会的生产力、有利于增强社会主义国家的综合国力、有利于提高人民的生活水平为标准，努力寻找极大促进生产力发展的公有制实现形式。"公有制实现形式可以而且应当多样化，一切反映社会化生产规律的经营形式和组织形式都可以大胆利用。要努力寻找能够极大促进生产力发展的公有制实现形式。"认为"一切符合'三个有利于'的所有制形式都可以利用来为社会主义服务"。应该说，一切有利于社会主义社会生产力发展的东西，都是符合人民根本利益的，因而是社会主义所要求的，一切不符合社会主义社会生产力发展的东西，都是不符合人民根本利益的，因而是社会主义所不允许的。党的十五大报告把坚持邓小平同志"三个有利于"判断标准的观点，提高到把建设有中国特色社会主义事业推向 21 世纪的高度来认识，把发展生产力作为考虑一切问题的出发点，把"三个有利于"作为检验一切工作的根本标准，号召全党坚持"解放思想，实事求是"的思想路线，坚持"三个有利于"判断标准，开拓改革开放新局面，把建设有中国特色的社会主义事业推向 21 世纪。

二、"三个有利于"判断标准是历史唯物主义的再发挥

在"三个有利于"判断标准中，最根本的、最关键的还是生产力标准，"三

个有利于"判断标准说到底就是生产力标准。邓小平同志关于"三个有利于"判断标准的观点，在新的历史条件下恢复并发挥了历史唯物主义关于生产力的基本观点。马克思主义认为，生产力是人类社会发展的最终决定力量，"是社会进步的最高标准"[1]。

邓小平同志在新的历史条件下恢复并坚持了生产力决定作用的观点和生产力标准的观点这个历史唯物主义的重要命题，提出了"三个有利于"的判断标准，并从这个根本点出发领导全党确认了社会主义初级阶段的主要矛盾，确定了以经济建设为中心的根本任务，制定了改革开放的总方针、总政策，形成了建设有中国特色的社会主义基本理论和党的基本路线，开创了改革开放的新局面。

改革是中国的第二次革命，要想把这场革命进行到底，必须彻底地清除思想障碍，思想大解放会促进生产力的大解放。在改革开放的过程中，错误倾向，姓"社"姓"资"的抽象争论束缚人们的思想，禁锢人们的头脑，阻碍人们的行动步伐。我们正处在社会主义初级阶段，在这个阶段，社会主义不能纯而又纯，有些非社会主义性质的东西在一定条件下可以作为社会主义的补充而发挥其发展生产力的作用。如果把现阶段必然出现、应该允许存在的东西加以排斥，把若干带有资本主义因素的东西，看成与社会主义绝对不相容的东西，势必超越阶段，改革开放就不可能迈开步子。因此，在改革开放的条件下，需要用一个正确的判断标准来引导大家，统一大家的认识，作为判断改革成败、得失、是非的标准，作为考虑一切问题、制定一切政策、采取一切举措的出发点。正是在这样的客观形势下，邓小平同志既坚持了，同时又发挥了马克思主义生产力的观点、生产力标准的观点，提出了"三个有利于"的判断标准。党的十五大报告进一步全面阐述了"三个有利于"的判断标准，表现出中国共产党能够引导人民走上共同富裕道路的信心和决心，表现出中国共产党人完全具有领导全国人民走自己的道路，紧紧抓住生产力不放，真正把中国建设成有中国特色的社会主义现代化强国的决心和能力。

邓小平同志"三个有利于"判断标准的提出和党的十五大报告对"三个有利于"判断标准的再重申、再发挥，使人们在思想解放的道路上又迈出了决定性的一步。实践标准的大讨论，为我们党重新确立一条实事求是的思想路线和

---

[1]《列宁全集》第 16 卷，人民出版社，1988 年第 2 版，第 209 页。

正确的马克思主义政治路线，为党的十一届三中全会以来全面拨乱反正，纠正"文化大革命"的错误，为冲破长期以来禁锢人们的思想枷锁，并为以后实行改革开放，开创社会主义现代化建设的崭新局面开辟了道路。从倡导实践标准到提出"三个有利于"判断标准，再到党的十五大报告对"三个有利于"观点的全面阐述，充分反映了邓小平同志和党的第三代领导集体坚持解放思想、实事求是的思想路线，大胆改革开放的一贯性和坚定性。

坚持"三个有利于"判断标准，对于我们在改革开放的实践中，正确区分社会主义和资本主义，正确对待资本主义的东西，对于我们警惕右，防止"左"，进一步解放思想，有直接的指导意义。"三个有利于"判断标准的观点告诉我们，既然生产力是一切社会发展的最终决定性力量，是判断社会进步的根本标准，是判断社会主体的认识和实践是否正确的最终尺度，那么离开生产力的发展来谈论什么资本主义和社会主义，就是用空想的原则、抽象的教条来裁剪火热的现实生活，就会在思想上陷入唯心史观的泥潭，在政治上导致"左"的路线，在实践上阻碍生产力的发展。在这里，关键在于科学地掌握姓"社"与姓"资"的标准，用"三个有利于"这个根本判断标准来分析这个根本问题，许多疑惑不解就会一扫而光。如果离开这个标准，也就离开了社会主义的根本方向，就没有什么是非曲直可言，就会陷入主观随意性，甚至可能会重复历史上"左"的东西，会重犯历史性的错误。如果我们一旦解决了这个根本判断标准的认识问题，那么我们就可以抛掉沉重的思想包袱，冲破思想樊笼，就会在改革开放实践中大胆地想、大胆地闯、大胆地试、大胆地干。"三个有利于"判断标准是开拓改革开放新局面的锐利思想武器。

三、进一步解放思想，全面推进改革

在党的十五大报告中，江泽民同志重申"三个有利于"的判断标准，有着十分重要的现实指导意义。他强调指出："在新世纪将要到来的时刻，我们面对着严峻的挑战，更面对着前所未有的有利条件和大好机遇。""能否抓住机遇，历来是关系革命和建设的大问题。"学习贯彻十五大精神，必须抓住机遇，开拓进取，使经济体制改革有新突破，政治体制改革继续深入，精神文明建设切实加强，实现经济发展和社会全面进步。而改革开放要迈出新的步伐，必须进一步解放思想，按照"三个有利于"判断标准的要求采取有力措施。如果不按照"三个有利于"判断标准突破思想禁忌，是无法开拓改革开放新局面的。

随着改革开放的深入，一方面推动了社会的全面发展，社会生产力有了很大的提高；另一方面还出现了一些新的情况。比如，国内生产总值中公有制比重有所下降，非公有制比重有所上升，国有企业不景气，国有企业改革问题提到了重要议事日程，国有企业改革成为社会主义改革的攻坚战。围绕着国有企业改革问题，全国上下展开了深入的思考、研讨，甚至有些同志心存疑虑，在一些重大问题上争论还不少。比如，公有制实现形式的多样化，所有制成分的多种化，公有制主体如何体现，可不可以搞股份制和股份合作制，非公有经济的发展，引进外资发展混合经济会不会影响民族工业发展，等等。有些争论一下子统一不起来，影响了改革开放的深入发展。这就需要按照"三个有利于"的标准来衡量改革开放的具体步骤、具体措施的是与非，来看一看应该不应该干，来统一认识、解放思想，来全面推进改革。

党的十五大报告指出，公有制应当有各种实现形式，一切符合"三个有利于"的所有制形式都可以而且应该用来为社会主义服务，这是又一次思想解放，对统一认识、推进改革，作用重大。长期以来，我们有些同志在公有制实现形式问题上思想禁锢，以为国有企业，合资经营，实行股份制，企业性质就不姓"公"了，不姓"社"了；以为搞混合所有制经济，搞股份合作制，就会引起"私"有化，这实际上是自己束缚自己。从"三个有利于"的出发点来判断，公有制的实现形式可以而且应当多样化，一切反映社会化生产规律的经营形式都可以大胆利用，这是改革理论的重大突破。要努力寻找能够极大促进生产力发展的公有制实现形式。股份制是现代企业的一种资本组织形式，有利于所有权和经营权的分离，有利于提高企业和资本的运作效率，资本主义可以用，社会主义也可以用。搞现代化企业实行股份制有利于支持大型企业进行资产优化组合。因此，不能笼统地说股份制是公有还是私有，关键看控股权掌握在谁手里。目前城乡大量出现的各种各样的股份合作制经济，是提高职工主人翁责任感，把经营与职工利益联系起来，有利于企业发展的有效的途径和形式，是改革中的新事物，要支持和引导，不断总结经验，使之完善。引进国外资金和技术发展混合经济，有利于壮大发展民族经济，有利于民族工业上档次，必须大胆积极地引进外资。尤其要提倡劳动者的劳动联合和劳动者的资本联合为主的集体经济。实践表明，各种形式的私营经济，对于提供大量就业机会，补充经济、活跃市场是有效的，要继续鼓励、引导，以让其发展，更好地起到促进国民经济发展的重要作用。党的十五大报告以"三个有利于"观点作为根本判断标准，为改革发展提供了思想和理论基础，充分体现解放思想、实事求是的精神，为我们指明了前进的道路。

坚持「三个有利于」判断标准　开拓改革开放的新局面

关于新形势下人民内部矛盾问题^[1]

正确处理新形势下人民内部矛盾，是处于社会主义初级阶段市场经济条件下我们国家政治生活的主题，也是维护社会稳定，加快改革开放，发展社会主义市场经济，建设有中国特色社会主义的重要保证。必须结合新的实际，认真研究、正确认识、妥善处理新形势下人民内部矛盾问题。

一、新时期人民内部矛盾的新情况、新问题、新特点

在社会主义改革开放的新形势下，在社会主义市场经济的形成过程中，新旧体制的转移，利益分配格局的变化，致使人民内部矛盾在表现形式和特点上与过去有很大的不同，出现许多新情况，表现出新的形式，具有新的内容，产生新的问题，形成了新的特点。

（一）人民内部矛盾的新情况。

总的来说，全国的社会局势是稳定的，人民内部的各种关系基本协调，当然在基本稳定的前提下，还存在一些值得警惕的情况。

第一，贫富差距产生，有继续扩大的趋势，分配领域矛盾突出。十几年来，针对平均主义盛行的状况，邓小平同志提出"允许一部分人先富起来"的思想，

---

[1] 本文是 1997—1999 年在中央党校主体班次上的讲稿，每次讲课都增添了一些新鲜的材料和数据。原载《王伟光讲习录》，中共中央党校出版社，2008 年版。

实行允许和鼓励一部分人通过诚实劳动和合法经营富裕起来的政策，激发了广大人民群众的积极性，一部分人、一部分地区终于富起来了。在一部分人、一部分地区先富起来的同时，多数人的收入水平都有了较大的提高。当然，一部分人、一部分地区先富起来，也带来了新的情况：贫富差距拉开，分配矛盾突出。其表现是：

首先，反映贫富差距的指标上升较快，贫富差距拉大。

衡量贫富差别，国内外通常使用两个指标系统来测定。一是基尼系数测量方法，再是五等分测量方法。近几年，我国有些社会学家运用这两个指标系统，对我国贫富差距状况进行过多方面、多层次的多次统计，他们的调查表明，反映贫富差距的指标上升较快，差距逐渐拉大。

当然，无论是基尼系数测量方法，还是五等分测量方法，在数据的统计概率方面，在中国和外国统计方法的差别方面，都存在很大的不确定性和不可比性，因此，社会学家们关于这两种方法所提供的统计数据仅供参考。

有人将我国收入差距扩大概括为以下几种类型：一是城镇和乡村居民收入的差距扩大。城镇居民与农村居民的收入差距在 1984 年是 1.7∶1，1993 年扩大到 2.54∶1，1994 年进一步扩大到 2.61∶1。二是城镇居民收入的差距扩大。据国家统计局调查公布：城镇居民的收入差距，从 1978 年的 1.8 倍扩大为 1994 年 3 倍。三是农村居民收入的差距扩大。1978 年至 1994 年农民收入的高低倍数由 2.9 倍扩大到 6.6 倍。四是不同地区居民收入的差距扩大。1992 年全国居民人均 1238 元，东、中、西三大地带，东部人均 1563 元，最高；中部 1000 元，次之；西部 983 元，最低。1980 年东、中、西部三大区域农民人均收入为 218 元、181 元和 217 元，东中西部收入基本接近。到 1993 年，东、中、西三大区域的农民收入为 1222 元、802 元和 670 元，东、西部收入差别为 522 元，逐渐拉大。五是脑体劳动者收入的差距扩大。六是不同所有制职工收入差距扩大。1994 年国有经济工资总额已达到 5178 亿元，比上年增长 35.8%，城镇集体经济工资总额已达到 1865 亿元，比上年增加 15 亿元，增长 18%，其他经济类型工资总额达 607 亿元，增长 135%。不同行业职工收入的差距扩大。如金融、保险、房地产、邮电、电力、工商、税务、商检、外贸、海关等行业收入偏高，而农业、社会科学、文教、宣传、纺织、制造业等行业收入偏低。1995 年职工平均工资最高与最低相差 3 到 5 倍。灰色和黑色行为造成收入的差距扩大。

其次，高收入层和贫困层开始形成。

贫富差别逐渐拉开，社会上开始显现一个高收入层。据 1995 年《改革》第二期载文，目前，在大城市 16.1% 的私营企业主年收入在 50 万元以上。中国目前亿万富翁已超过 1000 人，千万元户为数不少，百万富翁有 300 万人，年收入 5 万元以上有 500 万户，约占全国总人数 2%。有关部门统计，占全国人口不到 3% 的高收入户存款达 2900 多亿元人民币。

与高收入层相对照的是社会贫困层。在农村，我国农村贫困人口为 6700 万。据国家统计局研究人员统计，我国城镇居民约有 370 万户，即 1200 万人处于相对贫困之中，城市贫困户人均收入为 1059 元，比全国平均收入水平低 54.7%。贫困家庭用于食品支出占全部消费支出的比例约为 59.2%，处于仅能维持生存的状态。从城市贫困者的构成看，无收入老人、残疾人，以及离退休职工、下岗职工、不景气企业职工等占较大比例。据全国残联调查，我国现有贫困残疾人 500 万人，其中有 300 万人由于重度残疾而处于特困状态。目前，特别是因企业亏损而发生的职工贫困问题非常严重。

最后，社会分配秩序尚未理顺，社会保障制度不健全，某些分配不公现象出现。

改革开放以来，实行按劳分配为主、多种分配方式并存的政策，打破了平均主义大锅饭，极大地调动了群众的积极性，这是成功的。然而，由于新旧体制转换，分配结构的变动，新的分配体制尚未完全建立起来，存在分配不公现象，群众心理尚不平衡。首先，在收入分配体制上，除了占主体地位的按劳分配收入外，还有资产收入、投资收入、风险收入、股息收入、地区级差收入、资源配置不同的收入，这些不同形式的分配格局尚未有效地形成一种合理配置、公开透明、相互补充制约的分配体制，显得无序，造成分配上的漏洞较多。其次，对由于地区差别、资源配置不同、工作岗位不同而造成的并非劳动力素质能力因素导致的分配收入差别，群众反响较大。比如，同一个大学的毕业生，在党的机关部门工作和在银行工作收入差别就很大。再有由于市场机制不健全，各种调控监察体制尚未建立，使得有些人通过走私贩毒、偷税漏税、制造贩卖伪劣产品、欺行霸市等途径而非法致富。还有，极少数人利用权力地位或官商结合，搞钱权交易、贪污受贿等，造成大量的灰色和黑色收入，造成不合理的贫富差距。最后，社会保障和社会救济体系尚未建立，城市居民的贫困问题主要靠工作单位来解决，占人口 74% 的农民家庭主要靠自己来解决，对贫困层没有有效的社会保障与救济体系支持。群众对劳动致富造成的收入差距，是理解赞同的，有一定承受力，但对由于不正当的高收入、不公正的分配，甚至违法、犯法致富的现象十分不满，心理不平衡。

第二，非公有制经济特别是私营经济发展很快，私营企业主群体和雇员群体的对峙，业主与雇员的雇佣关系和矛盾客观存在。我国现阶段是以公有制为主体多种经济成分并存的经济格局。也可以说，我国现阶段的经济是由公有制经济和非公有制经济两大部分组成，公有制经济处于主体地位，非公有制经济是社会主义市场经济的重要组成部分。经过十几年的发展，非公有制经济，特别是私营经济在我国已经形成一定的经济实力和社会影响，在解决剩余劳动力、发展经济方面发挥了一定作用，在社会经济的比重中所占的份额逐步加大，发展较快。与此同时，私营企业主群体作为一个正在形成和不断发展的社会阶层，作为一个拥有相当财富的高收入阶层确实存在。既然有私营企业和业主，那么就必然有雇主和雇员，存在着雇佣关系。另外，因有些法制尚未建立健全，一些私营企业存在着劳动条件差、劳动保护措施不全、工资欠缺、随意加班、克扣工资，甚至侮辱工友、雇佣童工等现象，致使业主与工人之间矛盾紧张。

第三，工人阶级的内部结构和组成、作用和地位发生了深刻的变化，这个变化使得我国社会结构重组，社会矛盾关系复杂化。改革开放以来，我国工人阶级的内部构成、特点、作用和地位都发生了深刻的变化。首先，以公有制经济为主、多种所有制经济并存，特别是非公有制经济的发展，对工人阶级的地位、作用产生了深刻的影响。既存在整个社会主义经济制度中的工人阶级的领导地位问题，又存在非公有经济企业内部工人阶级的雇员地位问题。其次，在社会主义市场经济条件下，国有企业走向市场，建立现代企业制度，成为相对独立的经济实体，实行厂长经理负责制，经营者与生产者存在一定矛盾，工人作为生产者产生主人翁失落感。随着市场机制的引入，逐步推行劳动合同制，工人原有铁饭碗被打破，企业不景气，存在工人失业、就业不充分的问题，一部分工人感到领导阶级地位丧失。还有，随着按劳分配和多种分配形式的落实，不同地区、不同企业、不同行业、不同岗位、不同年龄的工人个人收入差距拉开，造成工人因收入不同而分成不同收入群体。再有，改革开放的深入，社会经济的发展，生产力的发展，高科技的发展，使得工人阶级队伍内部结构也发生了变化。工人中的脑力劳动者的比重越来越大，脑力劳动者的收入也逐步提高，在生产中的作用也越来越大。国有企业的工人、城镇农村集体企业和非公有制经济的工人各占不同的比例，其中国有经济工人占 20%，城镇集体经济工人占 5%，其他所有制经济工人占 5%，农村乡镇企业工人占 70%。国有大中型企业工人阶级比重下降。第二产业工人占 23%，第三产业占 25%。工人阶级的组成既有国有经济工人队伍，又有集体经济工人队伍，还有非公有经济的工人队伍，结构呈多样化。最后，非公有制经济中，特别是私营经济中工人阶级与业主的矛盾明显存在。

第四，个别领导干部腐败、官僚主义现象严重，引起了广大人民群众不满，一些地方、一些单位干群关系、干群矛盾紧张。在我们党成为执政党的条件下，特别是在改革开放、建立社会主义市场经济的新形势下，领导和群众的矛盾成为社会主义新时期社会矛盾的主线索。造成领导和群众关系紧张主要有三条重要原因：一是少数领导干部在生活待遇、利益享受上严重脱离群众，甚至贪污腐化，从根本上损害了群众的切身利益；二是有些领导干部在思想作风、工作作风上严重脱离群众，官僚主义、主观主义、命令主义严重，决策失误，不代表甚至违背群众的利益；三是正确的领导同某些落后群众也存在矛盾。如一部分落后群众因自己眼前利益不能满足，或因思想认识问题没有解决，也可能会同坚持群众根本利益、坚持正确意见的领导发生矛盾。这些年干群关系之所以产生紧张，前两个原因起很大作用。比如，一些干部利用特权，以权谋私、搞权钱交易，利用职位敲诈勒索、贪污受贿、执法犯法、损公肥私、铺张浪费、任人唯亲、拉帮结派，等等。这些虽然发生在少数干部身上，但影响恶劣，危害极大，严重伤害领导形象和威信，腐化社会风气，败坏干群关系。再比如，一些干部高高在上、滥用权力、官气十足、强迫命令、脱离实际、脱离群众、思想僵化、墨守成规、办事拖拉、好大喜功、打击报复、压制民主、吹牛皮讲大话、欺上瞒下、报喜不报忧、打击群众、跑官要官、买官卖官，等等，也严重伤害干群关系。这些年，干群关系紧张，城市有，农村也有，农村尤为严重。

（二）人民内部矛盾的新问题。

以上分析了在新的形势下，人民内部矛盾出现的一些新情况，围绕这些新的情况，方方面面有些议论和看法，理论界、学术界也展开一些争论。第一，对于我国业已出现的个人收入差距过大的趋势问题，社会各界议论较多，有的认为"收入差距尚处于合理之中"，有的认为"贫富差别过于悬殊"，甚至还有的认为"收入分配严重不公，已达两极分化"。事实上，不能说已达全局性的"两极分化"，我们总的原则是先使一部分人、一部分地区富起来，反对两极分化，走共同富裕之路。共同富裕，这一条不能改变、也不容怀疑。当然，分配不合理现象也存在，且有收入差距扩大的趋势，这可能是社会矛盾发展的潜在因素，必须重视。第二，对于私营企业家崛起的现象，有一种观点认为，现在形成了新的资产阶级。不能把私营企业家的产生说成是剥削阶级形成，不能把企业家与雇员的关系说成是全社会的两极分化。当然，对于私营企业的发展及其带来的社会效应，应当高度重视。第三，对于工人阶级的内部结构和组成、作用和地位的变化，有些人误以为在国有经济企业中，厂长经理作为法人代表权力大了，他们才是企业的主人，工人无足轻重，不是真正的主人了。在非公有制经济中，工人处于被雇佣的被动地位，他们更不是领导阶级了。当然，必须正确看待工人阶级的主体地位、作用和构成变化，坚持工人阶级的领导地位和作用。在建设中国特色社会主义事业中，必须坚定不移地依靠工人阶级，坚持工人阶级领导地位，充分发挥工人阶级领导阶级的作用。第四，对于少数领导干部腐败，官僚主义突出，严重脱离群众的现象，群众意见很大，舆论很多。甚至有的人打问号：是不是有特权利益集团？肯定地说，我们党的革命斗争历史、社会主义建设历史、社会主义改革开放的历史充分证明：我们党无愧是伟大的、光荣的、正确的党，我们的党员和干部绝大多数是经得起考验的，是诚心诚意为人民谋利益的。我们共产党没有自己的私利，也不是什么特权利益集团。至于个别人的腐败问题，并不代表党，也不代表全党绝大多数干部。

总之，我们应当运用马克思主义的立场、观点、方法，对这些问题进行认真的调查研究、分析论证，要有明确的认识、肯定的说明、正确的回答，要讲出有说服力的事实和道理。只有科学地说明这些问题，并且在实际工作中有效地解决这些问题，对这些问题既不要大惊小怪，看不到主流，又要切实重视这些问题，把一些苗头解决在萌芽状态，才能正确处理好新形势下的人民内部矛盾。

（三）人民内部矛盾的新特点。

当前我国人民内部矛盾的新特点是：

第一，物质利益矛盾大量化。过去，在旧的高度集中的计划经济体制下，人民内部的物质利益矛盾也是存在的，但被平均主义的分配方式，被过度紧张的以阶级斗争为纲的政治氛围所掩盖了。改革开放以来，特别是实行了允许一部分人一部分地区先富起来的政策，在分配领域打破了平均主义的大锅饭，激发了多种利益主体的竞争力和活力，城市居民在收入分配方面逐步拉开了距离，使得人民之间的物质利益矛盾突出出来，日益增多。从根本原因上来说，社会主义初级阶段生产力落后，商品经济不发达，物质财富不丰富，用于满足人们需求的物质生活资料显得极为紧张，这样在分配领域内人们的需求关系就显得十分紧张，物质利益矛盾就显得十分突出。同时，再加上客观存在的多种经济成分、多样化的分配方式以及现行体制尚不完善，具体的配套政策和措施如社会保障制度、税收制度等尚不健全，这就致使人民内部的物质利益矛盾显得格外突出。一般来说，人民内部的物质利益矛盾大量地、经常地发生于分配领域，当前突出反映在群众收入水平的差别上。我国改革开放以来，社会分配格局发生了新的分化和组合。一方面，分配上的平均主义尚未完全打破，分配的合理格局尚未完全形成；另一方面，又出现了收入差距过大和分配不公的现象。尽管群众的收入总体上增加了，但许多群众心理不平衡，引起群众新的不满情绪，加剧了群众之间在物质利益上的摩擦和矛盾。

第二，群际矛盾明显化。在社会主义初级阶段，由于多种所有制形式、多种分配方式并存，人民群众在分配收入上又不同程度地拉开了档次，致使人民内部形成明确分界的多种利益群体。如在工人阶级内部形成国有企业工人群体、混合所有制企业工人群体、乡镇企业工人群体、外资企业工人群体、私营企业工人群体；同一工人群体内部又存在脑力劳动者群体和体力劳动者群体，经营者、管理者群体和物质生产者群体；在私营企业内存在雇主群体和雇员群体；等等。人民内部的利益群体呈多元化的格局，群体之间界限分明，群体利益要求明确，群际矛盾明朗化。

第三，干群矛盾突出化。在我们党成为执政党的条件下，特别是改革开放和发展社会主义市场经济的新形势下，领导和群众的矛盾在内容上和表现形式上有许多新的特点。比如，少数领导干部的腐败行为，官僚主义的广泛存在，已经引起人民群众强烈不满，严重地影响了干群关系，激化了干群矛盾。现在看来，人民内部矛盾往往会集中地通过干群关系而表现出来，又集中表现为群众同干部中的官僚主义、腐败现象的矛盾。党群关系、干群关系成为人民群众议论的中心课题，成为人民内部矛盾汇集的一个焦点。

第四，思想政治矛盾多样化。人民内部矛盾不仅大量存在于经济生活领域，而且还存在于政治生活领域、文化生活领域和精神生活领域等更为广泛的社会生活领域。社会主义市场经济体制改革同时提出了政治体制改革的任务，使政治生活中的各种关系和矛盾多样化。比如，党政关系和矛盾、执政党同民主党派的关系和矛盾，中央政府同地方政府的关系和矛盾，党内的关系和矛盾，等等。

在我国社会主义发展的初级阶段，反映在思想领域的矛盾，表现为敌我矛盾和人民内部矛盾两种不同性质的思想矛盾。敌我性质的思想矛盾是对抗性的、阶级斗争性质的思想矛盾。人民内部的思想矛盾是我国社会目前阶段意识形态领域内的主要矛盾。人民内部的思想战线上的矛盾同时表现为两种类型的矛盾：一种是带有阶级斗争性质的人民内部的思想斗争和矛盾；一种是不带有阶级斗争性质的人民内部的思想斗争和矛盾，后者又在我国社会目前阶段意识形态领域内人民内部思想矛盾中居主导地位。

在社会主义初级阶段，剥削阶级思想残余还会大量存在。封建主义的思想残余、资本主义的腐朽思想还会顽固地在思想领域内拼命地表现自己，影响着不少人。因此，在社会主义发展的初级阶段，社会主义思想和剥削阶级的残余思想，尤其是同封建主义残余思想、资产阶级的腐朽思想的矛盾有时还是很尖锐的。我国社会主义初级阶段人民内部思想矛盾的复杂性就在于，社会主义思想同旧社会剥削阶级残余思想的矛盾，渗透到人民内部的正确与错误、先进与落后、革新与保守、科学与迷信的思想矛盾中来，并占有很大的比重。这个特点决定了社会主义初级阶段思想领域内人民内部的是非问题，在许多方面还带有对抗的属性，带有阶级斗争的性质。如果我们处理不好，这些带有对抗属性、带有阶级斗争性质的思想是非矛盾，就会转化为思想领域内的敌我对抗性质的矛盾。

在我国社会主义现阶段，在思想战线上，大量地、经常地、反复地表现出来的是不带有阶级斗争性质的人民内部的思想矛盾，这类思想矛盾构成了我国社会现阶段思想领域内的主导性矛盾。人民内部在根本利益一致基础上的思想矛盾，表现为人民内部的正确与错误、新的与旧的、先进与落后、科学与迷信、革新与保守的矛盾，即表现为人民内部的思想是非矛盾。

当前，我国正处在深化改革开放、新旧体制加速转型的过渡时期，上层建筑和观念形态也经历着深刻的变化，从而使得人们的思想观念出现异常复杂的情况。特别是市场经济观念深入人心，会使人们的心理结构和交往方式发生深刻的变化，引起人们在思想观念、价值取向、生活方式上的冲突和矛盾。比如，利己主义、拜金主义和集体主义、社会主义思想、道德、价值观念的矛盾；享乐思想、腐朽落后思想同艰苦奋斗精神的矛盾；等等。还有，改革开放过程中会出现许多新的问题，会触动每一个人的利益神经，并且最终要从每个人的切身利益上反映出来，从而在人们的思想上、心理上、情绪上也容易造成某种程度的波动、失衡和冲突，使人民内部的思想矛盾更加复杂。

第五，民族宗教矛盾复杂化。一般来说，我国社会主义现阶段的民族、宗教矛盾属于人民内部矛盾。但是，近几年来，由于西方敌对势力对苏联、东欧推行的"和平演变"战略得手后，把渗透、分裂、破坏、颠覆的重点转向中国，利用民族、宗教问题大做文章，同时国际上民族分裂、民族独立等极端民族主义思潮泛滥，内外民族分裂主义分子相互勾结，兴风作浪，加之我们在主观上对有些民族、宗教问题处理不当，工作上有失误，致使近些年来我国民族宗教问题错综复杂，两类不同性质的矛盾交叉在一起，各类突发事件屡屡发生，严重影响我国民族聚居地区和边疆少数民族地区的稳定。从我国近些年发生的民族宗教事件来看，绝大多数参与事件的群众都属于人民内部矛盾。

第六，经济矛盾尖锐化。我国正在进行的社会主义市场经济体制的改革是一场深刻的革命。改革既然是一场革命，就必然在各个方面、各个层次上触及人们的利益，打破旧的平衡，引起人们利益关系的新变化和利益格局的新调整。在这个改革、调整的过程中，人民内部的各类经济矛盾必然会格外突出、尖锐，同时会产生新的经济矛盾。改革一方面繁荣了社会主义经济，另一方面又使人民内部的经济利益矛盾更加普遍和明显。如，中央和地方的经济利益关系，政府和企业的经济利益关系，企业与职工之间的经济利益关系等，都会有新的变化，形成新的经济利益矛盾格局。又如，以建立现代企业制度与增强企业活力为重点的城市经济体制改革，既增强了企业的积极性，使企业之间发生了广泛的横向经济联系，同时又使得社会主义的经济关系趋于复杂化，有可能促使企业更多地注重自身效益，使生产和分配领域内的经济利益矛盾更突出、更复杂。再如，由于发展市场经济，逐步培育了各类市场，利用市场机制进行经济调节，一方面搞活了社会主义经济；另一方面又使得社会主义的市场关系复杂化、矛盾多重化，如生产者、销售者与消费者互相之间的矛盾，统一市场与地区分裂、部门分割的矛盾，合法经营与非法经营的矛盾，正当竞争和不正当竞争的矛盾，等等。还如，我国是在国民经济高速运行中推进经济体制改革的，在新旧体制转换过程中还要保持经济的高速增长，因此整个经济环境相对紧张，这就必然带来生产与消费的矛盾，加快发展与提高效益的矛盾，东部沿海地区和中西部地区的差距和矛盾，等等。当然，总的来说，市场经济的改革会逐步使各方面的经济利益关系趋于合理化，但由于方方面面都有各自的经济利益追求，所以围绕着经济利益问题，各方面的经济矛盾也会显著化、突出化、复杂化和尖锐化。

第七，矛盾冲突激烈化。在社会主义初级阶段，由于复杂的国际国内原因，人民内部存在着某些矛盾冲突、对抗和激化现象，弄不好甚至可能会引发政治冲突和社会动乱。对有些乱子处理不好，有可能还会转化为敌我矛盾。改革开放以来，人民内部的各类矛盾冲突、对抗激化现象逐渐增多。比如，一些群众会因为对收入、住房、工资、物价等各方面的福利待遇不满，对征地、拆迁过程中的某些政策和做法不满，而采取停工、罢课、集体上访、游行示威、冲击政府等直接形式的对抗；一些群众之间会因为财产纠纷、资产分配、土地使用等问题，爆发激烈的纠纷和暴力冲突。如果对这类问题缺乏警惕，处理不当，就有可能酿成更大的社会动乱，影响社会主义的政治稳定。

我们搞改革、搞建设，根本目的是为人民群众谋利益，当然首先要保证推进社会主义现代化建设主体的工人、农民、知识分子的利益。但随着改革的深化，也会在相当广泛的方面，触及人民内部各个利益群体的利益，涉及各个地区、各个方面、各个单位，涉及每一个人，由此就会使人民内部的各种矛盾扭结、碰撞、摩擦，形成错综复杂的矛盾局面。这就需要我们的干部审时度势，头脑清醒，认清新时期人民内部矛盾的新情况、新问题、新特点，牢牢掌握新时期人民内部矛盾的发展及变化规律，尽可能地化消极因素为积极因素。

二、新形势下人民内部矛盾的几个理论问题

在新的形势下，提高正确对待人民内部矛盾的政策观念和处理能力，必须结合新的实际，研究新时期人民内部矛盾的新情况、新问题、新特点，进一步丰富新时期人民内部矛盾理论。

（一）人民内部矛盾是我国社会现阶段人际关系上的主要矛盾。

目前，在我国社会发展的现阶段仍然存在着两类不同性质的社会矛盾：一类是人民内部矛盾，一类是敌我矛盾。人民内部矛盾是在人民范围内发生的、根本利益一致基础上的、非对抗性的社会矛盾。敌我矛盾是人民和敌人这两大社会势力、社会因素之间，在根本利益对立基础上产生的对抗性的社会矛盾。由于复杂的国内、国际因素，复杂的经济、政治、思想、文化等社会历史原因，在我国社会主义发展的初级阶段，在改革开放的新时期，两种不同性质的社会矛盾还将长期存在，甚至在某种特定条件下，敌我矛盾还有可能激化；存在着两类不同性质的矛盾交叉在一起的错综复杂的政治局面。尽管如此，在大量的社会矛盾中，突出地、大量地、经常地表现出来的仍然是人民内部矛盾，人民内部矛盾是我国社会现阶段人际关系上的主要矛盾。正确处理人民内部矛盾，是我国改革开放新形势下国家政治生活的主题。

第一，社会主义制度的性质，决定人民内部矛盾是我国社会主义现阶段人际关系上的主要矛盾。在我国，社会主义制度确立以后，社会关系发生了根本变化，人民内部矛盾代替了阶级矛盾，成为社会主义国家内部人际关系上的主要矛盾。在阶级社会里，人际关系本质上表现为阶级关系，阶级矛盾、阶级斗争便成为阶级社会国家政治生活的主题，成为人际关系上的主要矛盾。社会主义制度确立之后，剥削制度作为一个完整的社会制度已经不存在了，剥削阶级作为一个完整的阶级也不存在了，社会主义国家内部的人际关系性质发生了根本的转变，国家政治生活的主题也发生了根本的变化，尽管阶级差别和阶级矛盾仍然在一个相当长的历史时期内存在，但阶级斗争已经不是国家政治生活的主题了，阶级矛盾已经不是人际关系上的主要矛盾了。由于目前我国正处于社会主义发展的初级阶段，社会生产力相对落后，物质财富和精神财富相对缺乏，无法满足人民不断增长的物质文化需求；由于我国社会目前阶段还保留旧式分工的特点，还存在重大的阶级差别和社会差别；由于还存在以公有制为主体的多种经济成分；由于还存在以按劳分配为主体的多种分配形式；由于社会主义市场经济存在着种种矛盾；由于社会主义初级阶段上层建筑及其政治体制还不完善、不成熟，民主和法制还不健全；由于社会主义国家在政治上、思想上、文化上、道德上还带有旧社会的胎记；等等，致使在我国社会主义发展的初级阶段，在人民内部还不可避免地存在着大量的矛盾，这些矛盾构成了我国社会现阶段人际关系上的主要矛盾，正确处理这些矛盾便成为我国现阶段政治生活的主题。

第二，我国社会主义现阶段基本矛盾的性质和特点，决定人民内部矛盾在我国各类社会矛盾中居主要地位。在现实社会中，基本矛盾一定要通过人与人之间的交往关系而表现出来，也就是说，社会基本矛盾一定要表现为人际矛盾。在阶级社会中，社会基本矛盾大量地、主要地通过人们之间的阶级关系表现出来，表现为占主要地位的阶段矛盾和阶级斗争。我国社会主义制度确立以后，生产关系基本适合生产力的发展，上层建筑基本适合经济基础的需要，当然在基本适合的前提下，生产关系还存在不适应生产力的方面和环节，上层建筑还存在不适合经济基础的方面和环节。在我国社会目前阶段，社会基本矛盾具体表现为：生产关系的具体形式即经济体制存在不适合生产力发展的方面；上层建筑的具体形式即政治体制存在不适合经济基础需要的情况。社会主义基本矛盾既相适应又相矛盾，在基本相适应的前提下存在一定的非对抗性矛盾的性质和特点，决定了在我国劳动人民内部不存在根本对立的利益矛盾和利益冲突，社会基本矛盾在人际关系上大量地、主要地表现为人民内部的矛盾关系。

第三，我国社会目前阶段主要矛盾的性质和特点，决定在人际关系上大量地、经常地、主要地表现为人民内部矛盾。目前阶段我国所要解决的主要矛盾是：人民日益增长的物质文化需要同落后的社会生产之间的矛盾。在人与人的具体关系上，初级阶段的这个主要矛盾集中表现为人民内部在利益分配上的矛盾：一方面是相对落后的社会生产，生产出有限的社会物质和精神财富，而另一方面又是不断增长的人民群众的物质文化生活需要；群众的日益增长的物质文化生活需要面对着有限的、满足不了人民需要的社会物质和精神产品的供给，致使人民内部在消费品分配方面的矛盾格外突出。

第四，改革开放、建立社会主义市场经济体制的新变化，更使人民内部矛盾在新形势下的人际关系上居主导地位。在社会主义改革开放和发展经济的新形势下，在社会主义市场经济的形成过程中，新旧体制的转换，利益分配格局的变化，致使人民内部矛盾更加突出。改革开放一方面繁荣了经济，提高了人民生活水平；另一方面又使人民内部利益矛盾更加普遍和明显。经济成分、分配方式的多样化，使人民内部不同利益群体的收入差别拉大，加大了不同利益群体之间的差别和矛盾。社会主义市场经济的发展，使经济关系复杂化、分配格局多样化、矛盾多重化。经济领域的矛盾引发了政治领域、思想领域的矛盾。经济、政治、思想文化的变化，又使得人民内部的人际关系矛盾更为复杂化、多样化、突出化，成为新时期人际关系上的主要矛盾。

（二）利益矛盾是人民内部各类矛盾的集中表现。

毛泽东同志在《关于正确处理人民内部矛盾的问题》一文中，除了着重谈到人民内部在政治思想上的矛盾以及解决这些矛盾的办法以外，还特别谈到人民内部的利益矛盾，强调从生产和分配上来处理好人民内部的各种利益矛盾。但是由于当时历史条件的局限，在论述人民内部矛盾时，他对着重从经济根源上分析人民内部矛盾产生的社会原因重视不够。社会主义的改革实践证明，只有从经济根源上对人民内部矛盾进行深刻的、正确的分析，才能正确认识和处理人民内部矛盾问题。

人民内部矛盾是一个由许多矛盾构成的复杂系统：有工人阶级、农民阶级和其他群众之间的矛盾，各民族之间的矛盾，地方与地方之间、集体与集体之间的矛盾；工人阶级内部的矛盾，农民阶级内部的矛盾，知识分子内部的矛盾，个体劳动者内部的矛盾，私营经济经营者内部的矛盾；工人阶级、农民阶级和其他劳动阶级同私营经济经营者之间的矛盾；执政党、人民政府同人民群众之间的矛盾，领导同群众之间的矛盾，上级同下级之间的矛盾，党与非党之间的矛盾，党内的各种矛盾；以及国家、集体、个人之间的利益矛盾，个人之间、各个利益群体之间的利益矛盾。这些矛盾分别在经济、政治、意识形态等领域表现出来，其中人民内部的物质利益矛盾，是一切人民内部矛盾产生的物质经济根源，是制约其他各类矛盾发展的主导性矛盾。在人民内部矛盾体系中，利益矛盾具有根源性、主导性、群体性、非对抗性的特点。

在我国社会主义初级阶段，存在人民内部利益值变化有以下原因。第一，社会生产力相对落后是人民内部利益矛盾存在变化的物质原因，初级阶段生产力发展相对落后，造成人们生活资料相对匮乏，在分配问题上的各方关系会相对紧张。如果分配不合理，就会使分配领域人民内部的利益矛盾更加尖锐。第二，旧式分工、旧的社会差别是社会主义初级阶段人民内部利益矛盾存在变化的社会历史原因。第三，我国现阶段不同的经济成分与不同的分配方式，是人民内部利益矛盾存在变化的生产关系上的原因。社会主义初级阶段不同性质的经济成分、多样化的分配方式决定人民内部利益矛盾的复杂性。例如，在社会主义初级阶段，不仅有公有制的国有经济、集体经济成分、混合经济成分，还有个体经济和私营经济成分，这使得人民内部的利益矛盾就会表现为：公有制单位劳动群众同个体劳动者以及私有经济经营者、雇主之间的利益矛盾；私营企业雇主同雇员的利益矛盾；个体经营者、私有经营者同广大消费群众之间的利益矛盾。第四，社会主义市场经济是人民内部利益矛盾存在变化的经济原因。在社会主义初级阶段市场经济复杂的经济关系背后，在人民内部隐藏着各种错综复杂的经济利益矛盾。第五，我国社会现阶段不成熟、不完善的经济政治体制是人民内部利益矛盾存在变化的体制上的原因。社会主义初级阶段不成熟、不完善的经济基础具体体制，不完善、存在某种弊端的上层建筑具体体制，致使人民内部矛盾更为复杂，更为突出，有时还可能会表现为激烈的利益冲突。第六，带有旧社会痕迹的初级阶段的思想、文化、道德状况是人民内部利益矛盾存在变化的思想原因。初级阶段思想、文化、道德发展的相对落后，使得社会主义初级阶段本来就存在的人民内部利益矛盾更加突出。

所有这些深刻的历史、经济、政治、文化等社会原因，决定了在我国社会现阶段现时期各个利益主体之间，还存在个别、特殊利益之间的矛盾，还存在个别、特殊利益同集体利益、社会共同利益之间的矛盾。人民内部的利益矛盾是人民内部矛盾产生和发展变化的根源，它能够影响、制约其他各类矛盾的发展变化。

人民内部的利益矛盾和冲突具有横向和纵向两个基本形式。在横向的方面，表现为个人之间，各个利益群体、利益阶层、阶级之间，甚至民族与民族之间的利益矛盾和冲突。在纵向方面，表现为个人、群体和国家三者之间的利益矛盾和冲突，而这三者的矛盾冲突又是通过劳动者个人同（国家或群体）企业的领导者和管理者，同国家机关的领导干部之间的矛盾关系表现出来，具体来说表现为领导同群众之间的利益矛盾和利益冲突。譬如，反映整体利益、长远利益的领导人员的决策和措施同群众中某些只顾眼前利益、过分追求个人利益的不良倾向之间的矛盾和冲突；领导中间不关心群众痛痒的官僚主义作风同群众的正当合理的利益要求之间的矛盾和冲突；个别领导的贪污腐败现象同人民群众维护自身利益斗争之间的矛盾和冲突，领导主观犯错误而带来的对群众利益的损害同人民群众的不满情绪的矛盾和冲突，国家机关领导者和企业领导者、中央同地方、上级同下级之间的利益和冲突。

当前，人民内部的利益矛盾主要通过人民内部不同利益群体之间的群际矛盾而表现出来。利益群体就是基于一定的共同利益基础的人的利益共同体。在阶级社会中，利益共同体集中表现为阶级和阶层。在社会主义制度的国家，剥削阶级和被剥削阶级的阶级群体的对立已经消灭了，但阶级群体之间还存在一定的差别，比如工人阶级同农民阶级之间，劳动群众同私营企业主阶层之间都有重大的利益差别。特别是在工人阶级、农民阶级内部，还因收入不同、经济地位不同，而形成存在一定差别的多种利益群体。不同利益群体之间的矛盾是人民内部矛盾的表现。

一般来说，人民内部利益矛盾是非对抗性的，但也可能转化成对抗性矛盾。目前我国正处于新旧体制交替的改革新时期，为了适应我国生产力发展现状的要求，我们正在进行经济和政治体制改革。随着我国经济结构和政治结构的变化，原有的利益群体结构也发生了相应的变化，冲破了原来不合理的利益格局。我国目前的利益群体结构正处于一个急剧变化、重新组合的新时期，利益格局的变化必然决定利益群体组织和群体行为的多层次性和多样性。一定的利益意识必然导致一定的利益行为趋向，一定的利益趋向使存在一定差异的利益群体之间进一步产生群际间的摩擦、冲突和矛盾，甚至造成对抗性的矛盾，从而影响群际间利益关系分配不平衡，形成复杂的群际关系和群际矛盾。譬如，工农产品差别引起的工农两大群体之间的利益矛盾，私营性质的所有制引起的私营企业中的雇主和雇员两个群体的利益矛盾，等等。在社会主义市场经济的转换和形成过程中，我国人民内部的不同利益群体之间的利益矛盾显得格外突出和复杂。

（三）领导与群众的矛盾是新时期人民内部矛盾的重要表现。

在整个人民内部矛盾中，在一般情况下，领导和群众的矛盾是人民内部矛盾的一个重要表现，是人民内部矛盾存在、发展、变化的主线。这是因为：

第一，在国家政治生活当中，我们党是执政党，我们党的各级领导干部在政治、经济、文化等社会生活领域中处于领导者的地位。整个社会主义事业的成败与领导有关，一切问题和一切失误同领导的工作和责任也有关。领导者的工作对象就是广大人民群众，一方面，领导肩负着领导群众、教育群众、组织群众、动员群众的职责；另一方面，领导又必须依靠群众，服务于群众，接受群众的监督，不脱离群众。这样，领导和群众关系就构成了社会主义人际关系的主线，它们之间的矛盾就构成了人民内部矛盾的重要表现。

第二，社会主义国家最主要的一些社会矛盾，在许多情况下往往会通过人民群众同领导之间的矛盾关系而表现出来。例如，社会主义社会基本矛盾在领导与群众之间的关系上具体表现为，作为生产力要素的劳动群众同作为国家经济职能和政治职能的管理者、执行者的领导人员之间的矛盾；在社会主义初级阶段，相对落后的社会生产同人民群众不断提高的物质文化需要之间的矛盾，突出表现为社会消费品供应满足不了人们的需要，解决消费品短缺问题是各级领导不可推卸的责任，尤其是当经济出现严重困难，处于消费品奇缺的状态下，领导便成为一切社会矛盾的焦点，领导同群众的矛盾便成为一切社会矛盾的一个集中表现。有些矛盾虽然并不直接表现为领导与群众的矛盾，但这些矛盾经常需要由领导来处理，如果处理不当，便转而表现为领导与群众的矛盾。

一般来说，领导同群众的矛盾是非对抗性矛盾。但是，当领导的重大决策失误损害人民群众的根本利益，当领导严重的官僚主义危害人民群众的正当利益要求，当领导中的变质分子侵吞人民财产，当群众提出不合理的要求，同时又受到坏人挑拨起来闹事时，如果领导处理不及时、不果断、不正确，就会使矛盾激化，出现对抗甚至有可能转变成对抗性矛盾。

领导和群众的矛盾其主导方面在于领导。刘少奇同志说过："社会上一切不合理的现象，一切没有办好的事情，领导上都有责任。人民会来责问我们国家、党、经济机关的领导人，而我们对这些问题应该负责任。"在领导和群众的矛盾中，如果领导方面是错误的，群众方面是正确的，那么矛盾的主导方面毫无疑问是在于领导，在于领导是否能够改进自己的错误，求得群众的谅解。如果领导方面是正确的，群众方面是错误的；如果领导上没有官僚主义，问题也会容易解决。即使这种情况，一般来说，就领导的任务和职责来说，矛盾的主导方面也在于领导，在于领导对群众的说服教育工作，在于领导是否采取正确的处理措施。例如，当群众对分配问题提出不合理要求而闹事时，关键还在于领导及时对群众进行说服、教育和疏导工作。当然，我们也不能因此把群众中出现的一切矛盾和问题都归咎于领导，我们说领导处于矛盾的主导方面，是指领导的责任、领导的工作，不单就领导的是非问题而言。刘少奇同志还指出，人民内部矛盾大量地表现在人民群众同领导者之间的矛盾问题上，"更确切地讲，是表现在领导上的官僚主义与人民群众的矛盾这个问题上"[1]。领导中的官僚主义、腐败现象和不正之风同群众的矛盾，构成了领导与群众矛盾的一个重要方面。我们党的根本宗旨是为人民谋利益。解决好领导同群众的矛盾，必须搞好党和政府的廉政建设，保证社会主义建设的主体力量——工人、农民、知识分子的利益，使全体人民生活水平普遍提高。

（四）人民内部矛盾的对抗和激化现象。

从总体上看，人民内部矛盾是非对抗性矛盾，敌我矛盾是对抗性矛盾。但是如果混淆了两类不同性质的矛盾，失去警惕，处理不当，人民内部矛盾就有可能会激化或转化，出现严重的对抗现象和社会冲突。其原因在于：

第一，在人民内部还存在某些对抗性的矛盾。在我国现实社会中，由于其内部在经济上、政治上、思想上，还带有旧社会遗留下来的残余，其外部还存在反社会主义势力的影响和破坏，这不仅会使社会主义存在一定数量的敌我矛盾，而且还会使人民内部存在某些个别的对抗性矛盾。比如，在经济上，从本质上来说，私有经济和公有经济是根本对立的两种经济成分，剥削和被剥削是根本对立的社会现象，但是在社会主义初级阶段，还要允许一定的私有经济存在，允许一定的剥削存在。于是，在一定条件下，本质上具有对抗性质的矛盾就采取了非对抗的存在形式。领导同群众的矛盾是非对抗性的矛盾，但领导中的严重的官僚主义和腐败现象同人民群众的矛盾，则是本质上具有对抗性质的矛盾。领导当中的一些官僚主义者虽然没有触犯社会主义法律，没有构成敌我矛盾，但在性质上却同人民群众构成了对抗性的矛盾。在思想领域，社会主义的思想体系同封建主义、资本主义的思想体系是根本对立的意识形态，是属于对抗性的矛盾，但具体到分别带有这两种思想意识的人来说，他们之间的矛盾一般是属于人民内部矛盾。人民内部对抗性矛盾的存在是人民内部矛盾可能激化的必要原因。

第二，人民内部还存在一部分带有阶级斗争性质的矛盾。由于国内因素和国际环境的影响，阶级斗争还在社会主义国家的一定范围内存在，这就不可能

---

[1]《刘少奇选集》下卷，人民出版社1985年版，第303页。

不影响和反映到人民内部，使得人民内部存在一部分具有阶级斗争因素的矛盾，即带有阶级斗争性质的矛盾。比如，人民内部的反对资产阶级自由化，反对资产阶级思想腐蚀，反对封建主义的斗争；人民群众同受剥削阶级思想影响，或受坏人诱骗、利用，而犯有轻微罪行的危害社会治安、影响社会秩序的一部分人之间的矛盾。这些矛盾显然带有阶级斗争性质，但仍然属于人民内部矛盾。带有阶级斗争性质的矛盾也是人民内部矛盾可能激化的深层原因。

第三，人民内部的非对抗性矛盾有可能转化成对抗性矛盾，人民内部不带有阶级斗争性质的矛盾，有可能转化为带有阶级斗争性质的矛盾，人民内部矛盾有可能转化成敌我矛盾。矛盾是可以转化的。由于矛盾存在的主客观条件的变化，矛盾的性质有可能发生转化，而且这种转化是相互的。人民内部的非对抗性矛盾可能会转化成对抗性矛盾，对抗性矛盾可能会转化成非对抗性矛盾。人民内部不带阶级斗争性质的矛盾可能会转化成带阶级斗争性质的矛盾，带阶级斗争性质的矛盾可能会转化为不带阶级斗争性质的矛盾。人民内部矛盾可能会转化为敌我矛盾，敌我矛盾可能会转化为人民内部矛盾。譬如，如果矛盾处理失误，就有可能使本来是非对抗性的人民内部矛盾激化，转化成对抗性的人民内部矛盾。矛盾会发生转化是人民内部矛盾可能激化的重要原因。

第四，不同性质的矛盾错综复杂地交叉在一起，构成复杂的矛盾局面。在我国社会复杂的现实生活中，一定范围内的阶级斗争同人民内部的非阶级斗争性质的矛盾；一定数量的敌我矛盾同大量表现出来的人民内部矛盾；不占主导地位的对抗性矛盾同占主导地位的非对抗性矛盾，并不是泾渭分明的，清清楚楚地呈现在人们面前，而往往交织在一起，难分难解，构成错综复杂的社会矛盾局面。在社会主义初级阶段，这种复杂的社会矛盾现象尤为突出。例如，学生上街游行事件，一般来说，学生群体中的绝大部分人主观上是爱国的，属于人民内部矛盾，但究其事件的起因却又十分复杂，有敌对势力从中破坏的原因，也有我们工作中的失误和缺点引起学生群体不满的因素……其中隐蔽起来的、蓄意煽动破坏的极少数坏人则属于敌我矛盾。这种错综复杂的矛盾局面是人民内部矛盾可能激化的客观原因。

第五，面对复杂的社会矛盾状况，领导者在主观认识和实际处理方面的失误，有可能导致矛盾激化。面对复杂的国内外因素的综合作用，面对着交错复杂的社会矛盾局面，如果我们丧失警惕，混淆矛盾，政策不当，处理不妥，解决不及时，人民内部的非对抗性矛盾就可能转化为对抗性矛盾，人民内部的一些矛盾就可能激化，以至产生对抗现象，甚至可能会转化为敌我矛盾。比如工人罢工、群众性的暴力冲突和流血事件，其中有些因生活消费品供应不足或涨价，开始只是引起群众的不满，但后来处理不当，使得矛盾积累激化，最后才导致成为对抗性的冲突。在对抗性冲突中，除个别少数坏人之外，大多数参与事件的人民群众，还是属于人民内部矛盾。失去警惕，混淆矛盾，政策不当，处理不妥，是人民内部矛盾可能激化的主要原因。

人民内部的矛盾对抗现象可以引起更广泛的社会冲突，这种社会冲突同社会主义初级阶段的阶级斗争、敌我矛盾交叉在一起，纠合在一起，再加上我们主观上处理失策，就会进一步激化、白热化，酿成社会动乱，严重破坏社会正常秩序，危害社会主义的政治稳定。因此，必须对人民内部矛盾可能出现的对抗和激化现象保持高度的警惕性。

三、解决新时期人民内部矛盾的基本方法

"不同质的矛盾，只有用不同质的办法才能解决。"[1] 解决人民内部矛盾，必须使用不同于解决敌我矛盾的办法。新形势下的人民内部矛盾，总的来说，还是在建设有中国特色社会主义这个共同目标下，人民根本利益一致基础上的非对抗性矛盾，尽管还存在一定的对抗性矛盾，有时呈现出复杂的情况，但只要工作做好了，还是能够解决的，关键在于我们的工作。

（一）主要用经济方法，来解决人民内部的得失矛盾。

利益矛盾就是得失矛盾。在《关于正确处理人民内部矛盾的问题》中，毛泽东在谈到人民内部利益矛盾时，强调"必须经常注意从生产问题和分配问题上处理上述矛盾"[2]。提出要用经济方法处理人民内部利益矛盾的思想。邓小平同志在 1979 年提出："我们必须按照统筹兼顾的原则来调节各种利益的相互关系。如果相反，违反集体利益而追求个人利益，违反整体利益而追求局部利益，违反长远利益而追求暂时利益，那末，结果势必两头都受损失。"[3] 经济方法是解决

---

[1]《毛泽东选集》第 1 卷，人民出版社 1991 年版，第 311 页。

[2]《毛泽东著作选读》下册，人民出版社 1986 年版，第 775 页。

[3]《邓小平文选（一九七五——九八二年）》，人民出版社 1983 年版，第 162 页。

人民内部利益（主要指物质、经济利益）矛盾的最主要、最基本的方法，"统筹兼顾、全面安排"是解决人民内部利益矛盾的经济方法的基本原则。

如何贯彻统筹兼顾全面安排的原则，用经济方法来解决人民内部的利益矛盾呢？首先，必须建立有利于协调人民内部利益矛盾的，适合社会主义市场经济的经济、政治体制。只有兼顾到各方面的利益需要，调整好人民内部的利益矛盾，才能调动起人民群众的积极性，而这一切又必须有一个适当的体制来保证它的贯彻和实施。目前我国正在进行社会主义改革，目的就是要建立社会主义的市场经济体制，运用市场经济的规律和机制的作用，通过经济政策和经济立法的实施，从制度上协调利益矛盾。其次，建立合理的分配体制，实施允许一部分人先富起来，最终走共同富裕道路的政策，协调好各方面的利益关系。社会主义市场经济体制是按照市场经济发展的规律进行消费品的分配。在社会主义初级阶段，存在着不同的利益群体，这些利益群体之间存在着重大的利益差别，这就要求我们建立适合市场经济的，适合不同利益群体的，以按劳分配为主的，按需分配、按资分配等多种分配形式并存的分配体制，既要反对平均主义、允许一定的利益差别存在，让一部分人先富起来，又要反对分配差距过大，两极分化，最终引导大家走共同富裕的道路。还有，采取正确的经济政策、经济办法，通过经济手段来解决人民内部的利益矛盾。我国农村实行联产承包责任制以后，之所以能够极大地调动起广大农民的积极性，就在于它通过正确的经济政策和经济措施，比较好地把个人、集体、国家三者利益结合起来了。市场经济体制改革的重要环节，也是要通过正确的经济政策和经济措施，处理好国家、企业和职工的三者利益关系。如果我们能做到保证企业相对独立的经济利益，建立多种形式的经济责任制，保证职工合理的个人收益，那就可以调动起企业和职工的积极性。再有，解决人民内部的利益矛盾，还需要进行必要的思想政治工作。必要的思想政治工作和正确的经济方法是相辅相成的。正确的经济方法是解决人民内部利益矛盾的前提和基础，必要的思想政治工作是解决人民内部利益矛盾必不可少的辅助条件。当然，用经济方法来解决好人民内部的利益矛盾，最根本的是发展生产力、发展经济，把蛋糕做大，只能从生产力发展上满足人民不断提高的物质文化需求，才能从根本上解决好人民内部的利益矛盾。

（二）必须用民主的方法，来解决人民内部是非矛盾。

人民内部在思想政治上的矛盾就是一个是与非的问题，即是非矛盾。毛泽东同志指出：凡属于思想性质的问题，凡属于人民内部争论的问题，只能用民主方法来解决，只能用讨论的方法、批评的方法、说服教育的方法来解决，而不能用强制的方法、压服的方法来解决。他还把民主的方法概括为一个公式，叫作"团结——批评——团结"。邓小平同志也说，在党内和人民内部的政治生活中，只能采取民主的手段，不能采取压制、打击的手段。民主的方法，不仅是解决人民内部思想是非问题的基本方法，而且是解决人民内部政治生活领域的矛盾的基本原则。民主的方法主要包括两个方面，一是建立民主法制的政体，通过健全的民主法制制度来解决矛盾；二是采取民主的、说服的、教育的手段和办法来解决矛盾。

（三）必须根据具体情况，采取多种具体的、综合的方法来解决人民内部各类矛盾。

在我国目前阶段，人民内部矛盾并不是简单的、孤立的矛盾，而是一个复杂的、与外部因素相互联系的，内部各类矛盾相互作用的矛盾系统。因此，在解决人民内部矛盾的时候，所采取的方法也不可能是单一的、永久不变的。必须根据矛盾的具体情况和变化，采取综合性的、多种多样的办法来解决。在这里，没有一成不变的公式，也没有包治百病的处方，不同性质的矛盾只能用不同的办法来解决。同一性质的矛盾因其表现不同，也必须用不同的方法，通过综合协调来解决。

各级领导机关、各级领导干部要敢于负责任，认认真真，兢兢业业，善于调查研究，针对新形势下人民内部矛盾的具体实际，做好各类矛盾的化解工作。现实生活中的各类人民内部矛盾是十分复杂的，各类矛盾也绝对不是孤立的，必须采取综合措施来解决。首先，必须大力加强思想政治工作，立足于理顺情绪，增进理解，调动积极因素。新形势下出现的各类矛盾，多属于利益分配上的矛盾，或者是思想认识上的问题，要多作说服、调解、协调、疏通工作，使矛盾的各方互谅互让，顾全大局，求同存异，切不可等矛盾成了堆，结了疙瘩，再动手去解决。其次，要注意工作方法，关心群众生活，少说空话、官话、套话、废话，少搞形式主义，为群众排忧解难，多办实事。还有，必须大力开展反腐倡廉斗争，努力克服官僚主义，这是理顺群众情绪，缓和、解决人民内部矛盾的一个极其重要的方面。今天，人民内部的各类矛盾相当复杂，必须认真对待，不得有丝毫的懈怠。要动员各方面的力量，采取综合的办法，共同做好工作，通过思想政治工作，通过深化改革，通过民主和法制化的途径，调整好人民内部矛盾，最大限度地调动起人民群众改革的热情和建设的积极性。

（四）深化改革，发展社会主义社会生产力，发展社会主义市场经济，建立社会主义民主和法制，是解决人民内部矛盾的根本性办法。

解决好新形势下人民内部矛盾，最根本的还是要靠进一步深化改革、发展社会主义社会生产力，发展社会主义市场经济，引导人民逐步走上共同富裕的道路。同时必须加强社会主义民主和法制建设，推进政治体制改革，从根本上建立协调人民内部各类矛盾的制度和机制。必须坚持社会主义精神文明建设，提高全体国民的素质，只有在这个基础上，才能按照统筹兼顾的原则，调节好方方面面的利益关系，建立起有效的利益调整机制，才能在利益协调过程中，把广大群众凝聚在党的周围，真正把群众团结起来，调动起来。

什么是马克思主义，什么是社会主义？ [1]

一

邓小平同志指出："什么叫社会主义，什么叫马克思主义？我们过去对这个问题的认识不是完全清醒的。"[2]过去，我们对马克思主义、社会主义的理解一直存在着许多误解甚至曲解，理论上的误导曾经致使共产党人在社会主义革命和建设实践中犯了许多严重的错误，导致了一系列重大的损失和挫折。在总结历史经验教训的基础上，针对新的实际，认真学习马克思主义，拨乱反正，正本溯源，真正搞清什么是马克思主义、什么是社会主义，这对于我们在新的历史条件下，坚持、继承和发展马克思主义，用以指导建设有中国特色社会主义的伟大实践，是十分必要和极端重要的。邓小平同志指出："马克思主义理论从来不是教条，而是行动的指南。它要求人们根据它的基本原则和基本方法，不断结合变化着的实际，探索解决新问题的答案，从而也发展马克思主义理论本身。俄国的十月革命和我们中国的革命，不就是这样成功的吗？我们现在要建设有中国特色的社会主义，时代和任务不同了，要学习的新知识确实很多，这就更要求我们努力针对新的实际，掌握马克思主义基本理论。因为只有这样，才能提高我们运用它的基本原则、基本方法，来积极探索解决新的政治经济社会文化基本问题的本领，既把我们的事业和马克思主义理论本身推向前进，也防止

---

[1] 本文发表于《正确认识思想政治工作面临的新问题》，人民出版社，2001年版。

[2]《邓小平文选》第3卷，人民出版社1993年版，第63页。

一些同志，特别是一些新上来的中青年同志在日益复杂的斗争中迷失方向。因此，我希望党中央能作出切实可行的决定，使全党的各级干部，首先是领导干部，在繁忙的工作中，仍然有一定的时间学习，熟悉马克思主义的基本理论，从而加强我们工作中的原则性、系统性、预见性和创造性。只有这样，我们党才能坚持社会主义道路，建设和发展有中国特色的社会主义，一直达到我们的最后目的，实现共产主义。"[1]坚持运用马克思主义的立场、观点和方法，指导社会主义革命和建设实践，在社会主义革命和建设的伟大实践中，继承和发展马克思主义，把马克思主义和社会主义的实践相结合，才能真正搞清楚"什么是马克思主义，什么是社会主义"。搞清楚对一些重大问题的认识，最重要的、最核心的就是要搞清楚"什么是马克思主义，什么是社会主义"，这是统一全党全国一切思想认识的基础和前提。

马克思主义的产生，是人类思想史上划时代的伟大变革。自从诞生以来，马克思主义得到了广泛的传播，成为推动世界进步的强大思想武器。马克思主义之所以具有强大生命力，就在于它作为科学是不断发展与不断创新的。今天，人类社会正处于伟大变革的时代。全球正在兴起世界性的现代科技革命，知识经济、信息革命方兴未艾，不仅从根本上改变着传统的社会生产，而且也改变着整个社会生活的面貌；经济全球化趋势势不可挡，给世界经济、政治、文化、军事以及全面的社会发展带来了极其深刻而又广泛的影响。现代科技革命和经济全球化是震撼全世界的大事，使得整个世界乃至中国都处于整体性的深刻变革之中，出现了许多新情况、新问题，使我们面临着空前的挑战和难得的机遇。在这沧桑巨变的历史关头，离开了马克思主义的指导，无疑是不可能取得胜利的；同样，固守马克思主义的原有结论，墨守成规，不依据新的实际来认识、继承、发展和创新马克思主义，也是根本不行的。因此，针对新的实际，以当代中国的社会主义改革开放和现代化建设的实际问题为中心，以我们正在做的事情为中心，以新的观点来继承和发展马克思主义，用于指导建设有中国特色社会主义现代化的伟大实践，是摆在我们这些马克思主义后继者面前的庄严而伟大的历史重任。

邓小平同志指出："马克思去世以后一百多年，究竟发生了什么变化，在变化的条件下，如何认识和发展马克思主义，没有搞清楚。绝不能要求马克思为

---

[1]《邓小平文选》第 3 卷，人民出版社 1993 年版，第 146—147 页。

解决他去世之后上百年、几百年所产生的问题提供现成答案。列宁同样也不能承担为他去世以后五十年、一百年所产生的问题提供现成答案的任务。真正的马克思列宁主义者必须根据现在的情况，认识、继承和发展马克思列宁主义。"[1]今天，面对着翻天覆地的世界性变化，面对着社会主义改革开放和现代化建设的新实践，中国共产党人一定要以新的思想、观点和视野，继承和发展马克思主义，用以指导社会主义的新的伟大实践，并在社会主义新的伟大实践中，努力开创马克思主义发展的新局面，在实践中回答并搞清楚"什么是马克思主义，什么是社会主义"。

二

马克思主义是随着实践的发展而不断创新的科学体系，今天仍然具有强大的生命力。作为开创阶段的马克思主义，自诞生以来已经一个半多世纪了；作为直接继承和发展阶段的列宁主义，形成至今又近一个世纪了。马克思主义与中国实际结合的伟大成果，也从毛泽东思想阶段发展到邓小平理论阶段。从马克思主义创立至今，无论是世界还是中国，实际生活所发生的剧烈而深刻的变化已达到了前人难以想象的程度。对于走向新世纪的中国共产党人来说，如何科学地认识马克思主义，坚持和发展马克思主义；科学地认识社会主义，坚持和发展中国特色的社会主义，真正搞清楚"什么是马克思主义，什么是社会主义"，重要的问题是认真学习当代中国的马克思主义——邓小平理论，用邓小平理论武装全党，因为邓小平理论在新的历史条件下，回答了"什么是马克思主义，什么是社会主义"这个革命和建设的大问题。

江泽民同志在党的十五大报告中指出："实践证明，作为毛泽东思想的继承和发展的邓小平理论，是指导中国人民在改革开放中胜利实现社会主义现代化的正确理论。在当代中国，只有把马克思主义同当代中国实践和时代特征结合起来的邓小平理论，而没有别的理论能够解决社会主义的前途和命运问题。"毛泽东同志于 1939 年在延安发起学习运动时说过："我们队伍里也有一种恐慌，不是经济恐慌，不是政治恐慌，而是本领恐慌。"对照今天干部的素质状况来讲，"本领恐慌"首先应是对邓小平理论学习的"恐慌"，是具备不具备运用邓小平

---

[1]《邓小平文选》第 3 卷，人民出版社 1993 年版，第 291 页。

理论解决社会主义改革开放事业中一系列实际问题的领导能力的"恐慌"。在当前，能否高举邓小平理论，创造性地运用邓小平理论，推进中国特色社会主义建设事业，是衡量一个干部素质高不高、有没有真本领的重要标准，也是关系到社会主义改革开放事业成败的关键问题。用邓小平理论武装全党，是一项战略性的任务。

在抗日战争的关键时刻，毛泽东同志说："如果我们党有一百个至二百个系统地而不是零碎地、实际地而不是空洞地学会了马克思列宁主义的同志，就会大大地提高我们党的战斗力量，并加速我们战胜日本帝国主义的工作。"[1]毛泽东同志从担负主要领导责任的观点上，把提高党的战斗力量，把战胜日本帝国主义的关键，放在解决一百至二百个干部是否学会了马克思主义这个基本问题上，可见理论武装的极端重要性。毛泽东同志所说的"学会了"，有两个重要的前提条件：一是系统地而不是零碎地；二是实际地而不是空洞地。也就是说，要系统地掌握马克思主义的立场、观点和方法，并且要能够理论联系实际地运用马克思主义的立场、观点和方法，来解决当时中国抗日战争的实际问题。毛泽东同志不仅强调了系统地学习马克思主义的极端重要性，而且还强调了解决理论联系实际的学风问题的极端重要性。他把解决一二百个高级干部理论联系实际地、系统地掌握马克思主义的问题，提到这样一个高度来认识，可见毛泽东同志对坚持和发展马克思主义和怎样坚持和发展马克思主义这两个问题是多么的重视。第一个问题是坚持和发展马克思主义的重要性问题，第二个问题是坚持和发展马克思主义的方法问题，即学风问题。用毛泽东同志的这句话指导我们今天的实际，是否可以说，如果我们有更多的领导干部系统地而不是零碎地、实际地而不是空洞地掌握了邓小平理论的话，就会大大地提高我们党的战斗力，就会大大地加快建设中国特色社会主义事业的步伐。

学习邓小平理论，用邓小平理论统一全党的认识，运用邓小平理论解决我国改革开放的一系列实际问题，必须解决三个认识问题。

第一，树立高举邓小平理论旗帜不动摇的坚定性。必须坚定不移地相信，只有邓小平理论，才能指引我们遵照正确路线不断开拓改革开放的新局面，才能指导我们沿着正确轨道不断推进建设中国特色社会主义事业的进程。对高举邓小平理论伟大旗帜的认识，必须要有一种坚定性，要明确地认识到邓小平理

[1]《毛泽东选集》第2卷，人民出版社1991年版，第533页。

论正确、管用，离开了它不行。粉碎"四人帮"之后，中国面临着向何处去的问题，正处在十字路口。一是走歪路，放弃社会主义，走资本主义道路。中国的国情、世界的"世"情，是不允许走这条路的，要走这条路，历史是不允许的，中国人民是不答应的。二是走老路，搞"两个凡是"，按照阶级斗争年年讲、月月讲、天天讲的既定方针办。按照错误的理论、路线、方针走下去，事实证明是行不通的。1976—1978 年，我国经济两年徘徊不前，并没有从"文化大革命"的阴影中走出来。三是走新路。走老路不行，走歪路更不行，必须开辟一条正确的新路。1978 年党召开了十一届三中全会，彻底否定了错误的理论和路线，提出了十一届三中全会以来正确的路线、方针、政策，形成了邓小平理论。按照正确的理论、路线、方针、政策干了 20 年，事实雄辩地证明：党的十一届三中全会以来取得了伟大成绩，发展了生产力，基本上解决了全国人民的吃饭问题，解决了人民生活水平提高、国家兴旺发达的问题。走中国特色社会主义的新路，才是中国唯一的出路。20 年的实践证明，只有依靠邓小平理论这面旗帜，才能把我们引导到社会主义建设的正确道路上来，只有邓小平理论才能解决今天中国向何处去的问题。有了这种认识，才有政治上的坚定性，才能坚定不移地坚信邓小平理论。

真正树立高举邓小平理论旗帜不动摇的坚定性，要具备三个勇气：政治勇气、理论勇气、实践勇气。什么叫政治勇气？就是不管刮什么风，高举邓小平理论伟大旗帜坚定不移。没有坚持邓小平理论的坚定性，今天打雷，明天下雨，就会摇摆不定。回顾 20 年来社会主义改革开放的实践可以看到，每当关键时刻，对理论旗帜的认识总是会有杂音。1989 年我国发生了一场风波，1992 年东欧出现剧变，有人对社会主义到底行不行、社会主义还有没有希望、中国还能不能搞社会主义等产生了怀疑，甚至有人对社会主义完全丧失信心，认为社会主义已经到头了，应该搞资本主义，应该"西化"，应该"私有化"。这是右的倾向。也有少数人持"左"的看法，认为现在的理论、路线不行了，还是要讲"阶级斗争一抓就灵"那一套，希望回到老路上去。在这个关键时刻，邓小平同志坚决肯定党的十一届三中全会以来确定的路线、方针、政策是正确的，认为现在的任务是向前看，坚持以经济建设为中心，坚定不移地沿着建设中国特色社会主义道路走下去。政治上的勇气来自理论勇气，理论上有了勇气，政治上才能更坚定，这就是说，必须从理论上彻底搞清楚邓小平理论是唯一正确的。

邓小平同志讲：不管是对现在还是对未来，我们讲的东西不是从小的角度讲的，而是从大局讲的。领会邓小平理论，必须从长远的、战略的眼光来看问题，必须紧紧抓住解放思想、实事求是这个精髓。思想路线正确了，从长远的、战略的眼光看问题，在政治上才能更加坚定。有了政治勇气就有了理论上的勇气，理论上有了勇气反过来会更加坚定政治勇气。第三个勇气是实践的勇气。有了政治勇气、有了理论勇气，实践才有勇气。政治勇气、理论勇气最终要落在实践勇气上，实践的结果反过来又会加强政治勇气和理论勇气。实践勇气来自理论勇气，来自政治勇气；同时证实和支持理论勇气，坚定和支持政治勇气。

第二，具备学习邓小平理论坚持不懈的自觉性。各级干部担负着十分繁重的经济建设和其他各项工作任务，任务重、压力大，越是在这个时候，越要保持清醒的头脑，越要认真学习邓小平理论。邓小平理论通俗易懂，博大精深。在学习过程中，广大干部深深认识到：邓小平理论越看越有味道，越琢磨道理越深。在工作中会遇到一系列问题，哪些该干，哪些不该干，要搞清楚。要胜利完成各项工作任务，离开用邓小平理论武装是不行的。有了这个主心骨，无论任何困难局面、任何复杂情况，都能做到泰然处之，方寸不乱。邓小平理论是我们干一切事业、完成一切工作、处理一切问题的主心骨。学习邓小平理论，必须从工作实践中切实感到紧迫性，树立自觉性。哪一个干部不认真学习邓小平理论，不学习一切新鲜的知识，如现代科技、现代管理知识等，就会落伍。

第三，要有学习邓小平理论勇于实践的创造性。邓小平理论是创造性地运用马列主义、毛泽东思想与中国实践相结合的产物。没有创造性，就没有建设中国特色的社会主义事业；没有创造性，马克思主义就没有生命力；没有创造性，工作也就不可能做得有声有色。有这样三句话讲得很好："不如马克思，不是马克思主义；'等于'马克思，也不是马克思主义；超过马克思，才是马克思主义。"第一句话，不如马克思，不是马克思主义，好理解。第二句话，"等于"马克思，也不是马克思主义。马克思在一百多年前讲的话，今天又重复一遍，这叫"等于"马克思主义。在中国革命和中国共产党历史上，这种自称"等于"马克思主义的人给中国革命带来的损失很大。在中国共产党历史上，自称是百分之百的布尔什维克主义的王明，不相信山沟沟里会有马克思主义。他自称自己是百分之百的布尔什维克主义，否定毛泽东同志的正确路线，推行极"左"路线，结果百分之百的布尔什维克主义使中央红军损失90%，革命根据地损失

100%。可见，在某种条件下，"等于"马克思主义的危害比不懂得马克思主义的人危害更大。第三句话，超过马克思，才是马克思主义。什么叫超过马克思主义？用牛顿的话讲，就是要站在巨人的肩膀上，继承巨人，又超过巨人。中国革命成功以后，中国怎样靠社会主义制度解决贫困问题，然后实现社会主义现代化。对这个题目，前人没有解决好，邓小平同志解决了。经过20多年的努力，现在全国基本解决了温饱问题，而且在向小康迈进。经济迅猛发展，社会政治稳定，人民生活不断改善。关键在于思想对头、理论对头、路线对头。思想对头不对头，理论对头不对头，路线对头不对头，路有没有走对，这是关键。邓小平同志解决了在落后的中国如何建设社会主义的问题，而且已经取得了举世瞩目的成就，所以叫邓小平理论。这叫发展，叫创新。

邓小平同志去世后，党的十五大又创造性地运用邓小平理论回答了当前改革开放中的一系列问题，这就是创造性地运用邓小平理论。邓小平同志去世了，怎样高举邓小平理论的伟大旗帜呢？第一是要继续高举邓小平理论伟大旗帜，坚定不移地用邓小平理论武装全党，即学好、理解好邓小平理论；第二是运用邓小平理论创造性地解决中国改革开放过程中深层次的问题，创造性地发展邓小平理论。党的十五大报告的创造性就在于：第一次把邓小平理论写进党章作为我们党的指导思想；第一次全面地提出社会主义初级阶段的政治、经济、文化建设的基本纲领；第一次明确地指出社会主义的公有制实现形式是多样化的，股份制可以搞，股份合作制可以搞，混合经济也可以搞。社会主义所有制形式也可以多样化，私营经济可以搞，个体经济也可以搞，外资进来也可以，非公有制经济是社会主义市场经济的重要组成部分。什么叫创造性？创造性就是既要继承马克思主义老祖宗最基本的立场、观点、方法，又要不囿于马克思主义老祖宗的本本，一切从实际出发，解放思想，实事求是。实事求是，首先是思想一定要解放。任何一个领导干部如果完全照书本来办事，就很难发展经济，很难提高人民的生活水平。学习邓小平理论，必须解决一个创造性地工作、创造性地实践的问题。一个领导干部要做好本身的工作，必须把邓小平理论与本地区、本单位的实际创造性地结合起来开展工作。

深入学习邓小平理论，一定要弘扬理论联系实际的马克思主义学风。学风是关系到党的兴衰和事业成败的重大政治问题，一个党委、一个领导干部能否坚持理论联系实际的马克思主义学风，是理论上政治上是否成熟的一个重要标志。

毛泽东同志讲："如果你能应用马克思列宁主义的观点，说明一个两个实际问题，那就要受到称赞，就算有了几分成绩。被你说明的东西越多，越普遍，越深刻，你的成绩就越大。"[1] 马克思主义学得怎么样，要看有没有用马克思主义立场、观点和方法来说明和解决问题，说明的问题越多，表明马克思主义学得越好。学习邓小平理论必须解决好学风问题，解决学风问题的关键在于解决理论联系实际的问题，又在于是不是能运用邓小平理论思索、分析和解决实际工作中的问题。学习邓小平理论，必须大力弘扬理论联系实际的马克思主义学风，这是对待马克思主义的正确态度。

理论联系实际，主要联系两个实际：一是联系工作实际，叫作改造客观世界；一是联系思想实际，叫作改造主观世界，解决世界观问题，在改造客观世界的同时改造主观世界。联系工作实际有三个方面：第一，联系世界大局的实际，联系全党全国工作大局的实际。任何一个地区、一个单位的领导同志，都要服从全党的大局、全国的大局，乃至要明了世界的大局。领导干部必须从全党全国的大局来看问题，从世界的大局来看问题。今天，我们全党的大局是什么？就是建设中国特色的社会主义，必须从全国、全世界的大局出发，才能认清全党工作的大局。只有这样，才能把邓小平理论搞懂、弄明白。第二，联系本地区、本部门、本单位的实际。这就要把邓小平理论贯彻到本地区、本部门、本单位的实际工作中去。作为一个地区、一个部门、一个单位的领导，更要联系本地区、本部门、本单位的实际，有针对性地做好工作。第三，联系个人的工作实际。个人的工作实际同全国大局的实际，同本地区、本单位、本部门的工作实际是一致的，同时又有一定区别。领导干部不仅要领会好大实际、中实际，还必须解决好本人具体工作的小实际。联系思想实际也有两个方面：一方面是联系个人的思想实际。个人的思想实际，是指个人的世界观、人生观、价值观、道德品行、思想状况、个人素质等方面的问题。另一方面是联系社会普遍性的思想实际。全局普遍性的思想实际，就是党内和社会上流行的社会风气、群众情绪、干部思想状况等方面的问题。不联系思想实际，不解决世界观、人生观、价值观问题，是不行的。必须联系这些实际，来学习邓小平理论。联系工作实际也好，联系思想实际也好，解决这两个实际问题，一是要解决能力问

[1]《毛泽东选集》第3卷，人民出版社1991年版，第815页。

题，即提高思想理论素质，提高运用马列主义、毛泽东思想、邓小平理论的立场、观点、方法，创造性地工作的能力；二是要解决思想道德素质问题，树立马克思主义的世界观、人生观、价值观问题。解决两个实际归结到一点，都要解决树立马克思主义世界观、方法论的问题。

三 [1]

邓小平同志坚持科学社会主义理论的基本原理，紧紧围绕"什么是社会主义，怎样建设社会主义"这个主题，深刻揭示了社会主义本质，第一次比较系统地回答了在中国这样经济文化发展比较落后的国家如何建设社会主义的一系列基本问题，科学地回答了"什么是社会主义"这个大问题，把对社会主义的认识提高到了一个新水平，把马克思主义发展到一个新阶段。

邓小平同志早在 1980 年就指出：在新的历史时期"不解放思想不行。甚至于包括什么叫社会主义这个问题也要解放思想。经济长期处于停滞状态总不能叫社会主义。人民生活长期停止在很低的水平总不能叫社会主义"。实际上，新时期解放思想、实事求是的关键就是，在"什么是社会主义，怎样建设社会主义"这个根本问题上解放思想、实事求是。1985 年，他指出："我们冷静地分析了中国的现实，总结了经验，肯定了从建国到一九七八年三十年的成绩很大，但做的事情不能说都是成功的。我们建立的社会主义制度是个好制度，必须坚持。我们马克思主义者过去闹革命，就是为社会主义、共产主义崇高理想而奋斗。现在我们搞经济改革，仍然要坚持社会主义道路，坚持共产主义的远大理想，年轻一代尤其要懂得这一点。但问题是什么是社会主义，如何建设社会主义。我们的经验教训有许多条，最重要的一条，就是要搞清楚这个问题。" [2]

对"什么是社会主义，怎样建设社会主义"这一问题的认识，从马克思、恩格斯创立科学社会主义理论开始，经列宁到斯大林，再经毛泽东到邓小平，经过了相当长时间的实践与认识的过程，在实践与认识的道路上人们既有经验，又有教训；对"什么是社会主义，怎样建设社会主义"的认识、认识、再认识，

---

[1] 本节以"社会主义建设的基本经验二则"为题发表于《中国社会主义现代化的历史经验》，中共中央党校出版社，2000 年出版。发表于《人民日报》2000 年 8 月 24 日，《新华文摘》2000 年第 1 期转载。

[2]《邓小平文选》第 3 卷，人民出版社 1993 年版，第 115—116 页。

是同社会主义建设的实践、实践、再实践紧密联系在一起的。邓小平理论所达到的关于"什么是社会主义,怎样建设社会主义"的认识新水平,是在新的实践基础上形成的新认识,是当代马克思主义的科学回答。

从国际共产主义运动的历史来看,从苏联东欧和我国社会主义建设的历史来看,人们在对"什么是社会主义,怎样建设社会主义"的认识问题上,在社会主义建设的实践问题上犯了两个错误,有两个教训:一个是离开本国实际,照抄照搬,犯了教条主义错误;一个是超越生产力实际,犯了单纯拔高生产关系、以阶级斗争为纲的错误。

1. 第一条错误:离开本国实际,照抄照搬的教条主义。

马克思、恩格斯亲身经历了自由竞争资本主义的实际,经历了风起云涌的西欧工人阶级反抗资产阶级的阶级斗争实践。面对当时的社会现实,他们运用唯物史观,剖析了自由竞争资本主义的经济关系,揭示了资本主义不可克服的内在矛盾,得出资本主义必然灭亡、社会主义必然胜利的科学结论。马克思、恩格斯认为,资本主义"社会所拥有的生产力已经不能再促进资产阶级文明和资产阶级所有制关系的发展;相反,生产力已经强大到这种关系所不能适应的地步,它已经受到这种关系的阻碍;而它一着手克服这种障碍,就使整个资产阶级社会陷入混乱,就使资产阶级所有制的存在受到威胁。资产阶级的关系已经太狭窄了,再容纳不了它本身所造成的财富了"。[1]他们还认为:在资本主义生产力高度发展、高度成熟的前提下,通过社会主义革命可以实现社会主义。马克思在《哥达纲领批判》一书中明确指出,由资本主义向共产主义发展,经过一个过渡时期(即马克思称之为革命转变时期)之后,进入的共产主义社会分为两个阶段,共产主义社会第一阶段是社会主义,然后是共产主义高级阶段。

马克思、恩格斯运用唯物史观,对未来社会主义社会也作了原则性的构思。他们认为,在共产主义第一阶段即社会主义社会阶段主要有四大特征:

第一个特征是以生产力的高度发展为物质前提。马克思和恩格斯认为,未来社会主义社会必须创造出比资本主义高得多的劳动生产率,因为它"是以生产力的巨大增长和高度发展为前提的",因为"如果没有这种发展,那就只会有贫穷、极端贫困的普遍化;而在极端贫困的情况下,必须重新开始争取必需品

---

[1]《马克思恩格斯选集》第1卷,人民出版社1995年版,第278页。

的斗争，全部陈腐污浊的东西又要死灰复燃"。[1] 未来社会主义的生产力之所以能够得到高度发展，是因为束缚生产力发展的桎梏已被打破。

第二个特征是生产资料由全社会占有，实现全部生产资料公有制。马克思和恩格斯认为，社会主义社会与资本主义社会"具有决定意义的差别当然在于，在实行全部生产资料公有制（先是单个国家实行）的基础上组织生产"[2]。马克思和恩格斯还用"财产公有"或"财产共有"等提法，来表述社会主义全社会生产资料占有性质的公有制。

第三个特征是实行按劳分配的原则。马克思和恩格斯认为，社会主义社会和共产主义社会高级阶段的一个重要区别就是，社会主义社会在消费品的分配方式上实行按劳分配原则，共产主义社会实行按需分配原则。

第四个特征是有计划地组织生产，没有商品、没有货币，实行计划经济。马克思、恩格斯认为，社会主义社会实行生产资料归全社会占有，可以做到有计划地组织生产，货币和商品将从社会上消失。恩格斯说："一旦社会占有了生产资料，商品生产就将被消除，而产品对生产者的统治也将随之消除。社会生产内部的无政府状态将为有计划的自觉的组织所代替。"[3] 马克思、恩格斯在描述未来社会主义社会特征时，实际上强调了两个重要前提：第一个前提是，当资本主义生产力高度成熟，资本主义生产关系再也容纳不下生产力发展时，社会主义革命必然到来，革命的结果是建立社会主义社会；第二个前提是，在资本主义高度发展、高度成熟的生产力前提下，通过社会主义革命所建成的社会主义社会才具有上述四个主要特征，同时，建成的社会主义也必然以进一步发展生产力为根本任务。

什么是社会主义？在十月革命前夕，列宁根据马克思、恩格斯的设想，概括社会主义就是"生产资料公有和按每个人的劳动量分配产品"[4]。在《土地问题和争取自由的斗争》一书中，他认为："只要还存在着市场经济，只要还保持着货币权力和资本力量，世界上任何法律都无法消灭不平等和剥削。只有建立起大规模的社会化的计划经济，一切土地、工厂、工具都转归工人阶级所

[1]《马克思恩格斯选集》第1卷，人民出版社1995年版，第86页。
[2]《马克思恩格斯全集》第37卷，人民出版社1971年版，第443页。
[3]《马克思恩格斯选集》第3卷，人民出版社1995年版，第75页。
[4]《列宁全集》第29卷，人民出版社1985年版，第178页。

有，才可能消灭一切剥削。"[1] 他坚持社会主义实行社会化的计划经济和全社会的公有制。1917 年十月革命，列宁创建了第一个社会主义国家，囿于马克思主义原来的设想：工人阶级取得政权后，就需要利用国家权力以社会的名义把全部生产资料变为国家所有，而国家一旦实行了社会所有以后，货币和商品生产就要废除，旧的分工和竞争也随之消失，为统一的计划经济和直接的产品分配所取代，社会就将进入共产主义，而首先进入共产主义第一阶段（只保留按劳分配）。在 1919 年制定俄共（布）八大新党纲时，列宁坚持社会主义是非商品经济的社会，并且在实践上尝试在俄国建立以产品经济为内容的高度计划经济的社会主义体制。列宁曾设想在俄国建设一个社会主义"辛迪加"。"辛迪加"在俄文中就是大工厂的意思，是公有制的大工厂，即整个俄国是公有制的大工厂，在这个大工厂里，所有的生产资料都归全体人民所有，这就是全社会的公有制。这是第一条。第二条，实行计划经济，没有商品、没有货币。没有商品、没有货币，人们吃饭、穿衣、住房怎么办呢？不需要到市场上去买，而是根据按劳取酬的原则进行直接分配。这是第三条。劳动多少，给你多少，工人用劳动券直接到工厂去领取劳动所得的生活资料。事实上，前文已经提到，马克思、恩格斯所讲的社会主义的生产资料由全社会占有的公有制、计划经济、按劳分配这些重要特征，是指在资本主义生产力高度发达、资本主义生产关系再也不能容纳生产力发展的前提下，通过社会主义革命所建成的社会主义所具有的主要特征，这里有一个发达生产力的重要前提条件。在马克思、恩格斯的论述中，这个重要前提是不证自明的。而俄国的社会主义革命并不是在俄国资本主义发展到其生产力已经高度成熟、生产关系再也容纳不了的条件下发生的，不是在这种前提下取得胜利、建设社会主义的，而是在资本主义生产力相对落后的俄国来进行社会主义革命，建设社会主义的。因此，俄国建设社会主义的初期设想显然忽略了生产力高度成熟、生产关系再也容纳不了生产力发展的前提条件。

实际上，列宁也并没有实施关于社会主义"辛迪加"的设想。因为十月革命一成功，14 个帝国主义国家就联合沙俄反动派，向苏维埃发动反革命战争，企图把苏维埃扼杀在摇篮里。迫于当时的局势，用武装的革命反对武装的反革命是首位的任务。依据当时的战争需要，实际实行的是战时共产主义的具体体

[1]《列宁全集》第 13 卷，人民出版社 1987 年版，第 124 页。

制和政策。农村实行余粮征集制，禁止自由贸易，工业企业普遍国有化，工厂的一切生产消费均纳入国家计划，个人生活必需品采取供给制，实行平均主义的分配办法，从列宁到普通群众的食品供给基本都一样。在激烈的战争形势下，为了赢得战争，人民群众是可以忍受战时共产主义的体制和政策的。但到1921年，战争打赢了，俄国农民由于余粮征集制而对苏维埃政权不满，城市工人因生活困难而对俄共（布）不信任。由于农民、工人不满情绪的影响与白卫分子的煽动，爆发了"喀琅施塔得叛乱"，参加1917年起义的一些水兵把炮口转过来对着苏维埃。为什么呢？因为对大多数穷苦工人、农民、水兵来说，1917年革命前吃不上饭，革命要解决吃饭问题，革命成功后到1921年还吃不饱饭，人们就很容易对社会主义产生怀疑，甚至把炮口对着苏维埃。现实使列宁清醒了，他开始重新认真考虑当时俄国的社会主义到底建成什么样子这个重大问题。事实上，十月革命之后，一方面，列宁按照马克思的设想来考虑社会主义是什么样子，建成什么样子；另一方面，在实践中，他从俄国经济文化落后的实际出发，特别强调社会主义要创造比资本主义更高的劳动生产率和发达的生产力，同时还认为当时尚不具备条件全面阐述什么是社会主义。1918年3月，布哈林在俄共（布）第七次（紧急）代表大会上提出在新党章中要全面阐述社会主义特征，列宁反驳说，我们说不能够阐述社会主义的特征，社会主义将来是个什么样子，什么时候达到完备的形式——这些我们都不知道，也不能说。看来，再照战时共产主义的办法搞社会主义建设是不行的。社会生产力发展上不去，人民的生活水平得不到提高，甚至基本温饱也得不到保证，人民就会怀疑社会主义，就会不相信执政党。

在相对落后的俄国到底怎么搞社会主义？不能照搬照抄马克思主义经典作家关于社会主义特征的结论，不能忽略马克思主义经典作家讲的高度成熟生产力的重要前提，不能忽视社会主义必须发展生产力这个根本任务。实际上，列宁对马克思、恩格斯关于未来社会主义的预测，一直采取科学的态度。首先，列宁认为，马克思、恩格斯对未来社会的预测不是乌托邦的，而是运用唯物史观考察资本主义的内在矛盾和社会未来发展的走向得出的科学预测。其次，列宁一方面囿于马克思主义的一些结论，对社会主义特征的认识局限于生产关系方面多一些，认为社会主义的本质是"把土地、工厂等等即全部生产资料变为全社会的财产，取消资本主义生产，代之以按照总的计划进行有利于社会全体成员的生产" [1]。"今天我们能知道的只是社会主义的一些基本原则，如公有制、按劳分配和人民政权，等等。"[2]另一方面，他又依据彻底的唯物主义原则，反对详细地论述社会主义特征，认为现在社会主义发展还不充分，只有未来的建设者才能具体描述社会主义生产关系。根据俄国实际情况，战后列宁开始提出新经济政策。他在晚年写的八篇文章，集中探索在落后的俄国怎么建设社会主义的问题。列宁指出，俄国是一个小农在经济上占优势的国家。要承认这个现象，要知道俄国的社会主义道路将不同于其他国家，要看到俄国情况的特殊性。根据俄国的实际情况，苏维埃政权将推行国家资本主义，在经济生活中实行自由贸易。他还说："毫无疑问，在一个小农生产者占人口大多数的国家里，实行社会主义革命必须通过一系列特殊的过渡办法，这些办法在工农业雇佣工人占大多数的发达资本主义国家里，是完全不需要采用的。"[3]列宁提出要允许、鼓励小农经济发展，鼓励城市私人工商业企业发展，鼓励发展自由贸易；实行租让制、租赁制，搞合作社，搞国家资本主义，搞商品、货币，可以引进外资。这八篇文章表明，列宁对怎样建设社会主义的问题进行了实事求是的理论和实践的探索，他阐述了一系列在落后的俄国怎样进行社会主义建设的新的理论观点，如允许和鼓励小农经济发展的观点，关于发展国家资本主义的观点，关于发挥私人资本主义作用的观点，关于生产力落后的俄国通过"中间环节"过渡到社会主义的观点，等等。列宁不愧为伟大的马克思主义者，当理论与现实发生矛盾时，他勇敢地尊重实践、发展理论。上面的分析表明，十月革命成功后，列宁曾设想按照马克思、恩格斯在书本上对社会主义特征的论述来建设社会主义，但实践突破了列宁原来的设想，列宁在实践中认真探索社会主义建设的道路问题。

列宁去世后，斯大林领导的苏联人民进行了社会主义工业化和农业集体化。在这个过程中，一方面苏联社会主义建设取得了一定成绩，另一方面也逐步形成了高度集中的计划经济体制和高度集权的政治体制。当然，对这个体制的形成和作用要作历史的分析，要一分为二地看待。就当时苏联现实社会主义建设的实际情况来说，计划经济体制对赢得战争是有好处的，对长远建设是弊大于

[1]《列宁全集》第 4 卷，人民出版社 1984 年版，第 229 页。

[2]《列宁全集》第 4 卷，人民出版社 1984 年版，第 229 页。

[3]《列宁选集》第 4 卷，人民出版社 1995 年版，第 772 页。

利的。历史地看，如果不实行社会主义计划经济，不把全部人力、财力、物力集中起来，当时的苏联是很难打败德国法西斯的。在德国法西斯的进攻下，实行资本主义市场经济的法国不行了，西欧许多国家都不行了，社会主义的苏联却顶住了，打败了德国法西斯。其中原因很多，但是实行了严格的计划经济体制，集中国力赢得战争，也是一个重要原因。那么，仗打完了之后，搞社会主义建设，高度集中的计划经济——政治体制就不适应生产力的发展了。其实，在苏联建立社会主义的经济体制和政治体制时，斯大林也是大体按照马克思、恩格斯关于在公有制条件下按计划经济的设想，实行全社会的公有制、计划经济和按劳分配，忽略了生产力的前提条件。当然，斯大林不是一点发展都没有。例如，他在临近逝世时有所反思。在《苏联社会主义经济问题》中认为，社会主义公有制有两种：一种是全民所有制，一种是集体所有制。他还认为，在社会主义社会生产资料全民所有制范围内是没有商品交换的，但在生活资料范围内是可以有商品交换，有价值规律起作用的。在实践上，他也是这么做的。尽管如此，他还是忽略了苏联与其他资本主义国家相比相对落后的生产力前提，在整体上逐步建立了僵化的高度集中的经济体制和高度集权的政治体制。二战后，在苏联社会主义建设中，苏联模式逐步表现出既束缚了生产力发展，同时又限制了社会主义的民主和法制、影响人们积极性发挥的弊端。从体制因素上来说，正是因为体制上的严重弊端，长期束缚人们积极性的发挥，束缚生产力的发展，矛盾逐步积累、激化，导致斯大林逝世后国际上刮起一股全盘反苏、反斯大林、反社会主义的浪潮，导致一系列事件的发生；特别是到 20 世纪 80年代末 90 年代初，矛盾逐渐积累并激化，导致了社会主义在苏联的失败。东欧诸国在社会主义建设过程中，基本上是照搬苏联模式，同样形成了僵化的经济政治体制，影响了生产力的发展。也正是深刻的体制上的原因，再加上其他因素的综合作用，最根本的是执政党放弃了马克思主义的指导，从而引发了社会主义在东欧的失败。我国在新中国成立初期搞社会主义建设，也在一定程度上囿于马克思的原有结论，依据了苏联模式的一些做法。

　　总之，第一个错误引出第一个问号，什么叫社会主义？中外社会主义建设的经验，特别是苏联东欧剧变的沉痛教训，以及我国新中国成立后社会主义建设所走的弯路表明，绝不能离开本国实际，照抄照搬马克思主义书本上的现成结论。照抄照搬别国的模式，搞不清楚什么是社会主义，也就建设不成社会主义。

2. 第二条错误：脱离生产力实际，以阶级斗争为纲，一味拔高生产关系。

纵观国际共产主义运动，纵观社会主义各国，特别是我国在社会主义建设方面的深刻教训，重要的一条就是不能离开本国生产力的实际，一味拔高生产关系，一味以阶级斗争为纲，放弃发展生产力这个根本任务，来进行社会主义建设。

什么叫离开本国生产力实际？第一个"离开"就是不顾本国生产力的实际，抽象地拔高生产关系。不管本国生产力水平高低的实际，都必须一律按马克思讲的高度成熟生产力的社会主义特征的要求，去建设高级的社会主义的生产关系。俄国比欧美诸资本主义国家的生产力要落后，中国比俄国还落后，但是我们建设社会主义，却离开了本国生产力相对落后的具体条件，一味地追求先进的生产关系，以为有了先进的生产关系，就可以把生产力带起来。第二个"离开"就是忽略发展生产力是社会主义的根本任务，以为以阶级斗争为纲，才能把生产力促上去。

应该说，取得政权以后，特别是社会主义"三大改造"完成以后，我们党的主观愿望是好的，力图尽快扭转我国一穷二白的面貌，尽快使全国人民都过上好日子。问题就出在主观上要尽快让全体人民都过上好日子，而现实客观条件却不允许，主客观差距大，犯了"急性病"。少数人过上好日子，一部分人过上好日子，能办到；但真正让全国老百姓都过上幸福的生活，谈何容易。就拿解决吃饭问题来说，中国人民解决吃饭问题，不是一朝一夕能解决的，更何况要解决吃好的问题，还早着呢！希望在短时间内，尽可能快地解决全国人民的吃饭问题，解决吃好的问题，过上好日子，这就很容易犯"革命"的"急性病"。怎样尽快解决全国人民过上好日子的问题，从1956年到"文化大革命"结束的历史来看，当时主要采用了两个办法：

第一个办法是，尽快尽早地建立先进的生产关系，误以为用先进的生产关系可以把落后的生产力带动起来，然而拔苗助长，欲速则不达。马克思主义唯物史观告诉我们，生产关系对生产力的不适应或阻碍作用有两种情况：一是超前，生产关系跑到生产力前面去了；一是落后，生产关系落后于生产力，这两种情况的结局都是一样的，阻碍乃至破坏生产力的发展。新中国成立之初，我们一个劲地在拔高生产关系上做文章：互助组慢，搞初级社；初级社慢，搞高级社；高级社慢，就搞人民公社。当时的一首歌里唱道，共产主义是天堂，人民公社是金桥。认为通过人民公社这个金桥，一下子就到了共产主义天堂，希望通过人民公社这个"一大二公"的公有制形式，一下子过渡到共产主义。误以为公有制越大越好，越纯越好，这种在拔高生产关系上做文章的办法，不仅不能发展生产力，反倒会阻碍、破坏生产力。

第二个办法是，以阶级斗争为纲，通过抓阶级斗争促进生产力的发展。但唯物史观告诉我们：生产力中最主要的因素是劳动者，是劳动人民，只有调动劳动人民的积极性，才能把生产抓上去。在社会主义条件下，调动劳动人民的积极性，一是给人以合理的物质利益，充分发挥利益激励的作用；二是加强思想政治工作，提高人的素质和思想觉悟，发挥精神鼓励的作用。这两个办法，第一个是为主的，第二个当然也是必要的。然而，如果长期忽略了人们合理的物质利益需求，就会挫伤人们的积极性。新中国成立以来很长一段时间，"左"的理论错误地认为，影响劳动人民积极性发挥的最大的原因就是私心，只要解决了私心，狠斗私心一闪念，灵魂深处爆发革命，狠抓阶级斗争，老百姓就有积极性了，工作就上去了。以阶级斗争为纲的做法，严重偏离了我国政治生活的主题，挫伤了人民群众的积极性，最后的结果是失去人民群众的支持，因为人民群众需要一定物质利益，才有积极性。人民群众总体上是好的，但是在觉悟上还有差距，这也是由生产力水平决定的；靠抓阶级斗争为纲，越抓意见越大，群众积极性越低。只有通过给人民以合理的物质利益，才能调动人民群众的积极性。当然，在社会主义阶段，阶级斗争还在一定范围内存在，因而否定阶级斗争，否定意识形态领域的思想斗争，丧失警惕，也不对。正是脱离生产力而一味拔高生产关系，否认人民群众的合理物质要求，狠抓阶级斗争为纲，最终导致我国在社会主义建设上犯了长期"左"的错误，严重破坏了生产力，结果出了大问题。

离开了生产力的实际，离开发展生产力的根本任务，奢谈社会主义建设，这是第二个错误，这个错误实际上引出了怎么建设社会主义的第二个问号。

3. 基本经验：必须搞清楚"什么是社会主义，怎样建设社会主义"。

"什么是社会主义，怎样建设社会主义"，这是建设中国特色社会主义的首要的基本问题。邓小平同志说：问题是要把什么叫社会主义搞清楚，把怎样建设和发展社会主义搞清楚。前面分析的第一个错误引出什么是社会主义，这是第一个问号；第二个错误引出了怎样建设社会主义，这是第二个问号。这两个问号就构成了"什么是社会主义，怎样建设社会主义"这个首要的基本问题，搞社会主义建设，一定要搞清楚首要的基本问题。

搞清楚首要的基本问题的过程就是对社会主义再实践、再认识的过程，就是总结社会主义经验教训的过程。什么叫社会主义？实质上就是对社会主义本质的认识。邓小平同志认为，解放和发展生产力，消灭剥削，消除两极分化，实现共同富裕，这是社会主义本质。这个认识把生产力放进去了，阻碍生产力发展的社会主义、贫穷的社会主义，不是真正的、合格的社会主义。1980 年邓小平同志首次论及社会主义本质时说道："社会主义是一个很好的名词，但是如果搞不好，不能正确理解，不能采取正确的政策，那就体现不出社会主义的本质。"[1]1990 年邓小平同志进一步论述社会主义本质问题时指出："社会主义最大的优越性就是共同富裕，这是体现社会主义本质的一个东西。"[2]1992 年他在南方谈话中对社会主义本质问题作了全面论述："社会主义的本质，是解放生产力，发展生产力，消灭剥削，消除两极分化，最终达到共同富裕。"[3]邓小平同志对社会主义本质的论述，从根本上总结了社会主义建设的基本经验，抓住了社会主义的根本属性，体现了发展生产力是社会主义的根本任务、本质要求，体现了解放生产力和发展生产力，体现了生产力与生产关系、社会主义的现实任务和根本目标的高度统一，是我们党对社会主义的新认识。

怎样建设社会主义？邓小平理论告诉我们，一切从本国生产力实际出发，走中国人自己的道路，建设有中国特色的社会主义。什么是一切从实际出发？就是不要照抄照搬别国的经验和模式，按照自己的实际来办事，从本国的生产力发展的实际状况出发来搞社会主义建设。邓小平同志说："无论是革命还是建设，都要注意学习和借鉴外国经验。但是，照抄照搬别国经验、别国模式，从来不能得到成功。""把马克思主义的普遍真理同我国的具体实际结合起来，走自己的道路，建设有中国特色的社会主义，这就是我们总结长期历史经验得出的基本结论。"[4]党的十一届三中全会以来，我们党在邓小平同志指引下，经过实践探索，逐步明确并确立了中国特色社会主义道路。马克思主义认为，社会

[1]《邓小平文选》第 2 卷，人民出版社 1983 年版，第 313 页。
[2]《邓小平文选》第 3 卷，人民出版社 1993 年版，第 364 页。
[3]《邓小平文选》第 3 卷，人民出版社 1993 年版，第 373 页。
[4]《邓小平文选》第 3 卷，人民出版社 1993 年版，第 2—3 页。

主义社会生产力要高度发达，而我们是在生产力不发达的落后国家搞社会主义。怎样建设社会主义呢？首先，必须把发展社会主义的生产力作为社会主义的根本任务。其次，要从本国生产力的实际情况出发，建设适应本国生产力发展的经济体制和政治体制。邓小平理论就是对"什么是社会主义，怎样建设社会主义"问题的回答，就是在中国这个落后的国家探索如何建设社会主义的经验总结与理论概括。邓小平理论在总结中外社会主义建设的经验教训的基础上，把对社会主义的认识提高到了一个新的水平。

对社会主义的新认识必须注意两个问题：第一个问题是要认识到社会主义的长期性，特别是社会主义初级阶段的长期性。对长期性的认识是基于对落后国家生产力发展长期性的判断而得出来的正确认识。我国社会主义初级阶段是长期的，必须坚持党的基本路线一百年不动摇。社会主义初级阶段是长期的，社会主义也是长期的，必须对社会主义初级阶段长期性、社会主义长期性有足够的认识。第二个问题是既要彻底批判社会主义建设"速成论"，同时又要批判社会主义"渺茫论"和科学社会主义理论"过时论"。

科学社会主义理论并没有过时，但必须不断发展。邓小平同志所开创的中国特色社会主义道路，从理论上和实践上坚持了马克思主义，坚持了社会主义，是对"速成论""渺茫论""过时论"的有力批判。

中国正处于社会主义的初级阶段[1]

建设社会主义一定要从本国的国情出发，从本国的生产力实际出发。对本国的国情、本国的生产力实际的科学认识，是制定党的正确的理论、路线、纲领的基本依据。中国特色社会主义的基本国情是什么呢？中国正处于社会主义发展的初级阶段，这就是中国特色社会主义最基本的国情，是中国特色社会主义最重要的生产力发展现状。

党的社会主义初级阶段理论

中国正处于社会主义初级阶段的理论是邓小平同志在解决了"什么是社会主义，怎样建设社会主义"这个首要的基本问题的基础上所作出的科学论断，它揭示了我国的基本国情和生产力的基本状况，说明了"什么是中国特色社会主义，怎样建设中国特色社会主义"，为制定党在社会主义初级阶段的正确的基本路线和基本纲领，提供了重要的理论依据。

（一）社会主义初级阶段理论的提出和形成。

1. 经典作家关于社会主义发展阶段的基本原理。科学社会主义创始人马克思和恩格斯在考察和分析人类社会发展的历史进程时，特别是马克思在 1875 年

---

[1] 本文是作者 2001 年 9 月 11 日在中联部举办的老挝中央委员班上的讲稿的第二部分。原载《王伟光讲习录》，中共中央党校出版社 2008 年版。

《哥达纲领批判》中，曾经提出了对未来共产主义社会发展阶段的科学设想，预测未来社会将经历三个相互衔接的阶段：从资本主义到共产主义（即社会主义）的革命转变、过渡阶段；共产主义第一阶段，即社会主义阶段；共产主义高级阶段。列宁继承和发展了马克思主义理论。在十月革命前夕，他不仅阐明了马克思所说的共产主义社会的"第一"阶段和"高级"阶段是经济上成熟程度不同的"两个阶段"，而且还明确指出，"通常所说的社会主义，马克思把它称作共产主义社会的'第一'阶段或低级阶段"，也就是"社会主义社会"[1]。十月革命后，列宁根据经济文化落后的俄国的实际进一步指出，社会主义社会是一个很长的历史阶段，要经过若干阶段的发展，是一个不断从低级到高级的多级发展过程。

2. 社会主义各国对社会主义发展阶段的曲折认识。斯大林忽视了列宁关于社会主义社会划分阶段的思想，忽视了社会主义发展的长期性和阶段性，把社会主义看成一个短暂的发展阶段，急于向共产主义社会过渡。在这种急于过渡的思想指导下，到赫鲁晓夫时期发展到了极端，鼓吹七至八年建成共产主义。在冒进思想的影响下，苏东社会主义国家在社会主义社会建设实践中不断出现失误。

我国对社会主义发展阶段的认识也是曲折的。20 世纪 50 年代初，毛泽东同志明确提出社会主义可以分成两个阶段，一个是不发达的社会主义，一个是比较发达的社会主义。后来毛泽东同志估计"用 10 年到 15 年的时间基本上完成到社会主义的过渡"。在 1956 年认为我国基本完成社会主义改造任务，进入社会主义社会。1958 年，我们党提出提前建成社会主义和过渡到共产主义的口号。到 60 年代初，毛泽东同志开始认识到社会主义社会将是一个很长的历史时期。但同时，他认为，社会主义历史时期始终存在着两个阶级、两条道路的斗争，坚持"以阶级斗争为纲"。

3. 社会主义初级阶段理论的提出。在党的十一届三中全会"解放思想，实事求是"的思想路线的指导下，我们党逐步形成了我国还处在社会主义初级阶段的理论。1981 年 6 月，党在十一届六中全会上通过的《关于建国以来党的若干历史问题的决议》中，第一次提出"我们的社会主义制度还是处于初级的阶段"。1981 年 9 月，党的十二大报告又指出，"我国的社会主义社会现在还处在

---

[1]《列宁选集》第 3 卷，人民出版社 1995 年版，第 199—200 页、193 页。

初级发展阶段"。1986 年 9 月，党在十二届六中全会通过的《关于社会主义精神文明建设指导方针的决议》中则进一步论述："我国还处在社会主义的初级阶段，不但必须实行按劳分配，发展社会主义的商品经济和竞争，而且在相当长历史时期内，还要在公有制为主体的前提下发展多种经济成分，在共同富裕的目标下鼓励一部分人先富裕起来。"1987 年，邓小平同志指出："我们党的十三大要阐述中国社会主义是处在一个什么阶段，就是处在初级阶段，是初级阶段的社会主义。社会主义本身是共产主义的初级阶段，而我们中国又处在社会主义的初级阶段，就是不发达的阶段。一切都要从这个实际出发，根据这个实际来制订规划。" [1] 1987 年 10 月，党的十三大报告系统地阐述了社会主义初级阶段理论。

（二）社会主义初级阶段的科学内涵。

社会主义初级阶段理论的基本含义有二：一是我国社会制度的性质是社会主义，即我国已经是社会主义，必须坚持而不是离开社会主义；二是我国正处于社会主义的初始阶段，即初级阶段，必须从这个实际出发，而不能超越这个实际。

（三）社会主义初级阶段的历史地位。

社会主义初级阶段，不是说任何国家进入社会主义都必须经历的一个起始阶段，而是特指我国在生产力落后、商品经济不发达条件下建设社会主义所必须经历的特定阶段。

（四）社会主义初级阶段的基本矛盾和主要矛盾。

社会主义初级阶段的基本矛盾仍然是生产力与生产关系、经济基础与上层建筑之间的矛盾，这个基本矛盾在我国当前具体表现为原有的经济政治体制不适应生产力的状况和水平。社会主义初级阶段的主要矛盾是人民日益增长的物质文化需要同落后的社会生产之间的矛盾，阶级斗争不是社会的主要矛盾，但它在一定范围内还将长期存在。

---

[1]《邓小平文选》第 3 卷，人民出版社 1993 年版，第 252 页。

（五）社会主义初级阶段的根本任务。

大力解放和发展社会主义社会生产力，是社会主义初级阶段的根本任务。为了完成这一根本任务，必须发展商品经济，建立和完善社会主义市场经济体制，解决人民日益增长的物质文化需要同落后的社会生产的矛盾，使我国早日摆脱落后的状况。

（六）社会主义初级阶段的基本特征。

党的十五大报告从九个方面进一步阐发了社会主义初级阶段的特征：（1）是逐步摆脱不发达状态，基本实现社会主义现代化的历史阶段；（2）是由农业人口占很大比重、主要依靠手工劳动的农业国，逐步转变为非农业人口占多数、包含现代农业和现代服务业的工业化国家的历史阶段；（3）是由自然经济半自然经济占很大比重，逐步转变为经济市场化程度较高的历史阶段；（4）是由文盲半文盲人口占很大比重、科技教育文化落后，逐步转变为科技教育文化比较发达的历史阶段；（5）是由贫困人口占很大比重、人民生活水平比较低，逐步转变为全体人民比较富裕的历史阶段；（6）是由地区经济文化很不平衡，通过有先有后的发展，逐步缩小差距的历史阶段；（7）是通过改革和探索，建立和完善比较成熟的充满活力的社会主义市场经济体制、社会主义民主政治体制和其他方面体制的历史阶段；（8）是广大人民牢固树立建设有中国特色社会主义共同理想，自强不息，锐意进取，艰苦奋斗，勤俭建国，在建设物质文明的同时努力建设精神文明的历史阶段；（9）是逐步缩小同世界先进水平的差距，在社会主义基础上实现中华民族伟大复兴的历史阶段。这样的历史进程，至少需要一百年时间。至于巩固和发展社会主义制度，那还需要更长得多的时间，需要几代人、十几代人，甚至几十代人坚持不懈的努力奋斗。

（七）社会主义初级阶段的发展战略。

邓小平同志为我国社会主义初级阶段设定了"三步走"的发展战略。第一步以1980年国民生产总值为基数，到1990年翻一番（这步已提前完成）；第二步在90年代再翻一番，到2000年实现小康（这一步也实现了）；第三步到21世纪中叶再翻两番，达到中等发达国家水平。（党的十五大报告把第三步分为三阶段，即2010年、2020年和2050年。）

党在社会主义初级阶段的基本路线和基本纲领

从中国正处于社会主义初级阶段这一基本国情出发，我们党制定了贯穿整个社会主义初级阶段的基本路线，这是我们党从十一届三中全会以来执行的正确路线，也就是党的十三大所概括的"一个中心、两个基本点"的党的基本路线。党在社会主义初级阶段的基本路线是我们党、国家和民族的生命线，是我们党在整个社会主义初级阶段的根本指导方针和必须遵循的基本原则。20多年改革开放的实践已经证明这条路线是完全正确的。

（一）社会主义初级阶段基本路线的科学表述。

社会主义初级阶段基本路线的准确表述是："领导和团结全国各族人民，以经济建设为中心，坚持四项基本原则，坚持改革开放，自力更生，艰苦创业，为把我国建设成富强、民主、文明的社会主义现代化国家而奋斗。"其中"一个中心，两个基本点"是党在社会主义初级阶段基本路线的主要内容，是邓小平同志简洁而又准确的概括，也是邓小平理论的集中体现。1. 党的基本路线规定了党在社会主义初级阶段的奋斗目标，即把我国建设成为富强、民主、文明的社会主义现代化国家；2. 规定了实现现代化总体目标的根本途径，规定了社会主义建设的主要任务、原则和动力，即以经济建设为中心，坚持四项基本原则，坚持改革开放；3. 规定了实现社会主义现代化总体目标的坚强的领导核心和依靠力量，即党和全国各族人民；4. 规定了实现社会主义现代化总体目标的基本立足点和精神力量，即自力更生、艰苦创业。

（二）社会主义初级阶段的基本纲领的科学表述。

党的十五大以党的基本路线为指导，全面阐述了党在社会主义初级阶段的基本纲领。基本纲领是社会主义初级阶段基本路线在经济、政治、文化各个领域的展开和具体化。只有基本路线，没有基本纲领，基本路线就会落空，而离开了基本路线指导的基本纲领，又会迷失正确的方向。

1. 经济纲领——建设中国特色社会主义经济。在社会主义条件下发展市场经济，不断解放和发展生产力。这就要：坚持和完善社会主义公有制为主体、多种所有制经济共同发展的基本经济制度；坚持和完善社会主义市场经济体制，使市场在国家宏观调控下对资源配置起基础作用；坚持和完善以按劳分配为主体的多种分配方式，允许一部分人先富起来，带动和帮助后富，逐步走向共同富裕；坚持和完善对外开放，积极参与国际经济合作和竞争。保证国民经济持续快速健康发展，人民共享经济繁荣成果。

2. 政治纲领——建设中国特色社会主义政治。在中国共产党领导下，在人民当家作主的基础上，依法治国，发展社会主义民主政治。这就要：坚持和完善工人阶级领导的、以工农联盟为基础的人民民主专政；坚持和完善人民代表大会制度和共产党领导的多党合作、政治协商制度以及民族区域自治制度；发展民主，健全法制，建设社会主义法治国家。实现社会安定，政治廉洁高效，全国各族人民团结和睦、生动活泼的政治局面。

3. 文化纲领——建设中国特色社会主义文化。以马克思主义为指导，以培养有理想、有道德、有文化、有纪律的公民为目标，发展面向现代化、面向世界、面向未来的，民族的科学的大众的文化。这就要：坚持用邓小平理论武装全党，教育人民；努力提高全民族的思想道德素质和教育科学文化水平；坚持为人民服务、为社会主义服务的方向和百花齐放、百家争鸣的方针，重在建设、繁荣学术和文艺。建设立足中国现实、继承优秀历史文化传统、吸取外国文化有益成果的社会主义精神文明。

（三）要警惕右，防止"左"，排除"左"和右两方面的干扰，坚持党的基本路线一百年不动摇。

邓小平同志在总结党的十一届三中全会以来的基本经验时指出："搞社会主义现代化建设是基本路线。要搞现代化建设使中国兴旺发达起来，第一，必须实行改革、开放政策；第二必须坚持四项基本原则，主要是坚持党的领导，坚持社会主义道路，反对资产阶级自由化，反对走资本主义道路。这两个基本点是相互依存的。"[1]在南方谈话中，邓小平同志坚决批评了怀疑、干扰、影响党的基本路线贯彻执行的"左"和右两个方面的错误倾向，再三强调基本路线要管一百年，动摇不得。他说："要坚持党的十一届三中全会以来的路线、方针、政策，关键是坚持'一个中心、两个基本点'。不坚持社会主义，不改革开放，不

---

[1]《邓小平文选》第 3 卷，人民出版社 1993 年版，第 248 页。

发展经济，不改善人民生活，只能是死路一条。基本路线要管一百年，动摇不得。只有坚持这条路线，人民才会相信你，拥护你。谁要改变三中全会以来的路线、方针、政策，老百姓不答应，谁就会被打倒。"[1] 20 多年伟大实践的经验，集中到一点，就是毫不动摇地坚持党的基本路线。

第一，改革开放 20 多年的历史实践充分证明，党的基本路线符合我国现阶段客观实际，反映了中国社会主义初级阶段发展的客观规律，是社会主义得到发展、人民生活得到改善的唯一正确的路线。

第二，在这条基本路线指引下，我们经受住了国际国内各种政治风浪的严峻考验，它是使我国长期稳定、国家兴旺发达的根本政治保证。

第三，坚持这条基本路线是广大人民群众的根本利益所在，谁要改变党的十一届三中全会以来的路线、方针、政策，老百姓不答应，谁就会被打倒。

第四，坚持党的基本路线一百年不动摇，是由社会主义建设的长期性、艰巨性所决定的，是由我国经济发展分三步走、基本实现现代化的伟大战略目标所决定的。

坚持党的基本路线一百年不动摇，关键是坚持以经济建设为中心不动摇。20 多年来，尽管国际国内发生了一系列重大变化，但我们都没有动摇坚持以经济建设为中心的决心。今后我们必须坚定不移地抓住这个中心不放。邓小平同志说："现在要横下心来，除了爆发大规模战争外，就要始终如一地、贯彻始终地搞这件事，一切围绕着这件事，不受任何干扰。"[2]

坚持党的基本路线一百年不动摇，重要的是必须把坚持改革开放和坚持四项基本原则有机地统一起来。坚持四项基本原则是前提和政治保证，坚持改革开放是动力和途径，这是基本路线不可分割的两个方面，这两个方面都是为了更好地解放和发展生产力，缺一不可。

坚持党的基本路线一百年不动摇，必须巩固和发展团结稳定的政治局面。政治不稳定，社会动乱不止，国无宁日，民无安定，党的基本路线、基本政策不可能顺利贯彻，改革开放、经济建设和其他各项事业不可能正常进行，人民生活也不可能改善。治则兴，乱则衰，保持安定团结的政治局面，保持社会稳定，为坚持党的基本路线提供一个稳定的社会环境，这是头等重要的一件大事。

[1]《邓小平文选》第 3 卷，人民出版社 1993 年版，第 370—371 页。

[2]《邓小平文选》第 2 卷，人民出版社 1994 年版，第 249 页。

　　坚持党的基本路线一百年不动摇，要注意防止"左"、右两种错误倾向。右的表现主要是否定四项基本原则，搞资产阶级自由化，制造动乱。"左"的表现主要是用"以阶级斗争为纲"的思想影响和冲击经济建设这个中心。右可以葬送社会主义，"左"也可以葬送社会主义。坚持党的基本路线，要警惕右，防止"左"。

　　"一个中心，两个基本点"的基本路线来之不易，是我们党在社会主义建设的挫折和曲折中，在社会主义建设的成功和前进中，经过认真总结而取得的。强调坚持党的基本路线一百年不动摇，是邓小平同志对我们全党所作的重要的"政治交代"。我们一定要确立这样一个信心和决心：党的基本路线一定要坚持，也一定能够坚持；社会主义在中国一定要胜利，也一定能够胜利。

马克思主义在当代中国与时俱进、不断创新的光辉典范 [1]

邓小平南方谈话是一篇当代中国马克思主义的纲领性文献，它是邓小平理论的代表作，集中地、系统地论述了邓小平理论的科学体系、精神实质和现实意义，是当代马克思主义的经典之作，在当代中国马克思主义的形成与发展过程中具有重要的地位和作用。只有从我们党所领导的社会主义改革开放和现代化建设事业经历了两个十年，这样一个历史的跨度、时空的角度、实践的高度，来看待南方谈话的地位、意义和作用，才能更深刻地理解南方谈话的理论内涵、精神实质和政治意义。

一、党的十一届三中全会上的讲话："解放思想、实事求是"的
第一篇政治宣言书

从 1978 年党的十一届三中全会到 80 年代末 90 年代初，是我国社会主义改革开放和现代化建设的第一个十年，这个阶段是以邓小平同志在党的十一届三中全会上的重要讲话《解放思想，实事求是，团结一致向前看》作为标志的，党的十五大把这篇重要讲话概括为我国社会主义改革开放和现代化建设进程中的第一篇政治宣言书。中国共产党历史上曾经有过两次重大转折：一次是遵义会议，一次是党的十一届三中全会。十一届三中全会是我们党在社会主义建设正处于生死存亡的关键时刻召开的一次极其重要的会议。1976 年粉碎"四人帮"

---

[1] 本文原载《中共中央党校报告选》，2002 年第 3 期。

到 1978 年，我国社会主义建设正处于徘徊时期。因为当时是按照"两个凡是"的主张指导工作的。所谓"两个凡是"，实质上就是仍然坚持"文化大革命"所奉行的错误理论和路线不变。1976 年，我们国家已经被"四人帮"破坏到近于危险边缘，又经过两年的徘徊，我国经济社会发展更是雪上加霜，资本主义世界已经进入现代资本主义发展的新阶段。在这个重要的历史转折关头，邓小平同志提出了"解放思想、实事求是，团结一致向前看"的正确主张，发动了"实践是检验真理的唯一标准"的大讨论，恢复了实事求是的思想路线，进行了理论上和路线上的拨乱反正，确定了以经济建设为中心，坚持四项基本原则、坚持改革开放的正确路线。邓小平同志的第一篇政治宣言书，起到了在历史转折关头力挽狂澜的巨大历史作用。正是在正确的思想路线和政治路线的指引下，我们党领导全国人民按照邓小平同志开创的改革开放新格局和新思路，整整走了十年。在这十年中，农村发生了巨大变化，城市改革进入攻坚阶段，中国特色社会主义现代化建设取得了重大成绩。这十年，也正是邓小平理论逐步系统化的十年。

二、南方谈话："解放思想、实事求是"的第二篇政治宣言书

20 世纪 90 年代初到 20 世纪末是中国特色社会主义事业发展的第二个十年，20 世纪 80 年代末 90 年代初正是该阶段的历史转折关头。80 年代末 90 年代初，国际上发生了东欧剧变，列宁亲手创建的社会主义国家苏联崩溃了，东欧社会主义阵营不复存在了，社会主义在东欧和苏联暂时失败了。在国际上反社会主义、反马克思主义的逆流冲击下，我国也发生了一场重大政治风波。当时，我们党面临着国际国内复杂严峻的形势，面对着来自"左"和右两方面的干扰。"左"的干扰认为改革开放是错误的，以经济建设为中心也是错误的，应该回到"以阶级斗争为纲"的路线上去。右的干扰则鼓吹完全"西化"，完全私有化，完全资本主义化。"左"和右两方面的干扰都很严重，我国社会主义改革开放和现代化建设的进程受到了严重的影响。中国社会主义究竟向何处去？这成为世界瞩目的焦点。在这个关键的历史时刻，邓小平同志提出，坚持党的基本路线一百年不动摇。不坚持社会主义，不改革开放，不改善人民生活，只有死路一条。谁要改变党的十一届三中全会以来的路线、方针、政策，老百姓不

答应，谁就会被打倒。这就是说，党的十一届三中全会以来的路线是完全正确的。既要防止"左"，又要防止右，要坚定不移地沿着党的十一届三中全会确定的路线走下去。南方谈话正是在这样大的历史背景下，经过邓小平同志深思熟虑而形成的，它是我们党在改革开放至关重要的历史关头的第二篇"解放思想、实事求是"的政治宣言书。

邓小平同志南方谈话篇幅虽短，朴实无华，但理论和政治内涵是十分深刻、博大的。邓小平理论体系中几乎所有的重要观点都在南方谈话中体现出来了，它是邓小平理论的系统的、集中的体现，是邓小平理论科学体系最终形成的标志。从今天的现实来看，需要从以下几个方面加深对南方谈话的理解。

第一，南方谈话科学地回答了"什么是社会主义、怎样建设社会主义"这个中国特色社会主义建设的首要的基本问题。邓小平同志说："什么是社会主义，如何建设社会主义。我们的经验有许多条，最重要的一条，就是要搞清楚这个问题。"他还说："问题是要把什么叫社会主义搞清楚，把怎样建设和发展社会主义搞清楚。"因为不搞清楚这个问题，中国特色社会主义的发展就没有前途，没有出路，没有方向。在这个首要的基本问题上，邓小平同志一针见血，抓住了要害。从苏联、东欧的失败到中国社会主义建设的历程来看，我们在这个问题的认识和实践上，曾经走过很长一段弯路。150 多年前，马克思、恩格斯创立了唯物史观和剩余价值理论，揭示了资本主义必然灭亡和社会主义必然胜利的历史规律，得出社会主义革命在数国同时取得胜利的结论。列宁继承和发展了马克思主义，分析了垄断资本主义的经济政治矛盾，揭示了帝国主义发展不平衡的规律，突破了马克思恩格斯的原有结论，得出了社会主义革命可以在一国首先取得胜利的结论，领导了十月革命，建立了人类历史上第一个社会主义制度的国家。毛泽东同志把马克思列宁主义同中国革命的具体实践相结合，解决了在中国半封建半殖民地社会夺取政权的理论、路线和道路问题，创立了毛泽东思想。关于什么是社会主义，在落后的中国怎么建设社会主义的问题，尽管毛泽东同志在领导中国社会主义建设的实践中有所探索，但并没有完全科学地解决这个问题。邓小平理论科学地、系统地也是初步地回答了"什么是社会主义，怎样建设社会主义"的问题，解决了在中国这样落后的东方大国怎样建设社会主义的问题。邓小平同志说过，贫穷不是社会主义。只有富起来，好起来，人们才会说社会主义好。邓小平同志提出了社会主义本质论和社会主义初级阶段论，对"什么是社会主义，怎样建设社会主义"问题从根本上进行了科学的回答。

第二，"解放思想，实事求是"是南方谈话的精神实质，是邓小平理论的精髓，是贯穿南方谈话全文的一条红线。实事求是是毛泽东思想的灵魂，是我们党克敌制胜的法宝。邓小平同志说，实事求是是马克思主义的精髓，要提倡这个，不要提倡本本。邓小平同志加上了"解放思想"四个字，使毛泽东思想实事求是的思想路线更全面了。解放思想、实事求是是邓小平理论的精髓，没有解放思想、实事求是，就没有党的十一届三中全会，就没有改革开放的 20 年，就没有今天面向 21 世纪的中国共产党和面向 21 世纪的中华民族。

第三，南方谈话关于社会主义市场经济的观点，是对马克思主义经济理论和科学社会主义理论的重大突破。长期以来，把计划经济看作是社会主义的特征、把市场经济看作是资本主义特征的传统观念，严重束缚着人们的头脑。把市场经济与社会主义结合起来是前无古人的探索。社会主义可以搞市场经济，是南方谈话的一个重要观点。"计划多一点还是市场多一点，不是社会主义与资本主义的本质区别。计划经济不等于社会主义，资本主义也有计划；市场经济不等于资本主义，社会主义也有市场。计划和市场都是经济手段。"实际上，邓小平同志早在 1979 年就提出社会主义市场经济的思想。如果没有社会主义市场经济这个重大理论突破，我国现代化建设就不会有如此翻天覆地的历史性巨变。

第四，南方谈话关于"三个有利于"的判断标准，是"解放思想、实事求是"思想路线的具体化和深化。必须按照"三个有利于"的判断标准来判断改革开放中的是非问题、成败问题。从哲学基础上来讲，解放思想、实事求是是个辩证唯物主义认识论问题，"三个有利于"判断标准则是"解放思想、实事求是"的思想路线在历史观领域的具体体现。邓小平同志在南方谈话中明确指出："改革开放迈不开步子，不敢闯，说来说去就是怕资本主义的东西多了，走了资本主义道路。要害是姓'资'还是姓'社'的问题。判断的标准，应该主要看是否有利于发展社会主义社会的生产力，是否有利于增强社会主义国家的综合国力，是否有利于提高人民的生活水平。"从党的十一届三中全会到南方谈话的实践告诉我们，社会主义改革开放和现代化建设进程中的最大阻力往往来自传统观念的禁锢。党的十一届三中全会的争论就是实践是检验真理的标准还是"两个凡是"是检验真理的标准。用什么标准判断改革的对与错呢？邓小平同志讲判断姓"社"姓"资"的标准，主要是"三个有利于"，这就把"三个有利于"标准引申到改革开放的实践中，把实事求是思想路线引申到社会历史观领域。怎样才能在工作中体现"三个有利于"呢？关键在党，关键在领导干部。党和党的领导干部怎么才能做到"三个有利于"呢？就要按照"三个代表"重要思想的要求，代表先进生产力、代表先进文化、代表人民利益。"三个代表"重要思想与"三个有利于"判断标准具有非常鲜明的理论继承性。

第五，既要防止"左"，又要防止右，是南方谈话的重要观点。邓小平同志说："现在有右的东西影响我们，也有'左'的东西影响我们，但根深蒂固还是'左'的东西。有些理论家、政治家拿大帽子吓唬人的，不是右，而是'左'，'左'带有革命的色彩，好像越'左'越革命。'左'的东西在我们党的历史上十分可怕呀！……右可以葬送社会主义，'左'也可以葬送社会主义。中国要警惕右，但主要是防止'左'。"这一段话非常深刻。在中国革命历史上，危害最大的是"左"。王明"左"倾机会主义就是如此，披着马克思主义的外衣欺骗人，自称是百分之百的布尔什维克。结果，中央根据地全部丢失，红军损失90%。从1957年以来，社会主义建设时期危害最大的是"左"，当然右的危害也在，在解决"左"的同时，必须时时防右。

第六，中国的问题关键在党，是南方谈话关于执政党建设的重要思想。邓小平同志说："正确的政治路线要靠正确的组织路线来保证。中国的事情能不能办好，社会主义改革开放能不能坚持，经济能不能快速发展起来，国家能不能长治久安，从一定意义说，关键在人。"他又说："中国要出问题，还是出在共产党内。"这是一个非常重要的观点。加强党的建设是关系到中国特色社会主义建设成败的关键问题。当前党的作风建设是党的建设的突破口。如何解决密切联系群众的问题，是一个关系到党生死存亡的关键问题，是当前党的作风建设所要解决的核心问题。

三、南方谈话：改革开放和现代化建设进入新阶段的标志

南方谈话抓住了我国社会主义建设实践中长期困扰人们的根本性问题，抓住了中国特色社会主义建设进程中一系列重大问题，从理论上给予科学的回答，对中国特色社会主义建设具有战略性的、前瞻性的、全局性的指导意义。南方

谈话是对党的十一届三中全会以来我们党领导的社会主义改革开放新鲜经验的高度总结，是对世界各国社会主义建设历史经验教训的高度总结，是对国际共产主义运动及其发展经验教训的高度总结。如果说邓小平同志的《解放思想，实事求是，团结一致向前看》的重要讲话起到了拨乱反正、开辟中国特色社会主义建设正确航道的重要历史作用，那么南方谈话就起到了既要防止"左"，又要反对右，全面肯定党的十一届三中全会以来的理论、路线和实践，坚定不移地沿着社会主义改革开放的正确道路走下去，开拓社会主义改革开放的新局面，掀起现代化建设新高潮的伟大历史作用。党的十四大对南方谈话的深远历史意义和伟大现实意义作出了高度的评价："以邓小平同志南方谈话和今年 3 月中央政治局全体会议为标志，我国改革开放和现代化建设事业进入了一个新的阶段。"南方谈话在中国特色社会主义改革开放和现代化建设的历史上，具有划时代的历史意义和推动中国社会发展的现实意义。回顾当时 80 年代末 90 年代初的历史现状，可以清楚地看到南方谈话的极端重要性。没有南方谈话，就没有今天建设中国特色社会主义的大好形势。南方谈话既对前十年我国改革开放事业作了肯定和总结，又对开辟改革开放第二个十年起到了重大推动作用。从南方谈话至今十余年的伟大实践，充分证明了南方谈话所具有的强大的理论生命力。南方谈话标志着邓小平理论达到了成熟的高峰。

发展社会主义民主，建设社会主义政治文明 [1]

"发展社会主义民主政治，建设政治文明，是全面建设小康社会的重要目标。"党的十六大报告第一次提出政治文明概念，提出了建设社会主义政治文明的重要战略举措，反映了我们党对"什么是社会主义、怎样建设社会主义"这一历史性课题的深化认识，反映了我们党对全面建设小康社会，实现中国特色社会主义事业伟大目标的全面认识。社会主义政治文明思想是对马克思主义的丰富，是对邓小平理论的发展，是"三个代表"重要思想在中国社会主义现代化建设方面的体现。

在建设社会主义物质文明、精神文明的同时，建设社会主义政治文明，这也是树立和落实科学发展观的基本要求。

一、马克思主义理论的创新，邓小平理论的发展

提出建设社会主义政治文明思想，是我们党对马克思主义理论、邓小平理论的又一次创新，反映了我们党对"什么是社会主义、怎样建设社会主义"，"什么是中国特色社会主义、怎样建设中国特色社会主义"历史性课题的继续认识。

首先，社会主义政治文明思想的提出，发展了马克思主义的社会文明理论和政治文明观点。

马克思恩格斯等经典作家多次论述过社会文明的发展及其内涵，形成了马

[1] 本文发表于《人民日报》，2003 年 6 月 20 日。

克思主义关于社会文明的理论。马克思恩格斯在人类进化史和社会发展史的研究中，曾经科学地阐述了人类文明的发展和文明时代的划分问题。马克思恩格斯把人类社会划分为蒙昧时代、野蛮时代和文明时代，认为人类的原始社会是蒙昧时代和野蛮时代，从原始社会解体和奴隶社会产生初始，人类社会进入了文明时代，从人类开始分裂为阶级，并有文字记载以来的迄今为止的整个社会发展历史进程都属于文明时代。他们认为社会文明是人类社会发展到一定阶段的人类社会进步的总体状态。他们还深刻揭露了人类阶级社会文明的两重性，指出，阶级社会的文明既推动了社会进步，同时又产生和扩大了社会对立。

马克思主义的政治文明观点是马克思主义社会文明理论的重要组成部分。马克思、恩格斯、列宁在《共产主义原理》《共产党宣言》《〈政治经济学批判〉序言、导言》《家庭、私有制和国家的起源》《国家与革命》《论国家》等著作中，从不同的角度阐述了丰富的政治文明思想。他们关于人类社会的物质文明、政治文明和精神文明的划分理论；关于"文明社会的概括"即国家的起源、本质、职能和消亡规律的阐述；关于政治文明在阶级社会的阶级属性的分析；关于占统治地位的阶级是社会上占统治地位的物质力量、政治力量和精神力量的论述；关于资本主义政治文明两重性、资本主义民主政治和法制制度是资本主义政治文明的基本标志的论述；关于社会主义民主、法制同资本主义民主、法制的联系和区别，社会主义政治文明的本质内容的科学认识等，都是马克思主义政治文明理论观点的重要内容。党的十六大报告把社会文明分为物质文明、精神文明、政治文明三大部分，把社会主义建设确定为三大文明建设，提出社会主义政治文明建设的重要思想，是对马克思主义的社会文明理论和政治文明观点的丰富和发展，反映了我们党在理论上的创新。

其次，社会主义政治文明思想的提出，是对"什么是社会主义，怎样建设社会主义"的重大历史课题的进一步回答，是新的历史条件下对邓小平理论的进一步丰富和发展。

对"什么是社会主义、怎样建设社会主义"的认识，人们经历了一个长期的实践和认识过程。科学社会主义的经典作家马克思恩格斯曾对未来社会主义社会的特征作过大体的预测和描述，他们认为，未来社会主义应当包括生产力的高度发展、生产资料全社会占有、按劳分配、计划经济、人的全面发展等重要特征；同时他们科学地论证了文明与社会主义是不可分离的，高度文明的发展需要社会主义，社会主义的不断完善也需要高度文明的发展。这是当时马克思恩格斯对"什么是社会主义、怎样建设社会主义"的初步认识。

列宁特别强调社会主义应当创造比资本主义更高的劳动生产率，在经过一段苏维埃社会主义建设的实践之后，提出了新经济政策思想，提出一系列在落后的俄国进行社会主义建设的探索性的思路。他还认为社会主义既要大力发展经济，又要重视思想文化建设的重要思想。这是对"什么是社会主义、怎样建设社会主义"的进一步认识。列宁从当时俄国落后的国家现状出发，认为当时还不具备条件全面阐述社会主义特征，也就是说全面回答"什么是社会主义、怎样建设社会主义"的条件还不成熟，人们是不可能对"什么是社会主义、怎样建设社会主义"作出完满的回答，他说："要论述一下社会主义，我们还办不到；达到完备形式的社会主义会是个什么样子，——这我们不知道，也无法说。"[1]

毛泽东早在《新民主主义论》等著作中就创造性地提出了新民主主义经济、新民主主义政治、新民主主义文化及其相互关系的思想。在领导社会主义建设的探索实践中，提出了发展社会主义民主的基本思路，奠定了中国特色社会主义政治文明的理论基础。他领导我们在中国这样一个人口众多、发展落后的东方大国建立了社会主义的基本政治制度：人民民主专政的国家制度，人民代表大会制度，共产党领导的多党合作制度和民族区域自治制度，初步奠定了社会主义政治文明基本形态的基础。

邓小平在改革开放的新的历史条件下，立足于新的实践，总结新的经验，指出社会主义的本质"是解放生产力、发展生产力，消灭剥削，消除两极分化，最终达到共同富裕"，从根本上回答了"什么是社会主义"的问题。同时提出了"一切从实际出发、走自己的路，建设有中国特色社会主义"的重要思想，开创了建设中国特色社会主义的正确道路，解决了在落后的中国"如何建设社会主义"的重大历史课题。邓小平在突出强调社会主义物质文明建设的同时，把精神文明建设看作是社会主义的重要特征，看作是社会主义现代化建设的重要目标和重要保证，并且赋予社会主义精神文明更为深刻的思想内容，提出社会主义必须坚持物质文明和精神文明"两大文明一起抓"的思想。邓小平说："我们要建设的社会主义国家，不但要有高度的物质文明，而且要有高度的精神文

[1]《列宁全集》第34卷，人民出版社1985年版，第60页。

明。"只有把物质文明和精神文明都搞好了，才是有中国特色的社会主义。[1] 他认为，社会主义精神文明建设是社会主义的重要特征，是社会主义优越性的重要表现。邓小平第一次比较系统地同时也是初步地提出了在中国这样的经济文化比较落后的国家如何建设社会主义民主政治的问题。他认为，高度的社会主义民主是社会主义政治文明的核心内容。早在 1980 年，邓小平明确指出："我们进行社会主义现代化建设，是要在经济上赶上发达的资本主义国家，在政治上创造比资本主义国家的民主更高更切实的民主。"[2] 明确提出了社会主义民主政治建设的伟大目标。建设社会主义民主政治，其基本问题是加强党和国家的制度建设，深入进行政治体制改革，民主政治建设最重要、最关键的就是制度建设。他科学地总结社会主义各国党在民主政治建设方面的经验教训，深刻地指出："我们过去发生的各种错误，固然与某些领导人的思想、作风有关，但是组织制度、工作制度方面的问题更重要。这些方面的制度好可以使坏人无法任意横行，制度不好可以使好人无法充分做好事，甚至会走向反面……斯大林严重破坏社会主义法制，毛泽东同志就说过，这样的事件在英、法、美这样的西方国家不可能发生。他虽然认识到这一点，但是由于没有在实际上解决领导制度问题以及其他一些原因，仍然导致了'文化大革命'的十年浩劫。这个教训是极其深刻的。"[3] 他虽然没有提出政治文明这一术语，但提出了社会主义民主政治建设和法制建设的重要思想，提出了政治体制改革的总体思路和科学设想。

党的十六大提出社会主义政治文明思想，深刻反映了中国共产党人对"什么是社会主义、怎样建设社会主义"有了更深刻的认识。1991 年 7 月，江泽民同志在庆祝中国共产党建党 70 周年大会上的讲话中指出："有中国特色社会主义的经济、政治、文化是有机统一、不可分割的整体。"在 2001 年，他首次提出了政治文明的科学概念："法治属于政治建设、属于政治文明。"在 2002 年 5 月31 日的一次重要讲话中，他再次明确提出："发展社会主义民主政治、建设社会主义政治文明，是社会主义现代化建设的重要目标。"他在党的十六大报告中第一次明确地对建设社会主义政治文明作出战略部署，把它同社会主义物质文明、精神文明一起，确定为我国社会主义现代化建设的三大基本目标之一，提出我

---

[1]《邓小平文选》第 2 卷，人民出版社 1994 年版，第 367 页。

[2]《邓小平文选》第 2 卷，人民出版社 1994 年版，第 322 页。

[3]《邓小平文选》第 2 卷，人民出版社 1994 年版，第 333 页。

国现代化建设要坚持以经济建设为中心，以物质文明、政治文明、精神文明三个方面全面推进相互协调发展的总体战略部署，提出建设社会主义"三大文明一起抓"的思想，这充分表明了我们党对"什么是社会主义、怎样建设社会主义"认识的不断深化，进一步丰富和发展了邓小平提出的关于"两个文明协调发展、两个文明一起抓"、关于社会主义民主政治和法制建设的重要思想，是在新的历史条件下，对邓小平理论的进一步发展，开拓了对"什么是社会主义、怎样建设社会主义"科学认识的新境界，开拓了马克思主义理论的新境界。

最后，社会主义政治文明思想的提出，是对全面建设小康社会和中国特色社会主义建设事业的全面目标的深刻认识。

对于中国共产党人来说，回答"什么是社会主义、怎样建设社会主义"，实质上就是回答"什么是中国特色社会主义、怎样建设中国特色社会主义"。邓小平在回答"什么是中国特色社会主义、怎样建设中国特色社会主义"这一历史性课题时，明确提出了"小康社会"的目标，提出了"三步走"的战略构想。他认为，第一步用十年时间，从 20 世纪 70 年代末到 80 年代末，要基本解决温饱问题。第二步再用十年时间，从 80 年代末到 90 年代末，要初步达到小康水平。第三步从 21 世纪初到 21 世纪中叶，用 30—50 年左右的时间，使我国达到中等发达国家水平。明确提出了中国特色社会主义现代化建设的宏伟目标和"三步走"的战略设想。在 20 世纪最后 20 年我们完成了"三步走"战略的前两步，初步达到小康水平，这是中华民族发展史上的一个重要里程碑。但是，党的十六大指出，我们目前所达到的小康是低水平的、不全面的、发展不平衡的小康，我们的目标是在本世纪头 20 年建成惠及十几亿人口的更高水平的小康社会，即"三大文明"全面发展的小康社会。党的十六大提出社会主义政治文明建设，"三大文明"建设一起抓，就是对全面建设小康社会目标，对中国特色社会主义事业的总体目标更深刻、更全面的认识。

二、政治文明建设是中国特色社会主义建设的重要目标

物质文明、政治文明和精神文明构成人类社会文明的基本内容。建设中国特色社会主义，必须加强社会主义物质文明、政治文明、精神文明建设，这三大文明建设互相促进、缺一不可。政治文明建设是我国全面实现小康社会的重

要目标，是中国特色社会主义建设的重要目标。

"文明"一词，在我国最早见于《易经》"天下文明"，就是后来人们所说的"辟草昧而致文明"。《辞海》把文明解释为"人类社会进步的状态"。所谓文明，可以分为广义和狭义两个层面来理解。广义理解的文明是从哲学历史观角度对社会文明的定义，是指整个人类在社会历史发展进程中所创造的全部的物质的与精神的、经济的与文化的、政治的与其他的成果和财富的总和，是社会全面进步的总体状况和水平。社会文明是一个历史的、动态的、变化的、具体的"过程的集合体"和"系统的集合体"。它的内涵是十分丰富和复杂的，每个历史时代、每个社会形态，每个国家、每个民族、每个社会阶段都有其具体的、特定的社会文明形态。狭义理解的文明，往往是从某个学科角度对文明概念的定义和使用。譬如，文化学是从文化的角度去定义和使用文明概念，考古学则从历史的角度去定义和使用文明概念……按照马克思主义经典作家们的说法，人类文明时代实际上是至今为止人类自从有文字记载以来的阶级社会的文明历史，在社会主义制度诞生前，无论是奴隶社会、封建社会、还是资本主义社会，人类文明的发展史是充满了阶级斗争和阶级剥削的文明史，是充满进步与倒退、文明与野蛮、科学与迷信、创新与保守的曲折的发展过程。任何一个新的社会形态代替旧的社会形态，都是人类历史上一次巨大的文明进步，而任何旧的社会形态在行将进入历史坟墓之前拼命挣扎以阻碍新的社会形态产生，又意味着人类社会的文明倒退。最后一个剥削阶级社会——资本主义社会，创造了人类历史迄今为止最辉煌的阶级社会文明，当然在资本主义社会文明的发展历程中也充斥着反文明的逆流。任何一个文明成果都是在前一个文明成果基础上发展起来的。社会主义文明是在前一个社会文明形态基础上发展起来的社会文明形态，一方面它要继承以往文明形态，特别是前一社会文明形态的积极方面，另一方面又必须无情地抛弃以往社会形态一切与积极文明相抵触的消极的东西。资本主义社会创造的积极文明，无论是物质文明、精神文明还是政治文明，都可以为社会主义社会所批判地继承和借鉴。社会主义制度的建立揭开了人类社会文明的崭新一页。

人类在长期的社会发展进程中，创造了巨大的物质产品和经济产品，即物质财富和经济财富，体现为物质文明；创造了巨大的精神产品和文化产品，即精神财富和文化财富，体现为精神文明；人类社会在物质生产、精神生产的同时又创造了丰富的以政治制度与政治体制、法律制度与法律体制、政治行为与法律行为、政治意识与法律意识为主要内容的政治法律形态的东西，即政治文明。政治文明就是人类改造自然和改造社会所获得的全部政治成果的总和，反映了人类社会政治生活的进步状态，是人类社会进步在政治法律理念、政治法律制度、政治法律组织、政治法律行为上的综合体现。政治文明是人类政治生活中相对于政治野蛮而表现出来的一种政治进步状态。政治文明大体上可分为政治法律意识文明、政治法律制度文明、政治法律体制文明、政治法律组织文明、政治法律行为文明。不可将政治文明概念完全混同制度文明，当然政治文明与制度文明两者之间也有交叉。在阶级社会中，政治文明是有阶级性的。当然政治文明具有社会进步性和时代性，具有继承性和借鉴性。先进的政治文明应当包括规范、完善的民主政治制度、法律制度及其相应的体制，还有与制度和体制相配套的政治运行机制、监督机制和组织机构，以及与全部政治法律制度、体制、机制、机构相适应的规则、程序。先进的政治文明还应当包括政治活动及政治法律观念，如政治法律运动、政治法律行为、政党行为和政治法律思想、政治法律理论、政治法律道德，以及民主、平等、自由、人权、公平、公正等原则。人类社会从总体上讲是经济、政治、文化形态的统一有机体，与之相一致，人类文明也是包括物质文明、政治文明、精神文明三大文明的一个统一整体。人类社会的发展是经济、政治、文化相统一、相协调的发展历史。人类文明历史也是物质文明、精神文明和政治文明的共同的发展历史。人类社会的发展离不开经济建设和文化建设，也离不开政治建设。人类文明的发展离不开物质文明、精神文明和政治文明三大文明发展。物质文明是社会发展的基础和前提，精神文明是社会发展的灵魂，政治文明是社会发展的保证。三大文明整体发展状况是衡量人类社会进步的基本标志，三大文明在人类社会发展中缺一不可。

马克思在《〈政治经济学批判〉序言、导言》中全面阐述了唯物史观的精髓，他说："人们在自己生活的社会生产中发生一定的、必然的、不以他们的意志为转移的关系……这些生产关系的总和构成社会的经济结构，即有法律的和政治的上层建筑竖立其上并有一定的社会意识形式与之相适应的现实基础。物质生活的生产方式制约着整个社会生活、政治生活和精神生活的过程……社会的物质生产力发展到一定阶段，便同它们一直在其中运动的现存生产关系或财产关系……发生矛盾。于是这些关系便由生产力的发展形式变成生产力的桎梏。那时社会革命的时代就到来了。随着经济基础的变更，全部庞大的上层建筑也或慢或快地发生变革。"唯物史观告诉我们，人类社会生产力的发展是人类社会历史前进的最终原因和根本动力。有什么样的生产力就有什么样的生产关系，一定的生产力总是和一定的生产关系结合在一起。社会生产关系的总和构成人类社会的经济基础，在人类社会经济基础之上构成了人类社会的上层建筑，人类社会的上层建筑主要包括政治的上层建筑和意识形态的上层建筑两大部分。社会生产力发展成果表现为物质文明，政治的上层建筑的成果表现为政治文明，意识形态的上层建筑的成果表现为精神文明。人类社会文明由物质文明、政治文明、精神文明三大部分构成。人类社会生活表现为物质生活、政治生活和精神生活三个基本方面。人类社会的生产力是社会发展的最终决定力量，生产力决定生产关系，生产关系反过来又作用于生产力。作为生产关系总和构成的社会经济基础又决定一定的上层建筑，而上层建筑则可以反作用于经济基础，经济基础则通过生产关系而反作用于生产力。人类社会的发展历史就是生产力与生产关系、经济基础与上层建筑的社会基本矛盾运动的历史。人类自从进入文明时代以来，政治法律的上层建筑可以归结为人类社会的政治文明，意识形态的上层建筑可以归结为人类社会的精神文明。国家政权是政治的核心，它以统治阶级的政治思想、政治意志和利益要求为依据来配置政治权力，建构政治体制和政治制度，从而决定社会资源的配置，影响并作用于社会经济的全面发展。国家政权的民主化、法制化建设是一定社会政治文明的重要内容，是决定一定社会政治文明发展方向的主要因素，社会主义国家政权的民主化、法制化建设是社会主义政治文明的关键。社会基本矛盾运动发展过程又在一定程度上体现为物质文明、精神文明与政治文明三大文明相互促进、相互制约的历史发展进程。从唯物史观所揭示的社会结构状态和社会基本矛盾的运动规律来看，物质文明、政治文明、精神文明是社会结构不可缺少的三个重要组成部分，又是社会历史发展进程不可缺少的三个重要环节。三大文明相辅相成、缺一不可，它们是互为条件、互为目的、互相协调、互相促进的有机统一体。政治文明在一定意义上可以反作用于物质文明，制约或影响物质文明的发展，同时也制约和影响精神文明的发展。

社会主义是人类社会发展历史进程中的新的社会形态，它既是在以往社会形态的社会文明基础上发展起来的，要继承以往的社会文明的积极成果，同时又是消灭了阶级压迫和阶级剥削的崭新的社会制度，要创造以往社会所没有的新型的社会文明成果。中国特色社会主义是在中国具体国情条件下建立起来的初级阶段的社会主义，要创造具有中国特色的社会主义物质文明、政治文明和精神文明，要创造新型的中国特色社会主义文明成果，要实现党的十六大报告确立的全面建设小康社会的伟大目标，要取得社会主义现代化建设的伟大成功，归根到底取决于社会主义生产力的发展，取决于物质文明建设的不断提高，但社会主义生产力的发展、物质文明的不断丰富，绝对离不开政治文明建设的政治支持、政治保障和政治作用，离不开精神文明建设的精神力量的支持和作用。社会主义现代化建设应当是包括经济现代化建设、政治现代化建设、文化现代化建设，即包括物质文明、精神文明和政治文明在内的全面建设的伟大系统工程。社会主义中国现代化的进程应当是物质文明、精神文明、政治文明全面发展的进程。

新中国成立后，中国人民当家作主，成为国家的主人，我国社会主义政治文明发生了质的飞跃；党的十一届三中全会以后，随着社会主义的法制建设的不断加强，民主政治与法制建设的不断完善，社会主义政治文明建设得到加强；党的十三届四中全会以来，社会主义政治文明建设进入新的发展阶段，社会主义民主政治和法制建设得到进一步加强。社会主义中国在中国发展的历史上第一次确立了工人阶级领导的全体劳动人民的政治统治，逐步实现了绝大多数人民参与的新型民主和新型专政，建立起了以马克思主义理论为指导的，坚持党的领导、人民当家作主和依法治国的三位一体的政治体系，逐步形成新型的社会主义政治文明。

关于政治文明建设问题，我们中国共产党人有一个逐步深化的认识过程。在以毛泽东同志为核心的党的第一代领导集体领导下，对如何建设社会主义的政治上层建筑，曾经付出过巨大的努力和探索，既有成功的经验，也有严重的失误和教训。党的十一届三中全会以来，以邓小平同志为核心的党的第二代领导集体，在注重经济发展、紧紧抓住发展生产力，加强社会主义物质文明建设的同时，十分重视精神文明建设，同时也提出了社会主义民主政治、法制建设和政治体制改革的重要任务。以江泽民同志为核心的党的第三代领导集体在重视两个文明一起抓的同时，十分重视社会主义法制、社会主义民主政治建设。

党的十六大提出了社会主义政治文明建设是全面建设小康社会的重要目标，指出全面建设小康社会在政治方面，是要使"社会主义民主更加完善，社会主义法制更加完备，依法治国方略得到全面落实，人民的政治、经济和文化权益得到切实尊重和保障。基层民主更加健全，社会秩序更加良好，人民安居乐业"。提出了社会主义政治文明建设的总体要求和目标。

三、积极稳妥地推进政治体制改革，逐步实现社会主义政治文明

按照党的十六大关于建设社会主义政治文明的总体要求，大力加强社会主义民主政治建设和法制建设，在建设社会主义物质文明、精神文明的同时，逐步实现社会主义政治文明，把中国特色社会主义整个文明建设整体推向新的阶段。

（一）建设社会主义政治文明，一定要从中国实际出发，同时借鉴人类社会一切政治文明的有益成果。

我们所建设的社会主义政治文明，是中国特色的社会主义政治文明。要坚持从我国国情出发，总结自己的实践经验，同时借鉴人类政治文明的有益成果，绝不照搬西方政治制度的模式。中国特色社会主义的政治文明，要注意借鉴和吸收人类政治文明，包括西方发达资本主义社会的政治文明的积极成果，更重要的是一定要从中国的实际出发，根据中国国情，总结我们自己的实践经验，创造性地建设中国特色的社会主义政治文明。建设社会主义政治文明，必须坚持从我国社会主义初级阶段的实际出发，充分体现"中国特色"，充分体现我国社会主义基本制度的特征，充分体现我国的优秀的历史文化传统。建设社会主义政治文明，在坚持从我国实际出发的前提下，还要注意借鉴人类文明的优秀成果。但决不能照搬西方政治制度模式，必须走适合中国特色的政治发展道路。

（二）建设社会主义政治文明，最根本的是要把坚持党的领导，人民当家作主和依法治国有机统一起来。

建设社会主义政治文明，最重要的就是加强社会主义的民主政治建设。人民当家作主是社会主义民主政治的本质要求。中国特色的社会主义政治制度，

本质是人民当家作主的政治制度，是工人阶级为领导的、工农联盟为基础的、最广泛的人民群众为主人的人民民主政权。我们党历来是以实现和发展人民民主为己任的，坚持人民当家作主是中国特色社会主义政治制度的本质，社会主义民主政治建设必须坚持人民当家作主的根本原则。依法治国是人类社会政治文明的积极成果，是党领导人民治理国家的基本方略。人民当家作主是人民的最基本的政治利益，而人民当家作主的政治利益是人民实现自己经济利益的保证，人民群众的这些利益要求在意识形态上就要通过人民的统一意志反映出来，而人民的统一意志要通过法律和宪法的形式固定下来、体现出来。中国共产党没有自己的私利，它是人民利益的代表，是人民意志的代表。人民的利益、人民的意志同中国共产党的最高纲领和最低纲领是完全一致的，党代表人民的根本利益和统一意志。党是人民利益和意志的代表，人民的利益、意志上升为党的政治主张，通过党的主张而付诸实现。党的主张同社会主义国家的法律和宪法是一致的，国家法律和宪法是人民利益与意志、党的纲领与主张的体现。因此，人民当家作主就必须通过国家宪法和法律的形式体现出来，而党的领导也要通过国家宪法和法律的形式体现出来。中国共产党是中国无产阶级的先锋队，是中国人民和中华民族的先锋队，是中国特色社会主义的领导核心，中国共产党执政的实质就是领导和支持人民当家作主，最广泛地组织和动员人民群众依法管理国家和社会事务，管理经济和文化事业，实现人民的意志与利益。党的领导体现为党领导人民，通过法律的实施，维护和实现人民当家作主的权利，实现人民的根本利益。所以，党的领导、人民当家作主和依法治国是社会主义政治文明的三大法宝，三者的有机统一是中国特色社会主义政治文明的基本特点。

（三）建设社会主义政治文明，要着重加强制度建设。

党的十六大报告指出："发展社会主义民主，加强社会主义民主政治建设，要着重加强制度建设，实现社会主义民主政治的制度化、规范化和程序化。"发展社会主义民主，建设社会主义政治文明，最重要的是制度建设。制度更带有根本性、全面性、稳定性和长期性。制度建设最基本的是要实现社会主义民主政治的制度化、规范化和程序化。党的十六大报告对社会主义民主政治建设在实现"三化"的同时，提出必须要做到九个方面的工作：一是坚持和完善社会主义民主制度，二是加强社会主义法制建设，三是改革和完善党的领导方式和执政方式，四是改革和完善决策机制，五是深化行政管理体制改革，六是推进司法体制改革，七是深化干部人事制度改革，八是加强对权力的制约和监督，九是维护社会稳定。这九个方面的工作和坚持党的领导、人民当家作主和依法治国是完全一致的。

（四）建设社会主义政治文明，必须在坚持四项基本原则的前提下，根据我国实际状况，积极稳妥地推进政治体制改革。

政治体制改革是社会主义政治制度的自我完善和发展。发展社会主义民主政治，建设社会主义政治文明，首先必须要坚持一个前提，这就是坚持四项基本原则。离开四项基本原则的改革，是资本主义民主政治的改革，必须坚决反对。建设中国特色社会主义政治文明首先必须以坚持四项基本原则为前提。四项基本原则既是建设社会主义政治文明的保证，又是其自身的本质内容。建设社会主义政治文明，必须在坚持四项基本原则的基础上，根据我国的实际情况，积极稳妥地推进政治体制改革，以利于增强党和国家的活力，以利于发挥社会主义制度的优越性，以利于充分调动人民群众的积极性和创造性。积极推进政治体制改革，重点是：1. 坚持和不断完善社会主义民主制度。要坚持和不断完善人民代表大会制度，让人民群众依法充分行使民主选举、民主决策、民主管理、民主监督的权力，逐步建立有效的民主机制。2. 加强社会主义法制建设。要使整个国家的经济、政治、文化生活逐步走上法制化的轨道。3. 不断改革和完善中国共产党的领导方式和执政方式。要按照党要总揽全局、协调各方的原则，建立党委与人大、政府、政协、各人民团体之间的规范化的关系。4. 坚持和完善共产党领导的多党合作和政治协商制度。

社会主义政治文明是人类政治文明发展的新阶段，是理论创新、制度创新、实践创新的产物。党的十六大报告提出的社会主义政治文明建设的思想和以社会主义民主政治建设、法制建设为主要内容的伟大蓝图，是中国特色社会主义建设的伟大纲领和战略构想。一定要按照党的十六大的要求，从中国国情出发，走中国特色社会主义政治发展道路，坚持社会主义制度的自我完善和发展，真正建设中国特色社会主义的政治文明。

正确处理人民内部矛盾，妥善协调各方利益关系，
构建社会主义和谐社会^[1]

围绕"构建社会主义和谐社会"的主题，就关于"妥善协调各方面利益关系，正确处理人民内部矛盾"问题讲三个方面。第一，提出问题。把当前我国社会人民内部矛盾，以及构建社会主义和谐社会实践中的一些突出的新情况、新问题充分地摆出来。第二，分析问题。从马克思主义哲学世界观和方法论的高度，对人民内部矛盾，以及构建社会主义和谐社会实践中的新动向、新特点、新情况加以理论上的分析。第三，解决问题。对当前人民内部矛盾，以及构建社会主义和谐社会实践中的突出、紧迫问题，提出解决的基本思路。

一、当前我国人民内部矛盾现实中，以及构建社会主义和谐社会实践中出现一些值得重视的新问题

关于当前我国人民内部矛盾及其他社会问题基本状况是，我国各种关系基本协调，政局基本稳定，社会基本和谐，但是，应当清醒地看到，在基本协调、

---

[1]本文是作者 2005 年 2 月 19—25 日在中共中央党校举办的省部级主要领导干部"提高构建社会主义和谐社会的能力"专题研讨班"妥善协调各方面利益关系，正确处理人民内部矛盾"讲稿的基础上，又根据作者 2005—2007 年在中共中央党校进修一班 A 班、二班 A 班，以及在北京、上海、浙江、黑龙江、陕西等地以及一些部委、军队大单位讲演录音整理而成。收录在中共中央党校出版社 2008 年出版的《王伟光讲习录》一书中，这次做了必要的删减。

基本稳定、基本和谐的情况下，人民内部的各类关系和矛盾出现了一些值得高度警惕的新问题，这些问题集中到一点就是，在经济持续增长、人民生活水平不断提高，群众普遍地、不同程度地得到实惠的情况下，人民内部的一些关系与矛盾趋于复杂和紧张，存在一些不安定的隐患和不和谐的因素，影响社会协调健康、稳定和谐的发展，影响社会主义和谐社会的建设。具体概括为九个问题：社会差别问题，贫富差距和社会贫困问题，社会成员分化和流动问题，社会就业问题，群体性事件问题，少数干部腐败和官僚主义问题，市场经济运行中的问题，政治、思想、文化相互激荡问题，民族宗教冲突问题。这九个问题既是人民内部矛盾趋于紧张与复杂、社会主义社会存在不和谐因素的表现，又是人民内部矛盾趋于复杂与紧张、社会主义社会存在不和谐因素的原因。

（一）社会差别问题。部分社会成员的收入分配差别，以及城乡差别、区域差别等社会差别呈持续拉大的趋势，是当前人民内部矛盾的深层表现，也是当前我国社会存在不和谐因素的深层原因。

第一，部分社会成员收入差别持续拉大。从长远来看，实现财富增长的最大化和分配的公平化这两个原则的结合，才构成社会和谐与进步的标志。

改革开放打破了平均主义、"大锅饭"，收入拉开了差距，激发了人的积极性，这是好事。有了差距，才有竞争；有了竞争，才有动力；有了动力，才能发展。消灭差距，搞"一平二调"，那是万万要不得的。当前在打破"大锅饭"的同时，又出现了部分社会成员收入差别持续拉大的问题。特别是城乡居民收入分配差别持续扩大。

1978年城乡居民收入分配差别是2.4721，1984年变为1.721，缩小了。为什么？因为农村实行了联产承包责任制改革，农民增收了。但1984年以后，特别是从90年代以来，城乡收入分配差别逐步在拉大，2003年达到3.22：1。说明城乡居民收入分配差别在持续拉大。相当多的专家学者认为，考虑到福利、生产成本的支出、实物的估价等因素，城乡居民的实际差别要高于国家统计局的数字，达到5—6倍。

城乡居民收入分配差别拉大的主要原因是，与城镇居民收入增长较快相比，农民增收缓慢，增收困难，甚至一些地区农民负担过重。从1997年到2003年，全国农民人均纯收入的增长，连续7年没有超过5%，2002年最高是4.8%，2000

年最低只增长了 2.1%，相当于同期城镇居民年均增幅的一半。2004 年，由于党和政府采取了一系列措施，农民增收为 6.8%，这是非常可喜的，是八年以来增幅最高的一年。但即使如此，农民收入增加额和实际增长速度仍然低于城镇居民，城镇居民收入 2004 年增长 7.7%，说明城市增幅比农村要大，可见，城乡居民收入分配差别扩大趋势还没有完全扭转。

除城乡居民收入分配差别持续拉大之外，城镇居民、农村居民、不同地区居民、脑体劳动者、不同所有制企业职工、不同行业员工的收入分配差别都在持续拉大。

第二，区域差别、城乡差别、脑体差别、行业差别等社会差别也在拉大，明显体现在区域差别，特别是城乡差别上。

我们共产党人所追求的一个重要目标，就是要消灭三大差别，消灭城乡差别、消灭脑体差别、消灭工农差别。当然消灭三大差别，不是一下子能办得到的，需要一个相当长的历史时期。既然是我们共产党人为之奋斗的目标，就应该积极创造条件，采取措施，向着缩小三大差别的方向努力，而不是将差别越搞越大。中央采取了一系列措施支持农村和落后地区发展，旨在缩小城乡和区域差别，虽然取得了很大进展，但城乡发展、区域发展不平衡的矛盾仍很突出，缩小发展差距，促进城乡、区域协调发展的任务还很艰巨。

首先是区域差别。1980 年，我国东部地区在全国经济总量中的比重是 50%，中部是 30%，西部是 20%。2004 年，东部比重加大了，变成了 58.5%，中西部缩小了，中部变成了 24.7%，西部变成了 16.8%，区域发展差别不是在缩小，而是在拉大。东中西部人均 GDP 的差别也在扩大，1980 年，东部与中部的差别是 1.5121，2002 年是 2.121。东部与西部 1980 年是 1.9121，2002 年是 2.6121。目前西部地区人口占全国人口的近 30%，其人均 GDP 仅为东部的 40%。

区域差别问题说到底，还是城乡差别问题。全国农村 60% 以上的贫困人口主要集中在西部，约 2000 万人还没有解决温饱，区域差别主要还是由城乡差别引起的。

其次是城乡差别。城乡差别主要体现在两个方面：一是城乡居民的收入差距以及经济总量差别在拉大。2002 年，仅占全国人口 25% 的地级城市（不含辖县）实现的 GDP 占全国 63%，而占全国人口 60% 以上的农村实现的农业增加值仅占全国 GDP 的 15%。城市规模急剧扩张，房地产快速开发，使一些农民失去了赖以生存的生产资料。农村出现土地抛荒、地力衰竭、生态退化、劳动力素质下降现象，财富迅速向城市集中。二是城乡二元结构矛盾越发明显。所谓"城乡二元结构"，就是在城乡发展过程中，存在不对称的组织形式和社会存在形式，也就是说，农村是相对落后的生产和生活方式，城市是不断发展的现代化的生产和生活方式，形成了鲜明的对比。我国城乡二元结构矛盾是比较突出的。农村居民在就业、社保、教育、卫生、文化、福利、环保等公共事业方面与城市居民差别日益明显，社会事业及其基础设施落后于城市。70%的教育投入、70%的卫生投入投在城市。80%以上的农民没有低保保障，80%以上的农民基本没有医疗保障。"文化大革命"结束前的合作医疗体制，90%以上农民可以得到医疗保障，但在改革中流失了。

部分社会成员收入分配差别，以及城乡差别、区域差别等社会差别程度不同地在拉大，已经成为影响发展的全局性的重大问题。合理协调分配、城乡、区域等社会差别，是正确处理人民内部矛盾，构建社会主义和谐社会的紧要问题。

（二）贫富差距和社会贫困问题。部分社会成员贫富差距趋于扩大，社会贫困凸现，是当前人民内部矛盾的突出表现，也是当前我国社会存在不和谐因素的突出原因。

社会公平是社会进步与和谐的重要标志。衡量一个社会进步与否，不仅仅有财富最大化的标准，还要有公平、平等、正义等标准。分配合理是社会公平的重要内容，贫富悬殊是最大的不公。在一定历史发展阶段，把贫富差距保持在合理范围，对一个国家的和谐发展至关重要。贫富差距太大，会导致两极分化、社会动荡，执政党会失去人心、丧失政权。所以，就一定历史阶段来说，没有贫富差距，是不现实的，关键是要把贫富差距控制在一定限度内。衡量贫富差距是否合理，通常参考三个指标对比系统。

首先是基尼系数。根据国家统计局统计，我国的基尼系数在1988年是0.341，在警戒线以内。2000年是0.417。中国人民大学、社会科学院等单位的专家学者估计，1997年达到0.455，2003年达到0.5以上，甚至有的说达到0.552。当然，这些统计数据仅作为参考。但是即使2000年，也进入警戒线了。世界银行测算，我国近15年来贫富差距拉大的速度是比较快的，高于欧美发达国家。

其次是欧希玛指数，即五等分法。根据有关方面的抽样调查，我国1/5最穷的收入占全国总收入的4.27%，1/5最富的收入占全国总收入的50.13%，这说明我国的贫富差距也在扩大。

最后是高收入层和低收入层对比的数据。据国家统计局统计，各抽样 10% 的最高收入户和 10% 的最低收入户，进行比较。城镇 1998 年为 3.9 倍，到 2000 年，达到 5.02 倍；农村，1998 年是 4.8 倍，到 2000 年，达到 6.5 倍。劳动和社会保障部 2002 年调查显示，我国占全国人口大多数的是低收入和中等偏下收入人群。全国城镇居民低收入户占 31.79%，中等偏下收入户占 32.36%，也就是说，64.15% 的人是中等偏低收入以下水平。

贫富差距拉开的直接后果是两个问题：一是社会贫困问题突出。改革开放 26 年来，我国贫困人口大幅度下降，贫困发生率从 30% 下降到 3.1%。既然贫困人口总数在下降，为什么贫困问题突出呢？因为贫富差距拉开了，富者愈富，穷者愈穷，贫困人数不多，但使得贫困问题特别明显。与高收入层相对照的社会贫困层客观存在。我国城镇中仍有 1200 万人处于相对贫困中，人均年收入 1059 元。在农村，2003 年按人均年纯收入 882 元的"低收入人口"标准，农村为 5617 万人，占农村人口比重 6%。二是社会公平问题凸显。中央党校调研组对学员问卷调研显示：在学员心目中，2004 年最为严重的三个问题依次是"收入差距"为第一，是 43.9%，"社会治安"为第二，是 24.3%，"腐败"为第三，是 8.4%。对 2005 年的改革，72.9% 的学员关注分配制度改革。可见，社会公平问题已经提上了议事日程，解决贫富差距和贫困问题，是正确处理人民内部矛盾、构建社会主义和谐社会的紧迫问题。

（三）社会成员分化和流动问题。阶级、阶层发生了分化，一些新的阶层和利益群体产生了，社会成员流动性加大，构成结构重组，呈多元化利益格局，利益关系更加复杂，是当前人民内部矛盾的重要表现，也是当前我国社会存在不和谐因素的重要原因。

因为所有制结构、分配方式、产业结构、就业结构都变化了，在主体阶级仍然存在的大前提下，阶级、阶层发生了新的组合、分化，一些新的阶层和利益群体出现了。

首先，工人阶级内部结构和组成发生深刻变化，作为领导阶级的工人阶级内部关系多样化。由于工人阶级的各个成员所处的所有制不同，分配方式不同，经济、政治、文化等社会待遇不同。不同地区、不同行业、不同企业、不同岗位的职工的流动不断加大，在收入上拉开了差距，形成了一定差别，工人阶级内部分成不同状况的工人群体，工人阶级内部关系复杂了。特别是一部分直接从事物质生产的产业工人的生产和生活状况，很值得我们高度关注。

其次，农民阶级发生了新的分化和组合，农村居民内部关系复杂化。农民原来是实行集体劳动、按工分制分配的农业劳动者，现在成为实行土地个人承包的农业劳动者。同时，出现了一个新的庞大的农民工群体，估计有一亿人以上，充实到工人阶级队伍中。一方面，他们成为工人阶级的新鲜血液，是我国社会主义现代化建设的重要力量。现在的建筑、采掘、纺织等行业，80%的职工都是农民工。另一方面，他们又处于城市生活的下层，他们的生产生活状况应当引起我们极度重视。

第三，在非公有制经济，特别是私营经济中，形成拥有相当财富的高收入的企业主阶层，他们作为雇主和雇员的矛盾客观存在，经营管理人员与员工的矛盾客观存在。有的非公有制企业存在劳动条件、劳动保护差，拖欠克扣工资，随意加班，侮辱工友，雇佣童工等，业主同员工之间关系紧张。

第四，出现了民营科技企业的创业人员和技术人员、受聘于外资企业的管理技术人员、中介组织的从业人员、自由职业者等新的社会阶层。一般来说，这些社会阶层大多属于中等以上收入层。他们是社会主义建设者，同工人、农民、知识分子、干部、解放军指战员也有一定差别和矛盾。

毛泽东同志在《中国社会各阶级的分析》一文中指出："谁是我们的敌人？谁是我们的朋友？这个问题是革命的首要问题。"我们党关于中国革命的正确的政治路线，首先是建立在对中国社会各阶级及其关系的科学分析基础上的。《毛泽东选集》的第一篇，开宗明义地解决了革命的首要问题。今天，在社会主义建设时期、在社会主义改革开放时期，科学地分析我国当前社会成员构成结构，正确认识阶级、阶层和利益群体的新变化、新分化、新组合，坚持工人阶级领导地位，巩固工农联盟，团结一切可以团结的力量，正确处理各阶级、阶层和利益群体之间的关系，是正确处理人民内部矛盾、构建社会主义和谐社会的首要问题。

（四）社会就业问题。就业形势严峻，劳动力供求矛盾紧张，是当前人民内部矛盾的直接表现，也是当前我国社会存在不和谐因素的直接原因。

第一，就业压力增大。我国13亿人口，年龄15—64岁的劳动力是9.09亿，超过发达国家总劳力 3 亿以上。"十五"期间，每年新增劳动力 1000 万，下岗失业人员还有 1300 多万人，总的有 2300 多万人需要就业，压力很大。复员退伍军人、大中专毕业生、残疾人等就业安置问题也很突出，特别是大中专毕业生，2004 年，全国有 280 万高校毕业生，到 9 月份就业率达 73%，仍有 74 万大学生找不到合适的工作。劳动力供大于求的局面短期内难以改变。

第二，失业问题比较严重。城市登记失业率 2003 年 4.3%，2004 年预计 4.7%，经过努力，实现 4.2%，比预计降低了 0.5%。2005 年预计控制在 4.6%。登记失业率和城市实际失业率是有一定实际差别的。民政部《2001 年社会保障白皮书》披露，1993 年城市实际失业率是 5%，1998 年是 8%—9%，2000 年接近 10%。一些专家学者估计，目前已达 10% 左右。人民大学一位教授做的德尔菲失业风险调查认为，7.03% 标志着我国已经进入失业警戒线，9.73% 标志着我国进入社会发展风险期。从就业角度来看，我国也正处于社会发展的风险期。

第三，农村富余劳动力转移困难。我国农村青壮劳动力 4.9 亿。现有耕地只能容纳 1 个亿左右的劳动力，乡镇企业可以安排 1.3 亿左右，到城市打工 1 亿左右，还有 1.5 亿左右的农村劳动力需要安置。到 2030 年，我国计划占用耕地将超过 5450 万亩，意味着将有 1 亿多农村劳动力需要转移。

就业压力对执政党来讲，是个巨大的考验。降低失业率、提高就业率，是正确处理人民内部矛盾、构建社会主义和谐社会的紧迫问题。

（五）群体性事件问题。近些年突发的群体性事件，是当前人民内部矛盾的集中表现，也是当前我国社会存在不和谐因素的集中原因。

当前群体性事件有五个特点：

一是群众信访和上访大幅上升。目前我国正处在信访上访的高发期。信访上访增多警示社会矛盾日益积累。全国信访上访总量逐年增加，其中群体上访的比例大幅上升。信访上访升级也是一个特点。近几年，越级上访（省、中央）数量上升很快，县级反而下降，矛盾焦点向中央机关聚集。

二是群体性事件数量增多，规模扩大。群体性事件呈高发态势，数量不断上升，规模不断扩大。1994 年至 2003 年 10 年间，群体性事件数量急剧上升，参与群体性事件的人数也大幅增长。有的城市有时同一天发生多起规模较大的群体性事件。群体性事件的规模从 1998 年起逐年扩大，百人以上的群体性事件由一千多起增加到几千起，聚集人数最多时达万人以上。

三是参与主体趋于多元化，组织化倾向趋于提高，行为方式趋于激烈。2001 年参与的 256.4 万人中，第一位的是工人，占 37.7%；第二位的是农民，占 28.2%；第三位的是城镇居民，占 11.8%；第四位是离退休人员，占 8.2%；第五位的是个体户，占 3.9%。工农群众是主体。组织化倾向趋于提高，行为方式趋于激烈。参与人员趋于复杂广泛，扩大到多行业、多系统、多地区，城乡均有。有些群体性事件形成了自发组织，出现了幕后指挥和挑头人物，呈现跨区域串联和联动特点。聚众堵公路、卧轨、拦火车等阻塞交通的群体性事件不断增加，2000 年占群体性事件的 6.3%，2001 年占 6.6%。暴力抗法、武装械斗时有发生，人员伤亡时有发生。冲击党政机关事件逐年递增，2000 年发生 2700 起，2003 年达到 3900 起。

四是引起原因大多是物质经济利益问题。居第一位的，是生活待遇问题。属于政治性问题的不多，物质利益诉求是主要的。参与群体性事件的，大多数是普通群众，有老工人、老教师、老战士、老干部，其他为教师、学生、复转军人、公务人员等。以 2001 年为例，因工资、福利、社保问题的，占 28.1%；因企业改制、破产待遇下降的，占 19.5%；因征地拆迁的，占 13.5%；因民间纠纷的，占 45%。

五是引发、激化群体性事件的政治性因素增多。境内外敌对势力同"民运""法轮功""东突""藏独""疆独""台独"等敌对势力进一步勾结合流，利用、策划、挑动群体性事件，插手群体性事件，借机搞什么"工运""农运"，是引发、激化群体性事件的政治因素，这必须引起我们高度重视。

群体性事件在增加，势头在发展，可资境内外敌对势力利用的机会在增多，对稳定和谐的危害在加重，成为影响社会稳定和谐的隐患。积极预防、妥善处理群体性事件，是正确处理人民内部矛盾，构建社会主义和谐社会的严峻问题。

除以上五个问题外，还有少数领导干部的腐败和官僚主义问题，市场经济运行中的问题，政治、思想、文化相互激荡问题，民族宗教冲突问题等四个方面的问题，既引起复杂紧张的人民内部矛盾，也是当前人民内部矛盾的诸多表现。正确处理领导与群众的关系，处理经济运行中的诸多矛盾，处理政治、思想、文化、民族、宗教冲突，也是正确处理人民内部矛盾，构建社会主义和谐社会的一系列重大问题。

二、从马克思主义理论的高度，科学认识人民内部矛盾和构建社会主义和谐社会问题

为什么强调构建社会主义和谐社会？因为我们面对着错综复杂的人民内部矛盾和诸多社会矛盾，需要我们解决，需要我们协调。正因为有矛盾，才要和谐，正因为要和谐，才要协调矛盾。构建社会主义和谐社会，关键是有效地协调各方利益关系，化解人民内部矛盾，才能赢得全社会的稳定与和谐。怎样才能协调人民内部矛盾，构建社会主义和谐社会呢？从理论上把握其发展变化的规律，是十分必要的。

（一）正确处理人民内部矛盾，是构建社会主义和谐社会、建设中国特色社会主义的必然要求。

我们知道，现实世界是充满矛盾的，矛盾是一切事物，包括人类社会的客观存在、本来面貌。马克思主义的辩证唯物主义世界观和方法论，科学地反映了客观世界的规律和本来面貌。面对今天错综复杂的矛盾局面和局势，我们一定要学会运用马克思主义的辩证唯物主义世界观和方法论，观察分析处理人民内部矛盾和诸多社会矛盾。辩证唯物主义世界观和方法论的核心和实质是什么呢？列宁说："对立统一规律是辩证法的核心和实质。"对立统一规律，也就是矛盾规律，是宇宙间的根本规律，对立统一观点，即矛盾观点，是马克思主义辩证唯物主义的基本观点。什么叫对立呢？对立就是矛盾。什么叫统一？统一就是和谐。对立统一，就是在矛盾的化解中求得社会的和谐。我们运用对立统一的观点来观察世界，就叫世界观；运用对立统一的观点来解决现实矛盾，就叫方法论。毛泽东同志是正确灵活运用马克思主义辩证唯物主义世界观和方法论的典范。毛泽东同志有两部重要的著作，一部叫《矛盾论》，是在战争年代写的。在中国革命和战争的关键时刻，他运用辩证唯物主义的世界观和方法论，分析了中国社会的矛盾，得出了中国革命的正确的战略和策略，巧妙地处理了中国革命的矛盾和问题，赢得了人民战争的胜利，建立了新中国的政权。《矛盾论》是马克思主义辩证唯物主义的光辉的经典著作。在和平建设时期，毛泽东同志又写了一部《关于正确处理人民内部矛盾的问题》，是在社会主义建设时

期用对立统一观点观察和分析问题、解决人民内部矛盾的理论指南。今天构建和谐社会,一定要深刻理解这两部著作的精神,学会运用马克思主义辩证唯物主义的世界观和方法论解决现实矛盾和问题。在这两部著作中,毛泽东同志把对立统一观点概括为三个重要的观点:第一,矛盾无处不在,无时不有;第二,矛盾是事物存在的普遍规律和根本法则,是一切事物发展的内在源泉和动力;第三,要运用对立统一的观点,即矛盾的观点看待和处理人民内部矛盾和诸多社会矛盾。用这三个观点来看待我们今天的社会,不存在有还是没有矛盾的问题;也不存在好矛盾坏矛盾的问题,因为矛盾的存在是客观的、始终的,是不以人的意志为转移的。无所谓有矛盾无矛盾,也无所谓好矛盾坏矛盾。矛盾不解决是坏事,矛盾解决了是好事。旧矛盾解决了,新矛盾又产生了,事物就是在不断地解决矛盾中发展的。所谓和谐社会,不是否定矛盾,而是强调社会在解决矛盾的过程中求得统一、求得和谐、求得前进。在妥善处理各类矛盾、构建和谐社会的问题上,中外社会主义国家和其他一些国家,有着深刻的经验教训值得我们记取。

第一,苏联斯大林时期的经验教训表明:正确区别和处理两类不同性质的矛盾,是构建社会主义和谐社会的前提。苏联是在 1936 年宣布进入社会主义的,承认不承认社会主义国家内部存在矛盾,存在什么性质的矛盾,怎样区别和处理矛盾,是摆在当时苏联共产党人面前的重大的现实和理论问题。但是,当时在苏联存在两种根本对立的错误观点:一是根本不承认社会主义国家内部有矛盾,不承认人民内部有矛盾;二是把矛盾扩大化,把一切矛盾都夸大为敌我矛盾和阶级斗争,搞阶级斗争扩大化。斯大林有两个著名观点,一个叫作苏联的"生产关系同生产力状况完全适合",我们把它概括为"完全适合论",既然完全适应,就不改革了,使得苏联经济政治体制趋于僵化;另一个提出苏联各族人民"道义上和政治上的一致"是社会主义的发展动力的论点,一致成了动力了,矛盾没有了。"完全适合论"和"一致动力论"是违反对立统一规律的形而上学观点。理论上不承认苏联国内有矛盾,又怎样解释苏联大量的现实矛盾呢?斯大林在理论上不得不把苏联国内的各类矛盾都说成是外部原因造成的敌我矛盾和阶级斗争,提出著名的"左"的观点:社会主义进展越大,剥削阶级残余进行斗争就越尖锐;阶级斗争一端在苏联,另一端则在资产阶级国家。把国内的矛盾统统说成是阶级斗争性质的敌我矛盾,把产生矛盾的原因归结为外部原因，归结为资本主义包围，归结为敌对阶级作用。他从不承认矛盾，走到另一个极端，就是矛盾扩大化。结果是混淆了两类不同性质的矛盾。既然矛盾是阶级斗争性质的，斯大林就采取了极端的肉体消灭的办法来处理。1936—1939年，斯大林发动了大清洗运动，当然不可否认被肃反的人中是有一些间谍特务，但是，相当数量的人是党内持不同意见的同志。大清洗运动严重破坏了社会主义民主和法制，逐步形成了苏联僵化的经济政治体制，是苏联解体的一个深层原因。

第二，我国的经验教训表明：正确认识和处理人民内部矛盾，是构建社会主义和谐社会的主题。我国是在1956年完成社会主义"三大改造"的，在社会主义制度下，人民内部有没有矛盾，怎样认识和处理这些矛盾也就成为我国社会的一个全局性问题。特别是当时苏东和国际上发生的问题，也促使我们党对人民内部矛盾进行研究和思考。1956年苏共二十大批判斯大林以后，在国际共产主义运动中引起极大的思想混乱和激烈动荡，在波兰和匈牙利爆发了全国性的动乱。1956年冬到1957年春，苏东动荡波及我国，引起一些思想混乱，加之我国新制度刚刚建立，新的矛盾不断产生，问题不少，像分配、生活待遇、住房、物价、学生升学、就业以及国家机关中的官僚主义问题等，引起了群众一定程度的不满，发生了一系列群体性事件，大约有一万多名工人罢工，一万多名学生罢课。这些新情况引起了毛泽东同志和我们党的高度重视，总结经验、借鉴教训、正确处理人民内部矛盾，鲜明地提到全党面前。1957年2月，毛泽东同志发表了《关于正确处理人民内部矛盾的问题》，标志着人民内部矛盾理论的形成。这是创造性的马克思主义理论。然而，毛泽东同志和我们党却在后来的实践中逐渐偏离了正确的理论。1957年犯了反右斗争扩大化的错误，1959年错误地开展了所谓"反右倾"斗争，到60年代在"左"的路线指导下进行了社会主义教育运动，一直到"文化大革命"，严重混淆两类不同性质的矛盾，一步一步走向阶级斗争扩大化的泥坑。党的十一届三中全会拨乱反正，以邓小平同志为核心的党中央果断地停止了以阶级斗争为纲的错误路线，恢复和发展了人民内部矛盾理论，走上了稳定、和谐、发展的中国特色社会主义道路。

第三，处于社会发展风险期的一些国家的经验教训表明：高度重视协调各类社会矛盾，保持社会的相对和谐与稳定，至关重要。从各国现代化进程来看，当一个国家处于农业国至工业国的发展过程中时，增长与问题、发展与矛盾往往就会交织在一起,成为社会结构深刻变动、社会矛盾最易激化的高风险期。发展必然带来利益格局的变化,一些人利益满足了,一些人利益受损了,矛盾加剧;经济高速增长,同时衍生一些社会问题,如分配不公、贫富悬殊、矛盾激化,再遇到经济滑坡、金融风险等突发情况,就会发生社会动乱,影响政局稳定。被称之为"拉美陷阱"或"拉美病"的"拉美化"现象就是例证,其含义主要是指拉美国家在经济增长过程中因贫困化和两极分化导致社会动荡。从20世纪80年代起,拉美各国相继推行新自由主义改革,短期内和局部上取得了经济增长的一些成效,如阿根廷在1991年与1992年,分别实现10.6%和9.6%的高增长。2001年巴西人均GDP是2957美元,委内瑞拉是4877美元,墨西哥是6200美元,阿根廷是7416美元,阿根廷因经济危机,2002年又跌至2912美元。拉美一些国家在强调经济增长时忽视了社会公正,失业率持续攀升,2002年拉美地区失业率高达9.6%。贫富悬殊,2004年拉美贫困人口已达2.27亿,百万富翁增长率却居全球之首。以巴西为例,收入最高的10%居民拥有全国财富的40%,收入最低的10%拥有财富却不足3%。两极分化的结果是,社会出现动荡,群众抗争运动此起彼伏,如墨西哥的萨帕塔农民起义,巴西的无地农民运动,阿根廷的拦路者运动、敲锅运动,秘鲁、危地马拉、玻利维亚等国的反私有化运动等。这里尤其值得一提的是墨西哥革命制度党,该党从1929年到2000年连续执政71年,使墨西哥从一个封闭的农业国,发展为一个对外开放的工业化国家,2000年国民生产总值达到6700亿美元,在世界上排名第13位,经济增长率达到7%。20世纪80年代,长期执政的墨西哥革命制度党用西方的"新自由主义"取代"革命民族主义",全面推行私有化,开放国内市场。在社会政策上,削减教育、医疗和保险等公共开支,以推进经济增长。但由于没有妥善处理好转轨过程中的社会矛盾,很多中小企业破产,大量工人失业,大批农民失地,普通民众生活水平大幅度下降,贫富分化日趋严重。可以说是,一方面在积累亿万富翁,另一方面又在积累贫困。全国9700万人口,其中贫困人口达到4600万,约占总人口45%,赤贫人口为2400万。墨西哥300个家族拥有全国50%的财富。中下层民众对革命制度党不满,严重动摇了革命制度党执政基础。1994年初,墨南部贫苦山区的印第安农民揭竿而起,爆发了该党执政以来规模最大的农民武装起义。2000年大选该党丧失长达71年的执政地位。

总而言之,一定要高度重视正确处理人民内部矛盾,对于构建社会主义和谐社会的极端重要性。由于复杂的国内国际因素，两种不同性质的矛盾在我国长期存在，一定范围的阶级斗争在特定条件下还有可能激化，但突出地、大量地、经常地表现出来的是人民内部矛盾。人民内部矛盾是我国社会现阶段人际关系上的主要矛盾，是政治生活的主题。正反经验表明，坚持正确处理人民内部矛盾的主题，抛弃以阶级斗争为纲的错误做法，始终把发展作为党执政兴国的第一要务，社会就和谐，事业就发展；否则，社会就动荡，现代化建设事业就受挫折。

（二）妥善协调各方利益关系，是正确处理人民内部矛盾，构建社会主义和谐社会的关键。

毛泽东同志除了着重阐述人民内部在政治思想上的矛盾之外，还论及人民内部的利益矛盾，强调从分配上处理好利益矛盾，主张要从经济利益上对人民内部矛盾进行分析，加以协调。从物质经济利益上协调好人民内部矛盾，就能为社会主义和谐社会奠定坚实的物质条件。

有利益分配上的差别，就会有竞争、有矛盾，利益差别就是利益矛盾。从哲学上看，利益矛盾无所谓好坏，是客观存在。处理好了是好事，处理不好是坏事。把利益竞争和矛盾控制在一定程度，是社会发展的推动力，协调得不好，就可能是破坏力。社会革命、社会变革，归根到底就是调整利益矛盾。人民内部矛盾，说到底，是人民内部利益矛盾。

人民内部矛盾是一个由许多矛盾构成的多层次、多领域、多类型的纵横交错的复杂系统。横向的有：工人阶级、农民阶级和其他社会阶层、利益群体之间的矛盾；各民族之间的矛盾；执政党与他党、非党的矛盾，党内矛盾；地方之间、企业之间、群体之间的矛盾；工人阶级内部的矛盾，农民阶级内部的矛盾，知识分子内部的矛盾，非公有经济经营者内部的矛盾；市场经济的生产者之间、经营者之间、销售者之间、消费者之间的矛盾；工人阶级、农民阶级同非公有制经营者之间的矛盾；等等。纵向的有：执政党、政府同人民群众之间的矛盾；领导者同群众之间的矛盾；上级同下级之间的矛盾；国家、集体（企业、地方、单位）、个人之间的矛盾；市场经济的生产者、经营者、销售者、消费者之间的矛盾；等等。这些矛盾分别在经济、政治、意识形态等领域表现出来，其总根源是人民内部的利益矛盾。

人民内部利益矛盾有五个特点：第一个特点是根源性。人民内部的利益矛盾是一切人民内部矛盾产生、发展和变化的总根源，是根本原因。一切矛盾都可以在利益这个问题上找到它的发生根源。第二个特点是主导性。利益矛盾制约、影响着人民内部其他各类矛盾，是起主导作用的矛盾。第三个特点是群体性。人民内部不同阶级、阶层、利益群体的利益要求，往往是以利益共同体的形式表现出来，人民内部利益矛盾具有群体性。第四个特点是非对抗性。人民内部利益矛盾是非对抗性的。第五个特点是转化性。也就是说，在一定条件下，人民内部非对抗性利益矛盾可以转化成对抗性。

在不同的历史条件下，处理不同性质的利益矛盾，所采用的方法是不一样的。在革命战争年代，解决中国革命问题的办法，就是拿起枪杆子推翻三座大山。在今天社会主义条件下，在人民内部不同社会成员之间，在个体利益、群体利益之间，在个人利益、集体利益和国家利益之间，在眼前利益和长远利益之间，在局部利益和整体利益之间，在暂时利益与根本利益之间，存在着复杂的矛盾。受相对滞后的社会生产和社会发展的制约，不断提高并趋于多样化的群众的物质文化利益要求难以得到完全满足，利益矛盾关系日趋复杂，统筹兼顾各方利益关系，协调解决各种利益矛盾的难度加大。但是，人民内部利益矛盾是非对抗性的，解决这些矛盾，只能经过社会主义制度本身的自我完善和自我改革，只能用利益协调、统筹兼顾的办法来解决。所以，妥善协调人民内部利益矛盾关系，是构建社会主义和谐社会的关键环节。一定要学会用利益协调的办法来解决人民内部利益矛盾。

（三）领导与群众的矛盾是人民内部矛盾的重要方面，领导与群众的关系协调是构建社会主义和谐社会的重要条件。

人民内部矛盾是多种多样的，其中，领导和群众的矛盾是人民内部矛盾的焦点所在。刘少奇同志说："社会上一切不合理的现象，一切没有办好的事情，领导上都有责任。人民会来责问我们国家、党、政府、经济机关的领导人，而我们对这些问题应该负责任。"因为我们党是执政党，党的各级领导干部在经济、政治、文化等社会生活领域中处于领导者的地位。从一定意义上说，社会主义事业的成败，出现问题和工作失误或多或少都同领导的工作和责任有一定的关系。

领导和群众的矛盾，主导方面在于领导。在领导和群众的矛盾中，如果领导方面是错误的，群众方面是正确的，那么矛盾的主导方面毫无疑问是在于领导，比如领导中间的腐败和官僚主义，领导应当改正自己的错误，坚决开展反对腐败和官僚主义的斗争，赢得群众的拥护。如果领导方面是正确的，群众方面是错误的，矛盾的主导方面也在于领导。为什么呢？因为领导应对群众做说服教育工作，领导应采取正确的处理措施。当然，也不能把一切错误和问题都归咎于领导，说领导处于矛盾的主导方面，是指领导的责任、领导的工作，不是就领导的是非而言。当前，领导与群众的矛盾特别突出地表现在个别领导干部的腐败和官僚主义上。

（四）人民内部矛盾的对抗、激化与构建社会主义和谐社会。

1. 人民内部矛盾虽然是非对抗性的，但有可能发生对抗和激化现象，对这个问题，应当引起我们的高度警惕。

首先，从历史和现实来看，人民内部不仅存在矛盾，矛盾还有可能对抗化和激化，甚至出现动乱。

关于人民内部矛盾的对抗与激化，人们经历了一个很长的认识过程。列宁认为，在社会主义条件下，"对抗消灭了，矛盾还存在"。也就是说，在社会主义条件下，矛盾有，但是没有对抗了。斯大林不承认人民内部有矛盾，认为如果有，就是外部带来的，就是阶级斗争，敌我矛盾。当然到了晚年，他也隐隐约约地感到，在苏联内部是有矛盾的，这反映在他于 1953 年写的《苏联社会主义经济问题》这本书中，但是他还来不及认识这个问题，就去世了。毛泽东同志于 1957 年总结苏联的教训，总结中国当时的状况，提出了人民内部矛盾的正确理论。对人民内部矛盾理论，当时僵化的苏联理论界是不接受的，横加批判，认为是反马克思主义的，认为在社会主义人民内部怎么能有矛盾呢？直到六七十年代，苏东社会内部矛盾激化，苏东理论界才开始讨论社会主义内部矛盾及其对抗、激化、动乱和危机等问题，认为不仅在资本主义国家能出现矛盾对抗，在社会主义国家也有可能出现矛盾对抗。我国 1989 年政治风波和东欧剧变之后，理论界对这个问题持比较一致的看法，认为人民内部矛盾有可能发生对抗，而且也可能激化，造成重大的社会动荡。

社会主义国家几十年的发展历史严肃地告诉我们，不仅存在着各种人民内部矛盾，而且人民内部矛盾还有可能发生对抗和激化，发生群体性事件，甚至形成严重的社会动荡。譬如，苏联国内长期积累起来的矛盾逐步激化，在赫鲁晓夫执政期间，1956 年 8 月，格鲁吉亚第比利斯地区爆发大规模群众游行。1959 年、1962 年，都发生过较大规模的工人群众罢工示威游行事件，当局出动了军队加以镇压，死伤了许多人。据南斯拉夫学者的不完全统计，从 1958 年到 1969 年 8 月，南斯拉夫共发生了 1906 次工人罢工事件。1953 年夏，东德几万名工人上街，要求改善生活条件，实行重大政治改革，工人们与政府发生了暴力冲突。1956 年夏，波兰波兹南地区发生了大规模的工人骚乱，工人群众同军队发生了冲突，造成了严重的流血事件，波兹南骚乱导致了同年秋季的政治危机，使波兰最高领导层发生了重大变化。1956 年秋，匈牙利爆发了震动整个社会主义阵营的匈牙利事件，60 年代末，波兰又发生了多次社会危机。1968 年 8 月，发生大学生罢课，国内发生了较大范围的骚乱。11 年后，著名工业城市格丁尼亚和什切青发生了大规模的工人骚乱，再次出现了流血事件，深刻的危机导致波兰党和政府最高领导易人。70 年代中期，波兰再次发生了几次大的工人罢工。80 年代初，波兰又爆发了波及全国的团结工会运动，致使整个波兰处于严重的动荡状态。1968 年的捷克斯洛伐克"布拉格之春"事件，震惊了世界。在我国"文化大革命"使社会主义发展陷入了极度危机的境地。1989 年政治风波实质上也是各类矛盾激化的结果。由于苏东各国内部矛盾的积累，又得不到解决，致使各类矛盾逐步激化，再加上国际因素的影响和作用，最终酿成了东欧剧变。

其次，从理论上说，从马克思主义对立统一观点来看，人民内部矛盾存在对抗和激化，对社会主义和谐社会构成严重的影响。

什么叫对抗？毛泽东同志指出："对抗是矛盾斗争的一种形式。"对抗并不表明矛盾的性质，只表明矛盾的一种解决形式。毛泽东同志举炸弹为例，炸弹在没有爆炸的时候，矛盾的对立双方处于一个统一体之中，当击火装置被击着的时候，炸弹爆炸了，炸弹爆炸就是矛盾采取了外部对抗的解决形式。矛盾的对抗现象与对抗性矛盾不是一回事。对抗不是反映矛盾的性质，而只是反映矛盾的一种解决形式。什么是对抗性矛盾？什么是矛盾的对抗形式？应当把矛盾的对抗性质和矛盾的对抗形式作必要的区别。对抗是矛盾双方采取外部冲突的形式来解决矛盾的方式。矛盾的对抗性质，是指矛盾由于其双方在本质上根本对立具有的对抗性质。矛盾的对抗形式，是指由矛盾的对抗性质或者其所处的具体条件所决定的矛盾双方采取的外部冲突的解决形式。如果矛盾双方具有本质上根本对立的对抗关系，而又在最后不得不采取外部冲突的斗争形式，就是对抗性矛盾。比如，中华民族同日本帝国主义的矛盾，只有靠中国人民拿起枪杆子把日本侵略者赶出去，这就是对抗性矛盾。什么叫矛盾的对抗形式呢？就是说，矛盾双方在本质上并不具有根本对立的性质，只是在一定条件下，矛盾双方采取了对抗的解决形式。非对抗性质的矛盾，有可能产生对抗的解决形式。人民内部矛盾不是对抗性矛盾，并不等于就不可能出现对抗现象，在一定条件下，人民内部矛盾也可能会出现外部对抗的解决形式。

2. 人民内部矛盾对抗和激化的原因。人民内部矛盾对抗和激化的原因，分别是：

第一，必然原因。人民内部还存在某些对抗性的矛盾，可能会产生矛盾对抗现象，由于旧社会遗留的残余因素，敌对势力的影响和破坏，不仅会使我国存在一定数量的敌我矛盾，而且还会使人民内部产生某些矛盾对抗现象，存在某些对抗性矛盾。矛盾对抗现象和对抗性矛盾的存在是人民内部矛盾可能激化的必然原因。

第二，必要原因。人民内部还存在一部分带有阶级斗争性质的矛盾。阶级斗争还在一定范围内存在，这不可能不影响和反映到人民内部，使人民内部存在一部分带有阶级斗争性质的矛盾，这是人民内部矛盾可能激化的必要原因。

第三，重要原因。人民内部的非对抗性矛盾有可能转化成对抗性矛盾，不带有阶级斗争性质的矛盾有可能转化为带有阶级斗争性质的矛盾，人民内部矛盾有可能转化成敌我矛盾。矛盾转化是人民内部矛盾可能激化的重要原因。

第四，客观原因。不同性质的矛盾交叉在一起，构成复杂的矛盾局面。一定范围内的阶级斗争同人民内部的非阶级斗争性质的矛盾；一定数量的敌我矛盾同大量表现出来的人民内部矛盾；不占主导地位的对抗性矛盾同占主导地位的非对抗性矛盾，往往交织在一起，难分难解。错综复杂的矛盾局面，是人民内部矛盾可能激化的客观原因。

第五，主观原因。面对复杂的社会矛盾状况，领导者在主观认识和实际处理方面的失误，有可能导致矛盾激化。这是矛盾可能激化的主观原因。

矛盾对抗和激化表现为社会冲突，我国发生的社会冲突绝大部分是人民内部的矛盾冲突。人民内部矛盾冲突往往发端于经济领域，又有可能由经济利益冲突发展为思想政治冲突，由个别冲突发展为局部性、地区性冲突，乃至全国性冲突。如果人民内部矛盾冲突同阶级斗争、敌我矛盾纠缠在一起，处理失误，就有可能进一步转化，酿成社会动乱。

3. 正确认识和处理群体性事件问题。毛泽东同志在《关于正确处理人民内部矛盾的问题》报告中，专门论述了群体性事件问题，当时他把群体性事件称为少数人闹事。毛泽东同志说："在我们的社会中，群众闹事是坏事，是我们不赞成的。但这种事件发生以后，又可以促使我们接受教训，克服官僚主义，教育干部和群众。"他对群体性事件的原因和处理原则作了全面的科学的论述。

群体性事件，是指由人民内部矛盾引发的严重影响、干扰乃至破坏正常社会秩序的事件。既然群体性事件是人民内部矛盾，那么对群体性事件首先要给予严格的界定，要严格区别多数参与群众和少数坏人，多数参与者是群众，只有极少数是坏人。

群体性事件发生的直接原因，往往是由于出现比较严重的社会问题，或某些政策和措施损害群众切身利益，或群众生活水平相对下降，或群众一些物质上的和其他方面的要求得不到满足。出现群体性事件的另一个值得注意的原因，是领导上的官僚主义和腐败行为。由于某些领导的官僚主义态度，使得本来应当解决的群众的合理要求长期得不到解决，或者由于对一些群众不合理的要求，没有采取有效的措施及时地去做工作，使得本来可以解决的矛盾激化。群体性事件发生的又一个原因，是缺乏对落后群众的思想教育。有些群众往往注意当前的、局部的个人利益，甚至提出不切实际或不合理的要求，而思想工作又跟不上，使群众中的偏激情绪和错误思想占了上风，致使群众以不适当的方式向党和政府发泄不满。群体性事件发生还有一个原因，就是当群众产生不满情绪酝酿出事的过程中，有国际反动势力和国内少数坏人插手进来，传播敌对思想和错误主张，挑拨离间、散布谣言、制造事端。防止坏人破坏的关键，也在于领导的工作，在于是否能够把群众背后的少数坏人揭发出来。国内复杂的民族关系和宗教生活中的不安定因素，也是群体性事件发生的一个重要原因。群体性事件或多或少与经济政治体制上的弊端有关，与群众的要求缺乏畅通有效的合法诉求和合理解决途径有关。在改革进程中，由于新旧体制交替，利益分配结构调整，社会矛盾相对集中地表现出来。如果出现方针政策措施不当，也会导致矛盾激化，是造成群体性事件的体制和政策原因。群体性事件总体上属于人民内部矛盾，但群众要求的合理性同反映形式的违法性相交织，现实问题同历史遗留问题相交织，同时还有一些群众提出不合理要求，少数人违法犯罪，以及敌对分子插手利用的问题，处置的政策性很强。处置不当是群体性事件发生的主观原因。

妥善处置群体性事件，一定要采取正确的处理原则和办法。坏事可以变成好事。事件发生后，必须认真总结经验教训，坚决克服官僚主义，不能"草率收兵"，要保持足够的冷静，绝不能掉以轻心。要分清不同性质的矛盾，反对两种错误倾向：一是不问青红皂白把一切错误归咎于群众，助长领导的官僚主义；二是看不到群众的错误倾向，对少数坏人失去警惕。要做好工作，依法办事，满足群众提出的可以解决的合理的要求，恰当地处理好各种问题。要把参与的群众引导到正确轨道上来，对少数触犯刑律的给予必要的制裁。要以事件作为改善工作、教育干部和群众的特殊手段，采取各种措施消除不安定因素。从长远看，要从体制上建立健全切实接纳群众诉求并及时给予解决或回应的畅通有效的机制。

三、正确处理人民内部矛盾，构建社会主义和谐社会的基本思路

构建社会主义和谐社会，关键是正确协调好人民内部利益关系，正确处理好人民内部矛盾。毛泽东同志认为，正确处理人民内部矛盾"是一门科学，值得好好研究"。什么叫科学？科学是对客观规律的正确的理性认识。对我国人民内部矛盾规律的正确理性认识，也是一门科学。同志们一定要把人民内部矛盾当作一门科学来研究，一定要采取正确的原则和方法，妥善协调各方利益关系，正确处理人民内部矛盾，才能切实构建社会主义和谐社会。

（一）正确区分不同性质的矛盾，用不同质的方法解决不同质的矛盾，是正确处理人民内部矛盾，构建社会主义和谐社会的基本原则。

正确区分两类不同性质的矛盾，是正确处理人民内部矛盾的前提。毛泽东同志说，"不同质的矛盾，只有用不同质的方法才能解决"。从总体上说，人民内部矛盾是根本利益一致的非对抗性矛盾，不能用处理敌我矛盾的办法来处理人民内部矛盾。

第一，主要用经济的方法解决人民内部的得失矛盾。得失矛盾就是利益矛

盾，得到一些，失掉一些，就是利益问题，就会产生利益矛盾。对得失矛盾，主要用经济方法来解决，叫作统筹兼顾，综合平衡，即利益协调的办法。毛泽东同志提出主要用经济方法处理得失矛盾的原则。邓小平同志提出按照统筹兼顾的原则调节得失矛盾的思想。运用经济方法，"统筹兼顾、全面安排"是解决人民内部得失矛盾的主要方法。

第二，主要用民主的方法解决人民内部的是非矛盾。是非矛盾就是人民内部在思想、政治、文化上的矛盾。毛泽东同志认为，凡属于思想性质的问题，凡属于人民内部争论的问题，不能用强制的、压服的方法来解决，只能用民主的、讨论的、批评的、说服教育的方法来解决，在今天，还要加上法制的办法来解决。毛泽东同志把民主的方法概括为"团结—批评—团结"公式。邓小平同志指出，在党内和人民内部政治生活中，只能采取民主的手段，不能采取强迫命令、压制打击的手段。民主的方法主要包括：一是法制的方法，一是思想教育的方法。

第三，采取综合的方法解决人民内部各类矛盾。解决人民内部矛盾，要根据具体情况，采取综合性的、多种多样的方法。因为，有些矛盾很难说是纯得失性质的，还是纯是非性质的，往往是得失与是非搅和在一起的。所以，必须具体分析矛盾的实际情况，用综合性的办法，来化解人民内部矛盾。比如，两口子离婚，很难说是感情问题，还是经济问题，还是什么问题，必须用综合的办法来解决。总之，多种多样的办法相结合，才能解决好错综复杂的人民内部矛盾。要针对矛盾的具体实际，动员各方力量，注意工作方法，立足于协调关系、理顺情绪，增进理解，调动积极因素。把人民调解、司法调解、行政调解结合起来建立人民内部矛盾经常化、制度化的调处机制。依法及时处置群众的合理诉求，努力消除不和谐因素，从源头上解决矛盾，尽可能地把矛盾和隐患化解在基层，解决在萌芽。

第四，根本方法是深化改革，发展生产力，健全社会主义民主法制。建设社会主义物质文明、精神文明、政治文明，为解决人民内部矛盾奠定物质、精神和制度保障。

（二）把人民的根本利益作为党和国家机关一切工作的出发点和落脚点，是正确处理人民内部矛盾，构建社会主义和谐社会的总的方针。

正确处理人民内部矛盾，必须始终保持同群众的血肉联系，坚持群众路线，把人民的根本利益作为制定路线、政策，采取各种措施的根本出发点和最终落脚点。重视和维护人民群众最现实、最关心、最直接的利益，正确反映和兼顾各方群众的利益要求，坚决纠正损害群众利益的行为，抓紧解决群众生产生活中的突出问题和困难。

当前要着重解决分配差别、区域差别、城乡差别、就业、贫困、"三农"、少数干部腐败等突出问题。要针对企业改制、城市拆迁、农村征地、司法不公等，抓紧制定相关法律，加以解决。

（三）正确处理效率与公平的关系，在坚持效率的前提下，注意维护和实现社会公平，是目前正确处理人民内部矛盾，构建社会主义和谐社会的突出任务。

邓小平同志在提出让一部分人，一部分地区先富起来的同时，极为重视贫富差距过大和分配不公的问题，90年代初，就设想在20世纪末达到初步小康水平的时候，要利用各种手段、各种方法、各种方案突出地提出和解决这个问题。早在1993年他就指出："少部分人获得那么多财富，大多数人没有，这样发展下去总有一天会出问题。分配不公，会导致两极分化，到一定时候问题就会出来。这个问题要解决。过去我们讲先发展起来。现在看，发展起来以后的问题不比不发展时少。"[1]"要利用各种手段、各种方法、各种方案来解决这些问题。"[2]"什么时候突出地提出和解决这个问题，在什么基础上提出和解决这个问题，要研究。可以设想，在本世纪末达到小康水平的时候，就要突出地提出和解决这个问题。"[3]现在是突出地提出和解决这个问题的时候了。

1. 关于效率与公平的关系，资本主义在发展市场经济的长期过程中积累了值得我们借鉴的经验教训。当然，资本主义制度不可能从根本上解决好效率与公平的关系，即使一段时期内能够处理好，也不能根本克服最终导致资本主义必然灭亡的内在矛盾。

如何认识效率和公平问题？要从市场经济的特性来认识。市场经济有两重性，是一把双刃剑：积极的一面，能较大限度地优化资源配置，调动人的积极性，实现效率；消极的一面，能带来分配不公，两极分化，带来其他一系列社会问题。同志们读世界资本主义发展史可以知道，在资本主义几百年发展市场

---

[1]《邓小平年谱》，中央文献出版社2004年版，第1364页。

[2]《邓小平年谱》，中央文献出版社2004年版，第1364页。

[3]《邓小平文选》第3卷，人民出版社1993年第1版，第374页。

经济的过程中，它既尝到了市场经济的甜头，也充分尝到了两极分化、矛盾激化引起社会动荡的苦头。较大的有四次。第一次是资本主义自由竞争时期。重视效率，重视经济增长，但忽视了公平分配，导致工人阶级和资产阶级两极分化，工人工资下降，绝对贫困，阶级矛盾和斗争愈演愈烈。造成1825年开始，每隔10年爆发一次经济危机。1873年爆发了资本主义空前激烈的世界性危机，持续了五年。危机往往伴随着革命，爆发了1871年的巴黎公社革命和风起云涌的工人运动。第二次是第一次世界大战前后时期。资本主义通过第一次世界大战，通过帝国主义国与国之间的战争转移国内矛盾。企图用垄断来克服自由竞争资本主义的内在矛盾，发展到了垄断资本主义，即帝国主义。垄断进一步加剧了两极分化和阶级矛盾，爆发了俄国十月革命。第三次是1929—1933年的资本主义世界性的总经济危机时期。这次危机对资本主义造成致命打击，阶级对立和矛盾相当激化，国内矛盾转移到国外，爆发了第二次世界大战，结果出现了一系列社会主义阵营。第四次是二战以后的资本主义国家垄断时期。资本主义内在矛盾进一步激化，两极急剧分化，陷入了空前的社会危机，五六十年代，资本主义国家的工人运动风起云涌。一些有远见的资产阶级政治家，着手对资本主义内在矛盾进行调和，对资本主义制度进行改良，关注公平，用高额利润的一部分，采取高额累进税、遗产继承税等措施进行再次分配，建立健全社会保障体制，缓和阶级矛盾，形成庞大的中等收入阶层，构建橄榄型社会结构，资本主义进入相对稳定的发展阶段。可以看出，资本主义在发展历程中，推进了经济的迅速增长，但前期过分偏重效率，忽视公平，两极分化，矛盾激化，社会激烈震荡，初期的工人运动，一次大战、二次大战，以及战后的大规模工人运动，几乎颠覆资本主义制度。所以，马克思讲，资本主义在发展的同时，也生产了自己的掘墓人。《资本论》就是对自由竞争阶段资本主义社会内部矛盾的集中反映。资本主义经过一次、二次世界大战，以及战后的工人运动，才认识到必须处理好社会公平问题，注重效率的同时，关注公平，用高额利润的一部分来解决二次分配，建立高额累进税、遗产继承税，采取一系列社会保障措施，培育相对庞大的中等收入阶层，缓和阶级矛盾，使资本主义进入了相对稳定的发展时期。当然，公平问题解决到一定程度，效率问题又重新提出来了，当前西方国家的"高福利"政策又引出了效率问题。瑞典是典型的福利型国家，实行"三高"政策，就是"高税收、高工资、高福利"，是"从摇篮到坟墓，一生都有保障"的"高福利"国家，现在，也出现社会发展动力不足、政府财政负担过重的现实问题。

2. 效率与公平的关系是具体的、历史的、相对的。在不同的历史条件下，效率与公平的具体内容是不同的。在这个国家公平，到另一个国家可能就不公平，这个时期公平，到另一个时期可能就不公平。每一个阶段都有突出问题，老问题解决了，新问题又出现了。效率与公平虽然存在矛盾，但在一定条件下又可以统一。一定的收入差别是实现效率的必要代价，有时为了追求效率还不得不牺牲一些公平，但到一定程度，又要回过头来解决公平，过分不公终将损害效率。在社会主义条件下，效率与公平的矛盾是可以协调的，实现效率与公平的统一，是社会主义发展的内在需要。注重效率，努力争取用较少的投入最大限度地发展生产，符合人民的根本利益，是实现公平的前提和基础。有了效率，经济持续稳定增长，才有高水平的公平。不公平也制约和影响效率，只有实现公平，才有利于争取更大的效率。

3. "效率优先，兼顾公平"是重要的一般原则，在不同时期，对其理解和运用，要从实际出发，追求效率与公平的最优结合。就我国的实际来说，改革之初，首要问题是发展经济，实现效率，解决温饱，把蛋糕做大，当然也不能忽视公平，但发展到一定阶段，公平问题突出了，就要集中解决公平问题。平均主义是一种不公平，差距过大也是一种不公平，当前平均主义与差距过大同时存在，在一定程度上、一定范围内，部分社会成员收入差距过于突出了。发展是硬道理，发展需要效率，但为了保持健康持续发展，必须在实现效率、推进经济增长的前提下，实现承认一定差距的相对公平。实现和维护公平，不仅仅是财富分配等经济问题，而是个全方位的问题，涉及政治、经济，涉及公民权利、社会地位、民主施政、自由平等、公共服务、司法公正等政治、文化和社会内容。所以，公平是个大概念，不仅仅是个收入问题。当前应该集中解决收入分配问题。应该说，在社会主义初级阶段，我国大公平已经具备一定条件。什么叫大公平？就是以公有制为主体的所有制制度所决定的，以按劳分配为主体，按要素分配等多种分配形式并存的分配制度所决定的，人民当家作主的政治制度所决定的社会制度公平，是在人民群众的根本利益一致基础上的基本公平。在大公平的前提下，要在促进效率的前提下，把维护和实现公平放到更加突出的地位，从社会全方位出发长远地考虑公平问题，依法逐步建立以权利公平、机会公平、规则公平、分配公平为主要内容的社会公平保障体系，从制度、政策、法律上营造公平的社会环境。讲公平必然涉及分配，这就要在坚持效率前提下，高度重视分配公平对推进社会全面进步的作用。要关注收入分配的公平问题，合理的收入分配制度的建立问题。

4. 当前收入分配上的主要问题是，非常态收入突出，保障性收入不到位。具体来说，第一句话，在初次分配领域，非常态收入突出，造成初次分配不公平。初次分配注重效率，一定要落实按劳分配、按要素分配原则。落实按劳分配，就能较大限度调动人的积极性，真正实现激励性的收入分配。落实按要素分配，就能够让一切劳动、知识、技术、管理和资本的活力竞相迸发。目前我国由于市场秩序不规范，起跑线不一样，在初次分配中，垄断收入和非常态收入比较突出，所谓"垄断收入"，就是有些行业，没有完全进入市场，形成垄断收入，造成了不合理收入差距。再一个是黑色收入、腐败收入和灰色收入，比如说走私贩私，钻各种政策空子，特别是贪污所得的收入，造成很大的收入差距，老百姓十分不满。真正实现按劳分配、按要素分配，才能切实保证效率。

第二句话，在再次分配领域中，社会保障性收入不到位，没有建立长效机制。根本性解决办法是要建立制度化、长效化的社会保障体制。

5. 解决收入分配问题的出路是，在坚持效率，放手让一切劳动、知识、技术、管理和资本的活力竞相迸发的同时，努力注重和兼顾公平，理顺分配关系，规范分配秩序，既要着重解决初次分配非正常收入造成的差距，还要着重解决再分配的社会公平保障，建立公正的收入分配体制。

第一，保证社会成员机会平等，解决好初次分配合理。初次分配拉开差距，一般来说是正常的，有利于效率提高。问题在于由于不合理、不平等的竞争条件，如市场垄断、贪污腐败、制假售假、走私贩私、偷税漏税等造成大量非正常收入，导致初次分配有些收入差距拉大的不合理。这就需要解决初次分配机会条件不均等所带来的不公。坚持公有制为主的经济制度，保证生产条件和经济关系平等，逐步规范市场经济秩序，保证市场竞争平等，才能保证初次分配的条件和机会公平。在初次分配中，要建立健全市场机制，辅以必要的行政手段，以效率为前提，贯彻按劳和按生产要素分配原则，让激励性和效率性收入分配确实到位，控制垄断收入，取缔非法收入，实现合理的初次分配。

第二，保证保障性收入分配到位，解决好再次分配公平。初次分配通过市场机制实现效率，会带来收入差距拉大，这就需要政府通过再次分配加以调整。目前再次分配体制不健全，保障性收入分配不到位，低收入层与高收入层的差距日益拉大。需要以公平为原则，加大政府调控力度，通过经济政策、经济立法，运用税收、金融、行政等调节干预手段，合理调整国民收入分配格局，采取切实措施保证低收入居民的保障性收入，解决城乡之间、区域之间和部分成员之间收入差距拉大的问题。例如，进行税赋改革，加大对各类收入的税收调节；加大转移支付力度，增加公共开支，统筹城乡、区域发展，着力解决城乡二元结构问题，工业反哺农业，城市支持农村，支持落后地区和农村发展，提高落后地区居民和农村居民的收入水平；着力解决城乡居民贫困层的生活困难，严格执行最低工资制度，采取提高低收入者收入、扩大中等收入者数量的办法逐步缩小贫富差距。

第三，建立健全社会保障制度，解决好保障性分配问题。政府要建立健全以社会保险、社会救助、社会福利、社会慈善为主要内容的社会保障体系，向低收入层倾斜，确保低收入层的最低生活保障，突出解决失业、医疗、养老保障，加大社会救助和社会福利投入，保证保障性收入分配到位。

（四）形成相对均衡的利益分配格局，合理的社会成员构成结构，构建有利于社会和谐稳定发展的经济—政治体制，是正确处理人民内部矛盾，构建社会主义和谐社会的长效机制。

在我国社会主义初级阶段条件下，和谐社会要有两个层次合理的社会结构：

一是相对均衡的利益分配结构。有两种利益格局是不利于社会稳定和谐发展的。一种是平均主义的利益格局，一种是贫富悬殊的利益格局。要构建既有一定差别，又保持一定公平的相对均衡的利益分配结构。首先，保证社会成员利益竞争的条件和机会平等。既要关注公平的结果，也要关注公平的起点、条件、环境和过程。要建立良好的市场经济秩序和分配秩序，保证竞争机会均等，彻底实施义务教育，实施农民和城市失业人员免费技能培训，为一切社会成员提供平等的竞争起跑线和公正的竞争环境。其次，保证社会成员利益分配相对均衡。要建立与市场经济体制相适应，以按劳分配为主体多种分配方式并存，激励性、效率性、保障性收入分配有机结合，社会保障制度健全的利益分配格局，保证社会成员利益相对均衡。

二是形成与相对均衡的利益分配结构相一致的、合理的社会成员构成结构。形象地比喻，两极分化的社会成员构成结构，称之为"葫芦型"的社会成员构成结构。这种结构，两极分化，穷人很多，富人很富，唯独中间收入的人少，社会不稳定，容易出问题。与此相反，还有一种社会成员结构，中等收入的人居多数，穷人和富人都不多，称之为"橄榄型"社会成员构成结构。这种结构有利于社会的稳定、和谐发展。所以，要提高低收入者收入水平，扩大中等收入者比重，形成中等收入层为大多数的"橄榄型"社会成员构成结构，把社会分化、社会差别控制在适度的范围，使各个社会成员都能享受到改革和发展的成果。

与合理的利益结构和社会结构相适应，要构建有利于协调各方利益关系，有利于调动各方积极性，有利于社会和谐稳定发展的社会主义初级阶段的经济政治体制，从制度上、体制上保证合理的结构保持长期稳定。

（五）提高领导干部正确处理人民内部矛盾，构建和谐社会，实现社会协调发展和全面进步的能力，是正确处理人民内部矛盾，构建社会主义和谐社会的关键环节。

在我国，共产党是执政党，党和党的领导干部在国家政治生活中的作用是至关重要的，这就向党和党的领导干部提出了执政能力建设的问题。正确处理人民内部矛盾，构建和谐社会，实现社会协调发展和全面进步的能力，是执政能力的重要组成部分。领导干部要提高这方面的执政能力。要加强调查研究，深入探索新的历史条件下人民内部矛盾的规律与特点，努力探索正确处理人民内部矛盾的新思路、新方法，为防范、应对、化解各类矛盾提供理论和对策支持；要科学分析各阶级、阶层、利益群体的发展变化，充分把握各阶级、阶层和利益群体分化与组合的原因、条件以及他们的利益关系与利益要求，以便制定协调各类矛盾的有效对策；要学会在市场经济条件下进行社会管理，建立健全社会协商对话制度，完善信访体制和机制，建立一套反应灵敏、指挥得力、协调有序、运转高效的应对突发事件的预警机制和处理机制；要积极研究和掌握新时期群众工作的规律特点，把解决群众关心的热点和难点作为群众工作的重点，善于处理与群众利益密切相关的复杂棘手问题。

妥善协调各方利益关系，正确认识
和处理人民内部利益矛盾^[1]

人民内部利益矛盾是人民内部其他诸矛盾产生的物质经济根源，制约、影响人民内部其他诸矛盾的发展、变化。正确认识和处理新时期人民内部矛盾，必须首先研究新时期人民内部利益矛盾问题。

一、利益矛盾是人民内部矛盾产生、变化的物质经济根源

在《关于正确处理人民内部矛盾的问题》中，毛泽东同志除了着重谈到人民内部在政治思想上的矛盾，以及解决这些矛盾的办法以外，还特别谈到各种利益矛盾。但是，由于当时历史条件的局限，在论述人民内部矛盾时，他对着重从经济根源上分析人民内部矛盾产生的社会原因重视不够。实践表明，只有从物质经济根源上，即从物质经济利益根源上对人民内部矛盾进行深刻的、正确的分析，才能正确认识和处理人民内部矛盾问题。也就是说，物质经济的利益矛盾是人民内部矛盾产生变化的根源，只有深刻认识人民内部的利益矛盾，才能深刻认识人民内部矛盾。

要正确认识人民内部利益矛盾，必须先搞清楚什么叫利益。而要理解利益

[1] 本文是作者在中央举办的省部级主要领导干部提高构建社会主义和谐社会能力专题研讨班上的讲话稿。部分内容发表于 2005 年 3 月 21 日《学习时报》，有关内容在《求是》《新华文摘》等刊物上刊载。

必须首先理解需要。什么叫需要呢？马克思和恩格斯指出："为了生活，首先就需要衣、食、住以及其他东西。因此第一个历史活动就是生产满足这些需要的资料，即生产物质生活本身。"[1] 就是说，人的需要是人类生命活动的表现和必然要求，它引起了第一个历史活动——生产。人们需要的实质就是人对物质生活条件和精神生活条件的客观依赖关系，表现为人对物质需要对象、精神需要对象的主动指向和追求。它反映了作为需要主体的人对作为需要客体的社会生活条件的欲求，是主体对客体（外部世界）能动关系的内在化。它既包括人的明确意识到的需要，也包括未明确意识到的需要，如情欲的本能需要，等等。需要的内容是客观的，需要的形式却是主观的。人的需要是人们进行历史活动的内在动因，是社会生产发展的基始推动力，正是人的社会需要构成了利益的基础。

人的需要本身还不是利益，不能把需要和利益混为一谈。需要和利益的差别是：首先，需要是人对客观需求对象的直接欲求关系，直接反映出人的情欲要求。利益则是人对客观需求对象的更高层次的理性上的需求关系，体现了人对客观需求对象从理性上的关心、兴趣和认识。其次，需要直接表现为需要主体对需要对象的依赖关系。而利益则透过需要主体与需要对象之间的依赖关系，表现为需要主体与需要主体之间因对需要对象的直接欲求而发生的关系，即人对需要对象的分配关系。所以，需要反映的是人同客观要求对象的关系，利益则是必然经过经济关系的过滤才能体现出来的需要。需要只反映了人对客观需求对象的直接依赖关系，需要转化成利益，必须要经过生产关系的作用。在任何一个具体的社会形态中，人们的需要在一定的经济关系中就表现为利益。利益是需要在经济关系上的表现，离开现实的社会经济关系，也就不可能理解利益。譬如，人们对食品的要求，构成了人的最基本的物质要求，但是人们要获得这种物质需要的满足，必须首先占有生产资料，然后经过一定的社会分配方式才能获得。于是，人对物质生产条件的需要，对物的需求关系，就表现为人与人之间的一种利益关系。可见，人对物的直接需求关系，经过经济关系的中介，就表现为人与人之间因需要而发生的利益关系了。一定的社会经济关系是利益的社会本质。

在社会主义初级阶段，由于现实的社会经济政治状况，决定在人民内部存

[1]《马克思恩格斯选集》第1卷，人民出版社1995年版，第32页。

在着复杂多样的利益矛盾。

第一，社会主义初级阶段生产力发展相对落后，造成人们生活资料的相对匮乏，如果分配不合理，就会使分配领域人民内部的利益矛盾突出出来。

第二，社会主义初级阶段不同的、多样的经济成分决定了人民内部利益矛盾的复杂性。在社会主义初级阶段，不仅存在公有经济成分，还存在个体经济和私营经济成分，以及其他形式的经济成分，如混合所有制、股份制等形式。多样化的经济成分决定人民内部利益矛盾的复杂化。比如，公有制企业劳动群众同个体劳动者以及私有经济经营者、雇主之间的利益矛盾；私营企业雇主同雇工的利益矛盾；个体经营者、私有经营者同广大消费群众之间的利益矛盾；等等。社会主义条件下，个体经济的经营生产是以劳动者自己的劳动为基础的，他们的经营活动不带有剥削性质，个体经济是社会主义市场经济的重要组成部分。一般来说，个体工商业者同公有制企业的劳动者之间是非对抗性的利益矛盾，但是，个体经济的生产资料和劳动产品归劳动者个人所有，个体所有制体现了个体劳动者的私人利益，具有同社会主义国家利益产生利益矛盾的可能性。在社会主义初级阶段，私营经济的存在和发展，有利于促进生产，活跃市场，扩大就业，更好地满足人民多方面的生活需要，也是社会主义市场经济重要组成部分。但是必须看到，私营经济的存在和发展也具有消极的一面。首先，私营经济是以雇佣劳动为特征的，体现了一种雇佣劳动的关系。其次，既然是私人性质的经济成分，就有可能受私人利益的驱使去从事投机活动，牟取暴利，冲击市场，损害国家和人民整体、长远的利益。在私营经济内部，存在着雇工和雇主之间的利益矛盾；在私营经济之间，存在着私营经济同私营经济的利益矛盾；在私营经济和国有经济之间，也存在着利益矛盾。

第三，在社会主义初级阶段市场经济复杂的经济关系背后，在人民内部，隐藏着复杂的经济利益矛盾。譬如，在社会主义初级阶段，作为主体的公有制经济和作为重要组成部分的私有经济并存的经济格局，决定了初级阶段市场经济关系反映在人民内部关系上，存在着两种不同的利益矛盾。在这种市场经济关系中，公有制经济的社会劳动同个人劳动的矛盾关系，私有制经济的社会劳动同私人劳动的矛盾关系交织在一起，初级阶段市场经济关系正是这两种矛盾关系的交叉。部分劳动的私人性质决定了部分商品生产的私人性质，决定市场经济发展中可能存在盲目的、自发的、无政府状态的倾向，这种倾向可能会产生一定的消极影响。如黑市经济的存在和泛滥，走私贩私、偷税漏税现象的存在，等等。再譬如，社会主义市场经济在资源分配方面、市场分割方面，商品生产者之间、商品生产者同流通环节的经营者之间，以及它们同直接消费者之间都存在错综复杂的利益矛盾。

第四，在社会主义初级阶段，旧的经济基础残余的存在，旧的上层建筑残余的存在和旧的社会势力的存在，使得人民内部的利益矛盾往往同敌我性质的利益矛盾交织在一起，这就决定了社会主义初级阶段的利益矛盾格外复杂和尖锐。在社会主义初级阶段，还存在旧的经济基础和上层建筑残余，有些旧社会的残余从反作用力的方向上强化和加剧了社会主义的利益矛盾，使非对抗性利益矛盾有可能转化成对抗性利益矛盾。同时，由于历史的、现实的国际条件下的种种原因，还存在着旧剥削阶级的残余分子，敌、特、反分子以及新生的敌对分子，这些人所代表的是旧剥削阶级和反社会主义势力的少数人的私利，同人民是敌我性质的对抗性的利益矛盾，这种对抗性的利益矛盾有时表现为很激烈的阶级斗争。在社会主义初级阶段，人民内部的利益矛盾同上述敌我性质的利益矛盾交织在一起，势必增加正确区别和处理人民内部利益矛盾的难度。

第五，社会主义初级阶段不成熟、不完全的经济基础的具体形式，不完善、存在种种弊端的上层建筑具体形式，致使社会主义国家人民内部利益矛盾更为尖锐突出。在社会主义初级阶段，社会主义公有制还是不完全的公有制，社会主义公有制内部还存在不同实现形式之间的差别和矛盾。社会主义市场经济的相对落后和发展不平衡，又使得不同所有制的企业之间，同一种所有制的不同企业之间因生产条件不同，地区经济环境不同而在生产资料占有上、销售条件上、职工素质上、企业创利环境上存在着极大的差别，这些差别致使本来已经存在的利益矛盾更为突出、更为尖锐。从上层建筑对经济基础的反作用来看，初级阶段上层建筑的不成熟，尤其是政治上层建筑领域所表现出来的一种弊端和缺陷，强化了本来就已经很突出的利益矛盾。譬如，当官僚主义严重损害群众利益时，由于社会主义民主政治不健全，群众不可能立即去加以有效的制止，人民内部利益矛盾就可能会转化成激烈的利益冲突。

第六，社会主义初级阶段文化、道德发展的相对落后，加重了社会主义初级阶段本来就存在的人民内部的利益差别和矛盾。

第七，社会主义初级阶段经济利益实现形式的复杂化，进一步加剧了社会主义初级阶段人民内部的利益矛盾。社会主义社会初级阶段多种形式的所有制结构，决定了社会主义初级阶段分配形式的多样化。按劳分配是社会主义初级阶段的主要分配形式，另外还有非按劳分配的形式，如以社会福利形式实现的社会分配形式，以非劳动收入形式实现的分配形式，以按生产要素分配的分配形式，等等。这些就决定了国家、集体、个人三者之间存在一定的利益矛盾，决定了不同收入者由于收入不同而存在着一定的利益矛盾。社会主义初级阶段分配形式的多样化，决定了经济利益实现形式的复杂化，从而使社会主义初级阶段人民内部利益矛盾趋于更复杂化。

总之，社会主义制度确立以后，由于我国社会主义初级阶段复杂深刻的经济、政治、文化等原因，决定了在社会主义现阶段各个不同利益主体之间，不仅存在个别、特殊利益之间的矛盾，还存在个别、特殊利益同社会共同利益之间的矛盾。人民内部的利益矛盾是人民内部矛盾产生的根源和发展变化的焦点。事实上，一些社会主义国家国内矛盾和社会冲突有很多是群众的切身利益问题而造成的，如物价、住房、就业、食品分配等，群众的直接物质利益问题往往是社会冲突事件产生的直接导火索。认识人民内部矛盾，必须研究人民内部利益矛盾。

二、人民内部利益矛盾的地位、表现、性质和特点

人民内部矛盾是一个由许多矛盾构成的复杂系统：有不同的阶级、阶层利益群体之间的矛盾，有民族之间的矛盾，地方与地方之间、集体与集体之间的矛盾；工人阶级内部的矛盾，农民阶级内部的矛盾，知识分子内部的矛盾，个体劳动者和其他非公有制经济经营者内部的矛盾；工人阶级同农民及其他劳动阶级之间的矛盾，工人阶级、农民阶级和其他劳动阶级同其他非公有制经济经营者之间的矛盾；执政党、人民政府同人民群众之间的矛盾，领导同群众之间的矛盾，上级同下级之间的矛盾，党与非党之间的矛盾，党内的各种矛盾；以及国家、集体、个人之间的利益矛盾，个人之间的利益矛盾……这些矛盾分别在经济、政治、意识形态等领域表现出来，其中人民内部利益矛盾是一切人民内部矛盾产生、存在、发展、激化和解决的物质经济根源，是制约其他各类矛盾发展的主导性矛盾。

利益矛盾可以分为两种基本类型：一是对抗性的利益矛盾，表现为对立的阶级矛盾；二是在消灭了阶级对立的经济基础但还存在旧的分工的社会中的、根本利益一致基础上非对抗性的利益矛盾。社会主义制度的建立，消灭了对抗性利益矛盾存在的社会制度基础，但它还保留有一些旧的生产关系的残余，还有旧的分工存在，特别是在社会主义发展的初级阶段还存在着多种经济成分，因而在人民内部还存在着第二种类型的利益矛盾。当然，在社会主义的初级阶段，旧社会残余的存在，反社会主义分子的存在，使得社会主义内部也还存在一定范围内的敌对性质的利益矛盾，然而这种敌对性质的利益矛盾不占主导地位。

无论是阶级社会，还是我国目前社会主义初级阶段的社会，还存在着利益矛盾，然而同阶级社会相比，我国目前阶段的人民内部利益矛盾有着不同的特点。

首先，利益矛盾的性质不同。阶级剥削社会的利益矛盾是对抗性质的矛盾，社会主义初级阶段的人民内部利益矛盾是根本利益一致基础上的非对抗性质的矛盾。根本利益一致指的是，社会主义国家劳动人民群众每个成员都具有占有生产资料的同等地位，靠自己的劳动方式来实现自身的利益，劳动人民群众之间没有根本对立的利益矛盾，有着共同的根本利益要求和利益源泉，存在的只是局部利益和暂时利益的矛盾。在社会主义初级阶段的私营经济内部，雇主和雇员之间的利益矛盾也同旧社会剥削阶级同被剥削阶级之间的敌对性质的利益矛盾不同，在一般情况，也属于人民内部的非敌对性质的利益矛盾。社会主义社会人民内部利益的根本一致性决定了人民内部利益矛盾的非对抗性，所谓利益矛盾的非对抗性是指这样一种性质，即组成矛盾的利益双方均不以根本否定对方和完全排斥对方作为印证和实现自身利益的必要条件。也就是说，矛盾具有非对抗性，这是从根本上和从总的趋势上来说的，这并不排斥利益矛盾双方发生局部和暂时对抗冲突的可能性。

其次，利益矛盾表现的领域不同。在阶级剥削社会中，利益矛盾突出地表现在生产领域。在资本主义社会的生产过程中，资本家利用占据的生产资料所有权和支配权，剥夺和占有劳动者的劳动成果，而劳动者的劳动量与其物质利益的实现量成反比，这表明资本主义社会的利益矛盾在生产过程中就体现出来了。社会主义基本上消灭了劳动剥削、劳动对立的社会基础，在生产领域里，劳动者首先是为自己劳动，是为了直接实现自身的利益，以及与自身利益息息相关的整体利益而劳动，劳动者之间、劳动者和管理者之间不存在对立的利益关系。由于社会主义的按劳分配关系造成了事实上分配的不平等，造成了生活资料分配上的差别，使得社会主义劳动者之间的利益矛盾突出反映在分配问题上。

再次，利益矛盾的解决办法也不同。社会主义国家人民内部利益矛盾的非对抗性质决定了利益矛盾的解决办法，既不能以改变社会主义现行经济制度为前提，又不能以改变现行政治制度为条件，同时也不能采取消灭、否定矛盾中的任何一方为前提。一句话，不能最终以社会革命的办法，以暴力斗争夺取政权的办法来解决。社会主义国家人民内部的利益矛盾只能通过社会主义制度本身的自我完善和自我改革，通过建立适当的经济和政治体制，发展生产力的办法来解决；通过社会主义制度，利用经济手段、思想政治工作，开展批评和自我批评，以利益调整、利益协调的办法来解决。

在现实生活中，人民内部利益矛盾在我国社会主义初级阶段的人际关系上具体表现为：

第一，全体劳动者同部分劳动者，这一部分劳动者同那一部分劳动者以及劳动者个人之间的利益矛盾。国家利益代表全体劳动者的利益，集体利益、群体利益代表部分劳动者的利益，国家利益同集体、群体利益的矛盾直接表现为全体劳动者同部分劳动者的矛盾。不同集体、不同群体作为这一部分劳动者和另一部分劳动者的代表，它们各自要求增加本集体、群体的利益，于是集体、群体利益之间的矛盾就直接表现为这一部分劳动者同那一部分劳动者的矛盾。在社会主义条件下，必须承认和尊重劳动者的个人利益，这样，劳动者个人之间就会因利益差异而产生利益矛盾。

第二，领导者、管理者同普通群众之间的利益矛盾。社会主义国家党和政府的各级领导和管理人员、各个经济单位的领导人员、经营管理人员，是国家利益、集体利益的代表，他们通过行使各级政权和各个经济组织的管理权和经营权，掌握着国家和集体的利益取向。这样，人民内部的利益就表现为上一层次的领导者、管理者同下一个层次的领导者和管理者的利益矛盾，表现为不同层次的领导者和管理者之间的利益矛盾，不同层次的领导者、管理者同直接劳动者群众个人之间的利益矛盾。领导者和管理者同劳动群众之间的利益矛盾有两层含义：第一层含义是，领导者和管理者不是作为个人利益的主体，而是作为国家、集体利益的代表同劳动群众发生矛盾关系，这时，领导者和管理者之间，他们同劳动群众之间的利益关系，就是国家利益、集体利益和个人利益之间的矛盾。第二层含义是，作为一种社会分工，领导者和管理者矛盾也有自身的特殊个别利益，他们作为特殊利益的主体同劳动群众之间发生的矛盾，实际上是特殊利益之间的矛盾。例如，当个别领导人把不合理的个人利益要求强加给整体利益时，就会同群众利益发生矛盾，也会同坚持整体利益的领导发生利益矛盾。

第三，私营经济经营者、个体经济经营者等非公有制经济同国家领导者、管理者以及劳动者之间的利益矛盾，私营经济、个体经济等非公有制经济劳动者同公有制经济劳动者之间的利益矛盾，私营经济经营者、个体经济经营者等非公有制经济之间的利益矛盾。在社会主义条件下，私营经济、个体经济等非公有制经济同社会主义的公有制经济是两种性质不同的经济成分，这就使得公有制经济的领导者、管理者及其代表的劳动群众和私营经济经营者、个体经济经营者等非公有制经济存在一定的利益矛盾。由于公有制经济同私营经济、个体经济等非公有制经济的劳动者在收入分配上也有一定的差距，使得这两部分劳动群众之间也存在一定的利益矛盾。由于市场经济的规律在起作用，不同的私营经济经营者、不同的个体经济经营者之间、私营经济经营者同个体经济经营者之间，其他不同的非公有制经济经营者之间也都存在一定的利益矛盾。

在社会主义初级阶段，人民内部利益矛盾的主要特点有：

（1）人民内部的物质利益矛盾更为突出。社会主义初级阶段生产力发展相对落后，市场经济还不够发达，物质财富不甚丰富，用于满足人民需求的物质生活资料显得极为紧张，如果再加上具体分配政策上的不完善或有问题，不十分合理，这就会使得人民内部的物质利益矛盾显得格外突出和尖锐。

（2）人民内部矛盾大量地、经常地发生于分配领域，集中表现为群众收入上的差距，表现为收入差别所引起的矛盾。在社会主义初级阶段，经济成分、分配方式是多样的，再加之现行体制上的不完善，使得人民内部在分配领域内的矛盾突出反映在收入水平的差别上。譬如，改革开放以来，社会分配格局发生了新的分化和组合，一方面，分配上的平均主义尚未完全打破，分配的合理格局远未完全形成；另一方面，又出现了部分社会成员收入差距过大和不合理的现象。因此，虽然群众的收入总体上增加了，但又会引起部分群众新的心理失衡，乃至不满情绪。

（3）人民内部利益矛盾常常以直接冲突的形式表现出来，如果处理不当，可能会引起一定的社会动乱。在社会主义初级阶段，人民内部矛盾往往表现为面对面的直接性冲突。如，一些群众会因为对住房、工资、福利、物价等各方面的待遇不满，而采取停工、罢课、集体上访、游行示威、冲击政府等直接形式的对抗；一些群众之间会因为财产纠纷、资产分配、土地使用等问题，爆发激烈的纠纷和暴力冲突。如果对这类问题缺乏警惕，处理不当，就有可能酿成更大的社会动乱，影响社会主义的政局稳定。

（4）人民内部利益矛盾往往集中通过干群关系表现出来，相当一部分群众的意见指出，冲突对象都是所在地区和单位的直接领导。

（5）人民内部利益矛盾冲突双方的群体界限十分清楚，群体意识十分明确。在社会主义初级阶段，人民内部的利益群体呈复杂化的格局，群众之间界限分明，群体利益要求明确，群际矛盾十分明朗。例如，在我国，知识分子具有明确的建立社会主义民主政治的政治意向，具有改善本利益群体生活待遇和工作条件的强烈的群体要求；普通职工群众的注意力则更多地集中在工资、物价和福利待遇的物质利益要求上。

（6）目前正在进行的社会主义市场经济体制改革，使人民内部矛盾又出现了一些新情况。首先，社会主义市场经济体制改革一方面繁荣了社会主义经济，另一方面又使人民内部利益矛盾更加普遍和明显。比如，首先由于逐步培育了各类市场，利用市场机制进行经济调节，一方面搞活了社会主义经济，另一方面又使得社会主义的市场关系复杂化、矛盾多重化。其次，随着社会主义经济体制改革的深入，提出了政治体制改革的任务，使政治生活中的各种关系和矛盾明朗化、突出化了。再次，社会主义市场经济体制改革深刻地改变了人们的思想观念，改变了社会主义的人际关系结构，使得人民内部的人际关系更为复杂化、多层次化。总之，社会主义市场经济体制改革所带来的社会生活的深刻变化，赋予人民内部利益矛盾以新的内容和形式。

（7）在复杂的国际国内因素的综合作用下，人民内部利益矛盾同敌我利益矛盾，同一定范围内的阶级斗争常常交叉在一起，使人民内部利益矛盾表现出错综复杂的状况。

三、人民内部利益矛盾的主要协调对策和措施

正确处理好人民内部利益矛盾，首先要分析矛盾的性质，分清哪些是属于人民内部性质的利益矛盾，哪些是属于敌我性质的利益矛盾，然后根据人民内部利益矛盾的性质，正确处理好人民内部利益矛盾。毛泽东同志在《关于正确处理人民内部矛盾的问题》中提出要用经济办法来处理人民内部利益矛盾。邓小平同志在 1979 年指出："我们必须按照统筹兼顾的原则来调节各种利益的相互关系。如果相反，违反集体利益而追求个人利益，违反整体利益而追求局部利益，违反长远利益而追求暂时利益，那末，结果势必两头都受损失。"[1] 经济办法是解决人民内部利益矛盾最主要的方法，以"对个人利益的关心"原则为基础，"统筹兼顾、全面安排"是解决人民内部利益矛盾的两个最基本原则。

"对个人利益的关心"是正确协调人民内部利益矛盾的一个重要原则。列宁曾明确地指出，人民群众"对个人利益的关心，能够提高生产"。社会主义建设"不能直接凭热情，而要……，靠个人利益，靠同个人利益的结合，靠经济核算"。"否则你们就不能到达共产主义，否则你们就不能把千百万人引导到共产主义。"[2] "我们不应该指望直接采用共产主义的过渡办法。必须以同农民个人利益的结合为基础。"[3] "必须把国民经济的一切大部门建立在同个人利益的结合上面。共同讨论，专人负责。由于不善于实行这个原则，我们每走一步都吃到苦头。"[4] 社会主义革命胜利以后，社会的基本利益矛盾已经主要不是剥削阶级与被剥削阶级之间的矛盾关系，而是人民内部个人之间、群体之间的非对抗性质的利益矛盾关系。人民群众的现实利益要求已经不是要改变其被剥削、被压迫的社会地位，而是要提高其物质和精神生活水平。在这种新的条件下，应当直接依靠人民群众对他们现实利益的关心，调动人民群众的积极性，在继续实现他们的现实利益要求中建立社会主义。在社会主义初级阶段条件下，肯定人们对个人利益的关心，就是肯定人们对其劳动成果的关心。这样可以把人们对个人利益的追求引向靠劳动增加收入的正确方向上，这既有利于社会主义经济的发

---

[1]《邓小平文选》第 2 卷，人民出版社 1983 年版，第 175—176 页。

[2]《列宁全集》第 42 卷，人民出版社 1987 年版，第 176 页。

[3]《列宁全集》第 42 卷，人民出版社 1987 年版，第 190 页。

[4]《列宁全集》第 42 卷，人民出版社 1987 年版，第 191 页。

展，又有利于协调解决人民内部利益矛盾。

1. 构筑一个适应复杂利益关系格局，充分发挥利益动力作用，调动不同利益群体积极性的社会主义初级阶段的经济—政治体制。所谓利益关系，其实主要就是各利益主体之间的关系。必须充分考虑到每个劳动者个人、各个利益群体的合理的特殊利益，每个劳动者的个人利益、每个利益群体的特殊利益是支配群体和个人从事生产的动力。然而，各个群体的特殊利益、每个劳动者的个人利益必须服从国家整体利益，失去整体利益制约的个别特殊利益会对社会产生消极影响。在社会主义初级阶段市场经济条件下，必须要兼顾好个人、集体和国家的利益，要兼顾好不同经济成分利益主体的利益，要在多种所有制并存的基础上，建立多种形式的分配体制和正确的分配政策，建立好国家宏观利益调节体制，充分利用市场机制来分配和调节好各方面的利益。社会上不同利益群体的复杂化，必然造成思想上政治上的多样化和复杂化，这就需要进一步建设社会主义初级阶段的民主政治，改善党的领导，加强社会主义法制建设和民主政治建设，扩大社会各阶层的参政范围和参政渠道，分层次、分领域地做好各方面的思想政治工作。因此，必须建立一个适合各个利益群体协同共进、充分发挥各自积极性的良好的社会经济政治体制。

2. 建立社会主义市场经济的良好秩序，为不同的利益群体提供一个公平合理、机会均等的利益竞争环境。在社会主义初级阶段的市场经济交往中，个人和群体是以自己所得利益的多少来衡量自身的经济效益的，都希望以最少的劳动消耗来取得最多的收入，这就需要通过正常的市场经济价值规律的作用来进行劳动产品的分配。而在我国目前经济生活中，市场经济比较薄弱，市场发育不完善，经济生活中漏洞很多，给许多投机活动打开了方便之门，使得利益分配不合理。这就需要我们进一步整顿经济秩序，发展市场经济，以法制为保证，完善市场经济体制，建立社会主义市场经济的良好秩序，为各个利益群体提供一个平等的竞争起跑线。

3. 建立适当的分配体制，形成合理的利益分配格局、合理的社会成员构成结构。有两种利益格局不利于社会稳定和谐发展。一种是平均主义的利益格局，一种是贫富悬殊的利益格局。两极分化的"葫芦型"的社会成员构成结构也是不利于社会和谐的。和谐社会发展具有两个层次合理的社会结构。

一是合理的利益分配结构。首先，要保证社会成员利益竞争的条件和机会平等，既要注意公平的结果，也要关注公平的起点、环境和条件。群众对合理合法地通过诚实经营和劳动致富是可以接受的，但对机会不均等造成的差距和不公，特别是对灰色收入、黑色收入乃至腐败收入深恶痛绝。要建立良好的市场经济秩序和分配秩序，为各个社会成员提供一个平等的竞争起跑线和公正的利益竞争环境。其次，要保证社会成员利益分配的公平。建立与市场经济体制相适应，以按劳分配为主多种分配方式并存，激励性、效率性、保障性分配有机结合，社会保障制度健全的、合理的分配体制。

二是形成合理的社会成员构成结构，即阶级、阶层和各个利益主体的社会结构。与合理的分配格局相一致，提高低收入者收入水平，扩大中等收入者比重，形成以共同富裕为目标，中等收入层为大多数的"两头小，中间大"的社会成员构成结构，该结构的各阶级、阶层和利益群体之间应互惠互利，即处于较高位置的成员的利益增进不损害较低成员的利益，较高成员利益增进时较低成员利益也有同步改善；协同共进，即各成员虽然有一定差别，但积极性都可以调动起来，都有利益增进；相互开放，即各成员群体平等进出；共享成果，即各个成员都应享受到发展的成果。与合理的利益结构和社会结构相一致，构建有利于协调各方的利益关系，有利于调动不同社会成员积极性，有利于社会和谐稳定发展的社会主义初级阶段的经济—政治体制。在初级阶段市场经济条件下，一定要构建兼顾好个人、集体和国家的利益，兼顾好不同社会成员、不同阶级、阶层和利益群体的利益，兼顾人民内部各种利益关系的经济—政治体制，形成兼顾各方利益关系，调动各方积极性，促进各方协同共进的制度保障。

4. 加强对人民内部不同利益群体的调查研究，把统筹调节群际利益矛盾的决策建立在对利益关系的科学分析上。我们必须通过深入的调查研究，对社会主义初级阶段人民内部利益群体有个明晰透彻的分析，充分掌握各个群体的形成条件、形成原因以及群体意识和群体利益要求，充分把握群际关系的特点、群际矛盾运动的基本规律，以便制定正确的群际矛盾调节对策。

5. 综合运用政策、法制、思想、道德的力量，加强教育，正确协调、合理地调整不同利益群体之间的关系和矛盾。在社会主义初级阶段，人民内部各个个体、各个利益群体之间的利益差别是比较大的，这里面有些差别会给社会带来种种负效应，给社会各个利益群体造成心理上的不平衡，影响他们积极性的发挥，加大利益主体之间的消极攀比情绪和行为，引起互相埋怨、互相摩擦，乃至发生冲突。当然，这些现象在改革过程中是难免的，但对有些不合理的差别不进行调整，久而久之，就会影响人的积极性。即使一些合理的差别，也要通过政策、法制、思想和道德的力量加以调整。必须制定和运用正确的经济政策和政治政策，运用税收、金融等经济杠杆的调节手段，运用党和国家的政治影响以及各项行政纪律手段，通过加强思想政治工作，加强社会主义"三个文明"的建设，逐步调整和解决各种问题，保证社会主义初级阶段的利益结构永远保持优化的状态。

在效率优先兼顾公平前提下构建和谐社会 [1]

应当清醒地看到，在我国各种关系和矛盾基本协调，政局基本稳定，社会基本和谐的前提下，我国社会生活中出现了一些值得高度重视的新问题，其中一点就是，在我国经济持续增长、人民生活普遍提高、不同程度地普遍得到实惠的前提下，部分社会成员收入差别持续拉大，城乡差别、区域差别等社会差别也在持续拉大，对构建和谐社会产生一定程度的影响。

一、以分配差距为主的社会差别呈继续扩大的趋势，社会公平问题突出

效率与公平的关系，从一定的范围来说，也是实现财富增长最大化和分配公平化的关系。从长远的角度来看，要有两个原则结合在一起，才标志着社会进步与和谐。一个原则是追求财富增长的最大化，即把蛋糕做大；一个原则是追求分配的公平化，即把蛋糕分好。只有实现财富增长的最大化和分配的公平化相统一，才能推进社会进步与和谐，两者结合是衡量社会进步与和谐的基本标准。蛋糕做大是前提，蛋糕分好是基础，这是一件事情的两个方面，缺一不可。就一定的历史发展阶段来说，没有一定的收入差距，是不现实的，不能笼统地认为，差距是坏事，关键看收入差距处在什么程度。收入差距保持在什么状况比较合理，对一个国家稳定和谐发展是至关重要的。当前，我国部分社会成员收入差距乃至贫富差距拉大，是影响社会和谐的一个明显问题。

[1] 本文原载《学习时报》，2005 年 8 月 15 日。

1. 部分社会成员收入差别持续拉大。改革开放之前，我国分配上的主要弊端是平均主义大锅饭。改革开放，打破了大锅饭，拉开了差距，激发了人的积极性，这是好事。有了差别，才有竞争；有了竞争，才有动力；有了动力，才有发展。不要差距，"杀富济贫""一平二调"，是万万要不得的。但是在打破平均主义大锅饭的同时，又出现了部分社会成员的收入差别持续拉大的问题，突出表现为城镇和农村居民收入差别持续扩大。除了城乡居民收入差别以外，城镇居民收入差别持续扩大；农村居民收入差别持续扩大；不同地区居民收入差别扩大；脑体劳动者收入差别持续扩大；不同所有制职工收入差别持续扩大；不同行业职工收入差别持续扩大。

2. 区域差别和城乡差别拉大。从 1980 年到 2003 年，东部地区在全国经济总量的比重由 50% 增加到 59%。人均 GDP，西部与东部由 1 : 1.92 扩大到 1 : 2.59，中部与东部由 1 : 1.53 扩大到 1 : 2.03，区域差别还在拉大。城乡差别拉大不仅仅体现在城乡居民的收入差距持续拉大，还突出表现为城乡二元结构矛盾越发明显。

3. 部分社会成员贫富差距趋于扩大。贫富差距拉开的直接的结果：

一是社会贫困问题出现。城镇中有 1200 万人处于相对贫困中，人均年收入 1059 元。月收入比全国平均收入水平低 54.7%。2004 年，按人均纯收入低于 668 元标准，年末农村贫困人口为 2610 万。按人均纯收入 669—924 元标准，年末农村低收入人口为 4977 万人。

二是社会公平问题凸现。在多数人收入水平都有较大提高的同时，反映贫富差距的指标上升很快，分配不公现象出现。群众对劳动致富正当经营造成的收入差距，有一定承受力，但对分配不公造成的差距，对违法、贪污、犯罪致富现象，对不正当收入，不合理的贫富差距，心理不平衡，十分不满，反响强烈。中央党校调查组对学员问卷调查显示：在学员心目中，2004 年最为严重的三个问题依次是"收入差距"（43.9%），"社会治安"（24.3%），"腐败"（8.4%）；对 2005 年的改革，72.9% 的学员关注收入分配制度改革。

邓小平极为重视解决贫富差距过大和分配不公问题。他在 1993 年指出，"什么时候突出地提出和解决这个问题，在什么基础上提出和解决这个问题，要研究。可以设想，在本世纪末达到小康水平的时候，就要突出地提出和解决这个问题"。现在是突出地提出和解决部分社会成员分配差别及其他社会差别持续拉大问题的时候了。

二、正确认识和处理效率与公平的辩证关系

效率与公平存在矛盾，在一定条件下可以统一。效率与公平的统一，既要讲重点，又要讲两方面，讲辩证法。既要注重效率，又要兼顾公平；市场注重效率，主要考虑如何把蛋糕做大，政府注重公平，主要考虑将蛋糕分公；初次分配注重效率，再次分配注重公平；原则是"效率优先，兼顾公平"。

在社会主义条件下，效率与公平的矛盾是可以协调的，追求效率与公平的统一，是社会主义的内在需要。注重效率，努力争取用较少的投入最大限度地发展生产力，符合人民的根本利益和长远利益，是实现公平的前提和基础。有了效率，经济持续稳定增长，才能实现更高水平上的公平。没有效率就没有高水平的公平。反之，突出的不公平问题也制约和影响效率的提高，只有兼顾好公平，才有利于争取更高的效率。

"效率优先，兼顾公平"是一个一般原则。在不同时期，对这个原则的理解和运用，要从实际出发，目标是要追求效率与公平的优化结合。在我国改革开放之初，首要的是解决效率问题，把蛋糕做大，当然也不能忽视公平。发展到一定阶段，公平问题就突出出来了。平均主义是一种不公平，差距过大也是一种不公平，当前平均主义与差距过大同时存在，差距过大是突出问题。

社会公平是衡量社会全面进步的重要尺度，维护和实现社会公平，构建和谐社会，涉及最广大人民的根本利益，是我们党立党为公、执政为民的本质要求。发展是硬道理，发展需要效率，但发展又不能不讲公平，为了保持健康持续发展，必须在保证效率、推进经济增长的前提下，实现承认一定差距的相对公平。

三、在坚持效率优先的前提下，重视分配公平问题

当前，要在坚持效率优先的前提下，高度重视分配公平对推进社会全面进步的作用，突出地解决部分社会成员收入差别持续拉大的问题。

分配从内涵方面讲，可分为生产资料分配和生活资料分配，即生产条件分

配和生产成果分配。在市场经济条件下，生产成果分配主要是收入分配；从分配顺序讲，可分为初次分配和再次分配；从分配类型讲，可分为激励性收入分配、效率性收入分配、保障性收入分配；从分配原则讲，可分为按劳分配和按要素分配；从分配性质讲，可分为合理收入分配和不合理收入分配、合法收入分配和非法收入分配。要从分配原则、分配体制、分配制度、分配机制、分配体系等几个方面，全面地解决部分社会成员收入分配差别持续拉大的问题。

当前收入分配上的主要问题是非常态收入突出，部分社会成员收入差距拉大，出现贫富差距，后果日益明显。解决的出路是，在坚持效率优先，放手让一切劳动、知识、技术、管理和资本的活力竞相迸发的同时，逐步加重公平的分量，努力兼顾公平，理顺分配关系，规范分配秩序，一是着重解决初次分配非正常收入造成的差距，建立公平的一次分配体制，一是着重解决再分配问题，建立公正的社会保障体制，保证保障性收入到位。

首先，保证社会成员机会平等，解决好初次分配合理。初次分配拉开收入差距，一般来说是正常的，总的来说有利于效率提高。问题在于由于不合理的因素，不平等的竞争条件和机会，如市场垄断、贪污腐败、制假售假、走私贩私、偷税漏税等造成大量的非正常收入，使得初次分配的收入差距拉大。这就需要由政府出面，解决好初次分配领域机会条件不平等所带来的分配不公问题。只有坚持公有制为主体的经济制度，保证生产条件和经济关系的平等，才能保证初次分配的条件和机会公平。在初次分配中，激励性收入分配方式贯彻按劳分配原则，效率性收入分配方式贯彻按要素分配原则，二者皆以效率为前提。建立健全的市场机制，辅以必要的政府手段，贯彻按劳分配和按要素分配原则，堵塞初次分配不合理的漏洞，规范不合理收入，控制垄断性收入，取缔非法收入，才能实现合理的初次分配。

其次，保证保障性收入分配合理，解决好再次分配公平。初次分配通过市场机制实现效率，会带来一定程度的收入差距，这就需要政府通过再次分配加以必要的调节。目前我国再次分配体制不健全，保障性收入分配不到位，低收入层与高收入层的差距日益拉大。再分配需要通过政府运作，以公平为原则，保证保障性收入分配到位。这就需要加大政府调控力度，通过经济立法、经济政策，运用税收、金融、行政等调节干预手段，合理调整国民收入分配格局，采取切实措施解决区域之间和部分成员之间收入差距拉大的问题，逐步实现共同富裕。如，进行税赋改革，加大对各类收入的税收调节；加大转移支付力度，增加公平开支，工业反哺农业，城市支持农村，支持落后地区和农村发展；着力解决城乡居民贫困层的生活困难，严格执行最低工资制度；采取提高低收入层、扩大中等收入层的办法解决贫富差距问题；运用政府力量，建立健全的社会保障制度，向低收入倾斜，确保低收入层的最低生活保障。

再次，建立公正合理的分配体制，还要形成相对均衡的利益分配格局，合理的社会成员构成结构，有利于社会和谐稳定发展的经济政治体制，形成分配公平化的长效保证机制。和谐社会要具有两个层次合理的社会结构：第一，相对均衡的利益分配结构。有两种利益格局不利于社会稳定和谐发展，一种是平均主义的利益格局，一种是贫富悬殊的利益格局。要构建既有一定差别，又保持一定公平的相对均衡的利益分配结构。一是要保证社会成员利益竞争的条件和机会平等。既要注意公平的结果，也要关注公平的起点、环境和条件。要建立良好的市场经济秩序和分配秩序，保证竞争机会均等，为各个社会成员提供一个平等的竞争起跑线和公正的利益竞争环境；二是要保证社会成员利益分配相对均衡。要建立与市场经济体制相适应，以按劳分配为主多种分配方式并存，激励性、效率性、保障性分配有机结合，具有健全的社会保障制度的利益分配格局，保证社会成员利益相对均衡。第二，形成与利益分配结构相一致的，合理的社会成员构成结构。两极分化的"葫芦型"的社会成员构成结构是不利于社会和谐的。提高低收入者收入水平，扩大中等收入者比重，形成以共同富裕为目标，中等收入层为大多数的"两头小，中间大"的社会成员构成结构，把社会分化、社会差别控制在适度的范围。和谐社会结构的各阶级、各阶层和利益群体之间应互惠互利，相互开放，共享成果。第三，与合理的利益结构和社会结构相一致，构建有利于协调各方利益关系，有利于调动各个社会群体积极性，有利于社会和谐稳定发展的社会主义初级阶段的经济与政治体制。形成兼顾各方利益，调动各方积极性，促进各方协同共进的制度保障。

最后，牢牢把握发展才是硬道理的战略重点，大力发展生产力，把蛋糕做大，最大限度地实现效率，实现财富的最大化，是解决分配公平化的根本前提和条件。

关于全面落实科学发展观^[1]

党的十六届三中全会正式提出科学发展观。胡锦涛同志指出："树立和落实全面发展、协调发展和可持续发展的科学发展观，对于我们更好地坚持发展才是硬道理的战略思想，具有重要的战略意义。"在 2004 年的全国经济工作会议上，胡锦涛同志指出，科学发展观"既是我们经济工作必须长期坚持的指导思想，也是解决当前我国经济社会发展的诸多矛盾和问题必须遵循的基本原则"。2005 年 12 月 18 日，在青海考察工作结束时，胡锦涛同志又指出："科学发展观是我们党坚持以邓小平理论和'三个代表'重要思想为指导，在准确把握世界发展趋势，认真总结我国发展经验，深入分析我国发展阶段性特征的基础上提出的重大战略思想，是对经济社会发展一般规律认识的深化，是指导发展的世界观和方法论的集中体现，是推进社会主义经济建设、政治建设、文化建设、社会建设必须长期坚持的指导方针。""要增强贯彻落实科学发展观的自觉性和坚定性，注重从思想上、组织上、作风上和制度上形成贯彻落实科学发展观的有力保障，切实把科学发展观贯穿于经济社会发展全过程，落实到经济社会发展的各个环节，推动经济社会发展真正转入以人为本，全面协调可持续发展的轨道，实现经济社会又快又好发展。"科学发展观是以胡锦涛同志为总书记的新一届党中央，按照邓小平理论和"三个代表"重要思想的根本要求，提出的治国求发展的新理念，是邓小平理论和"三个代表"重要思想的具体化。全面落

[1] 本文是作者 2006 年在总参、总装、北京军区、中国人民解放军国防大学等军队单位军师以上干部学习班上的讲稿，根据录音整理。原载《王伟光讲习录》，中共中央党校出版社，2008 年版。

实科学发展观是摆在全党面前的头等重要的政治任务。

关于今天的题目，讲三个问题。第一，提出问题。把当前我国经济社会发展所存在的诸多矛盾和问题，充分地摆出来，使同志们高度认识全面落实科学发展观的必要性和迫切性。第二，分析问题。对当前我国经济社会发展过程中所产生的诸多矛盾和问题，从哲学世界观和方法论的高度加以分析，使同志们深刻理解科学发展观的实质和科学内涵，提高全面落实科学发展观的坚定性和自觉性。最后，解决问题。提出解决问题的思路，使同志们更加重视运用科学发展观统领经济社会发展的极端重要性。

一、我国当前经济社会发展暴露出诸多矛盾和问题，迫切要求必须全面落实科学发展观，实现经济社会又快又好发展

对当前我国经济社会发展存在的矛盾和问题进行分析，首先要树立观察形势、分析问题的正确的指导思想和科学方法，这就是毛泽东同志教导我们的，观察形势、分析问题要讲两点论，要讲辩证法的思想。一是要肯定成绩、肯定主流。在分析当前我国经济社会发展过程中所存在的问题时，首先要分清成绩和缺点、主流和支流，要看到成绩是主要的。如果只讲问题，不肯定成绩，不肯定主流，实际上是否定自己。在分析当前经济发展的矛盾和问题时，首先要肯定一个前提，那就是，我们是在取得重大发展、重大成绩、重大成功的前提下，来正视问题的。二是在充分肯定成绩的基础上，以彻底的唯物主义态度揭露矛盾、揭露问题。如果只讲成绩，只讲好的方面，看不到问题，不承认问题，实际上无助于问题的解决，不能更好地在已有成绩的基础上，大踏步地前进。三是要正确看待发展中的问题。有人提出，为什么发展这么快，成绩这么大，反而问题越来越多。这里就有一个辩证地看待发展中问题的认识问题。邓小平讲："现在看，发展起来以后的问题不比不发展时少。"发展了，问题反而多了，这就是辩证法。比如说，过去我们的问题是穷，一切问题归结于穷，大家遇到的一个共同问题就是肚子饿得难受。但现在发展起来了，生活好了，吃的、住的、穿的、行的，全都好了，人的毛病也多了，什么脂肪肝、高血压全都冒出来了。发展起来，反而遇到的问题多了，这是发展中的问题。蛋糕做大了，分蛋糕就会遇到问题，分蛋糕的问题就会突出出来。今天观察分析我国经济社会

发展过程中存在的矛盾和问题，首先要解决一个观察形势、分析问题的科学态度，要在科学态度的指导下，实事求是地分析当前我国经济社会发展不协调的问题。

应该充分肯定我国改革开放以来所取得的重大成绩。1979—2005 年的 27 年间，我国国内生产总值平均增长 9.4% 以上，由 1978 年的 3624.1 亿元，到 2005 年突破了 18 万亿元大关，达到 182321 亿元，比上年增长 9.9%。人均 GDP 已达到 1700 美元。经济总量 2004 年居世界第 6 位，2005 年超过法国，赶上英国，上升到世界第 4 位。财政收入 2005 年突破 3 万亿元大关，比 2004 年增长 5232 亿元。2004 年我到英国去访问，英国的外交副大臣告诉我，英国自撒切尔夫人改革以来，连续十几年保持 2% 左右的增长率，他非常自豪。我当时正面地回答：我们中国 2003 年遭遇"非典"，仍保持 9.1% 的增长率。连续 20 多年保持 9.4% 的增长率。当时，他只讲了一句：这在世界上是罕见的！是奇迹。当然英国的发展基数比我们大，我们的基数比它们小，它一个百分点和我们一个百分点的内容和质量是不一样的，但是他能够承认我们中国人的奇迹，我也感到非常自豪。27 年的成绩是巨大的，充分显示邓小平理论的正确性，显示"三个代表"重要思想的正确性，显示科学发展观的正确性。

（一）当前我国经济社会发展存在诸多矛盾和问题。

成绩越好，形势越好，越应该看到所存在的问题，越应该清醒地看到当前我国经济社会发展出现一系列新矛盾、新问题、新情况。党的十六届三中全会分析了我国社会发展中存在的突出矛盾和问题，提出了"五个统筹"的战略思想，即统筹城乡发展、统筹区域发展、统筹经济社会发展、统筹人与自然和谐发展、统筹国内发展和对外开放。"五个统筹"实际上就是"五对矛盾""五大问题"，是我国当前经济社会发展所存在的突出矛盾和问题。

胡锦涛同志在省部级主要领导干部提高构建社会主义和谐社会能力专题研讨班开班式的讲话中指出，地区发展的不平衡、城乡发展的不平衡、部分社会成员收入差距不平衡的问题更为突出。在这里使用了"更为突出"一句话。我们共产党人所追求的一个重要的目标，就是要消灭三大差别，消灭城乡差别、消灭脑体差别、消灭工农差别。当然消灭三大差别，不是一下子能办得到的，需要一个相当长的历史过程。消灭三大差别既然是我们共产党人为之奋斗的目标，就应该积极创造条件，采取措施，向着缩小三大差别的方向努力，而不是把差别越搞越大。中央采取了一系列措施支持农村和落后地区发展，旨在缩小城乡和区域差别，虽然取得了很大进展，但城乡发展不平衡、区域发展不平衡、经济社会发展不平衡的矛盾仍很突出，缩小发展差距，促进城乡、区域和经济社会协调发展的任务还很艰巨。全面落实科学发展观，坚持"五个统筹"，就要正确认识好、协调好、处理好我国经济社会发展过程中的诸多矛盾和问题，这"五对矛盾"如果解决不好，将会影响我国经济社会的又快又好发展。

1. 城乡发展相对失衡，一定要统筹好城乡发展。城乡差距持续拉大，城乡矛盾凸现，"三农"问题突出，是影响我国经济社会又快又好发展的第一大难题。我国有 13 亿人口，农村人口占大多数，农业和农村发展不上去，农民生活得不到明显提高，就无法实现全面建设小康社会的目标，无法实现中国特色社会主义的现代化，无法实现全国人民的共同富裕，无法实现国家的长治久安。现在城乡差距很突出，城乡矛盾很尖锐，城乡矛盾的关节点是"三农"问题。我国经济社会发展就好比一个大瓶子，"三农"问题就是"瓶子口"，所有的发展问题必须通过这个"瓶子口"才能解决好，制约我国经济社会又快又好发展的瓶颈就是"三农"问题。统筹城乡发展，就是说，改革与发展，不仅要着眼于城市，更要着眼于农村、农业和农民问题，着眼于城乡协调发展，更多地关注农业的发展、农村的繁荣和农民利益的维护和提高。建设中国特色社会主义，实现社会主义现代化关键是解决好"三农"问题，工作重点在"三农"，难点在"三农"，关键在"三农"，突破口在"三农"，出路还在"三农"。

当前我国城乡差距持续拉大，"三农"问题突出，主要表现为两个难题：

（1）城乡发展不平衡。长期以来，我国的城乡经济社会发展很不平衡，城市发展很快，农村发展滞后。特别是近年来，我国国民经济持续增长，工业化、城市化步伐加快，但城乡之间的发展差距却越来越大。从经济社会协调全面可持续发展全局考虑，必须改变这种不平衡的状况，否则影响我国经济社会又快又好的发展。回良玉同志用"巨大反差"来描述城乡差别和"三农"问题。我认为我国目前城乡之间存在"六大反差"。

一是城乡经济发展存在巨大反差。改革开放以来城市发生巨大变化，权力和财富迅速向城市集中，市场经济、生产力发展很快，城市建设蒸蒸日上，城市规模急剧扩张，房地产快速开发。而农村存在一些农民失去赖以生存的土地，土地荒芜、地力衰退、劳动力素质下降，生产力水平落后、市场经济不发达、农村经济发展滞后，农业仍未从根本上摆脱靠天吃饭的局面。如，农田水利设施建设滞后，现有的农田水利工程相当一部分已超过规定使用年限，老化失修严重，设施不配套，效益衰减。有效排灌面积占耕地 46%，机电排灌不足 30%，农业灌溉用水平均利用系数只有 0.45。农业科技和物质装备水平不高，综合机械化水平为 36.5%，而美国 20 世纪 50 年代就已达到全面机械化。科技进步对农业的贡献率只有 48%，大大低于发达国家 70%—80% 的水平，与发达国家平均水平相比科技贡献率低 30%。农业劳动生产率只相当于国内第二产业的 1/8 和第三产业的 1/4 左右。农业从业人员的生产率只相当于加拿大的 1/108，普遍相当于发达国家的几十分之一。人均占有的粮食、肉类等主要农产品数量还不到发达国家的一半。据有关组织对 15 个发达国家综合评估，由于科技贡献率和劳动者素质不断提高，每个农业劳动力生产谷物 25 吨，生产肉类 3—4 吨，分别相当于我国平均水平的 20 倍和 14 倍。农村生产力落后突出反映在粮食增产困难上。当然中央采取了一系列有效措施，从 2000 年开始到 2005 年，粮食生产和经济发展开始出现良好势头。2004—2005 年，连续两年丰收，共增产 1066 亿斤，单产连续两年创历史最高水平，但粮食供给总体上产不足需，粮食安全问题长期存在。

二是城乡居民收入存在巨大反差。城乡居民收入的绝对差距和相对差距持续扩大，农民增收困难，农民贫困问题凸现。1978 年城镇居民和农村居民的收入差距是 2.47：1，1984 年是 1.81：1，缩小了，为什么呢，因为农村实行了联产承包责任制，农民收入提高了。随后，农民和城市居民的收入持续在拉大，1994 年扩大为 2.86：1，2005 年达到 3.22：1。2005 年城镇居民人均可支配收入达到 10493 元，农村居民人均纯收入达到 3255 元，绝对额相差 7238 元，占人口 60% 的农民只购买不到 1/3 的消费品，目前城乡居民的消费水平总体上至少相差 10 年以上。农民增收困难是一大难题，仍然是最突出的矛盾。农村人均收入增长率 1996 年达到 9% 以上。而从 1997 年起开始逐年递减，1997 年增幅为 4.6%，1998 年为 4.2%，1999 年为 3.8%，2000 年为 2.1%，增幅跌到改革开放以来的谷底。2001 年，增幅开始回升，增长为 4.2%，2002 年为 4.8%，2003 年为 4.2%，从 1997 年以来连续七年增幅没有达到 5%。中央采取一系列措施，2004 年增幅最高，为 6.8%，农民收入增长开始明显回升。2005 年增幅为 6.2%。尽管这两年农民增收较快，但仍低于城市居民的增长速度，城市居民 2004 年增幅为 7.7%，2005 年增幅为 9.6%，城乡居民收入差距拉大的问题尚没有根本扭转。

现在举的 2005 年 3.22：1 的差距数据，是国家统计局的数据。专家学者认为，考虑到福利、生产成本的支出、实物的估价等因素，现在农村和城市的差别应该达到 5—6 倍，甚至 6 倍以上。因为农村农民的收入往往是实物，城市的收入往往是钱，实物和钱在统计上往往有区别。农业增收困难，其中农村居民就业困难是一大原因，城乡居民在就业保证上差距越来越大，农村富余劳动力难以安排。

三是城乡社会事业发展存在巨大反差。农村社会事业欠账较多，社会事业发展远远落后于城市。农民看病难，受教育难，上学难，吃药难，社会保障难，文化享受难，农村居民在就业、社保、教育、卫生、文化、福利、环保等公共事业方面与城市居民差别日益明显。2004 年，占总人口 60% 的农村人口，只占有 23% 的全国义务教育经费，仅享有 25% 的公共卫生资源。70% 左右的教育投入，70% 左右的卫生投入在城市，80% 以上的农民基本没有医疗保障。农村中小学办学条件差，农村中小学现有危房面积 3670 万平方米，危房率达 6.6%，西部地区有 100 万中小学生因校舍不足无法上学。有的农民讲："过去看病动手术，杀一头猪就够了，现在杀十几头猪，甚至卖房子也做不了一个手术。"去年报纸上有一个报道，说一个老农患感冒，久治不愈，杀一口猪进城买药，回家一看是假药。2004 年 11 月 20 日，新华社记者对血吸虫疫区做了一个实地调查，一个农民说："我们村 80% 的人得血吸虫病。我家五口，都患了病，每年要吃两季到三季药。我的一个 12 岁孩子先后治疗一个月，用去 1200 余元，实在医不起。但不吃药，又浑身无力，干不了活，吃不上饭。"农民怕得病，怕得大病，因病致贫、返贫等现象都有所发生。目前还有 2.3 万个乡镇没有文化站，5000 万左右的农民不能收听收看广播电视，农村文化事业相对落后，农村文化生活相当贫乏。

四是城乡基础设施建设存在巨大反差。尽管农村基础设施建设和人居环境有所改善，但与城市相比总体上仍然十分落后。村庄基础设施不配套。目前还有近 100 个乡镇，近 4 万个建制村不通公路，4% 的村不通汽车，2000 多万人用不上电，7% 的村不通电话，村庄内部道路基本上是土路，"晴天一身土，雨天一身泥"。2004 年，尚有 46% 的村不通自来水，3 亿多农民喝不上干净水，其中

8000 万人还在饮用高氟、高砷和苦咸水，饮水难。污染加重，生态环境恶化。每年有 2500 万吨生活污水直排，造成河流水塘污染。每年约有 1.3 亿吨生活垃圾露天堆放。相当多的村没有卫生厕所，没有粪便无害处理设施。

五是城乡投入存在巨大反差。几年来，国家加大了对农业的投入，但与财政收入增长速度相比，与农村发展的客观需要相比，还存在较大差距。1990—2004 年的 15 年间，国家财政用于农业的支出增长率， 1990—1994 年在 9%—10% 之间，1995—1997 年下降到 8% 左右，2000—2003 年继续下降到 7% 左右。长期以来，农村资金大量流向城市，信贷资金投入严重不足，农民和乡镇企业贷款难，已成为制约农业和农村经济发展的突出问题。2005 年，农业贷款余额仅占金融机构贷款余额的 7.8%，乡镇企业贷款余额仅占金融机构贷款余额的 4.4%，均远低于其在国民经济中所占的份额。在城市建设资金迅速增加的同时，农村建设资金投入差距不断扩大。1997—2005 年，农村固定资产投资增长率连续 9 年低于城镇；城乡投资比连年递减，从 1996 年 0.30：1 降至 2005 年的0.18：1；农村投资所占份额连年递减，从 1996 年 23.3% 下降到 2005 年 15.2%。一方面农业投入不足，但另一方面农村要素外流。农村土地、资金、人才不断从农村流入城市，严重制约农业现代化。1996—2004 年，我国净减少耕地 1.14 亿亩。耕地从 1996 年的 19.51 亿亩减少到 2004 年的 18.37 亿亩，人均耕地由1.59 亩减少到 1.41 亩，有 666 个县的人均耕地低于联合国提出的 0.795 亩的警戒线。

六是城乡在政治建设、文化建设、和谐社会建设方面存在巨大反差。

这几大差距使得在社会主义现代化建设过程中，农村远远地落后于城市，城乡差距越拉越大。

（2）农村本身发展的不平衡。除城市与乡村的发展差距以外，农村内在的差距也越来越大。首先，农村的区域差距越来越大，中西部的农村和沿海发达地区的农村差距就很大。农村居民的贫富差距也越来越大，富的和穷的悬殊越来越大。农村本身社会事业的差距也越来越大，好的特别好，差的就很差了。党的建设、文化建设、和谐社会建设的差距也越来越大。

从当前农村所存在的问题看，应当清醒地认识到，我国的农业仍然是国民经济发展的薄弱环节，生产力落后，手工作业、靠天吃饭，投入不足，基础脆弱的状况没有根本改变，农村经济发展明显滞后的局面没有根本改观，农村改革和发展仍处于艰难的爬坡和攻坚阶段，农民仍然是社会的困难群体。城乡差距拉大，"三农"问题突出，根本原因是体制问题，是城乡二元结构造成的。所谓"城乡二元结构"，就是在城乡发展过程中，存在一种不对称的组织形式和社会存在形式，也就是说，农村是相对落后的生产和生活方式，城市是现代化的生产和生活方式，形成了鲜明的对比。我国城乡二元结构比较突出。当然，城乡二元结构矛盾的存在，在很多国家的现代化发展进程中是不可避免的。从根本上说，解决"三农"问题必须解决城乡二元结构问题。解决的根本出路就是全面落实科学发展观，逐步实现农村的现代化、市场化、工业化和城镇化，统筹城乡协调发展，积极推进社会主义新农村建设。

目前，我国在总体上已经进入以工促农、以城带乡的发展阶段。推进社会主义新农村建设，是党中央适应经济社会发展新阶段的要求，实行工业反哺农业、城市支持农村方针，实施统筹城乡协调发展方略，实现经济社会又快又好发展，让广大人民群众共享发展成果，如期实现全面建设小康社会和社会主义现代化宏伟目标的重大战略决策，是彻底解决"三农"问题、统筹城乡协调发展的新理念，是全面落实科学发展观在"三农"工作上的体现。一定要从中国特色社会主义现代化建设事业的全局出发，把解决"三农"问题作为全党工作的重中之重，作为中国特色社会主义建设的重大战略任务，深刻认识建设社会主义新农村的重要性、必要性和紧迫性，提高建设社会主义新农村的自觉性和坚定性，发展农业、繁荣农村、富裕农民，真正使社会主义新农村建设成为惠及广大农民的民心工程。

2. 区域发展相对失衡，一定要统筹区域协调发展。区域差距继续拉大，是影响我国经济社会又快又好发展的又一大难题。改革开放以来，中国各个地区都迎来了难得的发展机遇，特别是东部发展非常快，但西部和中部的发展相对失衡、相对落后，区域差距越拉越大，目前，东部经济发达地区与中西部特别是西部经济落后地区的差距仍呈继续扩大之势。1980年，我国东部地区在全国经济总量的比重是50%，中部是30%，西部是20%。2004年，东部比重加大了，变成了58.5%，中西部缩小了，中部变成了24.7%，西部变成了16.8%，发展差距不是在缩小，而是在拉大。东中西部人均GDP的差别实际上也在扩大，1980年，东部与中部的差别是1.51∶1，到了2002年是2.1∶1。东部与西部1980年是1.91∶1，到了2002年是2.61∶1。2004年，我国东中西部地区人均GDP分别为 19775 元、9656 元、7720 元，外商投资分别为 521 亿美元、67 亿美元、17 亿美元，农民人均收入分别为 4417 元、2999 元、2300 元，城镇化水平分别为 51.76%、37.79%、32.36%。目前西部地区人口占全国人口的近 30%，其人均 GDP 仅为东部的 40%。去年我同 97 个中青年领导干部到日本去考察学习，对日本的区域差别做了一个分析比较，日本的东京地区与最不发达的北海道地区的差距仅为 1∶0.7，日本这样发达国家的区域之间的差距是在缩小。

当然，即使在同一个地区，发展也是不平衡的。比如在广东，区域差别也很明显，最富的珠江三角洲人均已经达到 6000 美元以上，广东的中部也就是 2000—3000 美元，广东的粤北山区，就是广东的"西部"，平均 1000 美元左右。广东有珠江三角洲这么富的地方，也有粤北山区这么穷的地方。

区域差别问题说到底，还是城乡差别问题。区域差别主要还是由城乡差别引起的，我国 80% 的贫困人口集中在西部，90% 的贫困县也集中在中西部。

区域经济发展不平衡是大国经济发展的普遍规律。区域差距的形成，既有自然地理条件、经济基础、历史文化传统和市场潜力等方面的客观原因，也有经济体制、政治体制、文化体制、社会管理体制等方面的体制原因，还有政策选择和发展战略等方面的主观原因。

统筹区域发展的实质是实现区域共同发展。统筹区域发展，就是要按照中央关于区域发展的战略布局，解决好东、中、西部三大区域的协调发展问题。实现区域之间的统筹发展，不仅有利于各民族各地区的团结和稳定，而且对于实现中华民族的伟大复兴也是至关重要的。区域发展战略要讲两个大局。鼓励沿海地区先发展起来并继续发挥优势，这是一个大局。东部沿海地区率先发展，各省、区内部也都有一部分市、县率先发展起来，带动了全国的发展，也是当前和今后相当长时期全国经济增长的重要支撑，这个战略方向要坚持。支持和帮助内地发展，实现地区协调发展和共同富裕，也是一个大局。统筹区域发展，绝不能用压低发达地区的发展速度的办法来解决中西部，特别是西部发展相对落后的状况，但又必须更多地关注和支持经济落后地区的发展，加快实施西部大开发战略、中部崛起战略、振兴东北等老工业基地战略。随着国家经济实力增强，有可能用更大力量支持落后地区发展，现在突出地提出统筹区域发展的问题，就是要加大对落后地区扶持的力度，促进共同发展。

3. 经济增长和社会与人的全面发展相对失衡，一定要统筹经济社会的协调发展。经济高速增长，而社会和人的全面发展相对滞后，这是影响我国经济社会又快又好发展的第三个难题。温家宝同志形象地把这种状况比喻为"一条腿长、一条腿短"，经济增长这条腿长，社会和人的全面发展这条腿短。"一条腿长、一条腿短"，也可以走路，但是影响走路的速度和安稳，比两条腿一般长的正常人更容易摔跟头，如果摔了跟头就会出现更大的问题，遭遇重大挫折。应该高度重视当前经济社会发展不协调的迫切问题，特别是在我国农村，经济增长与社会和人的全面发展相比，社会和人的全面发展更是短中之短。联合国发展署 2003 年公布的各国社会发展数据，可以供我们参考。挪威社会发展是第 1 位，美国社会发展是第 7 位，中国排在第 104 位，比印度要好一些，塞拉利昂是第 175 位，最后一位。我国 GDP 的高速增长在世界上是第二位，但我国在社会发展方面，在世界上是处于中等偏后的水平。这个数据虽然仅供参考，但也反映了我国经济社会发展"一条腿长、一条腿短"的状况。

经济社会发展"一条腿长、一条腿短"，表现为五个方面的相对失衡。

（1）经济增长与社会事业发展的相对失衡。经济增长与社会事业发展"一条腿长、一条腿短"是当前我国经济社会发展的一个突出矛盾。社会事业就是指教育、科技、文化、卫生、体育、社会保障体系、社会救助体系、社会公共卫生的服务体系，等等，这些社会事业的发展，与高速的经济增长相比，是明显的"一条腿长、一条腿短"。应该说改革 27 年，我国的经济增长取得了很大的进展，我国政府也在不断地加大对社会事业的投入，特别是对教育、文化、科技等的投入有了明显的改善。但是在一些地区和一些方面，还明显地表现出社会事业发展相对滞后。在这里，我仅举科技、教育、文化、卫生、社会公共福利五个方面的情况为例，供同志们参考。

科技。1992—2001 年间国家在科技投入上占国民生产总值的比例从 1% 到现在的 1.5%—2%，美国是超过 3%，实际绝对数要超过我国 20—30 倍。

教育。据教育界的专家说，我国财政性教育经费支出占 GDP 的比重长期徘徊在 2% 左右，这些年加大投入，达到了 3% 左右。但又逐年下降，2003 年为 3.28%，2004 年为 3.27%，"十一五"规划要求逐步提高到 4% 的水平，尚需时间。相比之下，印度是 3.2%，俄罗斯是 3.5%，菲律宾是 4.2%。按照发达国家发展教育的经验来看，教育所占 GDP 的比重应该达到 5% 左右，才能支持经济高速增长的后劲，才能支持社会发展的后劲。像日本、美国、英国、法国、德国等，教育的投入都在 5% 以上。特别是日本，经济发展在前一段呈现出非常快的速度，这跟它长期重视教育是分不开的。我国的教育从总体来讲，投入还是不够的，教育投入是慢于经济增长的，与经济投入相比差距是比较大的。

教育的突出问题是教育发展不均衡问题凸现，有人说是严重的教育"不公"。如区域教育发展不均衡、城乡教育发展不均衡、高等教育和义务教育发展不均衡、义务教育与成人教育发展不均衡、研究生教育和普通高等教育发展不均衡、德育教育和智育教育发展不均衡……例如，中西部地区教育发展落后。首个国家教育督导报告显示，当前义务教育发展不均衡的矛盾突出，中西部地区平均拨款水平过低，初中生均预算内经费东部地区为 304 元，西部地区为 121 元。

特别是农村教育，更是令人担忧。师资短缺，教师工资很低，教学质量也很低。我国城市 15 岁以上人口人均受教育年限是 13 年，我国农村人均受教育年限不足 7 年，与城市平均水平相差 6 年。失学儿童达 5000 万，辍学率达 7% 以上，中国文盲人数居世界第二，全球 10 个文盲中就有一个中国人。全国 8500 万文盲、半文盲有 3/4 集中在西部，集中在农村。一段时间以来，我国农村初中升高中的比例，从 1985 年的 23.3% 最低降到了 18.6%，呈下降趋势。我国农村 4.9 亿劳动力中，具有高中及以上文化程度的只占 13%，初中文化程度的占 50.2%，小学文化程度的占 29.9%，不识字或识字很少的占 7.5%。大专及以上占 0.6%，比城市低 13 个百分点。我国政府制定了"2003—2007 年振兴教育计划"，继续加大对教育、对农村教育的投入。2006 年中央 1 号文件提出，进一步加快发展农村义务教育，大规模开展农村劳动力技能培训。

文化。文化事业的发展也是相对滞后的，主要表现在两个方面：其一，我国文化事业的发展远远满足不了人民日益增长的精神文化享受的需求。随着人均 GDP 的增长，随着人民生活水平的提高，人们对文化的需求越来越高了。现在我们对文化事业的总体投入，远远落后于经济的增长，满足不了人们的需要。甚至个别地区不仅对文化投入不足，而且已有的文化事业和文化设施还受到了破坏。我们的文化设施，远远满足不了对青少年教育的需要。其二，我国文化产业的总体实力相当薄弱，竞争力较低。现在衡量一个国家的总体实力，不仅要看这个国家的经济实力、军事实力，同时还要看这个国家的文化实力。现在在国际政治术语中，有强势文化和弱势文化之说。所谓强势文化，就是指一个国家的文化整体实力是非常强的；所谓弱势文化，就是指一个国家的整体文化实力比较弱。在国际政治斗争和经济竞争中，文化竞争力在一个国家整体实力中所占的比例越来越大。美国是经济大国、军事大国，同时也是文化大国。美国文化事业所创造的产值占社会总产值的 30% 以上，每年达到 9000 亿美元以上，它的社会总产值中有近 1/3 的产值是文化产业创造出来的。1998 年，美国的电影、电视、录音带和音乐出版这四项的总收入超过了美国的飞机制造业和农业，文化产业是美国第一大出口创汇产业。现在任何有竞争力的经济产品，都有文化的包装，实际上，包装本身就是文化。文化产业、文化事业的发展，在一定程度上关系到国家的整体实力、在国际上的竞争力。我们一定要从提升国家整体实力和竞争力的高度，来认识文化产业的重要性。

卫生。2003 年爆发的"非典"疫情，充分暴露了我国在公共卫生、公共医疗、医药食品方面的致命缺陷。卫生事业的发展，关系到国运、民生，不是小事。看看历史，疾病和流行病传染，给国家和民族发展带来多么大的损失。世界曾爆发三次大流感，给人类带来巨大灾难。1917—1918 年在欧洲大陆爆发了西班牙流感，夺去了 2000 多万人的生命，比第一次世界大战死的人（850 万）还多，是历史上最严重的流感疫症。1957—1958 年我国贵州爆发流感疫病，据说病毒是从苏联传过来的，后散播世界，造成 100 万人死亡，称为"亚洲流感"。1968—1969 年爆发香港流感，导致全球死亡 70 万人，美国占 3 万人。19 世纪欧洲爆发了一场黑死病，使欧洲农业人口锐减，田地荒芜，无人耕种。当前看病难、吃药难，已成为全国人民特别是农村老百姓的一个相当大的意见。虽然 27 年来卫生投入不断增加，但是我国的卫生状况还是相对比较薄弱。举两种病为例：一是艾滋病。艾滋病自 1985 年我国出现第一例以来，最近几年以每年 30% 的增长率在增长。据卫生部统计，2003 年感染者是 81 万，专家学者统计是 100 多万。到 2010 年，按照 30% 的增长速度，我国将有 1000 万的艾滋病人和感染者，按一家三口来算的话，有 3000 万人将受到艾滋病的直接威胁。艾滋病曾使非洲一个个国家发生毁灭性的灾难。第二是血吸虫病。1949 年新中国成立的时候，有 1200 万血吸虫病感染者。新中国成立以后，在党和人民政府领导下，开展了治理血吸虫病的人民战争。1975 年，血吸虫病患者由 1949 年的 1200 万人下降到 280 万人，1988 年又减少到 40 万人，但是到 2003 年统计，又达到 81 万人，比 1988 年又增加了一倍。中央成立了两个防治小组，一个叫血吸虫病防治小组，一个叫艾滋病防治小组。农村的卫生状态更差。过去我们有一个比较好的农村合作医疗制度，现在这个制度流失了，90%的农民得不到有效的医疗保障，农民看病吃药基本由自己拿钱，这种社会医疗保障对于一个政权的巩固来讲，是个致命的缺陷。当然，刚刚出台的中央1号文件要求2008年在全国农村基本普及合作医疗制度。

社会公共福利。公共福利事业投入不足，欠账很大。1995年至2005年，我国民政事业支出只占国家年均财政支出的1.59%，民政事业设施建设投入只占国家年均基础设施建设经费投入的0.17%。比例偏低，年际波动较大。社会福利，特困户救济投入较少，部分优抚对象、社会救济对象生活相当困难。福利院、敬老院、精神病院、光荣院、优抚院等民政基础设施数量少、条件差，远远满足不了需要。

（2）经济增长与公平分配相对失衡。部分社会成员收入差距持续拉大，是我国当前经济社会发展不协调的一个突出问题。从社会学角度来讲，从长期来看，只有两个原则互相结合在一起，才能推进社会进步。一个原则是追求财富和经济增长的最大化，这是社会进步的第一原则；同时社会进步要求还有一个重要的原则，就是分配的公平化，也就是说，社会进步必须要求财富增长的最大化和分配的公平化相统一，这是衡量社会进步的基本原则。这个原则是一个事情的两方面，缺哪一方面都不行。用老百姓的话来讲，就是说，既要把蛋糕做大，还要把蛋糕分好。光蛋糕做大了，分不好，照样有问题。当然了，你再会分，没有蛋糕也不行。蛋糕做大是前提，蛋糕分好是基础。中国历史上有一句话，叫"不患寡，而患不均"，就是说，不怕东西少，就怕分不均。在中国历史上，因为分配不公而引起的有文字记载的农民起义达几百起，严重的农民起义可以推翻政权。比如说，明末的李自成起义，就打着"均贫富"的口号，号召千千万万的农民起义，推翻了明朝政权。当时老百姓讲"迎闯王，纳闯王，闯王来了不纳粮"，农民到了吃不上饭的时候，与其饿死，不如揭竿而起。所以，分配公平问题是关系到社会进步的一个重大问题。

改革开放之前，我国在分配上的主要弊端是平均主义大锅饭。改革开放，打破了大锅饭，拉开了差距，这是好事。有了差距，才有竞争；有了竞争，才有动力；有了动力，才有发展。没有差距，搞平均主义，是万万要不得的。但是在打破平均主义大锅饭的同时，又出现了另一方面的问题，就是部分社会成员的收入持续拉大，这已经引起了各个方面的关注。前面说到城乡居民收入差距扩大，实际上是城镇居民的收入差距在扩大，不同地区的居民收入差距在扩大，不同职业的居民收入差距也在扩大，总之，部分社会成员的收入差距在持续拉大，贫富差距和社会贫困问题开始出现，分配不合理，社会公平问题显现。

社会公平问题应该是社会发展的一个重要目标。现在由于收入差距拉大，贫富问题开始出现。没有贫富差距，是不现实的，但是贫富差距过大，会带来一系列社会问题，如果两极分化，就要出大问题。贫富差距保持在一个合理的状况，对一个国家稳定发展是至关重要的。贫富差距太大，导致两极分化，社会不稳定。没有差距，社会发展就没有动力。所以不能笼统地讲，有贫有富是坏事，关键是看贫富差距控制在什么程度。衡量社会的贫富差距是否合理，有三个指标系统，一个是基尼系数，一个是欧希玛指数，再一个是高收入层与低收入层对比数据。

基尼系数是从0—1的一组数据，0意味着该社会是绝对平等的社会。绝对平等的社会，自有了人类社会以来，就从来没有过。有人说原始社会是绝对平等的，但是它也不是绝对平等的，在第一线上打猎和劳动的壮劳力所分得的食物，就比在家里的老人、孩子和妇女要多，甚至在食物匮乏的时候，病人和老人就有可能被杀死。绝对平等的状况如果出现，社会就不可能前进。干多干少一个样，干好干坏一个样，干和不干一个样，平均主义大锅饭，没有动力，社会就不能发展。1就意味着该社会绝对不平等。绝对不平等的社会，在人类历史上也没有。人类历史上最不平等的社会是奴隶社会，但是奴隶社会也不是绝对不平等的。奴隶主为了让奴隶有再生产的能力，必须给奴隶以维持生命和维持养育小奴隶的最低消费保障。如果一个社会到了绝对不平等的时候，这个社会的民众肯定会起来闹事。不平等，两极分化，社会就要出现动荡，就会出问题。国际公认的标准，基尼系数低于0.2表示收入绝对平均；0.2—0.3表示比较平均；0.3—0.4表示相对合理；0.4—0.5表示收入差距较大；0.6以上表示收入差距悬殊，两极分化。我国的基尼系数已从1988年的0.341扩大到2000年的0.417。按照国际上发展中国家和发达国家的发展状况来看，如果超过了0.4就超过了警戒线。我国2000年基尼系数已经达到了0.417，这是国家统计局的数字。社科院调查计算2002年基尼系数达到0.454。世界银行估算2001年我国基尼系数达到0.447。中国人民大学和清华大学的专家学者测算，基尼系数已经达到了0.52。

再一个叫欧希玛指数，就是五等分法。什么叫五等分法呢，就是把一个国家的人分成五等份，1/5 的人最穷，1/5 的人次穷，1/5 的人中等，1/5 的人次富，1/5 的人最富，从这五等份的人收入在全国总收入中所占的份额来看贫富差距。我国最贫穷的 1/5 的人收入占全国总收入的 4.27%，我国最富有的 1/5 的人占全国总收入的 50.13%。据资料显示，1990 年美国 1/5 最贫穷者的收入占全国总收入的 4.6%，1/5 最富有者的收入占全国总收入的 44.3%，不到 50%。从欧希玛指数来看，我国的贫富差距也在向拉大方向移动。

高收入层和低收入层对比数据。10% 的最高收入户和 10% 的最低收入户的差距，城镇 1998 年为 3.9 倍，2000 年为 5.02 倍；农村 1998 年为 4.8 倍，2000 年为 6.5 倍。劳动和社会保障部一个课题组 2002 年研究结果显示，我国占全国人口大多数的不是中等收入人群，而是低收入和中等偏下收入人群。全国城镇居民低收入户占 31.79%，中等偏下收入户占 32.36%，合计为 64.15%。

这当然，对以上三个指标系统的数据，既要重视，作为分析认识问题的参考，但又不能把它们绝对化。贫富差距拉开的直接后果：

一是社会贫困问题显现。改革开放 27 年，我国贫困人口大幅度下降，贫困率由 30% 下降至 1.8%，降低 28.2%。但由于贫富拉开差距，社会贫困问题越发突出。2003 年我国城镇中仍有 1200 万人处于相对贫困中。

国务院扶贫办负责同志表示，到 2005 年底，全国农村没有解决温饱的贫困人口还有 2365 万人，他们的收入上限是人均年纯收入 683 元，仅为全国农民人均收入 3255 元的 20%；低收入人口还有 4067 万人，他们的收入上限为人均年纯收入 944 元，仅仅是全国农民人均收入的 29%。没有解决温饱的贫困人口和刚刚越过温饱线但还不稳定的低收入人口 6432 万人，而建档立卡的工作对象有近 1 亿人。按国际标准，我国贫困人口总数仅次于印度，列世界第二位。

二是社会公平问题凸显。在多数居民收入水平都有较大提高的同时，反映贫富差距的指标上升很快。群众对分配不公、不正当收入造成的差距，对违法、贪污、犯罪致富现象，心理不平衡，十分不满。中央党校调研组对学员进行的问卷调研显示：在学员心目中，2004 年最为严重的三个问题依次是"收入差距"（43.9%），"社会治安"（24.3%），"腐败"（8.4%）。对 2005 年的改革，72.9% 的学员关注分配制度改革。

三是以利益矛盾为主要表现的各类人民内部矛盾突出，干群关系紧张，社会不稳定因素存在。现在人民内部利益矛盾非常突出，引发的群体性事件呈上升趋势。现在我国的群众上访率大幅上升，目前我国处在信访上访的高峰期，有人形象地比喻为"信访上访洪峰期"。2003 年 1 月到 7 月，县以上党政机关受理群众来信 686 万件（人），比 2002 年上升 16.1%。国家信访局接待群众来访批次比 2002 年上升 123.7%，人次上升 124.77%。越级上升，县以下下降，省以上上升。2003 年 1—8 月份，到北京上访的就达到 6.3 万人。仅 7—8 月份就有 2.9 万人次，其中到天安门、中南海、玉泉山的最多，达 1.6 万人次。群体性事件数量增多、规模扩大，1994 年到 2003 年 10 年间，群体性事件数量急剧上升，年均增长 17%。1994 年 1 万起，到 2003 年达 6 万起、增长 5 倍。参与人数年均增长 12%，由 73 万人增至 307 万人。2004 年 1—8 月全国发生各类群体性事件比上年同期上升 38%，参与人数上升 32%，全国六大区华北地区升幅最大，同比上升 82%。当前发生的群体性事件基本上都以物质利益问题为主，大都是涉及群众切身利益的问题，如拆迁问题、住房问题、劳保问题、公费医疗问题等。

必须从社会主义本质是发展生产力，共同富裕，消灭两极分化的高度来看待贫富差距拉开的趋势。当前社会公平、公正问题突出出来。社会公平是社会进步与和谐的重要目标。分配合理是社会公平的重要内容，贫富悬殊是最大的不公。把贫富差距保持在合理的范围，对一个国家稳定和谐发展至关重要。贫富差距太大，导致两极分化，社会动荡，执政党会失去人心，丧失政权。印度 1885 年成立的百年老党国大党执政 45 年，因经济发展缓慢，分配极端不公，两极分化严重，近 50% 的人口生活在贫困线以下，失业人口 7000 万，童工达 1 亿多，引起人民不满，为印度人民党所取代。印度人民党执政六年，GDP 年增长 6%，IT 产业发展更快，领导发展经济的政绩较明显。但由于分配不公，贫富差距过大，占人口 65% 的农民被忽略，80% 的民众未得到实惠，3.5 亿人仍生活在贫困线以下。国大党打出社会公正的旗号，提出"改善民生"和解决贫困的口号，点示出"面向穷人"的形象，获得穷人、农村选民的支持，用"泥块"打败"鼠标"，印度人民党丢失政权，国大党重掌政权。就一定的历史发展阶段来说，没有贫富差距，是不现实的，关键是把贫富差距控制在一定程度。

无论是发达国家还是发展中国家，发展经验都证明，当一个国家的贫富差距超过一定程度时，社会稳定、公众安全、社会治安成本支出必然加大，这种成本如果不支出，会进一步引发一系列的经济社会的震荡。贫富差距虽然不是社会治安、犯罪等问题产生的唯一原因，但也有很大的关系。我国 20 世纪 80 年代后期以来，犯罪数量大幅度上升，呈高发态势，每年在 200 万起左右浮动，1997 年以来犯罪总量进一步上升，2003 年达 439 万起。历史上，凡是我国社会两极分化比较大的时候，就是社会治安比较混乱的时候，不能说社会治安和贫富差距没有一点关系，但也不能说拉开了贫富差距，社会治安就会不好，但会加大社会安全成本的支出。

（3）经济增长与扩大就业相对失衡。就业不充分，是当前我国经济社会发展不协调的一个重要问题。就业问题、就业率问题，是任何一个执政党最敏感的温度计。对任何一个执政党来说，不管是共产党还是其他党，就业率就是直接检验这个政党执政稳定不稳定的温度计。降低失业率，提高就业率，是任何一个政党非常突出的执政目标。我国现在就业压力很大，体现在三个方面：

一是就业压力增大。我国 13 亿人口，年龄 15—64 岁的劳动力是 9.09 亿，远远超过发达国家的总数。"十一五"期间，国家每年有 1000 多万新增劳动力，还有 1300 万积累下来的下岗失业人员，每年有 2300 多万人需要就业。每年究竟能安排多少就业呢？下大力气解决就业，2005 年安排 970 万人就业。按现在的 4.5% 左右的登记失业率计算，每年就业人口还有 1000 万左右解决不了，逐年积累下来，就业压力相当大。国家发改委发布的《2006 年就业面临的问题及政策建议》指出，2006 年预计全国城镇需安置 2500 万人，预计可解决 1100 万人就业，将有 1400 万人难以安置。应届大学毕业生达 413 万人，比去年增 75 万人，压力很大。

二是失业问题比较严重。国家统计局统计，2003 年的登记失业率 4.3%，2004 年 4.2%，2005 年 4.2%，2006 年预计控制在 4.6%。登记失业率和实际失业率有很大的差距。民政部《2001 年社会保障白皮书》指出，城市实际失业率，1993 年 5%，1998 年上升到 8%—9%，2000 年接近 10%。专家学者估计，今年达到 12%。中国人民大学有位教授，做了一个德尔菲失业风险调查。调查说明我国的失业警戒线是 7.03%，到了 9.73%，社会发展就进入风险期了。中央领导同志反复讲，从 1000 美元到 3000 美元的发展阶段，是最敏感、最具风险的社会发展期。要提高党的执政能力，其中抗风险能力是重要的执政能力，风险包括我国发展中所存在的各种风险。

三是农村的富余劳动力转移非常困难。我国农村整体劳动力 4.9 亿，大数不

100

1921-2021

红色岁月

红色历程

红色史诗

红色经典

到 5 亿。农村的土地，只能容纳 1 亿左右的劳动力。农村所办的各种乡镇企业，从业人员可以安排 1.33 亿，到城市打工的 9900 万，不到 1 亿。现在保守估计，农村有 1.5 亿左右的富余劳动力需要安排。这 1.5 亿人大都是年轻人，这些人一是有饭吃，又不愿务农；二是基本高小毕业，有文化；三是不会种地，缺乏劳动技能，"种地不如老子，养猪不如嫂子"；四是愿意进城。城市里每年还要安排 2000 多万人，这 1.5 亿左右的人进了城怎么办？农村富余劳动力就业压力越来越大。这对于社会安全和社会稳定就是一个重大的隐患。农民现在成了"种地无地、就业无岗、低保无份"的"三无"农民。"过去是种地的农民，现在土地被征用后，成了无地的流民，到了城市，成了没有职业的游民。"个别农民讲，"征用农村土地，是富人得票子，农民得条子，官员得帽子"。

（4）经济增长与人的全面发展相对失衡。人的全面发展与经济发展相对失衡，也是经济社会发展不协调的一个重要问题。一些地方，一定程度上忽视人的全面发展，忽视人的教育，人的思想工作，精神文明建设，人的全面需求等。个别地方出现经济上去了，社会风气下来了，精神文明水平、道德水准下来了。一些地区卖淫嫖娼、吸毒、绑票、黑吃黑等丑恶现象死灰复燃了。

（5）经济增长与体制创新相对失衡。体制改革给我国带来了历史性的进步，但体制创新仍与经济快速增长不相适应，是经济社会发展不协调的一个基础性的问题。主要是四个方面：一是束缚生产力发展的体制性障碍仍然存在，还需要进一步地往前推进改革；二是政治体制改革需要进一步推进，加强社会主义政治文明建设；三是文化体制改革迫在眉睫，需要提高国家整体文化实力；四是社会管理体制的改革，提到重要议事日程。2003 年的"非典"疫情，暴露出我国社会管理体制是不健全的。需要建立一种有效的、适合市场经济的、适合现代化社会管理的公共卫生管理体系、公共危机救助体系、公共保障体系。政府具有公共管理、公共服务的职能，要把社会管理体制的建设提到重要议事日程。在改革开放之前，我国农村有比较健全的农村医疗合作体制，有大批的农村赤脚医生，农民 95% 以上已经享受到农村公共医疗体制的好处。但是在改革过程中，农村合作医疗卫生体制已不复存在了。现在党和政府重视公共卫生体系的建立，要建立农村医疗卫生保障体制。农村缺医少药，绝大多数农民处于无保障的状态，靠自己拿钱治病。从人民根本利益出发，建立公共卫生和社会救助体系等社会管理和社会保障体系，是关系到国家政权和执政党地位稳定和巩固的一个非常重要的问题。

4. 人的发展和自然环境相对失衡，一定要统筹人与自然和谐发展。资源浪费、环境恶化是影响我国经济社会又快又好发展的第四大难题。目前我国在经济社会发展中，存在着资源浪费、环境恶化、人口数量质量失控等严重问题，现在我们生活的自然环境发生了恶化，资源紧张，环保形势严峻，环境约束突出。比如，我国人口多、资源有限，耕地极少。耕地、淡水等资源总体紧缺。人均耕地 1.41 亩，不到世界平均水平的 40%，人均淡水资源 2200 立方米，仅相当于世界平均水平的 1/3。而灌溉利用率却仅为 45%，比世界先进水平低 30% 左右。我国人均土地占有量不足世界的一半，土地资源相对短缺。例如，我国现在羊毛衫产量是非常大的，羊绒产量是非常高的，大力发展养羊业，羊毛就多了，把羊毛纺成毛线，就会有更多的 GDP。这样就得大力发展养羊，养的羊越多，吃的草越多，超过草原承受能力，草原退化就会非常厉害。环境恶化，环保形势十分严峻。必须爱护资源、爱护土地、爱护环境，这对于解决可持续发展是非常重要的。当然，我们用占全球 6% 的淡水资源和 9% 的耕地，养活了占全球 21% 的人口，是一个了不起的成就。因此，统筹人与自然的发展，就是要正确认识和处理人与自然的关系。人的发展是与自然诸多因素相互联系的，在人的发展过程中，人与自然和谐发展尤为重要，不能为了今天的发展而影响明天的发展。必须处理好人口、资源、环境和经济发展的关系，把经济发展建立在生态良性循环上，实现人与自然的统筹发展。从根本上说，既要保持人的可持续发展，又要保持自然的可持续性发展。

5. 国内发展和对外开放相对失衡，一定要统筹好国内发展和对外开放。国内发展与对外开放的矛盾，是影响我国经济社会又快又好发展的第五个难题。一方面，我国对外开放的成绩是不小的，2005 年，进出口贸易总额达到 1.42 万亿美元，比 2004 年增长 23.2%，利用外资 603 亿美元，外汇储备 8189 亿美元，比 2004 年初增 2089 亿美元。另一方面我国对外的依存度也提高了。

我国对外的资源、依存度是很大的。比如能源，我国从 1993 年开始成为石油进口国家，1999 年石油总消耗的 22% 依靠进口，2001 年达到 40%，2002 年接近 60%。我国进口石油的一半来自动荡不安的中东地区，大约 4/5 的石油进口要经过马六甲海峡，石油是战略性物资，依存度越高，对我国经济安全和国家安全影响越大。再比如，过去，我们一直说美国占全世界人口 5%，却消耗全球

1/3 以上的资源。现在不应这么看了。我国现在成为超过美国的世界主要资源消耗国，除了石油以外，其他资源消耗都超过美国，消耗肉食是美国的近 2 倍，我国 6700 万吨、美国 3900 万吨，消耗钢铁是美国 2 倍以上，我国为 2.58 亿吨，美国为 1.04 亿吨。如果我国每年 GDP 以 8% 的速度增长，2031 年达到美国现有水平，那时将消耗全球 2/3 的粮食，消耗纸张为现在产量的 2 倍，届时世界森林将消失，每天消耗 9900 万桶石油，而世界石油产量仅为 8400 万桶 / 天。还比如，我国很多矿产资源要依靠进口，我国铁矿砂、铝、铜、金矿依赖度接近60%。对我国经济安全和国家安全的影响也很大。

我国产品出口依赖度也是很大的。2002 年我国汽车产量为 1430 万辆，国内消费 500 多万辆，出口依存度占 63%。皮鞋、照相机、电冰箱、彩电、洗衣机、空调出口依存度也是非常高的。我们有 63% 的皮鞋要出口，56% 的照相机要出口，47% 的电冰箱要出口，46% 的彩电要出口，42% 的空调要出口。2002 年我国服装产量 250 多亿件，全世界每人消费 4 件还有余。全国服装出口的形势是十分严峻的。

我国对国外资本的依赖度也非常大，国外资本投入非常大。到珠江三角洲一带看看，大部分是"三来一补"的企业，对外资依存度很大。

总之，我国现在对外的依赖度大，资源依赖度大，市场依赖度大，资本依赖度大，很多方面要依赖世界，国内发展和国外发展矛盾很突出。这要求我们一定要解决好国内发展和对外开放的矛盾，保证我国的发展。一定要利用"两个市场"和"两种资源"，开拓国外市场的同时要开拓国内市场，要尽可能节约资源和降低消耗，在充分利用国内资源的同时还要进口资源。统筹国内改革和对外开放，就要处理好国内发展和国外环境的关系。实现国内发展和对外开放的统筹发展，这对于我们抓住机遇，发展自己，是十分重要的。

以上五个方面的矛盾和问题严重制约和影响了我国的发展，迫切需要我们全面落实科学发展观，实现经济社会又快又好地发展。

（二）充分认识全面落实科学发展观的深刻背景和重大意义。

为什么今天如此鲜明地提出全面落实科学发展观，如何理解科学发展观的科学性，以及全面落实科学发展观的必然性和迫切性、必要性？首先要从科学发展观提出的深刻背景来理解它的重大意义。

第一，是我国经济社会发展进入新阶段的客观要求。进入 21 世纪，我国经济社会发展已经进入一个新的阶段。21 世纪之前，我们按照邓小平所设计的，我国经济社会发展分三步走的战略部署，完成了前两步的战略任务。第一步是解决温饱问题，第二步是达到小康。解决温饱问题是基本上让全国人民吃上饭，这个任务基本完成了。完成这两步以后，要向第三步战略目标跨进，就是要在本世纪中叶达到中等发达国家水平，要建设一个"经济更加发达、民主更加健全、科技更加进步、文化更加繁荣、社会更加和谐、人民生活更加殷实"的全面小康社会，进而达到中等发达国家水平。要完成这样一个重大战略性任务，要在新世纪、新阶段，完成新任务，必须按照新的发展观念来解决新阶段所遇到的新问题。

第二，是我国基本国情的客观要求。在新的历史阶段，完成第三步战略目标，特别是要使我国人均收入在头十年翻一番，第二个十年再翻一番，完成这个战略目标，就要考虑到我国国情的基本特点。我国国情第一个特点是人口多，且农民多。这是我们考虑一切问题的出发点。现在全国人口 13 亿，农民占近 63%，将近 8.2 亿。未来 30 年仍然是我国人口的增长高峰期。农民多、素质低，就业压力大，如何在新的发展阶段满足众多人口的物质文化的基本要求，这是科学发展观必须要解决的头等大事。第二个特点是资源短缺，而消耗强度非常大。有一个传统的说法，认为中国是地大物博，地方大资源多。实际上并非如此，我国是人口大国，资源穷国，我国可供使用的资源是非常有限的。我国水资源的人均拥有量占世界平均水平的 1/4，我国 600 多个城市，有 400 多个城市缺水，其中 110 个城市严重缺水；人均耕地不足世界平均水平的 40%，最近 7 年我国连续减少耕地 1 亿亩；从矿产、天然气、铜、铁、铝等人均拥有率看，低于世界平均水平，矿产资源占世界拥有量的 8.3%，油占 4.1%，天然气多一些，占 25.5%，铜占 9.7%，况且目前我国正处于资源消耗强度较高的阶段。第三个特点就是产业结构不合理。我国目前第一产业占国民生产总值的 15%，但是 60% 是农村人口；第二产业也不尽合理，高科技含量比较少；第三产业特别是现代服务业发展相对缓慢。这三个特点决定了我国今后 20 年至 50 年必须按照科学发展观的要求办事，才能解决发展中的诸多矛盾和问题。

第三，是实现全面小康社会的客观要求。我们现在达到的小康，只是低水平的、不全面的、发展很不平衡的小康。所谓低水平就是生产力很低，所谓不全面就是相比经济增长，政治、文化有缺腿。全国连续 27 年保持经济增长 9.4% 以上，增长很快，但是政治、文化发展相对落后，政治文明、精神文明建设相对滞后。社会发展和经济增长是"一条腿长一条腿短"，很不平衡。同时城乡之间、地区之间发展也很不平衡。城乡二元结构矛盾仍然存在。这些问题带来一系列的社会问题，如农民问题、农业问题、农村问题、粮食问题、耕地问题、社会贫富差距问题、就业压力增大问题、社会腐败问题、重复建设问题、资源短缺问题、环境污染问题、社会矛盾激化问题等，这一系列问题阻碍我们实现全面小康的宏伟目标。从初步小康到全面小康，完成这一发展任务，必须全面落实科学发展观。

第四，我国经济社会发展正处在重要战略机遇期的客观要求。许多国家的实践表明，一个国家经济总量如果发展到全面小康的水平，将是一个剧烈的转型过程。从各国现代化进程来看，当一个国家发展处于人均 GDP 1000—3000 美元阶段时，对一个国家来讲是发展的至关重要时期。在这个阶段，增长与问题、发展与矛盾交织在一起，是社会结构深刻变动、社会矛盾极易激化的高风险期。发展必然带来利益格局的变化，一些人的利益满足，一些人的利益受损，矛盾加剧；经济高速增长，同时衍生一些社会问题，如分配不公，贫富悬殊，矛盾激化，再遇到经济滑坡、金融风险等突发情况，会发生社会动乱，影响政局稳定。处于这一阶段，有两种发展可能：一种是搞得好，经济社会继续向前发展，顺利实现工业化、现代化；另一种是搞得不好，往往出现贫富悬殊、失业人口增多、城乡和地区差距拉大、社会矛盾加剧、生态环境恶化等问题，导致经济社会发展长期徘徊不前，甚至出现社会动荡和倒退。如果对出现的新情况新矛盾处理得不好，就可能会出现倒退和逆转。世界上有些国家在 1000 美元到 3000 美元的发展阶段，由于没有处理好发展中出现的一系列问题，最后矛盾激化，产生动乱，经济社会全面崩溃。拉美的很多国家，如阿根廷、委内瑞拉、墨西哥，还有东南亚一些国家，如印度尼西亚、菲律宾，都是政治动荡不断，严重地影响和制约了这些国家的发展。其中被称之为"拉美陷阱"或"拉美病"的"拉美化"现象就是突出例证，其含义主要是指拉美国家在经济增长过程中因贫困化和两极分化导致社会动荡的状况。20 世纪 80 年代起，拉美各国相继推行新自由主义改革，短期内和局部上取得经济增长的一些成效，如阿根廷在 1991 年、1992 年分别实现 10.6% 和 9.6% 的高增长。2001 年巴西人均 GDP 2957 美元，墨西哥6200美元，委内瑞拉4877美元，阿根廷7416美元，因经济危机，2002年又降至2912美元。但拉美一些国家在强调经济增长时却有失公正。失业率持续攀升，2002年拉美地区失业率高达9.6%。贫富悬殊、两极分化，2004年拉美贫困人口已达2.27亿，而同期百万富翁增长率居全球之首。巴西收入最高的10%的居民拥有全国财富的40%，收入最低的10%拥有财富不足3%。矛盾激化，动荡不安，群众抗争运动此起彼伏，如墨西哥萨帕塔农民起义，巴西无地农民运动，阿根廷拦路者运动、敲锅运动，秘鲁、危地马拉、玻利维亚等国反私有化运动等。特别值得一提的是墨西哥的教训。20世纪80年代，长期执政的墨西哥革命制度党全盘推行西方的"新自由主义"，抛弃"革命民族主义"，全面推行私有化，开放国内市场。在社会政策上，削减教育、医疗和保险等公共开支，以推进经济增长。但由于没有妥善处理好转轨过程中的社会矛盾，大批中小企业破产，许多工人失业，大批农民失地。普通民众生活水平下降，贫富分化严重，一方面积累亿万富翁，一方面积累贫困。全国贫困人口达到4600万，约占总人口的45%，革命制度党执政基础严重动摇，2000年大选丧失长达71年的执政地位。

从我国进入经济社会发展新阶段面临的矛盾和国际发展的经验来看，全面落实科学发展观至关重要。多年以来，在经济快速发展的同时，也积累了不少矛盾和问题，主要是城乡差距、地区差距、居民收入差距持续扩大，就业和社会保障压力增加，教育、卫生、文化等社会事业发展滞后，人口增长、经济发展同生态环境、自然资源的矛盾加剧，经济增长方式落后，经济整体素质和竞争力不强等。这些问题必须高度重视而不可回避，必须逐步解决而不可任其发展。还要看到，我国现在人均国内生产总值已达1700美元，按既定的部署和现行汇率计算，到2020年将达到3000美元以上。这是整个现代化进程中一个非常关键的阶段，也是经济社会结构将发生深刻变化的重要阶段。正反两个方面经验告诉我们，在这个重要阶段，一定要处理好经济增长与社会发展的关系，处理好城乡发展、地区发展关系，处理好不同利益群体的关系，处理好经济增长同资源、环境的关系，处理好物质文明建设同政治文明建设、精神文明建设的关系，还要处理好国内改革与对外开放的关系。科学发展观为我们解决前进道路上面临的矛盾和问题，顺利推进全面建设小康社会和整个现代化事业，提供了强大的思想武器。在这个重要时期，要保持相对稳定的发展环境，必须全面落实科学发展观，否则，我们也会遇到拉美、南美、东南亚一些国家在 1000 美元到 3000 美元发展阶段所遇到的各种问题，如果解决不妥，很容易带来社会动乱。

目前我国经济社会发展正处于关键的发展阶段，随改革开放的深入，随着发展的深入，特别是加入世贸组织，我国经济社会发展出现了一系列新情况、新问题、新矛盾，提出了改革和发展的新要求，全面落实科学发展观是我国改革开放进一步深化和经济社会进一步发展的客观要求。

第五，是提高党的执政能力和执政水平的客观要求。应当看到，牢固树立和认真落实科学发展观，同提高全党特别是各级领导干部的领导水平和执政能力有着密切的内在联系。推动我国经济社会的持续快速协调健康发展，一定要解决好科学发展观的正确指导。也就是说，要按照客观规律办事，科学地领导中国特色社会主义建设事业，切实抓好发展这个党执政兴国的第一要务。面对经济全球化和国内发展的新形势，既要深化改革、消除制约生产力发展的体制性障碍，又要考虑人们的承受能力、维护社会稳定；既要保护发达地区、优势产业和通过辛勤劳动与合法经营先富起来人们的发展活力，又要高度重视和关心欠发达地区以及比较困难的行业和群众；既要发展党内民主、推动人民民主，又要维护党和国家的团结统一、保证中央的政令畅通；既要满足人民群众日益多样化的精神文化需求，又要确保马克思主义在意识形态领域的指导地位；等等。这些既是我们党加强执政能力建设亟待解决的问题，也是树立和落实科学发展观亟待解决的问题。因此，要把树立和落实科学发展观同加强党的执政能力紧密结合起来，把提高落实科学发展观的能力作为提高党的执政能力的一个重要方面，通过树立和落实科学发展观，进一步促进解决提高党的领导水平和执政水平，提高拒腐防变和抵御风险的能力这两大历史性课题。

正因为上述理由，要求我们在新阶段面临新情况、新问题、新矛盾、新挑战，必须在治国理念和治国行动上要有新观念、新突破、新举措。科学发展观是我们党对中国特色社会主义基本理论、基本路线、基本纲领、基本经验的进一步丰富，是我们党对共产党执政规律、社会主义建设规律、人类社会发展规律认识的进一步深化，是对马克思主义社会发展理论的进一步发展，既源于全面建设小康社会的伟大实践，又必将有利于指导全面建设小康社会的伟大实践，显示了我们党解放思想、实事求是、与时俱进的伟大理论勇气，又体现了我们党总揽全局、开拓未来的执政能力，具有重大意义。一定要按照党的十六届三中、四中、五中全会的要求，全面落实科学发展观。

二、从马克思主义哲学世界观和方法论的高度，深刻理解和把握好科学发展观的精神实质和科学内涵

以上分析了当前我国经济社会发展过程中存在的主要矛盾和问题，为什么会存在这些矛盾和问题呢，我认为有四个方面的原因：

一是客观原因。目前出现的许多矛盾和问题是我国改革发展过程中不可避免的。毛泽东同志曾用"树欲静而风不止"来比喻阶级斗争的不可避免性，树不想动，但风要刮，树不得不动。讲的是不以人的主观愿望为转移的客观必然性，讲的是有些矛盾和问题在发展过程中出现是不以人的意志为转移的。在改革开放过程中，每个阶段都有每个阶段的突出问题，发展到一定程度有些问题必然要突出出来。比如说，改革前人民吃不饱饭，那么改革开放第一步就是解决温饱问题，温饱问题解决了以后，文化问题、教育问题、待遇问题、公共管理问题、分配问题等，都会突显出来。所以说，在改革开放的不同阶段，会有不同的主要问题产生出来，旧的矛盾解决了，新的矛盾又出来了。我们共产党人就要不断地解决发展过程中的矛盾，有问题、有矛盾，并不能说明形势不好，这是客观存在的。

二是体制上的原因。在改革开放过程中，有些问题大家都感觉到应该解决，但是个人又都一下子解决不了，无力而为之。也就是说，如果不解决机制问题、不解决体制问题、不解决制度问题，这些问题解决不了。

三是领导个人思想作风上的原因。发展观是受政绩观的指挥棒指挥的，政绩观的指挥棒又受干部个人价值观、人生观的指挥。一个干部的人生观、价值观指挥他的政绩观，政绩观又指挥他的发展观。如果一个干部的世界观、人生观不好，只想个人升官发财，不想老百姓，不为老百姓，那么就会导致他受错误的政绩观的指挥，就会把政绩当作梯子往上爬，解决个人其他私利方面的问题。政绩观错误了，指挥棒指错了，发展观也就错误了。就会搞一些所谓的"政绩工程""形象工程"，劳民伤财，追求短期效益。错误的人生观、世界观，导致了错误的政绩观，导致了错误的发展观，最终导致畸形发展，严重损害人

民的利益。

四是理论认识上的原因。只有理论上的清醒，才能导致实践上的自觉。领导干部要从理论上、从哲学世界观的高度来提高对科学发展观的认识。毛泽东同志有一个爱好，就是喜欢抄写唐诗，有一首唐诗《登鹳雀楼》，他曾经用毛笔写过七次。是唐朝诗人王之涣写的山西省永济市中条山鹳雀楼的景象，借景写意，"白日依山尽，黄河入海流。欲穷千里目，更上一层楼"。毛泽东同志在延安整风讲哲学的时候曾经说过，我们共产党人的眼力不够，要借助马克思主义哲学的世界观和方法论，作为政治上的望远镜。他把马克思主义的世界观和方法论当作政治上的望远镜，认为学习马克思主义哲学世界观和方法论就好比登高，登上一层，就看得更远，叫作"欲穷千里目，更上一层楼"。今天提高党的执政能力，需要从理论高度来提高干部的素质，使领导干部能够站在马克思主义哲学世界观、方法论的高度来观察问题、分析问题、解决问题。领导干部在发展观上存在一些模糊认识，可以从理论认识找到存在的原因。比如说，在精神文明、物质文明和政治文明建设上，一头热一头冷，一边重一边轻，不协调、不全面，是违背了马克思主义辩证法的观点；在发展过程中只追求短期的物质指标，忽视了人民的根本利益，忽视了以人为本，是违背了马克思主义唯物史观的观点；在发展过程中，脱离客观实际，盲目上项目，离开了本地区的实际，离开本地区的环境和资源条件，是违背了马克思主义实事求是的认识论的观点。所以，解决全面落实科学发展观问题，首要的一个问题是从理论上认清科学发展观的科学性问题，这就需要从理论上提高认识。科学发展观四个关键词，以人为本、全面、协调、可持续，是对我国社会主义发展客观规律的认识，正确反映了我国发展的客观规律。一定要从哲学的世界观高度，来看待科学发展观，解决好对科学发展观实质与内涵的深刻认识。

（一）从辩证思维的方式出发，用辩证的观点看待发展问题。

1. 辩证的发展是经济社会对立统一的发展。任何一个社会的发展实际上是分为两大部分，一部分是经济增长，一部分是社会和人的全面发展。经济增长是社会和人的全面发展的基础，经济不增长，社会和人就不可能全面发展。反过来社会和人不全面发展，就会拖经济增长的后腿，这是一个辩证的对立统一的过程。在推进社会发展时，要处理好经济增长和社会发展与人的全面发展的关系，在解决矛盾过程中来推进经济社会全面发展。

2. 辩证的发展是经济社会的全面发展。在发展过程中，经济要有、文化要有、体育要有、卫生要有、科技要有，要全面发展；既要考虑到效率，同时还要考虑到公正、正义这些目标的实现，这才是全面发展。

3. 辩证的发展是经济社会的协调发展。有的同志提出，全面和协调是一个意思。从哲学上讲，全面和协调是有差别的。什么是全面？人有两条腿，两条腿都有是全面，如果缺一条腿，是不全面；如果一条腿长一条腿短，是不太全面。协调是什么呢？两条腿都有，但是一条腿朝前一条腿朝后，一条腿朝左，一条腿朝右，走路不协调，就是有两条腿，照样走不好。辩证的发展，就要协调好、处理好、综合平衡好各种关系和各种矛盾。比如说，经济投入多少、文化投入多少、教育投入多少，要根据财力安排适当的比例，不能一高一低，畸轻畸重。再比如说，在近期来讲，把钱投在项目上，可能经济增长很快，但是教育不投，会把将来的事情耽误了，文化不投也会把将来的事情耽误了。然而，投资教育和文化，又不能离开本地区的实际财力，在老百姓吃不上饭的时候，恐怕还得考虑怎么样先把吃饭的问题解决了，都要根据实际情况。"五个统筹"就是讲全面发展，讲兼顾到方方面面，讲协调发展。

4. 辩证的发展是经济社会的可持续发展。从哲学上讲，什么叫发展，辩证的发展实际上是一种向前向上的运动，倒退不叫发展，向下也不叫发展。但是辩证的发展除了要求向前向上的运动，还要追求一种持续的运动、不停顿的发展，不能发展一下就不发展了。科学发展观追求的是一种可持续的发展。可持续的发展，一定要注意三个资源的可持续性。

一是物的资源的可持续性。物的资源可分为作为环境的生态资源，作为生产资料的物质资源。在考虑发展的时候，既要考虑到环境生态资源的可持续性，又要考虑到生产资料资源的可持续性。美国学者布朗提出了"新结构危机"理论。他认为在经济社会发展中产生一种新的结构危机，主要是两个表现：一个是生态环境透支的危机，即生态危机。就是说在发展过程中，环境被破坏得太厉害了，透支了。第二个结构危机是资源透支。我们过去有句话，中国地大物博，地方大、东西多，要什么有什么。实际上，我国是人口大国，资源穷国。高速的经济增长，产生了对国内外资源的高度依赖，而我国可利用的资源透支严重。2003 年我国钢铁、水泥、家用电器、电话、服装这五大项产量都是世界第一。但是，我国铁矿石50%要依赖进口，石油进口的依赖将近50%。我国虽然在钢铁、水泥等方面是生产第一大国，但是消耗也是惊人的。2003年，我国消耗了世界钢铁总量的30%，消耗世界水泥总量的40%，消耗了世界煤产量的31%。但是，我国的GDP只占世界GDP的4%，我国是高投入、高消耗、低产出。

保护资源，一定要从全局来看。从局部、从某个地区来讲，项目上得越大越好，项目上得越多越好，这样该地区的GDP就上来了。但是从全国来讲，可能不是这样，从局部来讲是对的，从全国来讲可能就不对。所以，要提倡建立资源节约型和环境友好型社会，需要发展循环经济和信息经济。

二是人文资源的可持续性。一个国家要发展，不仅要有物质资源和环保资源，还要有人文资源。人才、知识、信息、人文资源、道德和文明程度，是一个国家的重要的人文资源。在世界各国发展历史上，物质资源非常匮乏的小国也有发展起来的，比如新加坡，是个弹丸之地，以色列许多土地寸草不生，为什么它们发展很快？是对人文资源的重视，对人才、道德建设、信息和知识的重视。重视人文资源，就要加大对人才、教育、文化的投入，加大对道德建设的投入。

三是政治资源的可持续性。政治资源是指一个国家的政治稳定、民主健全、法制健全、反腐败有力和有坚强的领导核心等，这些都是政治资源。政治资源是非常重要的，在考虑科学发展的时候，一定要考虑到政治资源，政治资源是关系一个国家稳定的重要资源。我们国家的政治资源应该是很好的，任何一个执政党没有像中国共产党这么坚强，没有一个党像中国共产党有效地领导这么一个大国成功地进行社会主义改革开放。如何进一步加强政治文明建设，加强党的建设，加强法制建设，对我国下一步发展是非常重要的。

保持资源的可持续，应该重视三个领域的资源可持续性，不能光盯在一个物质资源上，物质资源固然重要，但人文资源和政治资源也是不可缺少的。

（二）一定要从马克思主义历史观出发，用历史的观点看待发展问题。

马克思主义历史观强调两点，一是历史决定论，一是历史辩证法。什么是历史决定论？就是认为经济的、物质的、生产力的东西决定一切，一个执政党取得政权以后，要把经济建设作为中心任务。有人批评GDP，我认为对GDP不要批评过头了。首先 GDP 是好东西，其次是它有局限性，再次是应当进一步完善它。著名的经济学家萨缪尔森说，"GDP 是人类 20 世纪最伟大的发明之一"。不能认为 GDP 有缺陷，就说它一无是处。经济建设为中心不能丢。但是在讲历史决定论时，还要讲历史辩证法，就是强调人、文化、政治、上层建筑、思想道德的反作用。如果不注意这些因素的反作用，社会生产力发展就会受到破坏。要讲两点，必须要全面发展。

用马克思主义历史观理解科学发展观：一是全面理解马克思主义经济社会形态的理论。什么是经济社会形态？任何一个社会都有生产力、生产关系和上层建筑，上层建筑又分政治上层建筑和意识形态上层建筑，政治上层建筑是指监狱、警察、军队、法庭、政治制度体制；意识形态上层建筑是指理论、观点、文化等，任何社会都缺不了这些方面，这就构成了一定的经济社会形态。人类社会有政治生活、经济生活和文化生活，缺一不可。在人类发展文明中有物质文明、政治文明和精神文明，缺了哪一个都不行。经济社会必须全面发展。

二是全面理解马克思主义的全面生产理论。过去我们认识上有一个误区，认为马克思主义讲生产只讲物质生产，实际上这是误解。马克思主义讲生产是讲全面的生产。马克思主义全面生产理论包括四个方面：首先是物质生活资料的生产，也就是物质生产力的生产。其次是人自身的生产。什么叫人自身的生产呢？就是人在生产物质生产生活资料的同时，必须不断地生产自己，进行人口生产。我国进行人口生产要高质量地、控制数量地来生产。现在法兰西民族、德意志民族等都面临着人口减少的困境，他们的政治家最担心的一件事是本民族将来要消亡了，因为这些民族的出生率很低，出生率比死亡率低，是负增长。我国现在是人口生得太多了，质量又不高，性别失调，如果不注意人口生产的质量，也会出问题。我国现在的问题是分母太大了，人口太多了，搞了那么多GDP，费了那么多劲，让人口给消耗了。第三是精神生产。人类不同于任何其他动物的一个重要的区别就是人能够生产出思想、能够生产出理论、能够生产出文化、能够生产出精神产品。具体来讲，就是能够生产出小说、能够生产出电影、能够生产出电视剧，能够生产出一切供人类享受的精神产品。毛泽东思想是以毛泽东为代表的中国共产党人生产出来的精神产品；邓小平理论是以邓小平为代表的中国共产党人生产出来的精神产品；"三个代表"重要思想是以江泽民为代表的中国共产党人生产出来的精神产品。没有正确的理论，就无法指导正确的实践。因此，理论、文化、思想、道德非常重要。第四是社会关系的生产。人在生产物质产品、精神产品和人自身的同时，不断地生产出社会关系。人民代表大会、政协、中国共产党、人民解放军都是我们自己生产出来的社会关系的具体形式。美国人生产出来民主党、共和党和美国式的民主，英国人生产出来英国的君主立宪式的民主。任何世上的动物，没有一个能像人一样生产出自己的社会关系。人生产出自己的社会关系是为了更好地生产，更好地发展。我们进行经济体制改革，就是要生产出新型的社会主义市场经济体制，来推动生产力的发展。政治关系的生产就是政治文明建设；精神生产就是精神文明建设；物质生产就是物质文明建设。把三个建设加在一起，才能满足人的全面发展的需要，才能生产出高质量的人来。

三是全面理解马克思主义的人的全面发展理论。过去在理论上有个误解，认为马克思主义不重视人，只讲物不讲人，这实际上是误导。马克思主义最重视人，把人作为发展的目的。以人为本，一切发展的目的都是追求人的全面发展，都是解决人的生活水平和精神享受的提高。发展的目的是人，人不是手段。资本主义社会把人当作机器，奴隶社会把人当作会说话的工具，封建社会把人当作会耕地的牛马，只有社会主义社会把人当作发展的目的。把人当作发展的目的，就要把尊重人、爱护人、解放人、发展人作为发展的基本要求。落实在党的群众路线上，就是一切依靠人民，一切为了人民。践行"三个代表"重要思想，一切从人民根本利益出发，这就是以人为本的思想。

（三）一定要从马克思主义认识论出发，用实事求是的观点看待发展问题。

推动发展，一定要尊重规律、把握规律、按照规律来办事。有多大的能力，有多大的财力，就干多大的事情，不要搞伤害人民根本利益的所谓"政绩"，以人为本，全面、协调、可持续，实际上反映了发展的客观规律，照这四句话办，就是照规律办，就是实事求是，否则就违背规律，就会吃亏。

（四）从马克思主义的基本观点出发，澄清关于发展的一些模糊认识。

刚才讲了马克思主义的辩证观点、唯物史观观点和认识论观点，用这三个观点来看待科学发展观的理论内涵，就会澄清一些模糊认识。

一是既要讲经济增长，又要讲社会和人的全面发展。在发展观的术语中，增长和发展是两个不同的概念，具有不同的内涵。增长是指一个社会物质经济财富数量的增加，发展是指包括经济增长在内的文化、科技、教育、政治的全面进步。也就是说，发展既包括财富增加，又包括公正、公平、正义等社会目标的实现。从人类社会发展历史来看，人们对增长和发展的认识也经历了一个过程，即从单一的经济增长观到综合发展观，再到全面的发展观，人们对增长和发展的认识，走了这么一个三步曲过程。举资本主义的工业化为例。资本主义一开始战胜封建主义的时候，提出一个目标叫工业化，搞蒸汽机，搞蒸汽火车、蒸汽轮船、珍妮纺织机等，大力推进工业化。资本主义在开始发展工业化时，把经济增长作为追求的唯一目标，把蛋糕做大，追求经济财富的最大化。资本主义在追求经济财富增加的过程中，其他弊端也显现出来了，如分配不公、两极分化，工人阶级和资产阶级矛盾相当激化。当时马克思讲，资本主义在推进资本主义工业化的同时，生产出了自己的掘墓人——工人阶级。另外还有环境污染的问题，等等。资本主义工业化发展的初期，在经济高速增长的同时，两极分化、社会矛盾激化，环境污染严重，许多社会病、政治病和污染病全都出来了。资本主义不得不用第一次世界大战、第二次世界大战这样激烈的战争办法来转移国内矛盾。这就是单一的经济增长观阶段，发展等于增长。只解决蛋糕做大的问题，不解决怎么分好的问题，矛盾越来越激化，一战、二战，最后差点把资本主义自己毁了。二战以后，资本主义有识之士开始考虑到，资本主义这样搞下去已经不行了。蛋糕做大了，为什么工人阶级闹罢工？应该缓和矛盾，在解决做大蛋糕的同时，还要解决一个蛋糕的分配问题，解决分配的公平化、公正化问题。既要做大蛋糕，又要解决蛋糕分配问题，这就产生了第二代的发展观，即综合发展观，把发展看作是经济增长加社会进步。社会进步必须有分配公平、公正等这些目标的实现。当然，资本主义只能从缓解阶级对立的角度，从资本主义制度所允许的范围内解决公平分配问题，不可能从根本上解决公平分配问题。二战以后，资本主义进行了体制上的改良，设立了高额累进税、遗产继承税等，建立了两次分配体制，一次分配解决效率，二次分配解决公平和公正。从剩余利润中拿出一部分钱来解决社会保障问题，解决社会救助问题，逐步形成了一个枣核儿形的社会结构，就是中等收入层占多数，最穷的和最富的很少，社会矛盾缓和了。现在到发达资本主义国家，看不到革命形势，为什么呢？因为矛盾缓和了。到了20世纪70年代、80年代，蛋糕做大了，矛盾相对缓和了，人们就开始追求更多的享受。人的异化问题、人的精神需求问题、人的全面需求问题都提出来了。不仅要讲人道，还要讲"兽道"。动物的存在实际上是环境问题、环保问题，是自然和社会的一个和谐问题。对动物讲道德，实际上是人的道德水准的提高问题，社会文明程度的提高问题。如果对动物采取残忍的杀害办法，那人与人之间的道德关系水平也是很低的。于是，就产生了第三代发展观，发展等于经济增长加社会进步再加人的全面发展。要解决社会和谐问题和人的心态和谐问题，社会才能稳定。资本主义在发展过程中，大体经历了三代发展观的认识和实践。那么我们今天，必须要按照科学发展观来办事，否则就会走资本主义走过的弯路。

二是既要肯定 GDP，又要完善 GDP。刚才我讲到了，GDP 还是要坚持，同时对 GDP 的局限要完善，环保、文化等各个方面的指标要补充。一要注意 GDP 的长处，还要注意 GDP 的短处。二要注意 GDP（国内生产总值）和 GNP（国民生产总值）的区别，更看重 GNP。在资本输出国是 GNP 大于 GDP，更看重 GNP。我国 GNP 的增长率明显小于 GDP 的增长率。扣除我国 GDP 中外企外资出口额和加工贸易出口额（占我国 GDP 的 50% 左右）；占 GDP6% 的环境恶化的成本（据专家估计）；银行、国企、财政、县、乡、村几个方面的亏损；以及其他因素，如尚未进入消费的产品、重复建设、决策失误等造成的损失等，我国的 GDP 可能被高估了。三要注意 GDP 的新核算方法和原有 GDP 的核算方法的区别。GDP 并不能提供社会福利、环保、成本方面的真实信息，以及社会软件（教育、文化等）投入和发展方面的真实信息。四要区别可持续发展和单纯的 GDP "增长"，不能单纯地"以 GDP 论英雄"。

三是注意防止两种倾向。在讲科学发展观的时候，要讲两点论，既要以经济建设为中心，坚定不移，同时也不能忽视社会和人的全面发展，不能用社会和人的全面发展来否定经济建设为中心，也不能用经济建设为中心，来否认社会和人的全面发展。

（五）从马克思主义世界观和方法论的高度，全面理解科学发展观的主要内涵。

对科学发展观的内涵，要把握以下几点。

1. 坚持以人为本是科学发展观的最终目的。科学发展观一定要把实现人的共同富裕、自由全面发展作为发展的最终目的。发展的出发点和落脚点都是人民。人是发展的根本目的，体现在党的路线上，就是一切依靠人民，一切为了人民。

2. 促进全面发展是科学发展观的主要内容。发展一定要全面发展。物质文明、精神文明、政治文明三个文明必须协调发展，还要注意和谐社会的建设。在经济增长的同时，要加大对社会事业如公共教育、公共卫生、科教文化和思想道德水准提高的全面投入。必须注意发展的全面性。

3. 保持协调发展是科学发展观的基本原则。全面和协调是有区别的，全面是哪个都不能少，协调是必须照顾发展各要素的比例，毛泽东把它称之为统筹兼顾。一个人两条腿，缺一条腿叫片面，不全面，一条腿长一条腿短也叫不全面，两条腿都要一样长才叫全面。经济社会发展，教育、文化等事业也要发展，少一个或者不够全叫不全面。协调是指发展中各个要素的比例安排，要按照发展的客观规律加以调整和统筹。比如，教育投多少钱比较好，科技投多少钱比较好，卫生投多少钱比较好，如何平衡，这叫协调。如何处理好发展中各个要素的比例，是政府的宏观调控职能。

4. 实现可持续发展是科学发展观的综合目标。发展一定要有可持续性，发展一定要解决降低发展的代价问题。在增长过程中有两种模式，一是高代价增长模式，一是低代价增长模式。所谓高代价增长，就是讲经济增长但代价很高，自然资源消费高，资金代价高，政治动荡，失业人口增多，社会矛盾尖锐，使得发展代价非常高。所谓低代价增长，注意资源保护、注意环境保护、注意社会事业发展，所以代价很低。提倡低代价的增长、低代价的发展，这是可持续发展应注意的一个重大问题。

5. 实现经济社会又快又好地发展是科学发展观的实质要求。发展观的第一要义是发展，离开发展，就无所谓发展观。坚持科学发展观，其根本着眼点是要用新的发展思路实现更快更好的发展。发展是硬道理，经济建设为中心，这是我们必须始终坚持的战略方针。改革开放27年，我们党的路线方针政策之所以得到全体人民的拥护，之所以经得起国际国内各种风浪的考验，国际地位和影响之所以不断提高，归根到底是由于我国经济持续快速发展，各项社会事业取得巨大发展，综合国力显著增强。要不断提高人民的生活水平和质量，解决经济和社会发展中的矛盾，维护社会稳定，实现全面建设小康社会和现代化建设第三步战略目标，靠发展；要增强国防实力，实现祖国的完全统一，靠发展；履行维护世界和平与促进共同发展的责任，反对霸权主义和强权政治，在风云变幻的国际局势中立于不败之地，也靠发展。现在世界各国都在发展，形势逼人，不进则退。如果不加快发展，就会落后，甚至会处于被动挨打的地位。因此，必须聚精会神搞建设，一心一意谋发展。

6. 统筹兼顾是科学发展观的根本方法。统筹兼顾，就是总揽全局，科学筹划，协调发展，兼顾各方。随着结构的调整和改革的深化，各种矛盾相互交织，必须从现代化建设的全局出发，做好"五个统筹"，即统筹城乡发展，统筹区域发展，统筹经济社会发展，统筹人与自然和谐发展，统筹国内发展和对外开放。

统筹兼顾，就是要充分调动一切积极因素。社会主义现代化建设是亿万人民自己的事业，必须调动广大人民群众的积极性。要紧紧依靠广大人民群众，尊重群众的首创精神，发挥群众创造历史的主体作用。要团结一切可以团结的力量，化消极因素为积极因素，化不利因素为有利因素，充分发挥中央和地方两个积极性，把各方面的积极性引导好、保护好、发展好，为全面建设小康社会贡献力量。

统筹兼顾，就是要妥善处理各种利益关系。现代化建设涉及方方面面，要从最广大人民的根本利益出发，调节并处理好各种具体的利益关系，正确处理新形势下的人民内部矛盾，反映和兼顾各方面的利益。既要保护发达地区的利益，又要高度重视和关心欠发达地区的利益；既要保护优势产业的利益，又要高度重视和关心比较困难行业的利益；既要保护通过辛勤劳动与合法经营先富起来人们的利益，又要关心普通群众的利益，特别是要高度重视和关心农民、城市低收入居民和其他困难群众的利益。要正确处理局部利益和整体利益、当前利益和长远利益的关系，形成统筹兼顾的利益协调机制，使全体人民朝着共同富裕的方向稳步前进。要按照最广大人民根本利益的要求，正确处理改革发展稳定的关系，有重点、有步骤地推进改革。

统筹兼顾，就是要注重实现良性互动。城乡、区域、经济社会、人与自然、国内与国外是相互联系、相互依存的。只有实现不同方面的良性互动，才能达到统筹兼顾的要求。实现良性互动，要坚持社会主义市场经济的改革方向，注重制度建设和体制创新，形成统筹兼顾的体制基础；要遵循经济规律，发挥比较优势，促进互利互惠，推动共同发展；要加强政府服务，改善发展环境，增强自我发展能力。

统筹兼顾，要着力加强经济社会发展的薄弱环节。搞好统筹兼顾，要考虑方方面面，但在实际工作中一定要突出重点。全面建设小康社会，重点和难点在农村，在中西部地区，对社会事业领域也需要更加注重。因此，要在充分发挥市场配置资源基础性作用的前提下，更好地发挥政府调节各方面利益关系的作用。要从规划、政策、法规、科技、资金、市场、体制等各方面统一考虑，调动公共资源，引导社会力量，支持重点领域发展。当前，在政策与资金投入上，要向农业、农村、农民倾斜，建设社会主义新农村，向西部大开发、加快中西部地区发展和振兴东北地区等老工业基地倾斜，向科技、教育、卫生等社会事业倾斜，向生态环境保护倾斜。

7. 构建社会主义和谐社会是科学发展观的战略任务。构建社会主义和谐社会是对我国改革开放和现代化建设经验的科学总结，是在新的国内外形势下全面落实科学发展观的战略举措，构建社会主义和谐社会是科学发展观的题中应有之义。

科学发展观是全面建设小康社会和实现现代化的根本指导思想。改革开放以来，我国经济社会发展取得了历史性的伟大成就，胜利实现了现代化建设"三步走"战略的第一步、第二步目标，人民生活总体上达到小康水平。但是，现在达到的小康还是低水平的、不全面的、发展很不平衡的小康。党的十六大提出，要在本世纪头 20 年，集中力量，全面建设惠及十几亿人口的更高水平的小康社会，并明确提出了经济、政治、文化、社会发展等方面的目标和任务。全面落实科学发展观，是全面建设小康社会的必然要求，是实现现代化建设第三步战略目标的必然要求。

科学发展观把发展看作是全面的、系统的、协调的过程，其内涵十分丰富，需要用辩证的、历史的和实践的观点全面把握和深入研究。概括地说，科学发展观有以下一些特点：一是更加注重发展的人文本质。强调发展的宗旨和目的是一切为了人民群众的根本利益，不断满足人的全面发展的需要。二是更加注重发展的全面协调。强调调动发展主体的积极性，加强各种发展要素的内在联系和有效整合，实现各方面发展的良性互动。三是更加注重发展的持久永续。强调人口增长、生产扩大、消费升级都要适应资源和环境的承载能力，发展要泽被子孙，建立长效机制。四是更加注重发展的多样性。强调一切从实际出发，因时制宜，因地制宜，突出重点，不搞单一的发展模式。科学发展观既来源于理论和实践的探索，又要在新阶段的发展实践中进一步升华。我们要在实践——认识——再实践——再认识的过程中，不断深化认识，更好地指导实践。

三、深刻认识用科学发展观统领经济社会发展全局的极端重要性，提高全面落实科学发展观的自觉性和坚定性

一定要深刻认识以科学发展观统领经济社会发展全局的重要性，增强贯彻落实科学发展观的自觉性和坚定性，全面落实科学发展观的目标要求，建立健全落实科学发展观的制度、体制和机制，切实把科学发展观贯穿于经济社会发展的全过程，落实到经济社会发展的各个环节，把经济社会发展切实转入全面协调可持续发展的轨道。

（一）深刻认识用科学发展观统领经济社会发展全局的极端重要性。

科学发展观，是以胡锦涛同志为总书记的党中央，在邓小平理论和"三个代表"重要思想的基础上，对中国特色社会主义建设和发展一系列的重大战略问题的进一步科学回答，是统领经济社会发展全局的灵魂和总纲，一定要把科学发展观摆在统领经济社会发展全局的地位上。

第一，科学发展观是正确指导中国发展的马克思主义世界观和方法论的集中体现。发展观既是人们对发展问题的总的看法，又是解决发展问题的总的方法，即关于发展问题的世界观和方法论的具体体现。一定的发展观受一定的世界观和方法论的指导。科学的发展观是建立在马克思主义世界观方法论基础上的，是我们党创造性地运用马克思主义世界观方法论，说明和解决中国发展问题的最新思想成果。运用马克思主义立场、观点、方法认识发展问题、科学地把握发展规律，体现为世界观；运用马克思主义立场、观点和方法解决发展问题、科学地推进经济社会的发展，体现为方法论。要树立和落实科学发展观，必须从马克思主义世界观方法论的高度搞清楚"为什么要发展，怎样发展，发展什么？"搞清楚"发展的目的是什么，发展的动力是什么，发展的主体是什么？"搞清楚"为谁发展，靠谁发展？"也就是说，搞清楚发展规律、发展理念、发展动力、发展主体、发展战略、发展思路、发展道路、发展模式、发展

目标、发展规划、发展措施等一系列重大问题。

我们说，科学发展观是马克思主义关于发展问题的世界观和方法论的具体体现，其主要理由是：

1. 科学发展观是辩证的发展观。辩证唯物主义是马克思主义的世界观方法论，辩证唯物主义是科学发展观的哲学基础。什么是发展？唯物辩证法认为，发展是事物的一种运动状态，但又不是事物的一般的运动状态，而是特指事物向前而不是倒退的前进运动；是向上的，而不是向下的由低级向高级进步的运动；是由小到大的，由旧到新的，由落后到先进的，不断地推陈出新的创新运动。发展就是事物辩证的运动过程。在原有基础上的重复甚至倒退的运动都不是发展。当然，发展作为事物运动的状态也有快、有慢；有单一的、有全方位的；有不平衡的、有均衡的；有不协调的、有协调的；有一时的，也有持续的。科学发展观追求的是正常的、健康的、协调的、全面的、合理的发展。从马克思主义哲学世界观和方法论来看，发展应该是辩证的发展，辩证的发展是不断解决矛盾的发展，是全面的发展、协调的发展、可持续的发展。

首先，辩证的发展观是对立统一的发展观。发展是事物内部矛盾不断产生、发展和解决的过程。旧的矛盾解决了，新矛盾又出来了，往复循环，事物才向前发展，事物是以矛盾发展为动力的。科学的发展观从本质上说，其哲学依据就是发现矛盾、认识矛盾、解决矛盾的马克思主义哲学观。说到底，就是运用马克思主义对立统一的观点，认识和解决社会发展过程中的一系列矛盾和问题。

其次，辩证的发展是全面的发展观。辩证的发展应当是系统全面的、保持内在各要素均衡的发展，也就是说，任何健康的发展，都应当是全面的发展，而不能是片面的、畸形的、不均衡的、单一突进的发展。在发展过程中，要全面地兼顾到系统构成的各个要素。社会发展是全面的，必须看到它是一个经济社会发展的系统工程，必须系统、全面、协调推进经济社会发展。

再次，辩证的发展观是协调的发展观。事物是普遍联系的，一事物不是孤立存在的，而是在与它事物的普遍联系中存在的，一事物离开与它事物的联系，就谈不上存在，更谈不上发展。社会发展必然是协调的、兼顾的、对称的、照顾他方的发展，否则就是畸形的发展，甚至是倒退和停顿。

最后，辩证的发展观就是可持续的发展观。辩证法讲发展，是要求连续的、匀速的、保持后发力的健康发展。任何一个事物的发展，包括社会发展，一定要有可持续的发展能力。健康的、正常的发展应是持续的、内在的、有后劲的发展。

2. 科学发展观是唯物史观的发展观。马克思主义哲学历史观，即历史唯物主义，是说明社会历史发展规律的世界观方法论。历史唯物主义是科学发展观的历史观前提。马克思主义哲学历史观的第一个方面，是强调历史决定论。认为社会存在决定社会意识，社会历史发展，归根结底，是生产力的东西、经济的东西、物质的东西所决定的。发展是硬道理，社会发展归根到底首先要解决好生产力的发展。

马克思主义历史观的第二个方面，是强调历史辩证法。首先，强调在社会发展过程中，不能仅仅把经济、生产力归结为发展的唯一因素，要讲政治、文化、思想各方面因素在整体社会发展中的作用。其次，既重视人和社会发展的特殊性，又重视自然因素对社会与人发展的制约性。人是社会发展的积极的能动的主体，而人的发展、社会的发展又依赖于自然的发展，自然的发展制约人的发展和社会的发展，人类社会发展的过程一定要做到人与自然和谐发展。最后，强调人是发展的目的、发展的主体，而不仅仅是发展的手段。历史唯物主义就是从现实的人出发，以现实的人的发展为目的的社会发展理论。正是从这样一个历史观出发，马克思主义把人作为社会发展的主体，作为社会发展的目的，把努力促进人的全面发展作为创建未来社会的本质规定。社会主义建设和发展的历史经验教训表明，必须以人为本，把推进人的全面发展作为社会主义发展的根本目的。要一切依靠人民、一切为了人民，把满足人民群众的物质文化需要，作为推动经济社会发展的根本出发点和最终归宿。

从马克思主义历史观高度认识发展问题，一是要认识到科学发展观是有重点的发展观。重点就是抓住最主要的东西、决定性的东西，就是生产力、经济、物质的东西；二是要认识到科学发展观是关于社会辩证法的发展观。什么是社会发展的辩证法？就是讲发展重点的时候，还要讲其他因素的作用，讲人的作用和满足人的需要的目的。社会发展不等于单纯的经济增长，它内在地包括稳定、公平、民主、价值等社会和人全面发展的诸要素。社会发展中的政治、经济、文化三大部分缺一不可，物质文明建设、政治文明建设、精神文明建设、和谐社会建设缺一不可，社会发展是一个全面系统的过程。

3. 科学发展观就是尊重规律的发展观。什么叫实事求是，就是一切从实际出发，尊重客观规律。实事求是的思想路线是贯穿科学发展观的哲学世界观的精髓。一切从客观实际出发，尊重和把握客观规律，按照客观规律办事，这是马克思主义的世界观方法论，是科学发展观的哲学精髓。科学发展观正是建立在认识发展的客观规律、尊重发展的客观规律、按照发展的客观规律办事的基础上的。

客观规律和人的主观能动性的关系问题，是马克思主义世界观方法论所要回答的一个基本问题，科学发展观也正是要回答在社会发展过程中，如何在尊重客观规律的基础上，充分发挥人的主观能动性和创造性，努力推进经济社会又快又好地发展的问题。从马克思主义世界观方法论来看，人的主观能动性是受客观条件、客观规律制约的。人只有在一定的客观条件下，按照客观规律办事，才能创造历史。当然，人又不是无条件地受制于客观条件、客观规律，对于客观条件、客观规律具有一定的主观能动性。按照马克思主义哲学的观点，任何事物，无论是自然、社会，还是人类思维，都存在不以人的意志为转移的客观规律。人们只有尊重规律、认识规律、把握规律，按照规律去办事，才能最大限度地发展人自身的能动性和创造性。反之，就会受到客观规律的惩罚。

正确处理好人的主观能动性和客观规律之间的关系，是全面落实科学发展观，解决以人为本，全面协调可持续发展的关键问题。我国是一个人口众多、资源相对不足的大国。随着向工业文明的迈进，人口、生态环境、资源等矛盾日益突出，成为制约发展的瓶颈。一定要把控制人口、保护生态环境、节约资源放到更加重要的位置，使人口增长与社会生产力相适应，使经济建设与生态、环境、资源相协调，积极倡导和推行循环经济，努力建立资源节约型和环境友好型社会，实现发展的良性循环，实现经济社会的持续健康发展和人与自然和谐发展，推进整个社会走上生产发展、生活富裕、生态良好的科学文明发展之路。

第二，科学发展观是社会主义建设指导思想的重大创新。关于社会主义建设的指导思想问题，如同社会主义建设的伟大实践一样，经历了一个不断探索、勇于创新的历史过程。马克思恩格斯最初认为，社会主义社会应该脱胎于生产力高度发达的资本主义社会，应该是经济社会充分发展的崭新的社会形态。列宁提出社会主义革命有可能在一国或数国首先取得胜利的思想，列宁指出，社会主义一定要创造出比资本主义更高的劳动生产率，胜利后的无产阶级必须大力发展生产力。在总结俄国探索社会主义道路经验的基础上，列宁提出了"新经济政策"的思路，初步形成了经济文化落后的俄国如何建设社会主义的正确构想。斯大林时期，虽然在社会主义建设上取得了一定的成绩，却形成了以"计划经济高度集中"为基本特征的社会主义建设的"苏联模式"。随着实践的发展，其弊端逐步暴露出来，最终演变成严重阻碍社会主义建设的体制障碍。加之后来复杂的原因，最终导致苏联解体。从总体上看，第一个社会主义国家苏联没有解决好社会主义建设这个重大问题。

新中国成立后，毛泽东对我国社会主义建设道路问题进行了艰辛的探索，初步形成了关于社会主义建设的正确思想。他强调社会主义必须发展生产力，提出了实施工业化的赶超战略，希望以超常规的发展，赶上西方发达国家。但是，由于受"左"的路线干扰，在很多方面违背了社会主义现代化建设的客观规律，致使我国社会主义建设遭受重大挫折。

党的十一届三中全会以后，以邓小平同志为核心的党的第二代中央领导集体，深刻总结了以往的经验教训，实现了全党工作重点的转移，提出和贯彻"一个中心、两个基本点"的基本路线，开创了中国特色社会主义现代化建设的新局面。邓小平多次强调，社会主义的根本任务是发展生产力，提出了发展才是硬道理的战略思想，创造性地解决了中国特色社会主义"为什么要发展，怎样发展"的课题，初步回答了关于发展目的、发展战略、发展道路、发展动力等一系列重大问题，开辟了中国特色社会主义的发展道路，提出了关于中国特色社会主义建设的指导思想。

以江泽民同志为核心的党的第三代中央领导集体，把发展提到了"执政兴国第一要务"的高度，强调发展要有新思路；要保持国民经济持续、快速、健康发展；实现区域经济合理布局和协调发展，要正确处理改革、发展和稳定的关系，不断推进社会主义物质文明、精神文明和政治文明建设；在推动经济社会全面进步的基础上，不断推进人的全面发展；等等，使中国特色社会主义建设的指导思想有了新的升华。

以胡锦涛同志为总书记的新一届中央领导集体，在科学总结我国改革开放和社会主义现代化建设新经验的基础上，着眼于新的实践和新的发展，深入研究和分析我国经济社会发展的新阶段的新特征，明确提出"以人为本，全面协调可持续发展"的科学发展观。科学发展观，是我们党坚持以邓小平理论和"三个代表"重要思想为指导，解放思想、实事求是、与时俱进，探索中国特色社会主义发展道路的最新理论成果。科学发展观同毛泽东、邓小平和江泽民关于社会主义建设的思想既一脉相承，又有新的创造，赋予了我们党关于社会主义建设的理论以新的时代内涵。科学发展观，不仅进一步回答了"中国特色社会主义为什么要发展"的问题，而且富有创造性地回答了"中国特色社会主义如何发展、发展什么"等重大问题，丰富、创新和完善了我们党关于社会主义建设的指导思想。科学发展观是我们推动经济社会发展、加快推进社会主义现代化必须长期坚持的指导思想。

第三，科学发展观是解决当前我国经济社会发展面临诸多矛盾和问题所应遵循的基本原则。党的十六届三中全会全面分析我国社会发展中存在的突出问题，提出了"五个统筹"，即统筹城乡发展、统筹区域发展、统筹经济社会发展、统筹人与自然和谐发展、统筹国内发展和对外开放的要求。"五个统筹"实际上就是"五对矛盾"或"五大问题"。胡锦涛同志指出："地区发展的不平衡，城乡发展的不平衡，部分社会成员收入差距的不平衡的问题更为突出。""三大不平衡"问题是"五对矛盾"中更为突出的问题。

党的十六届五中全会进一步分析了我国经济社会发展新阶段的形势、特征和遇到的矛盾和问题，从生产力发展面临的诸多体制性、机制性障碍；从实现可持续发展遇到的能源、资源、环境、技术的压力；从解决"三农"问题的艰巨性；从自主创新能力亟待提高的状况；从全面满足各方、各种利益需求的繁重任务；从缩小各种发展差距的艰巨性；从面对日趋激烈的国际竞争压力；从发展民主政治和先进文化的更高要求；从人民内部矛盾多发易发现状和社会建设和管理面临的一系列新问题；从社会稳定与和谐种种不良因素的影响等十个方面，全面分析了我们经济社会发展所面临的突出矛盾和问题。

党的十六届三中全会揭示的"五大矛盾"和党的十六届五中全会分析的"十大问题"严重制约和影响了我国经济社会的科学发展。必须清醒地看到，我国正处于并将长期处于社会主义初级阶段，生产力不发达，城乡区域发展不平衡；粗放型经济增长方式没有根本转变，经济结构不甚合理，自主创新能力不足，经济发展与人口资源环境矛盾日益突出；解决"三农"问题任务相当艰巨；就业压力依然存在，收入分配中矛盾较多；影响发展的体制机制问题亟待解决，处理社会利益关系的难度加大……我们在前进道路上还将面临诸多困难和问题，这说明树立和落实科学发展观是一个长期艰巨的过程。

科学发展观是解决我国当前经济社会发展诸多矛盾和问题所应遵循的基本原则。推进我国经济社会的又快又好发展，一定要破解这些难题、化解这些矛盾、解决好这些问题。破解难题的关键是全面落实科学发展观，只有始终不渝、坚持不懈地树立和落实科学发展观，才能化解诸多矛盾和问题，把我国经济社会发展转入良性的、全面的、协调的、健康的轨道，最终保证中国特色社会主义建设事业的不断前进。

第四，科学发展观是实现经济社会又快又好发展的根本指针。科学发展观既是制定"十一五"规划的根本指针，又是实施"十一五"规划，实现经济社会又快又好发展所必须坚持、必须遵循的根本指针。

根据科学发展观的要求，按照党的十六大对本世纪头 20 年全面建设小康社会的总体部署，党中央提出了"十一五"时期经济社会发展的"七大"主要目标：在优化结构、提高效益和降低消耗的基础上，实现 2010 年人均国内生产总值比 2000 年翻一番；资源利用效率明显提高，单位国内生产总值能源消耗比"十五"期末降低 20% 左右；形成一批拥有自主知识产权和知名品牌、国际竞争力较强的优势企业；社会主义市场经济体制比较完善，开放型经济达到新水平，国际收支基本平衡；普及和巩固九年义务教育，城镇就业岗位持续增加，社会保障体系比较健全，贫困人口继续减少；城乡居民收入水平和生活质量普遍提高，价格总水平基本稳定，居住、交通、教育、文化、卫生和环境等方面的条件有较大改善；民主法制建设和精神文明建设取得新进展，社会治安和安全生产状况进一步好转，构建和谐社会取得新进步。这"七大"目标，涉及经济发展、能源、消耗、自主创新、经济体制、对外开放、义务教育、城镇就业、社会保障、城乡差距缩小、经济环境社会环境和自然环境改善等各个方面，是把科学发展观转化为可操作的发展目标体系的具体化。

"十一五"规划从这一目标体系出发，提出当前应该解决的"五个"重点任务：建设社会主义新农村、增强自主创新能力、继续实施区域协调发展战略、促进城镇化健康发展、人与自然和谐。五大任务集中解决的是城乡不和谐、区域不和谐、人与自然不和谐的问题，其核心依然是贯彻和落实科学发展观。

"十一五"规划目标和任务确定之后，贯彻和落实科学发展观就成为关键。为了更好地贯彻落实科学发展观，实现经济社会又快又好地发展，"十一五"规划提出："十一五"时期，必须保持经济平稳快速发展，必须加快经济增长方式转变，必须提高自主创新能力，必须促进城乡区域协调发展，必须加强和谐社会建设，必须不断深化改革开放等"六个必须"。"六个必须"体现了全面贯彻落实科学发展观的具体要求，是相互联系和相互促进的，是实施"十一五"规划的原则。而"六个必须"原则，又是科学发展观与经济社会发展的客观实际相结合的产物，是科学发展观在我国经济社会发展处于关键时期的具体化。科学发展观的实质要求是实现经济社会又快又好地发展，要实现科学发展观的这一要求，必须把握住保持经济平稳较快发展的重大原则；紧紧抓住经济结构战略性调整的主线；切实抓好大力转变经济增长方式的关键；坚持实现不断提高全国人民生活的根本目的。实施"十一五"规划的关键靠全面落实科学发展观，要把科学发展观贯穿到"十一五"规划的实施过程中，贯穿到改革开放和现代化建设的全过程中。只有用科学发展观武装人们的头脑，成为人们进行中国特色社会主义建设实践的指南，"十一五"规划的实施才能成为人们自觉的行动，才能真正实现经济社会又快又好地发展。

（二）切实把科学发展观贯穿于经济社会发展全过程，落实到经济社会发展各个环节。

第一，按照科学发展观的要求，建立健全落实科学发展观的制度、体制和机制保障。全面落实科学发展观，要在理论指导上、思想作风上、制度体制上实现"三个保障"。

首先，理论保障。"三个代表"重要思想是树立和落实科学发展观的理论保障。"三个代表"重要思想，第一个代表是代表先进生产力，叫作发展社会主义物质文明；第二个代表是代表先进文化，叫作发展社会主义精神文明；第三个代表是代表最广大人民的根本利益，人民的根本利益怎么才能代表呢？必须要建设社会主义的民主政治，人民当家做主，才能逐步形成社会主义政治文明。"三个代表"重要思想，全面体现了"三大文明"一起抓的思想，是符合人民根本利益的。

其次，制度、体制保障。代表人民根本利益要从制度体制上解决，而不是靠单个干部的好坏来解决。有了好干部，人民利益就受到保护，有了坏干部，人民利益就会受到损害，不能寄托在个人上，更重要的是建立制度，要让坏干部发挥不了作用，让好干部越来越多。一定要从体制上解决正确政绩观的指挥棒效应问题，解决好领导干部树立和落实科学发展观的体制保障问题，深化体制改革。

再次，思想作风保障。我们的领导干部要切切实实的用"三个代表"重要思想来指导自己的行为，树立正确的世界观、人生观，树立密切联系群众的良好作风，只有保持优良的思想作风，才能保证科学发展观的真正落实。

第二，按照科学发展观的要求，在关于发展的思想观念上实现根本转变。树立和落实科学发展观，在思想观念上要做到三个转变：

第一个转变是，从只注重经济增长而忽视经济社会全面发展和人的全面发展，单纯追求经济指标的片面发展观念上，转变到在保持经济高速增长的基础上，注重经济社会和人的全面发展的科学发展观念上。

第二个转变是，从以物为本、片面地偏重物质财富增长而忽视社会和人的全面发展的片面发展观念上，转变到既注重经济增长，又注重以人为本的社会和人的全面发展的科学发展观念上。

第三个转变是，从高消耗、高投入、高成本的不注重社会发展成本的片面发展观念上，转变到更为注重全面降低发展成本、减少发展代价的可持续的科学发展观念上。

第三，按照科学发展观的要求，用统筹兼顾的办法解决好经济社会又快又好发展的问题。如何全面落实科学发展观，党的十六届三中全会提出四个字，统筹兼顾。这四个字最早是毛泽东提出来的，就是要调动一切积极因素，要两条腿走路，要综合平衡，用统筹兼顾的办法来解决好经济社会发展问题。今天，在市场经济条件下，怎样协调经济社会和人的全面发展，同样必须用统筹兼顾的方法。毛泽东提出的统筹兼顾的办法是在计划经济条件下提出来的。我们今天要在市场经济条件下用统筹兼顾的办法来解决好经济社会发展问题。

为什么在市场经济条件下必须坚持统筹兼顾？因为市场经济有两面性：首先是积极的一面，就是市场经济能最大限度地调动人的积极性，能最大限度地优化资源配置，这是市场经济的好处。同时市场经济还有消极的一面，就是市场经济能够带来拜金主义、个人主义和一些消极的东西，它是一把双刃剑。资本主义对人类社会最大的一个贡献是发明了市场经济，并且发展了市场经济。资本主义在发展进程中，既尝到了市场经济的甜头，又吃尽了市场经济的苦头。甜头是资本主义搞了几百年市场经济，产生了美国这样的超级大国，产生了日本、德国、法国、英国这样发达的资本主义国家，带动了整个世界全球化的发展。资本主义在发展过程中一共吃了四次阶段性的大苦头。第一次是资本主义自由竞争阶段。1825 年开始，每隔 10 年就爆发一次经济危机。资本主义在自由竞争时期，在发展经济的同时，没有注意蛋糕的分配问题，导致了工人阶级和资产阶级矛盾激化，工资下降，绝对贫困，工人阶级壮大，阶级斗争愈演愈烈，导致 1873 年爆发了资本主义空前激烈的世界性危机，这场危机持续了五年。列宁曾说过，危机伴随着革命。爆发了 1871 年的巴黎公社革命和一系列激烈的工人运动。第二次是垄断资本主义阶段。列宁认为帝国主义是垄断的、腐朽的、最高的资本主义。资本主义由自由竞争阶段发展到了垄断阶段，形成垄断资本主义，即帝国主义，企图用垄断的办法来克服自由资本主义的矛盾，来克服市场经济的弊端，不但没有克服资本主义已有的矛盾，反而又加剧了资本主义的内在矛盾。资本主义用第一次世界大战，即国与国之间的战争来转移国内的阶级矛盾。帝国主义矛盾引发了俄国十月革命。第三次是 1929 年到 1933 年资本主义世界性的总经济危机阶段。这是资本主义发展以来最大的一次危机，对资本主义有致命打击。结果爆发了第二次世界大战。工人阶级和资产阶级的矛盾相当激化。二战的结果是出现了一系列社会主义阵营。第四阶段是现代资本主义阶段。二战之后一段时间，资本主义又吃够了苦头，陷入了空前的内在矛盾。20 世纪五六十年代，日本工人运动、美国黑人运动、西欧工人运动风起云涌。此时，资本主义国家一些有远见的政治家，开始着手对资本主义内在的阶级矛盾进行调和。用二次分配的办法来软化和缓和工人阶级同资产阶级的矛盾，形成了今天庞大的中等收入阶层。资本主义的内在矛盾又相对缓和了。通过这个历史过程，可以看出，市场经济发展，一方面带来高效益；另一方面，如果不注意的话，也会带来高失业、高差别、高消耗、高代价。今天，我们在市场经济条件下搞社会主义建设，应该统筹兼顾地解决好分配差别问题，解决好城乡贫困问题，解决好社会就业问题，解决好经济社会协调发展问题。

第四，按照科学发展观的要求，在坚持效率的前提下，突出地解决好公平问题。[1]

---

[1] 具体内容可参见本书《正确处理人民内部矛盾，妥善协调各方利益关系，构建社会主义和谐社会》一文第三部分"正确处理人民内部矛盾，构建社会主义和谐社会的'基本思路'"中关于"正确处理效率与公平的关系"的论述，此处不赘述。

坚持用科学发展观统领社会主义新农村建设[1]

全面建设小康社会，实现中国特色社会主义现代化，最艰巨、最繁重也是最关键的任务是解决农业、农村、农民问题。党的十六届五中全会基于这一基本国情，从中国特色社会主义现代化的全局出发，明确提出继续把解决"三农"问题作为全党工作的重中之重，明确提出推进社会主义新农村建设的重大战略任务，具有重大的理论创新和实践指导意义。

一、充分认识建设社会主义新农村的重大意义，把解决"三农"问题始终不渝地作为全党工作的重中之重

目前，我国在总体上已经进入以工促农、以城带乡的发展阶段。推进社会主义新农村建设，是党中央适应经济社会发展新阶段的要求，实行工业反哺农业、城市支持农村方针，实施统筹城乡协调发展方略，实现经济社会又好又快发展，让广大人民群众共享经济发展成果，如期实现全面建设小康社会和社会主义现代化宏伟目标的重大战略决策。一定要从中国特色社会主义现代化建设事业的全局出发，深刻认识建设社会主义新农村的重要性、必要性和紧迫性，提高建设社会主义新农村的自觉性和坚定性。

党的十六大提出了全面建设小康社会的宏伟战略目标。全面建设小康社会，

[1]本文是作者为中共中央党校出版社 2006 年 2 月出版的《建设社会主义新农村的理论与实践》一书所作的序。主要内容为《新华文摘》2006 年第 9 期转载。

关键在农业、在农村、在农民。全国要实现全面小康社会的各项指标，在 21 世纪的头 20 年达到预定的战略目标，到 21 世纪中叶达到中等发达国家的水平，有可能拖后腿的就是"三农"问题。全面实现小康，在某种意义上取决于农村全面实现小康，关键是解决好"三农"问题。我国有 13 亿人口，农村人口占大多数，农业和农村发展不上去，农民生活得不到明显改善，就无法实现全面建设小康社会的目标，无法实现中国特色社会主义的现代化，无法实现全国人民的共同富裕，无法实现国家的长治久安和中华民族的伟大复兴。三中全会提出了以人为本，全面、协调、可持续的科学发展观。按照科学发展观的要求，当前要集中解决好城乡、区域、经济社会、人与自然、国内发展与对外开放五个方面的统筹发展问题。"五统筹"是针对我国经济社会发展过程中所存在的诸多矛盾与问题而提出来的战略对策。所谓"五统筹"就是解决好城乡发展不平衡、区域发展不平衡、经济社会发展不平衡、人与自然不和谐、国内发展与对外开放不平衡所引发的"五大矛盾"。"五统筹"其中一个重要问题是统筹城乡发展，解决我国在城乡发展中存在的严重不平衡。所谓城乡发展不平衡，也就是说，与城市发展相比，农村发展相对滞后，农业、农村、农民问题突出、矛盾凸现，"三农"工作仍面临一系列矛盾和问题，需要解决。科学发展观的一个重要着眼点是在农业、农村、农民问题上。如果农业、农村、农民问题解决不好，科学发展观也不能全面落实。党的十六届四中全会从巩固党执政的社会基础，实现党执政的历史任务的高度，提出了构建社会主义和谐社会的科学命题。构建社会主义和谐农村，是构建社会主义和谐社会的关键。党的十六届五中全会通过的"十一五"发展规划《建议》，提出全面落实科学发展观，推进社会主义新农村建设的战略要求。加强社会主义新农村建设，进一步做好"三农"工作，解决好"三农"问题，不仅事关农业、农村的发展和农民生活的富裕，而且事关全面建设小康社会和社会主义现代化建设的全局。

从党的十六大到十六届三中、四中、五中全会，党中央进一步深化了新世纪中国特色社会主义现代化建设发展新阶段的指导思想和基本思路，形成了解决"三农"问题的总的思路、措施、目标和要求。建设社会主义新农村，是党的十六大以来党中央全面落实科学发展观，解决"三农"问题的基本思想和思路的集中体现，是解决好"三农"问题的新理念。解决"三农"问题，关键是站在全局的高度，吃透中央精神，掌握科学发展观的实质，始终不渝地把解决

"三农"问题作为全党工作的重中之重，把建设社会主义新农村作为中国特色社会主义建设的重大战略任务，切实取得实实在在的进展，真正使社会主义新农村建设成为惠及广大农民的民心工程。

马克思主义经典作家十分重视农业、农村和农民问题。马克思、恩格斯、列宁都曾从农业发展的一般规律出发，强调农业在国民经济发展中的基础地位和作用，注意对资本主义时代工农关系和城乡关系及其发展趋势的分析。特别是，他们首先把农民问题作为无产阶级革命和社会主义建设的重大问题提出来，从无产阶级革命的需要出发研究工农联盟问题，突出强调在农民占人口多数的国度建立和巩固工农联盟对于无产阶级革命和社会主义建设的重要性。他们还从社会主义建设角度考虑如何解决农业、农村、农民问题，并且对未来社会农业、农村和农民发展的前景进行了科学预测。

《法德农民问题》是比较系统地阐述农业、农村、农民问题的马克思主义的经典著述。在资本主义工业化发展进程中，英国走在前面，法国跟在后面，德国最落后。德国当时还是一个分散的、封建的、很多小的封建领邦松散地联合在一起的，资本主义刚刚起步的国家。德国的农业、农村、农民问题非常突出，其次是法国。如何对待和处理农业、农村、农民问题，是当时社会主义工人运动面临的重大实际课题。当时，马克思主义经典作家提出要解决工人阶级革命和社会主义问题，必须要重视农民问题，要解决农民问题，特别强调工农联盟在无产阶级夺取政权过程中和建立工人阶级国家过程中的极端重要性。当然最后怎么解决农业、农村、农民问题，经典作家不可能论述得太具体。真正通过无产阶级革命建立社会主义制度，开始进行社会主义建设的，当时只有苏联。俄国十月革命的道路，先通过布尔什维克领导的工人、士兵和城市知识分子在城市起义，成功以后，回过头来再解决农村问题，这就是俄国十月革命先武装起义夺取中心城市，然后再占领农村的道路。俄国资本主义当时已经发展了，但是，还保留大量封建的东西，如农村还保持相当程度的封建土地所有制度。在这种状况下，俄国革命是先进行城市暴动再解决农村问题。俄国在社会主义建设实践中，如何解决农业、农村、农民问题，一开始也走了弯路。实践一段时间以后，列宁从社会主义建设的高度认识到巩固工农联盟的重要性，认识到必须重新探讨解决农民问题的社会主义建设道路，制定了新经济政策，包括在农村发展商品经济，鼓励农民进一步发展农业生产力，组织自愿结合的合作社。

斯大林在领导苏联社会主义建设过程中没有解决好农业、农村、农民问题，在某种程度上采取剥夺农民的办法来实现苏联的工业化。当然采取这个办法，也由于当时战争的需要和冷战的影响，有一定的历史必然。然而第二次世界大战以后，苏联社会主义建设存在剥夺农民的问题并没有得到纠正，这也是导致苏联社会主义建设模式失败的一个原因。国外历史教训告诉我们，在社会主义建设过程中，一定要解决好"三农"问题。

中国革命和建设的实践也说明，根本问题还是如何解决农业、农村和农民问题。第一次鸦片战争以来，中国沦为半封建半殖民地社会，多少仁人志士为了中华民族的独立和振兴，前仆后继，流血牺牲，但是都没有找到解决中国振兴的正确道路。十月革命的成功，给了中华民族以启迪，"只有马克思主义，只有社会主义，才能救中国"。"十月革命一声炮响，给我们送来了马克思列宁主义。"坚信马克思列宁主义，走俄国十月革命的道路，搞社会主义，这就是中国的出路。当时，只知道走俄国人的道路，搞社会主义，是中国摆脱受列强凌辱的出路。但是俄国革命模式是不是要原封不动地照搬过来呢？马克思主义老祖宗的话是不是作为教条照抄到中国来呢？当时并没有考虑成熟，一开始搞中国革命，在一定程度上照抄了马克思主义的原有结论，照搬了俄国十月革命的模式。几次"左"的错误，都是先搞中心城市暴动，忽视农民问题的极端重要性，结果失败了。只有毛泽东同志把马克思主义普遍原理同中国的具体国情相结合，把俄国十月革命所体现的武装夺取政权的普遍原理同中国的具体国情相结合，开辟了一条正确的道路，这就是由农村包围城市的井冈山道路。中国是一个半封建半殖民地的农业大国，不解决农村问题、不解决农民问题就无法成功地进行革命，所以毛泽东同志把中国革命称之为新民主主义革命。新民主主义革命是既有别于资产阶级政党所领导的旧的资产阶级民主主义革命，同时又有别于社会主义革命性质的俄国十月革命。向俄国人学习，走社会主义道路，没有错。但如何走，要结合中国国情，根本问题是如何解决农村和农民问题。实践表明，只有正确认识中国半殖民地半封建国情的性质，正确认识中国农村、农民问题，才能制定中国革命正确的战略和策略。我们党正是在错误与挫折中总结教训，重视农村、农民问题，走出了一条中国革命的正确道路。

在中国这样一个落后的农业国，一个半殖民地半封建的国家里，如何进行社会主义革命和社会主义建设，是一个重大的理论和现实问题。在中国革命的过程中，"左"和右都脱离了中国是一个落后的、半殖民地半封建的农业国的特殊国情。右主张"两次间断性"的革命，先搞资产阶级领导的资产阶级民主革命，放弃无产阶级领导权。血的教训告诉我们，此路不通。"左"否认中国革命的特殊性，主张"一次"革命，企图通过武装起义一举夺取大城市，期望社会主义革命一举成功，失败的教训告诉我们，这条路也不通。毛泽东同志把马克思主义与中国实际相结合，主张先进行中国共产党领导的新民主主义革命，然后不间断地进行社会主义革命，解决了中国农村和农民问题，开创了农村包围城市的井冈山道路，选择了一条正确的中国革命道路。中国共产党的建党思想、建军思想，实际上也都是围绕农民问题找出正确思路的。为什么提出要从思想上建党，因为中国工人阶级仅有200万左右，很弱小，又大部分在城市，中国共产党要建立工人阶级政党，必须吸收农民及大量非工人阶级的先进分子入党，这就必须解决好思想建党的问题。要建立中国共产党领导的革命军队，必须解决从思想上建军、党指挥枪、支部建在连队上等问题。总之，中国革命战争是新型的农民战争，是中国共产党所领导的不同于一切过去旧式农民起义的农民革命战争。

新中国成立以后，毛泽东同志总结苏联社会主义建设经验，指出苏联社会主义建设，有一条教训就是对农民剥夺太多，过少地考虑到农民的利益。当然，在中国社会主义建设过程中，离开了中国农村生产力发展的实际，离开了中国落后的农业现状的实际，离开了中国农民的实际，希望通过"一大二公"的人民公社，希望通过阶级斗争，来解决农业、农村和农民问题，实践证明是错误的。离开中国农村落后生产力发展的现状，离开中国落后农业的现状，离开中国农民的现状，是行不通的，解决不了"三农"问题。"三农"问题解决不好，社会主义建设问题也解决不好。在解决"三农"问题上，实际上在"文化大革命"前是有一定教训的，拖了中国社会主义建设的后腿。改革开放之所以开局取得成功，关键是实行了家庭联产承包责任制，解放了农村生产力，打开了新的局面，农民开始富起来了。实践雄辩地证明，中国特色社会主义现代化建设能否成功，关键看"三农"问题解决得如何。建设中国特色社会主义，实现社会主义现代化，关键是解决好"三农"问题。实现社会主义现代化，工作重点在"三农"，难点在"三农"，关键在"三农"，突破点也在"三农"，出路还在"三农"。

二、建设社会主义新农村，是中国特色社会主义现代化建设的必然要求，是解决"三农"问题的新理念

现代化是包括农业现代化的全面的现代化。没有农业的现代化，就没有全面的现代化。没有社会主义农业现代化，也没有中国特色社会主义的全面的现代化。从唯物史观的角度，剖析人类社会现代化发展的纵向历程和横断面，可以清楚地认识到建设社会主义新农村，是实现中国特色社会主义农业现代化，进而实现中国特色社会主义现代化的历史必然。

第一，关于现代化。什么是现代化？现代化就是对人类社会发展到今天，所创造的以现代工业文明、现代市场经济文明为突出特征的现代物质文明、精神文明、政治文明的总概括，是对世界历史进程进入经济社会快速发展时代的总概括。现代化是世界历史发展不可抗拒的历史潮流。进入 20 世纪下半叶，人们可以更明显地感到现代化发展进程的加快。从世界历史发展进程来看，人类社会的现代化大体上有两种根本不同的道路：一条道路是资本主义道路。英国资产阶级工业革命拉开了世界现代化进程的序幕，开拓了初创现代化的资本主义道路。资本主义现代化发展很快，到今天，资本主义在现代化的发展道路上，创造了市场经济，创造了世界经济发展的奇迹，创造了经济全球化。当然，资本主义现代化道路的具体发展模式多种多样，各国因历史条件、国情的不同，具体发展模式也不同。但是几百年的历史表明，资本主义现代化走的是一条阶级较量异常激烈、人民群众忍受极大痛苦的道路，其间充满了血与火的阶级剥削、阶级压迫、阶级对立和阶级斗争，经过世界大战的空前浩劫，人民群众损失惨重，资本主义在发展过程中引发了严重的两极分化、阶级斗争、世界性战争。特别是在资本主义现代化发展的初始时期，有一个重要的特点，就是靠残酷剥夺农民，通过原始积累来实现现代化，农民吃的苦头是很大的。经过资本主义的自由竞争时期、资本主义的私人垄断时期、国家垄断时期，到今天的现代资本主义发展阶段，资本主义才摸索出如何解决农业、农村和农民问题的值得借鉴的一些经验和做法，摸索出相对缓和、相对稳定的发展模式。

再一条道路就是社会主义道路。马克思、恩格斯深刻分析了资本主义不可克服的内在矛盾及其所引起的激烈的阶级斗争，得出关于资本主义必然灭亡，

社会主义必然胜利的科学结论，提出了社会主义发展道路。关于社会主义道路，苏联走了，东欧走了，但是经过艰难的尝试，他们的社会主义现代化建设的具体模式失败了。在如何解决农民问题上，他们多取少予的教训是有必要记取的。

中国革命的根本问题是农村、农民问题，社会主义建设也是如此。走轻视农业、农村、农民的道路来实现现代化，最后的结果是农民不满意，农村发展滞后，农业发展落后，拖社会主义现代化建设的后腿。新中国成立以后，毛泽东同志和党中央提出了社会主义现代化建设的战略任务，但解决中国农业现代化的实践教训也是值得我们记取的。1978年，党的十一届三中全会以来，邓小平同志领导全党开辟了中国特色社会主义现代化建设的道路，就是要走一条让中国农民，让中国人民都受惠的道路，就是要在具有众多的农民、落后的农业、贫穷的农村的国家，实现社会主义现代化和人民共同富裕。实践已经证明并将进一步证明，这条道路是正确的。

第二，关于社会化。所谓现代化最根本的是生产力现代化，而生产力现代化的核心问题就是实现社会化的大生产，也就是生产力的社会化。农业现代化的核心就是实现农业生产力的社会化，实现农业的社会化大生产。资本主义社会之前是封建社会，封建社会是小农的、自给自足的、分割的自然经济。封建的小农经济在中国延续了几千年，在世界上延续的时间也很长。从小农经济的发展历史来看，小农的自然经济，虽然自给自足，但是发展相当缓慢。资本主义短短几百年，带来了巨大的发展，创造了美国这样的超级经济、军事和政治大国，创造了经济全球化的奇迹，这都是社会化大生产作用的结果。封建的、小农的自然经济发展缓慢，土地财富有限。有限的土地财富集中到少数人手里，必然引起两极分化，引起农民不断造反。中国封建社会的历史，就是一部农民起义的历史，农民起义实质上是农民阶级反对封建地主阶级压迫的阶级斗争，是对旧的生产关系的冲击，是对小农的自然经济的冲击。

社会化大生产的突出特点是专业化、协作化，同时要求高新技术不断渗透到生产力中去，转化为现实生产力。社会化大生产的发展使分工越来越精细，越来越科学，越来越专业，形成产业的专业化。封建社会的自然经济，特点是自给自足。一个小村庄，自己能种粮、能酿酒、能种菜、能养猪，"鸡犬之声相闻，老死不相往来"，只靠自己，不靠别人。社会化大生产突破自然经济的局限，要求生产的专业化、产业化。一方面社会分工越来越专业，而另一方面，要求各专业化的产业之间的联系与协作越来越密切，要求专业化的产业之间形成科学协作的社会化的大生产链。就拿做衣服来说，封建社会是裁缝作坊，一个师傅，一个徒弟，一件衣服，从裁到缝，全都做了。但现代化的服装生产，生产纽扣的就生产纽扣，织布的就织布，最后到总成车间成衣。社会化的大生产要求高度专业化，要求高度协作化。高度专业化和协作化的社会化大生产的发展，要求不断推进生产力诸要素的优化与科学组合，这就促使高科技不断渗透到生产力诸要素中去，迅速转化为现实生产力。资本主义创造了社会化大生产，发展了现代化生产力，但是它同时造成了资本主义必然灭亡的内在矛盾，因为社会化大生产与资本主义财产的私人性质是相互矛盾的。社会主义占主体地位的公有制从生产关系方面充分保证社会化大生产的发展。农业现代化必然要走社会化大生产的发展道路，实现农业产业化、专业化、协作化，用高科技武装农业，摆脱农村自给自足的、传统的、封闭的、落后的小农经济。

第三，关于市场化。生产力的社会化必然要求高度的市场化。马克思、恩格斯认为，农业现代化的过程，同时就是农业中的商品经济代替自然经济的过程，就是农业商品化、市场化的过程。发展现代化农业，就是要使农业成为经过市场和交换而进行生产的商品化、市场化的农业，就是不断提高农业的商品率和农村的市场化程度。什么叫"市场化"？就是用市场来配置资源，通过市场来调动人的积极性，通过市场把整个经济、整个社会、整个世界连在一起，建立广泛的联系，只有这样才能发展社会化大生产。农业市场化，就是通过市场经济把整个农业、农村、农民联系在一起，把城乡、工农联系在一起，使农业、农村和农民融入整个社会，建立广泛完善的市场体系。

中国特色社会主义的改革开放，一是体制要改革，二是对外要开放，三是培育发达完善的市场经济体系，四是形成适应市场经济的现代企业制度的生产组织形式。市场经济要求高效率的、规模化的、集约型的生产组织形式。农业现代化要求不断提高农村的市场化程度，提高农产品的商品率，要求农民由传统的自给自足的个体劳动者变成从事企业化、规模化、集约化经营和劳动的现代农业的经营者和生产者。

第四，关于工业化。马克思、恩格斯认为，工业化进程首先发端于城市和工业领域，但农业的现代化发展引起了农业企业化、资本化的发展，从而导致了一场农业革命，引起了农业机械化、良种化和化肥化，使得农业用工业的技术和组织形式进行生产，农业革命引起了农业工业化的进程。社会化大生产一定要走工业化的发展道路。资本主义发展初期，走的是高成本、高污染、高消耗的传统工业化道路。资本主义的传统工业化道路带来的是高污染，带来的是严重的两极分化和一系列的社会问题。经过一段痛苦的经历，现代资本主义国家摸索出低成本、低污染、低消耗的资源节约型、环境友好型的新型工业化道路。中国特色社会主义现代化，必须走新型工业化道路。农业也要走现代的新型工业化的道路。所谓农业工业化，就是农业要用工业化的办法、用社会化大生产的模式组织起来。农业要办产业，要有生产规模化和土地集约化的经营效益，这就是工业化的办法。现在用大棚生产蔬菜、水果，这些都是工业化的办法。农业要集约化生产，规模化生产，土地要集中经营，要形成新型的农村经济合作组织。概言之，就是农业一定要走社会化大生产道路，用新型工业化的办法来发展农业。

第五，关于企业化。马克思研究英国资本原始积累过程时发现，农业商品化的过程必然会产生一个新的经营农业的"农业企业家阶级"，这些企业家把农业产业当作工业来办，采取企业化的方式加以经营，促进了农业的企业化、资本化的发展，这是现代化农业在市场经济中的发展方向和趋势。现代化也好，社会化也好，新型工业化也好，最后落实到社会化大生产组织形式上，一定有适应市场化、社会化的现代企业制度的生产组织形式，这就是现代企业化。农业现代化必须要建立适合市场经济的，适合社会化大生产的现代化企业模式。封建社会的生产是小生产的生产方式和生产规模，也就是小作坊。比如打铁的作坊，一个人是师傅加老板，拿小锤，干技术活；再一个人是抡大锤的，干大工活；还有一个人是拉风箱的，干小工活；作坊老板的老婆又记账，又当出纳，记的是流水账。实行现代化的社会化大生产，传统自然经济的做法，像打铁作坊以及豆腐房、榨油房等组织形式都形成不了规模效益，必须有现代企业化的经营模式和生产组织形式，农业现代化一定要走农业企业化的发展道路。

第六，关于城镇化。实行农业生产的社会化、市场化、工业化、企业化，最终结果是大大节约了农业生产的成本，节约了劳动力，这样就会产生大量农村富余劳动力。农村富余劳动力往哪儿去？要靠工业化和城镇化来吸纳。共产主义的最高理想之一是消灭工农差别、城乡差别。工人农民都应当成为同等身份的社会成员，没有城市户口与农村户口之分，真正实现城乡一体化。从中国实际出发，不能简单地提倡城市化，提倡城镇化或城乡一体化更适当。因为，中国农民太多，富余劳动力太多，都进城市，城市容纳不了。一定要大力发展城镇化，发展小城镇，走城乡一体化的道路。当然城镇化要讲科学发展。推行城镇化，要加强县以下的城镇建设，使一部分农村富余劳动力就地转变成不直接从事农业，而是从事第二产业和第三产业的城镇居民。当然留在农业岗位上的农民，也不是原来的农民，而要变成农业产业的经营者、劳动者和农业企业的管理者，他们所赖以生存的农村城镇化了，这部分人也成为城镇居民。农业现代化的结果是，传统农业和自然经济条件下的农业脱胎换骨，变成现代化的、社会化的、市场化的农业。一部分农民成为新型的现代农业的经营者、劳动者，一部分农民成为工业和其他产业的经营者、劳动者，越来越多的农民成为现代城镇居民。农村成为现代化的社会主义新农村。

总之，马克思、恩格斯科学地预见了西方资本主义国家现代工业引起现代农业的变革，导致工业化、现代化，从而发展到更高级阶段的社会形态。他们坚信，在未来社会，工人阶级应当赢得政治统治，摆脱土地所有者和资本家阶级，由农业工人和工业工人的联合阶级来占有一切生产资料和控制生产过程，由农业工人利用大规模经营农业的一切优点在工人农场上进行耕种，将科学技术应用于大规模的农业生产过程中，从而实现"以自由的联合的劳动条件去代替劳动受奴役的经济条件"[1]。现代化就是要实现现代工业和现代农业的融合，工业工人与农业工人的融合，城市与乡村的融合，最终消灭城乡差别和工农差别。实现社会主义农业现代化，实际上就是要实现农村生产力发展的社会化、市场化，实现农业的新型工业化、产业化、企业化，实现农村的城镇化，农民成为与城市居民具有平等身份的社会成员，这些都应该包括在社会主义新农村的内涵中。因此，社会主义新农村应当是社会主义现代化的新农村。

有关资料记载，20世纪50年代，我国制定国民经济发展"二五""三五"计划时，就提出建设社会主义新农村问题。改革开放以后，至少在1982、1983、1984年的三个中央1号文件，1987年中央5号文件和1991年中央1号文件中都有基本相同的提法。可见，建设社会主义新农村是我们党的一贯提法。但是必须看到，这次五中全会提出建设社会主义新农村的背景、内涵与以前相比有很大的不同，有着鲜明的时代背景和重大的历史和现实意义。五中全会提出的

---

[1]《马克思恩格斯选集》第3卷，人民出版社1995年版，第98页。

社会主义新农村，首先不是小农的、自给自足的、自然经济的小康社会；同时又不是一些国家在工业化过程中所走的先剥夺农民然后再反哺农业的发展模式，这个模式农民牺牲太大；又不是计划经济条件下农村"人民公社"的形式，而是在社会主义市场经济条件下的中国特色社会主义的现代化新农村。在建设社会主义新农村的过程中，一定要注意避免出于对政绩的追求，使社会主义新农村建设陷入形式主义的，劳民伤财的误区；一定要注意避免在农村落后经济的阻碍下，使社会主义新农村建设陷入自给自足小农经济的误区；一定要注意避免高成本、高代价、高污染的旧的工业化发展模式，使社会主义新农村建设陷入破坏生态、破坏文化、破坏环境的误区。

建设社会主义新农村，是党中央为进一步解决农业、农村、农民问题所提出的新理念，该理念包括20个字的基本要求："生产发展、生活宽裕、乡风文明、村容整洁、管理民主。"20个字的要求是一个有机的整体，说到底，概括了社会主义新农村的基本内涵和要求。社会主义新农村是21世纪全面小康社会的农村，是实现现代化的农村。建设社会主义新农村既包括发展农村生产力，又包括调整完善农村的生产关系和上层建筑，包括全面加强农村的社会主义经济建设、政治建设、文化建设、和谐社会建设和党的建设，是党在农村工作的总体布局。

建设社会主义新农村，一定要以邓小平理论和"三个代表"重要思想为指导，以科学发展观为指针，切实把抓好"三农"工作提到重要议事日程。第一，要坚持以发展农村生产力为中心任务，协调推进农村经济建设，促进农村生产力的解放和发展，促进粮食增产和农民增收，着力解决广大农民生产生活中最迫切的实际问题，经过坚持不懈的努力，使农业生产力水平有较大提高，使广大农民的生活有明显改善，让农民得到实实在在的物质利益和各方面的实惠；第二，要认真贯彻党在农村的一系列方针政策，坚持农村基本经济制度，坚持土地基本经营制度不动摇，坚持"多予少取放活"，特别是在"多予"上下功夫，加强土地管理，切实保障广大农民的权益；第三，全面进行以乡镇机构、农村义务教育和县乡财政管理体制改革为主要内容的农村综合改革，巩固农村税费改革成果，积极推进农村各方面制度的创新发展，为社会主义新农村建设提供有力的制度保障；第四，切实加强农村基础设施建设，切实加强农村各项事业的全面发展；第五，全面推进农村的政治建设、文化建设、和谐社会建设和党的建设，特别是加强农村基层党支部和基层政权建设，切实保障农民的民主权利；第六，建设社会主义新农村，既是一个全面的目标，又是一项长期的任务。各级领导干部要深入实际，调查研究，认真听取群众意见，把握农业和农村发展的规律和特点，善于做为农民服务的工作。要坚持从实际出发，尊重农民意愿，加强民主决策、民主管理，立足科学规划，因地制宜，分类指导，不强求一律，不盲目攀比，不强迫命令，更不能搞形式主义，着力解决农民生活中最迫切的实际问题，以让农民拥护、让农民满意、让农民受惠为最高标准；第七，要注重发挥农民的主体作用，调动农民的创造性和积极性。要注重发挥政府的主导作用，同时充分发挥各方面的积极性，引导社会各方面的力量共同参与，使社会主义新农村建设成为全党全国的共同行动。

建设社会主义现代化新农村，要做到四个"创新"。第一，不断进行思维和观念创新。在社会主义市场经济条件下走现代化农业的发展道路，一定要转变观念、创新思维，树立适合市场经济要求的、走社会化大生产道路的现代化农业的理念。第二，要进行体制和机制创新。辩证法告诉我们，世界的一切没有不能变的。即使过去适用的，随着形势的变化，也要改变。过去适用，不见得现在适用，更不见得永远适用。马克思主义辩证法，说到底就是一个"变"字，根据形势不断地改变。所以，在推进农业现代化的过程中，体制机制都要随之而发生变化。第三，加强组织创新。要按照现代企业的管理模式和土地集约化、经营规模化的要求，对农业的具体组织形式进行创新。要允许农民去创造，不要一创造出新的组织形式，就横加指责。只要管用就行，只要促进生产、农民喜欢、有用、有好处，就应该大力扶持，大力让它去发展。要鼓励各种各样的符合现代农业发展的组织形式，像雨后春笋似的产生出来。第四，实现工作方式方法的创新。包括对农业经济的领导方式，对农村、农民的领导方式，以及工作方式方法都要创新。

三、坚持以科学发展观统领社会主义新农村建设，积极促进农村经济社会全面协调可持续地发展

科学发展观是建设社会主义新农村的根本指导思想。能不能建设好社会主义新农村，关键是能不能全面地落实科学发展观，用科学发展观统领社会主义

新农村建设，解决好"三农"问题。

"三农"问题是影响进一步发展和实现社会主义现代化的瓶颈，当前我国"三农"问题主要表现为两大难题：第一，城乡发展的不平衡。长期以来，我国的城乡经济发展很不平衡，城市发展很快，农村发展滞后。特别是近年来，我国国民经济持续增长，工业化、城市化步伐加快，但城乡之间的发展差距却越来越大。首先，我国城市和乡村经济发展、生产力发展的差距越来越大，突出反映在粮食生产滑坡和经济发展滞后上。当然中央采取了一系列有效措施，从2000年开始到2005年，粮食生产和经济发展开始出现了良好的势头。其次，城市居民和农村居民收入差距越来越大，城市居民和农村居民在就业保障上的差距也越来越大，突出表现为农民增收困难，农民贫困问题凸显，农村富余劳动力难以安排。再次，农村社会事业发展与社会保障和城市差距越来越大。农民看病难、上学难、社会保障难、文化享受难，这些都和城市居民差距越来越大。还有，在政治文明建设、精神文明建设、和谐社会建设方面同城市的差距也越来越大，这几大差距使得在社会主义现代化建设过程中，农村远远地落后于城市。

第二，农村本身发展的不平衡。除城市与乡村的发展差别以外，农村内在的差别也越来越大。农村的区域差别越来越大，中西部的农村和沿海发达地区的农村差别尤为明显。农村居民的贫富差距也越来越大。农村本身社会事业的差距也越来越大，好的特别好，差的特别差。党的建设、文化建设、和谐社会建设差距越来越大。

从当前农村所存在问题来看，应当清醒地认识到，我国的农业仍然是国民经济发展的薄弱环节，投入不足，基础脆弱的状况没有根本改变，农村经济发展明显滞后的局面没有根本改观，农村改革和发展仍处于艰难的爬坡和攻坚阶段，农民仍然是社会的困难群体。因此，解决"三农"问题具有极端的紧迫性。

存在这些问题的一个根本原因是农村存在的二元结构矛盾并没有根本改变。当然，城乡二元结构矛盾的存在，在很多国家的现代化发展进程中是不可避免的。所谓城乡二元结构矛盾，就是在城乡发展中存在一种不对称的生产和生活的存在形式，城市是现代化的生产和生活存在方式，农村是落后的生产和生活存在方式。彻底解决"三农"问题，必须解决好城乡二元结构矛盾，解决的根本出路就是全面落实科学发展观，逐步实现农村的现代化、市场化、工业化和城镇化，统筹城乡协调发展，积极推进社会主义新农村建设。

建设社会主义新农村，一定要在积极推进城乡统筹发展的前提下，实行"工业反哺农业、城市支持农村"的方针，要坚持"多予少取放活"，加大投入力度，扩大公共财政覆盖范围，强化政府对农村的公共服务，建立以工促农、以城带乡的长效机制，加快建设社会主义新农村的步伐。具体来说，目前一是要千方百计地发展农村生产力，推进现代农业建设，稳定粮食生产。农村生产力相对落后，建设社会主义新农村，根本任务是大力发展农村生产力，逐步实现农业现代化。目前我国粮食生产的基础并不巩固。粮食始终是经济发展、社会稳定和国家自主的基础，要认真落实最严格的耕地保护制度，切实保护好基本农田，稳定粮食播种面积，加强农田基本水利建设，推进科技进步，提高粮食生产能力。要认真落实扶持粮食生产的改革措施，保持合理粮价，保护粮农利益，调动粮农积极性。二是要千方百计地提高农民的收入，让农民增产增收。三是要千方百计地解决好农村富余劳动力的出路问题。四是要千方百计地解决好农村基础设施建设和社会事业建设的问题，夯实新农村建设的物质基础。长期以来，我国经济社会发展存在"一条腿长，一条腿短"的问题，而农村社会发展这条腿更短。如，道路问题、吃水问题、卫生问题、电网问题、电信问题、看电视问题、医疗问题、教育问题、社会保障和社会救济问题，这些关系到农民切身利益的基础设施建设和社会事业的发展严重滞后，是农村发展中最薄弱的环节，也是农民反映最强烈的问题，一定要逐项加以解决。要搞好村庄规划和治理，改善农村人居环境。五是要千方百计地加大对农业的投入。要下决心调整国民收入分配格局，建立支农资金稳定增长机制，财政性建设资金要向农村倾斜。在加大投入的同时，要注意重视发挥城市对农村的带动作用，形成城乡协调发展、共同繁荣的局面，要充分发挥农民和社会各方面的积极性，改善和改变农村落后的生产和生活状况。六是要千方百计解决好农民工问题。农民工已经成为我国工人阶级的一部分，是社会主义工业化、城镇化、现代化的重要推动力量，如何对待农民工问题，事关党执政的阶级基础和社会基础，要下决心改善农民进城务工环境，保护农民工权益，切实解决好农民工的切身利益问题。七是要千方百计地抓好农村党的建设、农村基层政权建设、文化建设和和谐社会建设。发展农村民主政治，加强农村精神文明建设，倡导农村健康文明新风尚。总之，一定要用科学发展观统领社会主义新农村建设，一定要以促进农村人和经济社会全面发展为目标，积极推进社会主义新农村建设。

四、建设社会主义新农村，关键是抓好农村基层组织建设

中国革命取得胜利的一个重要经验，就是在农村基层建立和发展党的组织，建立和发展农村基层政权，建立和发展巩固的农村根据地，一句话，建立巩固的农村党的基层组织和基层政权。毛泽东说，"政治路线确定之后，干部就是决定的因素"。今天社会主义改革开放，有正确的理论，有正确的路线，有正确的发展思路，有正确的政策措施，能不能在农村实现现代化的建设目标，关键在农村基层组织建设，关键在党的各级干部，其中基层党支部书记的责任重大。建设社会主义新农村，在一定意义上取决于农村基层党支部建设和农村基层政权建设。

基层组织是我们党全部工作和战斗力的基础，我们党的工作、政府工作，以及其他方面的工作，都要通过基层组织来落实。历史和现实表明，如果基层组织软弱、涣散，不牢靠、不得力，那么我们党的执政基础和政权基础就不牢靠，也不巩固。我国是个农业大国，农民占全国人口的绝大多数，无论是进行革命，还是搞改革开放和现代化建设，都不能离开这一基本国情。当前，"三农"问题是影响我国发展全局的重大现实课题，在"三农"问题的解决过程中，党的农村基层组织的作用是不可替代的。农村基层组织在第一线直接接触群众，联系群众，也直接体现着党在群众中的形象，影响与决定着党与群众的关系。在广大农村，要发展先进生产力，建设先进文化，维护广大人民群众的根本利益，都要靠基层组织。农村基层组织是社会主义新农村建设的组织保证。

建设社会主义新农村，关键是抓好农村党的基层组织建设和基层政权建设。农村基层组织建设，包括党的基层组织和政权基层组织建设，核心和关键还是农村党的基层组织建设。加强农村基层组织建设，对新时期推动"三农"问题的解决，加快农村奔小康进程，构建农村和谐社会，建设社会主义新农村具有重要的作用和深远的影响。加强党的农村基层组织建设，是加强社会主义新农村建设的一项具体而有效的措施。

农村基层组织建设，是我们党的建设和政权建设的一项重要工作，加强农村基层组织建设，是一个带有全局性和战略性的问题。完成党的十六大以来提

出的关于加强"三农"工作的新任务，必须要有与之相适应的、先进的、坚强的党的农村基层组织，否则，一切美好的愿望都可能落空。近年来，党的农村基层组织建设有了很大的进展，取得了丰硕的成果，为推动农村经济发展、社会稳定和各项事业进步提供了坚强的组织保证，党的农村基层干部队伍总体上是好的。但是，要清醒地看到，基层组织建设还存在不少问题，与建设社会主义新农村的重大历史任务的要求，还有不适应的地方。比如，在组织建设、制度建设、作风建设、干部的素质建设等方面，还需要进一步加强。

在长期的革命和建设实践中，我们党在基层组织建设方面积累了很多好的经验与做法，同时，在社会主义市场经济条件下，基层组织建设又面临着许多新情况、新问题、新课题，这就需要结合新的实际，以创新的精神推动基层组织建设，与时俱进，开拓创新，有所作为。农村基层组织建设，要服从和服务于社会主义新农村建设的大局，坚持以"三个代表"重要思想为指导，不断探索"干部受教育，群众得实惠"的机制，并使之制度化。要针对本地区所存在的问题，量体裁衣，对症下药，切实采取措施加以改进。具体地说，当前基层组织建设应重视以下五个方面：

首先，思想建设。要用邓小平理论、"三个代表"重要思想和科学发展观指导农村基层组织建设，武装农村基层干部的头脑，增强贯彻党的路线、方针、政策的坚定性、自觉性和主动性。马克思有句名言："理论一旦掌握群众，就会变成物质力量。"学习邓小平理论和"三个代表"重要思想，学习党的十六大以来党中央提出的一系列重大战略思想，最根本的是要掌握其世界观和方法论，这样才能正确认识、分析形势与任务，从而把科学理论变成农村基层干部队伍的自觉行动。

其次，组织建设。能不能在农村实现社会主义现代化新农村的建设目标，关键在于党的农村基层组织建设。基层组织建设的首要问题是解决好选人的问题。要以好的作风选作风好的人，特别是要选好配强村党支部书记，配好村支部班子。要做好农村党员的发展工作，扩大党的阶级基础。组织建设还要注意与制度建设结合起来，要注意总结农村基层组织建设的新鲜经验，探索新路子。

再次，作风建设。要通过作风建设，使农村基层干部做到公道正派、务实廉洁。做事公道，才能得到群众的拥护。还要务实，要为群众办实事，要廉洁自律。

第四，制度建设。要建章立制，按照制度办事，使农村工作规范化、制度化。比如村务公开制度、议事制度等，都需要建立起来。

最后，能力建设。农村基层组织的能力建设是党的执政能力建设的重要的有机组成部分，必须予以高度重视。发展是党执政兴国的第一要务，农村基层组织必须要有领导本地发展、带领农民共同致富奔小康的能力，必须要有贯彻落实科学发展观的能力，必须要有构建社会主义和谐农村和建设社会主义新农村的能力。具体来说，基层组织建设必须要与当地经济建设结合起来，与当地经济结构和产业结构的优化和调整结合起来，不断探索使农业增产、农民增收的新办法，并很好地配合有关部门做好维护一方稳定的工作。

构建社会主义和谐社会的理论指南 [1]

——重读《关于正确处理人民内部矛盾的问题》

毛泽东创立的正确处理人民内部矛盾理论，是毛泽东思想的重要组成部分。而形成这一理论的标志性著作——《关于正确处理人民内部矛盾的问题》，突出地代表了新中国成立以来马克思主义中国化的重大理论成就。在构建社会主义和谐社会的今天，重读 50 年前发表的这篇历史性文献，仍然能够为构建社会主义和谐社会、建设中国特色社会主义的伟大实践，提供有力的理论支持和科学的思想指南。

一、正确处理人民内部矛盾理论的形成与基本观点

各个社会主义国家的兴衰成败证明：社会主义制度建立以后，执政的共产党及其领导下的人民政权怎样认识、如何处理社会主义国家的内部矛盾，事关社会的安定、政权的巩固、人民的幸福。由于时代的局限，马克思、恩格斯不可能回答社会主义国家内部矛盾的这个实践课题。但是，他们关于处理共产党内部的矛盾，统一战线内部各阶级、各阶层之间的矛盾，共产主义社会第一阶段城乡之间、工农之间、脑体之间的矛盾等思想，为正确认识和处理社会主义国家的内部矛盾提供了理论依据，为创立正确处理人民内部矛盾的理论提供了

---

[1] 本文发表于《中共中央党校学报》，2007 年第 1 期。

思想来源。列宁短暂地领导第一个社会主义国家，预见到在社会主义条件下，"对抗将会消失，矛盾仍将存在"[1]，还谈到如何处理党内矛盾、统一战线内部各种力量之间的矛盾、领导干部与群众的矛盾。斯大林在领导苏联社会主义建设的过程中，分析过苏联社会存在的矛盾，使用过"内部矛盾"（指工人与农民的矛盾）和"外部矛盾"（指社会主义国家与资本主义国家的矛盾）的概念。然而，在1936年，当苏联宣布建立社会主义制度以后，他又不承认苏联社会存在内部矛盾，并且长期混淆两类不同性质的矛盾，造成重大失误。而这也为我们党正确认识和处理人民内部矛盾提供了有益的借鉴。

在中国的新民主主义革命时期，我们党正确处理革命队伍内部、革命根据地内部、统一战线内部的各类关系和各种矛盾，形成了一整套行之有效的方法，如"团结——批评——团结"的公式，"惩前毖后、治病救人"的方针，等等。这些都为创立正确处理人民内部矛盾的理论提供了经验基础和思想前提。后来，毛泽东在《论人民民主专政》一文中进一步指出，解决新民主主义的实践业已提出的人民内部问题，应当使用"民主的即说服的方法，而不是强迫的方法"[2]，通过在人民中间普遍实行民主，解决人民内部的各种是非矛盾。

我国人民民主专政的国家政权建立以后，大量的人民内部矛盾摆在共产党和人民政府的各级领导者面前。对此，毛泽东在全国政协一届二次会议上明确指出，只能用民主的方法教育和说服人民。"这种教育工作是人民内部的自我教育工作，批评和自我批评的方法就是自我教育的基本方法。"[3] 由此提出了"人民内部"的概念。随着生产资料社会主义改造的基本完成，社会主义经济制度在全国范围内普遍建立起来，人民内部的矛盾逐渐成为带有全局性的问题。于是，毛泽东在《论十大关系》一文中，通过论述当时我国社会生活中的十大关系，提出了调动国内外一切积极因素，为社会主义事业服务等包含正确处理人民内部矛盾的思想。

就在同一时期，苏共二十大秘密报告在国际共产主义运动内部引发思想动荡，连带东欧某些社会主义国家产生社会动乱，甚至影响和冲击到我国：一些人思想一度混乱，少数人闹事。这些暴露出社会主义国家的内部矛盾，以及执

---

[1]《列宁全集》第60卷，人民出版社1990年版，第282页。

[2]《毛泽东选集》第4卷，人民出版社1991年版，第1476页。

[3]《毛泽东文集》第6卷，人民出版社1999年版，第81—82页。

政的共产党对于各种社会矛盾认识不到位、处理不得当、治国水平还不高等严重问题。一系列复杂情况，不能不引起我们党的高度警惕，促使我们党认真总结经验教训，深入思考人民内部矛盾及其如何正确处理，以便从理论上指导社会主义实践面临的重大治国课题。

1956 年 9 月，毛泽东主持召开党的第八次全国代表大会，提出关于国内主要矛盾的重大命题。同年 11 月，他在党的八届二中全会一次会议上提出，我国国内的阶级矛盾已经基本解决，应当用民主的方法解决人民内部矛盾和党内矛盾。同年 12 月，他主持发表《再论无产阶级专政的历史经验》一文，注意到斯大林晚年的错误，总结了波匈事件的教训，提出了"敌我矛盾"和"人民内部矛盾"的概念。1957 年 1 月，毛泽东在省市自治区党委书记会议上表示，革命时期人民内部的斗争很少，建设时期大量表现的是人民内部的矛盾。因此，"怎样处理社会主义社会的敌我矛盾和人民内部矛盾，这是一门科学，值得好好研究"。[1] 与此同时，毛泽东加强了对这方面工作的具体政策指导。他在中央关于处理罢工、罢课问题的一份文件中，批评了许多领导者对待这类事件，往往混淆两类不同性质的矛盾，用类似处理敌我矛盾的办法来处理人民内部矛盾；批评了许多领导者往往不了解官僚主义是造成这类事件的主因，认为防止发生罢工、罢课这类事件，根本的办法是加强教育和扩大民主。

经过一定的治国实践和反复的思想酝酿，1957 年 2 月 27 日，毛泽东在最高国务会议第十一次（扩大）会议上作了《关于正确处理人民内部矛盾的问题》的报告，正式提出正确处理人民内部矛盾的马克思主义理论。这个理论不仅是国际共产主义运动有关经验的总结，而且是共产党领导中国人民建设社会主义有关实践的指南。它汇集我们党治国理政的智慧，包含以下几个方面的基本观点：

第一，根据对立统一的观点，肯定社会主义国家内部也存在着矛盾。毛泽东认为，"对立统一规律是宇宙的根本规律。这个规律，不论在自然界、人类社会和人们的思想中，都是普遍存在的"[2]。因此，"社会主义社会也是对立统一的"[3]，充满着矛盾。

[1]《毛泽东选集》第 5 卷，人民出版社 1977 年版，第 357 页。
[2]《毛泽东著作选读》下册，人民出版社 1986 年版，第 766 页。
[3]《毛泽东选集》第 5 卷，人民出版社 1977 年版，第 351 页。

第二，根据矛盾是一切事物发展源泉的观点，指出社会主义社会基本矛盾、社会主义国家内部矛盾是推动社会主义前进的动力。毛泽东认为，不仅应该公开承认我国社会主义社会还存在着矛盾，而且要看到"正是这些矛盾推动着我们的社会向前发展"。[1]社会主义社会就是在生产力与生产关系、经济基础与上层建筑既相适应又不相适应的基本矛盾运动中发展起来的。

第三，根据矛盾特殊性的观点，第一次提出必须正确区分两类不同性质的社会矛盾。毛泽东认为，社会主义社会的基本矛盾一般不表现为剧烈的对抗、冲突和阶级斗争，主要表现为人民内部矛盾。社会主义国家的内部矛盾因此可以区分成敌我矛盾和人民内部矛盾。"这是性质完全不同的两类矛盾。"[2]因为，人民和敌人是两个具体的、历史的概念，在不同的国家里和各个国家的不同历史时期，它们的内容是不相同的。"在建设社会主义的时期，一切赞成、拥护和参加社会主义建设事业的阶级、阶层和社会集团，都属于人民的范围；一切反抗社会主义革命和敌视、破坏社会主义建设的社会势力和社会集团，都是人民的敌人。"[3]这样一来，社会主义国家的人民内部矛盾又分为人民内部各阶级的矛盾、各阶层的矛盾及各阶层内部人与人的矛盾；人民政府与人民群众的矛盾，包括国家、集体、个人之间的、民主与集中的、领导与被领导的矛盾；党与非党的矛盾，民族之间的矛盾，等等。"一般说来，人民内部的矛盾，是在人民利益根本一致的基础上的矛盾。"[4]

第四，根据用不同质的办法解决不同质的矛盾的观点，提出正确处理人民内部矛盾的方针和方法。毛泽东认为，社会主义社会的基本矛盾可以通过社会主义制度本身来解决。社会主义国家的人民内部矛盾应当用民主的方法、讨论的方法、批评教育的方法、疏导的方法去解决。这"是分清是非的问题"。[5]我们党的历史经验表明，解决人民内部矛盾，要从团结的愿望出发，经过批评或者斗争使矛盾得到解决，在新的基础上达到新的团结；要实行"统筹兼顾、适当安排"的方针，协调经济领域内的国家利益、集体利益和个人利益；要实行"百花齐放、百家争鸣"的方针，慎重对待科学文化工作中的是与非，提倡自由

[1]《毛泽东著作选读》下册，人民出版社1986年版，第766页。
[2]《毛泽东著作选读》下册，人民出版社1986年版，第757页。
[3]《毛泽东著作选读》下册，人民出版社1986年版，第757—758页。
[4]《毛泽东著作选读》下册，人民出版社1986年版，第758页。
[5]《毛泽东著作选读》下册，人民出版社1986年版，第759页。

讨论，不要轻率地作结论；要实行"长期共存、互相监督"的政策，搞好同民主党派、民主人士的关系，搞好汉民族和少数民族的关系，以及团结和教育知识分子；特别要加强思想政治工作，坚持社会主义道路和共产党的领导这两条最重要的原则，既要反对教条主义，又要反对搞两党制和鼓吹绝对民主和绝对自由。总之，"要从我国有六亿人口这一点出发"[1]，正确处理人民内部的各类关系和各种矛盾，着眼于调动一切积极因素，团结一切可能团结的人，尽可能地将消极因素转变成积极因素，为建设社会主义社会这个伟大的事业服务。

第五，根据矛盾相互转化的观点，阐述人民内部矛盾的激化原因及解决办法。毛泽东认为，人民内部矛盾与敌我矛盾具有根本对立的性质，并且在一定条件下相互转化。敌我矛盾是对抗性质的，人民内部矛盾是非对抗性质的。敌我在根本利益上水火不相容。人民在根本利益相同的基础上存在着不同的局部利益和暂时利益，实现一方利益可能促进另一方利益的实现。敌我矛盾的对抗性和人民内部矛盾的非对抗性是相对的，不是绝对的，二者之间没有不可逾越的鸿沟。在一定条件下，人民内部的某些矛盾，如果处理不当，或者失去警觉、麻痹大意，也会受到激化而采取对抗形式。毛泽东分析少数人闹事的直接原因是没有满足他们的物质利益。这其中，有些利益是正当的和可能解决的，有些利益是不适当的和要求过高的。而闹事的更重要原因是领导上的官僚主义，无视某些群众的合理要求，引起人们的不满；或者对某些群众的不合理要求，缺乏及时到位的思想政治工作，激化人们的对立情绪。这些需要由上级机关负责，不能全怪下面。如何防止人民内部矛盾激化和处理少数人闹事，毛泽东指出，一是坚决克服官僚主义，及时进行深入细致的思想政治教育，经常把发生的困难向群众作真实的说明，同他们一起研究解决问题的办法，恰当地化解各种矛盾。二是出现了闹事，就要运用正确的手段，把闹事的群众引向正确的道路，以利于解决先前没有解决的问题。"群众闹事是坏事，是我们所不赞成的。但是这种事件发生以后，又可以促使我们接受教训，克服官僚主义，教育干部和群众。从这一点上说来，坏事也可以转变成为好事。"[2] 因此，不能用简单的方法处理闹事。对于带头闹事的触犯刑法的分子和反动分子，对于利用和歪曲我们的方针、造谣生事和破坏社会正常秩序、煽动群众闹事的坏人，决不能放纵他们，

---

[1]《毛泽东著作选读》下册，人民出版社 1986 年版，第 782 页。

[2]《毛泽东著作选读》下册，人民出版社 1986 年版，第 793 页。

必须给予法律制裁。这样做，符合人民群众的要求和意愿。

二、正确处理人民内部矛盾理论是认识和
构建社会主义和谐社会的指南

我们今天正在构建社会主义和谐社会。"社会和谐是中国特色社会主义的本质属性。"[1]"目前，我国社会在总体上是和谐的。但是，也存在不少影响社会和谐的矛盾。"[2]它们集中表现为我国社会发展现阶段具有新特点的人民内部矛盾。对此，需要我们保持清醒的头脑，运用正确处理人民内部矛盾理论所提供的立场、观点和方法，科学地把握人民内部矛盾的产生原因和变化规律，正确处理人民内部矛盾，同时进一步丰富和发展人民内部矛盾理论。

（一）人民内部矛盾是我国社会现阶段人际关系中的主要矛盾。

由于复杂的国内国际因素和经济、政治、思想、文化等社会历史原因，两类不同性质的社会矛盾——人民内部矛盾与敌我矛盾，将在我国社会主义初级阶段长期存在。它们在某些特定条件下，错综复杂地交织在一起，甚至可能激化。尽管如此，突出地、大量地、经常地表现出来的社会矛盾，仍然是人民内部矛盾。人民内部矛盾构成我国社会现阶段人际关系中的主要矛盾。这是认清当前我国社会矛盾的一个基本问题。

第一，我国社会主义制度，决定人民内部矛盾是我国社会现阶段人际关系中的主要矛盾。

社会主义制度在我国确立之后，剥削制度作为一个完整的社会制度已经不复存在，剥削阶级作为一个完整的阶级也已经不复存在。在我国社会内部，人际关系的性质发生了根本转变。虽然阶级差别和阶级矛盾在相当长的历史时期内不能完全被消除，但阶级矛盾已经不能构成我国社会现阶段人际关系中的主要矛盾。目前，我国社会发展还处于社会主义初级阶段，生产力相对落后，物质财富和精神财富相对缺乏，尚不能充分满足人民日益增长的物质文化需求。特别是城乡、区域、经济社会发展很不平衡，人口资源环境压力加大；就业、社会保障、收入分配、教育、医疗、住房、安全生产、社会治安等方面关系群

[1]《中国共产党第十六届中央委员会第六次全体会议文件汇编》，人民出版社 2006 年版，第 1 页。
[2]《中国共产党第十六届中央委员会第六次全体会议文件汇编》，人民出版社 2006 年版，第 3 页。

众切身利益的问题比较突出；体制机制尚不完善，民主法制还不健全；一些社会成员诚信缺失、道德失范，一些领导干部的素质、能力和作风与新形势新任务的要求不相适应；一些领域的腐败现象比较严重；敌对势力的渗透破坏活动危及国家安全和社会稳定。这些情况都不可避免地诱发和造成层出不穷的人民内部矛盾，由此构成我国社会现阶段人际关系中的主要矛盾。

第二，我国社会主义基本矛盾，决定人民内部矛盾在我国各类社会矛盾中居于主体地位。

在现实社会中，社会基本矛盾一定要通过人与人的交往关系表现出来，并且形成确定的人际矛盾。在阶级社会中，社会基本矛盾一定要通过人们之间的阶级关系表现出来，并且形成特定的阶级矛盾。社会主义制度在我国确立以后，生产关系与生产力、上层建筑与经济基础在基本适合的前提下，还存在着不相适应的方面和环节。这些不相适合的方面和环节往往通过体制表现出来。在我国社会发展的现阶段，社会基本矛盾仍然表现为既相适应又不相适应，在基本适应的前提下，还存在一些不适应的方面，一些生产关系的具体形式即经济体制仍不适合生产力的发展要求；一些上层建筑的具体形式即政治体制仍不适合经济基础的需要。我国社会基本矛盾的这种特质，决定了我国人民内部不存在根本的利害冲突。在人际关系方面，我国社会基本矛盾大量地、主要地表现为人民内部非对抗性质的矛盾关系。

第三，我国现阶段社会主要矛盾，决定人民内部矛盾在我国社会人际矛盾中的主导作用。目前，我国社会发展需要不断克服的主要矛盾就是：人民日益增长的物质文化需要同相对落后的社会生产之间的矛盾。涉及人与人的具体关系，这个主要矛盾集中表现为人民内部的利益分配矛盾。改革开放的深入，一方面发展和繁荣了经济，提高了人民生活水平；另一方面也改变了以往的利益分配格局，不仅拉大了人民内部不同社会群体的收入差距，而且导致人民内部的利益矛盾更加普遍和更加明显。社会主义市场经济的发展，带来了经济关系复杂化、分配格局多样化，不仅造成经济领域的多重矛盾，而且引发政治领域、思想领域的各种矛盾。这些情况，促使人民内部人与人的相互关系发生结构性改变，形成带有新特点的人民内部矛盾，并且主导我国现阶段的其他社会关系。

（二）人民内部利益矛盾是我国社会现阶段人民内部矛盾中的核心矛盾。

　　人民内部矛盾是由许多非对抗性矛盾组成的复杂系统。这其中有工人阶级、农民阶级与其他劳动者阶级阶层的矛盾；各民族之间的矛盾；地方与地方、集体与集体的矛盾；工人阶级内部、农民阶级内部、知识分子内部、个体劳动者之间、私营经济的经营者之间的矛盾；工人阶级、农民阶级及其他劳动者阶级阶层与私营经济经营者的矛盾；执政党、人民政府与人民群众、领导干部与群众、上级与下级、党与非党的矛盾，党内的各种矛盾，以及国家、集体、个人之间、各个社会群体之间的矛盾……这些矛盾在经济、政治、意识形态等领域都有表现。而物质经济关系是所有人民内部矛盾产生和发展的利益根源。人民内部的利益矛盾作为制约人民内部其他社会矛盾的矛盾，在人民内部矛盾的体系中，具有根源性、主导性、群体性、非对抗性的特点。因此，必须从经济根源上分析和把握人民内部矛盾。这是认清当前人民内部矛盾的一个基本前提。在我国社会主义初级阶段，第一，社会生产力相对落后是人民内部利益矛盾存在和变化的物质原因。社会生产相对不足，造成生活资料相对匮乏，容易带来不合理的分配，加剧人民内部矛盾的紧张和尖锐。第二，旧式社会分工、旧的社会差别是人民内部利益矛盾存在和变化的社会历史原因。第三，不同的经济成分与不同的分配方式，是人民内部利益矛盾存在和变化的生产关系原因。现阶段不同性质的经济成分及其多样化的分配方式，决定人民内部利益矛盾的复杂性。不仅有公有制的国有经济、集体经济和公有制主导下的混合经济，还有个体经济和私营经济。它们的运行使得人民内部的利益矛盾具体表现为下列结构性矛盾：不同所有制劳动群众之间，以及同一所有制内部劳动群众之间的矛盾，公有制单位的劳动群众与个体的劳动者及私有经济的经营者、雇主的矛盾，私营企业的雇主与雇员的矛盾，个体经济的经营者、私有经济的经营者与广大消费者的矛盾。第四，社会主义市场经济是人民内部利益矛盾存在和变化的经济原因。在社会主义市场经济关系的背后，隐藏着人民内部的、各种复杂的经济关系和利益矛盾。第五，不成熟和不完善的经济体制、政治体制是人民内部利益矛盾存在和变化的体制原因。它们有时可能会在人民内部引发激烈的利益冲突。第六，带有旧社会痕迹的思想、文化、道德是人民内部利益矛盾存在和变化的思想原因。落后的思想、文化、道德，有时会助长甚至激化本已存在的人民内部的利益矛盾。

上述原因，深刻地决定着我国社会现阶段各个利益主体还存在个别利益、特殊利益及其与集体利益、社会公共利益的矛盾。

人民内部的利益矛盾能够影响，甚或导向人民内部其他社会矛盾的发展变化，并且具有横向和纵向两种基本形式。在横向上，它表现为个人之间，各个社会群体、社会阶层、社会阶级之间，以及民族之间的利益矛盾。在纵向上，它表现为个人、集体和国家的利益矛盾。而这三者的矛盾冲突又是通过劳动者个人与所在单位或部门的领导者和管理者、与国家机关的领导干部的矛盾关系表现出来的。譬如，反映整体利益、长远利益的领导决策与只顾眼前利益、过分追求个人利益的群众要求的矛盾，领导者不关心群众痛痒的官僚主义作风与群众正当合理的利益要求的矛盾，个别领导的贪污腐败、以权谋私与人民群众维护自身利益的矛盾，领导决策失误或贯彻正确决策不力，损害了人民群众利益与人民群众不满情绪的矛盾。

人民内部的利益矛盾主要通过人民内部不同社会群体之间的利益矛盾表现出来。在阶级社会中，社会利益群体主要指阶级性和阶层性群体。在社会主义国家，虽然敌对阶级的阶级对立被消灭了，但非敌对阶级及其阶层还存在着差别，如工人阶级、农民阶级、各阶层的劳动群众与私营企业主阶层的利益差别。需要指出的是，工人阶级、农民阶级（它们是社会主义社会的主体阶级），因为收入不同、经济地位不同，在它们的内部，还可能分别产生具有一定利益差别的多种从属性社会群体。

在我国新旧体制交替的改革时期，社会的经济结构和政治结构发生变化，带动原有的社会群体形成新的利益需求。原有的社会群体因而产生相应的调整，分化重组为新的群体结构和利益格局。在这种情况下，多样化的利益需求一旦上升到群体意识的高度，就会引导特定的社会群体各自追逐新的利益。这种多样性的利益行为，使得存在利益差异的社会群体之间产生进一步的摩擦、冲突和矛盾，甚至是对抗性的矛盾。人民内部利益矛盾处理得不好，就是这样由非对抗性质转化成对抗性质。

三、化解人民内部矛盾，构建社会主义和谐社会

"社会和谐是我们党不懈奋斗的目标。"[1]"构建社会主义和谐社会是一个不断化解社会矛盾的持续过程。我们要始终保持清醒头脑，居安思危……最大限度地增加和谐因素，最大限度地减少不和谐因素，不断促进社会和谐。"[2]运用正确处理人民内部矛盾理论所提供的立场、观点和方法，有效地协调我国社会发展现阶段各行各业、各个方面、各个社会群体的利益关系，妥善地应对人民内部矛盾，这是构建社会主义和谐社会的前提。

正确处理人民内部矛盾，始终是我国社会主义初级阶段国家政治生活的一项主题。而在当前，用科学发展观统领小康社会建设和社会主义和谐社会建设，深刻记取应对人民内部矛盾的经验教训，及时化解带有新特点的人民内部矛盾，同样具有重要的意义。

历史上，在处理人民内部矛盾方面，苏联和中国的经验教训有一个最大的共同点就是，不能混淆敌我矛盾与人民内部矛盾。无论苏联在 20 世纪 30 年代进行的政治大清洗，还是中国在 20 世纪六七十年代发动的"文化大革命"，都是将阶级斗争扩大化，用处理敌我矛盾的办法去处理人民内部矛盾，严重地混淆两类不同性质的矛盾。其结果必然破坏社会主义的民主与法制，造成矛盾的积累和激化，甚至使人民内部矛盾的性质发生逆转。其结局不仅影响社会的稳定、和谐、发展，而且有可能把社会主义国家推向全国性内乱和经济崩溃的边缘。苏东社会主义国家最终解体的一个原因也正在于此。相反，我们党的十一届三中全会拨乱反正，果断地停止以阶级斗争为纲的错误路线，恢复实事求是的思想路线和正确处理人民内部矛盾理论，为经济建设创造了良好的社会环境，进而开创了中国特色社会主义事业的新局面。

同时，处于社会发展风险期的一些国家处理社会矛盾的经验教训，也值得我们高度重视。从各国现代化的发展进程看，当一个国家的发展水平达到一定程度的时候，增长与问题、发展与矛盾便会交织在一起。这是社会结构深刻变动、社会矛盾最易激化的高风险期。发展必然带来利益格局的变化。一些人的

---

[1]《中国共产党第十六届中央委员会第六次全体会议文件汇编》，人民出版社 2006 年版，第 2 页。

[2]《中国共产党第十六届中央委员会第六次全体会议文件汇编》，人民出版社 2006 年版，第 4 页。

利益得到满足，一些人的利益受到损害，矛盾加剧；经济高速增长衍生出的种种社会问题，如分配不公、贫富悬殊、金融风险等，会引发社会动乱和政局动荡。被称之为"拉美陷阱"或"拉美病"的现象，就是指拉丁美洲国家在经济增长过程中因为贫困化和两极分化而导致的社会动荡。20 世纪 80 年代，拉美各国相继推行新自由主义改革。在短期内，个别国家取得的高经济增长率甚至达到 10% 以上，人均 GDP 普遍在 2000 美元以上甚至更高。但这些国家的经济增长有失社会公正。其一，失业率持续攀升。2002 年，拉美地区失业率高达 9.6%。其二，贫富悬殊，两极分化。2004 年，拉美地区贫困人口已达 2.27 亿，百万富翁的增长率居全球之首。巴西收入最高的 10% 的居民拥有全国财富的 40%，收入最低的 10% 的居民拥有全国财富不足 3%。矛盾的激化表现为群众抗争运动此起彼伏，如墨西哥萨帕塔农民起义，巴西无地农民运动，阿根廷拦路者运动、敲锅运动，秘鲁、危地马拉、玻利维亚等国的反私有化运动等。拿墨西哥来说，20 世纪 80 年代，长期执政的墨西哥革命制度党全盘推行西方国家鼓吹的"新自由主义"，抛弃长期奉行的"革命民族主义"，全面推行私有化，盲目开放国内市场，又在社会政策上削减教育、医疗和保险等公共开支，以维持经济的高速增长。但由于没有妥善处理转轨过程中的社会矛盾，大批中小企业破产，许多工人失业，众多农民失地，普通民众生活水平下降，贫富分化加重，全国贫困人口约占总人口的 45%。这样一来，革命制度党的执政基础出现了严重动摇，终于在 2000 年的大选中丧失了长达 71 年的执政地位。

现实中，在化解带有时代特点的人民内部矛盾方面，我国目前面临着一些十分突出的问题，迫切需要我们拿出治本良策。

（一）化解领导干部与群众的矛盾。

领导干部与群众的矛盾是当前我国人民内部矛盾存在、发展和变化的主线。正确化解领导干部与群众的矛盾，是正确处理人民内部所有矛盾的关键。

在我国的国家政治生活中，共产党是执政党。党和国家机关的各级领导干部在社会生活的各个领域居于权力核心的地位。中国特色社会主义事业的成败与领导干部的工作和责任息息相关。他们的工作对象是广大人民群众，一方面肩负着教育群众、组织群众、动员群众的职责；另一方面又依靠群众，服务群众，接受群众的监督，不脱离群众。于是，领导干部与群众的关系构成了社会主义人际关系的主线。他们之间的矛盾就成为人民内部矛盾的焦点。

在我国，一些最主要的社会矛盾，往往通过人民群众与领导干部的矛盾关系表现出来。例如，社会基本矛盾就具体表现为，作为生产力要素的劳动群众同作为国家职能管理者的领导干部的矛盾。有些矛盾虽然不直接表现为领导干部与人民群众的矛盾，但这些矛盾却要由领导干部来处理。如果处理不当，便转而表现为领导干部与人民群众的矛盾。

一般来说，领导干部与人民群众的矛盾是非对抗性质的。但是，当领导决策出现重大失误损害到人民群众的根本利益，当领导干部的官僚主义作风严重危及人民群众的正当利益和要求，当领导者群体中的腐败分子侵吞人民财产，当群众提出不合理要求又受到坏人挑拨起来闹事而领导干部处理得不及时、不果断、不正确，就会激化矛盾、出现对抗，甚至转变成对抗性矛盾。

在领导干部与群众的矛盾中，领导是主导的方面。刘少奇说："社会上一切不合理的现象，一切没有办好的事情，领导上都有责任。人民会来责问我们国家、党、政府、经济机关的领导人，而我们对这些问题应该负责任。"[1] 如果领导干部一方错误而群众一方正确，那么矛盾的主导方面毫无疑问是领导干部。解决矛盾的方法在于领导干部改正自己的错误，求得群众的谅解。如果领导干部一方正确而群众一方错误，问题不难解决。即使是这种情况，就领导干部的职责来说，他也是矛盾的主导方面。当然，不能因此把群众中出现的一切矛盾都归咎于领导干部。我们说领导干部处于矛盾的主导方面，是指他的责任、他的工作，不是单就领导行为的是非而言。刘少奇还指出，人民内部矛盾大量地"表现在领导上的官僚主义与人民群众的矛盾这个问题上"。[2] 官僚主义、腐败之风是当前领导干部与人民群众滋生尖锐矛盾的一个带根本性的原因。我们党的宗旨是为人民群众谋利益。因此，从根本上说，搞好共产党和人民政府的廉政建设，是解决这类矛盾的最有效途径。

（二）防止人民内部矛盾的激化和对抗。

人民内部矛盾虽然是非对抗性质的，但是如果掉以轻心，处理不当，就可能使矛盾激化，直至发生性质转化，出现严重的对抗和冲突。因此，必须深入

---

[1]《刘少奇选集》下卷，人民出版社1985年版，第303页。

[2]《刘少奇选集》下卷，人民出版社1985年版，第303页。

研究，有效防止、避免、化解突发性、群体性、对抗性的人民内部矛盾，做到既能够正确处理正常情况下的人民内部矛盾，又能够正确处理非正常情况下的人民内部矛盾。

1. 人民内部还存在矛盾对抗现象，在一定条件下甚至转化成对抗性矛盾。旧社会的残留因素，敌对势力的影响和破坏，使人民内部的非对抗性矛盾在特定条件下演变为对抗性矛盾。这是人民内部矛盾可能激化的必然原因。

2. 人民内部不带有阶级斗争性质的矛盾在特定条件下可能会转变成带有阶级斗争性质的矛盾。阶级斗争在一定范围内存在，不可能不影响和反映到人民内部。这是人民内部矛盾可能激化的必要原因。

3. 人民内部矛盾在特定条件下可能会转化成敌我矛盾。这是人民内部矛盾可能激化的重要原因。

4. 不同性质的矛盾交织成复杂的矛盾局面：人民内部少量带有阶级斗争性质的矛盾与大量不带有阶级斗争性质的矛盾，少量的敌我矛盾与大量表现出来的人民内部矛盾，不占主导地位的对抗性矛盾与占主导地位的非对抗性矛盾，往往交错在一起，难分难解。这是人民内部矛盾可能激化的客观原因。

5. 面对复杂的社会矛盾，党政机关和领导干部在主观认识和实际处理方面发生失误。这是人民内部矛盾可能激化的主观原因。

在我国，由于矛盾的激化和对抗发展起来的社会冲突，绝大部分属于人民内部矛盾。我国现阶段人民内部的矛盾冲突往往发端于经济领域。历史和实践都证明，经济利益的冲突处理得不及时、不得当，也会发展为思想政治冲突，个别的冲突酿成局部性、地区性乃至全国性的冲突。如果人民内部矛盾同敌我矛盾纠合在一起，可能会演变成社会动乱。

（三）应对人民内部的群体性事件。

人民内部的群体性事件是指由人民内部矛盾引发的、有一定数量的群众参与的游行、示威、静坐、请愿、围堵、械斗、阻断交通，以及罢工、罢课、罢市等严重影响、干扰乃至破坏正常社会秩序的事件。群体性事件处理得不好，虽然会引起程度不同的社会动荡，但同极少数人旨在反党反社会主义的阴谋政治活动，同极少数坏人搞打砸抢烧的违法犯罪活动是有区别的，参与其中的多数群众与少数坏人也是有区别的。

群体性事件往往源自比较严重的社会问题，或某些政策损害一部分群众的切身利益，或一部分群众的生活水平下降，或一部分群众的物质利益和其他方面要求得不到满足。领导干部的官僚主义和腐败行为，缺乏行之有效的群众性思想教育，国际敌对势力和国内少数坏人的插手，复杂的民族关系和宗教因素，这些因素也会加剧人民内部矛盾的尖锐化，致使一部分群众的偏激情绪和错误思想得不到消解，并且以不当的方式向党和人民政府发泄不满。群体性事件往往与经济政治体制的弊端有关，与群众的要求缺乏畅通的合法诉求和有效的合理解决有关。在改革的进程中，新旧体制的交替，利益分配的调整，使社会矛盾能够相对集中地表现出来。如果方针政策措施不当，也会激化矛盾。群体性事件总体上属于人民内部矛盾，但群众要求的合理性与反映形式的违法性相交织，现实问题与历史遗留问题相交织，同时还有群众提出不合理要求、少数人违法犯罪，以及敌对分子插手利用的问题，处置的政策性非常强。

应对人民内部的群体性事件，必须反对两种错误倾向：一是把一切错误归咎于群众，助长领导干部的官僚主义；一是看不到群众利益，对少数坏人失去警惕。对此，就要依法办事，尽可能地满足群众提出的可以解决的合理要求，恰当地处理好其他各种问题。同时，要把参与群体性事件的群众引导到正确的轨道上来，制裁少数触犯刑律的坏人，并以此为契机改善工作，教育干部和群众，采取各种措施消除不安定因素。从长远看，需要从体制上建立健全切实接纳群众诉求、能够及时给予解决或回应的有效机制。

（四）用不同的方法解决人民内部的不同矛盾。

从总体上说，人民内部矛盾是根本利益一致的非对抗性矛盾。因此，正确处理人民内部矛盾的一个核心要求就是，坚决防止用处理敌我矛盾的办法来处理人民内部矛盾。

1. 主要用经济的方法解决人民内部的得失矛盾。利益矛盾就是得失矛盾。毛泽东提出主要用经济方法处理得失矛盾的原则。邓小平提出按照统筹兼顾的原则调节得失矛盾的思想。运用经济方法，"统筹兼顾、全面安排"，是解决人民内部得失矛盾的主要方法。

2. 主要用民主的方法解决人民内部的是非矛盾。人民内部在思想政治方面的矛盾就是是非矛盾。毛泽东认为，凡属于思想性质的问题，凡属于人民内部争论的问题，只能用民主的、讨论的、批评的、说服教育的方法来解决，不能用强制的、压服的方法来解决。邓小平指出，在党内和人民内部的政治生活中，只能采取民主的手段，不能采取强迫命令、压制打击的手段。民主的方法主要包括：民主法制的方法和思想教育的方法。

3. 采取综合的方法解决人民内部的各类矛盾。解决人民内部矛盾，要根据具体情况，采取综合性的、多种多样的方法；要针对矛盾的具体实际，动员各方面力量，立足于协调关系，理顺情绪，增进理解，调动积极因素；要把人民调解、司法调解、行政调解结合起来，建立经常化、制度化的调处人民内部矛盾的机制，依法及时满足群众的合理诉求，努力消除不和谐因素；从源头上尽可能地把人民内部矛盾化解在基层，解决在萌芽。

4. 深化改革，发展生产力，健全社会主义的民主与法制，形成并不断推进社会主义的物质文明、精神文明、政治文明和社会文明，这是解决人民内部矛盾的根本措施。

继续解放思想，坚持改革开放 [1]

解放思想是发展中国特色社会主义的一大法宝，改革开放是发展中国特色社会主义的强大动力。解放思想引导改革开放，改革开放需要解放思想。解放思想、改革开放这两个重要推力，推动中国特色社会主义事业蓬勃发展。我国30年改革开放的伟大实践雄辩地证明，坚持解放思想，中国就改革就发展就进步，反之就停滞就倒退就落后。继续解放思想、坚持改革开放是贯穿于党的十七大报告的主旋律。发展中国特色社会主义，必须坚定不移地改革开放；推进改革开放，必须坚定不移地解放思想。坚持改革开放，要求继续解放思想；继续解放思想，才能坚持改革开放。

一、解放思想是改革开放的先导

思想是行动的先声，思想解放是社会变革的前导，解放思想是引领中国改革开放的火车头，我国改革开放的成功，首先归功于思想解放的强大威力。邓小平同志提出："一个党、一个国家、一个民族，如果一切从本本出发，思想僵化，迷信盛行，那它就不能前进了，它的生机就停止了，就要亡党亡国。"能否解放思想、实事求是，是一个政治问题，是一个关系到党和国家前途命运的问题。中国共产党历史上曾经有过两次重大转折、两次思想解放、两次转危为安：

---

[1]本文是作者在纪念关于真理标准问题大讨论 30 周年座谈会上的发言，原载《理论研究动态》，2008 年第 2 期。

一次是遵义会议；一次是党的十一届三中全会。每次转折都是解放思想开路，实事求是，从错误路线指导转到正确路线指导，中国革命和建设事业从挫折走向成功，从低谷走向高潮。

遵义会议是挽救中国革命于危难之际的一次极其重要的会议。中国共产党人从教条主义的束缚中、从左倾错误路线的束缚中解放出来，挽救了党和军队，挽救了革命。遵义会议和延安整风运动，是彻底的思想解放运动，使中国共产党人彻底摆脱了教条主义的思想枷锁，确立了党的实事求是的思想路线和正确的政治路线，迎来了中国革命的伟大胜利。

党的十一届三中全会是挽救社会主义于存亡之时的又一次极其重要的会议。中国共产党人从"左"的理论和路线的束缚中再次解放出来，挽救了党和国家，挽救了社会主义，成功地开创了中国特色社会主义的新局面。30年前，对社会主义建设道路进行艰辛探索的、肩负振兴中华民族和发展社会主义双重使命的中国共产党人，面临着使中国从"文化大革命"十年动乱中走出来、从社会主义建设20年的弯路中走出来、开创社会主义现代化建设新局面的重任。要完成这一历史性任务，中国共产党人必须领导全国人民做两件大事：一是拨乱反正，一是改革开放。改革开放是中国发展社会主义的唯一出路。要推进改革开放，首要的任务就是拨乱反正。正是"以阶级斗争为纲"的"左"的政治路线、理论指导和作为思想理论基础的主观唯心主义、教条主义、个人崇拜等错误思想的指导，导致了我党社会主义建设的重大失误。粉碎江青反革命集团以后，广大群众强烈要求纠正过去"左"的思想路线和政治路线，但是，"两个凡是"的错误主张却严重地束缚了人们的思想，压制了人们的积极性。而恰恰在此时，世界上发生了翻天覆地的变化，资本主义世界已经进入现代资本主义发展的新阶段。

在这样的历史背景下，究竟什么是真理的标准，是实践，还是老祖宗的具体结论和领导人的"最高指示"？如此重大的问题必然要反映到思想路线上，并集中通过作为世界观方法论的哲学问题而提出来。如果不彻底搞清思想路线问题，就无法实现思想上的大解放，就无法同"左"的理论和路线相决裂，就无法拨乱反正。必须从盲目个人崇拜中解放出来，从"左"的理论和路线束缚中解放出来，从"两个凡是"的羁绊中解放出来。于是，一场不可避免的思想大决战开始了。在这个重要的历史转折关头，邓小平发动了"实践是检验真理

继续解放思想，坚持改革开放

的唯一标准"的大讨论，解放了人们被束缚已久的思想，提出了解放思想的主张，恢复并确立了解放思想、实事求是的思想路线，进行了理论上、路线上和实际工作上的拨乱反正，确定了以经济建设为中心，坚持改革开放、坚持四项基本原则的正确路线，为实行改革开放，建设中国特色社会主义拨正了航向，开辟了道路，启动了航程。

二、改革开放离不开解放思想

思想解放贯穿于改革开放全过程，解放思想是改革开放须臾不可离开的法宝。中国特色社会主义每发展一步都是靠改革开放取得的；改革开放每前进一步，都是靠解放思想启动的。我国改革开放的过程就是思想解放的过程，改革开放的历史就是一部不断解放思想、实事求是、开拓创新、谋求发展的历史。20世纪70年代以来围绕改革开放而展开的持续不断的思想解放运动，成为改革开放的可持续的思想拉力。在改革开放30年的历程中，每一项改革措施的提出、试验和推广，都贯彻了解放思想、实事求是的思想路线，都是思想解放的结果。改革开放新时期以来，我国社会之所以能开放活跃起来，经济社会之所以能快速发展，关键是推进了改革开放。而之所以能大胆推进改革开放，关键是坚持党的解放思想、实事求是的思想路线，使全党全国人民的思想不断解放，使生产力中最活跃的因素真正活跃起来。

我国改革开放历程中有过两次重大的思想解放运动，极大地推动了改革开放，带来了中国特色社会主义的大发展。

第一次是"实践是检验真理的唯一标准"的大讨论。标志是邓小平同志的《解放思想，实事求是，团结一致向前看》的重要讲话。"实践是检验真理的唯一标准"的大讨论首先起到了思想上拨乱反正的作用，奠定了改革开放的思想路线基础，开启了改革开放的大门。然而，改革开放改什么、怎么改，从哪里改起，方向是什么，方法、步骤、措施是什么？要解决这一系列重大问题，首要的就是解放思想。而解放思想，最重要的是在"什么是社会主义，怎样建设社会主义"这一首要的基本问题上率先解放思想，从对社会主义的教条主义理解中解放出来，从囿于传统的社会主义模式和别国经验中解放出来。十一届三中全会以来，中国共产党人带领全国人民就"什么是社会主义，怎样建设社会主义"展开了思想大解放，搞清了这个首要的基本问题，开启了社会主义改革开放的序幕，从农村改革到城市改革，从经济体制改革到政治体制改革乃至全面改革，闯出了一条中国特色社会主义的正确道路。

第二次思想解放运动是关于生产力标准的大讨论。标志是邓小平同志的"南方谈话"。在改革开放实践中，每走一步，都涉及检验十一届三中全会以来思想政治路线正确与否，都涉及衡量改革开放成功与否的判断标准问题。特别是发生了1989年政治风波和20世纪80年代末90年代初的东欧剧变之后，到底要不要始终不渝地坚持改革开放，突破僵化的计划经济体制，再次提出了衡量改革开放正确与否的判断标准问题，引起了又一次思想解放。事实上，改革开放之初，邓小平就明确提出生产力判断标准。在"南方谈话"中，他再次强调生产力判断标准问题，并把它归结为"三个有利于"判断标准，作了深刻阐述。他指出："改革开放迈不开步子，不敢闯，说来说去就是怕资本主义的东西多了，走了资本主义道路。要害是姓'资'还是姓'社'的问题，判断的标准，应该主要看是否有利于发展社会主义社会的生产力，是否有利于增强社会主义国家的综合国力，是否有利于提高人民的生活水平。"在"三个有利于"判断标准中，最根本的还是生产力标准。实践标准主要是针对"两个凡是"的僵化观点，恢复和重新确立了马克思主义的思想路线，划清了辩证唯物主义和主观唯心主义的界限，是一次伟大的思想解放运动。生产力标准主要是针对"计划经济等于社会主义，市场经济等于资本主义"这种判断姓"社"姓"资"的固定僵化的思想模式，恢复和坚持历史唯物主义原理，划清了科学社会主义和种种空想社会主义的界限，再次形成了伟大的思想解放运动。

应该说，在改革开放的根本方向、根本道路、大政方针乃至具体举措上，搞清楚姓"社"还是姓"资"，是首要也是必要的。然而，关键是以什么样的标准来判断姓"社"还是姓"资"。生产力标准告诉我们，既然生产力是一切社会发展的最终决定性力量，是判断社会进步的根本标准，那么离开生产力的发展，用空想的原则、抽象的教条来裁剪姓"社"还是姓"资"，就会在思想上陷入唯心史观的泥潭，在政治上导致"左"的路线，在实践上阻碍生产力的发展。关键在于科学地掌握姓"社"与姓"资"的标准，在坚持社会主义根本方向的大前提下，只要用生产力这个根本标准来分析改革开放的现实问题，许多疑惑就会一扫而光，就可以抛掉沉重的思想包袱，冲破思想牢笼，就会在改革开放实践中大胆地闯、大胆地试、大胆地干。生产力标准大讨论是实践标准大讨论的深入和继续，进一步解放了人们的思想，推动改革开放迈大步，促进了我国经济社会快速发展。

三、在新的历史起点上，改革开放，必须进一步解放思想

时代步伐永不停顿，社会实践永无止境，追求真理永无尽头，解放思想永不停歇，改革开放永不却步。改革开放30年来的一条基本经验，就是思想的大解放，带来改革开放大进展，带来中国特色社会主义大发展。中国特色社会主义每前进一步，都离不开改革开放；改革开放每前进一步，都离不开解放思想。改革开放向前推进每一步，都是解放思想的产物。一次次解放思想，推动我们不断地转变观念，探索真理，勇于实践，不断把改革开放推向前进。

只有改革开放，才能发展中国特色社会主义。通过改革开放，我国取得了巨大进步和辉煌成就，中华民族以崭新的姿态屹立于世界民族之林，走到了时代前列。改革开放是新的历史条件下进行的新的伟大革命。改革开放使社会主义焕发出前所未有的生命力，使我们党焕发出旺盛的战斗力，使马克思主义焕发出经久不衰的感召力。中国特色社会主义之所以具有伟大的生命力，就在于是实行了改革开放的社会主义。改革开放是决定当代中国命运的关键抉择，坚持改革开放，是发展中国特色社会主义、实现现代化的必由之路。在新的历史起点上推进改革开放，需要进一步思想解放。党的十七大提出发展中国特色社会主义，吹响了在新的历史起点上继续解放思想、坚持改革开放的时代号角。

中国特色社会主义发展已经进入关键性的转折阶段，中国特色社会主义发展已经站位在一个新的历史起点上。一方面改革开放取得伟大成就，我国经济社会正处于发展的黄金期；另一方面，一系列深层次的社会矛盾和问题日益凸显出来，我国经济社会发展又处于矛盾的凸显期。如长期形成的结构性矛盾和传统型增长方式尚未根本改变，诸多社会矛盾、社会难点和社会问题凸显频发，影响发展的体制、机制性障碍依然存在……处于新世纪新阶段的中国共产党人，正面对复杂多变的国际形势和十分艰巨的改革攻坚任务。因此，面对挑战和机遇，面对诸多新矛盾、新问题和新需求，迫切要求进一步改革开放，以发展中国特色社会主义。而坚持改革开放，必须继续解放思想。

中国共产党人在改革开放新时期面临三个大问题需要回答。第一个问题是"什么是社会主义，怎样建设社会主义"，这是中国特色社会主义的首要的基本问题，邓小平科学地破解了这个课题，邓小平理论是中国特色社会主义理论体系的开篇；第二个问题是"建设一个什么样的执政党，怎样建设执政党"。以江泽民为代表的第三代党的领导集体在进一步回答"什么是社会主义，怎样建设社会主义"问题的同时，创造性地回答了这一问题，提出了"三个代表"重要思想，这是中国特色社会主义理论体系的第二篇答卷；第三个问题是在新阶段"发展什么，怎么发展"，这就是以胡锦涛同志为总书记的党中央回答的第三个问题，科学发展观是中国特色社会主义理论体系的第三篇答卷，是继续解放思想、坚持改革开放、发展中国特色社会主义必须遵循的指导方针和战略思想。

科学发展观是我们党针对我国发展实际，总结世界发展经验，在发展理念上的马克思主义创新理论，是关于发展问题的理念和思路的重大创新，也是解放思想的结果。在解决进一步发展中国特色社会主义这一时代主题上，解放思想，必须以邓小平理论、"三个代表"重要思想为指导，以科学发展观为指南，把继续解放思想落实到贯彻落实科学发展观，坚持改革开放、推动科学发展上来。继续解放思想与落实科学发展观、坚持改革开放、推动科学发展，促进社会和谐，是密不可分的。继续解放思想是坚持科学发展的思想基础和前提，促进科学发展是解放思想的目的和要求。

当前我国改革开放也发展到了关键阶段，要进一步改革开放，必须进一步解放思想、实事求是、与时俱进、勇于变革、勇于创新、永不僵化，不为任何思想枷锁所困、不为任何风险所惧、不被任何干扰所惑。在新的历史起点上，改革开放必须集中破解"发展什么，怎样发展"这一时代课题，解放思想也必须破解"发展什么，怎样发展"这一时代课题。新的思想解放，要求我们必须破除在发展问题上的传统观念、传统方式和传统做法，实现发展理念的转变和创新，从而破除一切影响发展的思想观念障碍和体制、机制性障碍。继续解放思想要求我们紧密结合实际，努力改变那些不符合改革开放和科学发展的认识、观念和做法，不断创新发展理念，不断创新发展思路，不断创新发展模式，不断创新发展方法，真正落实科学发展观，走出一条科学发展、社会和谐之路。

实事求是是马克思主义的精髓，把解放思想与实事求是联系起来，是邓小平对党的思想路线的重大贡献。解放思想是在实事求是基础上的解放思想，而只有解放思想，才能实事求是。离开实事求是的解放思想不是马克思主义本意的解放思想。坚持继续解放思想，一定要坚持实事求是的根本原则。今天强调在新的历史起点上继续解放思想，必须坚持实事求是，坚持党的基本路线，一切从社会主义初级阶段的国情出发，来解放思想，来想问题办事情，来改革开放。

与以往的思想解放相比，这次思想解放既是在新的历史起点上，又是在更艰难的起点上的思想解放。既要自觉地把思想认识从那些不合时宜的观念、做法和体制的束缚中解放出来，从对马克思主义和科学社会主义教条式的理解中解放出来，从主观主义和形而上学的桎梏中解放出来，更要看重发展理念的转变；既要破除对马克思主义的教条主义的思维模式，又要破除对西方学说和制度的盲目崇拜和本本主义的搬用，更要着重转换面对时代实际、国情实际、发展实际的求真务实的思维方式，努力使我们的思想和行动更加符合实际，更加符合社会主义初级阶段的国情和时代发展的要求。要把解放思想的要求落实到一系列重要理念、观念和意识的创新上，把思想解放上升到关于发展问题的新的历史起点的高度、深度和广度上，使思想解放进入到一个新的境界。

改革开放符合党心民心，顺应时代潮流，方向和道路是完全正确的，成效和成绩是不容否定的，改革的停顿和倒退都是没有出路的。要把坚持改革开放同解放思想结合起来，坚定改革方向，完善改革举措，致力于改革攻坚，坚持在改革开放中实现科学发展。用继续解放思想来坚持和推进改革开放，用改革开放推进科学发展观的落实，用科学发展观的落实来推进中国特色社会主义事业的发展。

经济文化落后国家如何建设社会主义？[1]

——访中国社会科学院常务副院长王伟光

20世纪，世界社会主义运动可谓波澜壮阔，跌宕起伏。现实社会主义在经历"山重水复疑无路，柳暗花明又一村"的发展中，呈现出高潮、低潮、高潮的变化态势。面对严峻的现实和挫折，人们进一步思索：现实社会主义没有经过资本主义的充分发展，是不是违背了社会发展的一般规律？如果没有违背，那么现实社会主义的发展为什么会遇到这么大的挫折？现代资本主义却反而有了一定程度的发展？如果违背了历史发展规律，那么是否可以认为落后国家走社会主义道路是一个错误的选择、历史的误会，应当回过头来补上资本主义制度的发展道路的课呢？这一切问题，最终又归结到在经济文化比较落后的国家"能否建设社会主义，建设什么样的社会主义，怎样建设社会主义"的问题上。带着这一问题，我们采访了中国社会科学院常务副院长王伟光同志。

记者：160年前，马克思恩格斯曾经设想社会主义革命将首先同时在西欧北美少数发达资本主义国家发生。后来，通过对东方国家和民族发展道路的研究，他们又补充认为，在一定条件下，经济文化比较落后的国家可以不经过资本主义的充分发展阶段，进行社会主义革命，走上社会主义道路。今天，我们应该如何来认识和理解他们的这一思想？

王伟光：这个问题实际上关系到如何认识马克思主义关于非资本主义道路

---

[1] 本文原载《理论视野》，2008年第3期。采访人员是该刊记者张琳、子睿。

理论问题。而对这个问题的回答，不仅是关系到如何认识社会形态演变规律的重大理论问题，也是关系到对社会主义发展规律的根本认识问题，对社会主义代替资本主义历史必然性的根本认识问题，对"什么是社会主义、怎样建设社会主义"的根本认识问题。

马克思恩格斯在创立科学社会主义理论的过程中，在其不断发展和丰富科学社会主义理论的整个一生中，一开始其注意力和着眼点，主要是放在西方发达资本主义国家。他们根据当时的实际，认为无产阶级的社会主义革命将首先在生产力比较发达、无产阶级人数众多的西方资本主义国家发生，而且无产阶级革命只能在发达资本主义国家里，至少是几个主要发达资本主义国家同时发生才能胜利。他们从社会一般发展规律出发认为，社会主义革命之所以首先在发达资本主义国家发生，是因为在那里生产力已经发展到资本主义生产关系阻碍其发展的程度，社会主义革命是资本主义的私人占有性质同社会化大生产的内在矛盾日益激化、不可调和的必然产物，社会主义社会是从资本主义社会内部脱胎出来的社会形态。他们指出，资本主义的充分发展是社会主义社会的历史前提。但此后的社会实践发展促使他们开始注意并研究西方国家社会主义革命和东方国家社会主义革命的不同情况，提出了非资本主义国家走社会主义道路的可能性问题，进一步修订和发展了原先的看法。通过对东方国家和民族发展道路的研究，他们补充认为，在一定条件下，经济文化比较落后的国家可以不经过资本主义的充分发展阶段，跨越资本主义制度的"卡夫丁峡谷"，而进行社会主义革命，走上社会主义道路，实现社会形态的跨越式发展。

事实上，俄国与东方国家能否跨越资本主义制度的"卡夫丁峡谷"，这是马克思晚年遇到的一个极其困难的理论问题。他们通过对俄国保留下来的农村公社"公有"制的认真研究认为，在当时的环境下，俄国农村公社"公有"制有可能直接作为集体公有制的因素在全国范围内发展起来，从而使俄国有可能不经过资本主义制度的"卡夫丁峡谷"，而直接过渡到社会主义。1877年，马克思写给《祖国纪事》杂志编辑部的信中，说明了关于俄国农村公社制度前途的原因，充分地论述了俄国社会发展的非资本主义道路问题。他指出，整个人类社会最终走向生产力高度发展和人的自由全面发展的社会，但并不是每一个民族都要走同一条道路，采取同一个模式。不同的民族、国家要服从人类历史发展的总规律，但在不同的历史条件下表现出各自的特殊性来。俄国同西欧的情况不同，它有可能跳跃性地发展。

　　尽管马克思恩格斯关于跨越资本主义制度的"卡夫丁峡谷"的设想并没有在俄国实现，但是他们所设想的精神实质：在一定条件下，经济文化比较落后的国家可以不经过资本主义的充分发展阶段，而实现社会主义的特殊道路却成为现实。今天，社会主义历史发展进程证明了，绝大多数社会主义国家并不是在资本主义充分发展的基础上产生的，甚至于相当多的社会主义国家是在相对落后的经济条件中生长出来的，这些国家和民族跨越了作为独立历史阶段的资本主义制度充分发展的"卡夫丁峡谷"。这说明：科学社会主义创始人关于在一定条件下，经济文化比较落后的国家跨越资本主义制度的"卡夫丁峡谷"，建设社会主义既是可能的，也是合乎历史发展逻辑的。

　　进一步认识和理解马克思关于非资本主义道路理论，需要围绕以下四个方面：第一，马克思主义关于非资本主义道路理论，是在承认一般规律的前提下，对历史发展特殊规律的探索。一定要从本国的特殊性出发，来回答"什么是社会主义，怎样建设社会主义"问题。第二，马克思主义关于非资本主义道路理论，是在充分估计具体历史条件的前提下，对历史发展道路具体多样性的科学预测。这就告诉我们，各国的具体国情不同，社会主义的具体模式和建设社会主义的具体道路也应当是多样化的，而不能是只一个模式、仅一条道路，一定要从历史多样性出发，来回答"什么是社会主义，怎样建设社会主义"问题。第三，马克思关于非资本主义道路的理论，是在肯定社会形态的演进是一个自然历史过程的前提下，注意到作为历史主体的人对历史的选择作用。从中可以认识到，既要坚持社会发展是一个自然历史过程，又要承认人的主观能动性，一定要从历史决定论和历史选择论的辩证统一出发，来回答"什么是社会主义，怎样建设社会主义"问题。第四，马克思主义关于非资本主义道路理论，实际上只是一种审慎的设想，只是一种可能性的分析，尚需经过社会实践的验证。从中可以认识到，"什么是社会主义，怎样建设社会主义"既是一个理论问题，更是一个实践问题，只有随着社会主义实践的不断深入，随着不断的实践的检验，对这个首要的基本问题的认识，才能越搞越清楚，才能不断深化。

　　记者：历史发展进程虽然印证了马克思恩格斯关于东方非资本主义国家可以跨越资本主义制度的"卡夫丁峡谷"，而走向社会主义的设想，但这是否又违背了他们关于社会发展一般规律的理论呢？

王伟光：马克思恩格斯以历史唯物主义原理为指南，以生产力发展状况为基本标准，根据社会基本矛盾运动规律的特点，直接考察了社会生产关系的性质和特征，揭示了社会形态演变的一般规律，即由人的依附的社会形态到物的依附的社会形态，再到人的自由全面发展的社会形态的由低级社会形态向高级社会形态演变的一般历史进程，并指出资本主义社会经过无产阶级专政的过渡，必然为共产主义社会所代替。共产主义社会又分为共产主义第一阶段，即社会主义社会；共产主义高级阶段，即共产主义社会。后来的马克思主义者根据马克思恩格斯的社会形态演变规律理论，把人类社会形态依次发展进程概括为原始社会、奴隶社会、封建社会、资本主义社会和共产主义社会。实际上该"五形态"说也仅仅是揭示了人类社会形态发展进程的一般规律。

理论在概括事物本质时，剔除了大量的偶然因素，舍去了活生生的事例，只是对历史发展客观逻辑的一种抽象，并不是对全部社会现象的总汇。社会发展"五形态"说，只是运用科学的抽象方法，对历史发展规律的一种理论上的概括，实际的历史发展情况要复杂得多。"五形态"说只反映了人类历史发展的一个普遍性规律，这个总的趋势是必然的、不可逾越的，然而其具体的发展又不是单一的、直线的、绝对的。至于在一定历史条件下，哪个国家、哪个民族、哪个地区是否可以有特例、有偶然的情况发生，是否都要依次经过同样的社会形态发展阶段，马克思恩格斯并没有把它绝对化。马克思主义从来不以认识历史过程的一般规律为满足，而是努力进一步探索不同民族、国家和地区符合一般规律的特殊发展道路。

马克思恩格斯认为，一般地说，像英国等资本主义比较发达的国家，资本主义生产方式是通向共产主义的必经阶段。但他们又预言，像俄国那样经济文化比较落后的国家可以不经过资本主义制度的"卡夫丁峡谷"，而走向社会主义。也就是说，马克思恩格斯在阐述资本主义生产力和生产关系的矛盾必然导致社会主义革命这一原理时，并不排除不同国家、不同民族、不同地区依各自具体的历史条件所采取的特殊发展道路的特殊性，并不排除某些落后国家在一定条件下实现社会主义社会变革的可能性。这个重要思想具有世界观、方法论的意义，它告诉我们：经济文化比较落后的国家要从本国具体国情出发，选择适合本国特殊性的社会主义模式，走具有本国特色的社会主义发展道路。

马克思关于非资本主义道路理论的实质在于：经济文化比较落后的国家不

经过资本主义的充分发展阶段而走上社会主义道路的设想，不是对人类社会历史发展进程一般规律理论的否定，而是对该理论的深化和丰富。

记者：如果说，现实社会主义发展没有违背社会发展一般规律，那么，又该如何看待和认识现实社会主义的发展遭遇的挫折？

王伟光：其实，科学社会主义的创始人不仅预见到非资本主义国家走上社会主义道路的可能性，而且还预见到非资本主义国家走社会主义道路的特殊性和艰巨性。对于东方落后国家走向社会主义，列宁曾经特别强调了这样两点：一是东方国家的共产党人面临着全世界共产党人所完全没有遇到过的任务，就是以共产主义的一般理论和实践为依据，解决本国不是反对资本而是反对中世纪残余这个斗争任务；二是由于历史进程的曲折而不得不开始社会主义革命的那个国家愈落后，它由旧的社会关系过渡到社会主义社会关系就愈困难。第二次世界大战之后，包括中国在内的一批经济文化比较落后的国家没有经过资本主义的充分发展阶段而跃进到社会主义，进行社会主义建设的实践，进一步证明了列宁上述思想的正确性。

20世纪的社会主义的实践使我们看到，一些经济文化比较落后的国家走上社会主义道路之后，在经济和政治上都曾不同程度地出现了一些问题，社会主义制度遭遇到了重大的挫折和失败。从1989年波兰易帜亡党起，东欧七个社会主义国家先后演变，到1991年12月苏联解体，苏联东欧社会主义建设道路探索归于失败，世界社会主义运动遭到重大挫折，教训极其深刻。就苏联失败教训来说，在思想理论上，教条主义禁锢，思想僵化，唯书唯上，照抄照搬，脱离本国国情；在政治领域中，长期实行权力高度集中的政治体制，忽视社会主义民主与法制建设，官僚主义盛行，严重脱离群众；在经济发展上，计划经济体制一统天下，经济结构严重失衡，片面发展重工业特别是国防工业，收入分配长期搞平均主义，人民生活改善十分缓慢；在对外关系上，搞大国主义，大党主义，干涉其他社会主义国家内政，全面扩军备战，与美国争霸，消耗和削弱自身的实力。东欧社会主义国家又照搬斯大林模式，发展畸形，缺乏活力。从思想政治路线上来总结，最根本的原因是，在西方和平演变的诱导下，苏东各国从否定共产党领导和社会主义道路开始，彻底背叛了马克思主义，全面接受西方资本主义意识形态，全盘照搬西方政治经济制度，导致严重倒退。当然，从建设社会主义的首要的基本问题的意义上说，这仍是与没有从理论与实践的结合上搞清楚"什么是社会主义,怎样建设社会主义"问题有关。

社会主义各国的经验教训,特别是苏联东欧社会主义事业倒退的沉痛教训,我国从1957年到1976年社会主义建设的经验教训表明,一定要坚持马克思主义基本原理和基本路线,坚持四项基本原则,绝不能离开本国实际,照抄照搬科学社会主义创始人关于"什么是社会主义,怎样建设社会主义"的现成结论,照抄照搬别国的模式,教条式地理解"什么是社会主义,怎样建设社会主义",从本本出发,是根本搞不清楚"什么是社会主义,怎样建设社会主义"这个首要的基本问题的。

记者：马克思恩格斯虽然提出了非资本主义国家走社会主义道路的可能性问题,但是他们也指出,实现社会主义,需要有一定的社会历史前提,对于这个前提,您如何理解?

王伟光：马克思恩格斯虽然提出了非资本主义国家走社会主义道路的可能性问题,但他们也强调,东方非资本主义国家走向社会主义,实现社会形态的跨越式发展,必须建立在吸收资本主义制度所创造的一切积极成果的基础之上。也就是说,实现社会主义,需要有一定的社会历史前提,尤其是物质条件。恩格斯指出:"只有在社会生产力发展到一定程度,发展到甚至对我们现代条件来说也是很高的程度,才有可能把生产提高到这样的水平,以致使得阶级差别的消除成为真正的进步,使得这种消除可以持续下去……"[1]可见,他们关于社会主义的理论思考,从一开始就同民粹派的农业空想社会主义划清了界限。

基于此,经济文化落后国家在建设社会主义国家过程中,必须清楚地面对和思考以下两个方面的问题:

第一,人类社会是一个自然历史过程,生产力和经济发展的时间可以有长有短,速度可以有快有慢,甚至可以积极吸取先进技术和物质条件实现跨越式的发展,但是生产力和经济发展所必要的自然发展条件、所经历的自然发展阶段却是不可任意舍去的。马克思在《资本论》第1卷第1版序言中明确指出:"一个社会即使探索到了本身运动的自然规律……它还是既不能跳过也不能用法令取消自然的发展阶段。但是它能缩短和减轻分娩的痛苦。"[2]处于资本主义世界体系中的经济文化比较落后的国家,在一定条件下,可能不经过资本主义的

[1]《马克思恩格斯选集》第3卷,人民出版社1995年版,第273页。
[2]《马克思恩格斯选集》第2卷,人民出版社1995年版,第101页。

充分发展阶段，而选择社会主义制度。这就是说，在一定条件下，可以实现资本主义制度的"跨越"，但资本主义发达的生产力以及它所创造的一切优秀文明成果却是不可"跨越"的；先进的社会制度是可以选择的，但社会发展的生产力和经济状况的既定前提却是不可选择的。在建立了先进的社会制度的情况下，人们必须凭借先进的社会制度，大力发展社会生产力，尽快地在经济发展上赶上并超过发达的资本主义国家，只有这样，新生的社会制度才能获得巩固，并且充分地体现出它的优越性来。

第二，马克思恩格斯所讲的社会主义的全社会占有、计划经济、按劳分配这些重要特征，是指在资本主义生产力高度发展，资本主义生产关系再也不能容纳生产力发展的前提下，通过社会主义革命所建成的社会主义所具有的主要特征，这里有一个发达生产力的重要前提条件。在马克思恩格斯的论述中，这个重要前提是不言而喻的。也就是说，从生产力发展、经济发展的必然性来说，真正合格的社会主义必须要有高度发达的社会化大生产作为物质基础。当一个民族，在一定条件下，经过努力建立了比较先进的社会制度，那么这个民族所面临的首要任务则是利用先进的社会制度，加速社会生产力的发展。市场经济是社会发展的一个不可逾越的自然历史阶段。在经济文化比较落后的国家建设社会主义，既要看到在一定条件下社会主体对先进的社会制度具有一定的选择性，又要看到经济文化比较落后的国家建设社会主义是不可以超越生产力高度发展，市场经济充分成熟的自然历史阶段。社会主义必然要经历生产力高度发展，市场经济充分成熟的自然历史阶段。

记者：回顾中国特色社会主义建设道路的探索进程，回顾对于"什么是社会主义，怎样建设社会主义"这个首要的基本问题的认识过程，可以从中得出哪些带有规律性的重要启示？

王伟光：我认为有四点是必须坚持的：第一，必须始终坚持马克思主义思想路线，把科学社会主义的基本原理同中国的具体国情相结合。一切从实际出发，解放思想、实事求是的思想路线是我们党全部理论和实践的灵魂，也是中国特色社会主义理论和实践的精髓，是正确回答在经济文化比较落后的中国"建设什么样的社会主义，怎样建设社会主义"的理论基点。中国特色社会主义道路，既符合科学社会主义的基本原理，又符合中国的具体国情，是科学社会主义基本原理与中国特色社会主义实践的具体实际相结合的产物。要回答和解决"什么是社会主义,怎样建设社会主义",就必须从中国的实际国情出发,独立自主地走适合自己特点的发展道路。

第二,必须科学判断时代特征和正确把握时代主题,把科学社会主义基本原理同当今时代的具体世情相结合。世情的关键是时代问题,回答好世情,就要解决好对时代特征的科学判断,对世界主题的准确把握,对国际形势的正确认识。这是马克思主义政党制定正确的路线、方针、政策的客观根据,是中国特色社会主义建设道路成功探索的客观根据,也是回答"什么是社会主义,怎样建设社会主义"的客观依据。

第三,必须始终不渝地坚持正确的理论、路线的指导。中国特色社会主义理论体系,是指导我们推进中国特色社会主义建设事业不断发展的强大思想武器。要坚定不移地高举邓小平理论和"三个代表"重要思想旗帜,全面落实科学发展观,只有这样才能继续做好"什么是社会主义,怎样建设社会主义"这篇大文章。

第四,必须始终加强执政党的建设,不断增强党的执政能力,永葆党的先进性,使党永远站在时代的前列,始终成为中国特色社会主义事业的坚强领导核心。"中国的事情关键在党。""要把中国的事情办好,关键取决于我们党。"进入新世纪、新阶段,面对新形势、新任务、新要求,中国共产党作为执政党面临世界大变化、执政和改革开放市场经济"三大考验",经历从领导革命夺取政权到执政搞建设,从计划经济条件下执政到市场经济条件下执政的"两大转折",一定要解决好执政水平和领导水平,抵御风险能力和拒腐防变能力的"两个水平、两个能力"问题。

历史的经验告诉我们：必须搞清楚"什么是社会主义，怎样建设社会主义"这个首要的基本问题 [1]

——马克思主义关于"什么是社会主义，怎样建设社会主义"基本观点研析

科学社会主义创始人创建科学社会主义理论的同时，也就把"什么是社会主义，怎样建设社会主义"这个重大课题提了出来。回答在经济文化比较落后的国家"什么是社会主义，怎样建设社会主义"问题，实际上就是回答关于经济文化比较落后的国家"能否建设社会主义，建设什么样的社会主义，怎样建设社会主义"问题。

科学社会主义创始人在创立科学社会主义理论的过程中，在其不断发展和丰富科学社会主义理论的整个一生中，把注意力和着眼点主要放在西方发达资本主义国家，他们曾经设想社会主义革命将首先同时在西欧北美少数发达资本主义国家发生。正是从这一观点出发，科学社会主义创始人提出并回答了"什么是社会主义，怎样建设社会主义"问题。他们的答案主要是针对少数发达资本主义国家实现社会主义革命，进行社会主义建设的情况的。后来的实践发展促使科学社会主义创始人进一步修订和发展了原先的看法。通过对东方国家和民族发展道路的研究，他们补充认为，在一定条件下，经济文化比较落后的国

---

[1]本文为作者主编《社会主义通史》（八卷本）总序的一部分，2008年3月撰写，人民出版社2011年4月出版。

家可以不经过资本主义的充分发展阶段，而进行社会主义革命，走上社会主义道路。提出了在经济文化比较落后的国家能否率先走上社会主义道路的问题，即在经济文化比较落后的国家"能否建设社会主义，建设什么样的社会主义，怎样建设社会主义"问题。正是现实的社会发展进程把"什么是社会主义，怎样建设社会主义"这个活生生的、重大的课题进一步提了出来。

马克思恩格斯创立了历史唯物主义，论证了人类社会从低级社会形态依次向高级社会形态的演进是一个自然的历史过程，揭示了人类社会历史发展的一般演变规律。他们从社会一般发展规律出发认为，社会主义革命之所以首先在发达资本主义国家发生，是因为在那里生产力已经发展到资本主义生产关系阻碍其发展的程度，社会主义革命是资本主义的私人占有性质同社会化大生产的内在矛盾日益激化、不可调和的必然产物，社会主义社会是从资本主义社会内部脱胎出来的社会形态。他们指出，资本主义的充分发展是社会主义社会的历史前提。他们根据当时的实际，认为无产阶级的社会主义革命将首先在生产力比较发达、无产阶级人数众多的西方资本主义国家发生，而且无产阶级革命只能在发达资本主义国家里，至少是几个主要发达资本主义国家同时发生才能胜利。此后的社会实践发展使科学社会主义创始人开始注意并研究西方国家社会主义革命和东方国家社会主义革命的不同情况，提出非资本主义国家走社会主义道路的可能性问题。马克思恩格斯认为，东方非资本主义国家走向社会主义，在特定的条件下，能够不通过资本主义制度的"卡夫丁峡谷"，而吸收资本主义制度所创造的一切积极成果，实现社会形态的跨越式发展。他们还预见到非资本主义国家走社会主义道路的特殊性和艰巨性。

历史发展进程的现实恰恰是：绝大多数社会主义国家并不是在资本主义充分发展的基础上产生的，甚至于相当多的社会主义国家是在相对落后的经济条件中生长出来的，这些国家和民族跨越了作为独立历史阶段的资本主义制度充分发展的"卡夫丁峡谷"。历史的事实印证了马克思恩格斯关于东方非资本主义国家可以不经过资本主义制度的"卡夫丁峡谷"而走向社会主义的设想。历史雄辩地证明：科学社会主义创始人关于在一定条件下，落后国家可以不经过资本主义充分发展阶段而走上社会主义道路的设想是可能的。

但现实生活中的另一个重要表现却是，一些经济文化比较落后的国家走上社会主义道路之后，在经济和政治上都曾不同程度地出现了一些问题，甚至相当多的社会主义国家，如苏联、东欧诸国发生了蜕变，社会主义制度遭遇到了重大的挫折和失败。

面对严峻残酷的现实，人们进一步思索：现实的社会主义没有经过资本主义的充分发展，是不是违背了社会发展的一般规律？如果没有违背，那么现实社会主义的发展为什么会遇到这么大的挫折，现代资本主义却反而有了一定程度的发展？如果违背了历史发展规律，那么是否可以认为落后国家走社会主义道路是一个错误的选择、历史的误会，应当回过头来补上资本主义制度的发展道路的课呢？这一切问题，又会归结到在经济文化比较落后的国家"能否建设社会主义，建设什么样的社会主义，怎样建设社会主义"问题上，即"什么是社会主义，怎样建设社会主义"问题上。

如此重大的现实问题反映到理论上，就是 20 世纪 80 年代以来国内外学术界关于社会形态演变规律的一场大争论，其中对马克思主义关于社会主义发展的非资本主义道路问题的不同理解，是这场争论的焦点之一。一种意见认为，马克思恩格斯对东方社会发展理论的探讨，提出了落后国家可以不经过资本主义的充分发展阶段，跨越资本主义制度的"卡夫丁峡谷"，进入社会主义的论证，是对历史发展一般进程、一般规律的否定。这种意见的结果是逻辑地引出：从封建社会经由资本主义社会，再经过社会主义的过渡而达到共产主义社会的依次演变不是一般规律，落后国家建设社会主义，可以跨越现有生产力的发展，跨越市场经济的发展，而直接进入计划经济的全社会公有制的社会形态。再一种意见认为，马克思恩格斯的探索只不过是一种假设，在现实生活中不可能实现。这种意见从表面上看是肯定社会历史发展的一般规律，实际上却含蓄地否认经济文化比较落后的国家建成社会主义的可能性，认为资本主义生产方式是社会历史发展不可逾越的历史阶段，经济文化比较落后的国家即使社会主义革命成功了，也要回过头来"补资本主义制度的课"。

如何认识马克思主义关于非资本主义道路理论，这不仅是关系到如何认识社会形态演变规律的重大理论问题，也是关系到对社会主义发展规律的根本认识问题，对社会主义代替资本主义历史必然性的根本认识问题，对"什么是社会主义、怎样建设社会主义"的根本认识问题。

一、科学社会主义创始人关于俄国这样经济文化比较落后的国家有没有条件，有没有可能走社会主义道路问题的研究，实质上为回答经济文化比较落后的国家"能否建设社会主义，建设什么样的社会主义，怎样建设社会主义"问题提供了理论支持

自19世纪70年代以来，俄国资本主义虽然已有了较大程度的发展，但是，仍然带有浓厚的封建色彩。一方面，沙皇军事封建专制制度和地主土地所有制度占统治地位，另一方面，由于经济发展落后，俄国在一定程度上还明显地残留着以原始土地"公有"和土地个体耕种为主要特征的早期所有制关系—农村公社所有制。由于当时国内外矛盾的激化，俄国正在经历着一场革命危机，已经出现的革命形势，促使马克思恩格斯着手研究俄国如何走向社会主义的具体道路问题，也就是，像俄国这样的情况，是否必须经历资本主义的充分发展阶段，才能实现社会主义革命，是否有可能以农村公社"公有"制为社会主义革命的起点，从而超过资本主义充分发展阶段。换句话说，俄国的农村公社所有制有没有可能在一定条件下转为高级的社会主义公有制形式。实质上，这就提出了在通向社会主义的大道上，是否世界各国都必须经过资本主义充分发展阶段，像俄国这样经济文化比较落后的国家，有没有可能、有没有条件走实现社会主义的非资本主义道路，也就是说，要回答在俄国这样的国家"能否建设社会主义，建设什么样的社会主义，怎样建设社会主义"问题，才能进一步回答"什么是社会主义，怎样建设社会主义"课题。

马克思恩格斯非常关注俄国保留下来的农村公社"公有"制。经过认真的研究，他们认为，在当时的环境下，俄国农村公社"公有"制有可能直接作为集体公有制的因素在全国范围内发展起来，从而使俄国有可能不经过资本主义制度的"卡夫丁峡谷"，而直接过渡到社会主义。马克思恩格斯得出这个判断是经过理论上的深思熟虑的，而且是有前提条件的。这个思想主要是在马克思恩格斯对摩尔根《古代社会》的研究，马克思写给《祖国纪事》杂志的复信草稿等文稿中体现出来的。通过对摩尔根《古代社会》的研究，马克思受到深刻的启发，他认为，社会进步的标准并非每个民族都要经历充分的资本主义训练，或许会找到一条在具体历史和民族条件下，能够不经过发达资本主义而通向共产主义的道路。在写给维·伊·查苏利奇的三个内容丰富的复信草稿中，马克

思深化了关于社会形态演变规律的理论。他把建立在原始公有制基础上的社会形态称之为人类社会的"原生"形态或"古代"形态，把建立在私有制基础上的阶级社会看作是"次生"形态。"农村公社"是"原生"的社会形态的最后阶段，同时也是向"次生"的社会形态过渡的阶段，即以公有制为基础的社会向以私有制为基础的社会过渡的阶段。[1] 他认为，历史发展将以合作生产来代替资本主义生产，以古代类型的所有制最高形式即共产主义所有制来代替资本主义私有制，这是最后一个"次生"形态的最高形式。"在俄国公社面前，资本主义是处于危机状态，这种危机只能随着资本主义的消灭、现代社会的回复到'古代'类型的公有制而结束。"[2] 正是在这个论证的基础上，马克思集中探讨了俄国社会发展的非资本主义道路问题，从而提出了在一定条件下，落后国家可以不经过资本主义的充分发展阶段，而走上社会主义道路的重要思想，提出了关于社会形态演变规律的重要理论，为科学回答在经济文化比较落后的国家"能否建设社会主义，建设什么样的社会主义，怎样建设社会主义"问题提供了理论支持。

1877 年，马克思写给《祖国纪事》杂志编辑部的信中，说明了关于俄国农村公社制度前途的原因，充分地论述了俄国社会发展的非资本主义道路问题。当时，马克思写给《祖国纪事》杂志编辑部的信的初衷是纠正俄国民粹派人物米海洛夫斯基对《资本论》的误解。米海洛夫斯基抓住刊载在《资本论》德文版第 1 卷补遗里的一个附注，企图把马克思关于西欧资本主义起源的历史概述变成一般发展道路的历史哲学理论。马克思运用历史唯物主义原理分析了历史过程的辩证法，纠正了这一错误认识。他指出，整个人类社会最终走向生产力高度发展和人的自由全面发展的社会，但并不是每一个民族都要走同一条道路，采取同一个模式。不同的民族、国家要服从人类历史发展的总规律，但在不同的历史条件下表现出各自的特殊性来。俄国同西欧的情况不同，它有可能跳跃性地发展。他认为，"一定要把我关于西欧资本主义起源的历史概述彻底变成一般发展道路的历史哲学理论，一切民族，不管他们所处的历史环境如何，都注定要走这条道路，—以便最后都达到在保证社会劳动生产力极高发展的同时又保证人类最全面的发展的这样一种经济形态。但是我要请他原谅。他这样做，

[1]《马克思恩格斯全集》第 19 卷，人民出版社 1963 年版，第 450 页。

[2]《马克思恩格斯全集》第 19 卷，人民出版社 1963 年版，第 432 页。

会给我过多的荣誉，同时也会给我过多的侮辱"[1]。认为这是违背他的唯物主义历史观本意的。他说，如果把复杂历史过程中的"每一个都分别加以研究，然后再把它们加以比较，我们就会很容易找到理解这种现象的钥匙；但是，使用一般历史哲学理论这一把万能钥匙，那是永远达不到这种目的的，这种历史哲学理论的最大长处就在于它是超历史的。"[2]一般历史哲学不能代替具体的历史过程。

当然，在对待俄国农村公社问题上，马克思恩格斯一开始就同民粹派的农业空想社会主义划清界限。1875 年，在《论俄国的社会问题》中，恩格斯坚持批判民粹派源自赫尔岑和巴枯宁的观点：工业国家的无产阶级已经堕落，在农村公社基础上建立社会主义社会的使命落在了俄国农民的肩上。恩格斯认为，实现社会主义，需要有一定的社会前提，尤其是物质条件，"只有在社会生产力发展到一定程度，发展到甚至对我们现代条件来说也是很高的程度，才有可能把生产提高到这样的水平，以致使得阶级差别的消除成为真正的进步，使得这种消除可以持续下去，……"。[3]正是基于这样一个理论前提，恩格斯认识到：俄国的农村公社在一定情况下有可能"转变为高级形式"，"然而这只有在下述情况下才会发生，即西欧在这种公社所有制彻底解体以前就胜利地完成无产阶级革命并给俄国农民提供实现这种过渡的必要条件，特别是提供在整个农业制度中实行必然与此相联系的变革所必需的物资条件"[4]。实际上，当时马克思恩格斯已经看到，由于俄国正在迅速走向"资本主义"发展，农村公社幸存的机会微乎其微，但他们仍然积极阐明这种理论上的可能性。

1881 年，马克思在给维·伊·查苏利奇的一封信中指出："俄国是在全国广大范围内把土地公社占有制保存下来的欧洲唯一的国家，同时，恰好又生存在现代的历史环境中，处在文化较高的时代，和资本主义生产所统治的世界市场联系在一起。"[5]就国内情况来说，"农村公社的土地公有制赋予它以集体占有的自然基础"[6]，使俄国"有可能直接地、逐步地把小土地个体耕作变为集体耕

[1]《马克思恩格斯全集》第 19 卷，人民出版社 1963 年版，第 130 页。

[2]《马克思恩格斯全集》第 19 卷，人民出版社 1963 年版，第 131 页。

[3]《马克思恩格斯选集》第 3 卷，人民出版社 1995 年版，第 273 页。

[4]《马克思恩格斯选集》第 3 卷，人民出版社 1995 年版，第 282 页。

[5]《马克思恩格斯全集》第 19 卷，人民出版社 1963 年版，第 444 页。

[6]《马克思恩格斯全集》第 19 卷，人民出版社 1963 年版，第 451 页。

作"[1]；另一方面，俄国农村公社又"和控制着世界市场的西方生产同时存在"[2]，它的这种"历史环境（资本主义生产和它同时存在）又给予它以实现大规模组织起来的合作劳动的现成物质条件"[3]。这样，俄国"可以不通过资本主义制度的卡夫丁峡谷，而吸取资本主义制度所取得的一切肯定成果"[4]。马克思还认为，"现代社会所趋向的'新制度'将是'古代类型'社会在一种更完善的形式下（in a superior form）的复活（a revival）"。

马克思在研究俄国社会发展的非资本主义道路问题时，曾多次使用过"资本主义制度的卡夫丁峡谷"的用语，这是一个历史典故。"卡夫丁峡谷"是古罗马卡夫丁城附近的一条峡谷，公元前321年，罗马军队在卡夫丁峡谷被萨姆尼特人打败，被强迫通过"牛轭"作为对败军最大的侮辱。由此，"通过卡夫丁峡谷"一语便被赋予遭受极大的挫折、困难和侮辱的含义。在这里，马克思借用以表示资本主义制度作为一个独立的历史阶段所必然带来的"可怕的挫折""危机""苦难"等，并且进一步暗指，在一定的历史条件下，经过主观努力，像俄国这样的东方民族和国家可以不经过资本主义制度的波折和危难，而走上社会主义道路。

后来，在1882年为格奥尔基·普列汉诺夫翻译的俄文版《共产党宣言》所写的序言中，马克思恩格斯才把前面的表述公布于众，他们声明："假如俄国革命将成为西方无产阶级革命的信号而双方互相补充的话，那么现今的俄国土地公有制便能成为共产主义发展的起点。"[5]1894年，恩格斯在新版《〈论俄国的社会问题〉跋》中强调，当西欧人民的无产阶级取得胜利和生产资料转归公有之后，那些刚刚踏上资本主义生产道路而仍然保全了氏族制度或氏族制度残余的国家，可以利用这些公有制和与之相适应的人民风尚作为强大手段，来大大缩短自己向社会主义发展的过程。这不仅适用于俄国，而且适用于处在资本主义以前发展阶段的一切国家。最后，恩格斯又重新强调了这种情况产生的必要的国际环境和社会条件，"但这方面必不可少的条件是：目前还是资本主义的西方

---

[1]《马克思恩格斯全集》第19卷，人民出版社1963年版，第435页。

[2]《马克思恩格斯全集》第19卷，人民出版社1963年版，第435页。

[3]《马克思恩格斯全集》第19卷，人民出版社1963年版，第451页。

[4]《马克思恩格斯全集》第19卷，人民出版社1963年版，第451页。

[5]《马克思恩格斯选集》第1卷，人民出版社1995年版，第251页。

作出榜样和积极支持"。[1]

马克思恩格斯对俄国走向公有制社会道路的理论探讨说明，在国际国内的特殊条件下，经济文化比较落后的国家跨越资本主义制度的"卡夫丁峡谷"，建设社会主义既是可能的，也是合乎历史发展逻辑的。马克思恩格斯的这些论述在总的发展趋势上已经为后来的实践所证实。在 20 世纪初第一次世界大战爆发的特定历史条件下，俄国在没有经过资本主义的充分发展阶段的情况下，取得了社会主义革命的胜利。相对于经过资本主义的充分发展阶段而过渡到社会主义的一般规律来说，俄国革命的成功无疑具有特殊性。列宁在反驳当时一些机会主义者对这种特殊性的攻击时认为，这种特殊性是由第一次世界帝国主义战争的特殊条件和俄国的特殊情况所决定的，并认为："在先进国家无产阶级的帮助下，落后国家可以不经过资本主义发展阶段而过渡到苏维埃制度，然后经过一定的发展阶段过渡到共产主义。"[2]在具体的历史条件下，列宁进一步发展了马克思恩格斯关于在特定的条件下，经济文化比较落后的俄国可以不经过资本主义的充分发展阶段而过渡到社会主义的思想。结合当时的时代特点，针对经济文化比较落后的俄国的实际，列宁提出社会主义可以在一国首先取得革命胜利，强调经济文化比较落后的国家的无产阶级在夺取政权以后要实现党和国家工作重心的战略转移。国家支配着一切大的生产资料，无产阶级掌握着国家政权，是建成社会主义所必需而且足够的一切。社会主义最终胜利的根本保证是创造出比资本主义更高的劳动生产率。

经过一段社会主义实践，在总结经验教训的基础上，列宁又提出了新经济政策，对经济文化比较落后的国家走向社会主义的现实途径进行了新的探索，对社会主义道路有了新的认识。关于东方落后国家走向社会主义，列宁特别强调两点：一是东方国家的共产党人面临着全世界共产党人所完全没有遇到过的任务，就是以共产主义的一般理论和实践为依据，解决本国不是反对资本而是反对中世纪残余这个斗争任务；二是由于历史进程的曲折而不得不开始社会主义革命的那个国家愈落后，它由旧的社会关系过渡到社会主义关系就愈困难。第二次世界大战之后，包括中国在内的一批经济文化比较落后的国家没有经过资本主义的充分发展阶段而跃进到社会主义，进行社会主义建设的实践，进一

---

[1]《马克思恩格斯选集》第 4 卷，人民出版社 1995 年版，第 443 页。

[2]《列宁选集》第 4 卷，人民出版社 1995 年版，第 279 页。

步证明了马克思、恩格斯、列宁上述思想的正确性。当然，这只是奠定了解决在经济文化比较落后的国家，"能否建设社会主义，建设什么样的社会主义，怎样建设社会主义"问题的理论前提，至于在经济文化比较落后的国家"什么是社会主义，怎样建设社会主义"问题，还要留待后来的科学社会主义的实践者们进一步回答。

二、全面理解科学社会主义创始人关于在一定条件下，经济文化比较落后的国家可以不经过资本主义充分发展阶段，而走上社会主义道路的论述，可以从唯物史观的高度引发出对"什么是社会主义、怎样建设社会主义"的认识与回答

科学社会主义创始人关于俄国这样经济文化比较落后的国家"能否建设社会主义，建设什么样的社会主义，怎样建设社会主义"的初步的理论解答，实际上就是从唯物史观的高度，对"什么是社会主义，怎样建设社会主义"课题的解答。

第一，马克思主义关于非资本主义道路理论，并不是对世界历史过程一般规律的否定，而是在承认一般规律的前提下，对历史发展特殊规律的探索。从中可以认识到，一定要从本国的特殊性出发，来回答"什么是社会主义，怎样建设社会主义"问题。

马克思恩格斯以历史唯物主义原理为指南，以生产力发展状况为基本标准，根据社会基本矛盾运动规律的特点，直接考察了社会生产关系的性质和特征，揭示了社会形态演变的一般规律，即由人的依附的社会形态到物的依附的社会形态，再到人的自由全面发展的社会形态的由低级社会形态向高级社会形态演变的一般历史进程，并指出资本主义社会经过无产阶级专政的过渡，必然为共产主义社会所代替。共产主义社会又分为共产主义第一阶段，即社会主义社会；共产主义高级阶段，即共产主义社会。后来的马克思主义者根据马克思恩格斯的社会形态演变规律理论，把人类社会形态依次发展进程概括为原始社会、奴隶社会、封建社会、资本主义社会和共产主义社会。实际上该"五形态"说也仅仅是揭示了人类社会形态发展进程的一般规律。

理论在概括事物本质时，剔除了大量的偶然因素，舍去了活生生的事例，

只是对历史发展客观逻辑的一种抽象，并不是对全部社会现象的总汇。列宁指出，规律并不包括现象中的一切联系，现象比规律更丰富，现象是整体，"规律＝部分"。历史唯物主义的任何一个原理都只是对社会现象本质特征的概括，并不是对全部历史事实的罗列和堆砌。社会发展"五形态"说，只是运用科学的抽象方法，对历史发展规律的一种理论上的概括，实际的历史发展情况要复杂得多。"五形态"说只反映了人类历史发展的一个普遍性规律，这个总的趋势是必然的、不可逾越的，然而其具体的发展又不是单一的、直线的、绝对的。至于在一定历史条件下，哪个国家、哪个民族、哪个地区是否可以有特例、有偶然的情况发生，是否都要依次经过同样的社会形态发展阶段，马克思恩格斯并没有把它绝对化。列宁认为："世界历史发展的一般规律，不仅丝毫不排斥个别发展阶段在发展的形式或顺序上表现出特殊性，反而是以此为前提的。"[1]历史的必然性正是通过各种特殊性为自己开辟道路，马克思主义从来不以认识历史过程的一般规律为满足，而是努力进一步探索不同民族、国家和地区符合一般规律的特殊发展道路。这是因为，其一，五种社会形态只是典型的社会发展模式，它们并不是固定的模式，社会形态的典型性并不排除具体发展道路的多样性。在人类社会发展"五大"形态之间，还存在非典型性、过渡性的社会。其二，在人类社会发展的共同道路上，有些民族、国家和地区，借助于某种特殊的条件，可以超越历史发展的一个或几个阶段，直接进入到某一高级阶段，表现出历史发展的跳跃性。譬如，我国一些少数民族，在中国共产党的领导下，分别从奴隶社会、封建社会甚至原始部落后期的社会形态直接进入社会主义初级阶段。其三，人类社会发展依次经历的每一个社会形态，尽管都有各自的本质特征，但在不同民族、不同国家，甚至不同地区，由于历史条件不同，同样性质的社会形态具有不同的表现特点，甚至会出现不同性质乃至对立的社会制度并存的现象，有时同一性质的社会形态却包含不同的、对立的经济成分和政治因素。譬如，中国的封建社会同西欧的封建社会有不同的特点；同样的中华民族可以有不同的制度并存，甚至在社会主义国家内部也可以采取"一国两制"的形式；在我国现阶段存在着以公有制为主体、多种经济成分并存的经济结构；等等。因此，社会形态的发展是普遍性和特殊性，一致性和多样性的统一。

历史的发展是两个必然趋势的统一：一方面，整个人类历史必然要遵循社

[1]《列宁选集》第4卷，人民出版社1995年版，第776页。

会形态演变的一般发展规律，这是社会形态发展的普遍逻辑；另一方面，在整个社会发展进程中，也不排除某个民族、某个国家、某个地区走一条特殊的道路。对于这点，科学社会主义的经典作家也不否定，他们认为，一般地说，像英国等资本主义比较发达的国家，资本主义生产方式是通向共产主义的必经阶段。但他们又预言，像俄国那样经济文化比较落后的国家可以不经过资本主义制度的"卡夫丁峡谷"，而走向社会主义。马克思说："按照我们的观点，一切历史冲突都根源于生产力和交往形式之间的矛盾。此外，不一定非要等到这种矛盾在某一国家发展到极端尖锐的地步，才导致这个国家内发生冲突。"[1] 正因为这样，马克思恩格斯在阐述资本主义社会生产力和生产关系的矛盾必然导致社会主义革命这一原理时，并不排除不同国家、不同民族、不同地区依各自具体的历史条件所采取的特殊发展道路的特殊性，并不排除某些落后国家在一定条件下实现社会主义变革的可能性。这个重要思想具有世界观方法论的意义，经济文化比较落后的国家要从本国具体国情出发，选择适合本国特殊性的社会主义模式，走具有本国特色的社会主义发展道路。

第二，马克思主义关于非资本主义道路理论，是在充分估计具体历史条件的前提下，对历史发展道路具体多样性的科学预测。从中可以认识到，各国的具体国情不同，社会主义的具体模式和建设社会主义的具体道路也应当是多样化的，而不能是只一个模式，仅一条道路，一定要从历史多样性出发，来回答"什么是社会主义，怎样建设社会主义"问题。

一般寓于特殊之中，必然性通过偶然性而表现出来。任何个别、特殊都有其个别、特殊的具体条件。离开具体条件无所谓特殊，离开偶然也无所谓必然。虽然，马克思恩格斯关于俄国有可能经过农村公社"公有"制而直接过渡到社会主义的思想没有成为现实，但是，列宁领导的社会主义革命在落后的俄国成功的实践，充分证明了在特定的历史条件下，资本主义制度的"卡夫丁峡谷"是可以跨越的。当然，在这里，条件是非常重要的。马克思恩格斯以及列宁在谈到对资本主义制度的"卡夫丁峡谷"的跨越时，都是把这种跨越同一定国家所面临的国际国内具体历史条件联系在一起。列宁在谈到俄国未经过资本主义的充分发展阶段而进入社会主义发展道路的特殊性时说，这种特殊性"当然符

---

[1]《马克思恩格斯选集》第 1 卷，人民出版社 1995 年版，第 115 页。

合世界发展的总的路线"。[1] 从正处于资本主义向社会主义过渡这个时代特点出发，列宁认为，整个世界进程面临着向"更高级的制度的过渡"，[2] 并且认为由于帝国主义经济政治发展的不平衡，社会主义革命可以在资本主义体系的薄弱环节突破，首先在一国取得胜利。

具体来说，俄国的资本主义没有得到充分发展，也是由于特殊的国际国内条件造成的。首先，从俄国历史发展的一般趋势来说，从封建社会的自然经济过渡到高度发达的共产主义产品经济，必然有一个中间阶段，这个阶段就是资本主义高度发展的历史阶段。历史的具体事实表明，在俄国封建社会发展的后期已经产生了资本主义的萌芽，如果没有国际环境造成的特殊条件，这些资本主义萌芽按其自然进程发展下去，必然会导致充分发展的资本主义社会。实际上，当时俄国的资本主义之所以没有得到充分发展，也是由特殊的国际环境和国内条件造成的。其次，马克思所设想的俄国这样经济文化比较落后的国家，之所以有可能跨越资本主义制度的"卡夫丁峡谷"，则是以世界资本主义的存在、发展直至灭亡为前提的。如果世界还没有进入资本主义时代并且发展到帝国主义阶段，也就根本不可能造成社会主义革命成功的形势，不可能出现跨越资本主义制度"卡夫丁峡谷"的情况。再有，当时俄国革命所处的时代，在国际上，资本主义世界陷入严重的、全面的政治经济危机，世界无产阶级革命运动和民族民主解放运动蓬勃发展；在国内，资本主义一定程度的发展，工人阶级队伍的形成，工人运动的开展，马克思主义与工人运动相结合，马克思主义政党的建立和走向成熟，工农联盟力量的强大……，这些都是经济文化比较落后的国家可以不经过资本主义的充分发展阶段，而进入社会主义发展道路所具备的国内外条件，也正是这些类似条件促使其他一些经济文化比较落后的国家选择了社会主义道路。

马克思在谈到俄国农村公社的发展趋势时，进一步说明了俄国农村公社跨越"卡夫丁峡谷"的条件，他说："'农村公社'的这种发展是符合我们时代历史发展的方向的，对这一点的最好证明，是资本主义生产在它最发达的欧美各国中所遭到的致命危机，而这种危机将随着资本主义的消灭、随着现代社会的回

---

[1]《列宁选集》第 4 卷，人民出版社 1995 年版，第 776 页。
[2]《列宁选集》第 2 卷，人民出版社 1995 年版，第 650 页。

复到古代类型的最高形式，回复到集体生产和集体占有而结束。"[1] 这就是说，国际环境是俄国农村公社跨越"卡夫丁峡谷"的必要条件。各国进行社会主义革命和社会主义建设的具体条件不同，具体国内外环境不同，因而可以采取多种形式，形成多种模式，强求一致是违背历史发展辩证法的。

第三，马克思关于非资本主义道路理论，是在肯定社会形态的演进是一个自然历史过程的前提下，注意到作为历史主体的人对历史的选择作用。从中可以认识到，既要坚持社会发展是一个自然历史过程，又要承认人的主体能动性，从历史决定论和历史选择论的辩证统一出发，来回答"什么是社会主义，怎样建设社会主义"问题。

人类社会的发展是由生产力进步所引起的社会基本矛盾运动而造成的自然历史过程。它虽然有其特殊的运动规律，但其发展进程最终却要服从整个自然历史过程所体现出来的一般规律，突出表现为人类社会的生产力、经济的发展过程是一个不以人的意志为转移的过程，人类社会的发展要服从生产力、经济发展的规律。唯物史观必定要坚持历史决定论的立场。

社会历史的发展同时又是人的有目的、有意识的改造活动的过程，社会形态的更替、历史的发展虽然不以哪个人的意志为转移，但却又是无数个人的目的、意志所驱使的人的活动的总和。历史发展是由生产力的发展、经济的发展所决定的，但同时，作为历史发展中的人对历史的发展却具有一定的选择作用和能动作用。在阶级社会中，社会制度的更替是通过先进阶级和劳动群众适应生产力发展的规律，推翻反动阶级统治的社会革命来实现的。在现实生活中，造成某一国家社会革命的诸多条件并不是与生产力的发展水平机械对应的，在这里既有历史的客观条件具备问题，也有主观条件的成熟问题。在现实生活中，生产力发展水平较低的国家，往往在一定条件下，却有可能比较好地发挥主体能动性，较早地取得社会革命的成功，在一定程度上选择较为先进的社会制度，实现社会形态的变革。这种状况造成了在世界历史发展进程中，各个国家呈现出不平衡状态，表现出一些特殊的规律性来。二战之后，一些经济文化比较落后的国家先后走上社会主义道路的事实表明，在资本主义世界遇到严重经济政治危机的客观条件下，当人们面临着社会主义制度和资本主义制度两种选择时，一般不会选择正陷入空前危机的资本主义制度，而选择社会主义道路。

[1]《马克思恩格斯全集》第19卷，人民出版社1963年版，第439页。

我们说，作为主体的人在历史发展进程中，具有一定的能动性和选择性，可以促成社会历史发展的跳跃，但这是有条件的。首先，任何先进制度的建立都离不开一定的生产力条件以及其他客观条件，任何历史条件的变迁都无法违背自然历史过程的总规律。以我国为例，如果没有世界无产阶级革命运动的发展，如果旧中国没有近代工业的基础，没有200万产业工人，那么，工人阶级及其先锋队无论如何也不可能取得中国革命的成功。其次，在具备了一定的客观条件，首先是生产力条件的基础上，还必须具备一定的主观条件及其他必要条件，否则仍然不可能建立起先进的社会制度。而那些生产力条件虽然好，但主观条件及其他条件不成熟的地方，却仍然有可能处于比较落后的社会制度状态。

人类社会是一个自然历史过程，生产力和经济发展的时间可以有长有短，速度可以有快有慢，甚至可以积极吸取先进技术和物质条件实现跨越式的发展，但是生产力和经济发展所必要的自然发展条件、所经历的自然发展阶段却是不可任意舍去的。马克思在《资本论》第1卷第1版序言中明确指出："一个社会即使探索到了本身运动的自然规律，……它还是既不能跳过也不能用法令取消自然的发展阶段。但是它能缩短和减轻分娩的痛苦。"[1]从生产力发展、经济发展的必然性来说，真正合格的社会主义必须要有高度发达的社会化大生产作为物质基础。当一个民族，在一定条件下，经过努力建立了比较先进的社会制度，那么这个民族所面临的首要任务则是利用先进的社会制度，加速社会生产力的发展。市场经济是社会发展的一个不可逾越的自然历史阶段。在经济文化比较落后条件下建立的社会主义国家，不应当消灭市场经济，而是应当利用先进的社会制度，大力发展市场经济，促进社会生产力的发展。在经济文化比较落后的国家建设社会主义，既要看到在一定条件下社会主体对先进的社会制度具有一定的选择性，又要看到经济文化比较落后的国家建设社会主义是不可以超越生产力高度发展，市场经济充分成熟的自然历史阶段，社会主义必然要经历生产力高度发展，市场经济充分成熟的自然历史阶段。

第四，马克思关于非资本主义道路理论，实际上只是一种审慎的设想，只是一种可能性的分析，尚需经过社会实践的验证。从中可以认识到，"什么是社会主义，怎样建设社会主义"，既是一个理论问题，更是一个实践问题，只有随

---

[1]《马克思恩格斯选集》第2卷，人民出版社1995年版，第101页。

着社会主义实践的不断深入，随着不断的实践的检验，对这个首要基本问题的认识，才能越搞越清楚，才能不断深化。

马克思历来反对用历史发展的同一模式去衡量、去预言一切民族或国家的发展道路，在承认历史发展一般规律的普遍性基础上，他始终重视探讨不同地区、不同民族或不同国家发展社会主义的特殊规律。马克思在《资本论》中指出，任何时候，只要分析与某一社会生产力的发展水平相适应的生产条件所有者同直接生产者的关系，进而就能"为整个社会结构……为任何当时的独特的国家形式，找出最深的秘密，找出隐蔽的基础"[1]。另一方面，马克思同样认为，也不能简单地认为只要了解某个具体的国家或民族的生产力发展水平和结构，就一定了解它的社会结构的全部细节，因为它"可以由于无数不同的经验的事实，自然条件，种族关系，各种从外部发生作用的历史影响等等，而在现象上显示出无穷无尽的变异和程度差别，这些变异和程度差别只有通过对这些经验所提供的事实进行分析才可以理解"[2]。这也就是说，在分析社会历史发展进程时，必须坚持普遍与特殊相结合的分析方法。但是，从普遍原理过渡到对特殊对象的分析，却是一件困难的事情，俄国与东方国家能否跨越资本主义制度的"卡夫丁峡谷"，这是马克思晚年遇到的一个极其困难的理论问题。

在运用普遍原理分析当时俄国的具体国情时，马克思指出："'农业公社'所固有的二重性……也可能逐渐成为公社解体的根源"，[3]"如果俄国继续走它在1861年所开始走的道路，那它将会失去当时对历史所能提供给一个民族的最好的机会，而遭受资本主义制度所带来的一切极端不幸的灾难。"[4]马克思在普遍意义上充分估计到俄国社会的资本主义制度发展的可能性。同时，他又深入研究了俄国的国际环境，国内的经济政治状况，清楚地估计到俄国通过公社"公有"制，而不经过资本主义制度直接过渡到社会主义的可能性。但是尽管如此，他关于"跳跃"资本主义制度的"卡夫丁峡谷"的分析也只是一种设想。关于这个问题，他采取了一种极其慎重的态度。实际上，在1877年11月左右给《祖国纪事》编辑部的信中，他并没有对能否"跳跃"的问题给予明确的答复，并且也没有寄出这封信。过了将近四年之后，当查苏利奇来信谈到同样的问题，

[1]《马克思恩格斯全集》第25卷，人民出版社1974年版，第891—892页。

[2]《马克思恩格斯全集》第25卷，人民出版社1974年版，第892页。

[3]《马克思恩格斯全集》第19卷，人民出版社1963年版，第434页。

[4]《马克思恩格斯全集》第19卷，人民出版社1963年版，第129页。

并焦急地盼望马克思给予明确的答复时，马克思才不得不再次处理这个极为困惑和烦恼的难题。马克思给查苏利奇的信前后共有四稿，初稿 8000 字，中间又写了两三稿，终稿只有 500 字。即使在这 500 字中，仍然没有对俄国能否"跳跃"给予肯定的答复。马克思在世时，这个公开答复发表在《共产党宣言》1882 年俄文版序言中，他说："对于这个问题，目前唯一可能的答复是：假如俄国革命将成为西方无产阶级的信号而双方相互补充的话，那么现今的俄国土地公有制便成为共产主义发展的起点。"[1] 这个答复表明，马克思以为俄国"跳跃"的可能性是有条件的，如果俄国革命推翻了沙皇的统治并引发了西方革命，而西方的无产阶级革命与俄国革命又联系起来，那么俄国社会才有可能"跳跃"，一切皆取决于条件。

马克思恩格斯关于俄国农村公社问题的论述对经济文化比较落后的国家过渡到社会主义无疑是有启发和借鉴意义的。但他们认为，要经过哪些"社会和政治发展阶段"才能实现，"只能作一些相当空泛的假设"。关于俄国社会的"跳跃"问题，是马克思恩格斯在特定条件下的"假设"，是对一般规律特殊性表现的"假设"，这种"假设"是有条件的，能否成为现实必须要经过社会实践的检验。对于"什么是社会主义，怎样建设社会主义"的科学回答，来源于实践的不断创新、不断检验、不断证实。

尽管马克思恩格斯关于跨越资本主义制度的"卡夫丁峡谷"的设想并没有在俄国实现，但是他们所设想的精神实质：在一定条件下，经济文化比较落后的国家可以不经过资本主义制度的充分发展阶段，而实现社会主义的特殊道路却成为现实。马克思关于非资本主义道路理论的实质在于：经济文化比较落后的国家不经过资本主义的充分发展阶段而走上社会主义道路的设想，不是对人类社会历史发展进程一般规律理论的否定，而是对该理论的深化和丰富。处于资本主义世界体系中的经济文化比较落后的国家，在一定条件下，可能不经过资本主义制度的充分发展阶段，而选择社会主义制度。这就是说，在一定条件下，可以实现资本主义制度的"跨越"，但资本主义发达的生产力以及它所创造的一切优秀文明成果却是不可"跨越"的；先进的社会制度是可以选择的，但社会发展的生产力和经济状况的既定前提却是不可选择的。在建立了先进的社会制度的情况下，人们必须凭借先进的社会制度，大力发展社会生产力，尽快

---

[1]《马克思恩格斯选集》第 1 卷，人民出版社 1995 年版，第 251 页。

地在经济发展上赶上并超过发达的资本主义国家，只有这样，新生的社会制度才能获得巩固，并且充分地体现出它的优越性来。科学社会主义创始人关于在一定条件下，经济文化比较落后的国家可以不经过资本主义制度的充分发展阶段，而进行社会主义革命，走上社会主义道路的科学预见，是对在经济文化比较落后的国家"能否建设社会主义，建设什么样的社会主义，怎样建设社会主义"科学回答的理论前提，只有解决了这个理论前提，才能进一步说明并搞清"什么是社会主义，怎样建设社会主义"这一首要的基本问题。

历史的经验告诉我们：必须搞清楚「什么是社会主义，怎样建设社会主义」这个首要的基本问题

中国改革开放和中国发展道路 [1]

一、中国改革开放的主要成就

今年是中国改革开放 30 周年。29 年前，以中国共产党十一届三中全会为标志，中国进入改革开放的历史新时期。近 30 年来，中国在经济、政治、文化等社会各个领域、各个方面，都取得了巨大的进步和辉煌的成绩。今天，中华民族正以崭新的姿态屹立于世界民族之林。

改革开放，是中国共产党在新的历史条件下带领中国人民进行的一场新的伟大革命。30 年来，从农村到城市，从沿海到沿江沿边，从东部到中西部，从经济到政治、文化、社会等各个领域，在中国大地上展开了一场史无前例的大改革大开放。近 30 年来，中国破除了高度集中的计划经济体制，建立起充满生机活力的社会主义市场经济体制，确立了与社会主义初级阶段相适应的以公有制为主体、多种所有制经济共同发展的基本经济制度；政治体制改革稳步推进，依法治国基本方略得到切实贯彻，社会主义民主政治建设取得重大成就；文化和社会领域方面的改革也取得重要进展。近 30 年来，中国社会空前活跃，中国人民的积极性、主动性、创造性极大迸发，中国的面貌发生了翻天覆地的深刻变化。

经济持续快速发展是改革开放历史新时期最显著的成就。1978 年，中国

[1] 本文是作者于 2008 年 4 月 18 日在巴西里约热内卢出席由巴西外交部古斯芒基金会主办的"第三届外交和对外政策国际研讨会"时所作的《中国改革开放和中国发展道路》的主旨演讲。原载《马克思主义研究》，2008 年第 5 期。

的 GDP 总量只有 3645.2 亿元人民币，人均国内生产总值为 381 元人民币；2007 年，中国的 GDP 总量达到 24.66 万亿元，是 1978 年的 67.7 倍，中国目前已成为世界第四大经济体。1978 年，中国的财政收入是 1132 亿元人民币，2007 年超过 5.13 万亿元，是 1978 年的 45.3 倍。1978 年，中国城镇居民人均可支配收入仅有 343 元人民币，2007 年达到 13786 元；1978 年，农村居民人均纯收入只有 134 元，2007 年达到 4140 元。1978 年，中国恢复高考后有 40 万大学生走进大学，2007 年中国普通高等教育本科生和研究生规模达到 1144 万人，中、高等职业教育在校生分别达到 2000 万人和 861 万人。1978 年，中国私人轿车保有量几乎等于零，至 2007 年末，中国私人轿车保有量达到 1522 万辆。1978 年，中国农村贫困人口有 2.5 亿人，目前减少到不足 2000 万人。粮食、棉花、肉类、钢铁、煤炭、化肥、水泥等一大批主要农产品和工业品产量居世界首位。在经济持续快速发展的同时，中国在政治建设、文化建设、社会各方面建设也取得了举世瞩目的成就。现在，中国已经拥有了比较雄厚的物质基础，具备了进一步发展的良好条件。

改革开放使当代中国与世界的关系发生了历史性变化。改革开放之前，中国基本上处于封闭和半封闭状态，与国际社会的经济联系很少。1978 年，中国进出口总额仅为 206.4 亿美元，外汇储备仅有 1.67 亿美元。改革开放 30 年后的今天，中国已形成全方位、多层次、宽领域的对外开放格局，在经济、政治、文化、安全等方面同国际社会形成了前所未有的广泛而深刻的联系。2007 年，中国进出口总额达到 2.17 万亿美元，成为世界第三大贸易国；外汇储备超过 1.53 万亿美元，成为世界第一大外汇储备国。中国已成为世界经济特别是本地区经济增长的重要引擎，对世界经济增长的平均贡献率在 14% 左右。加入世界贸易组织，标志着中国的改革开放进入了一个新的历史阶段，中国更加广泛地参与经济全球化，进一步融入全球经济体系。中国的发展与世界的发展同频共振，中国的前途命运同世界的前途命运日益紧密地联系在一起。改革开放不仅为当代中国的发展进步开辟了广阔前景，也对当今世界格局和人类历史进程产生了深远影响。

改革开放近 30 年的今天，中国人民更加深刻地认识到，改革开放是决定当代中国命运的关键抉择，是发展中国特色社会主义、实现中华民族伟大复兴的必由之路。

二、中国改革开放的基本经验

近 30 年改革开放的伟大实践积累了十分宝贵的历史经验。2007 年 10 月召开的中国共产党第十七次全国代表大会全面系统地总结了改革开放的基本经验。

（一）坚持马克思主义基本原理与推进马克思主义中国化相结合。

坚持马克思主义基本原理的普遍性与中国实际的特殊性具体的历史的统一，是中国共产党总结革命、建设和改革历史实践的首要经验。29 年前，中国改革开放的总设计师邓小平做出的改革开放的历史性决策，正是基于马克思主义的基本原理同中国具体实际的结合所得出的必然结论。一部改革开放的实践发展史，也是一部马克思主义中国化的理论探索史。30 年来，中国共产党始终坚持以科学的态度对待马克思主义，不断根据变化了的实际推进马克思主义中国化，赋予马克思主义的基本原理以时代的和民族的内涵，用马克思主义中国化的最新成果指导改革开放的实践，成功地开辟出中国特色社会主义发展道路，取得了改革开放和社会主义现代化建设的辉煌成就。

（二）坚持四项基本原则与坚持改革开放相结合。

中国共产党在坚持以经济建设为中心的同时，始终坚持正确认识和处理坚持四项基本原则和坚持改革开放的辩证统一关系。四项基本原则是立国之本，这个"本"是中国共产党和中国生存发展的政治基石，是以经济建设为中心的坚强保障，是改革开放正确方向的根本保证。改革开放是强国之路，这条"路"是发展中国特色社会主义、实现现代化的必由之路，是中国共产党和中国发展进步的活力源泉。改革开放的实践证明，无论是坚持四项基本原则，还是坚持改革开放，都必须基于两者的统一，一旦将坚持四项基本原则与坚持改革开放割裂或分立开来，中国特色社会主义必然会偏离正确的方向。始终坚持"一个中心、两个基本点"不动摇，30 年来中国的改革开放之所以能够不断取得胜利的根据就在这里。

（三）尊重人民首创精神与加强和改善党的领导相结合。

中国共产党坚持认为，人民群众是历史的创造者和推动历史前进的根本动力，是改革开放各项事业发展的根本动力。中国农民最先揭开了中国改革的序幕。无论是家庭联产承包责任制还是乡镇企业，都是中国人民自己的独特创造。中国共产党始终坚持把党的领导和人民当家作主有机结合起来，把实现好、维护好、发展好最广大人民的根本利益作为加强和改善党的领导的奋斗目标和检验标准。中国共产党提出的"以人为本"，其中一个重要内涵就是尊重广大人民群众在中国特色社会主义事业中的主体地位，发挥广大人民群众的首创精神，保障广大人民群众的各项权益。改革开放以来，中国共产党不断强化科学执政、民主执政、依法执政，积极调动最广大人民群众投身改革开放伟大实践的积极性、主动性和创造性，做到发展为了人民、发展依靠人民、发展成果由人民共享。

（四）坚持社会主义基本制度与发展市场经济相结合。

社会主义市场经济理论的提出，是中国共产党人的一个伟大创举。近 30 年改革开放所取得的巨大成就，已经初步显示出这一创举的巨大威力。改革开放以来，中国共产党不断探索社会主义市场经济不同于其他市场经济运行的特殊规律和特殊运行方式，逐步完善社会主义市场经济体制。中国共产党始终坚持公有制经济为主体、多种所有制经济共同发展的基本经济制度，始终坚持在发挥市场配置资源的基础性作用的同时，不断加强和改善宏观调控，既发挥市场经济的优势，也发挥社会主义制度的优越性，促进社会主义与市场经济的有机结合。中国共产党的十七大提出，实现未来经济发展目标，关键要在加快转变经济发展方式、完善社会主义市场经济体制方面取得重大进展。当前，中国正以科学发展观为指导，从理论和实践的双重探索中深化对社会主义市场经济规律的认识，推进社会主义市场经济的完善和定型化。

（五）把推动经济基础变革同推动上层建筑改革结合起来。

中国改革开放的实质是社会主义制度的自我完善和发展。改革开放近 30 年来，中国一直自觉地努力通过经济基础和上层建筑的调整和变革，构建适合中国现阶段社会发展和生产力发展状况的社会主义具体形态。改革开放的各项理论、路线、方针和政策，之所以在实践中取得显著成效，制度创新无疑是关键和主导。改革初期，家庭联产承包责任制的实行与人民公社体制的废除，掀开了制度创新的序幕，极大地促进了农村生产力的发展。改革开放以来，在推动经济基础变革的同时，政治、文化和社会各个领域的体制改革稳步推进。与社会主义初级阶段相适应的经济体制、政治体制、文化体制和社会诸体制的逐步完善，是近 30 年来中国经济社会健康发展的基础和保证。当前，中国又处于以贯彻落实科学发展观为中心内容的全面制度创新阶段，这必将极大推动改革开放的深入发展。

（六）把发展社会生产力同提高全民族文明素质结合起来。

中国的改革开放始终把"三个有利于"作为评判得失成败的根本标准，即是否有利于发展社会主义社会的生产力，是否有利于增强社会主义国家的综合国力，是否有利于提高人民的生活水平。这是中国的基本国情和社会根本制度所决定的。只有紧紧抓住经济建设这个中心不动摇，作为执政兴国的第一要务，才能迅速摆脱生产力不发达状态，早日实现国富民强。中国改革开放的社会主义性质不仅决定了发展不只是物质文明的单兵突进，还是物质文明、政治文明、精神文明和生态文明的共同发展，而且决定了发展不仅以实现全体人民的共同富裕为目的，更以提高全民族文明素质，实现人的全面发展为最终目标和落脚点。只有坚持通过改革开放，实现全民族的物质和文化生活水平和全民族的文化素质的不断提高，改革开放才不会偏离正确方向，各项路线、方针、政策才能始终得到广大人民群众的真正拥护和支持。

（七）把提高效率同促进社会公平结合起来。

实现社会公平正义是中国共产党人的一贯主张，是中国特色社会主义的本质要求。改革开放以来，由当时中国的基本国情和具体的历史条件所决定，"效率优先，兼顾公平"曾作为中国改革一段时期内的方针。改革开放发展到今天，在坚持效率优先的前提下，中国共产党又把社会公平提到了突出的地位加以解决。中国的改革是一个寓效率与公平于其中的总体性概念，中国共产党始终反对人为地将效率与公平二元化、对立起来的观点和做法。目前在坚持经济发展的前提下，中国共产党已把社会公平问题摆在十分突出的位置，提出了构建社会主义和谐社会的重大战略思想，将实现社会公平正义作为发展中国特色社会主义的一项重大任务。当前，中国正积极构建社会主义和谐社会，着力解决广大人民群众最关心、最直接、最现实的利益问题，切实把经济效率与社会公平辩证统一于改革开放的全过程。

（八）必须坚持独立自主同参与经济全球化相结合。

坚持独立自主是参与经济全球化的前提和基础。对中国这样一个发展中国家来说，要在经济全球化竞争中生存和发展，必须始终保持足够的清醒，始终在总体上保持发展的自主性，主要依靠中国人自己的力量发展经济等各项事业。同时，随着经济全球化的深入，世界各国经济联系越来越紧密。在保持独立自主的前提下，积极扩大对外开放，参与全球经济合作，是中国实现跨越式发展的重要途径。改革开放以来，中国积极参与到经济全球化之中，不断拓展对外开放的广度和深度，有效利用国外资金、技术和先进管理经验等外部条件发展自己，在全球竞争中趋利避害，努力实现互利、普惠、共赢。

（九）把促进改革发展同保持社会稳定结合起来。

改革是动力，发展是目标，稳定是前提。没有改革，中国就不可能走出一条适合自己国情的正确的发展道路，中国的各项事业就不可能顺利前进；没有发展，中国就不可能实现现代化，也就不可能保持国家的长治久安；没有稳定，改革和发展都无从进行。三者关系处理得当，就能保证改革开放的健康平稳运行，否则，就会吃苦头，付出代价，甚至给社会带来巨大灾难。改革开放近30年来，中国始终坚持"渐进式"的改革策略，没有采取"休克疗法""硬着陆"等激进的方案，始终注意协调改革的力度和发展的速度同社会可承受程度的关系，既避免了由于举措不当而出现的经济严重衰退、社会矛盾激化和社会剧烈动荡，又使中国社会充满活力、和谐稳定。

（十）推进中国特色社会主义伟大事业与推进党的建设的伟大工程相结合。

中国共产党是中国特色社会主义事业的领导力量。中国共产党的自身状况与中国特色社会主义事业的发展休戚相关。中国的改革开放既给中国共产党注入了巨大的活力，也带来了许多前所未有的新课题、新考验。中国特色社会主义事业是改革创新的事业，中国共产党要站在时代前列带领中国人民开创事业发展新局面，必须坚持以改革创新精神加强自身建设。在近30年来中国改革开放的历史进程中，中国共产党从世情、国情和党情的发展变化出发，深入探索共产党执政的特殊规律，不断加强党的先进性建设和执政能力建设，积极推进党内民主建设，旗帜鲜明地反对腐败。改革开放实践业已证明，中国共产党始终是中国特色社会主义事业的坚强领导核心。

上述十个方面，就是中国改革开放近 30 年所取得的基本经验。

三、中国发展道路的价值内涵

中国改革开放的历程，也是探索中国特色社会主义发展道路的历程。中国发展的成功，是坚持走中国特色社会主义发展道路的结果。中国特色社会主义发展道路，就是在中国共产党领导下，立足基本国情，以经济建设为中心，坚持四项基本原则，坚持改革开放，解放和发展社会生产力，巩固和完善社会主义制度，建设社会主义市场经济、社会主义民主政治、社会主义先进文化、社会主义和谐社会，建设富强、民主、文明、和谐的社会主义现代化国家。中国特色社会主义发展道路的选择是历史的必然，是中华民族振兴、发展、繁荣的必由之路。它包含三个方面的基本特征：科学发展、和谐发展与和平发展。

（一）关于中国的科学发展。

中国坚持走科学发展的道路。科学发展，是在社会发展问题上客观规律性和主体选择性的辩证统一。科学发展的核心是以人为本，这是经济社会发展的根本目的，其意旨是坚持以实现人的全面发展为目标，让改革发展的成果惠及全体人民。全面、协调、可持续，是科学发展观的基本要求。即通过统筹兼顾的根本方法，促进经济、政治、文化和社会建设的全面推进，促进现代化建设各个环节、各个方面相协调，促进生产力和生产关系、经济基础和上层建筑相协调，促进经济发展与人口资源环境相协调，确保经济社会永续发展。

中国科学发展道路的选择，既是基于现阶段中国发展所面临问题的考虑，也是基于对整个世界负责任的考虑。中国是世界上最大的发展中国家，具有发展中国家二元结构的典型特征。人口多、底子薄，自然地理条件和人口资源分布差异很大，城乡和区域发展差距也很大。改革开放虽然取得了巨大的成就，但中国仍处于并将长期处于社会主义初级阶段的基本国情并没有发生根本的变化。新世纪新阶段，中国发展呈现出一系列新的阶段性特征，经济社会发展同人口、资源、环境压力之间矛盾逐渐突出。深刻把握中国发展面临的新课题、新矛盾，自觉走科学发展道路，是中国在"实现什么样的发展、怎样发展"这个基本问题上的创造性探索。

（二）关于中国的和谐发展。

中国在推进科学发展的过程中，积极构建社会主义和谐社会。中国所要努力构建的和谐社会，是中国共产党领导全国人民共同建设、共同享有的和谐社会。民主法治、公平正义、诚信友爱、充满活力、安定有序、人与自然和谐相处，这六个方面的内容既是社会主义和谐社会的价值内涵，也是中国构建社会主义和谐社会努力实现的价值目标。中国希望通过社会主义和谐社会的构建，最终实现广大人民群众各尽所能、各得其所、和谐相处的社会局面。

随着中国经济社会快速发展，社会矛盾日益凸显，社会公平问题提上议事日程，这是中国提出构建社会主义和谐社会的一个重要背景。说到底，和谐发展道路就是一条避免两极分化，最终达到共同富裕的道路。中国和谐发展道路的选择，是中国走科学发展道路的必然结果。科学发展与和谐发展相辅相成，有机统一。实现中国的和谐发展，关键是在坚持科学发展的同时，有效地协调社会各方面利益关系，化解社会矛盾。中国特色社会主义的社会制度，不仅是实现科学发展的制度保证，也是实现和谐发展的制度保证。中国将进一步发挥社会主义的制度优势，有效处理中国特色社会主义事业中的重大关系，着力解决广大人民群众最关心、最直接、最现实的利益问题，推动和谐社会的建设走向深入。

（三）关于中国的和平发展。

中国的发展是世界发展的一个重要组成部分。中国的发展既关乎中国人民的根本利益，也与世界的和平与发展密切相关。走和平发展道路，不仅符合中国人民的根本利益，也符合人类进步的时代潮流。其核心思想是：中国既通过维护世界和平来发展自己，又通过自身的发展来促进世界和平；中国永远不称霸，永远不搞扩张；在国内追求科学发展、和谐发展的同时，推动建设持久和平、共同繁荣的和谐世界。

随着经济全球化、世界格局多极化的深入发展，中国共产党和中国政府明确提出，中国将始终不渝地走和平发展道路，这是根据时代发展潮流和自身根本利益作出的战略抉择，是向国际社会和世界人民作出的郑重承诺和庄严宣示。这一昭告的特殊意义在于，中国的发展，从根本上说，主要依靠自身的力量和不断改革创新。中国决不走历史上一些大国那种充满刀光剑影和"血与火"的发展道路，中国不把问题和矛盾转嫁给别国，更不通过掠夺别国发展自己。即使中国将来富强了，也永远不称霸，永远做维护世界和平、促进共同发展的坚定力量。中国正为此不懈探索和努力。

科学发展、和谐发展、和平发展，蕴涵着"又好又快"，"好"字当头的价值诉求，不仅集中反映了中国社会主义制度的本质要求，也深刻体现了深厚的中国历史文化传统的价值内涵。中国改革开放之所以吸引了全世界的目光，有越来越多的人加入关于中国发展道路的探讨中来，其中一个重要原因是中国的发展道路深刻地体现了中华民族历史文化传统的基本精神。中国是一个具有五千多年文明的国家。热爱和平、追求和谐一直深深流淌在中华民族血脉之中。先哲孔子把"和"视为"天下之基，万物之本"。中华民族始终强调"以和为贵"，把"协和万邦""万国咸宁""天下太平"作为崇高的理想境界。两千多年前，历史上的丝绸之路被公认为友好交往之路；六百多年前，中国明代郑和七下"西洋"，当时虽然拥有世界上最强大的船队，却没有抢占外邦一寸土地，带去的是中国的文明和友善。从 1840 年至 1949 年新中国成立之前的一百多年间，积贫积弱的中国饱受战乱之苦，生灵涂炭，和平与和谐均化为泡影。1949 年新中国成立后，站立起来的中华民族深知和平之珍贵，发展之重要，铸剑为犁，以德报怨，以和平宽广的胸怀，积极融入世界，为维护世界和平与人类和谐不懈努力。

中国共产党人作为发展中国特色社会主义的核心力量，把科学发展、和谐发展、和平发展的根本原则作为指导发展的核心理念，这个根本原则就是科学发展观。

四、中国发展道路的国际反响

各国的历史和国情不同，不可能有一个适用于一切国家和一切时代的统一模式，各国的发展不可能都用一个模式解决。中国的发展道路只适合中国国情，中国一直强调"中国特色",就是指中国发展道路的特殊性。中国发展道路,就是中国特色社会主义的发展道路。中国人民坚信,中国在探索发展道路和制度文明中所形成和创造的中国特色社会主义具有强大的生命力,中国将坚定不移地沿着自己的道路走下去。中国高度尊重人类发展的差异性和文明进步的多样性,不照抄照搬别国的发展经验,也不会以任何理由要求别国照抄照搬中国的发展经验。

中国的发展道路在世界上正赢得越来越多的理解和赞同,也有越来越多的人用"中国模式"这一概念来讨论中国的发展道路。美国经济学家约瑟夫·斯蒂格利茨认为,中国正在形成一种"新的经济模式","它不同于中国以往的模式,也不同于西方国家的现有模式"。美国《时代》周刊高级编辑、美国高盛公司资深顾问雷默在 2004 年 5 月发表了一篇题为《北京共识》的研究报告,系统地阐述中国的发展经验及其意义,他说:"尽管他国不能重复中国的发展模式,但中国模式中一些内容却是值得研究的。"世界贸易组织前总干事素帕猜指出:"中国强有力的经济成就应当成为其他发展中国家的灵感源泉。"曾任世界银行专家的印度经济学家阿嘎瓦拉在其著作中评论说:"中国自如地从世界其他地方借鉴经验来设计自己的发展政策,也成功地将它们融入自己的实践中……中国要为世界提供更多的发展思路和体制的相关经验。"这样的评论和研究很多,可以说为中国进一步探索自己的发展道路提供了思路和建议,也为世界了解中国的发展道路提供了有益的参考。

最近几年来,在国际上也出现了少数所谓"中国威胁论""中国新殖民主义论""中国投资威胁论"等论调。这些议论不论是出于疑虑和担心,还是出于其他方面的原因,都是缺乏事实根据的主观臆断。

从总体上而言,近年来国际社会对中国发展的评价越来越客观、积极和理性。近年来有关国际机构和有识之士的看法发生了很大变化,媒体舆论也发生了很大变化。2008 年 3 月 15 日出版的英国《经济学人》杂志刊登了关于中国资源饥渴和新殖民主义的一篇长文。文中引用大量的事实和数据,并引用了许多非洲和拉丁美洲国家的高级官员和企业家的感受,驳斥"中国威胁论"和"中国新殖民主义论"。该文认为,中国投资非洲和拉丁美洲的矿业和购买矿产品并没有形成新殖民主义,中国企业最大限度地雇用当地工人,信誉很好,对西方企业没有采取不公平竞争的手段,并没有"挤走"西方同行。该文还认为,对非洲和拉丁美洲来说，尽管中国同这两个大陆的贸易额增长非常迅速，但也仅仅是第三大贸易伙伴，排在美国和欧盟的后面。至于投资，中国的排位就显得很落后了。值得注意的是，这篇长文认为，中国的长期稳定增长形成了"周期性高涨"（cyclical expansion），甚至创造了一个"超级周期"（supercycle）的新词汇。

近年来，世界银行、美洲开发银行、经合组织和拉美经委会等国际机构发布的一些研究报告，也印证了这些事实，认为中国的发展对拉美来说是互惠互利的，中国对资源的需求刺激了拉美的出口，没有迹象说明中国的出口把拉美从其他市场挤出去，更不存在所谓的"新殖民主义"。经合组织最近发表的一个研究报告认为，"在拉美历史上这是首次重大转折：拉美不仅可以从一个而且从三个世界主要增长引擎中获益"；"80年代美国是拉美的主要贸易伙伴，90年代欧洲的投资作为第二个增长引擎刺激了拉美，而现在，在新世纪曙光来临之际，亚洲尤其是中国的崛起成为第三个增长引擎的推手"。这份报告还认为，"虽然其他发展中国家把中国崛起既看成是威胁又看成是机遇，但从拉丁美洲的情况来看，中国似乎更多的是'贸易天使'和'绝好帮手'或这个地区大量商品的一个出口地。中国对拉美的贸易影响是正面的：既通过大量出口产生了直接影响，又通过改善贸易条件产生了间接影响"。"中国对世界经济的影响正在增加，市场参与各方不希望这个国家速度减慢，对拉美来说，这是个好消息！"

五、中国发展面临的问题与中国的未来

中国的改革开放走过近30年的辉煌历程，现在又站在了一个新的历史起点上。在这个新的起点上，中国将进一步解放思想，创新求实，把改革开放和现代化建设事业不断推向前进。

当前，中国具备了许多实现发展目标的有利条件：比如，在未来较长时期，中国经济的快速增长势头还将继续保持下去；拥有巨大的国内市场需求；拥有丰富且素质不断提高的劳动力资源；改革开放的深入发展将不断增强发展活力；在科学发展观的指导下，中国将切实转入科学发展的轨道，实现经济、社会全面、协调和可持续发展。

中国仍然是一个发展中国家，还没有从根本上摆脱不发达的状态，实现现

代化，还需要长期艰苦的努力。

中国的工业化和城市化远未完成，2006 年，中国农业劳动力占全部就业人口的比重是 42.6%，这远远高于工业化国家，也高于一些发展中国家。中国城市化水平低于世界平均值，预计到 2020 年才突破 60%，明显低于发达国家。

中国人民虽然总体上解决了温饱问题，但居民收入和消费水平还较低。即使到 2020 年，按照 7%—8% 的年均增长率计算，中国人均国内生产总值与世界中等收入国家的平均水平相比仍有差距。

中国生产力总体水平还不高，自主创新能力还不强，经济增长方式还很粗放，人口、资源和环境的制约还比较突出。市场经济体制仍不完善，影响发展的体制机制障碍依然存在，改革攻坚面临着许多深层次的矛盾和问题。

中国城乡二元经济结构的特征仍很明显，农业基础薄弱、农村发展滞后的局面尚未根本改变，发展不平衡问题依然突出。目前，中国城乡收入差距为 3.23：1，东部、中部和西部人均 GDP 差距也很大。

经济增长的资源环境代价过大，节能减排、保护环境已经成为当前中国发展中的重中之重。坚持节约资源和保护环境的基本国策，关系人民群众切身利益和中华民族生存发展。

以民生为重点的社会建设需要加快推进，医疗卫生、住房保障、环境质量、社会保障等公共服务体系还显得不足，在教育、扩大劳动就业、调节收入分配等许多方面尤需努力。

当前，中国经济形势虽然总体是好的，但也存在一些突出问题，需要通过深化改革来解决。比如，应该继续加强和改善宏观调控，进一步加强薄弱环节，增加有效供给，优化投资结构，抑制不合理需求，实现经济发展模式的转变。同时，根据新情况、新问题，应该合理把握宏观调控的节奏、重点和力度，把经济平稳较快发展的好形势保持下去。

中国人民对于中国的未来充满信心，中国的前景将更加美好。正如中国共产党十七大报告所描绘的，全面建设小康社会目标实现之时，中国这个历史悠久的文明古国，将成为工业化基本实现、综合国力显著增强的国家，成为人民富裕程度普遍提高、生活质量明显改善、生态环境良好的国家，成为人民享有更加充分民主权利、具有更高文明素质和精神追求的国家，成为各方面制度更加完善、社会更加充满活力而又安定团结的国家，成为对外更加开放、更加具有亲和力、为人类文明做出更大贡献的国家。

像中国、巴西这样的发展中大国，在国际舞台上具有重要地位，发挥着重要作用。中国愿意同包括巴西在内的广大发展中国家一道，加强团结、交流、合作，相互学习，共同进步，为维护世界和平、促进共同发展，为推动世界多极化和国际关系民主化而不懈努力。

改革开放是发展中国特色社会主义的强大动力 [1]

我国 30 年的改革开放既是我们党领导的一场新的伟大革命，又是社会主义制度的自我完善和发展。通过这场伟大革命，中华民族大踏步地赶上了时代潮流，社会主义中国走在了时代前列，我们党成为时代先锋。

总结 30 年改革开放的历史经验，对于我们在新的历史起点上继续推进改革开放，发展中国特色社会主义，有着重大现实意义和深远历史意义。

改革开放是发展中国特色社会主义的强大动力。改革开放 30 年的历史经验启示我们：发展中国特色社会主义，必须坚持解放思想，进一步改革开放。

一、我国改革开放有着深厚的国际国内背景，面临世界社会主义运动和我国社会主义建设的严重困难，面对发达资本主义国家快速发展的严峻挑战，中国共产党人必须着力回答社会主义与马克思主义的历史命运这一时代课题

第二次世界大战结束后，形成了社会主义和资本主义两大阵营。建立在经济文化相对落后基础上的社会主义各国，在发展初期取得了多方面的重大成就，但后来由于没有创造性地坚持和发展马克思主义，体制和机制逐步僵化，导致发展速度缓慢甚至停滞，至 20 世纪 70 年代初，世界社会主义面临严重的困难。在此同时，世界范围内蓬勃兴起的新科技革命推动世界经济以更快的速度向前

[1] 本文原载《中国社会科学》，2008 年第 5 期。

发展，发达资本主义国家抓住新技术革命兴起的机遇，大力发展社会生产力，不断调整自己的体制和政策，缓解社会矛盾，表现出稳定和快速发展的势头。

而我国社会主义建设事业也遭遇了极大的挫折。我们党在领导人民建立新中国和社会主义制度后，极大地发展了经济社会等各项事业，但也走了弯路，甚至发生"文化大革命"这样全局性的失误，使我国社会主义建设一度停滞，经济实力、科技实力与国际先进水平的差距明显拉大，面临着巨大的国际性挑战和压力。

在这样的国际国内历史背景下，肩负着复兴中华民族和发展社会主义双重使命的中国共产党人，开始深刻思考为什么社会主义在发展的进程中面临如此巨大的挑战和困难，而资本主义为什么在发展进程中又起死回生，表现出新的发展势头，中国社会主义事业怎样才能克服困难和挫折，发展起来，并最终战胜资本主义。这一重大现实问题引出了如何认识当代资本主义、如何认识当代社会主义的时代课题，引出了中国共产党人毅然决然走改革开放之路，发展中国特色社会主义的必然抉择。

对于我国社会主义改革开放的实践者们来说，推进改革开放，建设和发展社会主义，必须正确认识和把握当代社会主义的发展规律，这就必须回答在经济文化比较落后的中国，"什么是社会主义，怎样建设社会主义"，"建设一个什么样的执政党，怎样建设执政党"，"实现什么样的发展，怎样发展"的问题。这三大问题归结于"什么是马克思主义，怎样坚持和发展马克思主义"这一根本性问题。这事关马克思主义政党的长期执政，中国特色社会主义的发展和社会主义事业的兴衰成败，说到底，事关社会主义和马克思主义的历史命运。

历史实践已经证明，我们党在改革开放的历程中，已经创造性地并将进一步深入地回答这一系列重大历史性课题。"什么是社会主义，怎样建设社会主义"，这是改革开放，发展中国特色社会主义的首要的基本问题。邓小平科学地破解了这个课题，邓小平理论是中国特色社会主义理论体系的开篇。邓小平在1980年就提出了"执政党应该是一个什么样的党，执政党的党员应该怎样才合格，党怎样才叫善于领导"[1]的问题。以江泽民同志为核心的党的第三代领导集体在进一步回答"什么是社会主义，怎样建设社会主义"问题的同时，创造性地提出了"三个代表"重要思想，这是中国特色社会主义理论体系的第二篇答

[1]《邓小平文选》第2卷，人民出版社1994年版，第276页。

卷。在新世纪新阶段"实现什么样的发展，怎样发展"，这是要回答的第三个问题。以胡锦涛同志为总书记的党中央提出科学发展观，成为中国特色社会主义理论体系的第三篇答卷。对三大问题的依次回答，使我们党创造并不断丰富和发展了中国特色社会主义理论体系，推进了马克思主义中国化的不断创新，不间断地回答了"什么是马克思主义，怎样坚持和发展马克思主义"这一根本性问题。

因此，中国特色社会主义理论体系既是中国社会主义改革开放的理论产物，又是中国社会主义改革开放的指导思想。

二、改革开放 30 年，深刻的思想解放运动带动了中国特色社会主义实践和理论的伟大飞跃

中国共产党人担负着通过改革开放，使社会主义从困境中走出来，开创社会主义现代化建设新局面的历史重任，而要完成这一历史重任，首要的是回答在经济文化比较落后的中国，"什么是社会主义，怎样建设社会主义"。邓小平说，现在我们搞经济改革，仍然要坚持社会主义道路。"但问题是什么是社会主义，如何建设社会主义。我们的经验教训有许多条，最重要的一条，就是要搞清楚这个问题。"[1]而要搞清楚这个问题，就要抛弃禁锢头脑的思想束缚，抛弃沉重的历史包袱和思想包袱，彻底解放思想。改革开放 30 年来，围绕着"什么是社会主义，怎样建设社会主义"这一首要的基本问题，中国共产党人展开了深刻的、持续的思想解放运动。思想解放在我国改革开放历程中起到了思想动力的巨大作用，思想解放带动了改革开放新时期中国特色社会主义实践和理论的伟大飞跃。

（一）关于实践是检验真理唯一标准的大讨论是率先发动的思想解放运动。

粉碎"四人帮"之后，中国共产党人面临两个问题需要回答和解决。第一个问题就是回答"文化大革命"是否错了，社会主义建设道路是否一度走错了，错在哪里，也就是要实现拨乱反正，确立正确的思想路线。第二个问题是回答社会主义建设正确的道路是什么，怎样走出一条新路，也就是实现改革开放的

---

[1]《邓小平文选》第 3 卷，人民出版社 1993 年版，第 116 页。

任务，确定符合中国国情的社会主义建设道路。

从 1978 年党的十一届三中全会到 80 年代末 90 年代初，是我国改革开放和中国特色社会主义事业发展的第一个阶段。这个阶段是以邓小平在党的十一届三中全会上的重要讲话《解放思想，实事求是，团结一致向前看》作为标志的，党的十五大把这篇重要讲话概括为我国社会主义改革开放和现代化建设进程中的第一篇政治宣言书。

中国共产党历史上曾经有过两次重大转折：一次是遵义会议，一次是党的十一届三中全会。党的十一届三中全会是我们党在社会主义正处于生死存亡的关键时刻召开的一次极其重要的会议。党的十一届三中全会以前的 20 多年间，尤其是"十年文革"期间，正是"以阶级斗争为纲"的"左"的政治路线和作为这条政治路线的思想理论基础的主观唯心主义、教条主义、个人崇拜等错误思想路线的误导，导致了我们党在社会主义建设的实际工作中的长期重大失误。粉碎"四人帮"以后，广大群众强烈要求纠正过去"左"的思想路线和政治路线，但是，"两个凡是"的错误主张，仍严重地束缚了人们的思想，压制了人民群众要求拨乱反正的积极性。1976 年到 1978 年，又经过两年的徘徊，我国经济社会发展处于危机状态。而恰恰在这个时期，世界上发生了翻天覆地的变化，亚洲"四小龙"已经腾飞，资本主义世界已经进入现代资本主义发展的新阶段。在这样的历史背景下，究竟什么是检验真理的标准，是实践，还是"最高指示"？如此重大的问题必然要反映到理论上，反映到思想上，并集中通过作为世界观方法论的哲学问题而反映出来。当时，如果不彻底搞清这个问题，就无法实现思想上的大解放，就无法从思想理论上同"左"的思想政治路线相决裂。于是，一场不可避免的思想理论大决战就开始了。在这个重要的历史转折关头，邓小平提出了"解放思想，实事求是，团结一致向前看"的正确主张，发动了"实践是检验真理的唯一标准"的大讨论，解放了人们被束缚已久的思想，恢复了实事求是的思想路线，进行了理论上和路线上的拨乱反正，确定了以经济建设为中心，坚持改革开放，坚持四项基本原则的正确路线。邓小平的第一篇政治宣言书，起到了在历史转折关头力挽狂澜的巨大历史作用。"实践是检验真理的唯一标准"的大讨论，为我们党重新确立一条实事求是的思想路线和正确的马克思主义政治路线、组织路线，为党的十一届三中全会以来全面拨乱反正，纠正"文化大革命"的错误，为冲破长期以来禁锢人们的思想枷锁，并为以后实行改革开放，开创社会主义现代化建设的崭新局面开辟了道路。正是在正确的思想路线和政治路线的指引下，在事实上形成了以邓小平为核心的党的第二代领导集体。党领导全国人民按照邓小平开创的改革开放新思路和新格局，把社会主义经济建设作为首要任务，同时加强社会主义民主法制建设和精神文明建设，开启了改革开放新时期：农村改革成功启动，对外开放迈出坚实步伐，城市改革进入攻坚阶段，各项改革全面展开，中国特色社会主义现代化建设取得了重大成就。

我国改革开放和中国特色社会主义事业发展的第一个阶段，也正是中国特色社会主义理论体系的开篇之作——邓小平理论逐步系统化的阶段。党的十二大正式提出"走自己的道路，建设有中国特色的社会主义"，标志着我们党确立了中国特色社会主义的主题。党的十三大全面阐述了社会主义初级阶段理论，确定了党在社会主义初级阶段的基本路线，制定了分"三步走"的经济发展战略，中国特色社会主义理论体系逐步形成轮廓，标志着我们党实现了马克思主义与中国实际相结合的第二次历史性的飞跃。

（二）关于生产力标准的大讨论是深入展开的思想解放运动。

20世纪90年代初到20世纪末是改革开放和中国特色社会主义事业发展的第二个阶段。80年代末90年代初，国内发生严重的政治风波，国际发生了东欧剧变，列宁亲手创建的社会主义苏联崩溃了，东欧社会主义阵营不复存在了，社会主义在苏联和东欧暂时失败了，社会主义遭遇到前所未有的挑战。当时，我们党面临着国际国内复杂严峻的形势，面对着来自"左"和右两方面的干扰。"左"的干扰认为改革开放是错误的，以经济建设为中心也是错误的，应该回到"以阶级斗争为纲"路线的老路上去。右的干扰则鼓吹完全"西化"，完全私有化，完全资本主义化，要求走到资本主义的邪路上去。中国特色社会主义究竟向何处去？成为世界瞩目的焦点。在这个关键的历史时刻，邓小平明确指出，坚持党的基本路线一百年不动摇。不坚持社会主义，不改革开放，不改善人民生活，只有死路一条。谁要改变党的十一届三中全会以来的路线、方针、政策，老百姓不答应，谁就会被打倒。[1] 这就是说，党的十一届三中全会以来的路线是完全正确的，要坚定不移地沿着党的十一届三中全会确定的路线走下去。南方

---

[1]参见《邓小平文选》第3卷，人民出版社1993年版，第370—371页。

谈话正是在这样大的历史背景下，经过邓小平深思熟虑而形成的，它是我们党在改革开放至关重要的历史关头的第二篇"解放思想、实事求是"的政治宣言书。南方谈话进一步解放了思想，极大地推动了改革开放，大大加快了中国特色社会主义发展进程。

南方谈话是对党的十一届三中全会以来我们党领导的社会主义改革开放新鲜经验的高度总结，是对世界各国社会主义建设历史经验教训的高度总结，是对国际共产主义运动及其发展经验教训的高度总结。南方谈话抓住了我国社会主义建设实践中长期困扰人们的根本性问题，抓住了中国特色社会主义建设进程中一系列重大问题，从理论上全面地、系统地、科学地回答了"什么是社会主义，怎样建设社会主义"的问题，对发展中国特色社会主义具有战略性、前瞻性和全局性的指导意义。如果说邓小平的《解放思想，实事求是，团结一致向前看》的重要讲话起到了拨乱反正、开辟中国特色社会主义建设正确航道的重要历史作用，那么南方谈话则起到了全面肯定党的十一届三中全会以来的理论、路线和实践，坚定不移地沿着社会主义改革开放的正确道路走下去，开拓社会主义改革开放新局面，掀起中国特色社会主义现代化建设新高潮的伟大历史作用。党的十四大对南方谈话的深远历史意义和伟大现实意义做出了高度的评价："以邓小平同志的谈话和今年三月中央政治局全体会议为标志，我国改革开放和现代化建设事业进入了一个新的阶段。"南方谈话朴实无华，道理深刻，既对前十年我国改革开放事业作了肯定和总结，又对开辟改革开放第二个十年起到了巨大的推动作用。改革开放的伟大实践，充分证明了南方谈话所具有的强大的理论生命力。南方谈话标志着邓小平理论达到了成熟的高峰，标志着我国改革开放进入一个新的发展阶段。

南方谈话提出了判断"姓'社'姓'资'"的"三个有利于"标准，说到底，就是生产力标准，正是生产力标准的讨论掀起了进一步的思想解放。邓小平指出："改革开放迈不开步子，不敢闯，说来说去就是怕资本主义的东西多了，走了资本主义道路。要害是姓'资'还是姓'社'的问题。判断的标准，应该主要看是否有利于发展社会主义社会的生产力，是否有利于增强社会主义国家的综合国力，是否有利于提高人民的生活水平。"[1]增强国力和提高人民生活水平，关键和基础是发展生产力，在"三个有利于"判断标准中，最根本的还

[1]《邓小平文选》第3卷，人民出版社1993年版，第372页。

是生产力标准。生产力标准是实践标准的深化和具体化。实践标准主要是针对"两个凡是"的观点，恢复和重新确立了马克思主义的思想路线，划清了辩证唯物主义和主观唯心主义的界限。生产力标准主要是针对"生产关系决定论""僵化的社会主义模式论"，判断姓"社"姓"资"的僵化固定的思维模式，恢复和坚持历史唯物主义原理，划清科学社会主义和种种空想社会主义的界限。从实践标准到生产力标准的大讨论是思想解放的进一步深入，是以邓小平为代表的中国共产党人对马克思主义在新的历史条件下的再阐发，是党的十一届三中全会以来坚持实事求是的思想路线，对"什么是社会主义，怎样建设社会主义"不断深入认识的必然结果，是进一步解放思想、大胆改革开放的必然结果。

依据实践标准，在建设有中国特色社会主义问题上，就必须一切从实际出发，从中国具体国情，尤其是从中国的生产力现实状况出发，制定出正确的马克思主义政治路线。那么，基于什么样的理论来制定正确的政治路线呢？根据马克思主义的生产力理论和生产力标准，就必须把是否有利于社会主义社会生产力的发展，作为制定正确的政治路线的根本着眼点和落脚点。只有从生产力标准出发，才能科学地回答"什么是社会主义，怎样建设社会主义"的问题。正是从这个根本标准出发，邓小平全面提出了社会主义本质论、社会主义市场经济论等一系列关于"什么是社会主义，怎样建设社会主义"的基本观点。这样，对生产力标准的学习、研究、讨论和落实，就成为进一步解放思想、解放生产力的关键环节。生产力标准正是在改革开放不断深入的新的历史条件下，为了进一步端正思想路线，加快改革开放步伐，集中力量发展中国特色社会主义的需要而提出来的。在改革和建设实践中，我们党每一项改革措施的提出、试验和推广，都贯彻了实事求是的思想路线和以经济建设为中心的指导方针。然而，在改革开放的实践过程中，我们每走一步，都涉及进一步检验党的十一届三中全会以来思想政治路线的正确性，都涉及衡量改革举措的必要性的客观标准问题。坚持客观的判断标准，克服来自右和"左"两个方面的干扰，是改革开放能否取得胜利的关键。到底以什么标准来看待改革开放十多年的成绩，要不要始终不渝地坚持党的基本路线，这在政治路线方面，在改革开放的实际举措方面就提出了一个衡量的客观标准问题，这个客观标准就是生产力标准。

应该说，在改革开放的根本方向、根本道路、大政方针乃至具体举措上，问一下姓"社"还是姓"资"，是应该也是必要的。然而，这里的关键是以什么样的标准来判断姓"社"还是姓"资"。生产力标准的观点告诉我们，既然生产力是一切社会发展的最终决定性力量，是判断社会进步的根本标准，是判断社会主体的认识和实践是否正确的最终尺度，那么离开生产力的发展来判断什么是资本主义和社会主义，就是用空想的原则、抽象的教条来裁剪火热的现实生活，就会在思想上陷入唯心史观的泥潭，在政治上导致或右或"左"的路线，在实践上阻碍生产力的发展。在这里，关键在于科学地掌握判断姓"社"与姓"资"的标准，只要用生产力这个根本标准来分析，关于"什么是社会主义，怎样建设社会主义"的许多疑惑就会一扫而光。在改革开放中，生产力标准是根本性的判断标准，如果离开这个标准，也就离开了社会主义的根本方向，离开了"什么是社会主义，怎样建设社会主义"的正确认识，就没有什么是非曲直可言，就会陷入主观随意性，甚至可能会重犯历史性的错误。一旦我们解决了这个根本标准的认识问题，那么我们就可以抛掉沉重的思想包袱，冲破思想牢笼，就会在改革开放实践中大胆地想、大胆地闯、大胆地试、大胆地干。

邓小平南方谈话和党的十四大，标志着中国改革开放和中国特色社会主义发展进入新阶段。党的十四大确定了经济体制改革的目标是建立社会主义市场经济体制。党的十四大以来，我们党坚定不移地以中国特色社会主义理论为指导，坚持党在社会主义初级阶段的基本路线，紧紧围绕"抓住机遇、深化改革、扩大开放、促进发展、保持稳定"的大局，努力推进社会主义市场经济体制改革，积极实施党的建设新的伟大工程，改革开放全面深入，现代化建设步伐明显加快。

三、世纪之交和新世纪新阶段，中国共产党人在回答"什么是社会主义，怎样建设社会主义"的同时，创造性地回答了"建设什么样的执政党，怎样建设执政党"，"实现什么样的发展，怎样发展"，继续解放思想，坚持改革开放，极大地推进了中国特色社会主义伟大事业和党的建设新的伟大工程

世纪之交和进入新世纪以来，是改革开放和中国特色社会主义发展的新阶段。世纪之交正是该阶段的历史关键时刻。回顾 20 世纪最后 10 年，对中国社会主义现代化发展进程影响最大的有两个最重要的事件。

　　第一个重大政治事件是 80 年代末 90 年代初，在我国发生的政治风波和国际上发生的东欧剧变。这是两件密切相连构成一个整体的带有世界性影响的历史事件。中国共产党在 1989 年政治风波中，在东欧剧变的过程中，经受了巨大的政治考验。邓小平在《第三代领导集体的当务之急》这篇重要讲话中严肃地指出："常委会的同志要聚精会神地抓党的建设，这个党该抓了，不抓不行了。"[1]这是邓小平对 1989 年政治风波深刻思考的科学结论。政治风波也好，东欧剧变也好，这些问题集中到一点，其根本原因就在于党自身。国际国内的政治事件警醒我们：如果党的建设不抓好，最后会出大问题。江泽民精辟地指出，"中国的事情关键在党"，[2] "要把中国的事情办好，关键取决于我们的党"。[3]以江泽民同志为核心的党的第三代领导集体按照邓小平的政治交代，认真思索怎样加强党的建设问题。

　　江泽民在深刻分析国内外的新情况、新变化时，有几件事值得深思：

　　第一件事是 1989 年政治风波，第二件事是东欧剧变，第三件事是"法轮功"事件，第四件事是台湾国民党下台。深思这四件事，特别是联系我们党内的腐败问题，使人们感到形势严峻。所有问题集中到一点，归结起来就是：一定要解决"建设一个什么样的党，怎样建设党"的问题。按照邓小平的指示，以江泽民同志为代表的党的第三代领导集体致力于聚精会神地解决党的建设问题。在党的十三届四中全会上强调要大力加强党的建设；党的十四届四中全会就加强党的建设几个重大问题又做了专门决定；党的十五大提出了继续推进党的建设新的伟大工程的总目标。总之，我们党的一系列思考和措施，都是要集中解决党的建设问题。

　　第二件大事是 1997 年 2 月 19 日邓小平去世。邓小平是中国改革开放的总设计师，是中国特色社会主义现代化建设的开创者。邓小平去世以后，世纪之交的中国共产党人还能不能继续高举邓小平理论伟大旗帜，坚持党的基本理论、基本路线，把建设有中国特色社会主义事业进行到底？党的十五大高举邓小平理论伟大旗帜，在阐述社会主义初级阶段理论的基础上，规定了党在社会主义初级阶段的基本纲领和社会主义初级阶段的基本经济制度，提出依法治国、建

---

[1]《邓小平文选》第 3 卷，人民出版社 1993 年版，第 314 页。

[2]《江泽民文选》第 3 卷，人民出版社 2006 年版，第 271 页。

[3]《江泽民文选》第 3 卷，人民出版社 2006 年版，第 1 页。

设社会主义法治国家的基本方略，确定了跨世纪发展的奋斗目标和任务，并郑重地把邓小平理论作为我们党长期坚持的指导思想写进党章。在这之后，我们党领导全国人民战胜特大自然灾害，成功地应对了亚洲金融危机的考验，提前实现"三步走"经济发展战略目标的前两步。

世纪之交，我们党面临着三大方面的考验：一是世界大变化的考验。整个世界呈现大动荡、大变化、大改组的局面。特别是随着高科技的发展，信息时代、知识经济时代的到来，世界发生了巨大的变化。如何应对世界性的大变化，对我们党是一个重大考验。二是执政的考验。党在夺取政权后，先后经过渡时期、建设时期、"文化大革命"的挫折时期和改革开放新时期的发展，经受住了执政的考验。特别是在 1989 年的政治风波和东欧剧变后，我们党经受住了执政的考验。还能不能继续经受住执政的考验，这又是一个重大课题。三是改革开放、市场经济的考验。在发展社会主义市场经济的过程中，一方面经济上去了，但另一方面党的干部队伍的腐败现象越来越严重，一些大案要案情况已经达到了触目惊心的地步。这说明党在改革开放、市场经济中面临着新形势下的新的考验。能否经得住市场经济的考验，这对我们党来说，也是一个严峻问题。

从历史来看，我们党经历了"两大转折"，从领导革命夺取政权到执政搞建设，从计划经济条件下的执政到市场经济条件下的执政，情况发生了很大变化。在新的历史条件下，党要着重解决"两个水平、两个能力"这两大历史性课题。"两个水平"，一是执政水平，一是领导水平；"两个能力"，一是防御风险的能力，一是拒腐防变的能力。因此，"建设一个什么样的执政党，怎样建设执政党"，这是摆在全党面前最重大最迫切的现实和理论问题。以江泽民同志为核心的党的第三代领导集体，在坚持邓小平理论，经受住国内国际的严峻考验，稳住改革开放大局的基础上，继续解放思想，不断改革开放，开拓创新，把中国特色社会主义的伟大实践成功地推向新世纪新阶段。

进入新世纪，以江泽民为代表的中国共产党人，着眼于我们党所处的历史方位，从党长期执政的战略高度，在继续回答"什么是社会主义，怎样建设社会主义"的同时，进一步回答了"建设什么样的执政党，怎样建设执政党"的问题，形成了"三个代表"重要思想，为中国特色社会主义理论体系增添了新的内容。"三个代表"重要思想，从最直接的意义来说，是解决党的建设问题，创造性地回答了"建设什么样的执政党，怎样建设执政党"，集中解决了党的先进性和执政能力建设问题。但是，它又不仅仅是解决党的建设问题，不仅仅是党的建设的全面纲领，它还进一步回答了"什么是社会主义，怎样建设社会主义"，是建设中国特色社会主义事业的强大思想理论武器，是全面实现小康社会宏伟目标的根本指针。党的十六大全面总结党领导人民建设中国特色社会主义的基本经验，把"三个代表"重要思想确立为党的指导思想，确定了全面建设小康社会的伟大任务，对党的建设提出全面的要求，顺利实现了中央领导集体的整体性交接，开创了中国特色社会主义的新局面。

　　党的十六大以来，以胡锦涛同志为总书记的党中央以邓小平理论、"三个代表"重要思想为指导，提出了科学发展观、加强党的执政能力建设和先进性建设、构建社会主义和谐社会、建设社会主义新农村等一系列重大战略思想，创造性地回答"实现什么样的发展，怎样发展"的问题，进一步回答了社会主义建设和执政党建设等问题，这些战略思想是马克思主义中国化的理论创新成果。党的十七大对科学发展观的重要地位、产生的实践基础和背景、科学内涵、精神实质以及如何贯彻落实进行了全面系统论述。对科学发展观在我们党的指导思想上的重要地位作了科学定位，把科学发展观确立为党的指导思想，作为继续解放思想，深入改革开放，发展中国特色社会主义必须遵循的基本原则和指导方针。总之，进入新世纪新阶段以来，以胡锦涛同志为总书记的党中央按照党的十一届三中全会以来确定的基本理论、基本路线、基本纲领、基本经验，进一步完善社会主义市场经济体制，努力推进中国特色社会主义的"科学发展、和谐发展、和平发展"，继续致力于党的自身建设，加强党的执政能力建设和先进性建设，大大推进了改革开放的历史进程，马克思主义中国化取得新的进展，中国特色社会主义道路探索实现新的突破，执政党的建设迈出新的步伐。

四、近代以来，中国实现了两次伟大革命，改革开放是第二次伟大革命，成功地开创和实践了中国特色社会主义道路，取得了经济的持续快速增长和社会全面发展的伟大成就

　　中国共产党成立以来，中国实现了两次革命，第一次是共产党领导的、先是新民主主义接着是社会主义的伟大革命。这次革命改变了制约中国生产力发

展的半封建半殖民地的经济政治制度，建立了社会主义制度，极大地解放和发展了社会生产力。

鸦片战争以来，中国开始沦为半殖民地半封建国家。如何振兴中华？如何使中华民族再创辉煌？这是中华民族一切有志之士一个共同的理想和奋斗目标。在中国近代历史进程中，涌现出了一系列有作为的人物，为了中华民族的振兴，作出了不懈的努力，提出了种种救国方案，譬如禁烟运动、太平天国运动、洋务运动、戊戌变法、义和团运动、辛亥革命等。虽然在近代中国历史上，旨在救国救民的斗争和探索，每一次都在一定的历史条件下推动了中国的进步，但一次又一次总是归于失败。究其原因，除了一些旧式农民起义的方案外，许多民族复兴的方案，其主要学习对象是西方的资本主义文明，主要是发展资本主义的经济、政治和文化，跳不出建立资本主义国家的愿望。为什么这些救国方案和实践屡屡碰壁呢？这是由国内外的客观条件决定的。国内外条件不允许中国建立独立富强的资产阶级民主共和国。帝国主义列强从自身利益考虑，绝不会让中国变成一个强大的资产阶级民主共和国，必须要维持和强化半殖民地半封建制度。为了维持旧制度，封建势力和官僚资本势力也需要与帝国主义列强勾结，不允许中国民族资产阶级强大起来，不允许在中国进行资产阶级民主革命。同时，中国民族资产阶级是一个软弱的、具有两重性的阶级，担当不起革命的领导力量，资产阶级旧式民主革命是解救不了中国的。

历史告诉我们，不触动封建根基的自强运动和改良主义、旧式农民战争、旧的民主主义革命，照抄照搬西方文明，这些方案都不能改变中国半殖民地半封建的社会性质和中国人民的悲惨命运。在帝国主义和封建势力打击下，这些方案和运动转瞬即逝。毛泽东同志讲，十月革命一声炮响，给我们送来了马克思主义，送来了社会主义。只有社会主义才能救中国，只有马克思主义才能救中国。只有中国工人阶级及其政党登上政治舞台，坚持马克思主义、举社会主义旗帜、走社会主义道路，才能解救中国。1919年五四运动爆发，1921年中国共产党诞生，中国进入新民主主义革命新的发展阶段。中国只有在马克思主义理论指导下，把马克思主义与中国实际相结合，进行共产党领导下的彻底的革命，才能振兴中华。中国共产党领导下的中国革命分两步走：第一步，进行共产党领导的、不同于旧民主主义革命的新民主主义革命；第二步，新民主主义革命成功以后，不间断地进行社会主义革命。以毛泽东为代表的第一代党的领导集体带领中国人民取得了新民主主义革命和社会主义革命的胜利，建立了社会主义制度，进入全面社会主义建设时期。

改革开放是我们党领导的第二次革命。从社会主义中国建立到党的十七大召开，党在全国执政的历史和社会主义建设的历史，以党的十一届三中全会为界，可以划分为前后两个时期。第一个时期是社会主义道路的探索时期，我们党确立了社会主义基本制度，建立了独立的比较完整的工业体系和国民经济体系，社会主义建设取得了伟大成就，积累了丰富的正反经验。第二个时期是改革开放新时期。在这个时期，我们党坚持改革开放，始终以经济建设为中心，中国特色社会主义事业取得了一系列巨大成就。

改革开放成果丰硕。农村改革、城市改革和全面改革取得重大进展，确立了以公有制为主体、多种所有制经济共同发展的基本经济制度，初步建立起社会主义市场经济体制。积极推进政治体制改革，社会主义民主政治和法制建设取得重大进展。实施"引进来"与"走出去"的对外开放战略，加入世界贸易组织，抓住机遇，积极投身于全球化浪潮，共享世界文明的先进成果，大大加快了我国现代化建设的步伐。

经济发展持续高速。国民经济长时间快速稳定增长，1978—2007 年，国民生产总值年均增速高于 9.7%，远远超过同期世界经济 3% 左右的平均增长速度。目前，经济总量居世界第四位，外贸进出口总额居世界第三位，外汇储备突破 1.5 万亿美元大关、居世界第一位，钢铁、煤炭、水泥等主要工业品产量居世界第一位。农村生产力得到极大的解放和发展，亿万农民的生活得到极大的改善，农村发生了历史巨变。

政治建设稳步推进。人民代表大会制度和共产党领导的多党合作、政治协商制度以及民族区域自治制度，进一步健全和完善。政治文明建设不断加强，民主向制度化、规范化方向发展。政府职能明显转变，依法行政与公正司法取得很大进展。基层民主不断扩大，农村普遍实行了村民自治。以宪法为核心、与社会主义市场经济体制相适应的中国特色社会主义法律体系初步形成，依法治国基本方略得到贯彻落实。广大人民享受到空前的自由民主权利。

文化建设成绩卓越。人民群众思想观念发生了深刻变化，公民意识、竞争意识、法制观念等现代意识显著增强。不断丰富发展马克思主义，初步构建起社会主义的核心价值体系，民族精神与良好的道德风尚得以弘扬。科教兴国、人才强国战略正在实施，具备了建设创新型国家的重要基础和良好条件。教育、科学、文化、艺术、新闻、出版、体育事业欣欣向荣，人民日益增长的精神文化需要不断得到满足。

社会建设成效显著。人民生活显著改善，13亿人达到了总体小康。扶贫攻坚计划顺利实施，稳定地解决了13亿人口的吃饭问题，反贫困事业成效显著。医疗、卫生事业不断发展。社会保险制度覆盖了大多数城镇从业人员和退休人员，城市普遍建立了居民最低生活保障制度，农村积极推进社会保障制度建设，与社会主义市场经济体制相适应的劳动和社会保障制度已初步建立。社会建设日益朝着全面和谐方向迈进。

国防建设成就巨大。指导思想实现了战略性转变，贯彻积极防御的军事战略方针，适应世界军事发展新趋势，依靠科技强军，走中国特色的精兵之路，人民解放军的革命化、现代化、正规化建设全面展开，国防总体实力和防卫作战能力不断提高。

祖国统一取得历史性胜利。顺利恢复对香港和澳门行使主权，洗雪了中华民族的百年屈辱。积极贯彻"一国两制"的基本方针，保持香港和澳门特别行政区的繁荣稳定。祖国大陆同台湾的经贸关系空前发展，教育、文化、社会等方面的交流与合作不断加强，政党交流打开新的局面。反"台独"、反分裂斗争不断取得胜利。

对外关系迈上新台阶。高举和平、发展、合作的旗帜，坚持独立自主的和平外交政策，倡导建立和谐世界。与主要大国建立起不同形式的合作关系，加强了与广大发展中国家及周边国家的合作，积极参与处理国际和地区热点问题，树立起负责任大国的新形象。中国国际地位与国际影响力与日俱增。

党的建设全面加强。实施党的建设新的伟大工程，加强执政能力建设与先进性建设，党的领导水平和抵御风险的能力不断提高。廉政建设与反腐败斗争深入开展，党内民主向制度化、规范化方向迈出新步伐。

回顾30年改革开放走过的历史进程，我们在工作中也曾发生过失误和偏差，当前还面临着很多困难和问题，人民群众还有诸多不满意的地方。但是，从党在全国执政的历史、我国近代以来的历史以及社会主义运动史等多方面的视角来看，这30年是中国特色社会主义理论和体制创新最多的30年，是经济发展速度和人民生活水平提高最快的30年，是社会政治最为稳定和民主法制建设成就最大的 30 年，是综合国力和国际地位提升最高的 30 年。我们走出了一条全新的中国特色社会主义发展道路，用短短 30 年的时间走过了许多国家上百年甚至几百年的发展历程，使中华民族以前所未有的姿态屹立于世界民族之林。

五、30 年改革开放的伟大实践积累了十分宝贵的历史经验，奠定了中国特色社会主义理论体系的实践基础和科学依据，对于继续改革开放，发展中国特色社会主义，具有深远的指导意义

全面总结改革开放的历史经验，并把它上升为系统的理论，对于进一步推进改革开放，发展中国特色社会主义，丰富中国特色社会主义理论体系，十分重要。

（一）始终坚持解放思想实事求是的思想路线，坚持马克思主义基本原理与推进马克思主义中国化相结合。

解放思想，实事求是，坚持马克思主义基本原理的普遍性与中国实际的特殊性具体的历史的统一，是改革开放伟大实践的首要经验。解放思想是发展中国特色社会主义的一大法宝。30 年的实践证明，改革开放和社会主义现代化建设的每一次重大推进，都以解放思想为前提，以思想理论创新为发端，以观念变革为先导。解放思想、实事求是，带来了不断创新的马克思主义中国化的理论成果，带来了改革开放和现代化建设实践的突破性进展。

在改革开放的全过程，坚持马克思主义老祖宗不能丢，同时又必须坚持马克思主义不断创新。这一历史的理论的辩证法，其实质就是要把马克思主义的普遍原理与中国建设和发展的实际结合起来、与时代特征结合起来，不断推进马克思主义的当代化、中国化，创造出中国化的马克思主义的理论成果。30 年前，中国改革开放的总设计师邓小平作出的改革开放的历史性决策，正是基于马克思主义的基本原理同中国具体实际的结合所得出的必然结论。一部改革开放的实践发展史，也是一部马克思主义中国化的理论探索史。30 年来，我们党始终坚持以科学的态度对待马克思主义，不断根据变化了的实践推进马克思主义中国化，赋予马克思主义基本原理以时代的和民族的内涵，形成了中国特色

社会主义理论体系这一马克思主义中国化的最新成果，并运用发展着的中国化的马克思主义指导不断发展的改革开放和现代化建设实践，成功地开辟出中国特色社会主义发展道路，取得了改革开放和现代化建设的辉煌成就。

（二）始终坚持初级阶段的基本国情和"一个中心，两个基本点"的基本路线，坚持四项基本原则与改革开放相结合。

始终坚持初级阶段的基本国情，坚持"一个中心，两个基本点"的基本路线不动摇，是改革开放取得成功的基本经验。

党的十一届三中全会以来，我们党在坚持以经济建设为中心的同时，始终正确认识和处理坚持四项基本原则和坚持改革开放的辩证统一关系。四项基本原则是立国之本，这个"本"是我们党和国家生存发展的政治基石，是以经济建设为中心的坚强保障，是改革开放正确方向的根本保证。改革开放是强国之路，这条"路"是发展中国特色社会主义、实现现代化的必由之路，是我们党和中国发展进步的活力源泉。改革开放的实践证明，无论是坚持四项基本原则，还是坚持改革开放，都必须基于两者的统一，一旦将坚持四项基本原则与坚持改革开放割裂或对立起来，中国特色社会主义必然会偏离正确的方向，中国特色社会主义建设事业就会陷入停顿或倒退。

坚持党在社会主义初级阶段的基本路线，必须始终坚持一切从中国的国情实际出发，把改革开放和现代化建设的大政方针建立在对国情的清醒和正确的认识上。一切从实际出发，最根本的，就是一切从中国处于并将长期处于社会主义初级阶段这个最大的实际、最基本的国情出发。党的基本纲领是党的基本路线的展开和具体化，坚持从初级阶段的基本国情出发，就要坚持和完善以公有制为主体、多种所有制经济共同发展的基本经济制度，就要坚持和完善以按劳分配为主体、多种分配方式并存的分配制度，就要坚持和完善中国共产党领导的多党合作和政治协商制度、民族区域自治制度以及基层群众自治制度。

坚持党的基本路线，必须始终坚持在中国共产党的领导下，坚持工人阶级的领导，建立巩固的工农联盟，巩固和发展最广泛的爱国统一战线，积极争取和团结改革开放中新产生的各社会阶层，团结一切可以团结的力量，发挥他们作为中国特色社会主义建设者的积极作用。

（三）始终坚持把人民利益作为改革开放的出发点和落脚点，坚持人民当家作主、尊重人民首创精神与加强和改善党的领导相结合。

始终坚持以人为本的基本原则，把人民的根本利益作为改革开放的出发点和落脚点，尊重人民的首创精神，让人民共享改革发展成果，最终走共同富裕的道路，这是改革开放取得成功的重要经验。

人民群众是历史的创造者和推动历史前进的力量，是改革开放各项事业发展的依靠力量和推动力量。中国农民最先揭开了我国改革的序幕。无论是家庭联产承包责任制还是乡镇企业，以及城市改革、全面改革，都是中国人民自己的独特创造。离开人民群众的首创精神和积极性，改革开放则一事无成。推进改革开放，一定要充分尊重人民的首创精神，从人民的伟大创造中汲取经验，形成政策，付诸实践。

改革开放以来，我们党始终坚持把依靠人民、由人民当家作主、尊重人民群众的首创精神和党的领导有机地结合起来，积极调动最广大人民群众投身改革开放伟大实践的积极性、主动性和创造性，把实现好、维护好、发展好最广大人民的根本利益作为加强和改善党的领导的奋斗目标和检验标准，切实做到改革发展为了人民、改革发展依靠人民、改革发展成果由人民共享。实现党的领导，最重要的是党所制定的改革开放政策要符合人民的愿望、执行过程要维护人民的利益、实施结果要满足人民的需要。在改革开放过程中，我们党始终以人民满意不满意、高兴不高兴、赞成不赞成、拥护不拥护作为衡量改革开放成败与否的标准。正因为这样，我们党才通过改革开放，得到了人民的真心拥护。正是在改革开放的过程中，在一切为了人民、一切依靠人民的过程中，党的领导才得到了切实的加强和改善。

（四）始终坚持社会主义公有制为主体的根本方向和社会主义市场经济的改革取向，坚持社会主义基本制度与发展市场经济相结合。

我国的改革开放是社会主义方向的改革开放，是社会主义市场经济的改革取向。社会主义与市场经济结合具有蓬勃的生机和活力，在实行社会主义市场经济体制改革的同时，始终坚持社会主义方向、坚持社会主义基本制度，实现社会主义制度与市场经济的有机结合，这是改革开放的成功经验。

提出社会主义市场经济理论，进行社会主义市场经济体制改革，是我们党的一个伟大创举。30年改革开放所取得的巨大成就，已经初步显示出这一创举的强大威力。坚持社会主义基本制度，关键是坚持社会主义公有制为主体。在坚持社会主义市场经济体制改革的过程中，我们党始终坚持公有制经济为主体、多种所有制经济共同发展的基本经济制度，不断探索社会主义市场经济不同于其他市场经济运行的特殊规律和特殊运行方式，始终坚持在发挥市场配置资源的基础性作用的同时，不断加强和改善宏观调控，既发挥市场经济的优势，也发挥社会主义制度的优越性，促进社会主义制度与市场经济的有机结合，逐步完善社会主义市场经济体制。

（五）始终坚持社会主义制度的自我完善和发展，坚持推动经济基础变革同推动上层建筑改革相结合。

我国改革开放的实质是社会主义制度的自我完善和发展。努力通过经济基础和上层建筑的调整和变革，构建适合中国现阶段生产力发展状况和社会发展的社会体制，坚持社会主义制度的自我完善和发展，也是改革开放的一条卓有成效的经验。

改革开放以来，在推动经济基础变革的同时，政治、文化和社会等上层建筑各个领域的体制改革也在稳步推进。与社会主义初级阶段相适应的经济体制、政治体制、文化体制和社会诸体制的逐步完善，是30年来我国经济社会健康发展的基础和保证。推进经济基础和上层建筑具体体制的改革，实现社会主义制度的自我完善和发展，实质上就是不断推进社会主义的制度创新。改革初期，家庭联产承包责任制的实行与人民公社体制的废除，掀开了社会主义生产关系体制改革和上层建筑体制改革、社会主义制度创新的序幕，极大地促进了农村生产力的发展。当前，我国正处于以贯彻落实科学发展观为中心内容的全面制度创新阶段，加大社会主义经济基础和上层建筑各个领域的制度文明的建设力度，必将极大推动改革开放的深入发展，推进社会主义制度的自我完善和发展。

（六）始终坚持我国经济社会的全面协调可持续的科学发展，坚持发展社会生产力同提高全民族文明素质相结合。

必须始终坚持在大力发展生产力的同时，坚持以人为本，推进我国经济社会的全面、协调、可持续的科学发展，这是进一步改革开放必须坚持的经验。

我国改革开放的社会主义性质不仅决定了发展不只是物质文明的单兵突进，还是物质文明、政治文明、精神文明和生态文明的共同发展，不仅是经济建设的单一推动，还是政治建设、文化建设、社会建设和生态建设的全面推进，不仅以发展生产力实现全体人民的共同富裕为目的，还要以提高全民族文明素质，实现人的全面发展为最终目标和落脚点。只有坚持通过改革开放，提高全民族的物质和文化生活水平，不断提高全民族的文化素质，坚持全面发展、协调发展、和谐发展、可持续发展，把中国特色社会主义建设和发展逐步纳入科学发展的轨道，才能最终把我国建设成为富强、民主、文明、和谐的社会主义现代化国家。

（七）始终坚持构建社会主义和谐社会，坚持提高效率同促进社会公平相结合。

我国改革开放得到人民拥护、肯定的一条经验，就是构建社会主义和谐社会，坚持提高效率与促进社会公平相结合。

社会主义和谐社会建设是中国特色社会主义的本质要求，是发展中国特色社会主义的长期的历史任务。构建社会主义和谐社会，就要实现社会公平正义。改革开放以来，由当时我国的基本国情和具体的历史条件所决定，"效率优先，兼顾公平"曾作为改革开放一段时期内的方针。改革开放发展到今天，在坚持效率优先的前提下，我们党又把实现社会公平正义提到了更加突出的地位加以解决，提出了构建社会主义和谐社会的重大战略思想，将实现社会公平正义作为发展中国特色社会主义的一项重大任务。我国的改革是一个寓效率与公平于其中的总体性概念，我们党始终反对人为地将效率与公平二元化、对立起来的观点和做法，着力解决广大人民群众最关心、最直接、最现实的利益问题，切实把追求效率与实现公平辩证统一于改革开放的全过程。只有这样，才能不断取得人民对改革开放的支持，才能取得改革开放的成功。

（八）始终坚持统筹国内和国际两个大局，坚持独立自主与参与经济全球化、对内改革和对外开放相结合。

统筹兼顾国内国际两个大局，着眼于两个大局，制定和实施对内改革与对外开放的政策和措施，坚持在与世界经济相联系和相互竞争中，自力更生地提升综合国力的开放战略，把社会主义市场经济的国内改革和与世界经济相联系的对外开放相结合，是改革开放的成熟经验。

经济全球化的发展，离不开市场化，国内市场发展，又离不开国际化。中国特色社会主义发展离不开市场经济的发展，离不开与世界的联系。在我国这样生产力水平还不发达，经济相对落后的国家进行社会主义建设，必须始终坚持"引进来"和"走出去"相结合的对外开放战略，积极参与到经济全球化之中，不断拓展对外开放的广度和深度，有效利用国外资金、技术和先进管理经验等外部条件发展自己，在全球竞争中趋利避害，努力实现互利、普惠、共赢。

坚持独立自主是参与经济全球化的前提和基础，坚持独立自主必须同参与经济全球化相结合。对中国这样一个发展中国家来说，要在经济全球化竞争中生存和发展，必须始终保持足够的清醒，始终在总体上保持发展的自主性，主要依靠自己的力量发展经济等各项事业。一定要在保持独立自主的前提下，积极扩大对外开放，参与全球经济合作，才能实现跨越式发展。

坚持改革与开放相结合，必须创造良好的外部环境，这就必须始终坚持独立自主的和平外交政策，走和平发展道路，推动建设持久和平、共同繁荣的和谐世界，以维护国家发展利益和安全利益为最高准则，永远不称霸，维护世界和平与促进各国共同发展，为改革开放和现代化建设争取和平稳定的国际环境。

（九）始终坚持"三个有利于"的判断标准和渐进式改革策略，坚持促进改革发展同保持社会稳定相结合。

我们党始终把"三个有利于"作为判断改革得失成败的根本标准。"三个有利于"最根本的是有利于生产力的发展，只有紧紧扭住经济建设这个中心不动摇，作为执政兴国的第一要务，才能迅速摆脱生产力不发达状态，早日实现国富民强，这是我国改革开放成功的根本经验。

在改革过程中，我们党时刻注意正确地处理好改革、发展、稳定三者的关系，使之相互协调、相互促进，把改革、发展的紧迫感同科学求实的精神结合起来，把实现当前目标和追求长远目标统一起来，把改革的力度、发展的速度和社会可承受程度统一起来，把握准改革举措出台的时机、力度和节奏，这也是我国改革开放的一条可行经验。改革是动力，发展是目标，稳定是前提。没有改革，就无法最大限度地解放和发展生产力，就不可能走出一条适合自己国情的正确的发展道路；没有发展，尤其是生产力的发展，中国就不可能实现现代化，也就不可能保持国家的长治久安；没有稳定，改革和发展都无从进行。三者关系处理得当，就能保证改革开放的健康平稳运行，否则，就会吃苦头，付代价，甚至给社会带来灾难。在改革开放过程中，我们党统筹改革，综合谋划，把不断改善人民生活作为处理改革发展稳定关系的重要结合点，把构建和谐社会作为协调改革发展稳定关系的长远目标，以改革促进和谐、以发展巩固和谐、以稳定保障和谐，努力实现社会稳定，为改革发展提供和谐的环境和氛围。

我国的改革开放，是前无古人的创举，走的是一条"摸着石头过河"的循序渐进的道路——这是中国取得巨大成功的一条举世公认的经验。改革开放30年来，党始终坚持"渐进式"的改革策略，没有采取"休克疗法""硬着陆"等激进的方案，坚持试点先行，在取得试点经验的基础上再加以推广。在改革开放中，采取的是先农村后城市、先沿海后内地、先经济后政治、先发展后规范、先体制外后体制内、先易后难的改革策略。在改革开放中，保持制度变革的连续性和渐进性，保证改革开放的顺利推进。坚持重点突破和整体推进相结合的改革战略。渐进式改革方案既避免了由于举措不当而出现的经济严重衰退、社会矛盾激化和社会剧烈动荡，又使中国社会充满活力、和谐稳定。

（十）始终坚持以改革创新的精神加强党的建设，坚持中国特色社会主义伟大事业与推进党的建设新的伟大工程相结合。

始终坚持以改革创新的精神加强党的建设，改善党的领导，提高党的执政能力和水平，增强党的先进性，不断增强拒腐防变和抵御风险的能力，为改革开放和现代化建设提供坚强有力的政治保证，是改革开放取得伟大成就的政治经验。

我们党是中国特色社会主义事业的领导力量，中国共产党的自身状况与中国特色社会主义事业的发展休戚相关。我国的改革开放既给我们党注入了巨大的活力，也带来了许多前所未有的新课题、新考验。中国特色社会主义事业是改革创新的事业，中国共产党要站在时代前列带领中国人民开创事业发展新局面，必须坚持以改革创新精神加强自身建设。在30年改革开放的历史进程中，我们党从世情、国情和党情的发展变化出发，深入探索共产党执政的特殊规律，坚持把党建设成中国工人阶级的先锋队，同时是中国人民和中华民族的先锋队。坚持始终代表最广大人民根本利益的马克思主义立场，立党为公、执政为民。不断改革和完善党的领导方式和执政方式，坚持科学执政、民主执政、依法执政。不断巩固党的阶级基础，扩大党的群众基础，保持和发展党同人民群众的血肉联系。不断加强党的先进性建设和执政能力建设，积极推进党内民主建设，旗帜鲜明地反对腐败。

六、进一步改革开放，必须始终不渝地坚持和发展中国特色社会主义理论体系，坚定不移地以中国特色社会主义理论体系为思想指南

改革开放之所以是一场新的伟大革命，之所以发挥了中国特色社会主义强大动力的作用，之所以取得伟大成功，最重要的就在于走出了正确的道路，形成了正确的理论指南。这条正确的道路就是中国特色社会主义道路，这个正确的理论指南就是中国特色社会主义理论体系。

中国特色社会主义理论体系是改革开放新时期的实践结果，是马克思主义科学社会主义原理同中国具体实际相结合的理论产物，是党的几代领导集体带领全党共同努力的智慧结晶，是马克思主义中国化的最新成果，是全国各族人民团结奋斗的共同思想基础。中国特色社会主义理论体系的前提和基础是毛泽东同志关于中国社会主义建设道路的理论和实践的初步探索。中国特色社会主义理论体系是包括邓小平理论、"三个代表"重要思想、科学发展观等重大战略思想的完整统一体，是既一脉相承又与时俱进的马克思主义中国化的科学的理论体系。

中国特色社会主义理论体系是由一系列紧密联系、相互贯通的新思想、新观点、新论断所构成的完整的系统的科学理论体系，该体系博大精深，内容十分丰富。

中国特色社会主义理论体系的哲学依据最主要的是两个基本支撑点，一是解放思想、实事求是的观点，一是生产力标准的观点。邓小平提出解放思想、实事求是的观点，奠定了中国特色社会主义理论的思想路线基础。江泽民把解放思想、实事求是的观点概括为与时俱进这一马克思主义的理论品质，进一步丰富和发展了党的思想路线。胡锦涛继承了解放思想、实事求是、与时俱进的

思想路线，特别强调解放思想是党的思想路线的本质要求，是中国特色社会主义的一大法宝，继承了党的思想路线的真谛。我们党从邓小平、江泽民到胡锦涛，之所以不断把中国特色社会主义理论体系发扬光大，就是因为不断地在实践中继承和发扬了党的解放思想、实事求是的思想路线。

生产力标准是马克思主义唯物史观的最基本的观点。正是根据生产力标准的观点，邓小平提出了一系列改革开放的重大决策，形成了党的基本路线和基本理论，并在改革开放的关键时刻，就如何判断改革成败的问题，如何判断姓"社"姓"资"的问题，提出了"三个有利于"的判断标准，"三个有利于"判断标准实质上就是生产力标准。"三个代表"重要思想，把代表先进生产力作为第一个代表，同时提出代表先进文化、代表人民根本利益。这是对生产力标准和"三个有利于"标准的丰富和发展。解放思想、实事求是的观点是辩证唯物主义的基本问题，生产力的观点是历史唯物主义的基本问题。辩证唯物主义和历史唯物主义是我们党全部理论的哲学基础，因此解放思想、实事求是和生产力标准构成了中国特色社会主义理论体系的基本哲学依据。

中国特色社会主义理论体系是围绕中国特色社会主义这一主题展开的，回答的主要问题是中国特色社会主义如何发展，而解决发展的问题，必须解决改革的问题。解决发展和改革问题，其重要理论根据一是发展观，一是改革观。科学发展观和正确改革观是中国特色社会主义理论体系的两个重要内容。

邓小平发展思想是邓小平理论的重要内容。邓小平十分强调发展首先是发展生产力的重要意义。为什么中国特色社会主义理论体系那样强调发展问题？这是由中国特色社会主义现阶段，即初级阶段的基本国情和历史方位决定的。邓小平指出，我国目前还处于社会主义初级阶段，考虑一切问题都要从这个基本国情出发。我国社会主义初级阶段的主要矛盾是人民群众日益增长的物质文化需求和生产力不能满足这种需求的矛盾，解决这个矛盾就必须大力发展生产力。发展生产力是社会主义社会的根本任务，经济建设是中心任务。因此，中国特色社会主义建设的主要问题可以归结为发展。当然，发展首先是发展生产力。

邓小平不仅强调发展生产力，还拟定了中国发展分三步走的发展战略，提出了实现小康社会的宏伟目标。到20世纪末国内生产总值比1980年翻两番，基本实现温饱，奔向小康。到21世纪中叶，人均国民生产总值达到中等发达国家水平，基本实现现代化。

在 1992 年南方谈话中，邓小平总结了多年的发展思想，提出了"发展是硬道理"的科学论断。并强调发展需要一定的速度和数量，但不单是速度和数量。要实现速度与效益、质量与数量的统一。这些构成了邓小平关于发展的基本思想。

江泽民提出"三个代表"重要思想，第一个代表就是代表先进生产力，也就是要不断地解放和发展生产力，并把它提高到了党的性质、党的建设的高度来认识，把发展生产力同党的执政理念、党的先进性建设和执政能力建设联系在一起，进一步丰富和发展了邓小平发展思想。江泽民提出了"发展是执政兴国的第一要务"，并且十分强调要全面理解发展问题。提出要正确处理社会主义现代化建设中的若干重大关系，把握好发展、稳定和改革的关系，处理好建设与效益、数量与质量的关系。提出关键要更新发展思路，要实现增长方式的转变，由粗放型转变到集约型。这不仅从理论上丰富了邓小平发展思想，而且对中国特色社会主义的发展思路作了战略调整。

以胡锦涛同志为总书记的党中央，在总结国际国内发展经验的基础上，针对我国在新世纪新阶段发展的新问题、新要求和新任务，提出了以人为本、全面协调、可持续的科学发展观，提出"科学发展、和谐发展、和平发展"的发展新理念，把中国特色社会主义发展理论推向一个新的高度。科学发展观站在历史和时代的高度，总结国内外在发展问题上的经验教训，吸收人类文明进步的新成果，进一步解决了新世纪新阶段我国"为什么发展，怎样发展和发展什么"等一系列发展中国特色社会主义的重大问题。在新的实践基础上，进一步回答了社会主义的本质及其主要特征，拓宽了对"什么是社会主义，怎样建设社会主义"的社会主义发展规律的认识视野；进一步论述了中国共产党的执政任务，拓宽了对"建设什么样的执政党，怎样建设执政党"的共产党执政规律的认识视野。正是在进一步回答"什么是社会主义，怎样建设社会主义"，"建设什么样的执政党，怎样加强执政党建设"，"什么是马克思主义，怎样坚持和发展马克思主义"的意义上说，科学发展观是对邓小平理论和"三个代表"重要思想的继承、丰富和发展，同邓小平理论和"三个代表"重要思想一样，是马克思主义中国化的最新成果，是与时俱进的马克思主义发展观，是正确指导发展的马克思主义世界观和方法论的集中体现，是我们党对社会主义现代化建设理论和指导思想的新发展，开拓了中国特色社会主义的理论创新和实践创新的新境界。

关于改革的思想也是邓小平理论的重要内容。改革是中国特色社会主义理论体系的重要内容。社会主义的根本任务是解放和发展生产力，要解放和发展生产力，就必须不断改革。这是因为社会主义基本矛盾特点决定了必须要进行改革。社会主义制度建立后，我国的社会基本矛盾是适应前提下的不适应，也就是存在体制上的不适应：一是以往形成的僵化的经济政治体制，严重阻碍了生产力的发展；二是社会主义不是一成不变的，即使适合的体制也要随着经济社会的发展，不断地进行体制创新，以适应新的经济发展的需要。因此，邓小平率先提出"革命是解放生产力，改革也是解放生产力"[1]，"改革是中国的第二次革命"。[2] 只有破除旧的体制，才能解放和发展生产力。改革是社会主义不断向前发展的动力。这就是邓小平改革思想立论的根据。邓小平改革思想在马克思主义发展史上是一个创新。

经济体制要改革，改革的方向是什么呢？邓小平经过长时间的反复思考，总结社会主义建设和我国实践的经验，提出以市场经济为取向的社会主义市场经济体制改革思路。社会主义市场经济的创新提法在理论上是一大突破，使人们从市场经济等于资本主义的陈旧观念中解放出来，在实践中为我国经济体制改革开辟了广阔的前景。在提出社会主义市场经济体制改革的同时，邓小平提出了政治体制改革的必要性、重要性，提出了政治体制改革的基本要求和战略任务，提出了建设社会主义民主政治的政治体制改革目标，提出了总体改革的重要思想。邓小平是中国社会主义改革开放的总设计师。

邓小平改革思想是极其丰富的，主要观点是："自我完善"的改革观，确定了改革的基本性质，即改革是"社会主义制度的自我完善"；"革命"的改革观，确定了改革的基本定位，即"改革是中国的第二次革命"；"全面"的改革观，确定了改革的全面性，即"改革是全面的改革，不仅经济、政治，还包括科技、教育等各行各业"；[3]"贯穿发展全过程"的改革观，确定了改革的战略，即"改革开放要贯穿中国整个发展过程"；[4]"三个有利于"的改革观，确定了改革成败

[1]《邓小平文选》第3卷，人民出版社1993年版，第370页。
[2]《邓小平文选》第3卷，人民出版社1993年版，第113页。
[3]《邓小平文选》第3卷，人民出版社1993年版，第117页。
[4]《邓小平文选》第3卷，人民出版社1993年版，第265页。

的判断标准，即"是否有利于发展社会主义社会的生产力，是否有利于增强社会主义国家的综合国力，是否有利于提高人民的生活水平"；"群众"的改革观，确定了改革的主体，即一定要把实现人民的根本利益，把依靠人民、尊重人民的首创精神，把人民"拥护不拥护""赞成不赞成""高兴不高兴""答应不答应"，作为改革的出发点和归宿。

以江泽民同志为核心的党的第三代领导集体丰富和充实了邓小平改革思想，明确提出建立社会主义市场经济体制的改革目标。他指出，"在坚持公有制和按劳分配为主体，其他经济成分和分配方式为补充的基础上，建立和完善社会主义市场经济体制。"[1]强调把社会主义市场经济同社会主义基本经济制度结合在一起，建立这种经济体制就是要使其在国家宏观调控下对资源配置起基础性作用。为实现这个目标，必须坚持以公有制为主体，各种经济成分共同发展的方针，必须进一步转换国有企业制度，建立现代企业制度。江泽民勾画了社会主义市场经济体制的基本框架，规定了国有企业改革的方向。在党的十五大上，江泽民又就社会主义初级阶段的所有制结构和公有制实现形式问题作了论述，进一步从理论上加以突破。他指出，我国经济成分可以多样化，公有制实现形式可以多样化；公有制为主体主要体现在控制力上；非公有制经济是社会主义市场经济的重要组成部分；股份制是现代企业的一种资本组织形式，资本主义可以用，社会主义也可以用。这些论述为我国的经济体制改革进一步扫清了道路。

在改革发展的新阶段，以胡锦涛同志为总书记的党中央提出了科学发展观，破解了"发展什么，怎么发展"这个发展中国特色社会主义伟大事业的根本性问题。继续改革开放，必须全面落实科学发展观。推进科学发展，必须进一步改革开放，集中破解影响科学发展的体制和机制性障碍。在今天，能不能理解和贯彻科学发展观的问题，就是能不能坚持改革开放，能不能坚持发展中国特色社会主义的问题。以胡锦涛同志为总书记的党中央，突出强调体制创新，强调改革问题上的创新，把体制改革创新和落实科学发展观结合起来。胡锦涛强调，"推进体制创新，是解决经济社会诸多矛盾和问题的必由之路，也是贯彻和落实科学发展观的必然要求。必须通过深化改革，努力形成一套有利于科学发展的体制机制"[2]。他要求，第一，以转变政府职能为重点推进行政管理体制改

---

[1]《江泽民文选》第 1 卷，人民出版社 2006 年版，第 219 页。

[2]《全面贯彻落实科学发展观，推动经济社会又快又好发展》，《求是》2006 年第 1 期。

革；第二，继续深化国有企业体制改革；第三，鼓励、支持和引导非公有制经济发展；第四，进一步破除垄断，加强现代市场经济体制建设；第五，提高对外开放水平。这些论述为我国推进改革开放、全面建设小康社会提供了坚实的理论基础，充实和丰富了中国特色社会主义理论体系的改革观。

胡锦涛同志指出："改革开放是发展中国特色社会主义的强大动力。"[1] "改革开放是决定当代中国命运的关键抉择，是发展中国特色社会主义、实现中华民族伟大复兴的必由之路；只有社会主义才能救中国，只有改革开放才能发展中国、发展社会主义、发展马克思主义。"[2] 我国改革开放的实践证明，能不能解放思想，实事求是，坚持解放和发展生产力，坚持发展和改革，关系到我们事业的兴衰成败。可以说，坚持解放思想，实事求是和坚持解放发展生产力，坚持发展和改革，也就是坚持了中国特色社会主义。进一步改革开放，发展中国特色社会主义，最重要的是坚持中国特色社会主义理论体系的指导。只有坚持中国特色社会主义理论体系的指导，并在实践中不断创新这个理论体系，用这个理论体系指导创新实践，才能不断地解放思想、改革开放，发展中国特色社会主义。

[1]《中国共产党第十七次全国代表大会文件汇编》，人民出版社，2007年，第2页。
[2]《中国共产党第十七次全国代表大会文件汇编》，人民出版社2007年，第10页。

改革开放新时期哲学社会科学的繁荣与发展 [1]

改革开放 30 年来，我国的社会主义现代化建设取得了举世瞩目的辉煌成就，哲学社会科学事业也获得了难得的发展机遇，呈现出繁荣发展的景象，在促进改革开放和经济社会发展中发挥了不可替代的重要作用。在新世纪新阶段，面对当今世界局势的急剧变化和我国经济社会的深刻变革，我国哲学社会科学事业应有新的更大作为，哲学社会科学工作者任重而道远。

一、改革开放为哲学社会科学提供了前所未有的发展机遇和强劲的发展动力

在马克思主义指导下的中国哲学社会科学事业是与中国共产党领导的革命、建设和改革事业同步发展起来的。20 世纪初叶，五四运动和新文化运动将马克思主义引进中国，中国共产党自成立之日起就把马克思列宁主义确立为党的指导思想，从而奠定了党领导的哲学社会科学事业的坚实的思想理论基础。以毛泽东同志为主要代表的第一代中国共产党人，坚持把马克思列宁主义同中国的具体实践相结合，开辟了马克思主义中国化的新境界，创立了马克思主义中国化的第一个理论成果——毛泽东思想，开辟了党领导的哲学社会科学事业的历史新起点。新中国成立以后，伴随着我国社会主义革命和建设事业的巨大发展，逐步建立了以马克思列宁主义、毛泽东思想为指导的哲学社会科学新体系，开

---

[1] 本文原载《中国社会科学》，2009 年第 2 期。

创了新中国哲学社会科学事业的新局面。以党的十一届三中全会为标志，我国进入改革开放的历史新时期，改革开放和社会主义现代化建设的伟大实践呼唤哲学社会科学要有所作为，同时又为哲学社会科学提供了难得的发展机遇和强劲的发展动力。在改革开放新时期，党领导全国各族人民进行了中国特色社会主义新的伟大实践，创立了以邓小平理论、"三个代表"重要思想和科学发展观为主要内容的中国特色社会主义理论体系，丰富和发展了中国化的马克思主义，引领了哲学社会科学学科体系和内容的创新，产生了一批优秀成果和骨干人才，培养建立了一支哲学社会科学人才队伍，实现了哲学社会科学事业的长足发展和伟大繁荣。

（一）党中央的高度重视、有力领导和大力扶持，为哲学社会科学的繁荣发展指明了前进方向、创造了良好环境。

哲学社会科学是人类认识世界、改造世界的重要工具，是推动历史发展和社会进步的重要精神力量。哲学社会科学整体研究能力和成果，是一个国家软实力的组成部分，是一个国家创新体系的理论灵魂，也是一个国家综合国力的重要体现，必须大力扶持和发展哲学社会科学事业。

党中央历来高度重视哲学社会科学，大力推进哲学社会科学事业的发展。但是，在"文革"期间，我国经济社会发展陷入了停滞和倒退，哲学社会科学也处于停滞、混乱和倒退状态。党的十一届三中全会以来，我国哲学社会科学迎来了繁荣的春天。以邓小平同志为核心的党的第二代中央领导集体从改革开放和社会主义现代化建设事业的迫切需要出发，对新时期我国哲学社会科学事业的发展给予了高度重视和巨大支持。邓小平多次指出，"科学当然包括社会科学"，"自然科学固然重要，要搞好，社会科学也很重要。文科，光有人民大学还不够，北大文科是有基础的，搞好文科是很必要的"。[1] 在他的直接关心下，党中央于 1977 年 5 月正式批准，在原中国科学院哲学社会科学学部的基础上组建中国社会科学院，作为党中央直接领导的国务院直属的国家级哲学社会科学研究机构。在他的推动下，各地先后成立了地方社会科学院，恢复了社科联，全国高等院校的哲学社会科学学科建设得到迅速发展。1979 年，他在谈到社会主义现代化建设进程中亟待研究解决的一系列重大理论问题时明确指出，"政治

---

[1]《邓小平思想年谱》，中央文献出版社 1998 年版，第 47 页。

学、法学、社会学以及世界政治的研究，我们过去多年忽视了，现在也需要赶快补课"。在邓小平的亲自倡导和大力支持下，一大批适应改革开放和社会主义现代化建设需要的哲学社会科学新兴学科应运而生。1982 年，党中央在转发《全国哲学社会科学规划座谈会纪要》的通知中明确指出："我国哲学社会科学事业今后必须有一个大的发展，没有哲学社会科学的发展，要开创社会主义现代化建设事业的新局面是不可能的。"在党中央的高度重视和大力推动下，中国哲学社会科学事业重新焕发了青春。

以江泽民同志为核心的党的第三代中央领导集体极为重视哲学社会科学在中国特色社会主义伟大事业中的战略地位和作用，大力扶持哲学社会科学事业。江泽民同志多次围绕繁荣和发展我国哲学社会科学事业发表重要讲话，2002 年7 月 16 日，他在考察中国社会科学院时强调，"建设有中国特色社会主义，需要在实践和理论上不懈进行探索，不断在实践的基础上提出创新的理论，用发展着的理论指导实践。在这个实践和理论的双重探索中，哲学社会科学具有不可替代的重要作用，哲学社会科学工作者是一支不可替代的重要力量。必须始终重视哲学社会科学，加快发展哲学社会科学"。他还对加强哲学社会科学建设提出了明确要求，强调"一定要办好中国社会科学院"。

党的十六大以来，以胡锦涛同志为总书记的党中央充分重视哲学社会科学，采取了一系列重大举措，繁荣发展哲学社会科学。2004 年 1 月，党中央发布《关于进一步繁荣发展哲学社会科学的意见》，明确了新时期繁荣发展哲学社会科学的指导方针、主要任务和总体目标。这是我党历史上第一个以中共中央的名义专门为哲学社会科学工作制定的纲领性文件，具有重要的里程碑意义。2005 年5 月 19 日，中央政治局常委会议专门听取中国社会科学院的工作汇报，胡锦涛同志明确要求全党："我们一定要从党和国家事业发展全局的高度，把繁荣发展哲学社会科学作为一项重大而紧迫的战略任务切实抓紧抓好"，强调要"进一步办好中国社会科学院"。党的十七大明确提出："繁荣发展哲学社会科学，推进学科体系、学术观点、科研方法创新，鼓励哲学社会科学界为党和人民的事业发挥思想库作用，推动我国哲学社会科学优秀成果和优秀人才走向世界。"这是历次党的代表大会对哲学社会科学论述最多的一次，为新时期我国哲学社会科学事业发展指明了方向。

（二）党的理论创新引领哲学社会科学创新，中国特色社会主义理论体系的创立发展对哲学社会科学繁荣发展起着政治导向和丰富带动的巨大作用。

改革开放既是伟大的实践创新，又始终贯穿党的理论创新，实践创新呼唤并孕育党的理论创新，党的理论创新又指导并促进实践创新。以邓小平同志为核心的第二代中央领导集体，解放思想、实事求是，坚持和发展了党的实事求是的思想路线，把马克思列宁主义、毛泽东思想与中国社会主义建设的实际相结合，科学系统地回答了"什么是社会主义，怎样建设社会主义"，创立了邓小平理论，实现了马克思主义中国化的理论创新，开创了马克思主义中国化的新境界。以江泽民同志为核心的第三代中央领导集体，进一步回答了"什么是社会主义，怎样建设社会主义"，创造性地回答了"建设什么样的党、怎样建设党"，创立了"三个代表"重要思想，实现了马克思主义中国化的进一步创新。以胡锦涛同志为总书记的党中央，坚持以邓小平理论和"三个代表"重要思想为指导，求真务实、开拓进取，继续推进理论创新和实践创新，进一步回答了"什么是社会主义，怎样建设社会主义""建设什么样的党、怎样建设党"，创造性地回答了"实现什么样的发展、怎样发展"，提出了中国特色社会主义理论体系的最新成果——科学发展观等重大战略思想，丰富和发展了中国化的马克思主义。中国特色社会主义理论体系的形成发展是党的理论创新的最大收获，大大推动了马克思主义的中国化、大众化。广大哲学社会科学工作者全程参与了党的理论创新，作出了应有的理论奉献，同时又受到了活生生的马克思主义世界观方法论和中国特色社会主义理论体系的教育，极大地调动了从事哲学社会科学研究的创造性，加强了哲学社会科学创新体系建设。

（三）改革开放和现代化建设的伟大实践，为哲学社会科学的繁荣发展提供了深厚源泉和强大力量。

我国的改革开放和社会主义现代化建设是一项全新的事业，在前进的道路上面临大量开创性的、前人没有提出或前人没有涉足的新课题，面临层出不穷、错综复杂的新矛盾，这些新矛盾、新问题不断向哲学社会科学提出新的任务和要求。人民群众在改革实践的探索中不断创造新事物，在克服困难和解决各种矛盾中不断创造新经验，这些新事物、新经验和新实践构成哲学社会科学取之不尽、用之不竭的研究素材和学术源泉。30 年来，我国哲学社会科学工作者积极投身改革开放和现代化建设的伟大实践，深入探索中国特色社会主义经济、政治、文化和社会发展规律，不断致力于对人民群众的实践经验进行理论概括，努力对全局性、战略性、前瞻性的重大实践和理论问题作出科学的回答，为促进马克思主义同当代中国的具体实际相结合，丰富和发展中国特色社会主义理论体系，推进马克思主义中国化的不断创新，促进哲学社会科学创新体系的不断发展，作出了积极贡献，加强了哲学社会科学人才建设和学科建设，促进了体系创新、学术创新、观点创新、方法创新和成果创新。

中国社会科学院是伴随着改革开放而诞生并发展起来的。经过 30 年的发展，已从建院之初的 14 个研究所发展为 35 个研究所和研究中心；建立了马克思主义研究、文史哲、经济、社会政法、国际研究五大学部，学科门类齐全；在职人员从 2000 多人增至近 4000 人，其中高级职称专业人员从 80 多人增至 1700 人左右，拔尖人才脱颖而出，人才力量雄厚；年度研究成果从 1977 年的 49 部专著、67 篇论文增至 2007 年的 332 部专著、5340 篇论文、1338 份研究报告，科研成果丰硕；主管 100 多个全国性学术团体，主办 80 多种核心学术期刊；图书出版以及图书馆、信息化建设取得长足发展，党的建设以及科研管理、行政后勤工作得到显著加强。

二、哲学社会科学在改革开放伟大历史进程中发挥了不可替代的重要作用

哲学社会科学因改革开放而繁荣发展，同时又在这一伟大历史进程中发挥了思想保证、精神动力和智力支持的重要作用。社科院、高等院校、党校和行政学院、党政部门政策研究机构、军队院校和研究部门组成全国哲学社会科学队伍的五路大军，均在改革开放中大展身手，做出了显著贡献。

（一）积极探索中国特色社会主义发展规律，为马克思主义中国化的理论创新作出贡献。

30 年来，我国改革开放之所以能够始终坚持正确的方向和道路，取得举世瞩目的巨大成就，关键在于有中国特色社会主义理论体系的指引。中国特色社会主义理论体系的创立和发展，凝聚了党和全国人民的创新实践和集体智慧，

其中也包含着广大哲学社会科学工作者的不懈探索和心血奉献。

哲学社会科学工作者以空前的政治热情参与了 1978 年关于真理标准问题的大讨论，发表大量文章，组织一系列专题研讨会，其中所编《实践是检验真理的唯一标准》一书发行就达 1700 余万册；从改革开放开始，积极参与了"社会主义市场经济"理论的探索，为推进社会主义市场经济改革作出了重要贡献；20世纪 80 年代初，明确阐述我国目前还处于社会主义初级阶段，为社会主义初级阶段理论创立作出了创造性贡献；90 年代，为确立"依法治国"方略，将"依法治国，建设社会主义法治国家"写进宪法中起了重要作用……党的十六大以来，在中央组织实施的马克思主义理论研究和建设工程中，哲学社会科学战线的近千名专家学者参加了 45 个课题研究，间接参加的有上万人。截至今年 7月，仅中国社会科学院已累计完成 226 个中央和有关部门的交办委托课题，包括"科学发展观理论问题研究"等 5 个重点课题。每年在中央报刊发表数十篇理论宣传文章，并推出一大批有影响的研究成果，包括《居安思危——苏共亡党的历史教训》电视片等。2005 年末，中国社会科学院成立马克思主义研究院，许多高校也相继建立了马克思主义研究院，在建设马克思主义坚强阵地方面迈出了新步伐。

（二）坚持以重大问题为主攻方向，积极建言献策，为发展中国特色社会主义事业提供智力支持。

哲学社会科学界在科学研究基础上，紧紧抓住关系党和国家事业发展的重大全局性、战略性和前瞻性理论问题和现实问题，积极建言献策，为推动改革、促进发展做出了显著成绩。

例如，在改革开放初期，哲学社会科学工作者将国际上最新的知识产权制度介绍到国内并展开研究；指出长江有变成第二黄河的危险、呼吁保护生态环境；围绕中央兴办经济特区的重大决策，在深入调研基础上撰写出关于深圳、海南发展战略的有价值的研究报告。20 世纪 80 年代中期，提出要高度重视农村改革初见成效后一些地区减少农业投入等问题，防止农业发展转入徘徊局面，受到邓小平同志的重视和肯定。在探索建立社会主义市场经济体制的过程中，经济学家提出了不少有价值的意见和建议。近十余年来，从事技术经济研究的学者相继参与三峡工程、南水北调工程、京沪高速铁路等多项国家级重大工程项目的论证。

党的十六大以来，广大哲学社会科学工作者围绕中心、服务大局的意识更加明确和自觉。例如，自中央政治局建立集体学习制度后，全国先后有百余位专家学者参与了专题讲解；许多学者应邀参加国家重大决策问题的讨论和重要文件的起草工作，完成了一大批以应用对策研究为主的交办委托课题。又如，中国社会科学院每年推出 20 多种年度形势分析与预测研究报告；围绕全面建设小康社会、贯彻落实科学发展观等，及时列出一批重点课题，推出了一些有分量的研究成果；2007 年共编发、上报近 600 篇关于重大理论和现实问题的信息稿件，其中有 250 余篇获中央领导同志批示或被有关部门采用。此外，中国社会科学院于 2006 年全面启动国情调研工作，以"重大现实问题和中央重大决策的反馈""社会关注的热点和焦点问题"为重点，先后设立 304 个课题，并与浙江、广东两省开展省院合作调研项目。此举既加强了学风建设、锻炼了队伍，又将相关研究推向了深入。各地社科院也在服务地方党委和政府、推动当地经济社会发展方面做了大量工作。

（三）不断加强哲学社会科学的基础研究，为传承中华文明、提高我国文化软实力发挥了重要作用。

我国哲学社会科学的繁荣发展既体现在应用对策研究得到显著增强，还体现在基础研究得到大力加强上，传统学科硕果累累，新兴学科、交叉学科方兴未艾，濒临消亡的绝学重新焕发活力，极大地促进了中国特色社会主义文化建设。

改革开放新时期以来，我国相继组织了大批投入资金大、持续时间长、参与人员多、成果丰硕的大型科研项目，包括历时 15 年编成的 74 卷《中国大百科全书》，第一部全面记录中华人民共和国国史的 150 卷《当代中国》丛书，"九五"国家重点科技攻关计划项目"夏商周断代工程"，改革开放后重新启动、2006 年基本结束的全国首轮新编地方志工作，汇聚 1400 多名学者、2004 年全面展开、计 92 卷 3220 万字的新中国成立以来规模最为宏大的文化工程——国家清史纂修工程，等等。与此同时，还推出了许多优秀成果，诸如《中国历史地图集》《中国通史》《中国民族史》《中国文学通史》《敦煌学大辞典》《现代汉语词典》《哲学逻辑研究》等。根据《国家"十一五"时期文化发展规划纲要》，作为实施文化"走出去"重大工程项目之一的"东方文化研究计划"于 2007 年正式启动。这些科研项目和学术成果从不同侧面诠释、传承了博大精深的中华文明，弘扬了民族精神，推动了社会主义先进文化建设，展示了与我国悠久历史、璀璨文化、国际地位相称的学术成就和学术研究水平。基础研究的活跃和繁盛，又为应用对策研究提供了深厚基础。我国哲学社会科学逐渐形成重点突出、全面推进、共同发展的学科建设新格局。

（四）大力开展对外学术交流与合作，为推进中国哲学社会科学走向世界扩大了领域、拓展了空间。

近 30 年来，随着我国国际地位不断提高，我国对外学术交流与合作日益增多，中国哲学社会科学的国际影响日益扩大：一是从过去以中国学者接受境外资助"走出去"为主，转为"走出去""请进来"并举，中国哲学社会科学"走出去"步伐加快；二是贯彻"以我为主"原则，在学术交流与合作中越来越主动，交流领域扩大、层次提升，中国哲学社会科学成为对外友好往来的重要载体。

中国社会科学院近年来相继主办了一系列重要国际学术会议，主要有 2004 年第 36 届国际社会学大会，2005 年中国—欧盟战略与政策对话研讨会，2006 年全球国际收支失衡：亚洲和欧洲的观点国际研讨会，国际历史科学委员会成员组织大会，国际社科数据论坛等。我国在国际学术交流中的话语权稳步增强。此外，实施中国哲学社会科学"走出去"战略取得新进展。中俄互办"俄罗斯年""中国年"活动期间，中国社会科学院与俄罗斯科学院两度联合举办社会科学论坛和图书展，2006 年在日本建立我院第一个海外研究基地"中国社会科学院北海道研究中心"，主办《中国与世界经济》等英文刊物，并正组织翻译一批有代表性的研究论著在海外出版发行。

中国社会科学院的学术外交也愈加活跃。近几年来，先后接待一大批重要外宾前来访问或演讲，包括两任欧盟主席，巴基斯坦、哈萨克斯坦、厄瓜多尔总统，德国、印度总理，泰国公主，韩国议长，孟加拉国、墨西哥外长，纽约市长，日共前主席，美共主席，等等。相继接待多名诺贝尔奖获得者、国际著名学者和多国社科学术机构领导人来访或演讲。这些活动既扩大了中国哲学社会科学在世界的影响，同时又通过学术平台，向世界展示了我国改革开放和现代化建设的巨大成就与崭新面貌，促进了对外友好往来。

三、学习实践科学发展观，在新的历史起点上创造哲学社会科学新成就

纪念改革开放 30 周年，回顾新时期我国哲学社会科学的发展历程，总结成功经验，对于更好地开辟我国哲学社会科学的光辉未来，具有指导意义。

——必须毫不动摇地坚持马克思主义的指导地位，牢牢把握正确的政治方向，努力推进中国化的马克思主义的不断创新。马克思主义是科学的世界观和方法论，是我国哲学社会科学的根本指导思想。新时期我国哲学社会科学发展历程表明，在任何时候、任何条件下，都必须坚持以马克思主义为指导，任何否定、怀疑和动摇，都会使哲学社会科学事业偏离正确方向，遭受严重挫折。在当代中国，坚持马克思主义就要高举中国特色社会主义伟大旗帜，坚持中国特色社会主义道路，坚持中国特色社会主义理论体系。在当代中国，发展中国哲学社会科学事业，就要以马克思主义、马克思主义中国化的最新理论成果为指导；就要不断解放思想，学习实践科学发展观，积极推进理论创新，为丰富和发展中国特色社会主义理论体系服务。中国的哲学社会科学事业只有融入党的理论创新的伟大事业中，才能获得繁荣发展。

——必须坚持以深入研究重大现实和理论问题为主攻方向，围绕中心，服务大局，努力当好党和国家的思想库智囊团。30 年的历史证明，中国特色社会主义事业的伟大实践是哲学社会科学发展的动力，中国特色社会主义事业的巨大成就是哲学社会科学进步的源泉。哲学社会科学界要继续努力探索我国经济社会发展的客观规律，不断研究回答改革开放和现代化建设关键时期的经济、政治、文化、社会等重大现实和理论问题，为中国特色社会主义服务，这不仅是党和人民对哲学社会科学的殷切期望，也是哲学社会科学自身发展的内在需要。

——必须大力加强哲学社会科学队伍建设，努力造就一支政治强、业务精、作风正的高水平的人才队伍。党中央高度重视哲学社会科学的队伍建设，制定了哲学社会科学人才培养"三个一批"的目标，极大地促进了哲学社会科学人才队伍的发展。必须进一步提高哲学社会科学工作者的责任感和使命感，提高其政治理论水平和学术研究能力，建设一支高素质、高水平的人才队伍。

——必须坚持理论联系实际的优良学风和百花齐放、百家争鸣的方针，努力创造促进学术繁荣的良好环境。经过 30 年的发展，具有中国特色、中国风

格、中国气派的哲学社会科学学科创新体系已初步形成。实践表明，哲学社会科学研究必须发扬求真务实精神，以实践作为检验真理的唯一标准，一切从实际出发，大力开展调查研究。要以实践为根基，力戒弄虚作假、剽窃抄袭等不良学风，才能产生经得起实践检验的精品力作，才能产生经得起考验的拔尖人才。只有坚定不移地贯彻落实好党的"双百"方针，提倡不同学术观点、学术流派的争鸣和切磋，鼓励充分说理的学术批评与反批评，鼓励大胆探索，推陈出新，才能极大地促进学术研究的发展，才能最大限度地调动和发挥广大哲学社会科学工作者探索真理、创新理论、繁荣学术的积极性创造性。

中国特色社会主义道路的艰辛探索和成功开创 [1]
——纪念中华人民共和国成立 60 周年

今年是中华人民共和国成立 60 周年。新中国建立 60 年的历史，就是在中国共产党领导下艰辛探索社会主义建设道路，成功地找到中国特色社会主义发展道路的伟大历程。中国共产党在 60 年的社会主义建设和改革历程中，把马克思主义基本原理同中国具体国情相结合，经过短暂的和平恢复时期、社会主义过渡和所有制改造时期，社会主义建设道路探索时期，一直到改革开放和中国特色社会主义发展时期，成功地走出了中国特色社会主义道路，丰富和推进了毛泽东思想，创立了中国特色社会主义理论体系，不断推进马克思主义中国化、时代化，开创了中国特色社会主义伟大事业。

中国特色社会主义道路是在以毛泽东同志为核心的党的第一代中央领导集体对社会主义建设规律探索的基础上，由以邓小平同志为核心的党的第二代中央领导集体在改革开放的伟大事业中带领全党全国各族人民所开创，以江泽民为核心的党的第三代中央领导集体和以胡锦涛同志为总书记的党中央所发展的唯一正确的道路。

在总结研究新中国成立 60 周年的历史经验时，不能把前 29 年与后 31 年割裂开来、对立起来，把毛泽东关于社会主义建设道路的探索与中国特色社会主义事业的开创割裂开来、对立起来，把毛泽东思想与中国特色社会主义理论体

[1] 本文原载《红旗文稿》，2009 年第 18 期。

系割裂开来、对立起来，这是对历史事实的不尊重，在理论上是一种误导，有必要从历史事实的角度、从思想理论的高度加以澄清，这是对新中国 60 周年最好的纪念，也是对新中国 60 周年历史经验的必要的总结。

一

毛泽东在对中国社会主义建设道路的理论与实践上的探索过程中，所积累的关于中国社会主义建设探索的历史经验，是中国特色社会主义道路的实践前提，所提出的关于中国社会主义建设规律的理论成果，是中国特色社会主义理论体系的理论准备。

有一种说法，认为毛泽东思想是关于中国革命的理论概括，不包括关于社会主义建设问题的正确的思想观点。本人难以苟同该说法。首先，毛泽东思想的实事求是、群众路线、自力更生的基本观点既是对中国革命，也是对中国社会主义建设规律的理论概括，对中国革命、建设和改革发展同样具有指导意义；其次，毛泽东在社会主义过渡、改造和建设时期所提出的关于社会主义建设问题的正确观点，丰富和充实了在中国革命实践中所产生的毛泽东思想，是中国特色社会主义理论体系的思想前提；其三，毛泽东本人在社会主义建设时期理论上的失误并不包括在毛泽东思想体系之中。

毛泽东领导全党带领中国人民夺取政权，建立新中国之后，经过三年国民经济恢复时期和所有制的社会主义改造时期，完成了社会主义过渡时期的基本任务，领导全国人民创造性地走出了一条有中国特色的社会主义改造道路，确立了社会主义制度，实现了中国社会由新民主主义到社会主义的革命转变，新中国的建立、社会主义所有制改造的完成和社会主义制度的建立，使一个占当时世界人口四分之一的大国，比较顺利地实现了极为复杂、困难和深刻的社会变革，为中国社会主义事业的伟大发展奠定了制度前提和基础。在这一时期，毛泽东所提出的关于国民经济恢复，关于社会主义所有制改造和社会主义和平过渡，关于社会主义经济、政治、文化制度的建立的思想，进一步丰富和发展了毛泽东思想，同时又为社会主义建设道路的探索提供了思想上、制度上、物质上的准备。

1956 年，新中国建立了社会主义制度，进入了社会主义建设时期，到 1976

年整整 20 年间，毛泽东领导全党对中国社会主义建设进行了艰辛的探索和努力。社会主义建设道路的实践和探索时期的 20 年，大致分为三个小阶段：从 1956 年到 1957 年上半年党的八大前后的一年半左右的时间，是毛泽东对社会主义建设道路的正确探索阶段，是我国社会主义建设的正确起步阶段。发展是健康的，政策是恰当的，成就是公认的。1956 年发表的《论十大关系》和 1957 年发表的《关于正确处理人民内部矛盾的问题》，是毛泽东对社会主义建设规律的有创造性的、正确的认识的标志性著作。从 1957 年反右扩大化到"文化大革命"之前的不足十年时间，是毛泽东对社会主义建设道路的曲折探索阶段，是我国社会主义建设的曲折发展阶段。有曲折，有错误，基本方面是好的，成绩还是主要的，是应该肯定的。在这一阶段，关于社会主义建设问题，毛泽东虽然形成了以阶级斗争为纲的、离开党的八大正确路线的"左"倾错误，出现了许多重大失误，然而历史地客观地看，毛泽东在理论认识和实践摸索上既有错误的认识，也有正确的观点，既有反面的教训，也有正面的经验。从 1966 年"文化大革命"爆发到 1976 年毛泽东逝世的十年时间，这是毛泽东对社会主义建设道路探索的重大失误阶段，是我国社会主义建设的重大挫折阶段。虽然有重大失误，有重大挫折，但也有健康的方面、取得成绩的方面。在这一阶段，毛泽东在社会主义建设的指导思想和路线上，总体上是错误的，在实践上造成了重大损失，当然也不乏正确的认识，最重要的是留下了沉痛的、可资借鉴的教训。

对待毛泽东在领导中国社会主义建设中所发生的错误，《关于建国以来党的若干历史问题的决议》（以下简称《历史决议》）已有定论。在纪念新中国建立 60 周年之际，在科学总结毛泽东失误的同时，正确地评价毛泽东领导中国人民建设社会主义的历史功绩，科学认识毛泽东对中国社会主义建设规律的正确认识，对于我们今天坚持马列主义、毛泽东思想和中国特色社会主义理论体系，坚持中国共产党的领导，坚持中国特色社会主义的方向和道路，具有十分重要的现实意义。

就历史功绩来说，毛泽东领导中国社会主义建设：1. 成功领导了中国新民主主义革命和社会主义革命，完成了社会主义所有制的改造任务，建立了社会主义的经济、政治和文化制度，为社会主义建设和中国特色社会主义道路的开辟奠定了制度前提和政治基础。《历史决议》指出："中国共产党在中华人民共和国成立以后的历史，总的来说，是我们党在马克思列宁主义、毛泽东思想指导下，领导全国各族人民进行社会主义革命和社会主义建设并取得重大成就的历史。社会主义制度的建立，是我国历史上最深刻最伟大的社会变革，是我国今后一切进步和发展的基础。"

2. 领导全党和全国人民对中国社会主义建设道路进行了艰苦卓绝的实践努力，在一穷二白的基础上建立了独立的比较完整的工业体系和国民经济体系，为中国特色社会主义建设和发展提供了必要的物质基础。1979 年，邓小平同志在理论务虚会上的讲话中指出："社会主义革命已经使我国大大缩短了同发达资本主义国家在经济发展方面的差距。我们尽管犯过一些错误，但我们还是在三十年间取得了旧中国几百年、几千年所没有取得过的进步。我们的经济建设曾经有过较快的发展速度。"我国在 1953 年制定和实施了第一个五年计划，开展了投资 588.47 亿元、以 156 个大型项目为主的投资建设。1957 年全面超额完成第一个五年计划的各项任务，建成了一大批重要工程项目。我国过去所没有的一些工业部门，包括飞机和汽车、重型和精密机器、发电设备、冶金和矿山设备、高级合金钢和有色金属等制造业，从无到有，初步形成规模。以鞍钢为中心的工业基地基本形成，上海和沿海城市工业基础大为加强，交通运输建设取得新的进展。主要工农业产品产量比 1952 年都有大幅度的提高。在生产发展的基础上，人民生活有了较大的改善。到党的八大前后，以毛泽东同志为核心的党的第一代中央领导集体探索社会主义建设道路取得显著成绩，尽管不很完善和成熟，但其方向是正确的、成绩是显著的。在从 1957 年下半年到 1976 年的近 20 年的社会主义建设进程中，毛泽东领导党和人民艰苦创业，自力更生，到 1978 年，我国已建立起独立的比较完整的工业体系和国民经济体系。原有的工业部门和新建的石油工业等都有发展。农业生产基本条件有了明显改善。科学技术有新的发展，成功发射了"两弹一星"，国防建设和整个国家的实力有很大增强。与此同时，培养和造就了一大批全国经济文化建设方面的领导骨干和专业队伍，为我国社会主义现代化建设奠定了物质技术基础。

3. 对中国社会主义建设道路和模式进行了创新性的理论探索，为中国特色社会主义道路的开创，为中国特色社会主义理论体系的形成提供了理论前提和思想准备。这是一个方面。另一方面，毛泽东的失误又为中国特色社会主义道路的形成和中国特色社会主义的发展提供了重要的历史经验教训。

1956 年，党的八大制定了正确的社会主义建设路线，在此前后，毛泽东对中国社会主义建设规律探索的正确的认识和思想，进一步丰富和充实了毛泽东思想，构成了中国特色社会主义理论体系的思想前提。但是，从 1957 年夏季开始，毛泽东逐渐偏离了党的八大制定的正确路线。在后来的实践中，指导思想和路线上出现了严重错误，在社会主义道路探索上遭受到严重挫折，"大跃进"和人民公社化运动违背客观规律，"文化大革命"导致全国内乱。究其原因，复杂多种，但是作为领导中国社会主义建设的领导集体核心的毛泽东在理论上、路线上的失误是一个重要的主观原因。即使如此，完全否定 1957 年之后的 20 年的理论和实践的探索，也是不客观的。一是毛泽东在 20 年曲折探索过程中提出了很多有价值的、正确的思想认识。二是毛泽东领导的 20 年社会主义建设取得了不容置疑的成就。更为可贵的是，20 年社会主义建设的探索所形成的经验教训，为党在十一届三中全会以来的改革开放和中国特色社会主义发展提供了重要的借鉴。正如邓小平同志所指出的："没有'文化大革命'的教训，就不可能制定十一届三中全会以来的思想、政治、组织路线和一系列政策。"[1] 因此，对中华人民共和国成立后的前 29 年，尤其是 1957 年下半年以来曲折探索的 20 年一定要采取历史的、客观的、实事求是的科学态度，正确地评价毛泽东领导全党和全国人民进行社会主义建设艰辛探索的功与过，这是坚持中国特色社会主义正确方向和发展道路所必要的。

二

毛泽东领导社会主义建设道路探索的理论与实践充分说明，我们党对中国特色社会主义道路的探索从毛泽东同志就已经开始了，毛泽东在探索中提出的正确的思想观点和所带来的经验教训对开辟中国特色社会主义道路具有十分重要的指导和借鉴意义。在对社会主义建设道路的探索过程中，毛泽东对"什么是社会主义，怎样建设社会主义"这个历史性课题展开理论上的思索和实践上的尝试，所形成的正确的思想观点充实和丰富了毛泽东思想，为中国特色社会主义理论体系创立做了充分而必要的理论准备。

（一）率先提出"以苏为鉴"的方针，强调建设社会主义要走自己的路，开

---

[1]《邓小平文选》第 3 卷，人民出版社 1993 年 10 月第 1 版，第 272 页。

始探索适合中国国情的社会主义建设道路。从新中国成立到 1956 年生产资料所有制社会主义改造完成，是毛泽东同志对社会主义的探索前期。在这个时期，中国如何搞社会主义，主要还是学习苏联的社会主义建设经验，照搬照抄苏联的建设模式。但经过很短暂的摸索，毛泽东就已然感觉到完全照搬苏联建设模式是不行的。他说："解放后，三年恢复时期，对搞建设，我们是懵懵懂懂的。接着搞第一个五年计划，对建设还是懵懵懂懂的，只能基本上照抄苏联的办法，但总觉得不满意，心情不舒畅。"[1] 随着我国社会主义建设的深入，苏联模式逐渐暴露出其缺点和弊端，毛泽东开始认识到寻找适合中国国情的社会主义建设道路的迫切性。他明确指出："最近苏联方面暴露了他们在建设社会主义过程中的一些缺点和错误，他们走过的弯路，你还想走？过去我们就是鉴于他们的经验教训，少走了一些弯路，现在当然更要引以为戒。"[2] 在 1956 年至 1957 年上半年党的八大前后的一年半时间里，对社会主义建设规律，毛泽东进行了卓有成效的研究思考，他率先提出"以苏为鉴"、不要机械照搬外国经验的方针。他的创造性的认识集中反映在《论十大关系》和《关于正确处理人民内部矛盾的问题》中。在《论十大关系》中，他明确指出，中国要走自己的路，要探索一条适合中国国情的建设社会主义的道路。在 1956 年 1 月的中央政治局会议上，毛泽东说："应该把马列主义的基本原理同中国革命和建设的具体实际结合起来，探索在我们国家里建设社会主义的道路。"[3] 在 1956 年 4 月召开的中央书记处会议上他继续说："把马克思列宁主义的基本原理同我国革命和建设的具体实际结合起来，制定我们的路线、方针、政策。民主革命时期，我们走过一段弯路，吃了大亏之后才成功地实现了这种结合，取得了革命的胜利。现在是社会主义革命和建设时期，我们要进行第二次结合，找出在中国进行社会主义革命和建设的正确道路。" [4] 甚至到了 1959 年底至 1960 年初，他在读苏联《政治经济学教科书》时，还在深入思考适合中国国情的社会主义建设道路问题，他认为："'每一个'国家都'具有自己特别的具体的社会主义建设的形式和方法'，这个提法好。" [5] 毛泽东关于走自己的路，找一条适合中国国情的社会主义建设道路的提法，是

[1]《毛泽东文集》第 8 卷，人民出版社 1999 年版，第 117 页。

[2]《毛泽东文集》第 7 卷，人民出版社 1999 年版，第 23 页。

[3]《毛泽东传（1949—976）》（上），中央文献出版社 2003 年版，第 498 页。

[4] 吴冷西：《忆毛泽东》，新华出版社 1995 年版，第 9 页。

[5]《毛泽东文集》第 8 卷，人民出版社 1999 年 6 月版，第 116 页。

中国特色社会主义道路形成的历史和逻辑起点。中国革命、建设和改革发展的根本经验是，一定要把马克思主义的基本原理和中国具体实践相结合。社会主义是普遍原理，人类社会一定要走社会主义道路是普遍规律，但中国怎么走，一定要结合中国国情，这是马克思主义实事求是的根本观点，这个根本观点构成了中国特色社会主义理论体系的思想路线基础和精髓。

（二）创造性地提出了社会主义社会基本矛盾、主要矛盾、人民内部矛盾和社会主义根本任务的理论。毛泽东第一次明确指出生产力和生产关系、经济基础和上层建筑的矛盾是社会主义社会的基本矛盾，认为这对矛盾是基本适应前提下的不适应，可以经过改革使社会主义制度不断完善。提出人民对于经济文化迅速发展的需要同当前经济文化不能满足人民需要的状况之间的矛盾是当时我国国内的主要矛盾，明确提出了发展生产力的社会主义根本任务。提出要正确处理人民内部矛盾，认为这是社会主义国家政治生活的主题。提出要调动一切积极因素，化消极因素为积极因素的社会主义建设的总方针。毛泽东关于社会主义基本矛盾、主要矛盾、人民内部矛盾和根本任务的理论为形成社会主义建设正确路线和社会主义改革开放提供了重要的理论依据。

（三）在对中国国情的初步认识的基础上，形成了关于社会主义建设的正确路线，提出我国正处于不发达社会主义阶段，对社会主义建设的阶段性、长期性和曲折性有了初步认识。党的八大确立了以发展生产力为主要任务的全面建设社会主义的正确路线，这是建立在对我国国情的清醒认识基础上的。对国情的判断，最重要的是对我国所处发展阶段的判断，毛泽东一直在深思这个问题。他在读苏联《政治经济学教科书》时指出，"社会主义这个阶段，又可能分为两个阶段，第一阶段是不发达的社会主义，第二阶段是比较发达的社会主义"[1]，认为我国正处在"不发达的社会主义阶段"。对中国处于社会主义发展初期阶段的基本国情的认识，最重要的是一定要认识到这个阶段的长期性。在党的八大期间毛泽东曾指出："要使中国变成富强的国家，需要五十到一百年时光。"[2] 经历了"大跃进"的挫折后，毛泽东进一步认识到："看来建设社会主义只能逐步地搞，不能一下子搞得太多太快。"[3] 1961年毛泽东会见英国蒙哥马利元帅时说："建设

[1]《毛泽东文集》第 8 卷，人民出版社 1999 年版，第 116 页。

[2]《毛泽东文集》第 7 卷，人民出版社 1999 年版，第 124 页。

[3]《毛泽东和他的秘书田家英》，中央文献出版社 1990 年版，第 59 页。

强大的社会主义经济，在中国，五十年不行，会要一百年，或者更多的时间"，"把时间设想得长一点，是有许多好处的，设想得短了反而有害。"[1]中国特色社会主义理论体系是建立在对中国长期处于社会主义初级阶段基本国情的判断上，毛泽东提出的"不发达的社会主义"观点对社会主义初级阶段理论的认识是有启发性的。

（四）提出建设现代工业、现代农业、现代科学技术和现代国防的社会主义强国的发展目标和中国工业化道路。毛泽东率先提出并初步规划了我国社会主义现代化的发展战略，他说，要"将我国建设成为一个具有现代工业、现代农业和现代科学文化的社会主义国家"[2]。在《读苏联〈政治经济学教科书〉的谈话》中，他又提出国防现代化的问题："建设社会主义，原来要求是工业现代化，农业现代化，科学文化现代化，现在要加上国防现代化。"[3]毛泽东规划了我国社会主义"四个现代化"的建设目标，提出要把我国建设成现代化的社会主义强国、对人类做出较大贡献的思想观点。在工业化建设问题上，毛泽东强调不能照抄照搬外国经验，要正确处理农、轻、重三者关系，从中国国情出发，以农、轻、重为序，安排国民经济，走出一条中国特色的工农并举的工业化道路。

（五）提出了正确处理社会主义建设和发展问题的科学方法论。《论十大关系》和《关于正确处理人民内部矛盾的问题》通篇贯穿了辩证法，贯穿了马克思主义处理社会主义建设和发展问题的科学方法论。《论十大关系》讲的是社会主义建设和发展中全局性的十个重大关系，十大关系就是十大矛盾，讲的是如何处理这些关系和矛盾。毛泽东要求我们必须学会用辩证的思想处理社会主义建设和发展问题，他生动形象地概括说，讲辩证法就是运用"要讲两点"的辩证思想来观察矛盾，分析矛盾，解决矛盾。毛泽东说，一万年都有两点，将来有将来的两点，现在有现在的两点，个人有个人的两点，总之，是两点而不是一点，说只有一点，叫知其一，而不知其二。《论十大关系》和《关于正确处理人民内部矛盾的问题》通篇贯穿了毛泽东的关于"要讲两点"的辩证思想，主张处理社会主义建设和发展的重大关系和矛盾时，要讲两点，不能搞一点。毛泽东讲的两点，是有重点的两点，不是平铺直叙的两点。也就是说，在处理社

---

[1]《毛泽东文集》第8卷，人民出版社1999年版，第301—302页。

[2]《毛泽东文集》第7卷，人民出版社1999年版，第207页。

[3]《毛泽东文集》第8卷，人民出版社1999年6月版，第116页。

会主义建设和发展的关系和矛盾时，在抓矛盾的主要方面时，也要抓好矛盾的非主要方面，处理好社会主义建设中重点和非重点的辩证关系。比如，在重工业和轻工业、统一性和独立性等方面，他都强调了两点。他说，为了建设一个强大的社会主义国家，必须有中央的强有力的统一领导，必须有统一计划和统一规律，破坏这种必要的统一是不允许的。统一性和独立性是对立的统一，要有统一性，也要有独立性。可以统一的，必须统一；不可以统一的，就不能够强求统一。

在处理国家、集体和个人三者关系问题上，毛泽东指出，不能只顾一头，必须兼顾国家、单位和个人的关系。无论只顾哪一头，都是不利于社会主义的，不利于无产阶级专政的，这是关系到全国人民的大问题。必须在全党和全国人民中间反复进行统筹兼顾的教育。在《关于正确处理人民内部矛盾的问题》一文中，毛泽东说，必须经常注意从生产问题和分配问题上处理好上述矛盾，必须兼顾国家利益、集体利益和个人利益三者之间的关系。他说，对社会主义道路的探索"开始反映中国的客观经济规律了"。统筹兼顾的思想就是用辩证法处理发展和建设问题的科学方法。按照处理我国社会主义经济社会发展的辩证法思想，毛泽东在具体阐述社会主义经济社会发展的一系列重大关系中还提出了"两条腿走路""综合平衡""并举"的重要思想。

（六）提出了关于社会主义商品经济、经济体制改革和对外开放问题的理论创新认识。从1959年底到1960年初，毛泽东在读苏联《政治经济学教科书》时强调："马克思这些老祖宗的书，必须读，他们的基本原理必须遵守，这是第一。但是，任何国家的共产党，任何国家的思想界，都要创造新的理论，写出新的著作，产生自己的理论家，来为当前的政治服务，单靠老祖宗是不行的。"[1]毛泽东读了斯大林《苏联社会主义经济问题》一书，总结苏联社会主义建设的经验教训，对社会主义商品经济进行创造性的理论探索。他认为，我国是一个商品很不发达的国家，看商品生产、看它与什么经济相联系，与资本主义相联系就出资本主义，与社会主义相联系就出社会主义；在我国价值规律仍然起作用，价值规律是一个伟大学校，对干部要进行教育，使他们懂得价值规律、等价交换，违反就要碰得头破血流。这些认识构成了社会主义市场经济理论的重要前提。毛泽东对传统计划经济提出质疑："我们不能像苏联那样，把什么都集

---

[1]《毛泽东文集》第8卷，人民出版社1999年6月版，第109页。

中到中央，把地方卡得死死的，一点机动性都没有。"在经济体制方面，他主张着重解决中央与地方分清经济管理权限的分权问题，提出要充分发挥中央和地方两个积极性。中央向地方放权，扩大企业的自主权。关于社会主义所有制结构的改革，他提出"可以搞国营，也可以搞私营"，"可以消灭资本主义，又搞资本主义"，因为"它是社会主义经济的补充"的看法。毛泽东主张对外开放，他说："一切民族、一切国家的长处都要学……但是，必须有分析有批判地学，不能盲目地学，不能一切照抄，机械搬用。"[1] 他还提出实行按劳分配，反对平均主义和过分悬殊的问题。

（七）提出社会主义民主政治建设的基本原则。认为中国不搞苏联的"一党制"，也不实行西方的"两党制"或"多党制"的轮流执政体制，要坚持人民民主专政，实行人民代表大会制度、共产党领导的多党合作和政治协商制度。毛泽东提出在国家政治生活中，要扩大民主，反对官僚主义，逐步健全法制，做到"有法可依，有法必依"，共产党和民主党派要实行"长期共存，互相监督"的方针。他强调坚决实施民族区域自治制度，正确处理民族问题，促进少数民族经济文化的发展，反对大汉族主义和地方民族主义。还提出要防止国家领导人成为特殊阶层，防止领导机关的特殊化、官僚化。提出"造成一个又有集中又有民主，又有纪律又有自由，又有统一意志，又有个人心情舒畅、生动活泼，那样一种政治局面"的社会主义民主政治的总目标。

（八）提出社会主义文化教育建设的基本任务和方针。认为文化教育事业是社会主义建设的重要组成部分，必须高度重视用马克思主义、社会主义思想道德武装知识分子和人民群众，继续对封建主义和资本主义思想进行批判。毛泽东提出必须实行"百花齐放、百家争鸣"的方针，实行"古为今用""洋为中用"，继承和吸收我国过去和外国一切有益的文化科学知识。他提出"向科学进军"的口号，充分肯定知识分子在我国社会主义建设中的地位和作用。毛泽东在党的八大预备会议上指出："现在的中央委员会，我看还是一个政治中央委员会，还不是一个科学中央委员会。"[2] 我们争取三个五年计划内造就 100 万到 150 万高级知识分子，那时候，我们就会有许多工程师，有许多科学家。提出在知识分子和人民群众中开展马克思主义和社会主义教育。

[1]《毛泽东文集》第 7 卷，人民出版社 1999 年版，第 41 页。
[2]《毛泽东文集》第 7 卷，人民出版社 1999 年版，第 102 页。

（九）提出党的建设的一系列重要思想。坚持中国共产党是全国人民的领导核心，是领导社会主义事业的核心力量。关于党的建设，毛泽东强调党要密切联系群众，他认为建设一个伟大的社会主义国家，单有党还不行，党是一个核心，它必须要有群众。要好好团结群众，团结一切可以团结的人一道工作。他重申坚持理论与实践相统一这个马克思主义最基本的原则，反对主观主义、宗派主义和官僚主义，维护党的团结统一，发扬优良传统，加强集体领导，反对个人崇拜。他还提出了思想工作是一切工作的生命线的思想。

（十）提出和制定了独立自主的和平外交的方针政策。关于对外方针和政策，毛泽东指出：自力更生为主，争取外援为辅，破除迷信，独立自主地干工业、干农业、干技术革命和文化革命，打倒奴隶思想，埋葬教条主义，认真学习外国的好经验，也一定研究外国的坏经验——引以为戒，这就是我们的路线。他提出了和平共处五项基本原则，强调要发展同一切国家的友好关系，反对大国的霸权主义，维护世界和平，促进人类进步。

毛泽东关于中国社会主义建设道路探索的正确认识，是毛泽东思想的重要组成部分，是马克思主义中国化的不断推进，是我们党理论创新宝库的伟大精神财富，是中国特色社会主义理论体系的必要前提。

三

在中国特色社会主义建设道路的探索上，毛泽东与党的第二代、第三代中央领导集体是承前启后、继往开来的关系，毛泽东思想与中国特色社会主义理论体系是一脉相承、继承开拓的关系，中国社会主义建设道路的探索和中国特色社会主义道路的开创是不断推进、接续发展的关系。前者是后者的前提和准备，是后者的理论来源和实践基础，后者是对前者的继承、发展和创新。当然，后者也有对毛泽东失误的纠正，对毛泽东经验教训的总结借鉴。邓小平说："……从许多方面来说，现在我们还是把毛泽东同志已经提出但是没有做的事情做起来，把他反对错了的改正过来，把他没有做好的事情做好。今后相当长的时期，还是做这件事。当然，我们也有发展，而且还要继续发展。"[1]

关于"什么是社会主义，怎样建设社会主义"，这是正确解决中国社会主义

[1]《邓小平文选》第2卷，人民出版社1994年版，第300页。

建设道路的关键，也是开创中国特色社会主义新局面的关键，只有紧紧抓住这一首要的根本问题并加以解答，中国社会主义建设正确道路问题才能得到解决。邓小平总结我国和外国社会主义建设的经验教训，认为根本问题是出在"什么是社会主义，怎样建设社会主义"这个问题还没有搞清楚。实际上毛泽东在探索过程中已经提出了"什么是社会主义，怎样建设社会主义"问题。在 1961 年 6 月中央工作会议上，毛泽东曾说道："现在同志们解放思想了，对于社会主义的认识，对于怎样建设社会主义的认识，大为深入了。"[1] 虽然毛泽东如此说，但在实际上就全党来说，并没有解决好这个问题，只是提出了问题。在继承毛泽东思想的基础上，邓小平集中地解答了这一难题，第一次科学地系统地回答了"什么是社会主义，怎样建设社会主义"这个中国特色社会主义的首要的基本问题。1985 年，邓小平在接见外宾时谈道："我们总结了几十年搞社会主义的经验。社会主义是什么，马克思主义是什么，过去我们并没有完全搞清楚。"邓小平同志旗帜鲜明地引导全党在"什么是社会主义，怎样建设社会主义"这个首要的基本问题上解放思想。他明确指出：贫穷不是社会主义，发展太慢也不是社会主义；平均主义不是社会主义，两极分化也不是社会主义；封闭不是社会主义，照搬外国也不是社会主义；没有民主就没有社会主义，没有法制也没有社会主义建设；不重视物质文明搞不好社会主义，不重视精神文明也搞不好社会主义；计划经济不等于社会主义，市场经济不等于资本主义，社会主义可以搞市场经济……他认为，社会主义最大的优越性就是共同富裕，这是体现社会主义本质的东西。在 1992 年南方谈话中，邓小平同志对社会主义本质作出了独创性的科学概括："社会主义的本质，是解放生产力，发展生产力，消灭剥削，消除两极分化，最终达到共同富裕。"这是马克思主义对"什么是社会主义"的科学结论。在"怎样建设社会主义"的问题上，邓小平在党的十二大郑重提出："把马克思主义的普遍真理同我国的具体实际结合起来，走自己的道路，建设有中国特色的社会主义，这就是我们总结长期历史经验得出的基本结论。"以邓小平为代表的中国共产党人在总结新中国成立以后特别是党的十一届三中全会以后的经验基础上，在研究国际经验和世界形势的基础上，解放思想、实事求是，坚决摒弃"以阶级斗争为纲"的错误方针和路线，科学确定了时代主题，正确判断我国正处在社会主义初级阶段，制定了党在社会主义初级阶段的基本路线，

[1]《毛泽东文集》第 8 卷，人民出版社 1999 年版，第 277 页。

提出了改革开放的一系列方针政策和策略，提出并制定了分"三步走"基本实现社会主义现代化的发展战略。在社会主义改革开放总设计师邓小平的领导和推动下，中国进入了经济社会快速发展轨道。

邓小平的伟大历史作用在于集中回答了"什么是社会主义，怎样建设社会主义"这一重大问题，开创了中国特色社会主义建设新篇章，主要做了两件大事：一是拨乱反正；二是改革开放。党的十一届三中全会是新中国成立以来我党历史上具有深远意义的伟大转折。首先，实现了党的思想路线、政治路线和组织路线以及各条战线工作指导思想的拨乱反正。1981 年 6 月党的十一届六中全会通过《关于建国以来党的若干历史问题的决议》，科学地总结了新中国成立以来社会主义实践的历史经验，既否定"文化大革命"的错误，又正确评价毛泽东同志的历史地位，肯定了毛泽东思想的指导意义。这标志着党在指导思想上拨乱反正任务的完成，全党思想统一，方向明确，奠定了开辟中国特色社会主义新道路的思想、政治和组织基础。[1] 其次，党领导全国各族人民进行改革开放和现代化建设的伟大实践。改革从农村开始，迅速而有效地推进农村经济发展。农村改革的成功有力地推动了城市各个方面改革的步伐。以开放四个经济特区为新起点，接着开放 14 个沿海港口城市，进一步开辟长江三角洲、珠江三角洲、闽南三角地区和海南建省并建设经济开发区，经历了这三大步，形成多层次、有重点、点面结合的对外开放格局，我国现代化建设突飞猛进，财富积累急剧增加，国民经济发展上了一个新的台阶。

邓小平回答了"什么是社会主义，怎样建设社会主义"，这就进一步回答了"什么是马克思主义，怎样坚持和发展马克思主义"，大大推进了马克思主义的中国化、时代化。1992 年春，邓小平指出，我坚信，世界上赞成马克思主义的人会多起来的，因为马克思主义是科学。它运用历史唯物主义提示了人类社会发展的规律。马克思主义是打不倒的。打不倒，并不是因为大本子多，而是因为马克思主义的真理颠扑不破。实事求是是马克思主义的精髓。对如何坚持、发展马克思主义，邓小平深刻地指出，我们历来主张世界各国共产党根据自己的特点去继承和发展马克思主义，离开自己国家的实际谈马克思主义，没有意义。他还进一步指出，"我们搞改革开放，把工作重心放在经济建设上，没有丢马克思，没有丢列宁，没有丢毛泽东。老祖宗不能丢啊，问题要把什么叫社会

---

[1]《邓小平文选》第 3 卷，人民出版社 1993 年版，第 3 页。

主义搞清楚，把怎么样建设和发展社会主义搞清楚"。邓小平坚持和发展毛泽东思想，推进了马克思主义中国化的不断前进，实现了马克思主义中国化理论创新的第二次飞跃——创立了中国特色社会主义理论体系，开创了中国特色社会主义的伟大事业。

在解决了"什么是社会主义，怎样建设社会主义"问题的同时，中国特色社会主义又面临解决"建设一个什么样的执政党"这一重大问题。1989 年的政治风波和 20 世纪 80 年代末 90 年代初的东欧剧变，使党面临着 20 世纪 80 年代末至 90 年代初国内外政治风波的严峻考验，执政党建设问题，严肃而又迫切地摆在了全党面前。在 1980 年党的十一届五中全会上，邓小平强调要进一步明确党在中国特色社会主义现代化建设中的地位和作用，尖锐地提出要弄清楚"执政党应该是一个什么样的党，执政党的党员应该怎样才合格，党怎样才叫善于领导？"他要求全党要按照党的十一届三中全会确立起来的马克思主义思想路线和政治路线，把我们党建设成为有战斗力的马克思主义政党，成为领导全国人民进行社会主义物质文明和精神文明建设的坚强核心。1989 年政治风波发生之后，邓小平及时地向党的第二代中央领导集体提出要聚精会神抓党的建设的重要交代。

从党的十三届四中全会到党的十六大的 13 年间，以江泽民同志为核心的党中央集中全党智慧，在总结党成立以来 80 多年的历史经验和现实经验的基础上，按照邓小平"你们要聚精会神抓党的建设"的要求，以改革创新的精神集中力量抓党的建设，根据新情况新要求提出了党的建设新的伟大工程的重要决策，把党的建设新的伟大工程同中国特色社会主义建设伟大事业结合起来，相辅相成，互相促进，集中回答了"建设一个什么样的执政党，怎样建设执政党"的问题，创造性地提出了"三个代表"重要思想，继承和发展了马克思列宁主义、毛泽东思想，推进了中国特色社会主义理论体系的进一步创新，实现了党的指导思想的与时俱进。"三个代表"重要思想不仅回答了党的建设的重大问题，同时也进一步回答了"什么是社会主义，怎样建设社会主义"的问题。以江泽民同志为核心的党的第三代中央领导集体高举邓小平理论伟大旗帜，团结和带领全党、全军和全国各族人民，从容应对一系列关系到我国主权和安全的国际突发事件，战胜在政治、经济领域和自然界出现的困难和风险，经受住一次又一次考验，排除各种干扰保证了改革开放和现代化建设的航船始终沿着正确的方向破浪前进，积极推进社会主义市场经济体制改革，坚持和发展了党的基本理论、基本路线、基本纲领、基本经验，改革开放和现代化建设取得举世瞩目的新发展，把中国特色社会主义事业全面推向 21 世纪。

党的十六大以来，我国进入中国特色社会主义发展的新阶段，新世纪新阶段向我们党提出了"发展什么，怎样发展"的事关中国特色社会主义事业发展的重大问题。在新世纪新阶段我国改革发展的关键时期，以胡锦涛同志为总书记的党中央，为实现全面建设小康社会的宏伟目标和社会主义现代化建设第三步战略目标，提出"坚持以人为本、全面协调可持续的科学发展观"，强调"按照统筹城乡发展、统筹区域发展、统筹经济社会发展、统筹人与自然和谐发展、统筹国内发展和对外开放的要求"，继续把中国特色社会主义推向前进。科学发展观，其实质就是在新的历史条件下，从全局和战略的高度进一步回答"发展什么，怎样发展"这个根本问题。全面落实科学发展观，就要提高全党按照科学发展观的要求领导发展的能力；把按照科学发展观推动发展作为党执政兴国的第一要务；把不断满足人民日益增长的物质文化需要作为发展的最终目的；在发展中着眼于促进人的全面发展，不断提高人们的思想道德素质、科学文化素质和健康素质；在发展中把推进经济建设同推进政治建设、文化建设统一起来，把发展社会主义市场经济同发展社会主义民主政治、建设社会主义先进文化、建设社会主义生态文明和构建社会主义和谐社会统一起来；在经济发展中实现速度与结构，质量与效益的有机结合，走出一条科技含量高、经济效益好、资源消耗低、环境污染少、人力资源得到充分发挥的新型工业化道路；在发展中正确处理改革发展稳定的关系，把改革的力度、发展的速度和社会可承受的程度统一起来；在发展中进一步利用好国际国内两个市场、两种资源，以开放促改革促发展。科学发展观，是我们继承和发展党的三代中央领导集体关于发展的一系列重要思想，从新世纪新阶段党和国家事业发展全局出发提出的重大战略思想，反映了我们党对发展问题的新认识，是中国特色社会主义理论体系的重要组成部分。

在中国特色社会主义的 31 年伟大发展历程中，我们党依次回答了三大问题：什么是社会主义，怎样建设社会主义；建设什么样的党，怎样建设党；实现什么样的发展，怎样发展。坚持和发展了马克思主义，不断推进了马克思主义中国化的不断创新。以邓小平同志为核心的党的第二代中央领导集体创造性地回答了"什么是社会主义，怎样建设社会主义"，创立了邓小平理论，这是中国特色社会主义理论体系的开篇。以江泽民同志为核心的党的第三代中央领导集体在进一步回答了"什么是社会主义，怎样建设社会主义"的同时，创造性地回答了"建设什么样的党，怎样建设党"的问题，创立了"三个代表"重要思想，这是中国特色社会主义理论体系与时俱进的新成就。党的十六大以来，以胡锦涛同志为总书记的党中央在继续深入回答前两个问题的基础上，创造性地回答了"实现什么样的发展，怎样发展"，提出了科学发展观等重大战略思想，这是中国特色社会主义理论体系的最新成果。这些同毛泽东思想一同，都是中华人民共和国60年建设和发展的伟大精神财富和思想指南。

四

60年来，我们党领导人民开创的中国特色社会主义事业在理论上和实践上都具有重大的意义。我们走的是一条通过开放，推进社会主义自我完善和发展的正确之路，是一条走向富强、民主、文明、和谐，走向现代化，实现全体人民共同富裕的成功之路。中国特色社会主义道路之所以能够在曲折的探索中成功开辟和健康发展，关键在于中国共产党人能够在新的历史条件下实现马克思主义基本原理同中国具体实际相结合，始终坚持"一切从实际出发，走自己的道路，建设有中国特色社会主义"。

中华人民共和国成立以来的60年，就是马克思列宁主义基本原理同中国社会主义革命、建设和改革的具体实际不断结合的60年。中国共产党人认识中国社会主义建设和发展这个客观世界经历了一个漫长过程，由必然王国向自由王国飞跃是艰难曲折的。只有实现马克思列宁主义基本原理同中国具体实际的统一，才能把党和人民的事业不断引向胜利。马克思主义思想路线是我们党全部理论和实践的灵魂，也是中国特色社会主义理论和实践的灵魂。坚持中国特色社会主义，必须坚持中国特色社会主义道路；坚持中国特色社会主义道路，必须坚持中国特色社会主义理论体系；坚持中国特色社会主义理论体系，必须坚持马克思主义实事求是的思想路线，把马克思主义与中国实践相结合，不断推进马克思主义中国化。

正是因为开辟了中国特色社会主义道路，中国人民的面貌、社会主义中国的面貌、中国共产党的面貌发生了历史性变化。中国特色社会主义的巨大成就引起国际社会普遍关注，而中国特色发展道路也被看作一种全新的发展模式而为世界所瞩目。

中国发展的成功，是坚持走中国特色社会主义道路的结果。"中国特色社会主义道路，就是在中国共产党领导下，立足基本国情，以经济建设为中心，坚持四项基本原则，坚持改革开放，解放和发展社会生产力，巩固和完善社会主义制度，建设社会主义市场经济、社会主义民主政治、社会主义先进文化、社会主义和谐社会，建设富强、民主、文明、和谐的社会主义现代化国家。"[1]中国特色社会主义发展道路的选择是历史的必然，是中华民族振兴、发展、繁荣的必由之路。除了坚持党的领导、社会主义、马克思主义、人民民主专政这四项基本原则，中国特色社会主义道路还包含三个方面的基本特征：科学发展、和谐发展与和平发展。

（一）关于中国的科学发展。

中国特色社会主义坚持走科学发展的道路。科学发展，是在社会发展问题上客观规律性和主体选择性的辩证统一。科学发展的核心是以人为本，这是经济社会发展的根本目的，其意旨是坚持以实现人的全面发展为目标，让改革发展的成果惠及全体人民。全面、协调、可持续，是科学发展观的基本要求。即通过统筹兼顾的根本方法，促进经济、政治、文化和社会建设的全面推进，促进现代化建设各个环节、各个方面相协调，促进生产力和生产关系、经济基础和上层建筑相协调，促进经济发展与人口资源环境相协调，确保经济社会永续发展。

中国特色社会主义科学发展道路的选择，既是基于现阶段中国发展所面临问题的考虑，也是基于对整个世界负责任的考虑。中国是世界上最大的发展中国家，具有发展中国家二元结构的典型特征。人口多、底子薄，自然地理条件和人口资源分布差异很大，城乡和区域发展差距也很大。改革开放虽然取得了巨大的成就，但中国仍处于并将长期处于社会主义初级阶段的基本国情并没有发生根本的变化。新世纪新阶段，中国发展呈现出一系列新的阶段性特征，经济社会发展同人口、资源、环境压力之间矛盾逐渐突出。深刻把握中国发展面

---

[1]《中国共产党第十七次全国代表大会文件汇编》，人民出版社，2007年11月。

临的新课题、新矛盾，自觉走科学发展道路，是中国特色社会主义在实现什么样的发展、怎样发展这个基本问题上的创造性探索。

（二）关于中国的和谐发展。

中国特色社会主义在推进科学发展的过程中，积极构建社会主义和谐社会。中国所要努力构建的和谐社会，是中国共产党领导全国人民共同建设、共同享有的和谐社会。民主法治、公平正义、诚信友爱、充满活力、安定有序、人与自然和谐相处，这六个方面的内容既是社会主义和谐社会的价值内涵，也是中国构建社会主义和谐社会努力实现的价值目标。中国希望通过社会主义和谐社会的构建，最终实现广大人民群众各尽所能、各得其所、和谐相处的社会局面。

随着中国经济社会快速发展，社会矛盾日益凸显，社会公平问题提上议事日程，这是中国提出构建社会主义和谐社会的一个重要背景。说到底，和谐发展道路就是一条避免两极分化、最终达到共同富裕的道路。中国和谐发展道路的选择，是中国走科学发展道路的必然结果。科学发展与和谐发展相辅相成，有机统一。实现中国的和谐发展，关键是在坚持科学发展的同时，有效地协调社会各方面利益关系，化解社会矛盾。中国特色社会主义的社会制度，不仅是实现科学发展的制度保证，也是实现和谐发展的制度保证。中国将进一步发挥社会主义的制度优势，有效处理中国特色社会主义事业中的重大关系，着力解决广大人民群众最关心、最直接、最现实的利益问题，推动和谐社会的建设走向深入。

（三）关于中国的和平发展。

中国的发展是世界发展的一个重要组成部分。中国特色社会主义的发展既关乎中国人民的根本利益，也同世界的和平与发展密切相关。走和平发展道路，不仅符合中国人民的根本利益，也符合人类进步的时代潮流。其核心思想是：中国既通过维护世界和平来发展自己，又通过自身的发展来促进世界和平；中国永远不称霸，永远不搞扩张；在国内追求科学发展、和谐发展的同时，推动建设持久和平、共同繁荣的和谐世界。

随着经济全球化、世界格局多极化的深入发展，中国共产党和中国政府明确提出，中国将始终不渝地走和平发展道路，这是根据时代发展潮流和自身根本利益作出的战略抉择，是向国际社会和世界人民作出的郑重承诺和庄严宣示。这一昭告的特殊意义在于，中国的发展，从根本上说，主要依靠自身的力量和不断改革创新。中国决不走历史上一些大国那种充满刀光剑影和"血与火"的发展道路，中国不把问题和矛盾转嫁给别国，更不通过掠夺别国发展自己。即使中国将来富强了，也永远不称霸，永远做维护世界和平、促进共同发展的坚定力量。中国正为此不懈探索和努力。

中国共产党人作为发展中国特色社会主义的核心力量，把科学发展、和谐发展、和平发展的根本原则作为指导发展的核心理念，这个核心理念就是科学发展观要旨。

用改革创新实现"人才强国"[1]

　　人才竞争国际化已成为新的发展趋势，全球化背景下人才竞争的核心是争夺国际高端人才。认识到这点的各国已纷纷制定实施本国的人才战略，把其视为谋求国家发展的首要战略：美国提出为21世纪培养充足的人才，吸引全球精英服务美国，保持美国全球创新大国的地位；印度为使信息技术成为经济增长的发动机和消除贫困的武器，提出了软件人力资源开发国家战略，大力培养信息技术人才；日本则基于自身人口结构和提高产业竞争力的考虑，确立"科学技术创造立国"的战略目标，强调把"知识创新"作为国家进步和人才战略的基本方向，希望靠知识激发活力，创建富裕社会。这些国家都具有一个特点，就是使制定实施的国家人才战略与经济社会发展保持协调一致。

　　眼前来看，世界人才竞争形势最显著的特点就是政府主导，这对我们来说既是可借鉴的经验，也是挑战。如何制定和实施更加开放、具有中国特色的人才战略，创建更积极有效的国际人才竞争战略，引进并用好人才，培养并留住人才，这对正处于加速转型关键时期的中国更为重要。

　　实际上，目前中国在国际人才竞争中处于不利地位，人才总量不足、质量偏低，还面临着人才大量外流的困境。

　　在科技人才方面，虽然已有一大批高层次专业人才，但严重缺乏领军人才；科技人力资源数量多，但急需的尖端人才匮乏；留学回国人才趋多，但高层次人才回归少；科技型人才多，但创业型人才少；自然科学类人才多，社会科学

[1]本文原载《中国改革》，2009年5月1日。

类人才少；专业技术人才大部分集中在教育、卫生等领域，高新技术产业、先进制造业和现代服务业领域的人才少；人才大部分集中在东部沿海等发达地区，经济相对落后地区和边远地区的人才不仅匮乏，而且在不断流失。

虽然近年来国内企业经营管理人才数量不断增加，高学历人才比重不断提高，但实际上整体素质还不适应企业的需要，结构性矛盾比较突出，企业经营管理人才工作机制不够健全，尤其是人才规划不到位，评价体系不科学，服务体系不健全，激励机制不完善，培养使用模式不适应等问题普遍存在。企业在全球范围内配置人才资源的能力整体上还比较弱，对"外脑"的开发利用尚处于初步探索阶段。

随着经济发展方式的转变和产业结构优化升级，国内急需大量的各类技能人才。但目前技能人才不论是总量还是质量，缺口都很大，特别是高技能人才尤为缺乏。这类人才培养与使用的环境令人担忧，社会认可程度不高。大量的大学生就业难的同时，技能人才却严重短缺。随着发展的结构性调整，这个矛盾越发突出，解决问题的出路是加快教育改革的步伐，调整教育结构，加强中高等职业教育和岗位再培训工作，加快培养大批急需的各种层面的创新型技能人才。

同时，我们也要考虑到农村实用人才的问题，在新一轮改革过程中，要缩小城乡差别、地区差别、贫富差别，必须使农村各个领域有足够的人才保证。但目前看来，农村人才现状远远难以满足农村经济社会又好又快发展的需要。农村实用人才缺乏是制约农业农村发展的一个瓶颈。

从国际比较的视野来看，我国的人才环境还存在着一系列的问题与矛盾，其中，有些问题和矛盾是在传统体制下形成并延续至今的，有些问题和矛盾是在经济转轨过程中产生的，有些问题和矛盾是在全球化发展形势下产生的，有些问题和矛盾是体制机制改革滞后造成的，不解决这些问题和矛盾将难以与国际接轨，人才将难以成长。

首先，必须通过改革建立运行高效的人才管理体制机制，为人才脱颖而出和全面发展提供有利环境。深化党政干部选拔任用制度改革和事业单位人事制度改革，建立公平、平等竞争为基础，择优为导向的选人用人机制；加快户籍和社会保障制度改革，促进人才自由流动；加强知识产权保护、税收、融资、公共服务等领域的体制创新，为人才发展提供优质服务；形成党管人才的科学运行体制机制，充分发挥党的政治优势和组织优势，按照管宏观、管政策、管协调、管服务的要求，完善人才工作的统分结合、协调高效、优势互补、整体联动的机制，建立健全相应的组织保障体系。

其次，建立现代化的国民教育体系和继续教育体系，推动大众教育的平民化和精英教育的社会化。按照建立全民学习、终身学习的学习型社会，促进人的全面发展的要求，努力推进教育体制机制改革，推进中外合作、产学合作的多种办学形式，让更多的人才有机会接受继续教育。要大力发展"高中初"各类职业教育，通过职业教育，培养数以千万的急需的"高中初"各类应用型人才。在加大财政支持力度方面，把职业教育放在与普通高等教育平等重要的位置来考虑。让我国的职业教育发展符合整个经济社会发展的需要，与经济社会发展方式转型的发展方向相协调。

第三，通过人才政策法规体系的建设，形成人才工作有法可依、有法必依、执法必严、违法必究的局面，为我国实施人才强国战略提供有力的制度保障。根据人才类型特点，健全针对各类人才的法律制度，如制定《人才促进法》，发挥对人才立法的统领作用；制定《终身学习法》，为构建全民终身教育体系提供制度保障；制定《国家荣誉法》，完善人才激励机制；制定《移民法》，大力吸引海外优秀人才；等等。

总之，我国人才发展环境存在诸多问题，需要在发展中不断改革与创新。应把人才发展环境建设纳入政府的中长期规划之中，长久地抓下去。只有好的人才发展环境，才能吸引更多更好的人才；只有招来更多更好的人才，才能有又好又快的发展。谁能够源源不断地培养、吸引、凝聚创新型人才，谁就能够掌握实现发展目标的第一资源。

加快构建哲学社会科学创新体系 [1]

以胡锦涛同志为总书记的党中央高度重视发展、繁荣哲学社会科学，发布了《中共中央关于进一步繁荣发展哲学社会科学的意见》。党的十七大进一步明确了哲学社会科学的地位和作用，为哲学社会科学的发展指明了方向。党和国家赋予哲学社会科学界和中国社会科学院重大使命，要求把中国社会科学院建设成为马克思主义的坚强阵地、中国哲学社会科学的最高殿堂、党和国家的思想库和智囊团。我们要按照党中央对中国社会科学院职责定位的要求和构建哲学社会科学创新体系的目标，进一步明确发展思路和主要任务，坚持围绕中心，服务大局，解放思想，锐意进取，努力开创各项工作新局面。

一、始终坚持马克思主义在哲学社会科学领域的指导地位，
以中国特色社会主义理论体系为指导，
努力把中国社会科学院建设成为马克思主义的坚强阵地

不断巩固和加强马克思主义的指导地位，在坚持和发展马克思主义特别是中国化马克思主义方面发挥重要作用，是党中央对中国社会科学院工作的第一位要求，也是办院方向的根本问题。广大科研人员要高举中国特色社会主义伟大旗帜，坚持正确的哲学社会科学研究方向，用马克思主义的立场、观点和方法指导科研探索和理论创新，真正把中国社会科学院建设成为研究和宣传马克

[1] 本文原载于《求是》，2009 年第 5 期。

思主义基本理论的重要阵地，建设成为研究和宣传当代马克思主义中国化的重要阵地，建设成为研究和宣传中国特色社会主义理论体系特别是科学发展观的重要阵地。

要大力加强马克思主义基本理论研究和马克思主义学科创新体系建设，抓好马克思主义理论研究和建设工程各项课题的研究工作，高质量地完成所承担的任务。加强马克思主义基础理论建设，积极推进马克思主义理论学科体系创新。切实加强马克思主义理论研究队伍建设，进一步充实马克思主义基础理论研究力量，下大力气培养造就一批马克思主义理论大家、名家，培养造就一批高水平的马克思主义理论学科带头人，培养造就一批坚定信仰马克思主义、立志研究马克思主义、善于运用马克思主义的中青年理论骨干。

要大力加强马克思主义中国化最新成果的研究和宣传，深入学习和研究中国特色社会主义理论体系特别是科学发展观，全面理解和把握其时代背景、实践基础、科学内涵和精神实质，赋予当代中国马克思主义鲜明的实践特色、民族特色、时代特色。深入研究和宣传社会主义核心价值体系，为巩固和发展全党全国人民团结奋斗的共同思想基础贡献智慧和力量。认真总结改革开放 30 年的历史经验，深入研究中国特色社会主义经济、政治、文化、社会建设以及生态文明建设、党的建设等领域的重大理论和实际问题。加强对中国特色社会主义发展道路的研究和宣传，推动当代中国马克思主义大众化。

二、始终坚持学科体系、学术观点、科研方法创新，加快构建哲学社会科学创新体系，努力把中国社会科学院建设成为哲学社会科学研究的最高殿堂

党中央要求把中国社会科学院建设成为我国哲学社会科学研究的最高殿堂，这既是赋予中国社会科学院的至高荣誉，也是对中国社会科学院的殷切期望。要进一步拓展学术视野和研究领域，改革和创新科研体制、机制、方法，培育新的理论生长点，催生新的思想和观念，推动中国社会科学院哲学社会科学研究达到新水平、进入新境界。

要继续全面、扎实推进中国社会科学院哲学社会科学创新体系建设。学科建设是中国社会科学院科研事业繁荣发展的基石，要大力加强学科建设，推进

学科体系创新。努力构建适应哲学社会科学事业发展要求，符合发展中国特色社会主义需要，具有中国特色、中国风格、中国气派的学科体系。按计划完成建设 100 个左右国内一流的重点学科的任务，努力达到学术积累深厚、科研实力领先、科研手段现代化、学术创新能力强的目标，其中 1/3 以上的学科在国际学术界具有重要影响，一定数量的重点学科在国内居于发展前列、在国际上具有一定影响。高度重视哲学社会科学与自然科学的结合，哲学社会科学内部不同学科的结合，基础研究与应用研究的结合。推动对经济社会发展具有重要意义的新兴学科、交叉学科发展。通过调整、充实、整合，建设一批国内一流、国际知名的研究所、研究中心和研究室。在重大课题立项、重点研究领域、重点学科建设、重点研究室建设、重点实验室建设、重点人才引进等方面，进一步加大工作力度。

三、始终坚持为发展中国特色社会主义服务，加强重大理论和现实问题研究，努力把中国社会科学院建设成为党中央国务院重要的思想库和智囊团

发挥好思想库和智囊团作用，要求我们顾大局、议大事、谋大计，使科学研究服从、服务于党和国家工作大局，融入建设和发展中国特色社会主义的实践中，在党和政府决策的酝酿、制定和执行等各个环节，随时提供充分的知识储备和理论支持，提供有重要价值的咨询、论证和建议；要求我们深入实践，深入群众，加大调研力度，真正把握世情、国情、党情、民情，站在中国经济社会发展进步的潮头，正确回答和解决改革发展关键时期的重大问题，以发展中国特色社会主义为中心，开展创造性的理论研究、战略研究和对策研究，不断推出高质量的研究成果；要求我们继续抓紧抓好中央委托交办的各类课题研究，加强对经济社会发展重大项目的研究、论证和咨询，鼓励更多的专家学者参与中央重大文件起草、法律法规制订、决策咨询等工作；要求我们建立健全激励竞争机制，把服务决策的质量和水平同科研工作考核、职称评定、评优评奖等结合起来，提高科研人员服务党和国家工作大局的积极性和主动性。

基础研究和应用研究是发挥思想库、智囊团作用不可或缺的两个方面。基础研究为应用研究提供深厚的基础，应用研究又积极带动基础研究。基础研究

是中国社会科学院的优势，要一如既往地重视和加强。在加强基础研究的同时，要大力加强应用研究，不断提升中国社会科学院应用研究的层次和水平。

四、始终坚持以科研为中心，实施科研强院战略和人才强院战略，深化科研和人才体制改革与创新，努力把中国社会科学院建设成为具有中国特色的世界一流名院、强院

科研工作是中国社会科学院的中心工作，一切工作都要围绕这一中心工作来展开，都要为这一中心工作服务。要切实加强对科研工作的领导、组织和管理，不断加大对科研事业的投入，为科研事业发展提供充足的经费支持和有力的物质保障。大力实施精品战略，不断推出一流的科研成果，推出一批传世之作。根据经济社会发展和国家安全的需要，确立和承担具有全局性、战略性、前瞻性的重大研究项目和研究工程。

要充分依靠中国社会科学院的学术优势和队伍优势，努力建设与中国社会科学院学术地位相称的、体现我国哲学社会科学最高研究水平的名刊、名报、名社、名馆、名网。依托中国社会科学院丰厚的人文社会科学资源，立足本院，面向整个哲学社会科学界，坚持以服务科研事业为宗旨，正确处理经济效益与社会效益的关系，始终把社会效益放在首位。

要大力实施科研强院战略，坚持以科学发展观为指导，扎实推进科研体制和机制创新。充分借鉴国内外科研管理成功经验，不断深化科研管理体制改革，形成多出成果、多出精品的管理体制和竞争激励机制，不断提高科研管理水平，更好地适应中国社会科学院科研事业大发展的需要。

要大力实施人才强院战略，把人才工作放在中国社会科学院发展战略的重要位置，放在各项工作的首位。深化人事制度改革，调整优化队伍结构，促进科研人才、管理人才和工勤人才三支队伍共同发展。根据各类人才的成长规律，建立合理的人才培养体系和人才选拔任用机制。坚持在公平竞争中发现人才，在科研实践中培育人才，在事业发展中凝聚人才，在工作生活中关爱人才，形成有利于优秀人才脱颖而出的良好环境。特别要加强科研人才队伍建设，培养一批享誉海内外的学术大师，一批学术领军人物，一批在本学科领域作出突出贡献的学术带头人，一批政治和业务素质良好的科研骨干。下大力气培养和造

就具有扎实的理论功底、深厚的传统文化根基、丰富的现代科学知识、强烈的创新意识的哲学社会科学队伍，下大力气培养和造就政治坚定、崇尚真理、学识渊博、学风优良、品德高尚的哲学社会科学人才。重视对青年人才的扶持和培养，切实采取措施，使中青年学术骨干迅速成长起来。

五、始终坚持开门办院原则，积极扩大国际学术交流，努力把中国社会科学院建设成为中国哲学社会科学走向世界的重要窗口

中国社会科学院作为国家对外学术交流的重要渠道和窗口，要为我国哲学社会科学走向世界，扩大国际声誉和影响，发挥更重要的作用。把开门办院和哲学社会科学"请进来""走出去"，作为战略任务切实抓紧抓好，努力扩大我国哲学社会科学优秀成果和优秀人才在国际上的影响力。

积极探索对外学术交流方式，巩固和拓展对外学术交流渠道，加大对外学术交流投入，不断扩大对外学术交流范围和规模，提高对外学术交流质量和水平。重点加强与世界一流学术机构和国际知名学术团体建立长期合作关系，邀请国际知名专家学者、国际政要、各界名流来访，重点开展长期性、战略性重大国际合作研究项目，重点举办有国际影响力的高层学术研讨会和国际论坛。积极开展与重要国际学术组织的交流与合作，不断增强中国社会科学院在国际上的影响力、吸引力，把中国社会科学院建设成为国际知名学者的品牌讲坛。

六、始终坚持为科研服务的宗旨，深化改革，加强行政后勤保障体系建设，努力把中国社会科学院建设成为具有雄厚保障能力的哲学社会科学发展基地

建立和完善包括行政管理体系、研究生教育体系、图书资料体系、信息网络体系、后勤服务体系、物质条件保障体系等在内的科研保障体系。坚持服务社会化、管理科学化、保障现代化方向，深化行政管理体制和后勤服务体制改革。解放思想，转变观念，大胆探索，开拓创新，抛弃不合时宜的思想观念和条条框框，闯出行政管理和后勤服务的新路子。积极争取国家财力支持，确保事业经费稳定增长，有效调度，统筹安排，提高财政资金使用效益。在经费使

用上加大对科学研究、人才培养的支持力度，加大对重点学科、重点研究室、重点课题和重点报刊出版物的支持力度。建立健全财务管理新体制，稳步推行经费管理绩效考评制度。加强对院属各单位的财务管理，加强对重大项目的建设、管理力度，改善科研、办公和生活条件。坚持以人为本，关心科研人员和全院职工的切身利益问题，及时排忧解难，努力创造有利于潜心科研、踏实工作的环境。加强行政后勤队伍建设，全面提高服务质量，努力推进行政管理和后勤服务的规范化、标准化和制度化建设。

我们党开展马克思主义执政党建设的伟大实践 [1]

今年是中华人民共和国成立 60 周年，也是中国共产党在全国范围内执政 60 周年。60 年来，我们党作为中国社会主义现代化建设事业的领导核心和中华民族的中流砥柱，把马克思主义党建学说与中国社会主义革命、建设和改革的实践相结合，特别是在改革开放新时期，把推进中国特色社会主义伟大事业与党的建设新的伟大工程相结合，在加强马克思主义执政党建设方面进行了实践和理论上的不懈努力，取得了伟大成就，积累了宝贵经验。

一、开辟了马克思主义执政党建设的新境界

中国共产党自成立起，一贯重视自身建设。在革命战争年代，党的建设就成为克敌制胜的"三大法宝"之一。新中国成立后，党的工作重心从夺取政权转移到治国理政，党的建设也从革命党建设发展为执政党建设。我们党根据不同历史阶段的形势和任务，高度重视并切实抓好自身建设，不断提高执政能力和领导水平，开辟了中国特色马克思主义执政党建设的新境界。

以毛泽东同志为核心的党的第一代中央领导集体，领导我们党实现了从革命党向执政党的转变，奠定了作为马克思主义执政党建设的基础。早在新中国成立前夕，毛泽东同志就对党在全国执政以后的自身建设问题进行了深入思考。他在党的七届二中全会上告诫全党："务必使同志们继续地保持谦虚、谨慎、不

[1] 本文原载《人民日报》，2009 年 10 月 18 日。

骄、不躁的作风，务必使同志们继续地保持艰苦奋斗的作风。"新中国成立后，毛泽东同志提出了执政党建设的一系列重要思想，明确指出，中国共产党是全国人民的领导核心，是领导社会主义事业的核心力量。他反复强调，党作为领导核心，必须密切联系群众，团结一切可以团结的人一道工作。他重申，要坚持理论与实践相统一这个马克思主义最基本的原则，反对主观主义、宗派主义和官僚主义，维护党的团结统一，发扬优良传统，加强集体领导，反对个人崇拜。他还提出了思想工作是一切工作的生命线的思想。但是，由于对马克思主义执政党建设缺少经验，我们党包括毛泽东同志本人，在党的自身建设和国家建设的指导思想上发生了偏差，给党和国家的事业带来损失。

以邓小平同志为核心的党的第二代中央领导集体，深刻总结党执政前30年的经验教训，带领全党全国各族人民在开创中国特色社会主义道路的同时，高度重视加强党的自身建设，取得了党建理论和实践的重大突破，开辟了执政党建设的新时期。党的十一届三中全会确立了"解放思想，实事求是"的马克思主义思想路线，使党的建设事业重新焕发出生机与活力。邓小平同志认为，党的建设是办好中国一切事情的关键。他指出："中国要出问题还是出在共产党内部"，"说到底，关键是我们共产党内部要搞好。"为此，他提出坚持四项基本原则，首先是坚持党的领导；为了坚持党的领导，必须努力改善党的领导。邓小平同志明确提出，要"把我们党建设成为有战斗力的马克思主义政党，成为领导全国人民进行社会主义物质文明和精神文明建设的坚强核心"。他认为，制度问题更带有根本性、全局性、稳定性和长期性；改善党的领导，必须改革党和国家的领导制度，解决权力过分集中的问题；要健全民主集中制，使党内政治生活进一步正常化；改革领导机构和干部制度，实现干部队伍的革命化、年轻化、知识化、专业化。在总结1989年政治风波教训时，他语重心长地告诫新一届党的领导人："要聚精会神抓党的建设。"

以江泽民同志为核心的党的第三代中央领导集体在总结经验的基础上，对党的建设作出了新的部署，提出推进党的建设新的伟大工程，丰富了马克思主义执政党建设学说。江泽民同志强调，治国必先治党，治党务必从严，要"围绕提高党的领导水平和执政水平、提高拒腐防变和抵御风险能力这两大历史性课题，全面推进党的建设新的伟大工程"。他认为，加强党的建设，领导干部是关键。为此，全党在县级以上党政领导班子、领导干部中开展了以"讲学习、讲政治、讲正气"为主要内容的党性党风教育活动。进入新世纪后，江泽民同志集中全党智慧，提出"三个代表"重要思想，从根本上回答了"建设一个什么样的党，怎样建设党"的问题，发展了马克思主义执政党建设学说。党中央十分重视加强党的作风建设，提出抓作风建设，一靠教育，二靠制度，要求全党向实践学习，向群众学习，不断改进执政方式和领导方式，不断推进制度建设。

以胡锦涛同志为总书记的党中央，在系统总结和科学概括党自身建设历史经验的基础上，准确把握党所处的新的历史方位，适应世情、国情、党情的新变化，以改革创新精神加强党的建设，提出了一系列新的理论观点和战略举措，党的建设在理论与实践上全面展开并走向成熟。胡锦涛同志指出，党的执政地位不是与生俱来的，也不是一劳永逸的，全党要抓住机遇、锐意进取，在全面建设小康社会的进程中，把党的执政能力提高到一个新的水平。党的十六届四中全会作出《中共中央关于加强党的执政能力建设的决定》，明确提出加强党的执政能力建设的指导思想、总体目标和主要任务。为保持党的先进性，提高党的执政能力，巩固党的执政地位，2005 年起在全党开展了为期一年半的保持共产党员先进性教育活动。为提高党的各级领导干部推动科学发展、促进社会和谐的能力，去年以来又在全党开展了深入学习实践科学发展观活动，为全面推进党的建设新的伟大工程，实现全面建设小康社会的宏伟目标，进一步奠定了重要的思想基础、政治基础、组织基础。

二、走出了马克思主义执政党建设的新路子

在领导社会主义现代化建设和改革开放的各个历史时期，我们党始终坚持以改革创新精神加强自身建设，走出了一条中国特色的马克思主义执政党建设之路。

（一）坚持把马克思主义基本原理与中国实际相结合，不断推进马克思主义中国化。

在长达 60 年的执政历程中，我们党用马克思主义的深邃眼光观察当代世界和当代中国，对什么是马克思主义、怎样对待马克思主义，什么是社会主义、

怎样建设社会主义，建设什么样的党、怎样建设党，实现什么样的发展、怎样发展等一系列重大理论和实际问题作出了创造性的回答，并不断推进实践基础上的理论创新，先后创立了邓小平理论、"三个代表"重要思想和科学发展观等重大战略思想，形成和发展了中国特色社会主义理论体系，开辟了马克思主义的新境界。同时，运用马克思主义中国化的最新成果指导执政党建设，推动党领导的伟大事业和党的自身建设不断从胜利走向胜利。

（二）准确把握党所处的历史方位和中心任务的变化，不断丰富执政党建设的内容和形式。

我们党根据世情、国情、党情的发展变化，坚持用时代发展的要求审视自己，深入思考执政党建设理论和实践的全局性、前瞻性、战略性问题，不断深化对推进党的建设新的伟大工程的规律性认识，不断深化对共产党执政规律、社会主义建设规律和人类社会发展规律的认识，始终保持和发展自己作为马克思主义执政党的先进性，以改革创新精神加强和完善自己，不断提高党建工作水平。

（三）勇于坚持真理、修正错误，不断在执政实践中发展和壮大。

认识来源于实践，正确的认识往往是在修正错误认识或抵制各种错误倾向中形成的。中国共产党在 80 多年的奋斗历程中，既有丰富的成功经验，也有沉痛的失败教训。我们党始终从全心全意为人民服务的根本宗旨出发，勇于正视自己的缺点和错误，为人民的利益坚持好的、改正错的，从而使党逐渐成长为伟大的马克思主义执政党。特别是在粉碎"四人帮"以后，我们党按照坚持真理、修正错误的要求，科学分析和及时纠正"左"的错误，使党和国家的工作重新回到正确的轨道上来。改革开放以来，我们党坚持解放思想、实事求是、与时俱进，开创了中国特色社会主义事业和党自身建设的新局面，同时也不断提高领导水平和执政能力。

（四）以宽广的视野观察世界，从各国执政党的成败得失中汲取经验教训。

推进党的建设创新，善于总结和汲取经验十分重要。我们党不仅善于总结成立以来特别是执掌全国政权 60 年来加强和改进自身建设的经验，深入系统地研究马克思主义政党建设的基本规律，而且科学总结了世界各国执政党治国理政的有益经验，特别是世界上一些长期执政的大党、老党失去执政地位的教训，主要是苏联东欧国家共产党成败得失的经验教训。通过多方面经验的科学总结和比较研究，我们党增强了应对复杂局面、抵御各种风险和挑战的能力，提高了科学执政、民主执政、依法执政的水平，巩固了党的执政地位。

三、取得了马克思主义执政党建设的新成就

执政 60 年来，我们党历届中央领导集体高度重视加强党的自身建设，坚持用马克思列宁主义、毛泽东思想、邓小平理论、"三个代表"重要思想和科学发展观武装全党，以保持党的先进性为核心，以提高党的执政能力为主线，着力解决党在思想、组织、作风和制度等方面存在的突出问题，使党的建设在理论上取得丰硕成果，在实践上取得突破性进展。

（一）思想建设取得丰硕成果。

我们党始终把思想理论建设摆在党的建设的首位，不断推进理论创新，保持党的纯洁性和先进性。1955 年，党中央就明确提出："加强党的理论工作对于改进党的工作和国家工作具有决定性的意义，对理论工作的忽视是不能容许的。"党的十一届三中全会的召开，标志着我国进入改革开放新的历史时期。邓小平同志围绕"什么是社会主义，怎样建设社会主义"的问题，第一次系统地回答了中国特色社会主义的一系列根本问题，形成了邓小平理论。党的十五大将邓小平理论确定为党的指导思想。从 1989 年党的十三届四中全会到 2002 年党的十六大这 13 年的时间，以江泽民同志为核心的党中央，科学判断形势，全面把握大局，用一系列紧密联系、相互贯通的新思路、新观点、新论断，创造性地回答了"建设什么样的党，怎样建设党"的问题，创立了"三个代表"重要思想。党的十六大将其确立为党的指导思想。党的十六大以来，以胡锦涛同志为总书记的党中央，在继承党的三代中央领导集体关于发展思想的基础上，认真研究和回答了我国经济社会发展过程中面临的一系列重大问题，形成了科学发展观。科学发展观不仅是经济社会发展的指南，也是加强党的建设的指针。2007 年党的十七大明确指出："改革开放以来我们取得一切成绩和进步的根本原因，归结起来就是：开辟了中国特色社会主义道路，形成了中国特色社会主义

理论体系。"中国特色社会主义理论体系，是马克思主义中国化最新成果，是党最可宝贵的政治和精神财富，是全国各族人民团结奋斗的共同思想基础。

（二）组织建设取得显著成效。

党根据不同时期的形势和任务，大力加强组织建设，不断夯实党治国理政的组织基础。党高度重视党员队伍建设，既注重党员队伍数量的发展，又重视党员队伍质量的提高，党的组织和党员队伍充满生机与活力。截至 2008 年底，全国党员总数达到 7593.1 万名，比新中国成立时增加了 16 倍。党高度重视基层组织建设，在调整组织设置、改进发展方式、创新活动内容等方面做了大量卓有成效的工作，开辟了党的基层组织建设的新领域和新局面，提高了基层党组织的凝聚力和战斗力。截至 2008 年底，全国党的基层组织达到 371.8 万个，是新中国成立时的 19 倍。党高度重视领导班子和干部队伍建设，始终坚持党管干部的原则，培养大批德才兼备的领导人才。改革开放以来，废除了领导职务上实际存在的终身制，逐步建立干部离退休制度和干部分级分类管理的新体制；完善了党的领导干部选举制度，实行差额选举；制定了干部队伍建设的一系列条例和规定，使培养、选拔、任用干部工作走上制度化、规范化、程序化的轨道；加大干部培训工作力度，努力造就高素质的领导干部队伍。

（三）作风建设取得明显进步。

优良的党风是凝聚党心、民心的巨大力量。党执政 60 年来，特别是改革开放 30 年来，始终把党风问题看作是事关党的生死存亡的突出问题，采取了一系列强有力的措施和手段，使党的作风建设取得明显进步。党的各级组织积极引导广大党员干部特别是领导干部，在新形势下继续发扬理论联系实际、密切联系群众、批评和自我批评三大优良作风，树立正确的世界观、人生观、价值观和权力观、地位观、利益观；引导党员干部向焦裕禄、王进喜、孔繁森、任长霞、牛玉儒、郑培民等先进模范人物学习，牢固树立全心全意为人民服务的宗旨；反对奢侈浪费等腐败行为，保持艰苦奋斗的优良作风；号召全党大力弘扬求真务实精神，大兴求真务实之风。党的十五届六中全会提出全党努力做到"八个坚持、八个反对"，从思想、政治、组织、纪律、制度等方面对新的历史阶段党的作风建设提出了明确、具体、全面的要求。党的十六届六中全会提出建设社会主义核心价值体系，对推进党的各项工作、改善党的作风具有基础性和根本性的意义。

（四）制度建设取得重大突破。

在加强制度建设方面进行了积极探索，民主集中制不断完善，党内民主不断扩大，党内生活进一步走向制度化。党的十二大将坚持民主集中制作为加强党的建设的三项基本要求之一写入党章。党的十四大以后，党中央明确了"集体领导，民主集中，个别酝酿，会议决定"的党委工作"十六字"方针，使党委工作向着规范化、制度化的方向前进了一大步。党的十六大以来，新一届中央领导集体坚持把制度建设摆在突出位置，建立健全党内法规、条例、规则等各项制度，如《中国共产党党内监督条例（试行）》《中国共产党纪律处分条例》《党政领导干部职务任期暂行规定》等，初步形成了比较完备的党内制度体系。党的十七大以来，党中央进一步建立健全中央政治局向中央委员会全体会议、地方各级党委常委会向委员会全体会议定期报告工作并接受监督的制度，推行地方党委讨论决定重大问题和任用重要干部票决制等。

（五）反腐倡廉建设取得重要成果。

我们党一直高度重视党风廉政建设和反腐败斗争。新中国成立初期开展的"三反"运动中，处决了腐败分子刘青山、张子善，对我们党的反腐倡廉建设产生了极其深远的影响。党的十一届三中全会以后，在反腐败斗争的实践中，逐步形成了领导干部廉洁自律、集中力量查处大案要案和纠正行业不正之风一起抓的工作格局，不断取得阶段性成果。党的十三届四中全会以来，党中央严肃查处违反党纪案件，坚决纠正损害群众利益的不正之风，不断加大对领导干部的监督力度，建立健全反腐倡廉的规章制度，形成了实行"党委统一领导，党政齐抓共管，纪委组织协调，部门各负其责，依靠群众的支持和参与"的反腐败领导体制和工作机制。党的十六大以来，党中央颁布实施了《建立健全教育、制度、监督并重的惩治和预防腐败体系实施纲要》，在坚决惩治腐败的同时，更加注重治本，注重预防，注重制度建设，加大从源头上预防和治理腐败的力度。党的十七大以来，反腐倡廉建设进入一个新阶段，呈现出系统治理、整体推进、协调发展的良好局面。

　　经过 60 年的执政考验，我们党变得更加成熟，更加强大，当之无愧地成为中国人民和中华民族的先锋队，成为国际共产主义运动的中流砥柱。站在新的历史起点上，一方面要继承和发扬我们党加强自身建设的优良传统和宝贵经验，永葆马克思主义执政党的政治本色；另一方面要结合新的形势和任务，继续以改革创新精神推进党的建设新的伟大工程，不断谱写马克思主义执政党建设更加绚丽的新篇章。

大力推进马克思主义学习型政党建设 [1]

  党的十七届四中全会明确提出，把建设马克思主义学习型政党作为重大而紧迫的战略任务抓紧抓好。这是对我们党建党 88 年、在全国执政 60 年、领导改革开放 30 年来基本经验的深刻总结，是对马克思主义执政党性质、特征和执政规律认识的进一步深化，是对马克思主义政党建党学说的重大贡献。

  我们党是一个重视马克思主义理论指导、理论武装、理论创新的马克思主义政党，是一个重视学习、勤于学习、善于学习的马克思主义政党，是一个坚持和发扬理论联系实际良好学风的马克思主义政党。坚持向书本学习、向实践学习、向群众学习，坚持学用结合、学以致用，是我们党的优良传统，是我们党的政治优势所在，也是我们党始终保持生机与活力的重要源泉。我们党的三代中央领导集体，总是根据不同历史时期的形势和任务，突出地向全党提出以学习马克思主义为中心内容的有针对性的学习任务。党的十六大以来，以胡锦涛同志为总书记的党中央，从建设和发展中国特色社会主义事业的全局出发，高度重视学习问题，党的十六届四中全会提出"建设学习型政党"的重大任务，党的十七届四中全会又明确提出"建设马克思主义学习型政党"的战略任务。这是我们党的建设历史上一个重大的理论和实践创新，标志着我们党对马克思主义执政党先进性建设和执政能力建设问题认识的深化和实践上的推进。

---

[1] 本文原载《光明日报》，2009 年 11 月 27 日。

一、必须坚持马克思主义理论指导

党的十七届四中全会明确指出，要坚持把马克思主义作为立党立国的根本指导思想，用发展着的马克思主义指导新的实践。建设马克思主义学习型政党的根本目的，就是始终坚持不断创新的马克思主义，以指导不断发展的实践。

我们党是马克思主义政党，是以马克思主义为理论基础和指导思想的工人阶级政党，建党、立党、兴党，都离不开马克思主义的正确指导。中国近代史、中国共产党的历史和中国革命、建设与改革开放的历史反复告诉我们，中国共产党的命运是同坚持马克思主义指导紧密联系的，什么时候坚持马克思主义正确指导，什么时候就发展，否则就会遭受挫折，就会失败。在近代中国历史上，曾经涌现出一系列有作为的人物，提出了种种救国方案，为中华民族的振兴作出了不懈的努力。旨在救国救民的斗争和探索，每一次都在一定的历史条件下推动了中国进步，又一次一次归于失败。究其主观上的根本原因，就是没有正确的理论指导。在旧中国，运用资产阶级思想武器，走改良的、资产阶级旧民主主义的道路行不通。五四运动之后，中国先进知识分子通过十月革命接受了马克思主义，把马克思主义作为思想武器，建立中国共产党，选择社会主义为中国唯一出路。近百年来的历史雄辩地证明，只有始终坚持马克思主义，才能解救中国，才能发展中国，实现中华民族的伟大复兴。

坚持马克思主义理论指导，必须树立对待马克思主义的科学态度，正确对待马克思主义。对待马克思主义的错误态度，主要有三种表现：一是否定马克思主义的指导作用，对马克思主义采取否定的态度，认为马克思主义已经过时了，没有生命力了；二是轻视马克思主义的指导作用，对马克思主义采取经验主义的态度，只相信自己的经验，不相信理论的指导作用；三是把马克思主义当作教条。这三种表现对党的事业危害极大，要坚决反对和抵制。对待马克思主义的正确态度，就是把马克思主义同中国实际相结合，既坚持马克思主义，又发展马克思主义，形成中国化的马克思主义以指导中国实践。马克思主义只有和本国国情和时代特征相结合，在实践中不断丰富和发展，才能更好地发挥指导实践的作用。

二、必须加强马克思主义理论武装

坚持把思想理论建设放在首位，高度重视马克思主义理论武装，提高全党的马克思主义水平，是我们党的基本经验和优良传统。政治上的清醒和坚定，来自理论上的清醒和坚定。理论武装工作搞好了，全党的马克思主义理论素养提高了，党的事业的胜利发展就有了根本保证。

加强理论武装的关键，是提高党的高中级领导干部的理论水平。领导干部具备不具备领导素质，其领导素质是高还是低，首要的就是看有没有高的理论素质，说到底，就是能不能用马克思主义的立场、观点和方法认识和解决实际问题。在今天，就是有没有自觉地运用中国特色社会主义理论体系解决一系列现实问题的能力。领导干部是否具备这种素质和能力，关系到我们党能不能始终高举中国特色社会主义理论体系的伟大旗帜，发展中国特色社会主义伟大事业。当前，新的形势和任务对领导干部的学习提出了新的要求，这就特别凸显出理论武装的极端重要性，凸显出用中国特色社会主义理论体系武装全党、武装干部的极端重要性。

加强理论武装的重点在于学习和掌握马克思主义世界观和方法论。马克思主义哲学即辩证唯物主义和历史唯物主义是科学的世界观和方法论，是领导干部指导实践的理论指南，是博大精深的思想武器。坚持马克思主义，最重要、最根本的，就是学习和掌握辩证唯物主义和历史唯物主义的世界观和方法论，坚持马克思主义的立场、观点和方法，并以此来分析和解决实际问题。提高执政能力，加强理论武装，亟须从哲学世界观和方法论高度来提高广大干部的素质。

当前，一定要把学习中国特色社会主义理论体系，特别是学习科学发展观作为马克思主义理论武装的中心内容。要把学习中国特色社会主义理论体系，特别是学习科学发展观，同学习马克思列宁主义、毛泽东思想结合起来；同学习党的路线、方针、政策结合起来；同学习领导干部必备的各种知识结合起来；同学习党史，总结党的历史经验和新鲜经验，加强党性锻炼，改造世界观结合起来；同学习社会主义核心价值体系结合起来。要组织领导干部原原本本地研读马克思主义经典作家和我们党几代领导人的原著原文，全面、准确、深刻地把握马克思主义中国化最新成果的理论内涵、精神实质和实践要求，力求做到学以致用、学用结合。学习中国特色社会主义理论体系，最重要的是学习体现在其中的辩证唯物主义和历史唯物主义的世界观和方法论，学习认识和处理复杂问题的马克思主义立场、观点和方法。

三、必须推进马克思主义理论创新

坚持马克思主义理论指导和理论武装，需要不断实现马克思主义中国化的理论创新，用创新的、发展的马克思主义武装全党、指导实践。

当今国际经济、政治形势的变化，特别是席卷全球的金融危机，再一次证明马克思主义在各种理论学说中是真正能够经得起检验的科学理论。当代中国，以中国化马克思主义为指导的中国特色社会主义事业取得辉煌成就，再一次证明了马克思主义改造世界的巨大实践威力。正如列宁所说，自马克思主义出现以后，世界历史的每一个时期，都使它获得了新的证明和新的胜利。然而，马克思主义不是死的教条，而是具有旺盛生命力的、不断创新和发展的理论。其生命力取决于本身具有的科学性，其科学性又在于实践性、发展性和创造性。实践的观点是马克思主义首要的和基本的观点，是马克思主义科学性的根本所在。正因为有实践作源泉、作动力、作检验标准，马克思主义才永葆蓬勃的生机和活力。马克思主义需要实践、实践、再实践，同时也就需要对实践认识、认识、再认识。因此，马克思主义必然随着实践的发展而发展，不断地在实践中解决新问题，提出新观点，形成新理论，这就决定了马克思主义具有创造性的特点。

马克思主义旺盛的生命力，表现为在回答和解决自己时代所面临的历史性课题的过程中不断创新和发展。在自由资本主义时代，马克思和恩格斯科学地回答了人类历史向何处去、资本主义向何处去、无产阶级怎么办的时代问题；在世界进入垄断资本主义和无产阶级革命时代后，列宁科学地回答了垄断资本主义向何处去、社会主义革命运动和殖民地民族解放运动怎么办的问题。毛泽东把马克思列宁主义同中国革命实践相结合，回答了中国向何处去、中国革命怎么办的时代问题。在和平与发展成为时代主题的条件下，中国共产党人坚持用马克思主义的宽广眼界观察世界，科学判断时代条件和世界发展的趋势，带领中国人民紧跟时代前进潮流，成功地走出了中国特色社会主义道路，形成了中国特色社会主义理论体系，回答了中国社会主义向何处去，中国特色社会主义怎么办的问题。中国特色社会主义理论体系是马克思主义中国化的最新成果，是党最可宝贵的政治和精神财富，是全国各族人民团结奋斗的思想基础。胡锦涛同志指出："在当代中国，坚持中国特色社会主义理论体系，就是真正坚持马克思主义。"

当今时代，科技革命日新月异，经济全球化和世界多极化趋势加速发展，需要我们运用马克思主义的立场、观点、方法回答时代提出的新问题，重新认识社会主义和资本主义，自觉划清"四个界限"，科学分析和全面把握时代特征和发展阶段，不断深化对共产党执政规律、社会主义建设规律、人类社会发展规律的认识，不断对中国人民伟大的实践创造作出新的理论概括，推进马克思主义中国化进程，开拓马克思主义新境界。

四、全面学习领导社会主义现代化建设所必备的知识，努力提高执政能力和领导水平

组织广大党员、干部学习马克思主义理论，学习党的路线、方针、政策和国家法律法规，学习党的历史，同时还要学习现代化建设所需要的经济、政治、文化、科技、社会和国际等各方面知识，这是建设马克思主义学习型政党的内在要求，也是进一步提高党的各级领导干部战略思维、创新思维和辩证思维能力的必由之路。

马克思主义是一个科学的、开放的思想体系，是人类创造的一切知识财富的集大成者。始终坚持以宽广的视野和胸怀不断从人类文明的一切优秀成果中汲取思想营养，是其强大生命力所在。列宁曾经明确指出："只有了解人类创造的一切财富以丰富自己的头脑，才能成为共产主义者。"举凡马克思主义经典作家，无一不是广泛涉猎各领域、各学科知识的典范。作为马克思主义中国化的又一重要理论成果，中国特色社会主义理论体系包含着关于我国政治、经济、文化、社会建设和发展的丰富内容。如果不掌握广泛的知识，是读不懂或不能完全读懂马克思主义经典著作的，当然也不可能全面而深刻地掌握马克思主义特别是中国特色社会主义理论体系的精髓。

　　在一个拥有13亿多人口的发展中大国执掌政权，领导建设中国特色社会主义，是一项前无古人的开创性事业，需要在理论和实践上进行艰苦而持久的探索。我们不懂得、不熟悉、不精通的东西还很多，曾经懂得、熟悉的东西，由于科学技术的迅猛发展和客观形势、条件的巨大变化，又变成不懂得、不熟悉了。完成新的使命和新的任务，解决新的矛盾和新的问题，当然要靠科学的新理论、新知识、新经验。一名合格的共产党人，一名称职的领导干部，必须信念坚定、政治可靠、理论清醒，同时也必须系统学习和掌握哲学社会科学及自然科学领域一切有用的知识。在现实生活当中，一些新的矛盾、新的问题具有多重性，如果单靠某一领域或学科的知识，是不可能解决或彻底解决的，往往需要从不同的视角来观察和分析，需要制定出全局性、总体性的处理方案。否则，就很可能顾此失彼，抓不住主要问题和主要矛盾。

　　建设社会主义现代化需要一批又一批专业化的领导干部，但更需要越来越多拥有丰富知识背景的复合型人才。毛泽东同志曾经强调："世界上所有国家的有益的东西，我们都要学。找知识要到各方面去找，只到一个地方去找，就单调了。"党的各级领导干部和广大党员群众，要不断优化知识结构，提高综合素质，增强创新能力。要努力学习和掌握各学科领域的知识，不断拓宽学习领域，使自己的科学素养、决策水平和领导能力有一个较大的提高。

五、必须弘扬马克思主义优良学风

　　坚持马克思主义理论指导、理论武装和理论创新，坚持学习，必然产生怎样坚持、怎样学习、怎样创新的问题，这就带来了对待马克思主义的态度，即学风问题。学风问题是马克思主义的一个基本原则，是对待马克思主义的根本态度，是衡量一个马克思主义政党是否成熟的标志，关系到党的事业的兴衰成败。建设马克思主义学习型政党，必须大力弘扬马克思主义学风。不解决好学风问题，加强马克思主义理论指导、理论武装和理论创新，加强学习，就是空的，不可能实现。

　　中国共产党人历来对学风问题十分重视。毛泽东同志把学风提高到党风的高度来看待，并把它作为第一个要解决的问题予以强调。如果对待马克思主义的根本态度出了问题，学风不正，就会出现灾难性的后果，给党的事业造成极大的危害，还会导致人们怀疑和否定马克思主义。当前，学风不正主要表现为：一是形式主义，只注重造声势，做表面文章，不注重实效；二是实用主义，学习理论断章取义，各取所需，上有政策，下有对策，使党的路线、方针、政策大打折扣；三是经验主义，觉得对马克思主义基本理论和中国特色社会主义理论体系学得再好也没用，一切从自己的经验出发；四是教条主义，不去弄懂理论的精髓所在，只会囫囵吞枣，照抄照搬"洋教条""土教条"，甚至言行不一。这四个表现是当前学风上的主要问题。学风决定文风。学风不正，文风必然不正，譬如套话、空话、官话、废话连篇累牍，"讲话千言，离题万里"，"土八股""洋八股"风行等。学风问题以及文风问题严重影响着用中国特色社会主义理论体系武装全党的进程，影响着用中国特色社会主义理论体系来解决改革和发展中一系列现实问题的进程，影响着我们全党的学习及学习效果。

学风问题从根本上来说是实事求是的思想路线问题，是能不能理论联系实际，能不能把马克思主义运用到实际工作中去的问题。树立正确的学风，必须有的放矢，不断针对新的实际学习；必须学以致用，为解决实际问题而学习；必须有所创新，在实践中不断创新马克思主义以指导新的实践。树立正确的学风，必须联系和解决好客观世界和主观世界这两个实际问题。客观世界的实际，就是工作实际，包括国内外大局的实际、本地区本单位的实际、个人具体工作的实际。主观世界的实际，包括个人的思想实际，以及党内和社会上带有普遍性的思想实际。联系客观世界的实际也好，联系主观世界的实际也好，归结到一点，就是要解决树立马克思主义的世界观、方法论问题，解决立场、观点、方法问题，解决运用马克思主义立场、观点、方法认识问题、解决问题的能力问题。

六、领导干部要做推进马克思主义学习型政党建设的表率

推进马克思主义学习型政党建设，领导干部是关键。领导干部的学习水平，在很大程度上决定着工作水平和领导水平；领导干部的学习态度，对于普通干部和党员群众具有重要的示范和引导作用。面对新的形势和新的任务，党的各级领导干部要时刻牢记，自己既是马克思主义学习型政党建设的组织者、领导者和实施者，也应当在推进马克思主义学习型政党建设方面真正发挥表率作用。

首先，要做重视学习的模范。要站在保持党的先进性、巩固党的执政地位、实现党的执政使命的高度对待学习问题、认识学习问题。要把加强学习不仅当成个人行为，而且看作自己肩负的一种政治责任。要准确把握建设马克思主义学习型政党这一战略决策的时代背景、深刻内涵、基本要求和重要任务。要时刻牢记，党面临的执政考验、改革开放考验、市场经济考验、外部环境考验是长期的、复杂的、严峻的，因而我们比以往任何时候都更加需要学习。如果不能重视学习、坚持学习、刻苦学习并通过学习不断提高自己，就势必落伍，势必难以胜任我们肩负的重大职责，失去全国人民的信任、拥护和支持，就可能失去执政地位。

其次，要做勤于学习的先锋。以胡锦涛同志为总书记的中央领导集体虽然承担着极为繁重的治国理政任务，但自党的十六大以来，中央政治局已先后开展60余次集体学习，为全党树立了学习的榜样，对建设学习型政党和学习型社会发挥了重要的推动和示范作用。各级领导干部大多工作忙、事情多，但这绝不应当成为不学习、少学习的借口。我们党的先驱者尚能在马背上、战壕里坚持学习马列主义和各种文化知识，现在我们的领导干部难道连每天一两个小时的学习时间都没有吗？现在，我们学习的时间和条件与战争年代不可同日而语。面对新形势新任务，各级领导干部，特别是高中级干部，必须以高度的政治责任感、强烈的求知欲望和进取精神，带头努力学习，在建设马克思主义学习型政党过程中走在前列。要把学习当成一种精神追求，一种价值观念，一种思想境界，一种生活方式。

第三，要做善于学习的表率。领导干部要重视学习、勤于学习，还要善于学习。一是要善于向书本学习。学习马克思主义经典著作，学习中国特色社会主义理论体系原作原文。二是要善于向实践学习。学习书本知识是我们提高理论素养和工作能力的重要途径，但是仅有书本上的东西是远远不够的。党领导人民建设和发展中国特色社会主义的伟大实践，是全党同志思想和智慧最重要的源泉。各级领导干部要把理论学习与做好实际工作结合起来，努力把理论学习成果转化为谋划工作的具体思路、推进工作的具体措施、领导工作的实际本领，把实践当作检验学习成效的唯一标准。三是善于向人民群众学习。人民群众是历史的创造者，是我们党理论创新、制度创新、政策创新的良师益友。党的各级领导干部要把人民群众当成自己最好的老师，把人民群众建设中国特色社会主义的伟大实践当成最好的课堂，真正走出去，走下去，深入基层，深入群众，及时将群众智慧上升为科学的理论，转化为行之有效的政策。四是要善于向他人或自己的经验教训学习。在总结成功经验和吸取失败教训的过程中获得进步和提高。

七、真正把建设马克思主义学习型政党的战略任务落到实处

建设马克思主义学习型政党是党中央向全党提出的重大而紧迫的战略任务，必须付诸实实在在的行动，切实取得成效。

要在学习的制度化、规范化上下功夫。在我们党的历史上，每一项重大学习任务的实施，总是以建立、健全、完善、创新学习制度作保障的。在新的历史条件下大力推进马克思主义学习型政党建设，必须按照党的十七届四中全会精神，研究制订各个层次的学习规划，在总结党的十六大以来学习制度建设经验的基础上，进一步建立健全各级领导干部和普通党员学习制度，在全党形成学习的良好氛围，以马克思主义学习型政党建设带动学习型社会建设。

要在增强学习的针对性、实效性上下功夫。全党无论普通党员还是党员领导干部，受教育程度不一，文化水平各异，不可能施以同样的学习内容、学习形式和学习方法。必须针对不同部门、职业、民族和文化层次，制订不同的学习指导计划，提出不同的学习要求，规定不同的学习内容，提倡多样化的学习形式和学习方法。要特别重视农村、城市社区和非公经济领域党组织、党员的学习问题。

要在学习内容的大众化、普及化上下功夫。马克思主义基本原理、中国特色社会主义理论体系、现代科学文化知识等，是广大党员干部学习的重要内容。由于教育背景和文化水平的差异，一个高级干部和一个农村干部，或一个教授党员和一个农民党员，对这些学习内容的理解程度也就不同。党的十七届四中全会提出，推进马克思主义中国化、时代化、大众化是建设马克思主义学习型政党的首要任务，对基层党组织、基层党员和基层群众而言，大众化显得尤为必要。马克思主义特别是中国特色社会主义理论体系、党的路线方针政策，只有用平实质朴的语言讲明白了，才会被理解和接受，才会发挥其应有的学习和教育作用。

　　"历尽天华成此景，人间万事出艰辛。"当前，世界在变化，形势在发展，中国特色社会主义实践在深入。党在推进改革开放和社会主义现代化建设中肩负任务的艰巨性、复杂性、繁重性世所罕见。面对新形势新任务，只有坚持和发展马克思主义，不断学习、善于学习，努力掌握和运用一切科学的新思想、新知识、新经验，党才能始终走在时代前列，引领中国的发展和进步。这也正是党中央提出建设马克思主义学习型政党的深刻意旨所在。

总结马克思主义中国化的历史经验 推进马克思主义中国化的不断创新 [1]

今年是中国共产党成立 88 年、在全国执政 60 年、领导改革开放 30 年。在这样一个特殊的历史时刻，回顾建党 88 年、新中国成立 60 年和改革开放 30 年马克思主义中国化的历史全程，总结我们党带领全国人民不懈探索马克思主义同中国具体实际相结合的历史经验，深刻认识和准确把握不同历史时期我们党丰富和发展马克思主义的规律和特点，对于在新的历史起点上坚持和发展马克思主义，不断推进马克思主义中国化、时代化、大众化，具有十分重要的意义。

一

马克思主义中国化的历史进程，是随着中国革命、建设和改革的实践步伐而推进，随着马克思主义在中国的传播并与中国具体实际相结合而开启的。中国共产党人把马克思主义基本原理同中国具体实际相结合，不断创生新的理论成果，从而不断丰富和发展马克思主义。概括起来讲，迄今为止马克思主义中国化经历了两大历史阶段，产生了两次飞跃，形成了两个理论成果。

其一，以毛泽东同志为主要代表的中国共产党人，运用马克思主义立场、

---

[1] 本文是作者在"中国马克思主义论坛 2009"（2009 年 12 月 8 日）上的演讲，原载《理论视野》2009 年第 12 期，《理论研究动态》2010 年第 8 期。

观点、方法，深刻分析中国社会的经济状况和阶级关系，科学把握中国社会基本性质，努力探索中国革命的规律和特点，创造性地回答了"在半封建半殖民地的中国，进行什么样的革命、怎样进行革命"的问题，成功地取得中国革命的胜利，建立了新中国。在马克思主义中国化的第一个历史阶段，产生了马克思主义中国化的第一次伟大飞跃，形成了马克思主义中国化第一个理论成果——毛泽东思想。

必须坚持马克思主义，以指导中国革命，是由中国的具体国情、中国所处的世情所决定的。中国近代历史、中国共产党历史和中国革命、建设与改革开放历史反复告诉我们，中国共产党的命运是同坚持马克思主义指导紧密联系的，什么时候坚持马克思主义正确指导，什么时候就发展，否则就会遭受挫折，就会失败。在近代中国历史上，曾经涌现出一系列有作为的人物，提出了种种救国方案，为中华民族的振兴作出了不懈的努力。然而，旨在救国救民的斗争和探索，虽然每一次都在一定的历史条件下推动了中国进步，但又一次一次地归于失败。究其主观上的根本原因，就是没有正确的理论指导。在半封建半殖民地性质的旧中国，幻想运用资产阶级思想武器，采取改良主义的或资产阶级旧式民主主义革命的方式，建立资产阶级民主共和国。走资本主义富国道路，是不可能解救中国、复兴中华的。五四运动之后，中国先进知识分子通过十月革命接受了马克思主义，认识到中国必须选择社会主义作为富民强国的唯一出路。选择社会主义的正确道路，就必然选择工人阶级作为领导阶级，选择马克思主义工人阶级政党作为领导核心，选择马克思主义作为指导思想。

正如毛泽东同志所讲："领导我们事业的核心力量是中国共产党。指导我们思想的理论基础是马克思列宁主义。"[1] 选择马克思主义作为指导思想，这就带来两个问题：一是必须坚持马克思主义指导，二是怎样坚持马克思主义指导。坚持马克思主义指导，必须树立对待马克思主义的科学态度。只有正确对待马克思主义，解决了"怎样坚持马克思主义"的问题，才能真正坚持马克思主义。对待马克思主义的错误态度，主要有三种表现：一是否定马克思主义的指导作用，认为马克思主义已经过时了，没有生命力了；二是轻视马克思主义的指导作用，只相信自己的经验，不相信理论的指导作用；三是把马克思主义当作教条，信奉"洋教条"或"土教条"。这三种表现对党的事业危害极大，必须坚决

[1]《毛泽东文集》第 6 卷，人民出版社 1999 年版，第 350 页。

反对。对待马克思主义的正确态度，就是把马克思主义同中国实际相结合，既坚持马克思主义，又发展马克思主义，形成中国化的马克思主义以指导中国实践。马克思主义只有和本国国情和时代特征相结合，在实践中不断丰富和发展，才能指导实践。

以毛泽东同志为主要代表的中国共产党人，自觉运用马克思主义立场、观点、方法深刻分析了中国社会的性质和特征，正确剖析了中国社会各阶级的状况、关系及其在中国社会中的地位，科学把握了中国革命的规律和特点，逐步形成了指导中国革命的正确的路线、方针、政策和战略、策略，产生了马克思主义中国化第一次伟大飞跃。毛泽东认为，中国社会是半封建半殖民地社会，中国革命必须分两步走，第一步，先进行由中国共产党领导的新民主主义革命，第二步，再不间断地过渡到社会主义革命；工人阶级是中国革命的领导阶级，农民阶级则是中国革命的主要同盟军，要团结民族资产阶级和其他小资产阶级，形成最广泛的革命统一战线；革命的对象是帝国主义、官僚资本主义和封建主义；中国社会的特殊性决定了中国革命的特殊性，中国革命的道路是农村包围城市，中心问题是农民问题，主要形式是中国共产党领导的人民战争，以革命的战争反对反革命的战争，武装夺取政权；军队建设、党的建设、统一战线是中国革命克敌制胜的三大法宝。中国共产党人从理论上创造性地阐明了中国革命道路的特殊性，系统地阐明了新民主主义理论，形成了毛泽东思想这一马克思主义中国化的理论成果。党的第七次全国代表大会明确提出，把马克思列宁主义的理论与中国革命实践统一的思想——毛泽东思想，作为自己一切工作的指针。

新中国成立以来，党不失时机地制定了社会主义过渡时期和社会主义革命的正确路线、方针和政策，完成了社会主义所有制改造，建立了社会主义制度，取得了分两步走的中国革命的胜利。中国革命就实践成果而言，有两大成就：一是成功进行新民主主义革命，按照《共同纲领》建设新民主主义社会，建立新中国；二是在过渡时期开辟了适合中国特点的社会主义改造的道路，实现了从新民主主义向社会主义的转变，完成社会主义革命。就理论成果而言，关于社会主义过渡和改造的理论，也是毛泽东思想的进一步丰富和发展。

其二，社会主义制度建立以后，中国共产党三代中央集体领导带领全党全国人民积极探索社会主义建设的正确道路，在实践中回答了"建设什么样的社会主义，怎样建设社会主义"的问题，奠定了社会主义现代化建设的物质基础、制度基础和理论基础，成功地开创了中国特色社会主义伟大事业，走出了中国特色社会主义的正确道路，形成了中国特色社会主义理论体系，完成了马克思主义中国化第二个历史阶段的第二次伟大飞跃。

1956 年社会主义改造任务的完成，标志着社会主义制度的基本建立，中国进入社会主义建设阶段。社会主义建设阶段，从总体上看，以党的十一届三中全会为标志，可分为前 30 年与后 30 年两个时期。前 30 年是中国社会主义建设道路艰辛探索时期，既是马克思主义中国化第一次历史性飞跃的延伸，又为后 30 年中国特色社会主义建设提供了物质上、制度上、思想上、理论上的准备。在前 30 年，毛泽东领导全党和全国人民对社会主义建设道路进行了艰苦卓绝的探索。有成就，也有失误，有经验，也有教训。在曲折探索过程中所形成的关于社会主义建设的一系列正确思想，既丰富了毛泽东思想，又为中国特色社会主义理论体系的形成作了重要的理论准备。

党的十一届三中全会以后，进入了改革开放和社会主义现代化建设的新时期，即后 30 年时期。在新时期，我们党紧紧围绕改革开放和社会主义现代化建设的实际，以巨大的政治勇气和理论勇气，开辟了中国特色社会主义伟大事业，不断推进实践基础上的理论创新，创造性地回答"什么是马克思主义，怎样坚持马克思主义""什么是社会主义，怎样建设社会主义""建设什么样的党，怎样建设党"和"实现什么样的发展，怎样发展"的问题，从而形成了包括邓小平理论、"三个代表"重要思想和科学发展观在内的中国特色社会主义理论体系，形成了马克思主义中国化的第二个理论成果。

在推进马克思主义中国化的进程中，我们党都是在总结经验、吸取教训的实践中，始终坚持回答"为什么坚持马克思主义指导，怎样坚持马克思主义指导"，不断推进马克思主义中国化的创新。回顾我们党走过的道路，无论胜利或挫折、成功或失误，都与是否正确回答"坚持和发展马克思主义指导"的问题紧密相关不可分离。在中国社会主义建设道路的探索过程中，我们党曾经出现过离开马克思主义思想路线的严重错误，一度给党和国家带来了极大的损害。但我们党是一个自觉坚持真理、纠正错误的伟大的党，每当在重大历史转折关头，都能坚持解放思想、实事求是、与时俱进的思想路线，总结经验、吸取教训，自觉地把思想认识从对马克思主义的错误的和教条式的理解中解放出来，从主观主义和形而上学的桎梏中解放出来，从那些不合时宜的观念、做法和体制的束缚中解放出来，大胆探索，使思想和行动更加符合客观实际和时代发展的要求，面对胜利，不骄躁，面对挫折，不气馁，转败为胜、转危为安，取得一次又一次伟大胜利，一步一步深化了对"坚持和发展马克思主义"这一根本问题的认识。

二

纵观马克思主义中国化的伟大历史进程，最根本的一条经验就是理论联系实际。马克思主义中国化的实践反复证明，只有把马克思主义基本原理深植于中国革命、建设和改革的现实土壤之中，准确把握马克思主义与基本国情、时代特征的结合点，在实践中不断深化和发展马克思主义，才能使之迸发出无限生机与活力，对实践产生巨大的指导作用。

从哲学根据上来说，马克思主义中国化问题，实质上就是哲学的"一般性"与"特殊性"，即共性与个性的辩证关系问题。"一般性"与"特殊性"是一对最基本的哲学范畴，也是解开实践与认识的辩证关系，正确的理论先导与实践创新的辩证关系的认识节点。一般性寓于特殊性之中，根本不存在离开特殊性的一般性，一般性来自特殊性，离开了特殊性，一般性也就失去了意义，成为抽象的教条。所谓马克思主义中国化，就是运用马克思主义的"一般"，即马克思主义世界观和方法论，而不是马克思主义的具体结论，去说明和解决中国的"特殊"问题，形成与中国实际相结合的马克思主义，即中国化的马克思主义。毛泽东把这一条马克思主义的哲学真谛生动地概括为实事求是的哲学精髓，从党的思想路线高度解决了马克思主义中国化的哲学依据问题。早在井冈山斗争时期，毛泽东就已经从思想路线高度论及马克思主义中国化问题。他在1930年写的《反对本本主义》一文中明确指出："马克思主义的'本本'是要学习的，但是必须同我国的实际情况相结合。"[1] 在1936年《中国革命战争中的战略问题》一文中，他从哲学高度科学地阐明了"一般性"与"特殊性"的辩证关系。在1937年的《实践论》《矛盾论》这两部马克思主义哲学中国化的经典论著中，他科学地论证了矛盾的"一般性"和"特殊性"的普遍哲学原理，说明了马克思

---

[1]《毛泽东选集》第1卷，人民出版社1991年版，第111—112页。

主义是"一般"，而中国革命是"特殊"，马克思主义的"一般"必须要与中国革命的"特殊"相结合，形成了马克思主义与中国具体实践相结合的马克思主义中国化的基本理念。1938 年 10 月，在延安召开的党的六届六中全会上，毛泽东作了题为《论新阶段》的政治报告，首次对马克思主义中国化问题作了深刻论述。他说："马克思主义必须和我国的具体特点相结合并通过一定的民族形式才能实现。马克思列宁主义的伟大力量，就在于它是和各个国家具体的革命实践相联系的。对于中国共产党来说，就是要学会把马克思列宁主义的理论应用于中国的具体的环境。……离开中国特点来谈马克思主义，只是抽象的空洞的马克思主义。因此，使马克思主义在中国具体化，使之在其每一表现中带着必须有的中国的特性，即是说，按照中国的特点去应用它，成为全党亟待了解并亟须解决的问题。"[1] "洋八股必须废止，空洞抽象的调头必须少唱，教条主义必须休息，而代之以新鲜活泼的、为中国老百姓所喜闻乐见的中国作风和中国气派。"[2] 这里，毛泽东明确提出了马克思主义中国化的实质、方法和形式的问题。他关于马克思主义中国化的经典论述，开辟了马克思主义的新境界。

马克思主义活的灵魂就是具体问题具体分析。解决中国革命、建设和改革问题，一定要把马克思主义"一般"原理与中国特殊的具体实际相结合。中国具体的特殊性，体现在三个方面，即中国国情的特殊性、中国所处世情的特殊性和中国人民群众的特殊性，这就提出了马克思主义中国化、时代化和大众化的问题。

第一，马克思主义中国化的过程，就是马克思主义民族化的过程，就是在实践中深刻认识中国国情、认识和解决中国实际问题的过程。马克思指出："理论在一个国家实现的程度，总是决定于理论满足这个国家的需要的程度。"[3] 马克思主义理论及其在实践中的应用必须要结合实际情况，具体问题具体对待。坚持马克思主义与中国实际相结合，走适合我们自己的革命、建设和改革的道路，必须正确认识中国基本国情，准确把握中国社会发展的历史方位，科学把握中国革命、建设和改革的客观规律，实事求是地回答中国革命、建设和改革的一系列实际问题。改革开放的伟大实践证明，只有自觉以马克思主义为指导，坚

---

[1]《毛泽东选集》第 2 卷，人民出版社 1991 年版，第 534 页。

[2]《毛泽东选集》第 3 卷，人民出版社 1991 年版，第 844 页。

[3]《马克思恩格斯选集》第 1 卷，人民出版社 1995 年版，第 11 页。

持以新的实际为中心，在实践中不断回答新问题，总结新经验，形成新结论，才能推动中国特色社会主义事业不断向前发展。马克思主义中国化，就是马克思主义的民族化，推进马克思主义中国化，就要注重中华民族的特殊性，要研究民族的现实需要，继承民族的优秀文化，创造民族的特殊形式，形成民族的特色风格，马克思主义的中华民族特殊形式是马克思主义中国化的重要民族特点。只有同中国具体民族特性相结合，充分体现马克思主义中国气派、中国风格和中国特色，才是中国化的马克思主义。

第二，马克思主义中国化的过程，就是马克思主义时代化的过程，就是在实践中深刻认识世情，正确把握时代特征的过程。任何理论体系都是时代精神的产物。马克思和恩格斯曾指出："一切划时代的体系的真正内容都是由于产生这些体系的那个时代的需要而形成起来的。"[1]每个时代总有属于它自己的问题，准确地把握和解决这些问题，就能够把理论和实践推向前进。马克思主义就是在回答和解决时代所面临的历史性课题的过程中不断创新和发展的。只有把握时代问题，认清世情，才能确定党和人民所处的时代地位和历史方位，才能把握中国发展的时代命脉和历史趋势，才能回答中国向何处去、中国通过什么样途径走在时代潮流前列的问题。今天，在和平与发展成为时代主题的条件下，中国共产党人坚持用马克思主义的宽广眼界观察世界，科学判断时代条件和世界发展趋势，认真吸取世界上一切民族和国家的先进文明，带领中国人民紧跟时代前进潮流，成功地走出了中国特色社会主义道路。

第三，马克思主义中国化的过程，就是马克思主义大众化的过程，是武装群众、掌握群众，为人民群众所接受并转化为巨大物质力量的过程。马克思主义具有代表无产阶级和最广大人民群众根本利益的理论品质，这就决定了马克思主义必须同人民大众相结合，为人民大众所理解。理论一经掌握群众，就能转化为改造世界的巨大的能动的物质力量。任何正确的理论，必须说服群众、掌握群众，与人民群众相结合，为人民所接受，由人民群众创造和发展。否则，再好的理论，只要离开人民群众，脱离群众，都是一事无成。理论的巨大成就，来源于其必须走大众化的发展道路，必须与人民群众的实际运动相结合。毛泽东曾指出："任何思想，如果不和客观的实际的事物相联系，如果没有客观存在的需要，如果不为人民群众所掌握，即使是最好的东西，即使是马克思列宁主

---

[1]《马克思恩格斯全集》第3卷，人民出版社1960年版，第544页。

义，也是不起作用的。"[1] 在马克思主义中国化进程中，一定要让马克思主义中国化成果掌握群众，为群众所接受，这就要走大众化的道路。要大众化，就必须通俗化，让群众看得懂、用得上。要运用通俗易懂、为人民大众喜闻乐见的表达形式传播马克思主义，使理论从理论家的书本上、从思想家的书斋中解放出来，真正掌握群众，转变为广大人民群众改造世界的巨大物质力量。同时，人民群众的实践活动又是马克思主义中国化的深厚源泉和基础，人民群众是理论的真正创造者和实践者。

三

综上所述，马克思主义中国化的历史经验是：

第一，不断推进马克思主义中国化，必须坚持马克思主义的理论指导。中国革命、建设和改革的实践过程充分证明，党和国家事业的兴衰成败，从根本上说都取决于是否真正坚持马克思主义科学理论的指导。无论时代怎样发展，历史条件如何变化，马克思主义的指导地位绝不能动摇。借口时代和历史条件的变化，轻视、怀疑甚至否定马克思主义理论的指导地位，党和国家的事业就会偏离正确的方向，就会遭受损失甚至失败。坚持马克思主义基本原理是推进马克思主义中国化的重要前提。认为马克思主义中国化就是要把马克思主义变成另外的东西，"一个新的东西，中国的东西，与原来的东西不同"，是对马克思主义中国化的歪曲。推进马克思主义中国化，必须牢牢坚持并不断巩固马克思主义在我国主流意识形态中的指导地位，善于运用马克思主义的立场观点方法剖析各种社会思潮，增强政治敏锐性和政治鉴别力，筑牢思想防线，自觉划清"四个界限"，坚决抵制各种错误思想影响，始终保持立场坚定、头脑清醒，提升意识形态领域斗争的话语权和主动权。

第二，不断推进马克思主义中国化，必须坚持马克思主义的理论武装。高度重视思想理论建设，加强理论武装，是我们党的政治优势和优良传统，是党的根本建设，是党的建设的首要任务。建党之初，我们党就清醒认识到，在旧中国农民、小资产阶级占大多数、工人阶级数量极少的条件下，要建设坚强正确的马克思主义政党，必须把中国革命的经验加以科学总结和理论概括，再把

---

[1]《毛泽东选集》第4卷，人民出版社1991年版，第1515页。

科学理论"从外面灌输进"工人阶级及其人民群众的头脑中，对工人阶级先锋队及其人民群众进行理论武装。理论武装的重点在于党的高中级干部，高中级干部的领导水平，尤其是政治理论水平如何，关系到党和国家的前途命运。毛泽东在抗日战争时期就指出："在担负主要领导责任的观点上说，如果我们党有一百个至二百个系统地而不是零碎地、实际地而不是空洞地学会了马克思列宁主义的同志，就会大大地提高我们党的战斗力量。"[1] 加强理论武装，首先要学习马克思主义哲学，掌握马克思主义世界观和方法论，提高运用马克思主义立场、观点、方法说明和解决实际问题的能力。当前的重点是要用中国特色社会主义理论体系特别是科学发展观武装全党，这是党的十七大和十七届四中全会提出的重大任务，也是建设马克思主义学习型政党的必然要求。要着力在深化学习、深入研究、广泛普及上下功夫，系统掌握中国特色社会主义理论体系，系统掌握贯穿其中的马克思主义立场、观点、方法，自觉运用这一理论体系指导客观世界和主观世界的改造，提高运用科学理论解决实际问题的能力。要认真研读马克思主义经典著作特别是中国特色社会主义理论体系基本著作，切实提高战略思维、创新思维、辩证思维能力，努力探索回答我国经济、政治、文化、社会建设和党的建设中的重大理论和实践问题。

第三，不断推进马克思主义中国化，必须坚持马克思主义的理论创新。马克思主义是与时俱进的开放的理论体系，必须随着时代、实践和科学的发展而不断发展。理论创新是保持党的先进性和执政地位的决定性因素，是增强我们党生机与活力的重要思想动力。邓小平指出："不以新的思想、观点去继承、发展马克思主义，不是真正的马克思主义者。"[2] 胡锦涛同志指出："中国特色社会主义理论体系，既展现了当代中国马克思主义的勃勃生机，又为我们继续进行理论创新打开了广阔空间。"[3] 当今世界正处在大发展大变革大调整时期，我国的改革发展面临新的形势、新的问题和新的挑战。这就要求我们在研究和解决具体问题的过程中丰富和发展中国特色社会主义理论体系，在持续的理论创新中不断推进马克思主义中国化进程。当前，要准确把握改革发展所呈现出的一系列新的阶段性特征，立足于我国改革开放和社会主义现代化建设的伟大实践，以

---

[1]《毛泽东选集》第 2 卷，人民出版社 1991 年版，第 533 页。

[2]《邓小平文选》第 3 卷，人民出版社 2004 年版，第 292 页。

[3] 胡锦涛：《在纪念党的十一届三中全会召开 30 周年大会上的讲话》。

我们正在做的事情为中心，着眼于马克思主义理论的实际运用，着眼于对实际问题的理性思考，着眼于新的实践和新的发展，深入研究和回答重大理论和现实问题，不断把党带领人民创造的成功经验上升为理论，在理论与实践的双重探索中不断推进马克思主义中国化进程。

第四，不断推进马克思主义中国化，必须坚持马克思主义的优良学风。学风问题就是对待马克思主义的根本态度问题。理论联系实际是马克思主义的优良学风。在学风问题上，既要反对教条主义倾向，避免理论脱离实际，又要警惕经验主义倾向，重视理论学习和理论指导。不断推进马克思主义中国化，关键是解决好理论联系实际的问题。要大力弘扬理论联系实际的马克思主义学风，坚持实事求是的思想路线，以改革创新的精神为统领，着眼于解放思想，着眼于保持党同人民群众的血肉联系，着眼于实践，着眼于对实际问题的认识和解决，着眼于改造客观世界的同时改造主观世界。

总结马克思主义中国化的历史经验，目的就在于把马克思主义中国化的伟大事业不断推向前进，为中国特色社会主义事业的发展提供思想指南和理论支撑。积极参与和大力推动马克思主义中国化进程，是每一位马克思主义理论工作者所应承担的神圣职责。让我们时刻牢记使命，为推进马克思主义中国化、时代化、大众化，为推进马克思主义学习型政党建设作出更大贡献。

坚持以理论创新推进马克思主义学习型政党建设 [1]

我们党是一个重视学习、勤于学习、善于学习的马克思主义政党，是一个重视马克思主义理论指导、理论武装、理论创新的马克思主义政党，是一个重视发扬理论联系实际良好学风的马克思主义政党。重视学习，加强思想理论建设，提高全党的马克思主义理论水平，是我们党的一大政治优势，也是党的根本建设。建设马克思主义学习型政党，是在新形势下发挥我们党的政治优势、从根本上加强和改进党的建设的重大战略举措。

一、坚持马克思主义，必须不断推进马克思主义理论创新

建设马克思主义学习型政党，最重要的是不断推进马克思主义理论创新，用不断创新的理论武装全党，以指导不断发展的实践。

马克思主义是科学，是有生命力的，其活力恰恰在于理论创新。马克思主义是不是过时了，马克思主义是不是没有生命力了？不是，马克思主义是科学，是具有旺盛生命力的，这是由马克思主义的科学性所决定的。马克思主义的科学性在于实践性、发展性和创造性。

马克思主义之所以永不枯竭，永远具有蓬勃的生命力，首先在于它的实践性。实践的观点是马克思主义的根本的首要观点，是马克思主义科学性的根本所在。实践是理论的源泉，是理论正确与否的检验标准，是推动理论不断发展

[1] 本文原载《求是》，2010 年第 14 期。

474

的动力。从马克思实践的观点，到列宁实践第一的观点，到毛泽东实事求是的观点，到邓小平解放思想、实事求是的观点，再到今天我们党提出的与时俱进的观点，都是一脉相承的，强调要根据实践的变化不断赋予马克思主义以新的内容。毛泽东同志指出："判定认识或理论之是否真理，不是依主观上觉得如何而定，而是依客观上社会实践的结果如何而定。真理的标准只能是社会的实践。实践的观点是辩证唯物论的认识论之第一的和基本的观点。"[1] 邓小平同志指出："一个新的科学理论的提出，都是总结、概括实践经验的结果。没有前人或今人、中国人或外国人的实践经验，怎么能概括、提出新的理论？"[2] 列宁把马克思主义同俄国革命实践相结合，找到了俄国革命的正确道路，创立了马克思主义的理论创新成果——列宁主义。毛泽东把马克思列宁主义同中国革命实践相结合，找到了中国革命的正确道路，创立了马列主义的理论创新成果——毛泽东思想。邓小平把马列主义、毛泽东思想同当代中国社会主义现代化建设实践相结合，找到了实现中国社会主义现代化的正确道路，创立了马列主义、毛泽东思想的理论创新成果——邓小平理论。我们党在改革开放实践中，又不断地推进理论创新，形成了"三个代表"重要思想和科学发展观，与邓小平理论一同构成中国特色社会主义理论体系。实践特性决定了马克思主义始终与不断前行的实践相结合。实践永无止境，理论创新永无止境，实践推动理论创新，同时又需要创新理论，创新的实践不断为理论创新提供源泉、发展动力和检验标准，马克思主义才永葆蓬勃的生机和活力。

马克思主义之所以是真理，在于其不会永远停止在同一个认识水平上，不断向更高的认识水平发展，这就是马克思主义的发展性。马克思主义需要实践、实践、再实践，同时也就需要对实践认识、认识、再认识，马克思主义必然随着实践的发展而发展。实践常新，理论也常新。任何时候，马克思主义都不能窒息自己的生命，成为静止不变的、僵化的、封闭的体系。毛泽东同志在 1959 年底到 1960 年初在读苏联政治经济学教科书的时候说："马克思这些老祖宗的书，必须读，他们的基本原理必须遵守，这是第一。但是，任何国家的共产党，任何国家的思想界，都要创造新的理论，写出新的著作，产生自己的理论家，

---

[1]《毛泽东选集》第 1 卷，人民出版社 1991 年版，第 284 页。

[2]《邓小平文选》第 2 卷，人民出版社 1994 年版，第 57—58 页。

来为当前的政治服务，单靠老祖宗是不行的。"[1] 他还说："我们在第二次国内革命战争末期和抗战初期写了《实践论》《矛盾论》，这些都是适应于当时的需要而不能不写的。现在，我们已经进入社会主义时代，出现了一系列的新问题，如果单有《实践论》《矛盾论》，不适应新的需要，写出新的著作，形成新的理论，也是不行的。"[2] 邓小平同志在 1979 年春说："科学社会主义是在实际斗争中发展着，马列主义、毛泽东思想是在实际斗争中发展着。我们当然不会由科学的社会主义退回到空想的社会主义，也不会让马克思主义停留在几十年或一百多年前的个别论断的水平上。所以我们反复说，解放思想，就是要运用马列主义、毛泽东思想的基本原理，研究新情况、解决新问题。"[3] 他还说："离开自己国家的实际谈马克思主义，没有意义。"[4] 把马克思主义同它所赖以发展的现实生活割裂开来、对立起来，是毫无出路的，必须随着实践的发展而形成新的理论，产生新的思想。

马克思主义强调同实际相结合，不断地在实践中解决新问题，提出新思想，这就决定了它具有创造性的特点。马克思主义创始人——马克思恩格斯的全部理论创造活动，充分地体现了创新的理论本性。科学社会主义创始人在创立科学社会主义的进程中并不是停留在同一个认识水平上，而是随着实践的发展不断地提出和研究新的问题，不断地充实和完善科学社会主义。他们一开始把注意力和着眼点放在西方发达资本主义国家，根据当时的实际，曾设想社会主义革命将首先在生产力比较发达、工人阶级人数占多数的资本主义国家发生，至少是几个主要发达资本主义国家同时发生才能胜利。而后的实践发展超出了他们已有结论，新的实践促使科学社会主义创始人开始注意并研究东方国家走社会主义道路的不同情况，提出非资本主义国家走社会主义道路的可能性问题。他们认为，东方非资本主义国家走向社会主义，在特定条件下，能够不通过资本主义制度的"卡夫丁峡谷"，而吸收资本主义制度所创造的一切积极成果，实现社会形态的跨越式发展，为东方非资本主义国家进行社会主义革命、走上社会主义道路提供了理论依据。

正因为马克思主义的实践性、发展性和创造性，决定了马克思主义是有生

[1]《毛泽东文集》第 8 卷，人民出版社 1999 年版，第 109 页。
[2]《毛泽东文集》第 8 卷，人民出版社 1999 年版，第 109 页。
[3]《邓小平文选》第 2 卷，人民出版社 1993 年版，第 179 页。
[4]《邓小平文选》第 3 卷，人民出版社 1994 年版，第 191 页。

命力的科学体系，其生命力表明马克思主义不是一种宗教信仰，它是建立在人类最新实践基础上，建立在人类最优秀思想成果基础上的不断创新的科学理论。首先，马克思主义是资本主义社会不可克服的内在矛盾运动和工人阶级运动持续发展实践的理论反映，是社会主义乃至更高级的共产主义代替资本主义的客观必然性的科学概括；是马克思恩格斯不断总结世界资本主义的发展实践、总结工人运动和社会主义运动实践的产物；是马克思主义继承人类先进思想，继承发展当时最先进的哲学思想、社会科学和自然科学成果，总结前人经验，在实践基础上的创造性的理论成果。其次，马克思主义的立场、观点、方法，即马克思主义的世界观、方法论，是科学的、正确的，是指南，是思想方法、工作方法，是有普遍指导意义的。恩格斯指出："我们的理论是发展的理论，而不是必须背得滚瓜烂熟并机械地加以重复的教条。"[1] 恩格斯还指出："马克思的整个世界观不是教条，而是方法。它提供的不是现成的教条，而是进一步研究的出发点和供这种研究使用的方法。" [2] 再次，马克思主义的基本原理是有普遍意义的，马克思主义所揭示的事物发展变化的客观规律和历史趋势而得出的一般结论，如，资本主义必然为共产主义所代替的结论，是正确的一般原理。再有，即使马克思主义经典作家个别结论具有历史局限性，并不说明可以否定马克思主义的科学性。任何一个历史人物都是有历史局限性的，任何一个理论形态也是历史的产物。马克思列宁主义经典作家的认识必然受到各自所处的历史和时代条件的制约，其具体结论不能不具有一定的历史局限。马克思主义的科学性主要在于它对自然、社会和人类思维普遍规律的深刻洞察和揭示，在于其世界观和方法论，个别结论和论断的历史局限并不能够否定马克思主义的科学性。

马克思主义的生命力就在于其创造性。没有创造性，就没有马克思主义，马克思主义本身就是马克思恩格斯创造性的实践斗争和理论思维的产物。

马克思恩格斯创立了马克思主义，他们有一个重要的结论，就是社会主义革命应在数国同时取得胜利，这是马克思恩格斯基于当时实践而做出的结论。列宁分析了他所处的帝国主义和无产阶级革命时代特征，提出了在资本主义发展的帝国主义时代，经济政治发展更加不平衡，社会主义革命有可能在资本主

---

[1]《马克思恩格斯选集》第 4 卷，人民出版社 2012 年版，第 681 页。

[2]《马克思恩格斯全集》第 39 卷，人民出版社 2006 年版，第 406 页。

义的薄弱环节发生，可以在一国首先取得胜利。列宁创新了马克思主义。

列宁主义只是回答了在俄国这样相对落后的国家如何进行社会主义革命。但是在东方，像中国这样的半封建半殖民地国家怎样进行革命、怎么样建立社会主义制度，这是以毛泽东同志为主要代表的中国共产党人所要回答的课题。根据中国国情，毛泽东同志认为，在中国这样的半殖民地半封建的国家要进行社会主义革命必须分两步走。第一步进行新民主主义革命，第二步不间断地进行社会主义革命。要走出一条与俄国社会主义革命不同的道路。毛泽东同志带领中国共产党人开辟了不同于俄国革命的中国革命的正确道路，即农村包围城市的井冈山道路，创新了列宁主义。

社会主义革命完成以后，毛泽东同志对新的历史条件下如何建设社会主义，从1956年后开始思考，进行了一系列探索，虽然取得一些有益的成果，但总体是不成功的。在落后的中国，建设社会主义走什么样的道路才能成功，中国特色社会主义理论体系做了科学的回答，解决了在中国这样落后的国家夺取政权建立社会主义制度以后，如何建设社会主义，建设什么样的社会主义的问题，这是马克思主义的又一次重大理论创新。

二、坚持马克思主义理论创新，就要实现马克思主义的中国化、时代化、大众化

坚持理论创新，必须按照马克思主义科学性的要求，与实践相结合：一是坚持与时偕行。理论要随时间、条件、地点的变化而发展，永远不能停留在一个固定的形态上。要根据新的实践，不断地充实新的内容，形成新的认识，用于指导实践。二是坚持实事求是。马克思主义是普遍真理，其创造性要求它必须要与各国具体实践相结合，形成适合本国国情的马克思主义，才能指导本国实践。三是坚持与大众结合。理论与实践相结合，就是与人民大众相结合。任何理论都来自大众，人民大众是实践的主体，既是物质财富的创造者，又是精神财富的创造者，在创造物质财富的过程中也创造了精神财富。任何理论家都必须从人民大众活生生的实践中吸收养分，从人民大众的创造性思维中吸收原始材料。同时，理论又必须掌握人民大众，才能发挥指导实践的作用。

理论创新必须在理论联系实际的过程中才能实现。理论联系实际，就要与

不断发展的世界实践相结合，与不断发展的本国实践相结合，与不断发展的大众实践相结合。针对中国新的实际，推进马克思主义理论创新，就必须实现马克思主义的中国化、时代化和大众化。

马克思主义中国化，就是把马克思主义一般原理与中国实践相结合，运用马克思主义立场、观点和方法来说明和解决中国的实际问题，创造中国化的马克思主义。马克思主义哲学的世界观方法论是马克思主义中国化的哲学依据和思想路线基础。从哲学上来认识，马克思主义中国化，其实质就是哲学的"一般性"与"特殊性"的辩证关系问题。既要肯定"一般性"，坚持马克思主义的普遍原理，又要肯定"特殊性"，坚持马克思主义的中国化。从哲学世界观方法论高度上、思想路线高度上解决好"一般性"与"特殊性"的辩证关系，是解决好马克思主义中国化的根本认识前提。马克思主义是一般原理，它必须与中国具体国情相结合，植根于中国本土，才富有生命活力。80多年来，中国共产党人创造性地把马克思主义揭示事物一般规律的世界观方法论和一般原理，与中国的"具体环境"和"特殊条件"相结合，不断应用于中国的"具体环境"和"特殊条件"，使马克思主义发生内容和形态的改变，形成适应中国实际需要的、具有中国内容和表现形态的，对中国有实际指导意义的中国化的马克思主义。把马克思主义一般原理与中国特殊国情相结合，这就是马克思主义中国化的真谛所在。

"特殊条件"就是中国国情的特殊性。中国国情的"特殊性"，首先是中国社会性质、社会状况的特殊性，同时中国国情的"特殊性"还有一个重要方面，就是中国的民族性问题。马克思主义是外来的先进文化，马克思主义中国化要求马克思主义一定要与中华民族优良的思想文化相结合，与中华民族特殊的民族国家国情相结合。

"具体环境"是指中国发展的国际环境，即世情。中国离不开世界，中国的发展离不开世界的大趋势、大环境，国情离不开世情。马克思主义的"一般性"，就是马克思主义适应世界发展大趋势和大规律的需要，科学概括和反映了世界发展一般规律和趋势的"普遍性"。实行马克思主义中国化，一定要使马克思主义的"普遍性"适应中国发展的国际环境、时代背景和世界发展趋势。正是在这个意义上来说，马克思主义中国化，同时就应当实现马克思主义的时代化。时代化要求马克思主义既要与本国实际相结合，还要同本国发展所处的时代环境相结合，把握时代主题，回答时代问题，符合时代特征，适应时代潮流，应对时代挑战，吸收世界先进文明，走在时代的前列。党的十七届四中全会《决定》明确提出了推进马克思主义时代化的重大命题，使马克思主义"时代化"与"中国化"有机统一起来。这对准确把握马克思主义中国化的丰富内涵和精神实质，不断创新马克思主义中国化，具有重要意义。

实现大众化、普及化是马克思主义中国化的一项重要使命。中国最大的实际就是人民大众的实际，中国最大的国情就是人民大众的民情，脱离人民大众的实际就是最大的脱离中国实际。所谓中国化，在某种意义上说，就是中国的大众化，就是让马克思主义与中国群众运动实践相结合。这种结合体现为两个方面：一方面，只有依靠人民大众的创造性实践，才能实现马克思主义中国化。马克思主义中国化是靠人民大众来创造、来推动，人民大众才是马克思主义中国化的真正创造者。另一方面，只有为人民大众所接受，中国化的马克思主义才能转变成巨大的物质力量。

马克思主义大众化不仅是马克思主义中国化的前提和基础，也是马克思主义中国化的第一步重要工作。实现马克思主义中国化，首先就要使人民大众学会马克思主义。因此，实现马克思主义大众化，必须做好马克思主义通俗化和普及化工作，把马克思主义理论用中国气派、中国风格、中国特色的话语体系和思维形式加以表达，赋予群众能够接受的形式，使之走出书斋，回答中国人民普遍关心的问题，就一定会引起民众的强烈共鸣，在人民大众心中、特别是青年人心中扎下根来，成为人民大众改造客观世界和主观世界的思想武器。

推进马克思主义中国化、时代化、大众化，必须采取科学的态度，这就要坚持理论联系实际的学风，以创新精神学习和发展中国化的马克思主义。马克思主义中国化的创新绝不仅仅是技巧问题，也不只是学术问题，而是对待马克思主义的根本态度问题，即以解放思想、实事求是、与时俱进的科学态度对待马克思主义，把握好中国实际问题，力求把马克思主义与中国实际相结合。

三、建设马克思主义学习型政党，必须用马克思主义中国化的理论创新成果——中国特色社会主义理论体系武装全党

马克思主义同中国实际相结合，实现中国化、时代化和大众化，产生两次

历史性飞跃，形成了马克思主义中国化的两大理论成果。第一次飞跃的理论成果是被实践证明了的关于中国革命的正确的理论原则和经验总结，当然也包括关于中国社会主义建设道路探索的正确的理论成果，即毛泽东思想。第二次飞跃的理论成果是中国特色社会主义理论体系，中国特色社会主义理论体系是马克思主义中国化的最新成果，是全国各族人民团结奋斗争取中国特色社会主义伟大胜利的思想基础，用该理论体系武装全党是一项战略性任务。

中国特色社会主义理论体系在新的历史条件下回答了新的课题，开拓了马克思主义新境界。中国特色社会主义理论体系集中回答"什么是中国特色社会主义，怎样建设中国特色社会主义"这个主题。在回答该主题的历史进程中，在改革开放 30 年过程中，我们党始终面临并依次科学地回答了四个大问题——"什么是社会主义，怎样建设社会主义""建设一个什么样的党，怎样建设党""实现什么样的发展，怎样发展"。最后归结为回答一个总题目，"什么是马克思主义，怎样坚持和发展马克思主义"，从而深化了对"三大规律"，即执政党执政规律、社会主义建设规律、人类社会发展规律的认识，推动了马克思主义永续的中国化、时代化和大众化，推动了中国特色社会主义理论体系的持续创新。

第一个问题，什么是社会主义，怎样建设社会主义。中国特色社会主义理论体系首先回答了"什么是社会主义，怎样建设社会主义"这个首要的基本问题，深刻揭示了社会主义本质，把对社会主义的认识提高到了一个新水平。

对社会主义的认识，在科学社会主义基础上，从列宁开始到斯大林到毛泽东到邓小平再到今天，是经过了一段很长时间的实践认识过程，既有经验，又有教训。对社会主义的认识、认识、再认识是同社会主义的实践、实践、再实践联系在一起的。邓小平同志在全面总结国际共产主义运动和苏东社会主义建设的经验教训、全面总结中国社会主义建设经验教训基础上，对社会主义形成了新的认识。邓小平同志讲，什么是社会主义，怎样建设社会主义，这个问题一定要搞清楚。什么是社会主义，社会主义的本质是什么？是解放和发展生产力，反对两极分化，实现共同富裕，这是社会主义本质。邓小平同志关于社会主义本质的论述，把解放和发展生产力放在极其重要的地位，认为不发展生产力的社会主义，贫穷的社会主义，不是社会主义。同时把解放和发展生产力的目的归结为消灭两极分化、实现共同富裕，从而完整准确地把解放和发展生产力、实现共同富裕概括为社会主义的本质。这就回答了什么是社会主义，怎样建设社会主义的问题。邓小平同志提出，一切从实际出发，走中国人自己的道路。什么是一切从实际出发？就是要从中国的生产力发展实际状况出发，不照抄照搬别国的经验和模式，走出一条适应自己特点的社会主义发展道路，建设中国特色社会主义。邓小平同志带领全党第一次系统地、科学地，当然也是初步地回答了"什么是社会主义，怎样建设社会主义"问题，形成了邓小平理论，开创了中国特色社会主义新局面。在邓小平理论的基础上，"三个代表"重要思想、科学发展观又进一步深化了对这个问题的认识。

第二个问题，建设一个什么样的党，怎样建设党。马克思恩格斯在论述无产阶级革命和无产阶级专政的同时，提出建立工人阶级政党的必要性，创建了马克思主义建党理论。列宁在领导俄国十月社会主义革命，建设俄国工人阶级政党的实践中，推出了列宁主义建党理论。在半殖民地半封建的旧中国，毛泽东同志回答了"在落后的中国，在农民、小资产阶级占多数的国家里，建设一个什么样的工人阶级政党，怎样建设党"的问题，提出了从思想上建党的重要思想，形成了毛泽东建党思想。在改革开放新时期，邓小平同志总结我国1989年政治风波和国际上东欧剧变的教训，深刻认识到执政党建设的极端重要性，提出"执政党是一个什么样的党"这个重大问题，提出了新时期党建思想。以江泽民同志为核心的党的第三代中央领导集体提出了"三个代表"重要思想，深刻地回答了"进入新世纪，建设一个什么样的党，怎样建设党"的问题，丰富和发展了马克思主义、毛泽东思想、邓小平理论的党建理论。以胡锦涛同志为总书记的党中央按照"三个代表"重要思想的要求，扎扎实实、兢兢业业地抓执政党的建设，特别突出抓了党的执政能力建设和先进性建设问题，推进了党的建设的科学化水平，进一步丰富了新时期执政党建设理论。

第三个问题，实现什么样的发展，怎样发展。进入21世纪，我国进入一个新的发展阶段，"实现什么样的发展，怎样发展"的问题突出地摆在了全党面前，科学发展观应运而生。科学发展观是在继承我们党关于发展的思想基础上形成的。邓小平同志十分强调发展，首先是发展生产力的重要意义。邓小平同志认为，发展生产力是社会主义的根本任务，经济建设是中心任务。中国特色社会主义的主题可以归结为发展。邓小平同志不仅强调发展生产力，还拟定了分三步走的发展战略。在1992年南方谈话中，邓小平同志提出了"发展是硬道理"的科学论断。强调发展需要一定的速度和数量，但不单是速度和数量。要实现速度与效益、质量与数量的统一。这些都构成了邓小平关于发展的思想。

"三个代表"重要思想，第一个就是代表先进生产力，也就是强调要不断地解放和发展生产力，并把发展先进生产力提高到了党的性质、党的建设的高度来认识，同党的执政理念、党的执政能力建设联系在一起。江泽民同志提出了"发展是执政兴国的第一要务"，十分强调要全面理解发展问题，提出要正确处理社会主义现代化建设中的若干重大关系；要把握好发展、稳定和改革的关系，处理好建设与效益、数量与质量的关系；要更新发展思路，要实现增长方式的转变，由粗放型转变到集约型。"三个代表"重要思想进一步丰富和发展了邓小平发展思想。

以胡锦涛同志为总书记的新一代中央领导，在总结国际国内发展经验的基础上，提出了科学发展观，形成"科学发展、和谐发展、和平发展"的发展新理念，把中国特色社会主义理论体系关于发展的思想推向一个新的高度。

第四个问题，什么是马克思主义，怎样坚持和发展马克思主义。毛泽东同志在领导中国革命的过程中，创立了毛泽东思想，回答了"在中国，什么是马克思主义，怎样坚持和发展马克思主义"的问题。中国共产党人在新的历史时期，在集中回答中国特色社会主义"三大问题"的进程中，形成了中国特色社会主义理论体系，进一步回答了"什么是马克思主义，怎样坚持和发展马克思主义"，极大地推进了马克思主义中国化、时代化和大众化的进程。

中国特色社会主义理论体系的前提和基础是毛泽东同志关于中国社会主义建设道路的理论和实践的初步探索，中国特色社会主义理论体系是包括邓小平理论、"三个代表"重要思想、科学发展观的完整统一体，是既一脉相承又与时俱进的马克思主义中国化的科学的理论体系。中国特色社会主义理论体系是由一系列紧密联系、相互贯通的新思想、新观点、新论断所构成的完整的系统的科学理论体系。该理论体系博大精深，内容十分丰富。它的哲学基础和精神实质是解放思想、实事求是的观点和生产力标准的观点；解决的主题是中国特色社会主义；回答的主要问题是发展与改革；基本理论基础是发展观和改革观。这是马克思主义中国化最新成果一以贯之的共同的时代主题、哲学依据和理论基础。

当前，一定要把学习中国特色社会主义理论体系，特别是科学发展观作为马克思主义理论武装的中心内容，这是建设马克思主义学习型政党的首要任务。学习中国特色社会主义理论体系，要在掌握贯彻中国特色社会主义理论体系的立场、观点、方法上下功夫，学会用马克思主义世界观和方法论认识和解决当前改革发展的一系列实际问题，力求做到学以致用、学用结合。

我国对国际金融危机的有效抵御和
中国特色社会主义的历史命运 [1]

很高兴参加"中国马克思主义论坛",我发言的题目是"我国对国际金融危机的有效抵御和中国特色社会主义的历史命运"。

2007年由美国次贷危机所引发的世界金融危机,进而诱使资本主义世界发生的全面危机,已经持续两年多了,尽管人们采取了种种救市措施,但它仍在顽强地发挥着负面影响,强烈地冲击整个世界经济并改变着世界格局。全世界诸多思想家、政治家、专家学者……纷纷站在不同的立场上,从不同的世界观和价值观出发,分析、评论、预测这场世界性金融危机,试图说明其产生的原因、发生的影响,以及未来的走向,开出解救的处方。我们中国学界应当运用马克思主义的立场、观点、方法,对国际金融危机给予科学的说明,这是中国理论学术工作者不可推卸的历史责任。我个人以为,第一,以这场世界性金融危机现象为反光镜,跨越150年追溯到19世纪中叶,纵观世界局势变化,可以看到,马克思恩格斯创立科学社会主义至今一个半世纪以来,社会主义与资本主义两大力量、两种历史走势生死博弈的风风雨雨,充分印证了马克思主义经典作家关于资本主义必然灭亡、社会主义必然胜利的历史发展大趋势的科学论断是颠扑不破的真理。第二,我国有效抵御国际金融风险并取得了重大成就,雄辩地证明了中国特色社会主义道路的必然性和正确性,昭示了中国人民所选

[1]本文是作者在"中国马克思主义论坛2010"上的开题讲演。原载《理论视野》,2011年第1期。

择的社会主义与马克思主义的旺盛生命力。第三，国际金融风险促使世界格局发生重大而深刻的变化，中国特色社会主义发展正面临难得的大有可为的战略机遇，正处于全面建设小康社会的关键期，深化改革开放、转变经济发展方式的攻坚期，我们应当主动适应国际经济政治格局变动的新形势，抓住机遇，迎接挑战，把中国特色社会主义伟大事业继续推向前进，中国特色社会主义和中国化的马克思主义一定有更好的明天。

一、纵观一个半世纪世界历史进程，雄辩证明社会主义的必然性和马克思主义的真理性

辩证法告诉我们：任何事物的发展都不是直线上升式发展，而是波浪式地前进、螺旋式地上升、曲折式地发展，社会历史发展也是如此。世界历史进程就是这一历史辩证法的铁定案例。社会主义运动正是遵循这一历史辩证法的逻辑在曲折中前进，虽有挫折与失败，但总体上是循序前行的，这一历史进程恰恰从实践角度检验了马克思主义颠扑不破的真理性。

对社会历史规律的观察，历时越久、跨度越大，也就越看得明白，其判断也就越经得起实践检验。世界历史进入资本主义社会形态的发展阶段，即伴随着工人阶级与资产阶级、社会主义与资本主义两个阶级、两种社会制度、两大历史前途的博弈，其历史较量的线索、特点、规律与趋势，随着历史的发展、空间的变换、时间的推移，越发清晰，人们也看得越发清楚，其历史必然性越发显现，越发显示马克思主义的科学性。

进入 21 世纪以来，回眸一观，可以清楚看到，世界历史进程已经发生了四次重大转折，社会主义呈由低到高、到低，再从低起步之势，标志着社会主义在斗争中、在逆境中顽强地生长。这一历史进程尽管曲折，有高潮，也有低潮；有前进，也有倒退；有成功，也有失败；但在总体上印证了马克思主义关于社会主义必然胜利的历史发展总趋势的判断是正确的，同时也说明社会主义战胜资本主义的历史进程不会是一帆风顺的，也绝不可能在短时间内实现，必须经过一个相当长的历史跨度，经过几十代甚至上百代人千辛万苦，甚至抛头洒热血的献身奋斗才能到来。既要看到历史发展的总趋势，坚信社会主义必然要取代资本主义，这是一个不可抗拒的也不可改变的历史趋势；同时又要看到，

社会主义代替资本主义是一个漫长的历史进程，充满曲折，充满斗争，甚至有可能出现暂时的倒退与挫折。既要反对社会主义"渺茫论"，又要反对社会主义"速胜论"。不能因为挫折和失败，对实现社会主义丧失信念和信心，也不能因为顺利和成功，对实现社会主义心存侥幸和性急。

四次世界性历史转折可以分前两次和后两次。前两次转折是发生在 20 世纪中叶，即二战结束前后。社会主义运动从兴起到发展，资本主义则由资产阶级革命兴起的上升期，经过 19 世纪矛盾四起的自由竞争资本主义时期和垄断资本主义时期，经过一系列经济危机和两次世界大战的折腾，逐步走向下降期。

第一次世界性历史转折发生在 20 世纪初叶，其标志是 1917 年爆发的十月社会主义革命。19 世纪中叶，马克思主义经典作家创建科学社会主义，替代了空想社会主义，工人运动从此有了正确的指南，开创了世界工人运动和社会主义运动的新篇章。进入 20 世纪初叶，科学社会主义理论指导的世界社会主义运动由轰轰烈烈的工人运动实践变成了社会主义制度实践。列宁成功地领导了十月社会主义革命，建立了第一个社会主义制度国家，这是 20 世纪初叶最重大的世界性事件，从此开启了人类历史的新纪元，世界社会主义运动开始走向阶段性高潮。

第二次世界性历史转折发生在 20 世纪中叶，其标志是二战之后一系列国家社会主义革命成功，形成了一个社会主义阵营。矛盾激化引发危机，危机造成革命机遇。20 世纪初叶爆发的第一次世界大战、20 世纪中叶爆发的第二次世界大战，都是资本主义不可克服的内在矛盾激化的结果。自由竞争资本主义由于其不可克服的内在矛盾而导致垄断，垄断资本主义代替自由竞争资本主义，不仅没有克服自由竞争资本主义愈演愈烈的固有矛盾，反而加剧了矛盾。早在自由竞争资本主义阶段，其固有矛盾不断激化，导致从 1825 年开始，每隔 10 年爆发一次经济危机，危机的累加演变成 1873 年的资本主义空前激烈的世界总危机，这次总危机及之后不断叠加的危机，如 1900 年、1903 年、1907 年的经济危机，最终导致第一次世界大战的爆发。战争只能遏制危机、加重危机，"一战"之后旋即爆发了 1929—1933 年资本主义世界大危机，资本主义步入严重的衰退。面对这场空前的资本主义世界危机，世人惊呼"末日来临""资本主义已经走到尽头"。危机的结果又要依靠战争来解决问题。战争是缓解资本主义内在矛盾、转嫁危机的外部冲突解决方式，但不能从根本上克服资本主义内在矛盾。垄断资本主义内在矛盾的进一步激化导致第二次世界大战爆发。二战仍然是在帝国主义国家之间的争斗中始发的，西方资本主义制度是无法遏制战争的。当时只有苏联靠社会主义制度的优越性动员全体人民、联合世界上一切反法西斯的力量，战胜德国法西斯，赢得了战争。两次大战，标志着资本主义逐步走向衰落，资本主义败象显见。危机与战争给革命带来前所未有的机遇，一战期间，俄国率先从资本主义统治的薄弱环节突破，建立了社会主义制度。二战前后，中国等一系列落后国家革命成功，从东方站立起来了，建立了一系列社会主义国家，形成了社会主义阵营。相反，战后，资本主义社会矛盾和总危机进一步加深，美国 1948 年、1953 年、1957 年、1960 年、1969 年、1973 年……连续爆发危机，并波及北美、日本和西欧主要国家，成为世界性危机。资本主义整体实力下降，遭受重大打击。当然，在西欧资本主义国家衰落时期，优越的国际环境和国内条件，致使美国这一后发资本主义国家抓住了战争机遇迅速兴起，代替了老牌资本主义国家。二战后的一段时间，资本主义发展处于低迷状态，而社会主义发展却处于上升状态，社会主义运动出现阶段性高潮。

从国际走势来看，20 世纪八九十年代至今的 20 余年中，又接连发生了后两次重大的世界性历史转折。社会主义运动由高潮到低潮，然而以中国特色社会主义为重要标志的世界社会主义却开始走出低谷。资本主义由低迷困境进入高速发展时期，美国金融危机却诱使现代资本主义濒入险境，呈进一步衰退之势。

第三次世界性历史转折发生在 20 世纪末叶，其标志是 20 世纪 80 年代末 90 年代初的东欧剧变、社会主义阵营解体。社会主义进入低谷，这使世界形势发生了自二战以来最为重大的变化与转折。二战之后，20 世纪上半叶，社会主义上坡，资本主义下坡。但世界进入 20 世纪下半叶，社会主义诸国却放慢了发展速度，甚至出现了停滞和负增长，导致社会主义诸国经济社会发展受挫，特别是苏东蜕变，社会主义面临举步维艰的境遇。现代资本主义国家吸取资本主义发展进程中的经验教训，同时也吸取社会主义国家发展的经验教训，展开资本主义改良，现代资本主义进入相对和缓发展时期。当然在资本主义相对和缓发展时期，危机并没有中断，1980 到 1990 年美国就多次爆发波及世界的危机。这次转折表明，社会主义处于发展的低潮，现代资本主义处于相对缓和稳定的发展期。伴随着这个历史性转折，我国及国际上出现了一系列新情况、新问题，这对中国 20 世纪末叶以至 21 世纪以来很长一段时间的社会主义发展进程发生着深远影响。中国艰难起步，坚定不移地推进 1978 年启动的改革开放，成功地开辟了中国特色社会主义发展道路。

第四次世界性历史转折发生在 21 世纪初叶，其标志是 2008 年爆发的世界金融危机。这对世界发展格局和中国特色社会主义建设将产生的影响仍无法估量。有句俗话"三十年河东，三十年河西"，短短二三十年时间，中国特色社会主义的成功使世界社会主义运动从低潮中呈起步之势。而美国金融危机却使美国以及其他西方发达资本主义国家陷入危险困境，美国独霸态势逆转下滑，资本主义整体实力呈下降态势。二三十年前的世界性历史事件爆发是此消彼长，社会主义力量暂时下降，资本主义力量暂时上升；二三十年后的今天，又是此长彼消，社会主义力量始升，资本主义力量始降。金融危机的爆发使世界力量对比发生戏剧性变化。

美国金融危机是资本主义制度性危机，具体的救市措施只能使危机得到暂时的缓解，但最终是无法克服的。当今资本主义金融危机与中国特色社会主义成功并存。社会主义市场经济与资本主义市场经济的本质区别是生产资料占有方式的不同。资本主义生产资料私有制决定了商品经济二重矛盾引发的危机最终是无法避免的。社会主义市场经济决定了商品二重性矛盾可能会产生危机，而为主体的社会主义生产资料公有制又决定了危机是可以规避和防范的，一旦发生是可以治理和化解的。社会主义市场经济具有市场经济的特性，在社会主义制度条件下，商品内在矛盾是不可改变的，但可改变的只是它的不可克服性。市场经济与社会主义制度相结合，使中国特色社会主义规避和战胜世界性金融危机成为可能。

中国人民在中国共产党的正确领导下，成功地顶住了金融风暴的冲击，不仅实现了预定的稳定发展的目标，而且取得了显著成绩，这既要归功于党的正确的领导和果断决策，更根本的是彰显了社会主义制度的政治优势，越加证明了社会主义的生命力、中国特色社会主义的生命力、马克思主义的生命力。

二、中国特色社会主义道路的成功开创，对国际金融风险的
有效抵御，彰显了社会主义的顽强生命力

马克思主义经典作家创立了科学社会主义，开创了工人运动和社会主义运

动的新格局。当时，他们把注意力和着眼点主要放在西方发达资本主义国家，根据当时的实际，曾设想社会主义革命将首先在生产力比较发达、工人阶级人数占多数的资本主义国家发生，至少是几个主要发达资本主义国家同时发生才能胜利。尔后的实践发展却超出了他们的具体判断，新的实践促使科学社会主义创始人开始注意并研究东方国家走社会主义道路的不同情况。19 世纪末到 20 世纪初，当东方落后国家出现了社会主义革命的主客观条件时，马克思恩格斯及时研究了东方社会主义革命的可能性问题，提出非资本主义国家走社会主义道路的可能性问题。他们认为，东方非资本主义国家走向社会主义，在特定条件下，能够不通过资本主义制度的"卡夫丁峡谷"，而吸收资本主义制度所创造的一切积极成果，实现社会形态的跨越式发展。他们认为，社会主义力量有可能抓住这一历史性的机遇，走出一条"非资本主义"的发展道路。他们的设想为落后国家进行社会主义革命、走社会主义道路提供了理论依据。

马克思恩格斯最初关于社会主义革命在西方诸国同时胜利的结论，是建立在对社会历史一般发展规律的判断上。就一般发展规律来说，社会主义革命应当在资本主义生产力高度成熟，资本主义生产关系再也不能容纳其生产力发展的条件下爆发，也就是说，走社会主义道路的国家，先要经过资本主义的成熟发展，然后经过社会主义革命，再进入社会主义。而现实是，社会主义革命的成功、社会主义制度的建立不是在西方发达资本主义国家，而是在资本主义尚不成熟，但具备一定历史条件的东方落后国家。马克思恩格斯经过科学研究，分析了社会历史发展的特殊性，提出社会主义发展的非资本主义道路问题。列宁分析了帝国主义历史阶段经济政治发展不平衡的规律，提出社会主义革命可以率先在资本主义统治的薄弱环节突破的科学论断，成功地发动了俄国社会主义十月革命。俄国革命的成功也从实践上证明了马克思主义经典作家关于非资本主义道路的设想是科学的。然而，继列宁之后，斯大林建立的社会主义制度的苏联模式，所走的社会主义建设的苏联道路，尽管取得了伟大的成就，却忽略了苏联相对于西方诸发达资本主义国家落后的生产力，忽略了市场经济的必经性，超越国情，逐渐形成了高度僵化、高度集中的经济政治体制，束缚了生产力的发展，束缚了人民积极性的发挥，束缚了社会主义制度优越性的发挥。一系列革命成功的社会主义国家在社会主义建设实践中，在某种程度上忽略了更为落后的本国生产力实际，犯了照抄照搬别国模式的错误。在几十年的发展中，社会主义制度的优越性逐渐地被僵化的、不适当的经济政治体制所消耗，加之客观原因和主观错误，致使社会主义诸国陷入了发展困局，中国的"文化大革命"和东欧剧变就是这一历史演变的结果。20世纪90年代东欧剧变，既有资本主义西化、分化社会主义国家的外因，同时又有社会主义模式僵化、脱离本国实际、主观上犯错误致使生产力发展上不去的内因。

社会主义革命成功之后，落后的国家到底怎样建设社会主义，必须从实践和理论上给予回答，中国特色社会主义道路的成功开创，破解了这一重大课题，走出了一条社会主义建设的成功道路。

按照马克思主义经典作家的"非资本主义"道路的理论设想，落后国家可以不经过资本主义充分发展而跳跃式地推进社会主义革命，建立社会主义制度。但是资本主义已历经的市场经济发展、生产力高度成熟的自然历史过程却是不可逾越的。中国共产党人总结了社会主义诸国家建设的成功经验和失败的教训，将社会主义制度与市场经济相结合，改革开放，建立与中国社会主义现阶段生产力状况相适应的、与发展市场经济相协调的经济—政治体制，回答了"在落后的国家，什么是社会主义，怎样建设社会主义"问题，一切从实际出发，不照抄照搬别国模式，走自己的道路，成功地开创了中国特色社会主义建设道路。在国际金融风暴的冲击下，西方资本主义一片混乱，前景黯淡，至今尚未走出困境，而中国特色社会主义在中国共产党的领导下，勠力同心，顶住了金融风险，再次显示了社会主义制度的强大动员力和战斗力。历史发展的现实辩证法再次证明了社会主义的必然趋势，可以有曲折、有低潮、有失败、有逆转，但总的历史趋势是不可以为人的主观意志所改变的。

三、中国特色社会主义理论体系的创新，给马克思主义注入了新鲜的内容，显示了马克思主义的强劲创造力

中国共产党人在中国特色社会主义伟大实践中创新了马克思主义，赋予马克思主义以新的生命。

当今世界正在发生全面而深刻的变化，当代中国也在发生广泛而深远的变革。国际上，美国次贷危机引发的全球性经济危机，既是一场严重的金融危机，又是一场深度的资本主义经济危机、意识形态危机、政治危机和全面社会危机，

已经并正在给全世界发展带来严重和持续的影响。在国内，中国特色社会主义取得了伟大成就，中国发展道路与中国发展经验，已然成为当今世界的时代性标志，为人类文明的进步开辟了新的发展路径。一方面，当代资本主义面临重大挫折，给当代社会主义、马克思主义的发展提供了难得机遇；另一方面，当代社会主义、马克思主义又面临着前所未有的挑战，面临着严峻的局面。机遇与挑战并存，机遇大于挑战。

世界局势乃至格局发生重大变化，世界发展进程和历史也会发生重大转折。当前世界正处于前所未有的巨大变动之中，资本主义和社会主义两种历史趋势、两大力量、两种意识形态的较量出现了新的变数，激烈社会变动给当代社会主义、马克思主义意识形态提供了新的发展时空，提供了新的需求动力。回顾20世纪八九十年代第三次世界性历史转折，社会主义处于前所未有的低谷，而资本主义处于暂时的优势，反社会主义、反共产党执政的思潮甚嚣尘上，鼓噪一时，不可一世，新自由主义应运而生，西方资本主义到处推销新自由主义。20年过去了，这场金融危机，一方面使资本主义受到前所未有的打击，新自由主义破产，资本主义意识形态再次受到严厉质疑；另一方面，中国特色社会主义通过改革开放取得成功并顶住了金融风险，社会主义从低谷中走出，批评资本主义、批评新自由主义的声音不绝于耳，为当代社会主义、马克思主义意识形态发展，为我们党加强意识形态工作提供了极为有利的条件。当然，这种局势的变幻，也使西方资本主义更加运用两手策略，一方面在经济上利用我们、捧杀我们，另一方面在军事上包围我们，在意识形态领域加紧进攻，使我们面对更加严峻的考验。国际风云变幻，透过世界金融危机和世界各种力量交锋的纷繁复杂的现象，我们可以认清，金融资本不过是资本的当代形态，我们所处的时代仍然没有超出马克思主义的理论视野，社会主义具有后发的生命力，当代资本主义无论采取何种形态，仍然逃脱不了马克思主义科学预见的命运。能否抓住机遇，克服困难，有所作为，有所发明，有所创新，有所发展，这一重大历史使命就摆在中国共产党面前。

马克思主义是不是过时了，马克思主义是不是没有生命力了？不是的，马克思主义是科学，是具有旺盛生命力的。马克思主义之所以永不枯竭，永远具有蓬勃的生命力，根本在于它的实践性。实践是理论的源泉，是理论正确与否的检验标准，是推动理论不断发展的动力。马克思主义始终与不断发展的实践相结合，才永葆蓬勃的生机和活力。马克思主义同中国实际相结合，实现中国化，产生两次历史性飞跃，形成了马克思主义中国化的两大理论成果。第一次飞跃的理论成果是被实践证明了的关于中国革命的正确的理论原则和经验总结，当然也包括关于中国社会主义建设道路探索的正确的理论成果，即毛泽东思想。第二次飞跃的理论成果是中国特色社会主义理论体系。中国特色社会主义理论体系在新的历史条件下回答了新的课题，开拓了马克思主义新境界。中国特色社会主义理论体系集中回答中国特色社会主义这个主题。在回答该主题的历史进程中，在改革开放30年过程中，我们党始终面临并依次科学地回答了四个大问题——"什么是社会主义，怎样建设社会主义""建设一个什么样的党，怎样建设党""实现什么样的发展，怎样发展"。最后归结为回答一个总题目，"什么是马克思主义，怎样坚持和发展马克思主义"，从而深化了对"三大规律"，即执政党执政规律、社会主义建设规律、人类社会发展规律的认识，赋予马克思主义以崭新的内容和旺盛的生命力。

四、主动适应国际金融危机引发的世界格局新变动，抓住机遇，发展中国特色社会主义伟大事业

综合分析国际国内形势，应该十分准确地判断，党做出的关于我国发展处于重要战略机遇期的重大结论是符合实际、完全正确的。当前和今后一个时期，和平与发展的时代主题没有变，国际环境总体上有利于我国和平发展总体态势没有变，我国发展重要战略机遇期存在的基本条件和我国发展机遇大于挑战的基本格局并没有因为国际国内形势新变化而发生根本性改变。

改革开放新时期30多年，大体上已经历了两个阶段，进入第三个阶段，即新阶段。第一阶段，1978—1992年，即从党的十一届三中全会到邓小平发表南方谈话。一是完成了拨乱反正，1978—1982年；二是进行了改革开放，1982—1992年，确立了党在社会主义初级阶段的基本理论、基本路线和改革开放的基本国策，发动了第一轮的改革开放，从农村改革到城市改革，从沿海开放到全面开放，开创了中国特色社会主义的正确道路。

第二阶段，1992—2002年，即从邓小平同志发表南方谈话开始到党的十六大以来。尽管遭遇了1989年政治风波和东欧剧变，但坚持党的基本理论和基本

路线不动摇，成功地推进了改革开放，战胜了挫折，全面进行社会主义市场经济体制的改革和建设，进入工业化发展中期，实现了奇迹般的经济快速增长。

从党的十六大至十七大，我国进入改革开放发展新的第三阶段，这五年发展速度更快。

目前，我国正处于经济社会发展的新阶段，我国经济社会发展出现了一系列新的阶段性特征。一是经济社会结构变化呈现新特点。2009 年，我国人均国内生产总值达到 3700 美元，今年达到 4000 美元，"十二五"期间将向更高水平迈进。在这个阶段，随着人均收入水平继续提高，消费结构将持续升级，投资结构、产业结构也将随之调整变化，带动工业化、信息化、城镇化、市场化、国际化深入发展，为持续发展提供有力支撑。同时，在快速增长变动中，经济结构升级的约束增多，社会结构平衡的难度加大，前进中存在不少需要解决的矛盾和问题，经济社会管理亟待加强和改善。二是传统增长模式面临新挑战。现在，我国经济规模已位居全球前列，但经济发展的瓶颈制约也明显加大，传统的增长模式难以为继。主要表现在：能源资源和生态环境约束强化，节能减排任务艰巨。国际收支不平衡，外贸增长方式粗放。投资和消费关系失衡，消费率偏低。城乡和区域发展不协调，收入分配差距较大。产业结构不合理，农业基础仍然薄弱。科技创新能力不强，许多核心与关键技术受制于人。经济增长的内生动力不足，制约科学发展的机制体制障碍依然较多。三是人民群众对提高生活水平和质量有了新期待。群众的温饱问题基本解决后，对提高生活水平和改善生活质量的愿望明显增强。尽管我国社会事业有了很大进步，但总体上依然滞后于经济发展，仍是现代化建设中的一块"短板"。在就业、教育、住房、医疗卫生、环境保护、社会保障、收入分配等关系群众切身利益的领域，还存在不少难点和焦点问题，基本公共服务的可及性、公平性仍然不够。这些都与人民群众过上更好生活的新期待有较大差距。这些阶段性特征恰恰是社会主义初级阶段的基本国情在新阶段的具体表现。

尽管是新阶段，出现许多新的特征，但一是初级阶段的基本国情没有变，我国虽然进入新阶段，但仍然长期处于社会主义初级阶段；二是主要矛盾没有变，日益增长的人民的物质文化需要与相对落后的社会生产之间的矛盾仍然存在；三是我国仍然是世界上最大的发展中国家的属性没有变，我国新阶段的特征服从初级阶段基本国情总的特点，如人口多、底子薄、生产力发展总体落后、农业滞后等。

改革开放新时期 30 多年来，特别是最近五年，一个最显著的成就就是实现了经济持续高速发展，走上了快速发展的轨道，成为世界第二大经济体，完成了伟大的历史转折。

生产力发展了，国力增强了，人民生活水平提高了。总之一句话，蛋糕做大了。一方面，为全面建设小康社会、全面推进社会主义经济建设、政治建设、文化建设、社会建设和党的建设提供了强大雄厚的经济基础和财力支持，使我们有能力进一步解决人民群众最切身、最迫切、最现实的社会民生问题。

但同时，另一方面，改革开放发展到今天，又遇到一系列新的矛盾和问题，我国经济社会发展正处于改革开放新阶段转折的关节点：一是由经济持续快速增长向在坚持经济增长的前提下实现经济社会全面发展转折；二是由效率优先向在追求效率的前提下全面追求社会公平正义的转折；三是由 GDP 的快速增长向坚持 GDP 快速增长前提下的实现经济、政治、文化、社会、生态"五位一体"建设任务转折；四是由经济增长方式向经济发展方式、实现国民经济又好又快发展转折。1995 年党的十四届五中全会提出了转变经济增长方式，走集约化发展道路。经济增长主要靠工业来带动。15 年过去了，在转变增长方式上取得很大成就，重工业在工业增加值中的比重迅速上升，凸显了我国处于工业人口加速发展阶段的一系列重要特征。但这种以扩大工业规模为主的增长模式，带来了一系列问题，如能源、原材料消耗巨大；资源、环境压力大；增长过度依赖投资和出口，拉动作用不断下降；农业生产方式落后；第三产业发展滞后，这就进一步提出经济发展方式转变的新的战略要求。

因此，我国社会目前所处阶段的一个显著特点，是由如何做大蛋糕向如何分好蛋糕转折，即由经济增长向经济社会和人的全面发展转折，既是发展的黄金期，又是矛盾的突发期。一方面发展快、形势好，但另一方面问题多、矛盾多。机遇与挑战并存、成绩与问题并存。主要矛盾和问题：一是经济增长快，但"一条腿长，一条腿短"，经济社会缺乏全面发展；二是社会财富大量积聚，但社会分配公平问题又极为突出，蛋糕做大了，但如何分蛋糕问题突出；三是经济增长迅速，但环境、人口、资源压力越发明显；四是原有经济增长方式已经严重制约科学发展；五是对外开放度越来越大，对外竞争力越来越强，但承担的国际性风险越来越大。

　　以上分析表明，目前我国处于"十一五"的收官之年、"十二五"的开局之年，处于全面建设小康社会发展转折的关键期，处于深化改革、转变发展方式的攻坚期。因此，必须牢固树立机遇意识，适应国内外新形势新变化，顺应各族人民过上更好生活新期待，以科学发展为主题，以加快经济发展方式转变为主线，深化改革开放。一是要坚持以经济建设为中心，紧紧扭住发展不放松。二是要牢牢把握主要战略机遇期。三是要更加注重以人为本，大力保障和改善民生。坚持发展为了人民，发展依靠人民，发展成果由人民共享。四是要更加注重全面协调可持续发展，巩固和扩大应对国际金融危机冲击成果，促进经济社会长期平稳较快发展和社会和谐稳定，为全面建设小康社会、全面推进中国特色社会主义事业发展打下具有决定性意义的基础。

　　谢谢大家！

<h1 style="text-align:center">马克思主义在中国的伟大胜利 [1]</h1>

——纪念中国共产党成立 90 周年

1921 年，中国近代史上发生了一起从根本上改变中国人民历史命运的大事件，这就是以马克思主义作为指导思想的中国共产党的诞生。迄今为止建党 90 年来，中国共产党始终勇立时代潮头，坚持将马克思主义与中国实际相结合，不断在实践创新进程中推进理论创新，推进马克思主义中国化时代化大众化，指导中国革命、建设和改革的正确航向，从根本上改变了中国面貌和中华民族命运。今天，一个昔日积贫积弱、受人宰割的旧中国已跃然成为日新月异、势头强劲的社会主义中国，巍然屹立在世界东方，在全球产生了广泛而深刻的影响。社会主义在中国的胜利，就是中国人民唯一历史选择的胜利，就是中国共产党的胜利，就是马克思主义在中国的伟大胜利。

一、只有马克思主义才能救中国

马克思主义传播到中国，为中国人民所接受，在中国的土地上生根、开花、结果，是世界时势和中国国情发展的必然结果。中国人民选择马克思主义作为解救中国的真理，成为中国工人阶级政党——中国共产党的理论基础和思想指南，马克思主义作为思想武器与中国人民的物质力量结合在一起，转化成巨大

---

[1] 本文原载《中国社会科学》，2011 年第 4 期。

的革命的能动力量，改变了中国的历史命运，是中国近代以来历史发展的必然逻辑。

以 1840 年鸦片战争为转折，昔日曾经创造过世界辉煌的中华民族沦为受列强欺凌的"劣等民族"，一步步沦为半殖民地半封建社会。以西方资本主义国家为主的外国列强恃强凌弱，为满足殖民掠夺和强占市场的贪欲，一次次发动血腥的侵华战争，包括两次攻陷都城北京，逼迫腐败无能的清政府签订一系列不平等条约，致使中国主权惨遭粗暴侵犯、领土被蚕食鲸吞，一步步跌入半殖民地的深渊。截至 1905 年，仅对西方列强的战争赔款便累计达十余亿两白银，而清政府将这笔负担转嫁到民众身上，地方官吏趁机进行敲骨吸髓式的压榨。在外国帝国主义侵略势力和本国封建统治者的双重压迫下，民生凋敝，时局动荡，国力衰微，社会矛盾空前激化，民族危机日趋深重，救亡图存的民族使命和反帝反封建的历史任务摆在中国人民面前。为了挽救中华民族、解救中国，再造富民强国辉煌，各种政治力量提出了种种解救方案，采取了不同方式和手段。

中国农民阶级、广大劳苦大众向封建统治阶级和帝国主义发起了猛烈的武装斗争。1851 年，洪秀全发起太平天国农民运动，提出纲领性文献《天朝田亩制度》，从解决土地问题入手，憧憬建立一个"有田同耕，有饭同食，有衣同穿，有钱同使，无处不均匀，无人不饱暖"的理想社会。太平天国与清政府对峙 14 年，先后攻克 600 多座城池，并在上海、苏州等地奋勇抗击进行武装干涉的英法侵略军。起自社会下层、以农民为主体、有着广泛群众基础的义和团运动，掀起反帝爱国大潮，用原始武器殊死抵御八国联军，展示了中国人民不屈不挠的反抗精神，使列强受到极大震慑。鸦片战争以来，中国的农民阶级和劳苦大众的武装斗争风起云涌、前赴后继，但大多与太平天国运动命运一样，在封建统治阶级和帝国主义的联手镇压下失败。

在封建统治阶级阵营内部，一些图强派人士企图实行改进措施，中兴清王朝封建统治。林则徐发动了禁烟运动，然而由于在软弱无能、反复无常的皇权下，内受腐败官僚的出卖，外受列强打击，终告失败。魏源提出"师夷长技以制夷"；洋务派官僚发起洋务运动，以"自强""求富"标榜，引进西方坚船利炮，仿效西方兴办军事、民用工业以及交通运输业等，但装备不落下风的清军在甲午战争中惨败给日本，北洋水师全军覆没，洋务运动宣告破产。

以康有为、梁启超等人为代表的维新派吸取日本资产阶级明治维新的经验，推行改良主义，试图在保存清皇权的前提下通过变法挽救民族于危亡，虽在思想启蒙上发挥了重要作用，但维新派依靠没有实权的光绪帝推行新政，结果封建顽固派的代表人物慈禧太后一声令下，戊戌变法仅维持103天便告夭折，谭嗣同等六君子身首异处。

伟大的资产阶级民主革命先行者孙中山先生抛弃改良主义方案，力图通过武装革命推翻清王朝统治，发动了近代旧民主主义的辛亥革命。辛亥革命是中国民族资产阶级领导的以反对封建专制制度、推翻封建君主、建立资产阶级共和国为目的的资产阶级旧民主革命，集中反映了中国人民争取民族独立、振兴中华的深切愿望，它结束了在中国延续几千年的君主专制制度，适应了近代中国社会发展的要求，促进了民众的思想觉醒和解放，意义非凡，影响深远。然而，"无量头颅无量血，可怜购得假共和"，这场革命果实很快被袁世凯窃取，随后发生袁世凯、张勋复辟帝制和曹锟贿选等丑剧，帝国主义列强操纵中国政治、把持中国经济命脉，军阀割据混战的格局远未被撼动，中国社会性质并没有得到实质性改变。以上各种努力和尝试均以失败告终，各种处方皆不能解救中国。到底什么办法才能救中国，实现中国的现代化？

在近代中国历史上，旨在救国救民的斗争和探索，每一次都在一定的历史条件下或多或少推动了社会进步，但一次一次又归于失败。究其主观上的根本原因就是没有正确的理论指导。除了不触动封建根基的旧式农民起义方案和所谓力图自强的局部改良方案以外，旧民主主义的民族复兴方案，其指导思想不过是资产阶级政治理论，是资产阶级启蒙和革命时期的人权、民主、博爱、自由等思想武器，其主要目标是发展资本主义的经济、政治和文化，建立现代资本主义国家。然而，为什么西方在资产阶级思想武器指导下可以成功地进行资本主义民主革命，建立资产阶级国家，走现代化的强国之路，旧中国却办不到，资产阶级思想武器为什么在旧中国失灵？这是由中国所处的具体客观条件所决定的。中国在明朝已经开始了资本主义生产方式的萌起，如果没有国际资本主义的干涉，中国也可以按照一般历史发展规律，走资产阶级民主革命之路。当中国向资本主义发展之时，西方资本主义国家的先行发展使得世界进程进入了帝国主义和无产阶级革命的时代，帝国主义已把世界殖民地分割完毕。国内外条件，帝国主义列强、封建统治阶级和官僚买办阶级都不允许中国建立独立富强的资产阶级民主共和国。帝国主义列强入侵中国的目的，是从其自身利益考虑，要永久地控制、剥削中国，绝不容许中国成为强大的资产阶级民主共和国，必须维持和强化中国的半殖民地半封建制度。他需要与封建势力和官僚资本勾结，不允许中国民族资产阶级强大起来，不允许在中国这块土地上进行资产阶级民主革命。在帝国主义、官僚买办资产阶级和封建统治阶级的强压下，中国民族资产阶级必然是一个软弱的、两重性的阶级，担当不起民主革命的领导任务。在资产阶级思想指导下，由软弱的民族资产阶级及其政党领导的旧式民主革命是不可能解救中国的。

毛泽东同志指出："十月革命一声炮响，给我们送来了马克思列宁主义。十月革命帮助了全世界，也帮助了中国的先进分子，用无产阶级的宇宙观作为观察国家命运的工具，重新考虑自己的问题。走俄国人的路——这就是结论。"[1]中国人民选择俄国人所走的社会主义道路，选择中国工人阶级政党——中国共产党的领导，选择马克思主义指导，是世界历史和中国社会矛盾发展的必然结果，是中国人民同帝国主义、封建主义的社会主要矛盾激化的必然结果，是中国人民唯一的正确选择。从国际时代大格局来看，中国人民对社会主义、对马克思主义、对中国共产党的历史选择，受到处于十月革命爆发和社会主义革命前夜的世界局势的深刻影响。辛亥革命之后，帝国主义国家日益走向腐朽和无产阶级革命方兴未艾的世界局势，以及旧中国继续延续甚至更加恶化的黑暗现实，特别是1914年爆发的帝国主义战争，使中国先进知识分子对资本主义制度及其思想武器产生了怀疑，感到资产阶级的民主、自由、平等、博爱等思想武器解决不了中国问题，中国民族资产阶级旧民主主义无法解救中国。辛亥革命为什么失败，救中国的目的为什么达不到？到底什么思想武器能够解决中国问题？马克思主义和十月革命的成功对中国先进知识分子产生巨大的震撼和影响，开阔了眼界，使他们探索中国民主解放之路的方向发生了根本转折，经过对西方各种思潮、各种社会主义思想的比较，认识到决定中国人民命运的不是资产阶级，不是资本主义，不是资产阶级思想武器，而是工人阶级、科学社会主义和马克思主义。中国先进知识分子冲破了资产阶级民主思想的藩篱，冲破了旧民主主义民主、科学、爱国主义的精神界限，接受了马克思主义，在马克思主义中找到了答案。他们选择马克思主义作为唯一思想指南，选择社会主义为中

---

[1]《毛泽东选集》第4卷，人民出版社1991年版，第1471页。

国唯一出路，选择中国工人阶级及其政党作为唯一领导。历史潮流不可阻挡。中国最早的马克思主义者李大钊豪放地预言："试看将来的环球，必是赤旗的世界！"以马克思主义为指导、代表工人阶级这一新生先进阶级的中国共产党应运而生，担负起领导中国革命、建设和改革，建设社会主义强国的伟大使命，中国面貌历经九十载焕然一新。

二、一定要实现马克思主义的中国化

马克思主义是外来的先进思想，用以指导中国人民的社会实践，就有与中国国情和中国人民的具体实践相结合的问题。只有为中国人民所接受、所消化、所使用，成为中国化的马克思主义，才能起到科学指南的作用。

中国革命怎样搞，中国道路怎么走，中国现代化怎么实现？马克思主义经典作家没有现成的答案，他们着重论述了在西方发达资本主义国家进行无产阶级革命和社会主义建设问题。尽管十月革命是在帝国主义统治的薄弱环节——俄国率先取得突破，但俄国已经进入资本主义发展阶段，发动社会主义革命走的是依靠工人阶级发动城市暴动的具体道路。中国是一个半殖民地半封建社会，农民占总人口的绝大多数，近代中国的产业工人仅有 200 万人左右，在这样一个东方落后大国取得革命成功，建设社会主义，是一个极为艰巨复杂的新课题。中国共产党 90 年的历史经验教训告诉我们，不能照抄马克思主义经典作家的原有结论，也不能照搬俄国和别国的革命模式和建设道路，必须走一条符合中国国情的革命和建设道路，这就迫切需要把马克思主义与中国实际相结合，创立中国化的马克思主义，武装全党，指导实践。

在中国共产党早期，由于理论准备和斗争经验不足，曾走过弯路，尤其是 1927 年、1934 年两度遭受惨痛挫折。陈独秀右倾机会主义错误，主张先搞资本主义革命再搞社会主义革命的"两次革命"论，对国民党右派一味妥协退让，放弃中国革命的领导权，导致 1927 年大革命失败。王明"左"倾冒险主义错误，把马克思主义教条化，将共产国际决议和苏联经验神圣化，主张毕其功于一役的社会主义"一次革命论"，推进军事冒险主义和政治关门主义，导致党在苏区、白区好不容易积蓄起来的力量严重折损，导致 1934 年第五次反围剿失败，根据地版图急遽萎缩，中国革命几乎濒临绝境。一"左"一右，错误表现不同，但实质都一样，主观与客观相脱离，离开了中国国情。

只有把马克思主义与中国实际相结合，实现马克思主义中国化，才能引导中国革命到胜利。毛泽东同志科学分析了中国社会的性质和中国具体国情，指出中国半殖民地半封建的社会性质，指出中国革命的实质是农民问题，制定了新民主主义革命总路线，科学论述了中国革命的性质、对象、任务、动力、前途以及策略等重大问题。提出中国革命要实行革命阶段论与不间断革命论相结合，通过新民主主义革命迈向社会主义的"两步走"战略：第一步，完成反帝反封建任务的新民主主义革命，新民主主义革命是由工人阶级及其政党——中国共产党所领导的新型的资产阶级民主革命；第二步，完成新民主主义革命之后，再不间断地进行社会主义革命，经过新民主主义向社会主义的过渡，进入社会主义建设时期。

在具体革命道路上，是走武装占领城市夺取政权的道路，还是走农村包围城市最后夺取政权的道路？以毛泽东同志为代表的中国共产党人从具体国情出发，指出中国革命的中心问题是农民问题，必须以农村为根据地，以农民为主要依靠力量，将工作重点由城市转入农村，创建工农红军和农村革命根据地，开展土地革命和游击战争，在农村保存、恢复和发展力量，成功地走出了一条中国革命成功之路。

毛泽东同志领导全党以巨大的政治和理论勇气，运用马克思主义基本原理深刻分析中国国情、科学总结正反两方面经验，苦苦探索中国革命的新路，大胆进行马克思主义与中国实际相结合的理论创新。他集中全党智慧，在革命实践以及抵制、纠正党内"左"、右倾错误的斗争中，实现了马克思主义中国化的第一次历史性飞跃，形成了毛泽东思想，为中国革命指明了前进方向。

经过28年艰苦卓绝的探索与奋斗，我们党带领人民成功地走出一条救亡图存新路，赢得新民主主义革命的胜利，实现了近代以来无数仁人志士孜孜以求的民族独立和人民解放的目标，创立了新中国，开辟了一个中国人民历史的新纪元、新时代。在毛泽东思想指引下，党领导新中国迅速医治战争创伤，基本完成对农业、手工业、资本主义工商业的社会主义改造，建立了社会主义制度，从此走上社会主义道路。这是中国历史上最广泛最深刻的一次社会变革，为中国发展进步奠定了根本政治前提和制度基础。

三、必须不断推进马克思主义中国化的理论创新

马克思恩格斯揭示了资本主义必然灭亡、社会主义必然胜利的历史必然规律，曾预言社会主义革命将首先同时在西欧北美少数发达资本主义国家发生。他们在晚年研究俄国和东方国家发展道路时再次预言，在一定条件下，落后国家可以不经过资本主义的"卡夫丁峡谷"，充分利用资本主义创造的文明，直接过渡到社会主义，走上社会主义道路。马克思的科学预见在 20 世纪初的俄国有了十月革命的实践案例。二战之后，又有了社会主义阵营的案例，有了苏联和若干国家社会主义建设初步成就的案例。然而在 20 世纪下半叶，形势发生了逆转，东欧剧变，社会主义阵营不复存在，社会主义建设遭受严重挫折，社会主义处于低潮。但是 20 世纪七八十年代以来，在中国共产党领导下的中国，通过改革开放，成功地取得中国特色社会主义的伟大成就，马克思的预言成为活生生的现实。中国特色社会主义的成功经验深刻表明：必须不断地推进马克思主义中国化的理论创新，才能成功指导社会主义建设的实践创新。

在新中国成立前夕，毛泽东同志展望党的执政使命，充满豪情地宣告"我们不但善于破坏一个旧世界，我们还将善于建设一个新世界"[1]。如何在一个人口众多、社会生产力水平十分落后的东方落后大国，跨越资本主义发展阶段，建设社会主义，是一个极具挑战的崭新课题。在马克思恩格斯的经典著作中没有现成答案。以毛泽东同志为核心的第一代中央领导集体在新的历史征程上积极带领人民探索改变贫穷落后状况、建设现代化社会主义国家的正确途径。在社会主义建设之初，更多的是向苏联经验和模式学习。鉴于苏联在建设中暴露出的问题，毛泽东同志和党中央很快意识到不能照搬苏联经验，必须摸索适合自己国情的发展道路。毛泽东同志相继发表《论十大关系》《关于正确处理人民内部矛盾的问题》等，指出在社会主义改造完成后，我国根本任务已经由解放生产力变为在新的生产关系下保护和发展生产力，提出了一系列社会主义建设方针、政策、原则和策略。毛泽东同志领导全党关于社会主义建设道路的理论和实践探索，为中国特色社会主义建设提供了具有重要借鉴意义的历史经验和理论认识，为中国特色社会主义理论体系的形成奠定了思想基础和理论前提，推

[1]《毛泽东选集》第 4 卷，人民出版社 1991 年版，第 1440 页。

进了马克思主义的中国化。

面对十年"文革"造成的严峻局面，在中国面临向何处去的重大历史关头，党召开十一届三中全会，彻底否定"以阶级斗争为纲"的错误理论和实践，确立解放思想、实事求是的思想路线，拨乱反正。党顺应全党全国人民搞建设、谋发展的迫切愿望，敏锐地抓住和平与发展已成为世界两大主题这一机遇，做出把党和国家工作重点转移到社会主义现代化建设上来、实行改革开放的战略决策，实现了党的历史上具有深远意义的伟大转折，开启了我国改革开放的历史新时期。以邓小平同志为核心的党的第二代中央领导集体大力倡导解放思想，及时总结党带领人民在实践中形成的新经验新认识，提出了许多具有开创意义的新思想、新观点、新理念。邓小平同志抓住"什么是社会主义，怎样建设社会主义"这个首要的基本问题，深刻揭示了社会主义的本质，提出了社会主义改革开放的总国策和党在社会主义初级阶段的基本路线，第一次比较完整地初步回答了在中国这样经济文化比较落后的国家如何建设社会主义、如何巩固和发展社会主义等基本问题，使党的指导思想实现了与时俱进，将马克思主义中国化推到一个新境界，创立了邓小平理论，创立了中国特色社会主义理论体系的开篇。

20世纪80年代末90年代初，国内发生严重政治风波；国外发生东欧剧变、苏联解体，不少长期执政的共产党相继垮台，世界社会主义运动骤然陷入低潮。国外有人谬称资本主义制度是人类历史的终点，国内也有不少怀疑、否定四项基本原则的声音，我国的发展面临空前困难和巨大压力。以江泽民同志为核心的党的第三代中央领导集体受命于这一重大历史关头，明确表示将坚定不移、毫不动摇地继续贯彻执行党的十一届三中全会以来的基本路线和基本政策，科学判断党的历史方位新变化，高度重视加强党的建设、巩固党的执政地位，将新时期党的建设提到"新的伟大工程"的高度，郑重提出党的建设的两大历史性课题，即提高党的领导水平和执政水平，提高党的拒腐防变和抵御风险能力。江泽民同志集中全党智慧，科学地总结历史、思考现实、规划未来，提出了"三个代表"重要思想。"三个代表"是我们党的立党之本、执政之基、力量之源。这一创新理论以党的执政地位作为连接点，将党的建设新的伟大工程与党领导的中国特色社会主义伟大事业结合起来进行研究和思考，进一步回答了"什么是社会主义，怎样建设社会主义"的问题，创造性地回答了"建设什么样的党，怎样建设党"的问题，丰富和发展了中国特色社会主义理论体系，将马克思主义中国化又推向前进。

进入新世纪新阶段，世情、国情、党情发生深刻变化，我国发展呈现出一系列新的阶段性特征，所面临的机遇与挑战均前所未有。以胡锦涛同志为总书记的党中央迎难而上，开拓奋进，在新的历史起点上大力发展中国特色社会主义，集中体现了马克思主义关于发展的世界观和方法论，有针对性地提出了科学发展观等一系列新的重大战略思想，继续回答了"什么是社会主义，怎样建设社会主义"，以及"建设什么样的党，怎样建设党"的问题，创造性地回答了"实现什么样的发展，怎样发展"的问题，进一步深化了中国特色社会主义理论体系，开拓了马克思主义中国化的新境界。

改革开放新时期以来，我们党立足社会主义初级阶段这一基本国情，紧紧围绕建设和发展中国特色社会主义这一主题，相继推出邓小平理论、"三个代表"重要思想和科学发展观等重大战略思想这三大理论成果，形成一个既一脉相承又与时俱进的系统科学的理论体系——中国特色社会主义理论体系，继承并发展了马克思列宁主义、毛泽东思想，实现了马克思主义中国化的第二次历史飞跃。

实践告诉我们，一定要不断实现马克思主义中国化的理论创新，这是马克思主义在中国取得胜利的关键所在。在社会主义建设和改革开放的进程中，中国共产党人马克思主义中国化的理论创新，集中到一点，就是在东方落后大国走出了一条中国特色社会主义现代化建设道路，形成了一整套发展中国特色社会主义的系统的、科学的理论、路线、方针、政策和举措，在理论和实践上实现了前所未有的创新：一是形成了中国化的马克思主义的最新成果——中国特色社会主义理论体系；二是提出了"一个中心，两个基本点"的党在社会主义初级阶段的基本路线；三是奠定了以公有制为主体、多种所有制共同发展和人民民主专政的社会主义基本制度；四是构建了社会主义制度与市场经济相结合的市场经济体制；五是推进了中国特色社会主义民主政治建设；六是践行了把党的建设新的伟大工程与中国特色社会主义建设伟大事业结合起来的战略举措；七是提出了经济建设、政治建设、文化建设、社会建设、生态文明建设全面推进和以人为本、全面协调可持续的发展观，探索一条科学发展、和谐建设的发展之路。

正是在中国共产党人的马克思主义中国化的创新理论指导下，中国人民经过 60 年艰苦奋斗和不懈努力，创造了中华民族发展史上前所未有的辉煌业绩，谱写了中华民族发展史上最壮丽的篇章。特别是改革开放 30 年来，我国综合国力大幅提升，人民生活不断改善，国际地位显著提高，中国共产党的面貌、中国人民的面貌、社会主义中国的面貌发生了历史性根本变化。

四、归根到底是坚持解放思想、实事求是思想路线

中国共产党领导中国人民在革命、建设和改革的 90 年历程中，实现了马克思主义两次历史性飞跃，创造了马克思主义中国化既一脉相承又丰富发展的两个理论形态——毛泽东思想和中国特色社会主义理论体系，取得了中国革命、社会主义建设和社会主义改革开放三个伟大成就，实践创新带动理论创新，理论创新引导了实践创新。可以得出许多重要启示：

（一）马克思主义中国化的实质与精髓就是实事求是，坚持马克思主义，说到底，必须坚持解放思想、实事求是的思想路线。实行党的正确领导，关键在于是不是以马克思主义作指导；以马克思主义为指导，关键在于是不是把马克思主义与中国实践相结合；把马克思主义与中国实践相结合，关键在于是不是贯彻落实解放思想、实事求是思想路线。实事求是是马克思主义活的灵魂，是中国化马克思主义的精髓。一旦偏离实事求是，再好的理论也会成为僵化空洞的教条，在实践中就会犯经验主义、教条主义的错误。马克思主义中国化的不断创新，实现于不同的历史时期，面对不同的时代主题，解决不同的时代课题，但都贯穿了马克思主义实事求是的红线。坚持解放思想、实事求是思想路线，才能长期坚持并不断发展中国化的马克思主义，中国特色社会主义道路才会越走越宽广。

（二）坚持解放思想、实事求是思想路线，不断推进马克思主义中国化，最重要的就是坚持理论联系实际的学风和密切联系群众的作风。理论联系实际、密切联系群众是实事求是的一璧两面，是实现解放思想、实事求是思想路线的两条密不可分的基本原则。是从本本出发，还是从实际出发，是联系群众，还是脱离群众，是对待马克思主义根本态度的分歧点，是采取什么样学风、作风的分水岭。推进马克思主义中国化，必须弘扬理论联系实际的马克思主义学风。

学风问题是对待马克思主义的根本态度问题，是第一位的重要问题。坚持实事求是，就一定要从实际出发，从中国国情出发，把马克思主义同中国实际相结合。如果学风不正，对待马克思主义的根本态度出了问题，把马克思主义变成教条，脱离实际，就会给党的事业带来灾难性的危害。作风问题是学风问题在工作上的具体化。联系实际与联系群众是一致的，联系实际最根本的就是联系群众实际，坚持理论联系实际的学风，就要坚持密切联系群众的作风，一切为了人民群众，一切依靠人民群众，从群众中来，到群众中去。全党树立了优良的学风和作风，才能做到实事求是，才能不断推进马克思主义中国化。

（三）坚持理论联系实际和密切联系群众，必须密切联系不断发展的实践，永不脱离群众，不断推进马克思主义中国化的理论创新。人民群众永远追求进步，实践永无止境，理论创新也就无止境。理论创新一旦停滞或中断，就会迷失方向，就会遭遇挫折或失败。只有坚持理论创新，才能使马克思主义始终保持蓬勃生命力，使党的工作体现时代性、把握规律性、富于创造性。90 年来，我们党努力开创马克思主义在中国发展的新境界，归根到底，是科学回答了"什么是马克思主义，怎样对待马克思主义"这一核心问题，故而能够带领人民战胜一切艰难险阻，闯过一个个关口，取得中国革命的伟大胜利以及社会主义建设和改革的辉煌成就。一定要在群众实践活动中坚持马克思主义，发展马克思主义，不断推进马克思主义中国化、时代化、大众化，用发展着的马克思主义指导新的实践。

高度重视马克思主义指导，高度重视马克思主义中国化，高度重视马克思主义中国化的不断创新，是始终保持党的先进性的思想源泉和活力所在，是我们党的优良传统和政治优势。没有马克思主义和马克思主义中国化就没有中国共产党，没有中国共产党就没有中国特色社会主义。只要我们党始终坚持马克思主义和马克思主义中国化，高举中国特色社会主义伟大旗帜，就一定能够实现 2020 年全面建设小康社会的奋斗目标，实现 2050 年达到中等发达国家水平的"两步走"战略目标，迎来中华民族伟大复兴更加光明的前景。

切实尊重人民的主体地位和首创精神 [1]

在庆祝中国共产党成立 90 周年大会上的讲话中，胡锦涛同志语重心长地要求全党"把人民放在心中最高位置，尊重人民主体地位，尊重人民首创精神"。尊重人民主体地位和首创精神，是由我们党的性质和根本宗旨决定的，体现了马克思主义历史唯物论的基本原理，体现了我们党推动经济社会发展的根本目的。90 年来，我们党之所以能够取得举世瞩目的辉煌成就，一个关键的原因就在于，我们党始终尊重人民主体地位和首创精神，始终坚持群众观点和群众路线。在新的历史条件下，密切联系群众，切实尊重人民的主体地位和首创精神，更是我们做好一切工作的根本指导方针，必须全面理解，认真把握。

一、尊重人民的主体地位和首创精神，必须继承和发扬 我们党的优良传统

唯物史观从社会存在决定社会意识的基本原理出发，肯定人民群众创造历史的决定作用，第一次真正地、彻底地、全面地解决了谁是历史创造者的问题。马克思主义认为，人民群众是历史的主体，是社会物质财富和精神财富的创造者，是社会制度变革和创新完善的决定性力量，人民群众是真正的英雄。

作为中国工人阶级的先锋队，以及中国人民和中华民族的先锋队，中国共产党自成立那天起，就以马克思主义为理论基础和指导思想，把坚持马克思主

[1] 本文原载《求是》，2011 年第 24 期。

义看作是立党、建党、兴党的理论依据，看作是保持党的性质、方向、生命力和发展动力的根本前提，就把唯物史观作为"吾党哲学的根据"[1]。坚持唯物史观就必须坚持群众史观，就必须坚持群众观点，走群众路线。90 年来，中国共产党这个用马克思主义武装起来的中国工人阶级的先进政党，积累了深厚的尊重人民主体地位和首创精神的优良传统。

在领导全国人民进行革命的过程中，我们党动员群众，依靠群众，获得了无穷的战斗力，最终取得了革命的胜利。早在"五四"时期，毛泽东就高度重视人民群众在创造历史、推动革命过程中的伟大作用，提出了"民众的大联合"的主张。他在《湘江评论》创刊宣言中说，世界什么问题最大？吃饭问题最大。什么力量最强？民众联合的力量最强。在领导革命斗争的过程中，他更加深刻认识和高度评价人民群众的历史作用，提出了"人民，只有人民，才是创造世界历史的动力"[2] 的著名论断。抗战时期，美国军事观察组来华考察后，得出一个结论：国民党占有着大片的土地，而共产党则占有大片的人心。我们正是通过密切联系群众，赢得民心，才由占领大片的人心，转化为占有大片的土地，最终取得了民主革命的胜利，建立了新中国。

新中国成立后，特别是伴随改革开放的深入，我们党在新的实践中继续坚持尊重人民主体地位和首创精神的原则。邓小平指出，我们搞四个现代化，因为经验不足，会面临多方面的困难。这些问题，归根到底，只有相信群众，依靠群众，充分走群众路线，才能够得到解决。在党的十七届五中全会上，胡锦涛同志提醒全党，群众是真正的英雄，是我们党的力量源泉和胜利之本。党和人民事业能不能顺利发展，关键在我们党能不能始终保持同人民群众的血肉联系，能不能充分调动人民群众的积极性、主动性、创造性。正是由于我们充分发挥了密切联系群众的政治优势，才取得社会主义革命、建设和改革开放的伟大成就。

在实践中，中国共产党人一以贯之地坚持并创造性地运用和发展马克思主义群众史观，使之随着实践发展步伐和时代特征变化获得进一步提升。我们党强调人民群众是历史的创造者，规定党的宗旨是全心全意为人民服务。树立鲜明的群众观点，即一切为了人民群众的利益的观点，一切对人民群众负责的观

[1]《毛泽东文集》第 1 卷，人民出版社 1993 年版，第 4 页。

[2]《毛泽东选集》第 3 卷，人民出版社 1991 年版，第 1031 页。

点，相信群众自己解放自己的观点和向人民群众学习的观点。形成了"一切为了群众，一切依靠群众，从群众中来，到群众中去"的群众路线。

90年来，我们党之所以能够从小到大、从弱到强，始终保持先进性，完成和推进新民主主义革命、社会主义革命和改革开放新的伟大革命"三件大事"，取得了开辟中国特色社会主义道路、形成中国特色社会主义理论体系、确立中国特色社会主义制度的"三大成就"，一个重要原因就在于能够始终尊重人民的主体地位和首创精神，始终做到来自人民、植根人民、服务人民，在于牢固树立群众观点，自觉贯彻群众路线，始终站稳群众立场，不断提高群众工作本领。我国革命、建设和改革的历程有力地证明，我们党的根基在人民、血脉在人民、力量在人民。历史的经验告诉我们，党的群众观点和群众路线是我们经受考验、应对挑战、克服困难、夺取胜利的重要保证。密切联系群众是我们党的最大政治优势，脱离群众是执政党的最大危险。这种政治优势是在为人民谋利益的实践中形成、巩固和发展的，不是与生俱来，也不能一劳永逸。过去拥有不等于现在拥有，现在拥有不等于永远拥有。在新的历史时期，我们必须继承和发扬党的优良传统，始终把人民放在心中最高位置，保持同人民群众的血肉联系，全心全意为人民服务，发扬密切联系群众这个最大的政治优势，消除脱离群众的危险。

二、尊重人民的主体地位和首创精神，必须坚持以人为本、执政为民

胡锦涛同志"七一"讲话第一次明确指出，以人为本、执政为民是我们党的性质和全心全意为人民服务根本宗旨的集中体现，是指引、评价、检验我们党一切执政活动的最高标准。人民是历史的主体，是国家的主人，是我们一切工作的出发点和落脚点。是否始终站在最广大人民的立场上，是否切实尊重人民的主体地位和首创精神，是区分唯物史观和唯心史观的分水岭，也是判断马克思主义政党的试金石。

这就要求我们牢记马克思主义群众观点，贯彻党的群众路线，坚持以人为本、执政为民的理念。只有我们把群众放在心上，群众才会把我们放在心上；只有我们把群众当亲人，群众才会把我们当亲人。只有始终把人民利益放在第一位，以群众呼声为信号，以群众利益为目标，以群众满意为追求，实现好、维护好、发展好最广大人民根本利益，做到权为民所用、情为民所系、利为民所谋，我们的工作才能获得最广泛最可靠最牢固的群众基础和力量源泉。

在推进中国特色社会主义事业的伟大进程中，坚持以人为本、执政为民，就要倾听人民呼声，尊重人民意愿，反映人民意见，使事关经济社会发展的各项主张和决策顺民意、得人心，获得最广大人民的拥护和支持。就要坚持一切工作从尊重最广大人民的意愿、维护最广大人民的利益出发，以人民拥护不拥护、赞成不赞成、高兴不高兴、答应不答应作为衡量各项决策的最高准则。就要全心全意依靠人民群众，尊重劳动、尊重知识、尊重人才、尊重创造，调动一切积极因素，充分发挥人民群众建设中国特色社会主义的力量。要坚持发展为了人民，使广大群众共享发展成果。就要进一步加大保障和改善民生的力度，加快推动和谐社会建设，妥善协调好各方面的利益关系，切实保障人民依法享有的各种权益，维护社会公平正义，实现经济社会发展与人民生活水平和生活质量提高统筹协调、相得益彰。就要始终保持谦虚谨慎的作风，走群众路线，坚持问政于民、问需于民、问计于民，深入实际、深入基层、深入群众，尤其要深入到社会问题多、群众意见大的地方去，了解群众需要，解决群众困难，化解群众矛盾。就要不断发展社会主义民主政治，充分实现最广大人民当家作主的权利，建立尊重人民的可靠制度保障。

然而，时下一些党员干部，宗旨观念淡薄，公仆意识缺失，对群众疾苦漠不关心，对群众呼声置若罔闻，对群众利益麻木不仁，对群众危难视而不见。这些脱离群众的现象，会伤害党群干群关系，损害党执政的基础，削弱党的创造力、凝聚力、战斗力，影响党的执政地位的巩固和执政使命的实现。离开全心全意为人民服务这个宗旨，离开同人民群众的血肉联系，党的先进性就成了无源之水、无本之木。脱离群众的危险如果不能及时消除，党的事业就可能受到极大的危害。20世纪90年代初，世界社会主义运动遭受重大挫折的深刻教训之一，就在于一些社会主义国家的执政党未能充分尊重人民的主体地位，结果导致社会主义严重偏离正确轨道，陷入无法摆脱的危机和困境。中国特色社会主义之所以能够在战胜各种困难和风险中蓬勃发展，日益显示强大的生命力，其根本原因，就在于我们党正确总结和吸取历史经验教训，自觉把尊重人民的主体地位和首创精神贯彻于社会生活的各个方面，始终按照人民的利益和愿望去开创社会主义现代化建设事业的新局面。只有高度尊重人民的主体地位和首创精神，使最广大人民的历史主体作用得以充分发挥，社会主义制度下一切积极因素才能竞相迸发，一切有利于造福社会和人民的源泉才能充分涌流，社会主义制度的优越性才能全方位地展现出来。

三、尊重人民的主体地位和首创精神，必须不断推进实践创新和理论创新

恩格斯在讲到历史发展动力和历史发展规律的时候指出："如果要去探究那些隐藏在——自觉地或不自觉地，而且往往是不自觉地——历史人物的动机背后并且构成历史的真正的最后动力的动力，那么问题涉及的，与其说是个别人物、即使是非常杰出的人物的动机，不如说是使广大群众、使整个整个的民族，并且在每一民族中间又是使整个整个阶级行动起来的动机。"[1] 这就是说，人民群众的意志、愿望、要求和实践，反映着社会发展趋向，体现着社会发展规律。坚持马克思主义的群众观点，尊重人民主体地位和首创精神，就要植根于人民，注重从人民群众的实践中汲取养分，不断推进实践和理论创新，这是我们党的历史使命，也是我们党的历史经验。

早在革命战争时期，毛泽东同志就提出，马克思列宁主义不仅要在中国具体化，即指导中国革命的伟大实践，而且要使中国革命的丰富经验马克思主义化，即上升为理论，丰富和发展马克思主义，成为马克思主义不可分割的组成部分。就是说，在丰富的经验的基础上，把它上升为系统的理论，从而丰富和发展马克思列宁主义。我们党根据马克思列宁主义的基本原理，把中国长期革命实践中的一系列独创性经验作了理论概括，形成了适合中国情况的科学的指导思想，这就是马克思列宁主义普遍原理和中国革命具体实践相结合的产物——毛泽东思想。

改革开放以来，党在新的时代条件下带领人民进行的新的伟大革命，进行社会主义制度的自我完善和发展。在这个开拓性的实践过程中，我们党面对诸多前所未有的崭新课题，立足广大人民群众的实践，从人民中吸取智慧、凝聚力量，突破那些不合时宜的观念、做法和体制的束缚，走出一条中国特色社会主义道路。人民群众创造性的实践经验也为中国特色社会主义理论体系提供了

[1]《马克思恩格斯选集》第4卷，人民出版社1995年版，第249页。

丰富的思想养分。邓小平同志曾指出:"农村搞家庭联产承包,这个发明权是农民的。农村改革中的好多东西,都是基层创造出来,我们把它拿来加工提高作为全国的指导。"[1]我们党正确的路线、方针、政策和每一项重大改革决策措施,从农村改革到经济建设,从基层民主到社会管理,从实践推进到决策部署,都不是凭空而来的,而是从人民群众实践经验中总结出来的,都是把尊重人民首创精神同加强和改善党的领导结合起来的产物。在改革开放中,我们党善于把人民创造的新鲜经验升华为科学理论,使群众的创造性实践成为理论创新最深厚的源泉,赋予了党的创新理论鲜明的实践特色。

把改革创新精神贯彻到治国理政各个环节,把改革开放推向前进,需要更好地发挥人民的主体作用和首创精神,需要尊重最广大人民改造世界、创造幸福生活的实践和他们在实践中所表达的时代先声,尊重最广大人民在实践中创造的新经验和对理论指导提出的新需求,尊重人民群众作为历史主体的各种愿望和人民当家作主的各项权益,问政于民、问需于民、问计于民。特别是目前我国正处于并将长期处于社会主义初级阶段,由于经济体制深刻变革、社会结构深刻变动、利益格局深刻调整、思想观念深刻变化,由于发展不平衡、不协调、不可持续问题短期内难以根本解决,人民内部各种具体利益矛盾难以避免地会经常地大量地表现出来。同时,在世情、国情、党情发生深刻变化的新形势下,提高党的领导水平和执政水平、提高拒腐防变和抵御风险能力,加强党的执政能力建设和先进性建设,面临许多前所未有的新情况、新问题、新挑战,执政考验、改革开放考验、市场经济考验、外部环境考验是长期的、复杂的、严峻的。破解这些矛盾和问题,应对这些考验和风险,就必须坚持解放思想、实事求是、与时俱进,坚持人民创造历史这一马克思主义的科学原理,不断推动实践创新和理论创新,既要将人民群众的闪烁着勇气与智慧光芒的创新实践总结、提炼、升华为理论,推进当代马克思主义中国化的理论创新,又要把科学的理论转化为人民群众实践的物质力量,将改革的潮头推向新的高度,使社会主义和马克思主义在中国大地上焕发出勃勃生机。

---

[1]《邓小平文选》第 3 卷,人民出版社 1993 年版,第 382 页。

在改革开放中走好"中国道路"[1]

一、改革开放的主要成就

1978 年，以党的十一届三中全会为标志，中国进入改革开放的历史新时期。30 多年来，中国在经济、政治、文化、社会等各个领域、各个方面，都取得了巨大的进步和辉煌的成绩。

改革开放，是中国共产党在新的历史条件下带领中国人民进行的一场新的伟大革命。30 多年来，从农村到城市，从沿海到沿江沿边，从东部到中西部，从经济到政治、文化、社会等各个领域，在中国大地上展开了一场史无前例的大改革大开放。中国破除了高度集中的计划经济体制，建立起充满生机活力的社会主义市场经济体制，确立了与社会主义初级阶段相适应的以公有制为主体、多种所有制经济共同发展的基本经济制度；政治体制改革稳步推进，依法治国基本方略得到切实贯彻，社会主义民主政治建设取得重大成就；文化和社会领域方面的改革也取得重要进展。中国社会空前活跃，中国人民的积极性、主动性、创造性极大迸发，中国的面貌发生了翻天覆地的深刻变化。

经济持续快速发展是改革开放新时期最显著的成就。1978 年，中国的 GDP 总量只有 3645.2 亿元，2011 年，中国的 GDP 总量达到 471564 亿元，中国已成为世界第二大经济体。粮食、棉花、肉类、钢铁、煤炭、化肥、水泥等一大批主要农产品和工业品产量居世界首位。在经济持续快速发展的同时，中国的政

[1]本文原载《理论与实践：解读中共执政方略》，外文出版社 2012 年版。

治建设、文化建设、社会建设等各方面也取得了举世瞩目的成就。现在，中国已经拥有了比较雄厚的物质基础，具备了进一步发展的良好条件。

改革开放使当代中国与世界的关系发生了历史性变化。改革开放之前，中国基本上处于封闭和半封闭状态，与国际社会的经济联系很少。1978年，中国进出口总额仅为206.4亿美元，外汇储备仅有1.67亿美元。改革开放30多年后的今天，中国已形成全方位、多层次、宽领域的对外开放格局，在经济、政治、文化、安全等方面同国际社会形成了前所未有的广泛而深刻的联系。2011年，中国进出口总额达36421亿美元，是世界第二大贸易国；外汇储备超过3.18万亿美元，成为世界第一大外汇储备国。中国已成为世界经济特别是本地区经济增长的重要引擎，对世界经济增长的平均贡献率在14%左右。加入世界贸易组织，标志着中国的改革开放进入一个新的历史阶段，中国更加广泛地参与经济全球化，进一步融入全球经济体系。中国的前途命运同世界的前途命运日益紧密地联系在一起。改革开放不仅为当代中国的发展进步开辟了广阔前景，也对当今世界格局和人类历史进程产生深远影响。

二、改革开放的基本经验

30多年改革开放的伟大实践积累了十分宝贵的历史经验，2007年10月召开的党的十七大全面系统地总结了改革开放的基本经验。

（一）坚持马克思主义基本原理与推进马克思主义中国化相结合。坚持马克思主义基本原理的普遍性与中国实际的特殊性具体的历史的统一，是中国共产党总结革命、建设和改革历史实践的首要经验。30多年前，中国改革开放的总设计师邓小平作出的改革开放的历史性决策，正是基于马克思主义的基本原理同中国具体实际的结合所得出的必然结论。一部改革开放的实践发展史，也是一部马克思主义中国化的理论探索史。30多年来，中国共产党始终坚持以科学的态度对待马克思主义，不断根据变化了的实际推进马克思主义中国化，赋予马克思主义的基本原理以时代的和民族的内涵，用马克思主义中国化的最新成果指导改革开放的实践，成功地开辟出中国特色社会主义发展道路，取得了改革开放和社会主义现代化建设的辉煌成就。

（二）坚持四项基本原则与坚持改革开放相结合。中国共产党在坚持以经济建设为中心的同时，始终坚持正确认识和处理坚持四项基本原则与坚持改革开放的辩证统一关系。四项基本原则是立国之本，这个"本"是中国共产党和中国生存发展的政治基石，是以经济建设为中心的坚强保障，是改革开放正确方向的根本保证。改革开放是强国之路，这条"路"是发展中国特色社会主义、实现现代化的必由之路，是中国共产党和中国发展进步的活力源泉。改革开放的实践证明，无论是坚持四项基本原则，还是坚持改革开放，都必须基于两者的统一，一旦将坚持四项基本原则与坚持改革开放割裂或分立开来，中国特色社会主义必然会偏离正确的方向。

（三）尊重人民首创精神与加强和改善党的领导相结合。中国共产党坚持认为，人民群众是历史的创造者和推动历史前进的根本动力，是改革开放各项事业发展的根本动力。中国农民最先揭开了中国改革的序幕。无论是家庭联产承包制还是乡镇企业，都是中国人民自己的独特创造，坚持把党的领导和人民当家作主有机结合起来，把实现好、维护好、发展好最广大人民的根本利益，作为加强和改善党的领导的奋斗目标和检验标准。

中国共产党提出的"以人为本"，其中一个重要内涵就是尊重广大人民群众在中国特色社会主义事业中的主体地位，发挥广大人民群众的首创精神，保障广大人民群众的各项权益。改革开放以来，中国共产党不断强化科学执政、民主执政、依法执政，积极调动最广大人民群众投身改革开放伟大实践的积极性、主动性和创造性，做到发展为了人民、发展依靠人民、发展成果由人民共享。

（四）坚持社会主义基本制度与发展市场经济相结合。社会主义市场经济理论的提出，是中国共产党人的一个伟大创举，30多年改革开放所取得的巨大成就，已经初步显示出这一创举的巨大威力。改革开放以来，中国共产党不断探索社会主义市场经济不同于其他市场经济运行的特殊规律和特殊运行方式，逐步完善社会主义市场经济体制。坚持公有制经济为主体、多种所有制经济共同发展的基本经济制度，坚持在发挥市场配置资源的基础性作用的同时，不断加强和改善宏观调控，既发挥市场经济的优势，也发挥社会主义制度的优越性，促进社会主义与市场经济的有机结合。党的十七大提出，实现未来经济发展目标，关键要在加快转变经济发展方式、完善社会主义市场经济体制方面取得重大进展。当前，中国正以科学发展观为指导，从理论和实践的双重探索中深化对社会主义市场经济规律的认识，推进社会主义市场经济的完善和定型化。

（五）把推动经济基础变革同推动上层建筑改革结合起来。中国改革开放的实质是社会主义制度的自我完善和发展。30多年来，中国一直自觉地努力通过经济基础和上层建筑的调整和变革，构建适合中国现阶段社会发展和生产力发展状况的社会主义具体形态。改革开放各项理论、路线、方针和政策，之所以在实践中取得显著成效，制度创新无疑是关键和主导。改革初期，家庭联产承包责任制的实行与人民公社体制的废除，掀开了制度创新的序幕，极大地促进了农村生产力的发展。改革开放以来，在推动经济基础变革的同时，政治、文化和社会各个领域的体制改革稳步推进。与社会主义初级阶段相适应的经济体制、政治体制、文化体制和社会诸体制的逐步完善，是30多年来中国经济社会健康发展的基础和保证。当前，中国又处于以贯彻落实科学发展观为中心内容的全面制度创新阶段，这必将极大推动改革开放的深入发展。

（六）把发展社会生产力同提高全民族文明素质结合起来。中国的改革开放坚持把"三个有利于"作为评判得失成败的根本标准，即是否有利于发展社会主义社会的生产力，是否有利于增强社会主义国家的综合国力，是否有利于提高人民的生活水平。

这是中国的基本国情和社会根本制度所决定的。只有紧紧扭住经济建设这个中心不动摇，将发展作为执政兴国的第一要务，才能迅速摆脱生产力不发达状态，早日实现国家富强、人民幸福。中国改革开放的社会主义性质不仅决定了发展不只是物质文明的单兵突进，还是物质文明、政治文明、精神文明和生态文明的共同发展，而且决定了发展不仅以实现全体人民的共同富裕为目的，更以提高全民族文明素质，实现人的全面发展为最终目标和落脚点。

（七）把提高效率同促进社会公平结合起来。实现社会公平正义是中国共产党人的一贯主张，是中国特色社会主义的本质要求。改革开放以来，由当时中国的基本国情和具体的历史条件所决定，"效率优先，兼顾公平"曾作为中国改革一段时期内的收入方针。改革开放发展到今天，在坚持效率优先的前提下，中国共产党又把社会公平提到了突出的地位加以解决。中国的改革是一个寓效率与公平于其中的总体性概念，中国共产党始终反对人为地将效率与公平二元化、对立起来的观点和做法。目前，在坚持经济发展的前提下，中国共产党已把社会公平问题摆在十分突出的位置，提出了构建社会主义和谐社会的重大战略思想，将实现社会公平正义作为发展中国特色社会主义的一项重大任务。当前，中国正积极构建社会主义和谐社会，着力解决广大人民群众最关心、最直接、最现实的利益问题，切实把经济效率与社会公平辩证统一于改革开放的全过程。

（八）坚持独立自主同参与经济全球化相结合。坚持独立自主是参与经济全球化的前提和基础。对中国这样一个发展中国家来说，要在经济全球化竞争中生存和发展，必须始终保持足够的清醒，始终在总体上保持发展的自主性，主要依靠中国人自己的力量发展经济等各项事业。同时，随着经济全球化的深入，世界各国经济联系越来越紧密。在保持独立自主的前提下，积极扩大对外开放，参与全球经济合作，是中国实现跨越式发展的重要途径。改革开放以来，中国积极参与到经济全球化之中，不断拓展对外开放的广度和深度，有效利用国外资金、技术和先进管理经验等外部条件发展自己，在全球竞争中趋利避害，努力实现互利、普惠、共赢。

（九）把促进改革发展同保持社会稳定结合起来。改革是动力，发展是目标，稳定是前提。没有改革，中国就不可能走出一条适合自己国情的正确的发展道路，中国的各项事业就不可能顺利前进；没有发展，中国就不可能实现现代化，也就不可能保持国家的长治久安；没有稳定，改革和发展都无从进行。三者关系处理得当，就能保证改革开放的健康平稳运行。改革开放30多年来，中国始终坚持"渐进式"的改革策略，始终注意协调改革的力度和发展的速度同社会可承受程度的关系，既避免了由于举措不当而出现的经济严重衰退、社会矛盾激化和社会剧烈动荡，又使中国社会充满活力、和谐稳定。

（十）推进中国特色社会主义伟大事业与推进党的建设伟大工程相结合。中国共产党是中国特色社会主义事业的领导力量，其自身状况与中国特色社会主义事业的发展休戚相关。改革开放既给中国共产党注入了巨大的活力，也带来了许多前所未有的新课题、新考验。中国共产党要带领中国人民开创事业发展新局面，必须坚持以改革创新精神加强自身建设。在30多年来改革开放的历史进程中，中国共产党从世情、国情和党情的发展变化出发，深入探索共产党执政的特殊规律，不断加强党的先进性建设和执政能力建设，积极推进党内民主建设，旗帜鲜明地反对腐败。改革开放实践业已证明，中国共产党始终是中国特色社会主义事业的坚强领导核心。

（十一）中国特色社会主义发展道路。中国改革开放的历程，也是探索中国特色社会主义发展道路的历程。中国发展的成功，是坚持走中国特色社会主义发展道路的结果。中国特色社会主义发展道路，就是在中国共产党领导下，立足基本国情，以经济建设为中心，坚持四项基本原则，坚持改革开放，解放和发展社会生产力，巩固和完善社会主义制度，建设社会主义市场经济、社会主义民主政治、社会主义先进文化、社会主义和谐社会，建设富强、民主、文明、和谐的社会主义现代化国家。中国特色社会主义发展道路包含三个方面的基本特征：科学发展、和谐发展与和平发展。

1. 科学发展。中国坚持走科学发展的道路。科学发展的核心是以人为本，这是经济社会发展的根本目的，其意旨是坚持以实现人的全面发展为目标，让改革发展的成果惠及全体人民。全面、协调、可持续，是科学发展观的基本要求，即通过统筹兼顾的根本方法，促进经济、政治、文化和社会建设的全面推进，促进现代化建设各个环节、各个方面相协调，促进生产力和生产关系、经济基础和上层建筑相协调，促进经济发展与人口资源环境相协调，确保经济社会永续发展。

中国科学发展道路的选择，既是基于现阶段中国发展所面临问题的考虑，也是基于对整个世界负责任的考虑。中国是世界上最大的发展中国家，具有发展中国家二元结构的典型特征。人口多、底子薄，自然地理条件和人口资源分布差异很大，城乡和区域发展差距也很大。新世纪新阶段，中国发展呈现出一系列新的阶段性特征，经济社会发展同人口、资源、环境压力之间矛盾逐渐突出。深刻把握中国发展面临的新课题、新矛盾，自觉走科学发展道路，是中国在实现什么样的发展、怎样发展这个基本问题上的创造性探索。

2. 和谐发展。中国在推进科学发展的过程中，积极构建社会主义和谐社会，中国所要努力构建的和谐社会，是中国共产党领导全国人民共同建设、共同享有的和谐社会：民主法治、公平正义、诚信友爱、充满活力、安定有序、人与自然和谐相处，这六个方面的内容既是社会主义和谐社会的价值内涵，也是中国构建社会主义和谐社会努力实现的价值目标。中国希望通过社会主义和谐社会的构建，最终实现广大人民群众各尽所能、各得其所、和谐相处的社会局面。

随着中国经济社会快速发展，社会矛盾日益凸显，社会公平问题提上议事日程，这是中国提出构建社会主义和谐社会的一个重要背景。说到底，和谐发展道路就是一条避免两极分化，最终达到共同富裕的道路。

3. 和平发展。中国的发展是世界发展的一个重要组成部分，同世界的和平与发展密切相关。和平发展道路，其核心思想是：中国既通过维护世界和平来发展自己，又通过自身的发展来促进世界和平；中国永远不称霸，永远不搞扩张；在国内追求科学发展、和谐发展的同时，推动建设持久和平、共同繁荣的和谐世界。

随着经济全球化、世界格局多极化的深入发展，中国共产党和中国政府明确提出，中国将始终不渝地走和平发展道路，这是根据时代发展潮流和自身根本利益作出的战略抉择，是向国际社会和世界人民作出的郑重承诺和庄严宣示。

这一昭告的特殊意义在于，中国的发展，从根本上说，主要依靠自身的力量和不断改革创新。中国决不走历史上一些大国那种充满刀光剑影和"血与火"的发展道路，中国不把问题和矛盾转嫁给别国，更不通过掠夺别国发展自己。即使中国将来富强了，也永远不称霸，永远做维护世界和平、促进共同发展的坚定力量。

三、中国的未来

中国的改革开放走过 30 多年的辉煌历程，现在又站在了一个新的历史起点上。在这个新的起点上，中国将进一步解放思想，创新求实，把改革开放和现代化建设事业不断推向前进。

当前，中国具备了许多实现发展目标的有利条件：比如，在未来较长时期，中国经济的快速增长势头还将继续保持下去；拥有巨大的国内市场需求；拥有丰富且素质不断提高的劳动力资源；改革开放的深入发展将不断增强发展活力；在科学发展观的指导下，中国将切实转入科学发展的轨道，实现经济、社会全面、协调和可持续发展。

中国仍然是一个发展中国家，还没有从根本上摆脱不发达的状态，实现现代化，还需要长期艰苦的努力。当前，中国经济形势虽然总体是好的，但也存在一些突出问题，需要通过深化改革来解决。比如，应该继续加强和改善宏观调控，进一步加强薄弱环节，增加有效供给，优化投资结构，抑制不合理需求，实现经济发展模式的转变。同时，根据新情况、新问题，应该合理把握宏观调控的节奏、重点和力度，把经济平稳较快发展的好形势保持下去。

论坚持人民主体地位 [1]

发展中国特色社会主义是一项长期艰巨的历史任务，在新的历史条件下夺取中国特色社会主义新胜利，必须坚持人民主体地位，全面落实人民主体地位，切实把它贯彻到经济社会的各项工作中。

一、坚持人民主体地位是马克思主义历史观的根本内容

坚持人民的历史主体地位，是马克思主义历史观的应有之义，是当代中国共产党人对唯物史观基本原理的科学把握和高度自觉。早在马克思主义创立之际，马克思、恩格斯就在《神圣家族》中明确提出，"历史活动是群众的事业"，决定历史发展的是"行动着的群众"。[2] 这一观点科学地阐明了历史的真正创造者是最广大的人民群众，确立了人民群众创造历史的主体地位，打破了长期占据统治地位的英雄史观，实现了历史观上的伟大变革。19 世纪 80 年代，针对历史观上的唯心主义错误观点，恩格斯在《路德维希·费尔巴哈和德国古典哲学的终结》中再次强调，是人民自己创造了自己的历史，历史发展的真正动力是人民群众，而不是某些个别英雄人物或者某种外在于人的"观念"。

从历史发展的实际进程来看，人民群众之所以起着决定性的作用，是社会历史发展的真正主体，是因为人民群众不但是物质资料生产的主体，是社会物

---

[1] 本文原载《求是》，2013 年第 3 期。

[2]《马克思恩格斯全集》第 2 卷，人民出版社 1956 年版，第 104 页。

质财富的创造者，而且也是人类社会精神生产的主体，是社会精神财富的创造者。同时，人民群众是社会革命建设改革的主体，他们创造着并不断改造着社会关系，从而不断推动着社会向前发展。历史上任何重大的社会变革运动，都离不开人民群众，都是人民群众推动的结果。

中国共产党从成立的那一天起，就把马克思主义写在自己的旗帜上，坚持以唯物史观作为自己的科学依据，用历史唯物主义的基本原理来分析历史发展的基本矛盾和基本规律，牢牢把握马克思主义关于人民群众创造历史的基本观点。在长期的革命、建设和改革过程中，始终毫不动摇地坚持群众观点和群众路线。党的十八大报告结合新的历史任务，旗帜鲜明地把坚持人民主体地位写在"夺取中国特色社会主义新胜利"所必须坚持的八项基本要求当中，充分体现了当代中国共产党人对人民群众历史创造作用的高度自觉。

二、坚持人民主体地位是中国共产党根本宗旨的本质体现

是否坚持人民主体地位，是马克思主义政党同其他一切政党的根本区别之一。中国共产党自成立那天起，就把推翻剥削阶级统治，建立社会主义和共产主义社会，实现人民当家作主，作为自己的奋斗目标和根本宗旨。

在新民主主义革命时期，中国共产党就高度重视人民民主以及人民当家作主的实现形式问题。土地革命时期，中国共产党在中央苏区建立了中华苏维埃共和国临时中央政权，开始建立人民政权的尝试。中华苏维埃第一次全国代表大会通过的《中华苏维埃共和国宪法大纲》明确规定："中国苏维埃政权所建设的是工人和农民的民主专政的国家。苏维埃政权是属于工人，农民，红军兵士及一切劳苦民众的。在苏维埃政权下，所有工人，农民，红军兵士及一切劳苦民众都有权选派代表掌握政权的管理。"[1]苏维埃政权充分体现了工农民主专政的政权性质，最大限度地维护了人民群众的各项政治权利。延安时期，毛泽东针对黄炎培先生提出的"历史周期律"问题明确提出："我们已经找到新路，我们能跳出这个周期律。这条新路，就是民主。只有让人民来监督政府，政府才不敢松懈；只有人人起来负责，才不会人亡政息。"抗日战争时期，毛泽东提出了

---

[1]《中共中央文件选集》第 7 册，中共中央党校出版社 1991 年版，第 772—773 页。

一个著名的论断："战争的伟力之最深厚的根源，存在于民众之中。"[1] 在解放战争中，我们党和军队在人民支持下，依靠弱势装备打败了强大的国民党部队。陈毅元帅在讲到淮海战役时感慨地说，淮海战役的胜利是人民群众用小推车推出来的。的确如此，正是依靠人民的力量，中国共产党领导人民最终推翻了帝国主义、封建主义和官僚资本主义的统治，获得了民族独立和人民解放，建立了新中国。在新中国成立之后，中国共产党又坚定不移地选择了社会主义制度，确立了人民民主专政的国家政权，在国家制度层面上确保人民群众真正成为国家的主人。通过人民代表大会和它的过渡形式人民代表会议，实现了人民当家作主的目的。1949 年 8 月 9 日到 14 日，北平市召开第一届各界人民代表会议，毛泽东参加会议并向全国发出号召，希望各地迅速召开这样的会议，加强政府同人民的联系，建立人民当家作主的政治制度。随后，各地迅速召开各级各界人民代表会议，代行人民代表大会的职权，成为人民代表大会召开前的一种过渡形式。1954 年 9 月 15 日，中华人民共和国第一届全国人民代表大会第一次会议在北京开幕，大会制定了新中国第一部宪法，从最高法律的角度规定了人民群众的主体地位。

随着我国社会主义制度的发展和完善，特别是改革开放以来，我们党始终坚持中国特色社会主义的政治发展道路，坚持党的领导、人民当家作主、依法治国有机统一，完善和发展人民代表大会制度、中国共产党领导的多党合作和政治协商制度、民族区域自治制度以及基层群众自治制度，在深化政治体制改革的过程中，始终以保证人民当家作主为根本，以增强党和国家活力、调动人民积极性为目标，最广泛地动员和组织人民依法管理国家事务和社会事务、管理经济和文化事业，不断巩固和强化了人民的主体地位。

三、坚持人民主体地位是发展中国特色社会主义事业的根本要求

坚持人民主体地位既是中国共产党 90 多年历史的经验总结，更是发展中国特色社会主义事业的根本要求。

人民群众是中国特色社会主义各项事业的创造主体。中国特色社会主义是前无古人的事业。在这项全新的事业中，人民群众始终发挥着创造作用。在改

---

[1]《毛泽东选集》第 2 卷，人民出版社 1991 年版，第 511 页。

革开放新时期，广大人民群众在中国共产党的带领下，充分发挥首创精神，开拓进取，不断创新，在经济、政治、文化、社会和生态文明建设的各个领域，取得了举世瞩目的伟大成就，使中国特色社会主义道路越来越宽广，理论体系越来越丰富，制度越来越完善。对此，邓小平在1992年的南方谈话中针对农村改革所说的话颇具代表性：农村改革的政策和理论是从基层农民群众的智慧中提升出来的，"农村搞家庭联产承包，这个发明权是农民的。农村改革中的好多东西，都是基层创造出来，我们把它拿来加工提高作为全国的指导"[1]。农村改革是如此，其他领域的改革也是如此。

人民群众是中国特色社会主义各项事业的发展主体。中国特色社会主义是长期持续发展的事业，人民不但是这项事业的创造主体，同样是这项事业的管理和发展主体。没有人民主体地位作用的发挥，就不可能有中国特色社会主义各项事业的持续发展。从中国特色社会主义的发展进程来看，人民群众切实担当起了国家主人的责任，通过民主选举选出自己的代表，依法积极参与管理国家事务和社会事务，充分行使自己的知情权、参与权、表达权、监督权，对经济、政治、文化、社会各项事业进行民主决策、民主管理、民主监督，确保我国的社会主义市场经济、民主政治、先进文化、社会建设和生态文明建设，始终沿着中国特色社会主义的正确方向前进。

人民群众是中国特色社会主义各项发展成果的享有主体。作为社会主义国家的真正主人，中国特色社会主义事业的创造者、发展者和管理者，人民群众当然应该是中国特色社会主义发展成果的享有主体。对此，中国共产党有着高度的政治自觉和明确的政策主张。改革开放以来，人民群众在经济、政治、文化、社会方面享有的权利不断得到完善和提高，比如，在经济生活方面，城乡就业持续扩大，居民收入较快增长，家庭财产稳定增加，衣食住行用条件明显改善，城乡最低生活保障标准和农村扶贫标准大幅提升。在政治生活方面，随着政治体制改革的稳步推进，人民群众参政议政的热情不断提高，参与政治的范围不断扩大，基层民主不断发展。在文化生活方面，人民精神文化生活更加丰富多彩。在社会建设和民生领域，基本公共服务水平和均等化程度明显提高，城乡免费义务教育全面实现，城乡基本养老保险、医疗保险制度初步建立等，这些都充分体现了人民享有主体的地位。

---

[1]《邓小平文选》第3卷，人民出版社1993年版，第382页。

四、在全面建成小康社会的过程中切实把人民主体地位落到实处

党的十八大报告根据我国经济社会发展实际，提出了全面建成小康社会和全面深化改革开放的新要求、新目标。面对新目标、新要求、新期盼，我们应该更加突出地强调人民群众在历史发展中的作用，切实把人民的主体地位落到实处，贯穿在经济、政治、文化、社会、生态文明建设的各个方面，不断在尊重人民首创精神、保障人民各项权益、实现发展成果由人民共享、促进人的全面发展上取得新成效。

要坚持社会主义基本经济制度和分配制度，调整国民收入分配格局，加大再分配调节力度，着力解决收入分配差距较大问题，使发展成果更多更公平惠及全体人民。进一步扩大人民民主，完善社会主义民主制度，丰富民主形式，充分保证人民当家作主，行使民主权利。扎实推进社会主义文化强国建设，为人民提供广阔文化舞台，让一切文化创造源泉充分涌流，开创全民族文化创造活力持续进发、社会文化生活更加丰富多彩、人民基本文化权益得到更好保障、人民思想道德素质和科学文化素质全面提高、中华文化国际影响力不断增强的新局面。在社会建设方面，广泛地动员和组织人民依法管理国家事务和社会事务，进一步发挥人民积极性、主动性、创造性。大力开展以保障和改善民生为重点的社会建设，多谋民生之利，多解民生之忧，在学有所教、劳有所得、病有所医、老有所养、住有所居上持续取得新进展。加紧对保障社会公平正义具有重大作用的制度建设，逐步建立以权利公平、机会公平、规则公平为主要内容的社会公平保障体系，努力营造公平的社会环境。进一步加强生态文明建设，把生态文明建设融入经济建设、政治建设、文化建设、社会建设各方面和全过程，努力形成节约资源和保护环境良性发展的格局，努力为人民创造良好的生产生活生态环境。

坚持群众路线与中国特色社会主义道路 [1]

我们党历来高度重视并始终坚持群众路线，正是依靠人民群众，经过艰辛探索，才开创了中国特色社会主义道路，中国特色社会主义道路是我们党实践群众路线的伟大成果。在全面建成小康社会的关键时期，中国特色社会主义道路越走越宽广，关键在于继续深入贯彻群众路线，始终保持与人民群众的血肉联系，把群众路线与中国特色社会主义道路相结合，为实现中华民族伟大复兴的中国梦提供强劲动力。

一、中国特色社会主义道路是党在群众路线实践中的伟大创造

道路关乎党的命脉，关乎国家前途、民族命运、人民幸福。近代以来中国波澜壮阔的历史和中华民族充满希望的未来，昭示了一个颠扑不破的真理：全面建成小康社会，加快推进社会主义现代化，实现中华民族伟大复兴，必须坚定不移走中国特色社会主义道路。可以说，新中国成立以来的历史，就是中国共产党领导中国人民对社会主义进行理论和实践的双重探索，成功开创中国特色社会主义道路的曲折而辉煌的伟大历程。

以毛泽东同志为核心的党的第一代中央领导集体带领全党全国各族人民对社会主义建设道路进行了艰辛探索，成功实现了中国历史上最深刻最伟大的社会变革，为当代中国一切发展进步奠定了根本政治前提和制度基础。在探索过

[1]本文原载《党建》，2013 年第 8 期。

程中，我们党坚信"依靠民众则一切困难能够克服，任何强敌能够战胜，离开民众则将一事无成"，及时总结人民群众的新鲜经验，使之系统化、制度化并加以推广。正是因为我们党坚持和运用群众路线，对社会主义道路的艰辛探索虽然经历了严重曲折，但取得了独创性的理论成果和巨大成就，为在新的历史时期开创中国特色社会主义提供了宝贵经验、理论准备、物质基础。

以邓小平同志为核心的党的第二代中央领导集体紧紧抓住"什么是社会主义、怎样建设社会主义"这一中国社会主义道路的关键问题，坚持群众路线，尊重人民群众的首创精神，注重从群众的实践中汲取智慧，总结人民群众在实践中创造的丰富经验，形成正确的理论和政策，用于指导和推进改革。因此，每一个重大理论的提出，每一项重大政策的出台，都具有充分的实践依据和深厚的群众基础。我们党顺应时代发展要求和人民群众迫切愿望，进行了新的伟大创造，作出把党和国家工作中心转移到经济建设上来、实行改革开放的历史性决策，确立社会主义初级阶段的基本路线，明确提出走自己的路、建设中国特色社会主义，成功开创了中国特色社会主义。

以江泽民同志为核心的党的第三代中央领导集体，在国内外形势十分复杂、世界社会主义遭遇严重曲折的严峻考验面前，把坚持群众路线内化为走中国特色社会主义道路的强大动力和共同追求，想事情，做工作，都以人民拥护不拥护、赞成不赞成、高兴不高兴、答应不答应作为根本的衡量尺度，赢得了人民群众的拥护和支持，保证了改革开放和现代化建设的航船始终沿着正确的方向破浪前进。我们党坚持和发展了党的基本理论、基本路线，捍卫了中国特色社会主义，依据新的实践确立了党的基本纲领、基本路线，确立了社会主义市场经济体制的改革目标和基本框架，确立了社会主义初级阶段的基本经济制度和分配制度，成功把中国特色社会主义全面推向21世纪。

以胡锦涛同志为总书记的中央领导集体，继续高擎群众路线的旗帜，坚持人民主体地位，与全国各族人民勠力同心、共同奋斗，战胜前进道路上的各种艰难险阻，取得了举世瞩目的辉煌成就。在全面建成小康社会进程中，努力推进实践创新、理论创新、制度创新，强调坚持以人为本、全面协调可持续发展，提出构建社会主义和谐社会、加快生态文明建设，形成中国特色社会主义事业总体布局，着力保障和改善民生，促进社会公平正义，推进党的执政能力建设和先进性建设，成功地在新的历史起点上坚持和发展了中国特色社会主义。

新时期新阶段，以习近平同志为总书记的新一届中央领导集体，把贯彻落实群众路线与党和国家的工作实际相结合，高度重视群众工作，突出人民群众主体地位，强调检验我们一切工作的成效，最终都要看人民是否真正得到了实惠，人民生活是否真正得到了改善。制定了《十八届中央政治局关于改进工作作风、密切联系群众的八项规定》，要求全党艰苦奋斗、勤俭节约，切实改进文风会风，以优良党风凝聚党心民心、带动政风文风。坚持"老虎""苍蝇"一起打，加强对权力运行的制约和监督，把权力关进制度的笼子里，以踏石留印、抓铁有痕的劲头进行反腐败斗争，以实际成效取信于民。在全党深入开展以为民务实清廉为主要内容的群众路线教育实践活动，着力解决人民群众反映强烈的突出问题，教育引导全党始终坚持根本宗旨，切实收到照镜子、正衣冠、洗洗澡、治治病的效果，不断赢得人民群众的信任和拥护，保持同人民群众的血肉联系。

人民群众通过群众路线了解党、认识党、考察党，深切体会到党的根本宗旨是为了人民的，党所领导的中国特色社会主义事业是依靠人民、为了人民的，党所制定的一切路线、方针、政策是从群众中来又到群众实践中检验并指导实践的，因而对美好生活充满了无限向往，坚定了相信党、热爱党、依靠党的信念，无论面对多么大的困难和挑战，人民群众都始终和党站在一起，始终不渝地跟党走，开创了中国特色社会主义道路。

二、走中国特色社会主义道路关键在坚持党的群众路线

道路问题是关系党的事业兴衰成败的第一位的问题，道路就是党的生命。中国特色社会主义道路，是我们党依靠和带领人民进行长期探索的结晶，凝聚了几代共产党人对社会主义理想的追求。历史告诉我们，实现全面建成小康社会的奋斗目标，实现国家富强、民族振兴、人民幸福的中国梦，只能走中国特色社会主义道路。坚持中国特色社会主义道路，必须深入贯彻群众路线，获得最广泛、最可靠、最牢固的群众基础和力量源泉，汇聚人民群众的智慧和力量。坚持中国特色社会主义道路，必须打下坚实的群众基础。

只有坚持党的群众路线，才能正确把握中国特色社会主义道路的价值追求和本质要求，赢得人民群众的信任、拥护和支持。习近平同志指出："中国特色

社会主义，是科学社会主义理论逻辑和中国社会发展历史逻辑的辩证统一，是根植于中国大地、反映中国人民意愿、适应中国和时代发展进步要求的科学社会主义，是全面建成小康社会、加快推进社会主义现代化、实现中华民族伟大复兴的必由之路。"[1] 由此可见，中国特色社会主义道路的最高利益和核心价值与党的群众路线的内在要求具有高度的一致性。一个政党，一个政权，其前途和命运最终取决于人心向背。我们党从小到大、从弱到强、从革命党到执政党，从在黑暗中摸索到成为中国特色社会主义事业的坚强领导核心，根本原因就在于我们党始终坚持群众路线，全心全意为人民服务，诚心诚意为人民谋利益，保持同人民群众的血肉联系。始终坚持群众路线是我们党立于不败之地的根基。在新的战略机遇期，我们党要奋力把中国特色社会主义推向新的发展阶段，巩固和发展改革开放和社会主义现代化建设大局，实现中国梦，必须始终与人民心心相印、与人民同甘共苦、与人民团结奋斗，让人民真正得到实惠，让人民生活真正得到改善。因此，我们必须深刻认识、准确把握、坚定践行中国特色社会主义道路的本质要求，任何时候都把人民利益放在第一位，把实现好、维护好、发展好最广大人民根本利益作为一切工作的出发点和落脚点，全心全意为人民群众谋利益。只有我们想群众之所忧，急群众之所难，谋群众之所需，实实在在为群众解难事、办好事，人民群众才会信任党、拥护党、支持党，坚定不移地跟着党走中国特色社会主义道路。

只有坚持党的群众路线，才能找准坚持和发展中国特色社会主义道路的依靠力量，最大限度地调动人民群众投身中国特色社会主义事业的积极性、主动性和创造性。正是在这个意义上，习近平同志强调："我们深深知道：每个人的力量是有限的，但只要我们万众一心，众志成城，就没有克服不了的困难；每个人的工作时间是有限的，但全心全意为人民服务是无限的。""全国各族人民一定要牢记使命，心往一处想，劲往一处使，用13亿人的智慧和力量汇集起不可战胜的磅礴力量。"人民是历史的创造者，群众是真正的英雄。人民群众是我们力量的源泉。人民群众不仅是物质财富、精神财富的创造者和享有者，也是中国特色社会主义建设的主力军和最广大的受益者。贯彻党的群众路线，要从思想和感情深处真正把人民群众当主人、当先生，把自己看作人民群众的公仆和学生，虚心向他们求教问策，把政治智慧的增长、执政本领的增强、领导艺

[1] 习近平在新进中央委员会的委员、候补委员学习贯彻党的十八大精神研讨班开班式上的讲话。

术的提高深深扎根于人民群众的实践沃土中,不断从人民群众中吸取营养和力量;必须加强制度建设,创新联系群众、服务群众的途径与方法,畅通人民群众参与社会管理的渠道,汇集起不竭的力量源泉,夯实坚定不移走中国特色社会主义道路的群众基础。

只有坚持党的群众路线,才能保持党的先进性和纯洁性,为坚持和发展中国特色社会主义道路提供坚强有力的政治保障。在新的历史条件下,坚持中国特色社会主义道路面临着严峻挑战。当前,我国正处于发展关键期、改革攻坚期、矛盾凸显期,社会结构、社会组织形式、社会利益格局发生深刻变化,许多深层次的矛盾和问题逐渐显现。同时,一些领域消极腐败现象仍然易发多发,党员干部脱离群众的现象普遍存在,形式主义、官僚主义、享乐主义和奢靡之风日益严重,这些问题严重损害党在人民群众中的形象,严重损害党群、干群关系,影响了人民力量的凝聚。"人民群众是共产党存在和发展的基础、力量和智慧的源泉。共产党最基本的一条经验是一刻也不能脱离人民群众。"因此,必须使广大党员干部牢固树立群众观点,密切党同人民群众的血肉联系,把为民务实清廉的价值追求深深植根于全党同志的思想和行动中,不断增强党的创造力、凝聚力和战斗力,保持党的先进性和纯洁性,巩固党的执政基础和执政地位,为中国特色社会主义道路提供坚强有力的政治领导和组织保障,获得广泛、深厚、可靠的群众基础。

三、群众路线与中国特色社会主义道路统一于
实现中国梦的伟大历史进程

群众路线是我们党在长期实践中积累的无比宝贵的历史经验的总结,是我们党的传家法宝和看家本领,其实质是保持党与群众的血肉联系,为人民谋利益,保持党的先进性和纯洁性。中国特色社会主义道路是我们党紧紧依靠人民,把马克思主义基本原理同中国实际和时代特征相结合,独立自主探索开创出的实现我国社会主义现代化的必由之路,创造人民美好生活的必由之路。群众路线和中国特色社会主义道路,以全新的视野深化了对共产党执政规律、社会主义建设规律、人类社会发展规律的认识,二者有机地统一于实现中国梦的伟大实践之中。

群众路线是党的生命线，也是实现中国梦的生命线。中国梦是中华民族近代以来最伟大的梦想，是全党全国各族人民共同的奋斗目标，是团结凝聚海内外中华儿女的一面精神旗帜。"中国梦归根到底是人民的梦，必须紧紧依靠人民来实现，必须不断为人民造福。"[1] 这充分说明，中国梦的实现与人民群众密不可分，必须把人民群众的智慧和力量汇集到党的各项事业中来。而要凝聚起实现梦想的中国力量，必须始终坚持党的群众路线。在实现中国梦的伟大历史进程中，离不开群众路线的强大支撑和重要保障。只有坚持一切为了群众，一切依靠群众，从群众中来，到群众中去，将群众路线化为自觉行动，实现中国梦的奋斗目标才能获得人民群众的理解和支持。正如习近平同志所强调的，"实现中国梦必须凝聚中国力量。这就是中国各族人民大团结的力量。中国梦是民族的梦，也是每个中国人的梦。只要我们紧密团结，万众一心，为实现共同梦想而奋斗，实现梦想的力量就无比强大，我们每个人为实现自己梦想的努力就拥有广阔的空间。"[2] 作为中国特色社会主义事业的领导核心，我们党完全有能力将全国人民团结起来，为实现中华民族复兴而共同奋斗，而把 13 亿人智慧和力量汇集起来的法宝就是党的群众路线。

实现中国梦必须走中国道路，这就是中国特色社会主义道路。这条道路来之不易，它经历了 30 多年改革开放的伟大实践，经历了新中国成立后 60 多年的持续探索，经历了 170 多年中华民族发展历程的深刻总结，经历了 5000 多年中华民族悠久文明的传承。这条道路具有深厚的历史渊源和广泛的现实基础，是一条符合中国国情、富民强国的正确道路，要坚定不移地沿着这条道路走下去。中国特色社会主义道路充满生机活力，是因为这条道路为人类指明了一个新的发展方向，提供了一个新的发展模式；是因为这条道路能在公平的基础上实现广大人民群众的共同富裕，激发全社会的创造活力；是因为这条道路能自立于经济全球化的大潮，在世界大变动大变革中经受暴风雨的洗礼，不断赢得竞争新优势；是因为这条道路能从优秀民族文化中汲取丰富的营养，优秀传统文化被赋予马克思主义的全新内涵而成为中国特色社会主义建设的重要内容，优秀传统文化被赋予共产党人鲜明的要求而成为中国特色社会主义发展的不竭动力。可以说，中国特色社会主义道路符合我国实际和时代要求，符合中国最

---

[1] 习近平同志 2013 年 3 月 17 日在十二届全国人大一次会议闭幕会上的重要讲话。
[2] 同上。

广大人民根本利益，符合中华民族根本利益，符合人类历史的前进方向。实现民族复兴、国家强盛、人民幸福的中国梦，就要增强对中国特色社会主义的道路自信、理论自信、制度自信，就要增强对中国特色社会主义的历史自信、现实自信、未来自信。无论前进路上还会遇到怎样的艰难险阻和风险挑战，只要坚定不移地坚持和拓展中国特色社会主义道路，中华民族伟大复兴的中国梦就一定会实现。

用市场经济的办法充分发挥社会主义制度的优越性 [1]

党的十八届三中全会强调，全面深化改革必须坚持社会主义市场经济改革方向，使市场在资源配置中起决定性作用和更好发挥政府作用。坚持社会主义市场经济改革方向，就要把社会主义制度的优越性与市场在资源配置方面的优势充分结合起来，就要把坚持走中国特色社会主义道路与推进市场经济改革有机结合起来，善于用市场经济的办法充分发挥社会主义制度的优越性，解放和发展社会生产力，不断推动中国特色社会主义制度的自我完善和发展。

一、社会主义制度具有无可比拟的优越性

社会主义制度是人类历史迄今为止最先进的社会制度，它继承和吸收了包括资本主义制度文明在内的人类一切制度文明的优秀成果，能够克服包括资本主义制度在内的一切旧制度的弊端，代表着人类社会的发展方向，本应具有人类社会发展至今一切已有社会制度所不可比拟的优势。

社会主义制度是人民自己当家作主的制度，社会主义事业是人民自己的事业。社会主义作为共产主义的第一阶段，以实现人的自由全面发展为目标，致力于维护人民主体地位，促进社会公平正义，发展先进文化，实现共同富裕、社会和谐，为人民群众创造历史的自主性、自觉性的充分发挥提供可靠的制度保障，使人民群众的历史主动性和首创精神转化为社会发展的强大合力。

[1] 本文原载《光明日报》，2013 年 12 月 23 日。

　　社会主义制度代表了最广大人民群众的根本利益。社会主义国家的执政党是全心全意为人民谋利益的马克思主义政党，社会主义国家的政府是由马克思主义政党领导的全心全意为人民服务的政府，能够站在维护最广大人民根本利益的立场上，充分发挥对经济社会发展的宏观调控作用，既能够调动一切有效的社会资源，又能够动员一切有利的社会能量，既能够充分尊重和保障个人权利，又能够形成共同意志集中力量办大事。

　　社会主义制度代表了先进生产力的发展要求。邓小平曾经指出，社会主义的优越性归根到底要体现在它的生产力比资本主义发展得更快一些、更高一些，并且在发展生产力的基础上不断改善人民的物质文化生活。社会主义制度的建立为生产力发展开辟了广阔道路，创造了有利条件，能够最大限度地调动人民群众的主动性和创造性，使生产力系统中人的因素高度活跃起来，能够让一切劳动、知识、技术、管理、资本等各种要素的活力竞相迸发，让一切创造社会财富的源泉充分涌流，极大地解放和发展社会生产力。

　　当然，社会主义制度优越性并不会自然而然地发挥出来，也不是社会主义制度从一产生就能够完全表现出来的。社会主义制度的可能优势转化为现实优势，社会主义制度优越性的显现、发挥，需要一个实践的过程，需要一个历史的过程，需要一个不断探索、完善、发展的过程，需要一代又一代社会主义者进行艰苦奋斗和实践探索。

　　事实上，在理论和实践的双重探索中，社会主义也走过弯路，遭遇过曲折，甚至付出巨大代价，社会主义制度的优越性并不是如人们事先预想的那样凸显出来。近百年来社会主义建设和发展的历史实践充分说明了这一点。中国共产党人的社会主义探索和实践也不是一帆风顺的，曾经在中国式社会主义建设道路上取得巨大成就，但也有过一些错误的做法，甚至遭遇"文化大革命"这样的严重挫折。经验和教训都是极为宝贵的财富。中国共产党人从挫折和教训中深刻醒悟到：社会主义制度的优越性需要适当的体制才能发挥出来。传统的、高度集中的、僵化的计划经济体制，严重窒息了社会主义制度应有的优越性，束缚了社会生产力的发展，阻碍了人们积极性、创造性的发挥。1978年，中国共产党实现了一次伟大的历史转折，在探索发挥社会主义制度优越性的道路上开拓前进，从高度集中的计划经济体制到计划经济为主、市场调节为辅，到有计划的商品经济，从国家调节市场、市场引导企业到社会主义市场经济体制，终于找到了利用市场经济发挥社会主义制度优越性的有效途径。从 1979 年 11 月邓小平同志首次提出"社会主义的市场经济"这个概念，到 1992 年党的十四大正式宣布我国经济体制改革的目标是建立社会主义市场经济体制，要使市场在社会主义国家宏观调控下对资源配置起基础性作用，再到党的十八届三中全会明确提出使市场在资源配置中起决定性作用和更好发挥政府作用，表明我们党对市场经济作用的认识不断深化，对市场规律的认识和驾驭能力不断提高，表明我们党已经找到了充分发挥社会主义制度优越性的适当有效的体制——社会主义市场经济体制，找到了中国特色社会主义的正确发展道路。

二、市场在资源配置中有着独特的优势

市场决定经济资源配置是市场经济的一般规律，市场经济本质上就是市场决定经济资源配置的经济。历史和现实都有力地证明，市场经济是人类经济社会发展不可逾越的一个历史阶段。与其他经济体制相比，市场经济是目前人类社会发展阶段配置经济资源的最有效率的体制和发展社会生产力的最佳机制。社会主义中国正是通过建立和发展社会主义市场经济，使市场在国家宏观调控下对经济资源配置起重要作用，从而在短短 20 多年的时间内，实现了巨大的经济飞跃和社会进步。

市场经济能够使经济资源得到积极有效合理的配置和调动。市场经济通过供求机制、价格机制等内在机制，形成一种自动的市场调节力量，有利于及时地实现经济资源的合理流动和优化配置，引导人、财、物资源向预期效益较高的部门转移流动，从而提高经济资源配置效率，以尽可能少的经济资源投入生产尽可能多的产品、获得尽可能大的效益。市场经济的运行，有效地促进社会信用体系的建立和经济运行的规范化，较快地提高社会总的生产水平和质量。

市场经济能够激发经济主体的主动性、积极性。只有各类市场主体平等竞争、共同发展，经济发展才会朝气蓬勃、充满活力。市场经济的平等竞争机制和等价交换原则，要求市场主体平等使用生产要素，公平参与市场竞争，促使所有社会成员尽可能降低个别劳动消耗以获得较大利益，为调动众多的微观经济主体的积极性，构筑了一个相对客观公正的平台。

市场经济能够促进社会创新和技术进步。市场经济是以效益最大化为目标

取向的经济体制，以最小的生产成本获取最大的利润、实现最高的效率是市场经济的内在要求，这有利于充分激发经济主体的自主创造精神和实践创新能量，推动各类经济主体改进技术，加强自我管理，节约社会资源，提升产品质量，推动经济创新和社会创新。

任何事物都是一分为二的。市场经济也存在严重的弊端。市场经济本身带有盲目性和不确定性，无法自动地实现宏观经济总量的计划、稳定和平衡，甚至引发恶性竞争，导致经济危机；市场调节具有自发性、短期性、滞后性，难以保证人类社会的长远利益、根本利益和共同利益，难以完全实现个人利益与社会利益的统一；优胜劣汰的竞争机制也会造成社会分配不公，加剧贫富矛盾，导致两极分化。

历史上的市场经济是与资本主义私有制相结合的，是资本主义私有制基础上的市场经济。私有制的社会制度放大了市场经济的弊端，极大限制了市场经济的优势，使私人资本的逐利性和自私性发展到不可控制的地步，造成了资本主义社会的两极分化、贫富悬殊和阶级对立，造成了资本主义社会的剥削、压迫、暴力和战争，造成了资本主义社会阵发性、周期性的经济危机和不可克服的内在矛盾。私有制与市场经济的结合，最终导致资本主义的灭亡，为社会主义的兴起和发展，为社会主义制度与市场经济的结合，为中国特色社会主义道路带来了历史性的机遇和取得成功的可能空间。

三、用市场经济的办法充分发挥社会主义制度的优越性

建立社会主义市场经济体制，在社会主义条件下发展市场经济，用市场经济的办法释放社会主义制度的优势，是中国共产党人的一个伟大创举。在相当长的时间内，人们或者把市场经济同资本主义画等号，认为市场经济是资本主义的专有属性；或者把计划经济同社会主义画等号，认为社会主义只能搞计划经济，不能搞市场经济。新中国成立后的前 30 年，我们曾经按照计划经济的思路来规划社会主义建设道路。在特定历史条件下，计划经济对于社会主义生产力的发展，对于社会主义制度的巩固，发挥了很大作用，其积极贡献不容否认。但是，随着时间的推移和条件的变化，一定历史条件下形成的过于僵硬的计划经济体制的弊端逐渐暴露出来，制约了社会主义制度优越性的发挥。中国共产

党人以极大的政治智慧和理论勇气，建立和发展了社会主义市场经济体制，从而解决了世界上其他社会主义国家始终没有解决或解决好的一个重大问题。它是我们党对马克思主义政治经济学的重大创新，是对科学社会主义理论的重大发展，是对社会主义现代化建设道路的重大探索，也是中国保持经济社会持续快速发展的奥秘所在。

社会主义市场经济不是社会主义与市场经济的简单相加，更不是打着社会主义的旗号走资本主义的发展道路。市场经济体制与社会主义制度的结合程度，决定着社会主义制度优越性能否充分发挥，甚至关系到中国特色社会主义建设事业的成败。把社会主义制度与市场经济相结合是一个崭新的时代课题，没有任何现成的经验可以借鉴。这个结合不会自动发生，这个结合的主体就是中国共产党及其领导下的中国人民；这个结合也不会自动完善，需要中国共产党集中全党全国人民智慧进行理论创新和实践创新。党的十八届三中全会《中共中央关于全面深化改革若干重大问题的决定》明确提出全面深化改革必须坚持社会主义市场经济改革方向，使市场在经济资源配置中起决定性作用和更好发挥政府作用，就是中国共产党带领中国人民用市场经济的长处充分调动和发挥社会主义制度优越性的重大战略决策。

20 多年来，党领导人民进行了科学社会主义发展史上前无古人的探索，在中国特色社会主义道路上阔步前进，社会主义市场经济体制已经初步建立，经济资源配置的市场化程度大幅度提高，政府宏观调控体系更为健全，极大地推动了社会生产力的解放和发展，彰显了社会主义制度的巨大优越性。但是，当前我国社会主义市场经济体制仍存在不少问题，市场秩序不规范，以不正当手段谋取经济利益的现象广泛存在；生产要素市场发展滞后，要素闲置和大量有效需求得不到满足并存；市场规则不统一，部门保护主义、地方保护主义和垄断现象大量存在；市场竞争不充分，阻碍优胜劣汰和结构调整，等等。这些问题显然同市场经济体制相矛盾，也制约了社会主义制度优越性的发挥。

正是基于对这些问题的高度自觉，党的十八届三中全会特别强调，要进一步处理好政府和市场的关系，通过充分发挥市场和政府两个方面的作用，发展和完善社会主义市场经济体制，使市场经济的体制优势同社会主义的制度优势有机结合起来，形成两种优势的同向共振效应，增强放大效果，真正把社会主义制度的优越性充分调动起来，充分发挥出来。

毛泽东是中国特色社会主义的伟大奠基者、探索者和先行者 [1]

　　毛泽东领导的社会主义建设实践与探索，同今天党领导的中国特色社会主义伟大事业，是同一件大事的两个不同的发展时期，既相互联系又有所区别，同属于中国共产党领导中国人民实现社会主义现代化和中华民族伟大复兴中国梦的总体历史进程，前者是后者的探索和准备，后者是前者的继承和发展。不论是从历史实践上还是从理论逻辑上说，毛泽东都是中国特色社会主义事业的伟大奠基者、探索者和先行者。

　　作为社会主义新中国的缔造者，在领导完成新民主主义革命胜利、创建新中国、恢复国民经济的历史任务后，毛泽东及时地领导了对生产资料私有制的社会主义三大改造，建立了社会主义基本制度。他率先提出要走自己的路，实现马克思主义基本原理同中国具体实际的第二次结合，探索适合中国具体情况、具有中国特点的社会主义建设道路。虽然毛泽东在探索实践中出现严重错误和挫折，但成就巨大而卓越：创建了社会主义基本制度，领导了大规模的社会主义建设，积累了社会主义的物质财富和精神财富，形成了关于社会主义建设的独创性理论成果，积累了社会主义建设宝贵的经验教训，为开创和发展中国特色社会主义伟大事业提供了制度条件、物质基础、理论准备和宝贵经验。

---

[1] 本文原载《中国社会科学》，2013 年第 12 期。

一、取得社会主义建设的巨大成就，为中国特色社会主义奠定了制度条件和物质基础

作为占世界人口 1/4 的中国人民，走上社会主义道路，是 20 世纪中国乃至世界发展进程中的一个极其伟大的历史事件。它从根本上改变了中国历史发展的方向，对世界历史进程产生了深刻的影响，对今天中国特色社会主义事业的开创和推进有着深远而重要的理论和现实意义。

早在革命战争年代，毛泽东就指明了中国革命的前途，即通过新民主主义革命不间断地进入到社会主义革命，最终建设社会主义和共产主义。新中国成立后，他成功地领导开辟了一条具有中国特色的社会主义改造道路，创建并不断完善社会主义经济制度以及与之相适应的政治制度，领导了大规模的社会主义经济、政治和文化建设，奠定了中国特色社会主义的制度前提、思想保证、物质基础，创造了中国社会主义建设的有利外部环境。

第一，领导完成生产资料所有制的社会主义改造任务，创立并不断发展社会主义经济制度。

新中国建立以后，毛泽东领导党和人民在极其艰苦的条件下，迅速实现了国民经济的全面恢复和较快发展。他紧接着就开始思考中国向社会主义转向的问题。1952 年 9 月 24 日，在中央书记处会议上他提出"中国怎样从现在逐步过渡到社会主义去"的战略思考。1953 年 12 月，他完整地提出了党在社会主义过渡时期的总路线："从中华人民共和国成立，到社会主义改造基本完成，这是一个过渡时期。党在这个过渡时期的总路线和总任务，是要在一个相当长的时期内，逐步实现国家的社会主义工业化，并逐步实现国家对农业、对手工业和对资本主义工商业的社会主义改造。"[1]在毛泽东的领导下，我国全面开展了对生产资料私有制的社会主义三大改造运动，成功地开辟了一条具有中国特点的社会主义改造道路：对资本主义工商业，采取了一系列从低级到高级的国家资本主义的过渡形式，实现了对资产阶级的和平赎买，创造了一条从资本主义和平进入社会主义的独特道路；对个体农业，遵循自愿互利、典型示范和国家帮助的原则，创造了从互助组到初级农业生产合作社再到高级农业生产合作社的社会主义集体所有制形式；对于个体手工业的改造，也采取了类似的方式。

---

[1]《毛泽东文集》第 6 卷，人民出版社 1999 年版，第 316 页。

　　1956 年底，生产资料私有制的社会主义改造取得了决定性的胜利，社会主义性质的国营经济、合作社集体经济和公私合营经济占到了国民经济的 92.2%；农村基本上实现了土地公有，96.3% 的农户加入了农业生产合作社，建立起社会主义集体经济；绝大多数的手工业者也加入了手工业集体经济组织；以国营经济和集体经济为主体的社会主义经济制度基本确立。1956 年后，在开展大规模的社会主义建设过程中，尽管发生过一些曲折，出现急于向纯而又纯的"公有制"过渡，过度强调"一大二公"等情况，但是社会主义最基本的经济制度始终没有发生大的改变并不断得到巩固，为新时期改革开放和社会主义现代化建设创造了经济制度条件。

　　第二，与建设社会主义经济基础相适应，领导建立并不断发展社会主义政治制度和法律体系。

　　毛泽东首先领导党创建了社会主义的人民民主专政国体。所谓国体就是国家的政治制度。作为国体的人民民主专政，核心是对人民实行民主和对敌人实行专政，领导力量是工人阶级。人民民主专政的实质是无产阶级专政，是无产阶级专政在中国的具体形式。为了对人民实行最广泛的民主，毛泽东领导创立了人民代表大会制度，形成了我国的根本政治制度。他在党的七届二中全会上就明确指出，我们不采取资产阶级共和国的国会制度，而采取无产阶级共和国的苏维埃制度，但"在内容上我们和苏联的无产阶级专政的苏维埃是有区别的，我们是以工农联盟为基础的人民苏维埃"[1]。这就是说，人民代表大会制度既不是资产阶级的议会制，也不同于苏联的苏维埃制，而是完全符合中国具体实际的独特而科学的根本政治制度，是实现中国人民当家作主的重要途径和最高形式，体现了中国社会主义民主政治的鲜明特点。在实行人民代表大会制度的前提下，毛泽东领导建立了一整套社会主义的基本政治制度。创立了中国共产党领导的多党合作和政治协商制度，使之成为一种具有中国特色的各民主党派、各人民团体和各界人士进行民主协商、参政议政的制度平台，成为我国的一项基本政治制度。创立了正确处理民族关系的民族政策和民族区域自治制度，即在国家统一领导下，各少数民族聚居的地方设立自治机关，行使自治权，实行区域自治。这项政治制度不同于苏联式的联邦制度，而是根据我国历史发展、文化特点、民族关系和民族分布等具体情况做出的制度安排，符合各民族人民的共同

[1]《毛泽东文集》第 5 卷，人民出版社 1999 年版，第 265 页。

利益和发展要求。毛泽东在领导创建社会主义一系列基本政治制度的同时，亲自领导制定和颁布实施了中华人民共和国第一部宪法，并以宪法为指导制定颁布了政治、经济、文化以及党的建设等领域的相关法律法规，初步形成了我国的社会主义法律体系。

进入全面建设社会主义时期之后，我国的社会主义基本政治制度进一步发展。人民民主专政的国家制度得到不断加强，抗美援朝取得重大胜利，平定了西藏上层集团的叛乱，打击了民族分裂势力，维护了社会稳定，进行了中印边界自卫反击等斗争，抗击了外来侵略，捍卫了国家主权，巩固了社会主义国家政权。分别于1954年、1959年、1964年召开了三届全国人民代表大会，人民民主得到了较好发展，国家根本政治制度健康运行。中国共产党同各民主党派长期共存，相互监督，民主党派和各界人士积极参政议政，政治协商制度顺利发展。继内蒙古自治区之后，1955年到1965年间，又先后成立了新疆维吾尔自治区、广西壮族自治区、宁夏回族自治区和西藏自治区，民族区域自治制度得到进一步完善。

第三，领导开展大规模的社会主义建设，为社会主义巩固和发展积累坚实的物质基础。

建立社会主义制度的同时，毛泽东领导开展了大规模的社会主义建设运动，提出了实现社会主义工业现代化、农业现代化、科学技术现代化和国防现代化的伟大号召，在工业、农业、科技、国防以及文化、外交等方面取得了巨大成就，形成了比较完整的工业体系和国民经济体系，极大地提升了人民的物质文化生活水平。

积极推进社会主义工业化，工业体系和布局基本形成，工业生产能力大幅提高。中国共产党从旧中国接过来的工业是一个烂摊子，中国社会主义工业化是在"一穷二白"的基础上开始的。在毛泽东的领导下，全党全国人民奋发图强，艰苦奋斗，大力开展社会主义工业化建设，迅速摆脱了贫穷落后的工业面貌，取得了巨大成就。到1965年，在能源工业方面，发电量达到676亿瓦，电力工业基本上实现了全国联网；煤炭工业稳步向现代化发展，原煤产量达到2.32亿吨；石油工业实现了完全自给，原油产量达到1131万吨，把长期禁锢中国发展的"贫油国"帽子抛到了太平洋；在冶金工业方面，钢铁产量和品种都上了一个大的台阶，钢产量达到1223万吨，建成了鞍钢、武钢、包钢等十大钢铁公司在内的一大批重点钢铁企业；在机械工业方面，形成了门类齐全的机械制造体系，主要机械设备自给率达到了90%以上，纺织机械等产品不仅能够完全满足国内需要，而且开始向许多国家和地区提供成套设备；电子工业、原子能工业、航天工业等新兴工业，也从无到有、从小到大逐步发展起来。在工业布局方面，建成了531个大中型工业项目。在大力发展沿海工业基地的同时，广大内地省份也都建立起了现代工业，其工业产值在全国工业产值中的比例不断提高。社会主义工业体系达到相当规模和一定技术水平，形成比较合理的工业布局，工业生产能力得到大幅度的提高。

努力推进社会主义农业现代化，农业基础设施得到明显改善，农业机械化水平不断提升。毛泽东根据中国的具体情况，高度重视农业在国民经济中的重要地位。他强调提出"全党一定要重视农业。农业关系国计民生极大。要注意，不抓粮食很危险。不抓粮食，总有一天要天下大乱"[1]。"手里有粮，心里不慌，脚踏实地，喜气洋洋。"[2] 在实现农业集体化的前提下，大力推进农业现代化。从1958年到1965年，建成了150多项大中型水利设施，黄河、海河、淮河等都得到了很大程度上的治理，当年为害人民生产生活的河流水系，成为社会主义农业发展的有利条件。灌溉面积在全国耕地中所占的比例从1957年的24.4%上升到了1965年的32%。随着基础设施的逐步改善，中国的农业机械化、现代化也得到了极大的进展，现代机械和化学肥料在农业增产中发挥的作用不断提高，机耕面积在耕地总面积中的比重从1957年的2.4%上升到1965年的15%，机灌面积在灌溉总面积的比重从4.4%上升到24.5%，化肥使用量从每亩0.5斤上升到2.5斤。与此同时，在推广良种、水土保护、植树造林、改良土壤等方面，也取得了很大成就。农业基础设施不断得到改善，农业现代化的水平不断提升，农业产值有了大幅度提高，形成了农业全面发展的局面。

大力推进科学技术现代化，科学技术发展成绩十分显著，科技成果得到了广泛运用。毛泽东极其重视科技发展，他明确指出："科学技术这一仗，一定要打，而且必须打好。……不搞科学技术，生产力无法提高。"[3] 他指导成立了国务院科学规划委员会和国家科学技术委员会。在1956年就制定了《1956—1967年科学技术发展远景规划纲要》(即"十二年科技发展远景规划")，并于1962年

[1]《毛泽东文集》第7卷，人民出版社1999年版，第199页。
[2]《毛泽东文集》第8卷，人民出版社1999年版，第84页。
[3]《毛泽东文集》第8卷，人民出版社1999年版，第351页。

提前基本完成。1963 年，他又指导制定了《1963—1972 年科学技术发展规划》（即"十年科学规划"）。在毛泽东的领导下，我国科学技术事业取得了巨大成就。形成了一支比较强大的科学技术队伍，到 1965 年底，全国自然科学技术人员达 246 万人，全国专门的科学研究机构 1714 个，专门从事科学研究的人员达 12 万人，形成了由中国科学院、各部委和省市自治区直辖市的科研机构、国防系统科研机构、高校科研机构等构成的全国科研工作系统。基础科学研究方面有很多进展，1965 年首次完成人工合成牛胰岛素，这项技术处于世界领先地位。科学应用技术研究方面取得了一系列重大成果，研制了众多新型材料、仪器仪表、精密机械和大型设备，试制了电子计算机、电子显微镜、射电望远镜、高速照相机、氨分子钟、30 万千瓦双水内冷发电机等高精尖设备。这些技术广泛应用于工业、农业、国防等领域，推动了我国科学技术水平的总体提升。

全面推进国防现代化，国防尖端技术攻关成效显著，国防现代化初具规模。在国际军事斗争的实践中，毛泽东清楚地认识到，国防科技特别是尖端技术，绝不可能依靠国外，必须要自力更生、自己攻关，建立独立的现代国防体系。20 世纪 50 年代中期，毛泽东就明确提出要正确处理经济建设和国防建设的关系，重点研制和发展国防尖端技术，特别是提出了"两弹一星"的重大战略决策。在他的大力倡导和关怀指导下，1958 年 6 月，中国第一座试验原子能反应堆投入试验，并开展研制核动力潜艇。1959 年 6 月，苏联终止向中国提供核武器和导弹技术援助，同年 7 月毛泽东以战略家的胆识提出，我们要自己动手，从头摸起，独立自主地研制尖端技术特别是原子弹。1960 年 11 月，仿制的"东风一号"近程液体弹道导弹发射成功，实现了中国军事装备历史上的重大转折。1964 年 6 月 29 日，中国自行研制的"东风 2 号"中近程地对地导弹发射成功。同年 10 月 16 日，自行研制的第一颗原子弹爆炸成功。1966 年 10 月 27 日，又实现了原子弹与导弹"两弹结合"的成功试验。与此同时，我国在空军装备、海军装备等方面，都取得了长足发展。国防尖端技术和现代化的发展，标志着中国的国防科技已经有了迅速发展，大大提高了中国在国际上的地位，为社会主义事业提供了强大的国防军事保障。

繁荣发展教育、卫生、体育等事业，全面提高和改善群众生活质量，人民生活水平得到显著提高。毛泽东历来高度重视社会主义社会事业的全面发展，以及社会主义条件下人的全面发展，致力于提高人民群众的物质文化生活水平。他积极推进教育事业发展，1957 年就提出了社会主义教育方针：我们的教育方针，应该使受教育者在德育、智育、体育几个方面都得到发展，成为有社会主义觉悟的有文化的劳动者。到 1965 年，全国在校学生达到 1.3 亿人；小学 168.19 万所，学龄儿童入学率达到了 84.7%；普通中学 18102 所，在校学生 933.79 万人；高等学校 434 所，在校学生 67.4 万人。中国人民的文化素质得到了极大提高。毛泽东极为重视同人民身体状况直接相关的卫生事业，在他的领导支持下，我国已经建立了比较完善的医疗保健制度，形成了城乡卫生医疗网。到 1965 年，全国省地县级卫生防疫站、妇幼保健站都已建立，绝大部分公社也都建立了卫生院，各种类型的农村基层卫生医疗机构遍布乡村；群众性的爱国卫生运动全面开展，防治流行性疾病工作取得显著成就，旧中国流行的传染病如天花、霍乱、血吸虫病等，有的灭绝，有的基本消灭。我国体育事业蓬勃发展，成功地连续举办了全国运动会，竞技体育有了很大进展，我国运动员多次在世界大赛中获得世界冠军，群众体育更是快速发展，不断掀起全民体育运动高潮，人民群众的身体素质得到了极大提高。毛泽东领导党和国家全面改善群众生活，人民的物质生活水平得到了很大的改善，1964 年的猪肉、羊肉、蔬菜等副食品比 1967 年增长了 30%，纺织品、自行车、收音机等日常生活用品比 1957 年增长了 50% 以上。社会主义制度在改善、提高人民群众生活质量、生活水平方面的优越性，得到了比较好的体现。

毛泽东领导开展了大规模的社会主义文化建设，提出并不断发展完善我国思想文化建设的指导思想、根本标准、方针政策，逐步形成了社会主义的文化体系，对社会主义发展起到了思想保证作用，并在新时期中国特色社会主义事业发展中焕发出新的活力。他还领导确立了和平共处五项原则，制定了独立自主的外交政策，积极发展最广泛的国际友好合作，为中国特色社会主义开辟了有利的国际环境。

二、形成关于社会主义建设的独创性理论成果，为中国特色社会主义提供思想指南和理论准备

毛泽东在领导社会主义建设的过程中，创造了一系列独创性的关于中国社会主义建设的理论成果，极大地推进了马克思主义中国化的进程，为中国特色

社会主义提出了正确的思想指南，提供了重要的理论准备。

第一，提出实现马克思主义同中国实际的第二次结合，为建设中国式社会主义确立总的指导原则。

毛泽东对马克思主义、对社会主义和共产主义事业最伟大的理论贡献，一是实现了马克思主义与中国革命实践的第一次结合；二是提出并初步探索了马克思主义与中国建设实践的第二次结合。第一次结合的主题是要找出中国自己的革命道路；第二次结合的主题是要找到中国自己的建设道路。在新民主主义革命和社会主义革命的过程中，毛泽东把马克思主义普遍真理同中国革命的具体实践相结合，走出了具有中国特色的新民主主义革命和社会主义革命道路，形成了指导中国新民主主义革命与社会主义革命的理论及路线、方针、政策，创立了第一次伟大结合的重大理论成果——毛泽东思想。当中国进入社会主义建设阶段后，毛泽东又率先提出实现马克思主义同中国建设实际的第二次结合的重要思想。随着我国建设事业的全面开展，以及苏联模式弊端的逐渐暴露，毛泽东日益认识到寻找适合中国国情的社会主义建设道路的重要性、必要性和紧迫性。1956 年 3 月 12 日，在中央政治局会议上，毛泽东就提出应该自己开动脑筋，解决本国革命和建设问题。3 月 23 日，在中央书记处扩大会议上，他提出，"把马克思列宁主义的基本原理同我国革命和建设的具体实际结合起来，探索在我们国家里建设社会主义的道路"。 4 月 4 日，他明确提出第二次结合的命题："最重要的是要独立思考，把马列主义的基本原理同中国革命和建设的具体实际相结合。民主革命时期，我们吃了大亏之后才成功地实现了这种结合。现在是社会主义革命和建设时期，我们要进行第二次结合，找出在中国怎样建设社会主义的道路。……我们应该从各方面考虑如何按照中国的情况办事，……现在更要努力找到中国建设社会主义的具体道路。"[1] 正是在这样的理论思考之下，他率先强调中国必须以苏为戒、以苏为鉴，独立自主地探索适合中国国情、具有中国特点的社会主义建设道路。在《论十大关系》的讲话中，他告诫人们："最近苏联暴露了他们在建设社会主义过程中的一些缺点和错误，他们走过的弯路，你还想走？过去我们就是鉴于他们的经验教训少走了一些弯路，现在当然更要引以为戒。"[2] 在修改八大政治报告时，他写道："我国是一个东方国家，又

[1] 吴冷西：《忆毛主席》，新华出版社 1995 年版，第 9—10 页。
[2] 《毛泽东文集》第 7 卷，人民出版社 1999 年版，第 23 页。

是一个大国。因此，我国不但在民主革命过程中有自己的许多特点，在社会主义改造和社会主义建设的过程中也带有自己的许多特点，而且在将来建成社会主义社会以后还会继续存在自己的许多特点。"[1] 在研读苏联《政治经济学教科书》时，对于书中关于每一个国家都应该"具有自己特别的具体的社会主义建设的形式和方法"的提法，他极为赞同，表示必须把"普遍规律和具体特点相结合"。[2] 提出实现马克思主义普遍真理同中国实际的第二次结合，走自己的路，探索适合中国国情、具有中国特点的社会主义建设道路，是毛泽东在中国社会主义发展史上的重大理论贡献，为实现马克思主义中国化第二次历史性飞跃做了充分的思想酝酿与理论准备，不仅是中国特色社会主义理论、道路、制度形成的历史和逻辑的起点，而且是中国革命、建设和改革的一条指导原则。

第二，做出中国处于不发达社会主义阶段的理论判断，为建设中国式社会主义明确国情依据和战略目标。

实现马克思主义与中国实际的第二次结合，走中国特色社会主义道路，首先必须搞清中国社会主义建设所面临的实际国情，只有搞清国情，从实际出发，才能真正实现第二次结合。对国情的判断，最重要的就是要科学分析我国所处的发展阶段。经过深入调查研究和比较分析，毛泽东提出，社会主义分为不发达的社会主义和比较发达的社会主义两个阶段，中国不要过早地讲建成社会主义，得出了中国正在并长期处于"不发达的社会主义阶段"的判断[3]。从这个基本认识出发，他对我国社会主义建设的阶段性、长期性和曲折性有了初步认识。他说，"建设强大的社会主义经济，在中国，五十年不行，会要一百年，或者更多的时间"[4]。毛泽东关于中国处于不发达的社会主义阶段的判断，是党提出社会主义初级阶段理论的思想源头，揭示了中国社会主义建设的国情依据和基本出发点。从中国实际国情出发，毛泽东对中国社会主义发展战略作了科学谋划。关于中国社会主义的长远发展战略，毛泽东从新中国成立伊始就开始长期探索，做出了重要论断。新中国成立初期提出"三年五年恢复，十年八年发展"的规划，50 年代早期提出经过三个五年计划完成过渡任务的战略，在社会主义改造的进程中提出了要过好民主主义的关、过渡时期关和社会主义关的"过三关"

[1]《建国以来毛泽东文稿》第 6 册，中央文献出版社 1992 年版，第 143 页。
[2]《毛泽东文集》第 8 卷，人民出版社 1999 年版，第 116 页。
[3]《毛泽东文集》第 8 卷，人民出版社 1999 年版，第 116 页。
[4]《毛泽东和他的秘书田家英》，中央文献出版社 1990 年版，第 59 页。

思想。他多次明确提出中国要经过 50 年到 100 年的时间，赶上和超过英美等资本主义发达国家，把中国建设成为强大的富强的社会主义国家的战略目标。在《关于正确处理人民内部矛盾的问题》中，比较完整地提出了社会主义现代化的发展战略，这就是要"将我国建设成为一个具有现代工业、现代农业和现代科学文化的社会主义国家"[1]。在阅读苏联《政治经济学教科书》时，又提出要加上国防现代化："建设社会主义，原来要求是工业现代化，农业现代化，科学文化现代化，现在要加上国防现代化。"[2] 他提出的社会主义战略目标对新时期我国社会主义现代化发展战略的制定具有极大的前瞻性和指导性。

第三，创立社会主义基本矛盾、主要矛盾和人民内部矛盾学说，为建设中国式社会主义提供哲学依据和科学方法。

在《论十大关系》《关于正确处理人民内部矛盾的问题》等著作中，毛泽东运用对立统一的观点观察分析当时我国社会的阶级、阶级斗争和社会矛盾问题，明确提出了关于社会主义基本矛盾、主要矛盾和人民内部矛盾的创新理论。他在马克思主义发展史上第一次明确提出，社会主义社会的基本矛盾仍然是生产力和生产关系、上层建筑和经济基础的矛盾，二者之间基本适应但又有不适应的方面，这种不适应可以通过改革使社会主义制度不断完善加以解决。他指出，进入社会主义建设时期，阶级斗争已经不是我国的主要矛盾，人民对于经济文化迅速发展的需要同当前经济文化不能满足于人们需要的状况之间的矛盾是国内的主要矛盾，这个矛盾决定了发展生产力是社会主义的根本任务。明确提出，社会主义社会存在着两类不同性质的矛盾，即敌我矛盾和人民内部矛盾，前者是对抗性质的，后者是非对抗性质的，两种不同性质的矛盾的解决方法是不同的，必须要正确区分和处理两类不同性质的矛盾，特别是要把正确处理人民内部矛盾作为国家政治生活的主题。在《论十大关系》中，他以马克思主义的唯物辩证法为指导，系统论述了社会主义建设和发展中的带有全局性的重大关系，强调必须用辩证法思想、统筹兼顾的方法来处理这些关系，既要坚持两点论，又要坚持重点论；既要抓好主要矛盾，又要解决好非主要矛盾；在处理国家、集体和个人三者利益的关系上，必须统筹兼顾，不能只顾一头；在中央和地方的关系上，必须处理好统一性和独立性的关系……认为这种辩证法思想必须要

---

[1]《毛泽东文集》第 7 卷，人民出版社 1999 年版，第 207 页。

[2]《毛泽东文集》第 8 卷，人民出版社 1999 年版，第 116 页。

贯彻到社会主义建设的方方面面。毛泽东关于社会主义社会基本矛盾、主要矛盾和人民内部矛盾的理论，是我国实现拨乱反正，实行改革开放政策，确立以经济建设为中心的基本路线的哲学根据；他关于社会主义建设方法的探索，为形成社会主义建设正确路线提供了重要的方法论依据。

第四，制定社会主义民主政治建设的总方针和总目标，为建设中国式社会主义明确政治方向和基本方针。

新中国成立后，毛泽东就一直致力于探索社会主义政治发展道路，提出要形成一种有利于社会主义建设的良好政治局面。1957年他提出了社会主义民主政治建设的总目标，即"要造成一个又有集中又有民主，又有纪律又有自由，又有统一意志、又有个人心情舒畅、生动活泼，那样一种政治局面"。怎样形成良好的政治局面呢？在《论十大关系》中，毛泽东开宗明义地提出了一个基本方针，"就是要把国内外一切积极因素调动起来，为社会主义事业服务"；"要调动一切直接的和间接的力量，为把我国建设成为一个强大的社会主义国家而奋斗。"[1] 为了调动一切积极因素，他提出了要处理一系列重要的政治关系，他所论述的十大关系，其中有五个方面都是有关政治建设的，即汉族和少数民族的关系、党和非党的关系、革命和反革命的关系、是非关系、中国和外国的关系。围绕着这个基本方针，毛泽东在社会主义民主政治建设问题上，提出了一系列重要的观点：在国家的根本政治制度上，必须始终坚持人民民主专政，实行人民代表大会制度；在中国共产党和民主党派的关系上，必须加强中国共产党领导下的多党合作和政治协商制度，共产党和民主党派要实行"长期共存、相互监督"的方针；在民族问题上，坚决实施民族区域自治制度，推动民族地区的民主改革，促进少数民族经济文化发展，反对大汉族主义和地方民族主义。毛泽东对社会主义民主法制是高度重视的，他多次强调，在国家政治生活中要扩大党内民主和社会民主，把坚持民主集中制和发扬社会主义民主，提高到巩固国家政权的高度，"没有民主集中制，无产阶级专政不可能巩固"。在法制问题上，他强调必须反对官僚主义，逐步健全社会主义法制，真正做到"有法可依、有法必依"。

第五，探求指导社会主义建设的经济理论和经济政策，为建设中国式社会主义做出重要的政治经济学理论创新。

---

[1]《毛泽东文集》第7卷，人民出版社1999年版，第23页。

　　毛泽东强调，为了推进中国社会主义经济建设，既要坚持马克思主义政治经济学的基本原理，又要立足中国国情，总结中国经验，不断推进马克思主义理论创新，产生自己的理论家，创造自己的经济学理论，形成具有中国自己特色的政治经济学理论。他在读苏联《政治经济学教科书》时明确指出："马克思这些老祖宗的书，必须读，他们的基本原理必须遵守，这是第一。但是，任何国家的共产党，任何国家的理论界，都要创造新的理论，写出新的著作，产生自己的理论家，来为当前的政治服务，单靠老祖宗是不行的。"[1]毛泽东自己就在社会主义政治经济学理论方面做出了重要的理论创新，在经济体制、商品经济、对外开放等方面提出了一系列重要理论论断。他率先提出社会主义要大力发展商品生产和商品交换，认为商品生产本身是没有什么制度性的，它只是一种工具，看一种商品经济的制度特征，"要看它是同什么经济制度相联系，同资本主义制度相联系就是资本主义的商品生产，同社会主义制度相联系就是社会主义的商品生产"。社会主义时期，必须充分利用商品经济这个工具，使之为社会主义建设服务，中国的商品经济很不发达，一定要"有计划地大力发展社会主义的商品生产"；一味否定商品经济的观点"是错误的，这是违背客观法则的"。[2]他明确指出，价值规律在我国的社会主义建设中发挥着作用，"价值法则是一个伟大的学校，只有利用它，才有可能教会我们的几千万干部和几万万人民，才有可能建设我们的社会主义和共产主义。否则一切都不可能"[3]。他从中国实际国情出发明确指出，基于中国经济发展的现实状况，在对待资本主义和私营经济问题上，他既不搞教条化，也不搞西化，认为可以在搞国营的基础上搞私营，坚持社会主义的前提下搞资本主义，"可以搞国营，也可以搞私营"，可以消灭资本主义，又搞资本主义，因为"它是社会主义经济的补充"。在经济体制和所有制结构方面，他明确提出要调动两个积极性的思想，"我们不能像苏联那样，把什么都集中到中央，把地方卡得死死的，一点机动性都没有"，一定要划分好中央和地方的经济管理权限，充分发挥好中央和地方两个积极性。在对外开放的问题上，他提出"向外国学习"的口号，在对外开放问题上，要搞两点论而不是一点论，"一切民族、一切国家的长处都要学，政治、经济、科学、技术、文

[1]《毛泽东文集》第 8 卷，人民出版社 1999 年版，第 109 页。

[2]《毛泽东文集》第 7 卷，人民出版社 1999 年版，第 434—441 页。

[3]《毛泽东文集》第 8 卷，人民出版社 1999 年版，第 34 页。

学、艺术的一切真正好的东西都要学。但是，必须有分析有批判地学，不能盲目地学，不能一切照抄，机械搬用"[1]。他在经济建设的基本方针和方法上提出，既要反对保守又要反对冒进，在综合平衡中稳步前进，以农业为基础，以工业为主导，按农、轻、重的次序安排国民经济计划，从中国的具体情况出发，搞好综合平衡，统筹兼顾，适当安排，勤俭办事。这些重要论断为改革开放时期我们党提出经济体制改革、对外开放、社会主义市场经济体制等做了重要的理论储备。

第六，提出发展社会主义文化的方针政策和战略思考，为建设中国式社会主义确定思想指南和文化旨要。

毛泽东首先明确了马克思主义在我国社会主义建设中的根本指导地位，把马克思主义牢固地确立为社会主义思想文化的灵魂。他反复强调，马克思主义是指导我们思想的理论基础，"马克思主义的基本原则又是不能违背的，违背了就要犯错误"[2]。马克思主义不是某一方面工作的指导思想，而是社会主义建设全部工作的根本指针，是当代中国一切发展进步的方向引领和思想保证，任何时候都不能偏离更不能动摇。他亲自主持把马克思列宁主义作为指导思想写进新中国的首部宪法当中，使作为领导阶级的工人阶级的世界观方法论——马克思主义成为社会主义的国家意志，使党的指导思想上升为国家的主流意识形态，形成了中国社会主义文化建设的核心内容和根本原则。他从中国社会主义制度长远发展的战略高度，强调共产主义理想信念教育，提出了培养共产主义接班人的重大历史任务，并提出了"又红又专"的接班人标准。明确提出了社会主义文化发展中判别大是大非的六条根本标准，即有利于团结全国各族人民、有利于社会主义改造和社会主义建设、有利于巩固人民民主专政、有利于巩固民主集中制、有利于巩固共产党的领导、有利于社会主义的国际团结和全世界爱好和平人民的国际团结，并特别强调，"这六条标准中，最重要就是坚持社会主义道路和党的领导这两条"[3]。这六条标准成为四项基本原则的直接理论源头，邓小平曾明确说过"四项基本原则并不是新东西，是我们党长期以来所一贯坚持的"。[4]毛泽东创造性地提出了繁荣发展社会主义文化的根本方针，他指出："百花齐放，百家争鸣，这是一个基本性的同时也是长期性的方针，不是一个暂时性

[1]《毛泽东文集》第7卷，人民出版社1999年版，第41页。

[2]《毛泽东文集》第7卷，人民出版社1999年版，第278页。

[3]《毛泽东文集》第7卷，人民出版社1999年版，第233—234页。

[4]《邓小平文选》第2卷，人民出版社1994年版，第165页。

的方针。"[1] 他提出要做到 "古为今用、洋为中用",继承和吸收古今中外一切有益的科学文化知识。他高度重视科学技术在社会主义建设中的极端重要性,明确提出了 "向科学进军" 的口号,并把科学技术现代化作为社会主义现代化的重要组成部分。他充分肯定知识分子在社会主义建设中的地位作用,明确提出我国知识分子的大多数已经是中国工人阶级的组成部分,要实现达到世界先进水平的伟大目标,"决定一切的是要有干部,要有数量足够的、优秀的科学技术专家"。[2]

第七,规定中国外交工作总的方针政策,为建设中国式社会主义争取有利的外部环境。

毛泽东提出了 "互相尊重主权和领土完整、互不侵犯、互不干涉内政、平等互利、和平共处" 的五项原则,确定了新中国处理国际关系的根本原则。在世界总体格局上,提出了 "三个世界" 划分的战略思想,认为中国作为第三世界国家,要加强同广大第三世界国家的团结,争取第二世界国家,反对超级大国的控制,反对殖民主义、帝国主义和霸权主义,中国现在不是,将来也决不做超级大国,着力改善和发展同新兴民族独立国家尤其是邻近国家的关系。在党际关系上,强调各个国家的共产党是兄弟党而不是父子党关系,各国共产党应该根据本国的具体国情确定自己的路线、方针、政策,在社会主义阵营中,各个国家应该独立自主地探索符合自身国情的社会主义道路。在依靠自己和借鉴外国经验的关系上,提出了自力更生为主、争取外援为辅的基本路线,强调必须破除迷信,独立自主地干工业、干农业、干科技革命和文化革命,打倒奴隶思想,埋葬教条主义,要认真学习外国的好经验,也一定要研究外国的坏经验。毛泽东坚持独立自主的外交方针,为维护国家主权,同美国、苏联等超级大国进行斗争,坚决反对美国炮制的 "两个中国" 的阴谋,顶住来自苏联的压力,合理调整社会主义阵营中的党际国际关系;全面改善同周边国家的关系,和平解决同西南邻国的边界问题;妥善处理同世界范围内三种力量的关系,积极发展同广大发展中国家特别是亚非拉国家的友好合作关系;经过长时间艰苦的外交斗争,在 1971 年第 26 届联合国大会上成功恢复中华人民共和国在联合国的一切合法权利,取得了外交工作的重大突破;在反对大国霸权主义的前提下,同法国、加拿大、意大利、英国、日本等西方大国展开全面外交,并成功

[1]《毛泽东文集》第 7 卷,人民出版社 1999 年版,第 278 页。
[2]《毛泽东文集》第 7 卷,人民出版社 1999 年版,第 2 页。

启动了中美关系正常化的历史进程。这些重大成果，极大地改善了中国的安全环境，拓展了中国外交活动的舞台，为开展社会主义建设创造了比较好的国际环境，为新时期的改革开放和更加积极地参与国际事务活动创造了前提基础。

第八，坚持中国共产党在中国社会主义建设中的领导核心地位，为建设中国式社会主义提供重要的组织保证。

毛泽东深刻论述了中国共产党在社会主义建设中的重要地位，强调党是全国人民的领导核心，是领导中国社会主义建设事业的核心力量，任何时候都必须坚持中国共产党的领导。党的七届二中全会上，他就告诫全党同志要牢记"两个务必"。新中国成立以后，针对中国共产党夺取政权后的形势和特点，及时提出了加强执政党建设的紧迫任务，强调要始终警惕和预防共产党变质变色。高度重视党的制度建设，强调维护和发展民主集中制，发展党内民主，加强党内监督，加强集体领导，反对个人崇拜，维护党的团结统一，初步提出了废除领导干部终身制的设想，并明确提出自己希望退出领导岗位，提出了在中央领导中设置一线、二线，推行党代表常任制和领导干部任期制。他还提出了思想工作是一切工作的生命线等科学论断，大力加强党的作风建设、思想建设，强调必须始终贯彻党的群众路线，密切联系群众，反对主观主义、宗派主义和官僚主义，全面推进党的建设伟大工程。

三、积累社会主义建设正反两方面的经验教训，
为中国特色社会主义提供宝贵经验

在中国搞社会主义建设是前无古人的事情，必须要在实践中边实践、边探索、边总结、边发展。1961 年 6 月 12 日，毛泽东在中央扩大会议上就谈道："社会主义谁也没有干过，没有先学会社会主义的具体政策而后搞社会主义的。我们搞了十一年社会主义，现在要总结经验。"[1] 在探索中不可能一帆风顺，失误在所难免，失误的教训也是宝贵经验。1963 年 9 月 3 日，他曾谈道，"我们有两种经验，错误的经验和正确的经验。正确的经验鼓励了我们，错误的经验教训了我们"。[2] 毛泽东在探索中既留下了成功的经验也留下了失误的教训，这两方面

---

[1]《毛泽东文集》第 8 卷，人民出版社 1999 年版，第 276 页。

[2]《毛泽东文集》第 8 卷，人民出版社 1999 年版，第 338 页。

都为当今中国特色社会主义建设积累了宝贵经验和重要启示。

第一，毫不动摇地坚持马克思主义指导，坚持不懈地推进马克思主义中国化。

在第一届全国人民代表大会第一次代表大会上，毛泽东明确指出，指导我们思想的理论基础是马克思列宁主义。从那时起，马克思主义就一直写在宪法当中，成为指导中国人民建设社会主义的光辉旗帜。正是坚持马克思主义的普遍原理同中国具体实际的有机结合，我们党开始独立自主地探索社会主义建设道路，取得了重大成就并不断纠正探索中的失误，在新的历史时期成功开辟了中国特色社会主义道路。进一步推进中国特色社会主义发展，必须毫不动摇地坚持马克思主义的指导地位，夯实党和国家发展的理论基础，任何企图搞指导思想多元化的主张都是错误的。同时，必须科学地而不是教条地对待马克思主义，着力用马克思主义的基本原理来解决发展中的矛盾和问题，提出新的思想、观点和论断，与时俱进地发展马克思主义，不断形成马克思主义中国化的理论创新成果，以不断创新的中国化的马克思主义指导不断前行的实践。

第二，始终不渝地坚持中国共产党的领导，不断提高执政党建设的科学化水平。

在探索中国社会主义建设道路的过程中，毛泽东反复强调，领导我们事业的核心力量是中国共产党。党的领导核心地位，不是自封的，而是历史的选择、人民的选择。党领导人民建立了人民民主专政的国家政权，真正实现人民当家作主，建立了社会主义制度，实现了中国历史上最深刻的社会变革，并经过艰辛探索开创了中国特色社会主义的伟大事业。中国共产党是当代中国一切发展进步的坚强领导核心，进一步推进中国特色社会主义发展，必须始终不渝坚持和巩固党的领导，充分发挥党总揽全局、协调各方的领导核心作用，任何企图搞多党制，动摇党的领导地位的主张都是错误的。同时，必须不断提高党的建设的科学化水平，保持党的先进性和纯洁性，增强党的创造力、凝聚力、战斗力，改进党的领导方式和执政方式，提高党科学执政、民主执政、依法执政水平，建设学习型、服务型、创新型的马克思主义执政党，确保党始终成为中国特色社会主义事业的坚强领导核心。

第三，坚定不移地走社会主义道路，牢固树立中国特色社会主义共同理想。

只有社会主义才能救中国，这是中国人民从近代以来救国救民的艰辛探索和革命建设改革的实践中得出的不可动摇的历史结论，中国离开社会主义必然退回到半封建半殖民地的落后挨打的状态。改革开放以来，我们党成功开辟了中国特色社会主义道路，社会主义在中国获得了巨大成功，取得了举世瞩目的辉煌成就。中国特色社会主义是当代中国发展进步的根本方向，只有中国特色社会主义才能发展中国，越来越成为全体中国人民的集体共识，企图走封闭僵化的老路，或者改旗易帜的邪路，都是极端错误的。正如习近平总书记所说，"中国特色社会主义在本质上是科学社会主义而不是其他什么主义"，"是科学社会主义理论逻辑和中国社会发展历史逻辑的辩证统一，是根植于中国大地、反映中国人民意愿、适应中国和时代发展进步要求的科学社会主义"[1]。任何企图放弃科学社会主义的基本原则，用其他的各种"主义""理论"来解释甚至取代中国特色社会主义的主张都是必须坚决反对的。

第四，加强和巩固人民民主专政，为中国特色社会主义发展提供最可靠的保障。

毛泽东同志把马克思主义国家学说和无产阶级专政的一般原理同中国实际相结合，发展了无产阶级专政的学说，提出了独创性的人民民主专政的思想。他指出："总结我们的经验，集中到一点，就是工人阶级（经过共产党）领导的以工农联盟为基础的人民民主专政。这个专政必须和国际革命力量团结一致。这就是我们的公式，这就是我们的主要经验，这就是我们的主要纲领。"[2]人民民主专政的国家政权，是中国人民发展中国特色社会主义的根本保障。人民民主专政从根本上说就是对人民实行民主、对敌人实行专政，没有人民民主专政，我们就不可能保卫从而也不可能建设社会主义。发展中国特色社会主义民主政治，必须坚持党的领导、人民当家作主、依法治国有机统一，以保证人民当家作主为根本，以增强党和国家活力、调动人民积极性为目标，扩大社会主义民主，加快建设社会主义法治国家，发展社会主义政治文明。但是，发展社会主义民主并不是要弱化甚至消除对敌视和破坏社会主义的势力的专政。我们正处于改革开放的关键时期，一些敌视和反对社会主义的势力乘势骚动，西方敌对势力也加紧对我进行西化、分化，制造民族分裂，危害社会稳定，形成了特殊形式的阶级斗争。对于这些企图反对和颠覆社会主

---

[1] 习近平在新进中央委员会的委员、候补委员学习贯彻党的十八大精神研讨班开班式上的讲话。

[2]《毛泽东文集》第4卷，人民出版社1991年版，第1480页。

义的势力，必须实行人民民主专政，否则中国特色社会主义的事业就会受到冲击。

第五，紧紧抓住经济建设这个中心不放松，把发展社会主义社会生产力作为根本任务。

当年，毛泽东及时领导党和国家把工作重心转移到以经济建设为中心的社会主义建设上来，大力发展社会生产力。后来一度偏离了以经济建设为中心的正确轨道，走了一些弯路。改革开放以来，我们党明确提出，贫穷不是社会主义，发展才是硬道理，必须坚持以经济建设为中心、坚持改革开放、坚持四项基本原则的基本路线，使我国的经济社会发展不断实现新的飞跃。进一步推进中国特色社会主义发展，必须把解放和发展社会生产力作为根本任务，坚持以经济建设为中心为兴国之要，推动经济持续健康发展，筑牢国家繁荣富强、人民幸福安康、社会和谐稳定的物质基础。任何企图动摇以经济建设为中心、更换中心或搞"多中心论"的主张都是错误的，必须坚决反对。

第六，一刻也不能忘记或放松党的意识形态和宣传思想工作，不断巩固和加强全党全国人民发展中国特色社会主义的共同思想基础。

毛泽东同志高度重视党的意识形态工作、高度重视开展意识形态斗争。他指出："我国社会主义和资本主义之间在意识形态方面谁胜谁负的斗争，还需要一个相当长的时间才能解决。这是因为……作为阶级的意识形态，还要在我国长期存在。如果对这种形势认识不足，或者根本不认识，那就要犯很大的错误，就会忽视必要的思想斗争。"[1]

历史经验表明，经济工作搞不好，要出大问题；意识形态工作抓不好，也要出大问题。经济建设是中心工作，必须紧紧抓住不松劲，意识形态工作同样也不能有丝毫松懈。在以经济建设为中心工作的同时，必须大力抓好党的意识形态和宣传思想工作，抓好全党全国人民的思想道德建设，抓好社会主义核心价值观建设，筑牢全党全国人民团结奋斗、发展中国特色社会主义的思想理论基础。

第七，必须从社会主义初级阶段的基本国情出发制定路线、方针、政策，以最大的政治勇气推进改革开放。

科学认识和把握基本国情，是正确制定路线、方针、政策的根本依据和出发点。什么时候能够正确地科学地把握基本国情，什么时候社会主义建设事业

[1]《毛泽东文集》第7卷，人民出版社1999年版，第229页。

就能够顺利发展，相反则会遭遇到曲折甚至严重挫折。毛泽东在民主革命时期就指出："认清中国社会的性质，就是说，认清中国的国情，乃是认清一切革命问题的基本的依据。"[1] 革命如此，建设和改革更是如此。改革开放以来，我们党科学把握基本国情，明确提出我国仍处于并将长期处于社会主义初级阶段，从这个最大的实际出发制定政策，推进各个方面的改革发展。立足于社会主义初级阶段的基本国情，我们必须把改革开放作为坚持和发展中国特色社会主义的必由之路，把改革创新精神贯彻到治国理政各个环节，以更大的政治勇气和智慧，发展和完善以公有制为主体、多种所有制经济共同发展的基本经济制度，把社会主义制度同市场经济结合起来，发展和完善社会主义市场经济体制；与此同时，不断推进政治、文化、社会等各方面改革创新，实现社会主义制度的自我完善和发展。

第八，把尊重历史规律同尊重群众首创精神结合起来，形成发展中国特色社会主义的历史合力。

社会主义建设是一项十分艰巨复杂的宏大历史工程，必须尊重客观规律，按照经济建设的规律办事。社会主义又是一项群众性的事业，必须充分尊重人民群众的创造性。毛泽东能够及时提出把工作重心转移到经济建设上来，把发展社会生产力作为工作中心，提出价值法则是一所大学校，必须学习经济规律。他能够适时地把广大群众建设社会主义的热情转化为行动，掀起社会主义建设的高潮。调动一切积极因素、团结一切可以团结的力量，把我国建设成为伟大的社会主义强国，为中华民族的发展振兴和人类的和平发展作出更大贡献，是毛泽东在探索中国社会主义建设中特别强调的基本方针。毛泽东同样告诉我们，不尊重历史发展的客观规律就会片面夸大人的主观能动性而陷入主观主义，不尊重群众的创造性就会错失发展机遇，这两种做法都会使社会主义建设遭遇严重挫折。发展中国特色社会主义，必须尊重历史发展的客观规律，科学制定发展战略和方针政策，同时必须尊重人民群众的首创精神，牢牢坚持人民主体地位，实现客观与主观的良性互动，形成推进中国特色社会主义发展进步的历史合力。

第九，勇于纠正工作失误并及时总结经验教训，推动中国特色社会主义健康发展。

由于缺乏历史经验和各种因素的影响，毛泽东在社会主义建设道路探索中

---

[1]《毛泽东选集》第 2 卷，人民出版社 1991 年版，第 633 页。

出现过一些严重挫折。作为一个真正的马克思主义者，毛泽东勇于面对错误、挫折，并努力纠正工作失误。他多次进行纠偏努力，大力提倡调查研究，充分发扬党内民主和人民民主，吸收各方面智慧，带头进行自我批评，勇于改正工作失误，较好地实现了国民经济的恢复调整，极大地减轻了失误带来的损失，使社会主义建设总体上走在健康发展的道路上。当然，由于对国内主要矛盾的判断出现了重大偏差，20 世纪 60 年代中期以后又遭遇了更严重的挫折，虽然毛泽东多次试图纠正，但没有从根本上改变。改革开放后，我们党充分汲取了这方面的经验教训，使中国特色社会主义事业日益兴旺发达，中国特色社会主义道路越走越宽。如今，改革开放事业又到了一个关键时期，当代中国共产党人既不能幻想失误不会出现，也不能在失误面前惊慌失措或刻意回避，而是要敢于知错、认错、纠错，及时总结经验教训，以发展着的马克思主义指导新的实践，不断增强发展的科学性和规范性，把中国特色社会主义事业进一步推向前进。

第十，深入探索社会主义建设的科学方法，完善中国特色社会主义的总体布局。

分析把握和正确处理社会主义建设中的重大关系，是毛泽东留给后人最可宝贵的重要经验之一。改革开放以来，我们党坚持和发展了这个宝贵经验，正确认识和妥善处理中国特色社会主义事业中的重大关系，统筹改革发展稳定、内政外交国防、治党治国治军各方面工作，统筹城乡发展、区域发展、经济社会发展、人与自然和谐发展、国内发展和对外开放，统筹各方面利益关系，形成了良好的发展局面。在进一步推进中国特色社会主义事业的进程中，我们应该更加自觉地探索改革发展的科学方法，坚持全面、协调、可持续的科学发展，全面落实并不断完善经济建设、政治建设、文化建设、社会建设、生态文明建设五位一体的总体布局，促进社会主义现代化建设各方面相协调，促进生产关系与生产力、上层建筑与经济基础相协调，不断开拓生产发展、生活富裕、生态良好的文明发展道路。

当前，我国已经站在实现社会主义现代化和中华民族伟大复兴的新的历史起点上，党的十八大全面系统地提出了发展中国特色社会主义的八项基本要求，即必须坚持人民主体地位、解放和发展社会生产力、推进改革开放、维护社会公平正义、走共同富裕道路、促进社会和谐、和平发展、党的领导。这些基本要求揭示了中国特色社会主义建设中最本质的东西，体现了共产党执政规律、社会主义建设规律、人类社会发展规律，显示了中国共产党对中国特色社会主义规律的深度把握，对我国全面建成小康社会的各项工作，具有重大而长远的指导意义。我们一定要毫不动摇地牢牢把握坚持和发展中国特色社会主义的基本要求，努力把中国特色社会主义事业推向前进，为实现社会主义现代化和中华民族伟大复兴的中国梦而努力奋斗，创造中国人民和中华民族更加幸福美好的未来。

没有毛泽东对中国特色社会主义的奠基工作和先行探索，就没有中国特色社会主义的今天；同样，没有中国特色社会主义的今天，毛泽东开创的社会主义建设事业就不会持续发展。

坚定不移沿着中国特色社会主义道路前进 [1]

习近平总书记在党的十八届三中全会上强调指出："我们在改革开放上决不能有丝毫动摇，改革开放的旗帜必须继续高高举起，中国特色社会主义道路的正确方向必须牢牢坚持。"这明确宣示了全面深化改革的方向、立场和原则，是确保十八届三中全会提出的改革目标顺利实现的根本前提。既不走封闭僵化的老路，也不走改旗易帜的邪路，坚定不移地走中国特色社会主义道路，是中国共产党人向世界作出的庄严宣示，是中国人民作出的历史抉择，也是实现中华民族伟大复兴中国梦的必由之路。

一、深刻把握中国特色社会主义道路的科学内涵

党的十八大强调，中国特色社会主义道路，就是在中国共产党领导下，立足基本国情，以经济建设为中心，坚持四项基本原则，坚持改革开放，解放和发展社会生产力，建设社会主义市场经济、社会主义民主政治、社会主义先进文化、社会主义和谐社会、社会主义生态文明，促进人的全面发展，逐步实现全体人民共同富裕，建设富强民主文明和谐的社会主义现代化国家。这一界定包含着一切从实际出发、理论联系实际、实事求是的思想路线，中国共产党是中国特色社会主义的坚强领导核心，"一个中心、两个基本点"的基本路线，解放和发展社会主义生产力的根本任务，中国特色社会主义事业"五位一体"的

[1] 本文发表于《人民日报》，2013 年 12 月 24 日 7 版。

总体布局，实现社会主义现代化的总目标等要义。党的十八大关于中国特色社会主义道路的科学概括，全面总结了新中国成立后，特别是改革开放以来我们党领导人民探索社会主义建设道路的重要成果和基本经验，集中体现了坚持和发展中国特色社会主义的本质要求和客观规律，深刻揭示了中国特色社会主义道路的丰富内涵和关键要素。中国特色社会主义道路之所以完全正确，之所以能够引领中国发展进步，关键在于我们既坚持了科学社会主义的基本原则，又根据我国实际和时代特征赋予其鲜明的中国特色。在新的时代条件下，面对新的历史任务，贯彻落实党的十八届三中全会精神，全面深化改革开放，必须深刻把握中国特色社会主义道路的科学内涵，牢牢坚持中国特色社会主义道路的正确方向。

二、走中国特色社会主义道路是历史的必然和人民的选择

中国特色社会主义道路是近代以来中国和世界历史发展的必然结果，是中国共产党领导全国人民披荆斩棘、开拓创新所取得的伟大历史成果。这条道路是在对中华民族 5000 多年悠久文明的传承中走出来的，是在对近代以来 170 多年中华民族发展历程的深刻总结中走出来的，是在中华人民共和国成立 60 多年的持续探索中走出来的，是在改革开放 30 多年的伟大实践中走出来的。这条道路承载着近代以来中国人民不懈探索的光荣与梦想。鸦片战争以后，中国的先进分子曾经提出并尝试过这样那样的救国方案，但都未能从根本上改变中华民族积贫积弱、内忧外患的悲惨命运。要实现民族振兴、国家强盛和人民幸福，要彻底改变中华民族的面貌，必须另辟新路。直到中国共产党的诞生，中国历史才掀开了崭新的一页。经过长期奋斗探索，我们党领导人民通过新民主主义革命、经过社会主义革命，成功走向中国特色社会主义道路这条民族复兴之路、国家富强之路、人民幸福之路。

新中国成立后，我们党在学习借鉴苏联经验的同时，曾提出立足中国实际，走自己的中国式的建设社会主义的道路。但是，在对中国特色社会主义道路的探索方面，一些好的思想和理论没有坚持下来或真正付诸实施，同时选择了某些错误的路线、政策和做法。而且，随着时代和实践的发展，一些曾经发挥过积极作用的体制机制也逐渐暴露出种种弊端，越发不适应社会生产力发展的要

求。到改革开放前夕，尽管我国社会主义建设取得了显著的成绩，但也面临着十分困难的局面：十年内乱给党和国家造成了极其严重的创伤，科技革命在全球范围内蓬勃兴起，而我们却与整个世界的现代化进程拉开了相当大的距离。十一届三中全会实现了中国共产党历史上一次伟大的觉醒。我们党以巨大的政治智慧和政治勇气，领导中国人民走上了改革开放新的历史征程，开创了中国特色社会主义建设道路。正是这样一个伟大的历史变迁，深刻改变了中国人民的面貌、社会主义中国的面貌、中国共产党的面貌，使中国大踏步赶上时代前进潮流，使中国人民走上了实现幸福美好生活理想的道路。党的十八届三中全会强调，改革开放最主要的成果是开创和发展了中国特色社会主义，为社会主义现代化建设提供了强大动力和有力保障。事实证明，改革开放是决定当代中国命运的关键抉择，是党和人民事业大踏步赶上时代的重要法宝。正如邓小平同志曾经指出的："把马克思主义的普遍真理同我国的具体实际结合起来，走自己的道路，建设有中国特色的社会主义，这就是我们总结长期历史经验得出的基本结论。"这就是历史的必然、人民的选择。

三、坚持走中国特色社会主义道路是实现
中华民族伟大复兴中国梦的唯一途径

众所周知，我们党之所以能团结带领全国各族人民取得新民主主义革命和社会主义革命的胜利，之所以能在改革开放伟大历史进程中创造令世界瞩目的"中国奇迹"，最根本的原因就是走出了一条符合中国国情的中国特色社会主义道路。这条道路也是实现中华民族伟大复兴的中国梦进程中必须始终坚持的唯一正确道路。

马克思列宁主义、毛泽东思想和中国特色社会主义理论体系是实现中国梦的理论指南。当今中国正处在经济社会急剧转型时期，各种社会思潮相互激荡，统一思想、凝聚共识的任务更加繁重，也更为重要。马克思主义及其中国化的最新成果即中国特色社会主义理论体系，指出了中国梦的正确方向，诠释了中国梦的精神内核，是指引我们坚定不移地走中国特色社会主义道路的思想指南，是统一全党全国人民思想、凝聚全党全国人民共识的强大精神武器。中国共产党的坚强领导是实现中国梦的组织保证。中国共产党有着其他政治力量无可比

拟的诸多优势，能够正确认识所处时代环境和国内外形势，从容应对各种各样的风险和挑战，团结一切可以团结的力量，不断开创改革开放和现代化建设的新局面，是带领中国人民为实现中国梦而奋斗的主心骨和领路人。以爱国主义为核心的民族精神和以改革创新为核心的时代精神是实现中国梦的精神动力。爱国主义将中华儿女维系起来，万众一心地踏上"逐梦之旅"；以改革创新为核心的时代精神则使我们永远保持开拓创新的斗志，永不停息、永不止步。人民群众是历史的创造者，是历史发展和社会变革的决定性力量，是实现中国梦的根本力量。只有全国各族人民万众一心、众志成城，民族复兴才能梦想成真，个人才有实现梦想的广阔空间。

四、必须坚持在全面深化改革进程中不断
拓展中国特色社会主义道路

中国特色社会主义道路是探索之路、实践之路、改革之路、创新之路，是永无止境的前行之路，需要在坚持改革创新、开放创新中不断拓展。改革开放使我们党实现了从理论到实践的一系列伟大创造，不断使中国特色社会主义道路展现出更加光明的前景。目前，我国国际环境总体稳定，经济总量跃升到世界第二，经济发展能力和潜力巨大，国际地位和国际影响力大幅提高。35年来的实践证明，改革开放是党和人民事业大踏步赶上时代的重要法宝，是党和国家保持生机活力的关键，是当代中国最鲜明的特色，也是当代中国共产党人最鲜明的品格。只有改革开放才能发展中国、发展社会主义、发展马克思主义。

但是，也必须清醒认识到，任何改革都是一个复杂的系统工程，不可能一蹴而就，也不可能一劳永逸。实践发展永无止境，解放思想永无止境，改革开放永无止境，中国特色社会主义道路、中国特色社会主义制度、中国特色社会主义理论体系总是处在不断丰富和完善过程之中。现在，我国改革处在一个新的重要关头。与30多年前相比，我们所处的国际国内环境不同，推进改革的任务也更为复杂、更为艰巨。如果不全面深化改革，那么，不仅不能取得新的成就，而且已经取得的成就也难以保持，更谈不上继续推进党和人民的事业。面对新形势新任务，全面建成小康社会，进而建成富强民主文明和谐的社会主义现代化国家，实现中华民族伟大复兴的中国梦，必须以更大的政治勇气和政治

智慧，全面深化改革，敢于啃硬骨头，敢于涉险滩、闯难关，着力解决我国发展中的一系列突出矛盾和问题，着力化解来自各个方面的风险和挑战，不断推进中国特色社会主义制度的自我完善和发展。这是当代中国共产党人的责任，也是未来中国发展的必由之路和唯一选择。在改革开放 35 周年之际，面对新形势新任务，站在新的历史起点上，党的十八届三中全会审议通过了全面深化改革若干重大问题的决定，提出全面深化改革的指导思想、目标任务、重大原则，对改革开放作出新的动员和部署。这是党中央在新的时代条件下作出的关系党和国家事业发展全局的重大战略决策，目的就在于进一步拓展、丰富和发展中国特色社会主义道路，必将对坚持和发展中国特色社会主义事业产生重大而深远的影响。

十八届三中全会已经绘就全面深化改革的蓝图，制定了改革的时间表、路线图和任务书，中国特色社会主义事业的前景愈发光明。我们要在以习近平同志为总书记的党中央正确领导下，坚定不移走党和人民在长期实践中开辟出来中国特色社会主义道路，牢牢把握全面深化改革的正确方向，牢固树立进取意识、机遇意识、责任意识，进一步解放思想，进一步解放和发展社会生产力，进一步解放和增强社会活力，永不僵化、永不停滞，团结一切可以团结的力量，调动一切可以调动的积极因素，信心百倍战胜前进道路上的一切困难和风险，努力谱写中国特色社会主义伟大事业的壮美华章。

牢牢把握全面深化改革的正确方向 [1]

习近平总书记在党的十八届三中全会上强调指出："我们在改革开放上决不能有丝毫动摇，改革开放的旗帜必须继续高高举起，中国特色社会主义道路的正确方向必须牢牢坚持。"这明确宣示了全面深化改革的方向、立场和原则，也是确保十八届三中全会提出的改革目标顺利实现的根本前提。

一、高举旗帜把握总目标，明确全面
深化改革的方向引领

中国的改革具有明确的方向，这个方向就是坚持中国特色社会主义的正确方向。十八届三中全会通过的《决定》明确指出，全面深化改革必须高举中国特色社会主义伟大旗帜，坚持社会主义市场经济改革方向，总目标是完善和发展中国特色社会主义制度，推进国家治理体系和治理能力现代化。《决定》旗帜鲜明地昭示了改革的根本性质，总目标明确了改革的正确方向。

向着什么方向改革，是一个根本性的大问题。国内外的经验教训告诫人们：方向正确，改革事业就能够乘风破浪、开拓前进；方向发生偏差，改革就会走向歧路乃至最终失败。中国的改革是全面的、深刻的、伟大的革命，但中国是一个社会主义性质的大国，决不能在改革的根本性问题上出现颠覆性错误，一旦出现就无法挽回、无法弥补。全面深化改革，必须牢牢坚持中国特色社会主

---

[1] 该文发表于《光明日报》，2013 年 12 月 3 日 11 版。

义的正确方向，不断推进中国特色社会主义制度的自我完善和发展，实现国家治理体系和治理能力的现代化，不断赋予社会主义新的生机和活力，而不是放弃或改变这个制度；全面深化改革，必须坚定不移地走中国特色社会主义道路，而不是走封闭僵化的老路或改旗易帜的邪路；全面深化改革，必须坚持马克思主义和中国特色社会主义理论体系的指导地位，而不是放弃和背离马克思主义和中国特色社会主义理论体系。

坚持社会主义市场经济改革方向，就是始终坚持改革的社会主义性质和方向，把社会主义制度的优越性与市场经济的活力优势充分结合起来，把中国特色社会主义道路走向与推进市场经济的改革取向有机结合起来。既要坚持和完善社会主义制度，又要坚持发挥市场经济的资源配置作用；既要充分发挥市场在资源配置中的决定性作用，又要更好发挥政府的宏观调控作用。资本主义对人类文明发展的一个重大贡献，就是发明了市场经济。市场经济最大限度地实现了资源的有效配置，调动了社会经济发展的活力。正是依靠市场经济，资本主义在四五百年间创造了人类社会几万年、几千年所无可比拟的经济发展速度，创造了历史上任何社会所无可比拟的社会文明。然而，市场经济具有两重性，既有优势的一面，又有弊端的一面。它的弊端就是带有严重的自发性、盲目性。资本主义私有制与市场经济的结合，极大地激发了资本的贪婪性、逐利性，无限地放大了市场经济的弊端，造成整个资本主义社会不可消除的两极分化、阶级对立和社会矛盾，导致了资本主义阵发性、周期性的经济危机，导致了资本主义世界的内忧外患，导致了罕见的战争劫难和冷酷的暴力掠夺，最终导致资本主义内在矛盾激化而逐步走向自我毁灭。从 1825 年发端于英国的第一次世界性经济危机，到 2008 年于美国爆发并迅速席卷全球的世界金融危机，充分地印证了这一铁律，也预示着资本主义必然灭亡的未来。中国特色社会主义道路开创了市场经济与公有制的社会主义制度相结合的新篇章，在健全科学的宏观调控体系、更好发挥政府作用的前提下，充分发挥市场经济的资源配置优势，不断解放和发展社会生产力，取得了中国举世瞩目的世界发展奇迹。

市场经济不能脱离社会制度而独立存在，它可以同私有制相结合，其结果是一方面带来发展，另一方面无限制地放大了市场经济的弊端，带来了不可克服的内在矛盾。实践雄辩地证明，市场经济也可以同公有制或以公有制为主体的社会主义制度相结合，可以最大限度地避免市场经济的弊端，最好地发挥市场经济的优势。我国成功地抵御这一轮国际经济危机，说明社会主义制度是可以规避资本主义私有制条件下的市场经济带来的经济危机的。苏联社会主义建设的失败，以及我国前三十年社会主义建设的挫折，告诉我们一个非常重要的经验教训是：高度集中的、僵化封闭的计划经济是不会给当代社会主义带来成功出路的，反而把社会主义本身具有的优越性窒息了。中国共产党人领导的前所未有的中国特色社会主义的改革开放取得了伟大成功，其关键一招就是把社会主义制度与市场经济有机地结合起来，这是中国共产党人对马克思主义的一个伟大创新，对社会主义历史进程的伟大推进，也是对整个人类社会的一个伟大贡献，又是中国成功的一个关键秘诀。

社会主义市场经济是为了更好地发挥社会主义制度优越性而不是要削弱这个制度，它不是自发的资本主义市场经济，不是自由主义的市场经济，而是坚持社会主义方向的市场经济。发展社会主义市场经济，目的是要大力推动中国特色社会主义制度的自我完善和发展。社会主义作为中国市场经济的制度特征，是根本和必要条件，而不是可有可无。坚持改革的社会主义制度，坚持改革的中国特色社会主义道路，这就是改革的政治底线。

二、坚持一切从人民根本利益出发的核心立场，
凝聚全面深化改革的方向共识

中国的改革具有鲜明立场，这个立场就是中国最广大人民群众的立场。为了谁，依靠谁，是一个关乎历史观、关乎立场、关乎原则的根本性问题。党的十八大以来，以习近平同志为总书记的党中央，牢牢坚持人民主体地位，坚持以人为本的核心立场，坚持一切从人民的根本利益出发，把人民至上的价值观和执政理念全面贯彻到治国理政的决策和实践当中。党的十八届三中全会在全面深化改革的总体部署中再次突出地强调了这一点。《决定》指出，全面深化改革必须以促进社会公平正义、增进人民福祉为出发点和落脚点。这就是全面深化改革必须坚持的根本立场。

当前，我国经济社会发展进入一个新的历史阶段，人民群众对幸福生活的期待更大，对实现公平正义的追求更高，对全面深化改革的要求更强烈。与此同时，我国改革进入了攻坚期和深水区，推进改革的难度更大，阻力更大，一

些牵动全局的敏感问题、难啃的硬骨头增加了改革的复杂性和艰巨性。面对错综复杂的国内国际环境，面对各种思想观念和利益诉求，当代中国共产党人要在风险考验中把握改革方向，从纷繁复杂的事物表象中把准改革脉搏，在众说纷纭中开好改革药方，尤其需要站稳立场，摆正出发点和落脚点。始终坚持站在人民的立场上，一切从人民的根本利益出发，这就是改革的强大战略定力。

人民群众是历史的创造者，是我们的力量源泉。一切为了群众，一切依靠群众，是马克思主义历史观的根本要求，是我国改革开放取得成功的宝贵经验，也是全面深化改革的根本遵循。全面深化改革必须全面贯彻群众路线，紧紧依靠人民推动改革，发挥群众首创精神，最大限度地凝聚全面深化改革的共识与合力。全面深化改革必须切实实现好、维护好、发展好最广大人民群众的根本利益，让改革开放的发展成果更多更公平地惠及全体人民。这是广大人民群众对全面深化改革的殷切期待，是中国共产党全心全意为人民服务根本宗旨的必然要求，是中国特色社会主义伟大事业的题中应有之义。只要我们做到一切为了群众，一切依靠群众，只要有广大群众的拥护、支持与参与，改革就一定能够成功。

三、加强和改善党的领导，强化全面
深化改革的方向保证

牢牢把握改革的正确方向，最根本的是两条，一是坚持中国特色社会主义道路，一是坚持党的领导。坚持和发展中国特色社会主义事业，必须坚持和改善党的领导，这两条又是一致的。历史和现实已经并将继续证明，中国共产党是中国特色社会主义事业的坚强领导核心，是做好中国一切事情的关键，是全面深化改革的根本保证，这一点任何时候都决不能动摇。然而，有的人沿袭全盘西化的路子，力图按照西方的政治体制和政党制度来"改造"中国，企图否定中国共产党的领导，颠覆社会主义制度。为此他们甚至"预言"十八届三中全会将在政治体制和政党制度上按照西方的意图"动大手术"。这种毫无根据、一厢情愿的猜测是注定要落空的。

中国的改革是在中国共产党的领导下自主进行的，是推动党和人民事业的发展，推动中国特色社会主义自我完善。改什么，不改什么，哪些能改，哪些坚决不能改，以什么样的节奏改，改到什么程度，坚守哪些底线，这是中国共产党根据中国具体国情，领导中国人民自己说了算的。要始终坚持以我为主，应该改又能够改的要坚决改，不应该改的要坚决守住，再过多长时间也不能改。《决定》突出地强调，全面深化改革必须加强和改善党的领导，充分发挥党总揽全局、协调各方的领导核心作用，提高党的领导水平和执政能力，确保改革取得成功。这个论断明确了全面深化改革的领导核心和坚强政治保证。

为了确保全面深化改革始终沿着中国特色社会主义道路的正确方向发展，必须毫不动摇地坚持党的领导。在党的领导下，解放思想、实事求是、与时俱进、求真务实，科学认识改革的本质要求，深刻把握改革的内在规律，正确处理改革的重大关系，加强顶层设计和摸着石头过河相结合，整体推进和重点突破相促进，提高改革决策科学性，广泛凝聚共识，形成改革合力。与此同时，必须紧紧围绕提高科学执政、民主执政、依法执政水平深化党的建设制度改革，加强民主集中制建设，完善党的领导体制和执政方式，保持党的先进性和纯洁性，全面加强党的自身建设，建设学习型、服务型、创新型的马克思主义执政党，全面激发和增强党的创造力、凝聚力、战斗力。为了更好地加强党对改革的领导，中央专门成立了全面深化改革领导小组，负责改革总体设计、统筹协调、整体推进、督促落实。这将有利于更好地发挥党的领导核心作用，保证全面深化改革的顺利推进和各项改革任务的全面落实。

改革开放是决定当代中国命运的关键抉择 [1]

在我国实行改革开放 35 周年之际，具有重要历史意义的党的十八届三中全会胜利召开。会议审议通过的《中共中央关于全面深化改革若干重大问题的决定》，提出了全面深化改革的指导思想、目标任务、重大原则，描绘了全面深化改革的宏伟蓝图，是全面深化改革的一次总动员、总部署，是指导新形势下全面深化改革的一个纲领性文献。会议提出的一系列新思想、新观点、新论断、新举措，充分反映了社会呼声、社会诉求、社会期盼，凝聚了全党全社会思想共识和行动智慧，是以习近平同志为总书记的新一届中央领导集体执政纲领的庄严宣示，是对中国特色社会主义理论体系的丰富和发展。

改革开放是我们党在新的时代条件下带领人民进行的新的伟大革命，是我们党的历史上一次伟大的觉醒。35 年来，我们党靠改革开放振奋民心、统一思想、凝聚力量，靠改革开放激发全体人民的创造精神和创造活力，靠改革开放实现我国经济社会快速发展，靠改革开放赢得与资本主义竞争的比较优势。改革开放使我们党实现了从理论到实践的伟大创造，不断为党和国家发展注入新的活力。最为重要的是，在改革开放伟大进程中，我们党开辟了中国特色社会主义道路，建立了中国特色社会主义制度，形成了中国特色社会主义理论体系。这一切，靠的就是坚持不懈地推进改革开放。35 年来的实践证明，改革开放是

[1] 本文节选自作者在"马克思主义哲学创新与当代中国改革开放理论研讨会"上的发言（2013 年 12 月 21 日），全文发表于《特区实践与理论》，2014 年第 1 期。节选部分收录于《改革开放和中国经验》，社会科学文献出版社 2014 年版。

党和人民事业大踏步赶上时代的重要法宝，是党和国家保持生机活力的关键，是当代中国最鲜明的特色，也是当代中国共产党人最鲜明的品格。只有改革开放才能发展中国，发展社会主义，发展马克思主义，舍此别无他途。

实践发展永无止境，解放思想永无止境，改革开放也永无止境，停顿和倒退没有出路，改革开放只有进行时、没有完成时。通过 30 多年的改革实践，党和国家事业发展中的一些浅层次、容易改的问题已得到有效解决，社会主义市场经济体制已经初步建立。但是，任何改革都不可能一蹴而就，也不可能一劳永逸；任何改革都不是某个领域某个方面的单项改革，而是一个复杂的系统工程。时代和实践是不断发展的，制度体制总是处在不断改革完善过程之中。旧的问题解决了，新的问题又会产生，这是人们认识世界、改造世界的必然规律。现在，我国改革处在一个新的重要关头。当前，国际形势继续发生深刻复杂变化，综合国力竞争日趋激烈，新一轮科技革命和产业变革正在孕育兴起，如何不仅赶上时代，而且引领时代潮流、走在时代前列，是摆在当代中国共产党人面前的一个严峻课题。面对新形势新任务，全面建成小康社会，进而建成富强民主文明和谐的社会主义现代化国家，实现中华民族伟大复兴的中国梦，必须以更大的政治勇气和政治智慧全面深化改革，敢于啃硬骨头，敢于涉险滩、闯难关，着力解决我国发展中的一系列突出矛盾和问题，着力化解来自各个方面的风险和挑战，不断推进中国特色社会主义制度的自我完善和发展。这是当代中国共产党人的责任，也是未来中国发展的必由之路和唯一选择。

全面深化改革是党中央在新的时代条件下作出的关系党和国家事业发展全局的重大战略决策，是中国改革史上浓墨重彩的一笔，标志我国改革开放又站在了一个新的历史起点上，必将对坚持和发展中国特色社会主义事业产生重大而深远的影响。不全面深化改革，不仅不能取得新的成就，而且已经取得的成就也难以保持，更谈不上继续推进党和人民的事业。我们要在以习近平同志为总书记的党中央正确领导下，坚持改革的正确方向，增强改革的信心和勇气，牢固树立进取意识、机遇意识、责任意识，进一步解放思想，进一步解放和发展社会生产力，进一步解放和增强社会活力，努力实现 2020 年在重要领域和关键环节改革上取得决定性成果的改革目标，谱写改革开放伟大事业的历史新篇章。

高举改革开放的旗帜，坚持中国特色社会主义的正确方向 [1]

在我国实行改革开放 35 周年之际，具有重要历史意义的党的十八届三中全会胜利召开。会议审议通过的《中共中央关于全面深化改革若干重大问题的决定》（以下简称《决定》），提出了全面深化改革的指导思想、目标任务、重大原则，描绘了全面深化改革的宏伟蓝图，是全面深化改革的一次总动员、总部署，是指导新形势下全面深化改革的一个纲领性文献。会议提出的一系列新思想、新观点、新论断、新举措，充分反映了社会呼声、社会诉求、社会期盼，凝聚了全党全社会思想共识和行动智慧，是以习近平同志为总书记的新一届中央领导集体执政纲领的庄严宣示，是对中国特色社会主义理论体系的丰富和发展。

一、改革开放是决定当代中国命运的关键抉择

改革开放是我们党在新的时代条件下带领人民进行的新的伟大革命，是我们党历史上一次伟大的觉醒。35 年来，我们党靠改革开放振奋民心、统一思想、凝聚力量，靠改革开放激发全体人民的创造精神和创造活力，靠改革开放实现我国经济社会快速发展，靠改革开放赢得与资本主义竞争的比较优势。改革开放使我们党实现了从理论到实践的伟大创造，不断为党和国家发展注入新的活

---

[1] 本文发表于《马克思主义哲学论丛》，2014 年第 1 期。

力。最为重要的是，在改革开放伟大进程中，我们党开辟了中国特色社会主义道路，建立了中国特色社会主义制度，形成了中国特色社会主义理论体系。这一切，靠的就是坚持不懈地推进改革开放。35 年的实践证明，改革开放是党和人民事业大踏步赶上时代的重要法宝，是党和国家保持生机活力的关键，是当代中国最鲜明的特色，也是当代中国共产党人最鲜明的品格。只有改革开放才能发展中国，发展社会主义，发展马克思主义，舍此别无他途。

实践发展永无止境，解放思想永无止境，改革开放也永无止境，停顿和倒退没有出路，改革开放只有进行时、没有完成时。通过 30 多年的改革实践，党和国家事业发展中的一些浅层次、容易改的问题已得到有效解决，社会主义市场经济体制已经初步建立。但是，任何改革都不可能一蹴而就，也不可能一劳永逸；任何改革都不是某个领域某个方面的单项改革，而是一个复杂的系统工程。时代和实践是不断发展的，制度体制总是处在不断改革完善过程之中。旧的问题解决了，新的问题又会产生，这是人们认识世界、改造世界的必然规律。现在，我国改革处在一个新的重要关头。当前，国际形势继续发生深刻复杂变化，综合国力竞争日趋激烈，新一轮科技革命和产业变革正在孕育兴起，如何不仅赶上时代，而且引领时代潮流、走在时代前列，是摆在当代中国共产党人面前的一个严峻课题。面对新形势新任务，全面建成小康社会，进而建成富强民主文明和谐的社会主义现代化国家，实现中华民族伟大复兴的中国梦，必须以更大的政治勇气和政治智慧全面深化改革，敢于啃硬骨头，敢于涉险滩、闯难关，着力解决我国发展中的一系列突出矛盾和问题，着力化解来自各个方面的风险和挑战，不断推进中国特色社会主义制度的自我完善和发展。这是当代中国共产党人的责任，也是未来中国发展的必由之路和唯一选择。

二、牢牢把握全面深化改革的正确方向

习近平总书记在党的十八届三中全会上强调指出："我们在改革开放上决不能有丝毫动摇，改革开放的旗帜必须继续高高举起，中国特色社会主义道路的正确方向必须牢牢坚持。"这明确宣示了全面深化改革的方向、立场和原则，也是确保党的十八届三中全会提出的改革目标顺利实现的根本前提。

（一）高举旗帜把握总目标，明确全面深化改革的方向引领。

中国的改革具有明确的方向，这个方向就是坚持中国特色社会主义。党的十八届三中全会通过的《决定》明确指出，全面深化改革必须高举中国特色社会主义伟大旗帜，坚持社会主义市场经济改革方向，总目标是完善和发展中国特色社会主义制度，推进国家治理体系和治理能力现代化。

向着什么方向改革，是一个根本性的大问题。国内外的经验教训告诫人们：方向正确，改革事业就能够乘风破浪、开拓前进；方向发生偏差，改革就会走向歧路乃至最终失败。中国的改革是全面的深刻的伟大的革命，但中国是一个社会主义性质的大国，决不能在改革的根本性问题上出现颠覆性错误，一旦出现就无法挽回、无法弥补。全面深化改革，必须牢牢坚持中国特色社会主义的正确方向，不断推进中国特色社会主义制度的自我完善和发展，不断赋予社会主义新的生机和活力，而不是放弃或改变这个制度；全面深化改革，必须坚定不移地走中国特色社会主义道路，而不是走封闭僵化的老路或改旗易帜的邪路；全面深化改革，必须坚持马克思主义和中国特色社会主义理论体系的指导地位，而不是放弃和背离马克思主义和中国特色社会主义理论体系。

坚持社会主义市场经济改革方向，就是始终坚持改革的社会主义性质和方向，把社会主义制度的优越性与市场经济的活力优势充分结合起来，把中国特色社会主义道路走向与推进市场经济的改革取向有机结合起来。既要坚持和完善社会主义制度，又要坚持发挥市场经济的资源配置作用；既要充分发挥市场在资源配置中的决定性作用，又要更好发挥宏观调控的政府作用。

资本主义对人类文明发展的一个重大贡献，就是发明了市场经济。正是依靠市场经济，资本主义在四五百年间创造了人类社会几万年、几千年所无可比拟的经济发展速度，创造了比历史上任何社会所无可比拟的社会文明。资本主义私有制与市场经济的结合，造成整个资本主义社会不可消除的两极分化、阶级对立和社会矛盾，导致了资本主义阵发性、周期性的无法解脱的经济危机，导致了资本主义世界的内忧外患，导致了罕见的战争劫难和冷酷的暴力掠夺，最终必将导致资本主义内在矛盾激化而逐步走向自我毁灭。从 1825 年发端于英国的第一次世界性经济危机，到 2008 年于美国爆发并迅速席卷全球的世界金融危机，充分印证了这一铁律，也预示着资本主义必然灭亡的未来。

市场经济不能脱离社会制度而独立存在。它同私有制相结合，其结果是一方面带来发展，另一方面无限制地放大了市场经济的弊端，带来了不可克服的内在矛盾。中国特色社会主义的当下实践雄辩地证明，市场经济也可以同公有制或以公有制为主体的社会主义制度相结合，可以最大限度地避免市场经济的弊端，最好地发挥市场经济的优势。中国特色社会主义道路开创了市场经济与公有制的社会主义制度相结合的新篇章，在健全科学的宏观调控体系、更好发挥政府作用的前提下，充分发挥市场经济的资源配置优势，不断解放和发展社会生产力，取得了中国举世瞩目的世界发展奇迹。我国成功抵御了这一轮国际经济危机，说明社会主义制度是可以规避资本主义私有制条件下的市场经济带来的经济危机的。

苏联社会主义建设的失败，以及我国前 30 年社会主义建设的挫折，告诉我们一个非常重要的经验教训：高度集中的、僵化封闭的计划经济不会给当代社会主义带来成功出路，反而把社会主义本身具有的优越性窒息了。社会主义市场经济是为了更好地发挥社会主义制度优越性而不是要削弱这个制度，它不是自发的资本主义市场经济，不是自由主义的市场经济，而是坚持社会主义方向的市场经济。中国共产党人领导的前所未有的中国特色社会主义改革开放取得了伟大成功，其关键一招就是把社会主义制度与市场经济有机结合起来，这是中国共产党人对马克思主义的一个伟大创新，对社会主义历史进程的伟大推进，也是对整个人类社会的一个伟大贡献，又是中国成功的一个关键秘诀。

（二）坚持一切从人民根本利益出发的核心立场，凝聚全面深化改革的方向共识。

中国的改革具有鲜明立场，这个立场就是中国最广大人民群众的立场。为了谁，依靠谁，是一个关乎历史观、关乎立场、关乎原则的根本性问题。党的十八大以来，以习近平同志为总书记的党中央，牢牢坚持人民主体地位，坚持以人为本的核心立场，坚持一切从人民的根本利益出发，把人民至上的价值观和执政理念全面贯彻到治国理政的决策和实践当中。党的十八届三中全会在全面深化改革的总体部署中再次突出地强调了这一点。《决定》指出，全面深化改革必须以促进社会公平正义、增进人民福祉为出发点和落脚点。这就是全面深化改革必须坚持的根本立场。

当前，我国经济社会发展进入一个新的历史阶段，人民群众对幸福生活的期待更大，对实现公平正义的追求更高，对全面深化改革的要求更强烈。与此同时，我国改革进入了攻坚期和深水区，推进改革的难度更大，阻力更大，一些牵动全局的敏感问题、难啃的硬骨头增加了改革的复杂性和艰巨性。面对错综复杂的国内国际环境，面对各种思想观念和利益诉求，当代中国共产党人要在风险考验中把握改革方向，从纷繁复杂的事物表象中把准改革脉搏，在众说纷纭中开好改革药方，尤其需要站稳立场，摆正出发点和落脚点。始终坚持站在人民的立场上，一切从人民的根本利益出发，这就是改革的强大战略定力。

人民群众是历史的创造者，是我们的力量源泉。一切为了群众，一切依靠群众，是马克思主义历史观的根本要求，是我国改革开放取得成功的宝贵经验，也是全面深化改革的根本遵循。全面深化改革必须全面贯彻群众路线，紧紧依靠人民推动改革，发挥群众首创精神，最大限度地凝聚全面深化改革的共识与合力。全面深化改革必须切实实现好、维护好、发展好最广大人民群众的根本利益，让改革开放的发展成果更多更公平地惠及全体人民。

（三）加强和改善党的领导，强化全面深化改革的方向保证。

牢牢把握改革的正确方向，最根本的是两条，一是坚持中国特色社会主义道路，一是坚持党的领导。坚持和发展中国特色社会主义事业，必须坚持和改善党的领导，这两条又是一致的。历史和现实已经并将继续证明，中国共产党是中国特色社会主义事业的坚强领导核心，是做好中国一切事情的关键，是全面深化改革的根本保证，这一点任何时候都决不能动摇。然而，有的人沿袭全盘西化的路子，力图按照西方的政治体制和政党制度来"改造"中国，企图否定中国共产党的领导，颠覆社会主义制度。为此他们甚至"预言"党的十八届三中全会将在政治体制和政党制度上按照西方的意图"动大手术"。这种毫无根据、一厢情愿的猜测注定要落空。

中国的改革是在中国共产党的领导下自主进行的，是推动党和人民事业的发展，推动中国特色社会主义自我完善，而不是给别的国家或者什么利益集团看的，更不是照抄照搬别国的制度模式。改什么，不改什么，哪些能改，哪些坚决不能改，以什么样的节奏改，改到什么程度，坚守哪些底线，这是中国共产党根据中国具体国情，领导中国人民自己说了算的。要始终坚持以我为主，应该改又能够改的要坚决改，不应该改的要坚决守住，再过多长时间也不能改。《决定》突出地强调，全面深化改革必须加强和改善党的领导，充分发挥党总揽全局、协调各方的领导核心作用，提高党的领导水平和执政能力，确保改革取得成功。这个论断明确了全面深化改革的领导核心和坚强政治保证。为了确保全面深化改革始终沿着中国特色社会主义道路的正确方向发展，必须毫不动摇地坚持党的领导。

三、用市场经济的办法充分发挥社会主义制度的优越性

党的十八届三中全会强调，全面深化改革必须坚持社会主义市场经济改革方向，使市场在资源配置中起决定性作用和更好发挥政府作用。坚持社会主义市场经济改革方向，就要把社会主义制度的优越性与市场在资源配置方面的优势充分结合起来，就要把坚持走中国特色社会主义道路与推进市场经济改革有机结合起来，善于用市场经济的办法充分发挥社会主义制度的优越性，解放和发展社会生产力，不断推动中国特色社会主义制度的自我完善和发展。

（一）社会主义制度具有无可比拟的优越性。

社会主义制度是人类历史迄今为止最先进的社会制度，它继承和吸收了包括资本主义制度文明在内的人类一切制度文明的优秀成果，能够克服包括资本主义制度在内的一切旧制度的弊端，代表着人类社会的发展方向，本应具有人类社会发展至今一切已有社会制度所不可比拟的优势。

当然，社会主义制度优越性并不会自然而然地发挥出来，也不是社会主义制度从一产生就能够完全表现出来。社会主义制度的可能优势转化为现实优势，社会主义制度优越性的显现、发挥，需要一个实践的过程，需要一个历史的过程，需要一个不断探索、完善、发展的过程，需要一代又一代社会主义者进行艰苦奋斗和实践探索。

事实上，在理论和实践的双重探索中，社会主义也走过弯路，遭遇过曲折，甚至付出巨大代价，社会主义制度的优越性并不是如人们事先预想的那样凸显出来。近百年来社会主义建设和发展的历史实践充分说明了这一点。中国共产党人的社会主义探索和实践也不是一帆风顺的，曾经在中国式社会主义建设道

路上取得巨大成就，但也有过一些错误的做法，甚至遭遇"文化大革命"这样的严重挫折。经验和教训都是极为宝贵的财富。中国共产党人从挫折和教训中深刻醒悟到：社会主义制度的优越性需要适当的体制才能发挥出来。传统的、高度集中的、僵化的计划经济体制，严重窒息了社会主义制度应有的优越性，束缚了社会生产力的发展，阻碍了人们积极性创造性的发挥。1978年，中国共产党实现了一次伟大的历史转折，在探索发挥社会主义制度优越性的道路上开拓前进，从高度集中的计划经济体制到计划经济为主、市场调节为辅，到有计划的商品经济，从国家调节市场、市场引导企业到社会主义市场经济体制，终于找到了利用市场经济发挥社会主义制度优越性的有效途径。从1979年11月邓小平同志首次提出"社会主义的市场经济"这个概念，到1992年党的十四大正式宣布我国经济体制改革的目标是建立社会主义市场经济体制，要使市场在社会主义国家宏观调控下对资源配置起基础性作用，再到党的十八届三中全会明确提出使市场在资源配置中起决定性作用和更好发挥政府作用，表明我们党对市场经济作用的认识不断深化，对市场规律的认识和驾驭能力不断提高，表明我们党已经找到了充分发挥社会主义制度优越性的适当有效的体制——社会主义市场经济体制，找到了中国特色社会主义的正确发展道路。

（二）市场在资源配置中有着独特的优势。

市场决定经济资源配置是市场经济的一般规律，市场经济本质上就是市场决定经济资源配置的经济。历史和现实都有力地证明，市场经济是人类经济社会发展不可逾越的一个历史阶段。与其他经济体制相比，市场经济是目前人类社会发展阶段配置经济资源的最有效率的体制和发展社会生产力的最佳机制，能够充分调动社会经济发展的活力。社会主义中国正是通过建立和发展社会主义市场经济，使市场在国家宏观调控下对经济资源配置起重要作用，从而在短短20多年的时间内，实现了巨大的经济飞跃和社会进步。

市场经济能够使经济资源得到积极有效合理的配置和调动。市场经济通过供求机制、价格机制等内在机制，形成一种自动的市场调节力量，有利于及时实现经济资源的合理流动和优化配置，引导人、财、物资源向预期效益较高的部门转移流动，从而提高经济资源配置效率，以尽可能少的经济资源投入生产尽可能多的产品、获得尽可能大的效益。市场经济的运行，有效地促进社会信用体系的建立和经济运行的规范化，较快地提高社会总的生产水平和质量。

市场经济能够激发经济主体的主动性、积极性。只有各类市场主体平等竞争、共同发展，经济发展才会朝气蓬勃、充满活力。市场经济的平等竞争机制和等价交换原则，要求市场主体平等使用生产要素，公平参与市场竞争，促使所有社会成员尽可能降低个别劳动消耗以获得较大利益，为调动众多的微观经济主体的积极性，构筑了一个相对客观公正的平台。

任何事物都是一分为二的。市场经济具有两面性，既有优势的一面，也存在严重的弊端。市场经济本身带有盲目性和不确定性，无法自动地实现宏观经济总量的计划、稳定和平衡，甚至引发恶性竞争，导致经济危机；市场调节具有自发性、短期性、滞后性，难以保证人类社会的长远利益、根本利益和共同利益，难以完全实现个人利益与社会利益的统一；优胜劣汰的竞争机制也会造成社会分配不公，加剧贫富矛盾，导致两极分化。

历史上的市场经济是与资本主义私有制相结合的，是资本主义私有制基础上的市场经济。私有制的社会制度放大了市场经济的弊端，极大限制了市场经济的优势，使私人资本的逐利性和自私性发展到不可控制的地步，造成了资本主义社会的两极分化、贫富悬殊和阶级对立，造成了资本主义社会的剥削、压迫、暴力和战争，造成了资本主义社会阵发性、周期性的经济危机和不可克服的内在矛盾。私有制与市场经济的结合，最终导致资本主义的灭亡，为社会主义的兴起和发展，为社会主义制度与市场经济的结合，为中国特色社会主义道路带来了历史性的机遇和取得成功的可能空间。

（三）用市场经济的办法充分发挥社会主义制度的优越性。

建立社会主义市场经济体制，在社会主义条件下发展市场经济，用市场经济的办法释放社会主义制度的优势，是中国共产党人的一个伟大创举。在相当长的时间内，人们或者把市场经济同资本主义画等号，认为市场经济是资本主义的专有属性；或者把计划经济同社会主义画等号，认为社会主义只能搞计划经济，不能搞市场经济。新中国成立后的前30年，我们曾经按照计划经济的思路来规划社会主义建设道路。在特定历史条件下，计划经济对于社会主义社会生产力的发展，对于社会主义制度的巩固，发挥了很大作用，其积极贡献不容否认。但是，随着时间的推移和条件的变化，一定历史条件下形成的过于僵硬的计划经济体制的弊端逐渐暴露出来，制约了社会主义制度优越性的发挥。中国共产党人以极大的政治智慧和理论勇气，建立和发展了社会主义市场经济体制，从而解决了世界上其他社会主义国家始终没有解决或解决好的一个重大问题。它是我们党对马克思主义政治经济学的重大创新，是对科学社会主义理论的重大发展，是对社会主义现代化建设道路的重大探索，也是中国保持经济社会持续快速发展的奥秘所在。

社会主义市场经济不是社会主义与市场经济的简单相加，更不是打着社会主义的旗号走资本主义的发展道路。市场经济体制与社会主义制度的结合程度，决定着社会主义制度优越性能否充分发挥，甚至关系到中国特色社会主义建设事业的成败。把社会主义制度与市场经济相结合是一个崭新的时代课题，没有任何现成的经验可以借鉴。这个结合不会自动发生，这个结合的主体就是中国共产党及其领导下的中国人民；这个结合也不会自动完善，需要中国共产党集中全党全国人民智慧进行理论创新和实践创新。党的十八届三中全会《决定》明确提出全面深化改革必须坚持社会主义市场经济改革方向，使市场在资源配置中起决定性作用和更好发挥政府作用，就是中国共产党带领中国人民用市场经济的长处充分调动和发挥社会主义制度优越性的重大战略决策。

以改革创新精神加强和改进党的理论工作 [1]

为了大力推进马克思主义中国化、时代化和大众化，应当以改革创新的精神，进一步加强和改进党的理论工作，搞好党的理论创新成果的研究、阐释和宣传。

一、理论工作是党和中国特色社会主义
事业兴旺发达的思想保证

理论创新是保持党的先进性和执政地位的决定性因素，是党保持战斗力、永葆活力的关键所在。党的理论工作，说到底，就是坚持和发展马克思主义，把马克思主义基本原理与中国具体实际相结合，创造中国化的马克思主义理论创新成果，以武装全党、教育人民、指导实践。具体来说，党的理论工作就是马克思主义基本原理和党的理论创新成果的研究、阐释和宣传工作。加强理论研究，就要不断地推进马克思主义中国化的理论创新；加强理论阐释，就要深入地阐述中国化马克思主义的精神实质、理论内涵和主要观点，用中国化的马克思主义说明中国的实际问题；加强理论宣传，就要坚持用中国化的马克思主义教育干部和群众，实现党的理论创新成果的普及化、大众化。加强党的理论创新成果的研究、阐释和宣传，就是实现马克思主义中国化、时代化和大众化，用马克思主义武装全党、指导实践的实际过程。大力推进党的理论创新成果的

---

[1] 本文发表于《人民日报》，2012 年 4 月 1 日。

研究、阐释和宣传，加强理论指导、理论研究、理论武装和理论宣传，这是一项关乎执政党建设和中国特色社会主义发展的头等大事。

毛泽东同志指出："我们的任务，是领导一个几万万人口的大民族，进行空前的伟大的斗争。所以，普遍地深入地研究马克思列宁主义的理论的任务，对于我们，是一个亟待解决并须着重地致力才能解决的大问题。"[1]在中国人民伟大革命斗争中，我们党实际地、普遍地、深入地研究马克思主义，把马克思主义与中国革命实际相结合，创立了马克思主义中国化的创新成果——毛泽东思想，指导中国革命取得了伟大胜利。今天，我们党领导 13 亿人口从事发展伟大的中国特色社会主义事业，实际地、系统地、创造性地研究马克思主义，把马克思主义与中国当代实际相结合，形成了马克思主义中国化的最新创新成果——中国特色社会主义理论体系，指导中国改革开放不断取得新成就。列宁认为，工人阶级是不能自发地产生先进理论的，先进的理论要靠从外部灌输到工人阶级头脑中。只有解决理论武装问题，让马克思主义的理论变成人们的自觉行动，才能解决理论指导问题。解决好理论武装，必须加强理论的阐释、宣传和教育工作，使党的理论创新成果真正成为人民群众的自觉行为。当今，必须加强中国特色社会主义理论体系的研究、阐释和宣传，积极推进理论创新。

二、坚持正确的学风，解决好对待党的
理论创新成果的根本态度问题

我们党以马克思主义为指导，靠马克思主义建党、立党、兴党，这就决定了对马克思主义采取什么态度是"第一个重要的问题"。学风问题，就是对待马克思主义，也是对待党的理论创新成果的根本态度问题。是从实际出发，还是从本本出发，这是真假马克思主义的分水岭，是真信还是假信党的创新理论的试金石。学风不好，把党的理论真经念歪，误导实践，造成严重危害，党的历史上的严重教训已经不少了。

马克思主义学风就是实事求是、理论联系实际。坚持党的理论指导，一要有的放矢，二要学以致用，三要重在创新。有的放矢，就是用理论之箭，射实际之的。针对实际问题，学习和研究理论，以解决实际问题；学以致用，就是

[1]《毛泽东选集》第 2 卷，人民出版社 1991 年版，第 533 页。

学习理论的目的全是为了使用，必须学会运用党的理论解决中国实际问题；重在创新，就是在联系实际、认识实际、解决实际过程中发展、创新中国化的马克思主义。

解决学风问题的根本点在于一切从实际出发。研究、阐释、宣传党的理论，全在应用。毛泽东同志强调："对于马克思主义理论，要能够精通它，应用它，精通的目的全在于应用。如果你能应用马克思列宁主义的观点，说明一个两个实际问题，那就要受到称赞，就算有了几分成绩。"[1]党的理论学习、理论研究、理论阐释、理论武装、理论宣传、理论教育等一切理论工作，首先是为了运用党的理论指导，以解决工作中的实际问题，这就是通常讲的把马克思主义普遍原理与本国实际相结合。理论工作者必须针对新的实际，善于抓住现实生活中的重大问题，加以研究、解释、说明，并找到解决问题的办法、措施和途径。如果像毛泽东同志批评的那样，把理论之箭抓在手里，连连说好箭，不去射靶，不去针对实际问题加以说明回答，那么学习掌握理论就毫无实际意义。只有在使用中认识问题、解决问题，才能够发展理论、创新理论。

实践是人民群众的实践，实际是人民群众的实际。人民群众的实践活动是党的理论创新的不竭源泉和深厚基础，人民群众是理论的真正创造者和实践者。党的理论创新成果必须与人民群众相结合，为群众所掌握，用于指导人民群众的实践，这就决定了理论工作者必须深入群众，到火热的实践中去，调查研究，才能搞好创新理论的研究、阐释和宣传。

三、办好中国社会科学院，努力做好党的
理论创新成果研究、阐释和宣传工作

中央对我院"三个定位"要求的第一位任务就是努力建设马克思主义坚强阵地，这是最高的党性要求。我院担负研究、宣传、创新马克思主义的重任，一定要改革创新，以哲学社会科学创新工程为载体，抓好党的理论创新成果的研究、阐释和宣传工作。

---

[1]《毛泽东选集》第3卷，人民出版社1991年版，第815页。

（一）加强理论武装，提高运用马克思主义指导哲学社会科学研究的能力。

坚持以马克思主义为指导，是我国哲学社会科学最鲜明的特色，是我院最根本的办院方针。组织全院人员，特别是所局级领导干部，认真学习马克思主义基本原理、中国特色社会主义理论体系，系统掌握马克思主义，提高运用马克思主义指导科研的水平和能力。今年要继续举办所局主要领导干部马克思主义经典著作读书班、青年骨干马克思主义经典著作学习班，举办系列报告会、讲座、理论培训班，抓好面向全院青年的马克思主义理论培训。颁布执行《关于进一步加强和改进研究所党委中心组学习的意见》，抓好各级中心组理论学习。注重学习实效，抓好检查落实。

（二）重视意识形态工作，确保正确的政治导向和学术导向。

准确把握意识形态工作面临的新形势，充分认识哲学社会科学在社会主义主流意识形态建设中的地位和作用，牢记"守土"职责，坚决反对思想理论领域一切杂音、噪音，自觉抵制各种错误思潮的影响和冲击，不断增强全院同志的政治敏锐性和政治鉴别力。

（三）加强马克思主义理论学科建设、理论创新研究和理论宣传。

认真完成我院承担的中央马克思主义理论研究和建设工程各项任务。落实我院《加强马克思主义理论学科建设与理论研究实施方案（2009—2014）》和2012年工作计划。巩固发展马克思主义理论学科，加强二三级理论学科建设。加强马克思主义理论类别研究室和研究中心建设，办好马克思主义研究院、中国特色社会主义理论体系研究中心和世界社会主义研究中心。组织撰写马克思主义理论学科前沿报告。出版马克思主义专题摘编、文丛和文集。完成中央交办的理论宣传文章撰写任务。充分发挥院属报纸、期刊、出版社、图书馆、网站、数据库、论坛的马克思主义学术阵地和宣传平台作用。加强对中国特色社会主义理论体系、中国特色社会主义旗帜、中国特色社会主义发展道路、中国特色社会主义根本政治制度和基本经济制度的研究和阐释；加强对国际金融危机、欧洲债务危机和当代资本主义发展趋向的跟踪研究；加强党的执政能力建设、先进性建设、纯洁性建设和反腐倡廉建设研究，推出一批高水平的创新研究成果。

（四）培养德才兼备、又红又专的高素质马克思主义研究专门人才。

以加强马克思主义理论学科建设和理论研究、理论宣传为依托，推进实施马克思主义理论人才造就计划、马克思主义理论后备人才培养计划，努力培养造就一批马克思主义理论家、中青年理论骨干、宣传人才和外向型理论人才。

（五）坚持解放思想、实事求是，与时俱进，切实转变学风、作风和文风。

大力破除崇拜教条的主观主义观念，端正不重视理论的经验主义习气。立足我国改革开放的伟大实践，以我们正在做的事情为中心，着眼于理论的实际运用，着眼于对实际问题分析回答，不断推进理论创新。推动理论工作者转变作风，深入基层"走、转、改"，加强国情调研工作，大兴调查研究之风。提倡讲短话、写短文，探索建立纠正不良文风的有效体制机制。

（六）努力实现理论通俗化、普及化和大众化，不断推进马克思主义中国化和时代化。

党的理论具有代表广大人民群众根本利益的品质，这就决定了它必须并且能够为人民群众所接受、所理解、所拥护。理论的阐释、宣传过程，就是通俗化、普及化、大众化的过程，就是让理论从理论工作者的书本中释放出来，与群众相结合的过程。组织力量分门别类地编写理论通俗读本、普及读本、大众读本，以群众喜闻乐见的、乐于接受的形式宣传传播。动员研究人员善于运用理论说明实际问题，善于用群众能够听得进、想得懂、真相信的大众话语体系阐释、宣传党的理论创新成果。

努力推进国家治理体系和治理能力现代化 [1]

完善和发展中国特色社会主义制度，推进国家治理体系和治理能力现代化，是党的十八届三中全会提出的全面深化改革总目标。在省部级主要领导干部学习贯彻十八届三中全会精神全面深化改革专题研讨班开班式上，习近平总书记以广阔的世界历史眼光，纵观近代以来我国社会变革的历史过程，对全面深化改革的总目标作了精辟论述。深刻领会和贯彻落实习近平总书记重要论述精神，努力推进国家治理体系和治理能力现代化，是当前党和国家面临的一项重要任务，也是哲学社会科学界必须深入研究的一个重大课题。

一、充分认识推进国家治理体系和治理能力 现代化的重要性和紧迫性

明确提出完善和发展中国特色社会主义制度、推进国家治理体系和治理能力现代化，集中反映了我们党对领导中国人民建设中国特色社会主义所面临的形势和任务作出的新的判断，是对我们党治国理政思想的重大创新，是对中国特色社会主义理论宝库的重要贡献，是对马克思主义国家学说的丰富和发展，标志着我们党对共产党执政规律、社会主义建设规律和人类社会发展规律的认识达到了一个新的高度。这是我们党总结近代以来特别是 20 世纪 80 年代末 90 年代初以来国际国内在国家治理问题上的经验教训得到的深刻启示，也是我们

---

[1] 本文原载《世界社会主义研究动态》，2014 年 6 月 5 日；《求是》，2014 年第 12 期。

党领导中国人民历经革命、建设、改革进程得出的必然结论。

一百多年来，中华民族在寻找适合中国国情的国家治理体系方面走过了艰难曲折的历史过程。辛亥革命后，各种社会力量在建立什么样的国家治理体系问题上进行了激烈的斗争和较量。一些人企图复辟帝制，一些人尝试建立君主立宪制、议会制、多党制、总统制，但最终都以失败而告终。在中国社会各阶级、各政党迷茫、困惑和彷徨之际，俄国爆发了十月革命。这场革命不仅开辟了人类历史的新纪元，而且给中国送来了马克思列宁主义，同时也向中国人民展现了一种全新的国家治理理念。选择以马克思列宁主义为指导思想的中国共产党，肩负历史赋予的实现中华民族伟大复兴的重任，深刻分析中国社会状况，深入思考中国前途命运，认为只有社会主义才能解决中国的问题，才是真正实现民族独立和人民解放、国家富强和人民幸福的正确道路。以毛泽东同志为代表的中国共产党人在领导中国革命的进程中，一直在不断思考未来建立什么样的国家治理体系问题。特别是在新中国成立前夕，这一问题已经现实而紧迫地摆在了中国共产党人面前。新中国成立后，我们党在建设社会主义的实践中继续坚持不懈地探索这一问题并取得重要成果。但是，后来由于对全面建设社会主义的思想准备不足，在对国际国内形势的认识上和指导思想上出现偏差，导致发生十年"文革"这样全局性的长时间的严重错误，使新中国成立初期开始的这一实践探索没有坚持下去。因此，直到改革开放前，我们并没有真正找到完全符合我国实际的治理国家的制度模式和制度体系。

实行改革开放后，党和国家进入一个新的历史时期，以邓小平同志为代表的中国共产党人开始以全新的角度思考国家治理体系问题。邓小平同志曾经明确指出，我们进行社会主义现代化建设，是要在经济上赶上发达资本主义国家，在政治上创造比资本主义国家的民主更高更切实的民主，并且造就比这些国家更多更优秀的人才。他一再强调，领导制度、组织制度问题更带有根本性、全局性、稳定性和长期性，关系到党和国家是否改变颜色，必须引起全党的高度重视。1992年在南方谈话中，邓小平同志曾经预计，再有30年的时间，中国将在各方面形成一整套更加成熟、更加定型的制度，在这个制度下的方针、政策也将更加定型化。邓小平同志之所以反复强调制度问题，反复强调要使我们的制度更加成熟、更加定型，不仅是要解决好制约党和国家事业发展的体制机制弊端问题，而且更重要的是要解决好事关党和国家长治久安的制度现代化问题。

国家治理体系的完善程度及治理能力的强弱，是一个国家综合国力和竞争力的重要标志。从世界上看，不同国家的治理体系各不相同，治理能力也存在差异。但是，对任何一个国家来说，如果没有比较完善的国家治理体系和比较强大的国家治理能力，就不可能有效地解决各种社会矛盾和问题，就不可能形成国家建设和发展所必需的向心力、凝聚力，就会导致社会动荡、政权更迭等严重政治后果。在这方面，一些国家和政党给我们留下了非常惨痛的经验教训。

今天，我们党已经从领导人民为夺取全国政权而奋斗的党，成为领导人民掌握全国政权并长期执政的党；已经从受到外部封锁和实行计划经济条件下领导国家建设的党，成为对外开放和发展社会主义市场经济条件下领导国家建设的党。我们党所面临的一项重大历史任务，就是坚持和完善中国特色社会主义制度，为党和国家事业发展、为人民幸福安康、为社会和谐稳定、为国家长治久安提供一整套更完备、更稳定、更管用的制度体系。在继承邓小平同志战略思想及对新的历史方位和历史任务作出正确判断的基础上，党的十八大从经济、政治、文化、社会、生态文明五个方面提出了全面深化改革开放的制度目标，并强调全面建成小康社会，必须构建系统完备、科学规范、运行有效的制度体系。党的十八届三中全会进而把完善和发展中国特色社会主义制度、推进国家治理体系和治理能力现代化确定为全面深化改革的总目标。正如习近平总书记指出的，这是坚持和发展中国特色社会主义的必然要求，也是实现社会主义现代化的应有之义。

二、准确把握国家治理体系和治理能力现代化的科学内涵

以习近平同志为总书记的党中央继承和发展我们党关于社会主义现代化建设的理论，明确提出推进国家治理体系和治理能力现代化，实现从工业、农业、国防和科学技术现代化向全面现代化目标的历史跨越。需要指出的是，这不是简单的概念或范畴的变化，不是在工业、农业、国防和科技现代化之后附加的第五"化"，而是蕴含着全新内容的政治理念。它不仅反映了我们党对国家现代化认识的深化和系统化，而且体现了我们党对改革认识的深化和系统化。

习近平总书记明确指出："国家治理体系和治理能力是一个国家制度和制度执行能力的集中体现。国家治理体系是在党领导下管理国家的制度体系，包括经济、政治、文化、社会、生态文明和党的建设等各领域体制机制、法律法规

安排，也就是一整套紧密相连、相互协调的国家制度；国家治理能力则是运用国家制度管理社会各方面事务的能力，包括改革发展稳定、内政外交国防、治党治国治军等各个方面。"[1] 这一重要论述，对国家治理体系和治理能力的内涵作出了科学的界定。正确理解和准确把握两个概念的科学内涵，是在实践中推进治理体系和治理能力现代化的思想认识基础。

国家治理体系和治理能力是一个相辅相成的有机整体，有了好的国家治理体系才能真正提高治理能力，提高国家治理能力才能充分发挥国家治理体系的效能。作为治理体系核心内容的制度，其作用具有根本性、全局性、长远性，但是没有有效的治理能力，再好的制度和制度体系也难以发挥作用。经过 36 年的改革开放，我们已经走出了一条不同于其他国家特别是西方发达资本主义国家的成功发展道路，取得了举世瞩目的经济社会发展成就，而且形成了一套不同于西方国家的成功制度体系。事实雄辩地证明，治理一个国家，推动一个国家实现现代化，并不是只有一种模式、一条道路，各国完全可以走出适合自己国情的道路来。中国特色社会主义的成功实践，为人类社会开辟了一种新的发展前景，也向其他国家和民族提供了一种新的制度模式和道路选择，同时也宣告了"历史终结论""中国崩溃论"等的破产。

从总体上讲，我们的国家治理体系和治理能力是好的，是有独特优势的，是适合我国国情和发展要求的，得到国际上越来越多的人的肯定和赞扬。但是，也必须清醒认识到，与我国经济社会发展的要求相比，与人民群众的期待相比，与当今世界日趋激烈的国际竞争相比，与实现国家长治久安的历史任务相比，我们在国家治理体系和治理能力方面还有许多不足，还有许多亟待改进的地方；我们的制度还没有达到当年邓小平同志提出的更加成熟、更加定型的要求，有些方面甚至已经成为影响和制约发展稳定的重要因素；我们已经有了比较完善的制度体系，但制度的效能和作用还没有得到充分发挥。因此，必须适应时代的变化和国家现代化的总进程，从各个领域推进国家治理体系和治理能力现代化，保持国家治理体系的有效运转，在着力提高国家治理能力上下功夫。既要改革不适应实践发展要求的体制机制、法律法规，又要不断构建新的体制机制、法律法规，使各方面制度更加科学、更加完善，实现党、国家、社会各项事务治理制度化、规范化、程序化。要不断提高党科学执政、民主执政、依法执政

[1] 习近平在中共十八届三中全会第二次全体会议上的讲话。

水平，提高国家机构履职能力，提高人民群众依法管理国家事务、经济社会文化事务和自身事务的能力；把各方面的制度优势转化为国家治理的实际效能，不断提高运用中国特色社会主义制度有效治理国家的水平。

三、始终坚持推进国家治理体系和治理能力现代化的正确方向

习近平总书记指出，推进国家治理体系和治理能力现代化，必须完整理解和准确把握全面深化改革的总目标。这个总目标是由两句话组成的一个整体，即完善和发展中国特色社会主义制度、推进国家治理体系和治理能力现代化。前一句话是根本前提、根本性质和根本方向，就是国家治理体系和治理能力现代化必须在中国特色社会主义制度的框架内进行，必须坚持走中国特色社会主义道路，而不是其他什么道路，既不能走封闭僵化的老路，也不能走改旗易帜的邪路。后一句话讲的是实现形式和基本途径，就是说完善和发展中国特色社会主义制度，必须不断完善国家治理体系和提升国家治理能力，或者说，推进国家治理体系和治理能力现代化的根本目的是完善和发展中国特色社会主义。这两句话必须一起讲，如果只讲推进国家治理体系和治理能力现代化，不讲完善和发展中国特色社会主义制度，就是不完整、不全面的，就会迷失国家治理体系和治理能力现代化的正确方向。

推进国家治理体系和治理能力现代化，必须切实解决好制度模式的选择问题。一个国家选择什么样的治理体系，是由这个国家的历史传承、文化传统、经济社会发展水平决定的，是由这个国家的人民决定的。世界上没有放之四海而皆准的发展模式，也没有一成不变的发展道路。一种制度模式在一个国家是适用的，在其他国家则不一定适用。历史和现实一再昭示我们，世界上没有哪个国家或民族是可以通过依赖外部力量、跟在他人后面亦步亦趋能够实现发展、强大和振兴的。不顾国情照抄照搬别人的制度模式和发展道路，从来都不会成功，不仅不能解决自己的任何实际问题，而且还会造成经济停滞、政权更迭、社会动荡、主权丧失等严重后果。在这方面，同样有深刻的经验教训值得我们汲取。

中华民族是一个兼容并蓄、海纳百川的民族，在漫长历史进程中，不断学习他人的好东西，把他人的好东西转化成我们自己的东西，从而形成我们的民族特色。这也就是中华民族绵延 5000 年而始终充满生机和活力的秘密所在。我

国今天的国家治理体系，是在我国历史传承、文化传统、经济社会发展的基础上长期发展、渐进改进、内生性演化的结果。我们的国家治理体系无疑需要改进和完善，但怎么改、怎么完善，我们自己要有主张，要有定力。我们需要借鉴包括政治文明在内的人类文明的一切有益成果，但绝不照搬西方的制度模式和别国的发展道路，当然也绝不把自己的制度模式和发展道路强加给他人。中国的事情必须由中国人民自己作主张、自己来处理，否则就必然遭遇失败，成为他人的附庸。

在纪念毛泽东同志诞辰120周年座谈会上，习近平总书记曾经指出："站在960多万平方公里的广袤大地上，吸吮着中华民族漫长奋斗积累的文化养分，拥有13亿多中国人民聚合的磅礴之力，我们走自己的路，具有无比广阔的舞台，具有无比深厚的历史底蕴，具有无比强大的前进定力。"这充分显示出当代中国共产党人对中国特色社会主义制度的坚定自信。没有坚定的制度自信，就不可能有全面深化改革的勇气，当然，离开不断改革和完善，制度自信不可能彻底，也不可能久远。全面深化改革，推进国家治理体系和治理能力现代化，是为了更好地完善和发展中国特色社会主义制度，而不是削弱、改变或放弃这个制度。坚定制度自信不是要故步自封，而是要不断革除体制机制弊端，让我们的制度更加成熟而持久。不讲或淡化完善和发展中国特色社会主义制度，只讲推进国家治理体系和治理能力现代化，是对全面深化改革总目标的误读和曲解。坚持中国共产党的领导，完善和发展中国特色社会主义制度，是我们治国理政的根本，不容有任何含糊和动摇。必须始终坚持推进国家治理体系和治理能力现代化的正确方向，在思想上进一步明确，我们的国家治理体系和治理能力现代化也要吸纳人类文明的一切优秀成果，但不是接受西方发达资本主义国家的政治理念和话语体系，不是实行西方的多党轮流执政、三权鼎立、两院制，不是实行经济私有化、政治自由化、军队国家化，等等。一句话，推进国家治理体系和治理能力现代化，绝不是西方化和资本主义化。

四、不断巩固推进国家治理体系和治理能力现代化的价值体系基础

习近平总书记从把握正确方向、汇聚强大力量的战略高度明确指出，推进

国家治理体系和治理能力现代化，要大力培育和弘扬社会主义核心价值体系和核心价值观，加快构建充分反映中国特色、民族特性、时代特征的价值体系。这一重要论述，深刻阐明了社会主义核心价值体系和核心价值观对于推进国家治理体系和治理能力现代化的极端重要性。

一个国家的治理体系和治理能力是与这个国家的历史传承、文化传统密切相关的，任何政治制度、经济制度、社会制度和对外政策，都无不蕴含着特定国家和民族的核心价值观。马克思主义认为，世界上的任何事物都是普遍性和特殊性的统一，普遍性寓于特殊性之中，特殊性包含着普遍性，不存在只有普遍性而没有特殊性或者只有特殊性而没有普遍性的东西。所有价值观念都是历史的、具体的，都是由社会经济关系决定的，不存在永恒的、不变的、抽象的价值观念。自由、民主、人权、公平、正义等价值观念也都不是抽象的，而是有着具体的社会政治内容，也是随着经济社会条件的变化而变化的。从这个意义上说，所谓"普世价值"实际上是一个伪命题，它在现实生活中是不存在的。正如一位美国学者所说，普世主义是西方对付非西方社会的意识形态。西方某些国家把他们的那套价值观念标榜为"普世价值"，把他们诠释的自由、民主、人权等说成是放之四海而皆准的标尺，极力在世界范围内叫卖和推销，台前幕后策动了一场又一场"颜色革命"，其目的就在于渗透、破坏和颠覆别国政权。国内外一些敌对势力假借"普世价值"之名，抹黑中国共产党，抹黑中国特色社会主义制度，抹黑我国主流意识形态，企图用西方价值观念改造中国，其目的也就在于让中国人民放弃中国共产党的领导，放弃中国特色社会主义制度，使中国再次沦为某些发达资本主义国家的殖民地。

社会主义政治文明是包括资本主义政治文明在内的人类政治文明优秀成果的忠实继承者。自由、民主、人权是数百年来工人阶级和广大劳动人民为之奋力抗争的价值追求，不是资产阶级及西方发达资本主义国家的发明和专利。它们同样是社会主义核心价值观的有机组成部分，更是鲜明地写在中国共产党人的旗帜上。社会主义核心价值体系不仅决定着中国特色社会主义的发展方向，而且也是顺利推进国家治理体系和治理能力现代化的重要基础。对于一个国家和民族来说，如果不坚持自己的价值体系和价值观，如果没有自己的精神独立性，那么，其政治、思想、文化、制度等方面也就失去了自主性和独立性的根基。我们要理直气壮地继承和弘扬中华民族传统美德，坚守在中国大地上形成和发展起来的价值体系，努力抢占价值体系的制高点，实现中华传统美德的创造性转化和创新性发展，使中华民族最基本的文化基因与当代文化相适应、与现代社会相协调。要把跨越时空、超越国度、富有永恒魅力、具有当代价值的文化精神弘扬起来，把继承优秀传统文化又弘扬时代精神、立足中国又面向世界的当代中国文化创新成果传播出去，向世界展示中华文化的独特魅力。要认真学习借鉴世界各国人民创造的优秀文明成果，不断增强国家文化软实力，使我们的文化成为抵御西方价值观念渗透的强大思想武器。

推进国家治理体系和治理能力现代化，是一项极为宏大的系统工程，在一定意义上可以说是一场国家治理领域的革命。它涉及经济、政治、文化、社会、生态文明和党的建设等各领域，需要全党全社会的共同努力。哲学社会科学界要认真学习、深刻领会党的十八届三中全会决定和习近平总书记重要论述精神，发挥自身优势，围绕相关重大理论和现实问题，组织精干力量开展深入研究，努力推出高水平的研究成果，及时提供有价值的决策建议，为全面深化改革，完善和发展中国特色社会主义制度，推进国家治理体系和治理能力现代化作出应有的贡献。

沿着中国道路推进国家治理现代化 [1]

党的十八届三中全会将完善和发展中国特色社会主义制度，推进国家治理体系和治理能力现代化，确立为全面深化改革总目标。这是以习近平为总书记的新一届中央领导集体把握时代特征，秉承历史使命，梳理古今中外治政得失，统揽党和国家发展全局做出的重大决策，是对我们党治国理政思想的重大创新，是对中国特色社会主义理论宝库的重要贡献，是对马克思主义国家学说的丰富和发展。本届论坛以"社会转型和国家治理"为主题，既是贯彻党的十八届三中全会精神的重要体现，也是对重大理论与实践问题一次较为集中的学术回应。这里，我谈几点看法，供大家参考。

一、对马克思主义国家学说的丰富和发展

习近平总书记强调，完善和发展中国特色社会主义制度，推进国家治理体系和治理能力现代化，是坚持和发展中国特色社会主义的必然要求，也是实现社会主义现代化的应有之义。对这一重大命题，必须站在马克思主义 160 余年波澜壮阔发展史的高度，站在人类社会数千年跌宕起伏的跃迁史的高度，深刻认识，科学把握。

国家问题是人类发展史上最重要的命题之一，也是马克思主义政治学的主

[1]本文是作者在"第八届中国社会科学院前沿论坛上的讲话"（2014 年 9 月 27 日）。收录于《社会转型与国家治理》，中国社会科学出版社 2015 年版。

要内容。列宁指出，国家问题"是关系全部政治的主要的和根本的问题"[1]。但是，对于究竟何为国家、国家的本质是什么、如何治理国家等一系列根本性重大问题，几千年来众说纷纭。马克思主义的诞生，开辟了人类思想史的新纪元，也为科学认识和解决国家问题指明了方向。纵览马克思主义发展史，可以将马克思主义国家学说的发展大体上划分为三个阶段。

第一个历史阶段是马克思恩格斯在人类思想史上第一次科学地阐明了国家的起源、本质、性质、类型、职能和消亡等重要问题，奠定了马克思主义国家学说大厦的基本原理。

马克思恩格斯认为，对国家的认识归根到底要到社会经济生活中去探寻。国家是一个历史范畴，"国家是阶级矛盾不可调和的表现和产物"[2]，是"社会在一定发展阶段上的产物"[3]，国家必然伴随着阶级、阶级矛盾的彻底消灭而逐步自行消亡；阶级统治是国家的本质，国家是统治阶级为维持自身统治和特定秩序的阶级压迫的工具，同时具有协调、缓解社会内部不同利益集团之间的冲突与矛盾的职能；无产阶级国家不再是原来意义上的国家，不再是阶级压迫的工具，而是工人阶级领导的以工农联盟为基础的，实行新型民主和新型专政相结合的新型国家；在人类社会发展的进程中，国家兼具政治统治和公共事务管理两种职能，随着社会主义新型国家的建立，体现阶级工具的职能将逐渐缩小、减少，而维护公共事业的管理职能将逐步扩大、强化，阶级工具职能将与国家的消亡一起消亡。

第二个历史阶段是随着人类历史上第一批社会主义国家的诞生，马克思主义政党运用国家机器巩固新生的无产阶级政权，并开始初步探索无产阶级国家治理的体系和模式。

列宁不仅把马克思恩格斯关于无产阶级新型国家的理论变成现实，领导俄国无产阶级建立起世界上第一个无产阶级专政的新型国家，而且在革命胜利后，不断用新的实践经验丰富和发展马克思主义国家学说。列宁的很多思想，例如无产阶级国家的职能，除了镇压剥削者的反抗外，主要是经济建设和文化建设；对无产阶级国家的管理和监督，是一个既重要又复杂的问题；必须不断改革国

[1]《列宁选集》第4卷，人民出版社1985年版，第42页。

[2]《列宁全集》第31卷，人民出版社1985年版，第6页。

[3]《马克思恩格斯文集》第4卷，人民出版社2009年版，第189页。

家机关，这关系到革命的成败、国家的存亡等，到今天仍然具有重要的借鉴意义。毛泽东等老一辈无产阶级革命家，领导中国人民，经过艰苦卓绝的斗争，建立了新中国。以毛泽东同志为代表的党的第一代中央领导集体，一方面以大无畏的战略勇气，打破了资本主义国家的封锁和进攻，巩固了新生的社会主义国家；另一方面，提出了以工人阶级为领导、以工农联盟为基础的人民民主专政理论等一系列重要思想，丰富和发展了马克思主义国家学说。尤其值得注意的是，毛泽东在1956—1957年发表的《论十大关系》和《关于正确处理人民内部矛盾的问题》等重要著作，开始了对中国特色社会主义道路及其规律的初步探寻，蕴含着探索新型国家治理体系和模式的思想先声。

第三个历史阶段是改革开放新时期，开启国家治理现代化的时代命题，以蕴含着创新内容的理念，进一步丰富和发展了马克思主义国家学说。

在改革开放的历史进程中，邓小平同志多次强调，高度重视领导制度、组织制度等事关党和国家全局的重大问题。他在1992年的南方谈话中指出，再有30年的时间，中国将在各方面形成一整套更加成熟、更加定型的制度，在这个制度下的方针、政策也将更加定型化。进入新世纪以来，我国的国家治理内涵不断丰富和扩展。党的十八大将构建系统完备、科学规范、运行有效的制度体系作为全面建成小康社会的重要内容。尤其是党的十八届三中全会将"完善和发展中国特色社会主义制度，推进国家治理体系和治理能力现代化"明确为全面深化改革的总目标。习近平总书记强调："改革开放以来，我们党开始以全新的角度思考国家治理体系问题，强调领导制度、组织制度问题更带有根本性、全局性、稳定性和长期性。今天，摆在我们面前的一项重大历史任务，就是推动中国特色社会主义制度更加成熟更加定型，为党和国家事业发展、为人民幸福安康、为社会和谐稳定、为国家长治久安提供一整套更完备、更稳定、更管用的制度体系。"[1] 这不仅是我们党领导人民历经革命、建设、改革进程得出的必然结论，也是对20世纪后期世界各国在国家治理问题上的经验总结，更是立足新的时代特征和历史任务对马克思主义国家学说的创新性发展。

---

[1] 参见《习近平在省部级主要领导干部学习贯彻十八届三中全会精神全面深化改革专题研讨班开班式上发表重要讲话》，载于2014年2月18日《人民日报》第1版。

二、完整把握推进国家治理现代化的科学内涵

推进国家治理体系和治理能力现代化，是一项极为宏大的工程，是全面的系统的改革和改进，必须完整把握推进国家治理体系与治理能力现代化的丰富内涵。我认为，尤其要高度重视方向道路制度抉择、体制机制模式选择、核心价值观体系抉择这三个方面。

第一，在方向道路制度抉择方面，必须毫不动摇地坚持中国特色社会主义的根本走向。

习近平总书记强调，"推进国家治理体系和治理能力现代化，必须完整理解和把握全面深化改革的总目标，这是两句话组成的一个整体，即完善和发展中国特色社会主义制度、推进国家治理体系和治理能力现代化。我们的方向就是中国特色社会主义道路。"[1] 这一重要论述表明，国家治理体系和治理能力现代化必须在中国特色社会主义制度的框架内进行，必须高举中国特色社会主义旗帜，坚持走中国特色社会主义道路，而不是其他什么道路，既不能走封闭僵化的老路，也不能走改旗易帜的邪路。必须坚持中国特色社会主义制度，既不实行资本主义的那套制度，又不能继续僵化的、高度集中的传统制度。必须坚持以马克思主义、毛泽东思想和中国特色社会主义理论体系为指南，既不接受西方资产阶级政治理论和价值观的指导，也不接受中国传统落后的封建主义思想道德体系的导引。全面深化改革、推进国家治理体系和治理能力现代化，是为了更好地完善和发展中国特色社会主义制度，而不是削弱、改变或放弃这个制度。因此，推进中国特色的国家治理现代化，必须坚持马克思主义、科学社会主义的正确方向，立足中国国情，坚持党的领导，坚持和发展中国特色社会主义，努力达到经济发展、社会稳定、文化繁荣、民族团结、人民生活水平不断提高的良好局面。这是治国理政，实现国家治理现代化的根本，不容有任何含糊和动摇。

第二，在体制机制模式选择方面，必须始终不渝地坚持中国特色社会主义的体制机制。

---

[1] 参见《习近平在省部级主要领导干部学习贯彻十八届三中全会精神全面深化改革专题研讨班开班式上发表重要讲话》，载于 2014 年 2 月 18 日《人民日报》第 1 版。

　　毛泽东同志在《新民主主义论》一文中对国家的国体和政体做了科学的论述和区别。他指出，"国体""它只是指的一个问题，就是社会各阶级在国家中的地位。资产阶级总是隐瞒这种阶级地位"[1]。也就是说，国体决定国家的阶级性质，是封建主义国家，还是社会主义国家，这里的根本问题是采取何种专政制度，是无产阶级专政的制度，还是资产阶级专政的制度。国体涉及的是国家的根本政治制度和经济制度，因此它规定了哪个阶级是占统治地位的阶级。"政体""指的是政权构成的形式问题，指的是一定的社会阶级采取何种形式去组织那反对敌人保护自己的政权机关。没有适当形式的政权机关，就不能代表国家"[2]。中国现在采取全国人民代表大会制度，就是无产阶级专政的新型国家的政体。中国特色社会主义制度是人民民主专政的新型国家，对人民实行最广泛的民主，对少数敌人实行最严厉的专政，这是国体；按照民主集中制，采取人民代表大会制度，由人民代表选举产生政府，这是政体。国家治理体系也是一个政体问题，即以什么样的形式、手段、办法、能力治理国家。只有好的国体，没有好的政体，好的国体发挥不出优越性。中国的国家治理体系怎么改、怎么完善，我们自己要有主张，要有定力。世界上没有放之四海而皆准的发展道路，也没有一成不变的发展模式。

　　西方发达国家所谓的"治理"体制机制，以西方民主政治为模式选择，以实施多党制、三权鼎立、两院制，以及经济私有化、政治自由化、军队国家化等为具体体制、机制和手段，反映了资产阶级的统治要求和政治使命。这套政体在坚持人民民主专政的社会主义国家是行不通的。历史和现实一再昭示我们，世界上没有哪个国家或民族是可以完全依赖外部力量、跟在他人后面亦步亦趋实现发展、强大和振兴的。任何国家不顾国情照抄照搬别人的体制模式，不仅不会成功，还会造成经济停滞、社会动荡、主权丧失等严重后果。我们需要借鉴人类文明创造的一切有益成果，但不是接受西方发达资本主义国家的政治理念、治理模式和话语体系，照抄照搬西方的政体模式。中国的事情必须由中国人民自己作主，按照中国的国情来实施。

　　第三，在价值观建设方面，必须坚持大力培育和弘扬社会主义核心价值观。

　　习近平总书记强调："民族文化是一个民族区别于其他民族的独特标识。要

---

[1]《毛泽东选集》第 2 卷，人民出版社 1991 年版，第 637 页。

[2]《毛泽东选集》第 2 卷，人民出版社 1991 年版，第 636 页

加强对中华优秀传统文化的挖掘和阐发，努力实现中华传统美德的创造性转化、创新性发展，把跨越时空、超越国度、富有永恒魅力、具有当代价值的文化精神弘扬起来，把继承优秀传统文化又弘扬时代精神、立足本国又面向世界的当代中国文化创新成果传播出去。"[1] 我国今天的国家治理体系，是在历史传承、文化传统、经济社会发展的基础上长期发展、渐进改进、内生性演化的结果。推进国家治理现代化，离不开汲取民族优秀传统文化中的宝贵价值。一方面，要运用马克思主义基本观点和方法对传统文化进行区分和甄别，取其精华，去其糟粕，实现马克思主义基本原理与中国优秀传统文化价值的有机结合；另一方面，做好对优秀传统文化的当代升华和时代转化，将其与当前我国全面深化改革的新思路、新动向和新举措相统一，使中华民族最基本的文化价值基因与当代社会相适应、与国家治理相统一、与民族梦想同辉煌。加快构建充分反映中国特色、民族特性、时代特征的社会主义核心价值体系。

三、哲学社会科学研究的重大主攻课题

推进国家治理体系和治理能力现代化，一定意义上是一场国家治理领域的革命。哲学社会科学界要深刻领会和落实党的十八届三中全会决定和习近平总书记重要系列讲话精神，为全面深化改革、推进国家治理现代化作出更大贡献。

第一，充分发挥学科集群优势，以中国特色的国家治理现代化为主题，形成一批有创新性和指导意义的重要学术成果。

国家治理涉及经济、政治、文化、社会、生态文明和党的建设等各个领域，哲学社会科学研究要发挥学科综合集成优势，围绕什么是中国特色的国家治理模式、如何推进国家治理体系与治理能力现代化以及依法治国方略等一系列重大理论和现实问题，组织精干力量开展前沿性和基础性课题研究，努力推出高质量的研究成果，及时提供有价值的决策建议，为实现中华民族伟大复兴的中国梦，提供优秀的学术成果和强大的智力支持。

第二，以扎扎实实的研究提升学术解释力，进一步巩固道路自信、理论自信、制度自信。

[1] 参见《习近平在省部级主要领导干部学习贯彻十八届三中全会精神全面深化改革专题研讨班开班式上发表重要讲话》，载于 2014 年 2 月 18 日《人民日报》第 1 版。

　　全面深化改革，推进国家治理体系和治理能力现代化，是为了更好地完善和发展中国特色社会主义理论体系、基本制度和发展道路，而不是削弱、改变或放弃这个道路、理论和制度。哲学社会科学工作者必须牢固树立政治意识、责任意识、大局意识，积极发挥自身学科优势，不断提升研究的创新力、解释力、影响力，形成关于现代国家治理的学术话语体系，牢牢掌握具有思想正能量的话语权，引导人们客观看待我国当前存在的各种问题和现象，巩固提升中国特色社会主义的道路自信、理论自信、制度自信，不断增强全面深化改革的勇气和决心。

　　第三，深化社会主义核心价值观研究，为推进国家治理现代化提供价值依托和文化根底。

　　一个国家的治理体系和治理能力，与其历史传承、文化传统、价值观念密切相关。任何政治制度、经济制度、社会制度和对外政策，都无不蕴含着特定国家和民族的核心价值。可以说，社会主义核心价值观不仅影响着中国特色社会主义的发展方向，而且也是顺利推进国家治理体系和治理能力现代化的重要根基。哲学社会科学工作者要加紧社会主义核心价值观研究，坚守在中国大地上形成和发展起来的价值体系，努力抢占价值体系的制高点，把跨越时空、超越国度、富有永恒魅力、具有当代价值的文化精神弘扬起来，把继承优秀传统文化又弘扬时代精神、立足中国又面向世界的当代中国文化创新成果传播出去，向世界展示中华文化的独特魅力。

将改革进行到底，是对改革开放最好的纪念 [1]

各位领导、各位专家、各位朋友：

大家早上好！

我很高兴出席由中国社科院财经院、经济日报社、中国社会科学出版社举办的"献礼中国城市改革开放 40 年学术研讨会"。

值此中国改革开放 40 周年之际，邀请城市相关领域的专家，回顾中国城市发展波澜壮阔的光辉历程，憧憬中国城市发展的美好未来，总结和揭示中国城镇化和城市发展的经验与规律，把脉和会诊中国城市发展面临的问题与挑战，讨论学术问题，碰撞理论观点，交流政策主张，相信会对促进中国城市未来的健康可持续发展十分有益。作为一个理论工作者，回顾和思考我们亲身参与的改革开放 40 年的实践，目睹和体验中国城市 40 年日新月异的巨变。我认为：

第一，改革开放是中国城镇化成功和城市崛起的重要动因。

首先，通过农业联产承包责任制等农村改革，实现了农业的发展和农村的繁荣，从而释放出大量的农村剩余劳动力。通过自带干粮进城务工的户籍制度改革，使得剩余农业劳动力进城或就地从事非农就业成为可能。其次，在信息技术推动下的全球化和全球新分工背景下，对外开放使得境外的企业关注中国，进而资金、技术、管理和人才大量流入境内成为可能。再次，财税体制改革包括"分灶吃饭"、分税制改革和党的十九大之后税务机构的统一和税收制度的进

---

[1]本文是作者在"中国城市改革开放 40 周年学术研讨会"上的讲话（2018 年 6 月 22 日），原载《世界社会主义研究动态》。

一步改革，以及地方政府绩效考核制度建立，激发了各级政府发展经济的积极性和主动性。最后，各级政府一方面支持乡镇企业发展和对外招商引资，另一方面吸引农村劳动力进城务工。东南沿海更好的优势区位，使得大量内地农村剩余劳动力与全球的生产资料更多地在沿海城市迅速结合，生产并向全球销售具有成本优势的产品和服务。中国的工业化因为大量的农村剩余劳动力供给、巨大的外部资金和市场需求，以及各级政府竞争性推动，获得了加速发展。而工业化及其带来的人民收入的增长、政府税收增长，以及城镇土地与住房制度改革催生不动产价格增长，带动了大规模的城市建设和人口迁徙，进而推动中国城市化进程加速发展。中国工业化和城市化加速推进成就了中国城市崛起，也创造了中国发展的奇迹。

第二，中国城镇化成功和城市崛起意义非同寻常。

中国城市崛起带动了中国成功实现发展和转型。1978 年之前，中国还是一个传统的农业大国。人均国民收入 200 美元，全球排名 140 位，处在最低收入国家行列。2008 年，中国已成为制造大国，整体上正在迈向现代的制造大国和富裕的城乡一体的城市社会。人均国民收入接近 1 万美元，排名闯进全球前 70 名。40 年，中国的城市人口增加 6.68 亿，40 年，中国脱贫人口 7 亿。中国城市崛起加快了人类发展的历史进程。占世界近五分之一人口的中国迈入城市社会，深刻改变了人类社会的结构形态，也显著提升了人类的发展水平和整体素质。如果没有中国城镇化和城市崛起，全球城市人口超过 50% 将推迟 10 余年，世界可能至今没有迈入城市时代。

第三，中国城市的可持续繁荣还面临诸多挑战。

当前与未来，首先，中国城市伴随繁荣而来的是诸多风险和问题。城市在过快增长的同时，城市化泡沫形成和放大，城市化和城市发展的结构失衡加剧，城乡之间、城市之间、城市内部之间分化严重。这不仅导致城市发展的不可持续，而且导致泡沫破灭和风险变现。其次，城镇化和工业化初中期所拥有诸多关键优势在削弱。这包括人口红利消失、生产成本上升、生态环境恶化、收入差距扩大、吃苦精神消减，等等。再次，中国城市发展面临日趋严峻的外部环境。随着中国城市的进一步发展，中国城市越来越面临发达国家城市和发展中国家城市的竞争性夹击。在人类进入崭新的智慧时代，科学技术、竞争规则、发展动力的变化会越来越快，中国城市随时面临竞争失败和淘汰出局的威胁。

中国城市需要培育强大的核心竞争力。

第四，以改革开放迎接中国城市更美好的明天。

今年是中国改革开放 40 周年，中国城市在改革开放中大踏步前进也整整 40 年。中国城市 40 年的成功为未来可持续的繁荣奠定了坚实而强大的基础，也增添通过发展城市带动乡村振兴，进而实现国家整体现代化，创造人民美好生活，实现伟大民族复兴和中国梦的自信。以习近平新时代中国特色社会主义思想为指导，按照党的十九大为国家和城市发展勾勒了全面现代化的愿景和方略，借鉴世界城市发展的经验，遵循城市发展的基本规律。到 2035 年和 2050 年，与建成基本和全面现代化国家的目标相匹配，我国将基本和全面建成城乡一体、区域协调的繁荣、开放、现代、可持续发展的城市社会，中国各类城市将成为创造人民美好生活的幸福家园，中国的一流城市也将成为引领世界城市发展的重要引擎。只有持续改革开放，中国城市才能化解过去发展中积累的问题；只有持续改革开放，才能应对全球竞争中出现的挑战；只有持续改革开放，中国城市才能披荆斩棘、迅速实现崛起；只有持续改革开放，中国城市才能战胜艰险，夺取最后胜利；只有持续改革开放，才能实现民族复兴的中国梦。将改革开放进行到底，是对改革开放的最好纪念。

改革开放是党领导的第二次革命 [1]

习近平总书记深刻指出，"改革开放这场中国的第二次革命，不仅深刻改变了中国，也深刻影响了世界"。改革开放40年来，我们党团结带领全国各族人民，经历了我国历史上最为广泛而深刻的社会变革，推进了我们党建党历史上一次新的伟大自我革命，进行了人类历史上最为宏大而独特的实践创新和理论创新，谱写了中华民族自强不息、顽强奋进新的壮丽史诗。这一切沧桑巨变充分彰显了党领导的中国特色社会主义改革开放的巨大伟力！

一、改革开放是与时俱进的马克思主义思想解放运动

实事求是、解放思想是我们党一以贯之、一脉相承的思想路线，在革命、建设、改革的各个历史进程中，发挥了重要的思想先导作用。改革开放以来，我们党一贯遵循实事求是思想路线，坚持思想解放与改革进程相伴前行，"思想解放—理论创新—改革突破"成为开启每一阶段改革新航程的必然选择。

开展"实践是检验真理的唯一标准"大讨论，开启改革开放的历史大幕。粉碎"四人帮"后，受"两个凡是"错误主张的束缚，各项工作徘徊不前，党面临着思想、政治、组织等各个领域全面拨乱反正的历史任务。1978年5月，《光明日报》发表《实践是检验真理的唯一标准》，明确提出检验真理的标准只能是社会实践，任何理论都要不断接受实践的检验。一场真理标准问题大讨论

---

[1] 本文原载《党建研究》，2018年第8期。

冲破重重阻力，在全国轰轰烈烈展开。真理标准问题大讨论是中国现代史上继五四运动、延安整风运动之后，又一次伟大的思想解放运动。这场大讨论冲破了"两个凡是"错误认识的严重束缚，推动了马克思主义思想解放运动，为党重新确立马克思主义思想路线、政治路线和组织路线奠定了思想基础。正是通过这场大讨论，为党的十一届三中全会的胜利召开，为把党和国家的工作中心转移到经济建设上来，为开辟中国特色社会主义道路提供了思想前引，开启了改革开放的序幕。

突破僵化观念束缚，推动改革开放不断深化。高度集中僵死的计划经济体制，不适合中国国情，严重窒息了我国社会主义制度应有的优越性，束缚了社会生产力的发展，束缚了人们的思想和行动的积极性、创造性。《中共中央关于经济体制改革的决定》提出，实行"公有制基础上有计划的商品经济"，突破了社会主义与市场经济不能兼容的僵化认识，吹响了我国社会主义市场经济体制改革的号角；1992年邓小平同志视察南方的重要谈话，以"三个有利于"作为判断姓"社"姓"资"等重大是非的根本标准，进一步冲破了束缚人们积极性和创造性的思想羁绊，为党的十四大确立社会主义市场经济体制，大踏步的改革开放提供了重要理论准备。1997年，党的十五大明确了"非公有制经济是社会主义经济的必要补充""公有制为主体，多种所有制经济共同发展是我国社会主义初级阶段的一项基本经济制度"，又一次解放了人们的思想、解决了人们对社会主义初级阶段以公有制为主体，多种所有制并存的经济制度的正确认识。根据经济社会全面发展需要，党的十七大提出"坚持以人为本，树立全面、协调、可持续的发展观，促进经济社会和人的全面发展"，破除片面的发展理念，推动改革开放不断走向深入。党的十八届三中全会，以习近平同志为核心的党中央提出了使市场在经济资源配置中起决定性作用和更好发挥政府作用的重大决策，把改革作为决定当代中国的关键一招，再次破除了不合时宜的阻碍发展的思想束缚，极大地推进了改革开放的进程。

继续解放思想，凝聚全面深化改革的强大力量。站在新的历史关头，推进改革面临的复杂程度、敏感程度、艰巨程度前所未有。只有继续推动思想解放，才能凝聚起全面深化改革开放的强大动力。习近平总书记在论及改革开放时，把"解放思想"列于首要位置，并特别强调其"总开关"作用。今天解放思想则要面对更为艰巨复杂的现实利益博弈。一些人嘴上说思想解放，骨子里怕思想解放；一些部门抽象地赞成思想解放，具体地反对思想解放，说到底是一个利益问题。从调节分配到简政放权，影响改革的思想障碍很多不是来自体制外而是来自体制内，尤其来自各种既得利益的羁绊。正因如此，习近平总书记反复强调，要正确处理中央与地方、全局和局部、长远和当前的关系，正确对待利益格局调整，坚决克服地方和部门利益的掣肘，要在破除各方面体制机制弊端、调整深层次利益格局上再啃硬骨头、再拿硬任务，推动形成更加浓厚、更有活力的改革创新氛围。在新的历史起点上确立了继续解放思想、推进改革开放的方向和目标。

二、改革开放是解放和发展社会主义生产力的伟大社会革命

中国共产党领导中国人民在中国近代史上开展了两次伟大的社会革命。以新民主主义革命和社会主义革命为主要内容的中国革命是第一次伟大的社会革命。我们正在进行的改革开放是坚持社会主义方向的第二次伟大的社会革命。在半封建半殖民地的旧中国，中国共产党把马克思主义基本原理与中国实际相结合，开展武装斗争，通过艰苦卓绝的努力，完成新民主主义革命，成立中华人民共和国。紧接着又不间断地展开了社会主义革命，建立了社会主义制度。第一次伟大社会革命使社会生产力从根本上、制度上得到彻底的解放，在中华人民共和国成立头 20 余年奠定了必要扎实的社会主义物质经济基础。

改革开放 40 年来的第二次伟大社会革命，使我国生产力水平极大提升，人民生活显著改善，中国实现了由"追赶世界"到"引领世界"的伟大转变。

推出重大改革举措，极大解放和发展了生产力。邓小平同志指出，"我们所有的改革都是为了一个目的，就是扫除发展社会生产力的障碍"[1]，"不要资本主义，也不要贫穷的社会主义"[2]，这为解放和发展生产力、推进改革开放指明了方向。改革开放 40 年来，我们党领导人民从农村改革到城市改革再到全面深化改革，采取了一系列无一不是解放和发展生产力的重大举措。经过改革开放 40年，中国以 GDP 年均增长 9.5%，实现了 226 倍的经济增长，一跃成为世界第二大经济强国。中国的对外开放从沿海到沿江沿边、从东部到内陆，层层推进，

---

[1]《邓小平文选》第 3 卷，人民出版社 1994 年第 2 版，第 134 页。

[2]《邓小平文选》第 2 卷，人民出版社 1994 年第 2 版，第 231 页。

取得了巨大成就，由世界进出口贸易中排名第 32 位的贸易弱国发展成全球第一大贸易国。英国亚洲问题专家阿富塔布·希迪齐对记者说："中国用 40 年完成了一段无与伦比的精彩旅程，向全世界证明 40 年前实施改革开放这一勇敢决策的正确性。"[1]

坚持以人民为中心，人民生活水平显著提高。邓小平明确提出，是否有利于提高人民生活水平，是判断改革开放成败的标准。习近平总书记强调，人民对美好生活的向往，就是我们的奋斗目标，这就要求我们党必须始终把人民利益放在至高无上的地位，让改革发展成果更多更公平惠及全体人民。改革开放 40 年来，我们党坚持以人民为中心的发展思想，把增进人民福祉、促进人的全面发展作为一切工作的出发点和落脚点，从人民群众最关心、最直接、最现实的利益问题入手，人民生活水平得到显著提高。在 40 年的砥砺奋进中，中国人民生活水平实现了从贫穷到温饱，再到整体小康的跨越式发展，全国农民人均纯收入、城镇居民人均收入，从 1978 年的几百元增加到上万元，增长近百倍，城镇登记失业率只有 4.04%，是全球主要经济体中失业率最低的国家。1978 年，我国有 2.7 亿的绝对贫困人口，40 年来，我国实现了 7 亿人口的脱贫，对全球减贫贡献率超过 70%，成为"中国奇迹"最为精彩的篇章。《亚洲印象》的作者贺伯特指出："改革开放带来的现代化让中国人民受益匪浅，基础设施日趋完善，人民生活越来越好。"[2]

正确认识社会主要矛盾的转化，将全面深化改革进行到底。1956 年，党的八大正确判断了我国社会主要矛盾的变化，指出阶级斗争已经不是我国社会的主要矛盾，"我国国内社会的主要矛盾，已经是人民对于建立先进工业国的要求同落后的农业国现实之间的矛盾，已经是人民对于经济文化迅速发展同当前经济文化不能满足人民需要状况之间的矛盾"。党的八大之后，我们党对社会主要矛盾的判断逐步离开了八大的正确判断，最终导致"文革"，造成了社会、经济、文化发展受挫。党的十一届三中全会拨乱反正回到了八大正确判断上，对党的八大提法作了进一步的概括，提出"我国社会的主要矛盾是人民日益增长的物质文化需求同落后的社会生产之间的矛盾"，这为我们党推进改革开放提供

---

[1] 林卫光：《中国的成功故事将会更加精彩》，《光明日报》，2018 年 6 月 17 日第 4 版。
[2] 龚鸣：《中国成就是独一无二的》（我与中国改革开放 40 年），《人民日报》，2018 年 6 月 17 日第 3 版。

了理论指引，引动了改革开放新的历史进程。经过长期努力，中国特色社会主义进入了新时代，这是我国发展新的历史方位，也是改革开放新的历史起点。新时代，我国社会主要矛盾发生了变化，党的十九大对我国社会主要矛盾作出了新阐述"我国社会主要矛盾已经转化为人们日益增长的美好生活需要和不平衡不充分发展之间的矛盾"。主要矛盾的这一历史性变化，对党和国家工作提出了许多新要求，也赋予改革开放新的历史使命。必须通过深化改革开放解决好我国社会主要矛盾，推动新时代中国特色社会主义走向新胜利、取得新辉煌。全面深化改革，就要牢牢把握全面深化改革的正确方向，不断推进我国社会主义制度自我完善和发展，赋予社会主义新的生机活力。坚持统筹推进"五位一体"总体布局和协调推进"四个全面"战略布局；坚持推进国家治理体系和治理能力现代化，适应时代变化，不断变革不适应实践发展要求的体制机制，使我国经济、政治、文化、社会、生态文明、党的建设等各方面的体制机制更加科学、更加完善，使中国特色社会主义制度更加成熟更加定型；坚持主动开放，解决发展内外联动问题，提高对外开放质量、发展更高层次的开放型经济，这是习近平新时代中国特色社会主义思想和新时代坚持和发展中国特色社会主义基本方略的重要内容和重大举措。党的十八大以来的实践充分表明，学深悟透用实习近平新时代中国特色社会主义思想，就一定能取得中国特色社会主义的更大胜利。

三、改革开放是我们党自我完善、自我革新的伟大自我革命

习近平总书记在党的十九大报告中强调："勇于自我革命，从严管党治党，是我们党最鲜明的品格。"改革开放既是我们党亲自领导的社会革命，又是一场党自觉发动的自我革命。中国共产党是无产阶级的革命政党，要永葆活力就必须在坚持社会革命的进程中不断加强自身建设，在领导和推动改革开放的社会革命进程中不断实现自我革命。中国共产党之所以能成为领导中国特色社会主义事业的核心力量，成功推进改革开放，实现中国历史上最广泛、最深刻的社会变革，最根本的原因在于我们党高度重视自身建设，在自我革命进程中，不断增强自我净化、自我完善、自我革新、自我提高的能力。

坚持党的领导，不断改进和完善党的领导体制。党的领导是中国特色社会

主义的最本质特征，是改革开放沿着正确方向前进的重要政治保证。面对新形势新任务，邓小平指出，只有改善党的领导制度、领导方式和领导作风，才能加强党的领导作用。改革党的领导制度，划清党组织和国家政权的职能，理顺党组织与人民代表大会、政府、司法机关、群众团体、企事业单位和其他各种社会组织之间的关系，做到各司其职，并且逐步走向制度化，这成为党的领导体制改革的开端。以后的历次党代会都对党的领导体制改革进行了新的思考和探索，并出台了相关决定和党内法规制度，使党的领导得到改进加强。当前，中国特色社会主义进入新时代，党面临的形势更复杂，承担的任务更艰巨，进一步加强和改进党的领导，成为当务之急。习近平总书记明确提出，要加强党的全面领导，建立健全党对重大工作的领导体制机制，强化党的组织在同级组织中的领导地位，更好发挥党的职能部门作用，统筹设置党政机构。这些重大部署，着眼于完善坚持党的全面领导的制度，优化党的组织机构，确保党的领导全覆盖，确保党的领导更加坚强有力。

加强党的建设，不断推进全面从严治党。勇于自我革命是我们党最鲜明的政治品格和最大的政治优势。党的十一届三中全会后，我们党在系统恢复重建党内政治生活、政治生态的过程中，同步开启了从严治党的探索。在推进从严治党的过程中，完成从严治党的顶层设计，在功能、重点任务、内外关系、实现路径等方面完成了初步的体系化建构，不仅对当时推进从严治党的行动产生重大影响力，而且对当下推进全面从严治党也正在并将继续产生深远影响力。党的十八大以来，以习近平同志为核心的党中央，高度重视和强调、大力研究和思考、深入推进和实施全面从严治党，大力开展反腐败斗争，把全面从严治党上升为"四个全面"战略，将全面从严治党推进到新的更高的层面。以习近平同志为核心的党中央在全党开展党的群众路线教育实践活动、"三严三实"专题教育、"两学一做"学习教育，积极营造风清气正的良好政治生态；强调把政治建设摆在首位，明确提出严守政治纪律和政治规矩，严肃党内政治生活；坚持"老虎""苍蝇"一起打，大力营造不敢腐、不能腐、不想腐的法治环境和政治氛围，为夺取全面建成小康社会新胜利提供了重要政治保障、思想保障和组织保障。

增强党的执政能力，不断提高党领导改革开放的本领。不断提高党的执政能力，是改革开放的必然要求，是党完成肩负的历史任务的必然要求。邓小平多次强调，把党的执政能力和领导水平问题同改革开放和现代化建设任务密切联系起来，明确提出，实现现代化是一场深刻的伟大革命，全党必须再重新进行学习。党的十六届四中全会明确提出加强"党的执政能力建设"，不断提高科学判断形势的能力、驾驭市场经济的能力、应对复杂局面的能力、依法执政的能力、总揽全局的能力。党的十八大以来，以习近平同志为核心的党中央高度重视加强党的执政能力建设，多次提出要加快知识更新，优化知识结构，拓宽眼界和视野，解决"本领恐慌"问题。党的十九大报告明确提出全面增强执政本领，我们党既要政治过硬，也要本领高强，要着力增强学习本领、政治领导本领、改革创新本领、科学发展本领、依法执政本领、群众工作本领、狠抓落实本领和驾驭风险本领。这是新时代对我们党增强执政能力的全面阐释，为把我们党建设成为始终走在时代前列、人民衷心拥护、勇于自我革命、经得起各种风浪考验、朝气蓬勃的马克思主义执政党，提供了重要遵循。

文化自信：在改革开放中砥砺坚定 [1]

文化自信是最根本的民族自信，是社会进步不可或缺的精神动力。中国人民的当代文化，其内涵包括当今时代最先进的马克思主义和中国化马克思主义文化；中国共产党领导中国人民所创建的革命战争年代的红色传统文化和建设、改革年代的社会主义文化；为中华民族所吸纳并与中国文化相融合的世界优良文化；源远流长、博大精深的中华民族优秀传统文化；这四种文化因素的有机融合，构成了中国人民的精神特质、思想动力和文化坚守，是中国人民的当代文化自信的坚定内容。改革开放 40 年，既是中国共产党带领中国人民以坚定的文化自信走出一条中国特色社会主义新路，建设社会主义现代化强国的伟大历程，又是中国共产党带领中国人民，不断推进马克思主义中国化、时代化和大众化，承继和弘扬中华优秀传统文化、红色传统文化和社会主义文化，兼收并蓄世界先进文化，建设中国特色社会主义先进文化，文化自信愈加坚定的伟大历程。

一、以坚定的文化自信推进改革开放

物质变精神，精神文明生产随着物质文明生产的改造而改造。自中国共产党成立以来领导中国人民所建立起来的文化自信，在改革开放进程中得到进一步充实、光大和巩固。改革开放 40 年，伟大的祖国发生了突飞猛进的物质文明大跃进，已跃居世界第二大经济体，正高歌猛进于强国建设之路。改革开放极

---

[1] 本文原载《求是》，2018 年第 23 期。

大地解放了生产力，物质文明大发展引起了生产关系的深刻变革，经济、政治、文化、社会发生了深度转型，推动人民的思想观念也发生了深刻变化，进入了思想大活跃、观念大碰撞、文化大交融的时代，代表中国先进文化前进方向的当代中国马克思主义不断创新，开阔思路和视野的中华优秀文化吸纳和融合了世界优良文化，继承和弘扬了中国优秀传统文化，中国人民文化自信的内容更加丰富、更加充实，基础更加巩固、底气更加坚定。

精神变物质，发展了的精神文明又反作用于物质文明，物质文明随着精神文明的发展而发展。在改革开放进程中，砥砺坚定的文化自信构成了中国经济社会全面发展的强大精神动力，中国人民的文化自信焕发了改造世界的巨大物质力量，创造了物质文明建设的伟大成就。

坚定的文化自信是改革开放不断取得胜利的思想保证。党领导的改革开放是一场史无前例的伟大的社会革命，它不仅面临着严峻的政治挑战、经济挑战和军事挑战，还面临着严峻的思想文化挑战。为有效应对这些挑战，从思想文化上保证改革开放顺利推进，坚定文化自信，对实现中华民族伟大复兴中国梦尤为重要且必要。

改革开放以来，我党始终高度重视社会主义精神文明和社会主义文化建设。党的十八大以来，以习近平同志为核心的党中央更为重视文化自信、文化自觉和文化建设，他在党的宣传思想文化、意识形态等一系列工作座谈会上发表重要讲话，站在全局和战略的高度凝练地提出文化自信的概念，反复强调文化是一个国家、一个民族的灵魂，文化自信是更基础、更广泛、更深厚的自信，是更基本、更深沉、更持久的力量。没有高度的文化自信，没有文化的繁荣兴盛，就没有中华民族伟大复兴。习近平总书记亲自谋划部署、亲自指导大力培育中国人民的文化自信。他明确指出："增强文化自觉和文化自信，是坚定道路自信、理论自信、制度自信的题中应有之义。"[1] "我们说要坚定中国特色社会主义道路自信、理论自信、制度自信，说到底是要坚定文化自信。"[2] 在庆祝中国共产党成立九十五周年大会上，他第一次把道路自信、理论自信、制度自信和文化自信并列提出。在党的十九大报告中，强调全党要更加自觉地增强和坚定道路自信、理论自信、制度自信、文化自信，建设社会主义文化强国，文化自信成为习近

[1] 习近平：《在文艺工作座谈会上的讲话》，《人民日报》，2014年10月15日，第2版。
[2] 习近平：《在哲学社会科学工作座谈会上的讲话》，《人民日报》，2016年5月18日，第2版。

平新时代中国特色社会主义思想的重要内容。在以习近平同志为核心的党中央领导下，文化建设的密度之大、力度之强、目标之明、效果之好前所未有。主旋律更加响亮，正能量更加强劲，思想共识更加凝聚，精神支撑更加坚实，文化自信更加坚定，国家文化软实力和中华文化影响力大幅提升。

正确的思想、先进的文化是在斗争中确立起来的。正是在与各种错误文化思潮的相互博弈中，中华民族的文化自信才牢固确立。改革开放以来，历史虚无主义、全盘西化主义、文化复古主义等错误思潮对我们的文化自信形成了严峻的挑战。有的借"反思历史"之名，行"虚无历史"之实，拿中国革命史、新中国历史做文章，攻击、丑化、污蔑革命领袖和英模人物，意图反对共产党领导、搞乱人心、颠覆社会主义国家政权；有的借实现"现代化"之名，行"全盘西化"之实，从鼓吹资产阶级自由化，到鼓噪新自由主义，贬低中华优秀文化，否定中华民族的历史贡献，宣扬"全盘西化"才是现代化之正途；有的大肆宣扬西方"普世价值"，"以洋为尊""以洋为美""唯洋是从"，热衷于"去思想化""去价值化""去历史化""去中国化""去意识形态化"那一套；有的借"继承传统"之名，行"文化复古"之实，摒弃辩证唯物主义和历史唯物主义，企图"儒化中国"，用儒教来代替马克思主义的指导地位，试图"回归孔孟道统"，策动传统文化中的糟粕泛滥开来，贻害百姓。今天我们的文化自信正是在与这些错误思想的坚决斗争中砥砺坚定，从而保证改革开放的社会主义方向不动摇。

二、坚守中华民族的文化自信不动摇

改革开放40年来，中华民族的文化自信之所以能栉风沐雨、砥砺前行、自得坚定，得益于始终坚持马克思主义的指导，得益于始终坚持中国共产党的领导，得益于始终坚持中国特色社会主义的正确道路，得益于始终坚持海纳世界优良文化的中华优秀传统文化的丰厚滋养，得益于始终坚持发挥红色传统文化和社会主义文化的支撑作用。

第一，马克思主义和中国化马克思主义是文化自信的精髓灵魂，必须始终不渝地坚持。

思想是文化的灵魂，马克思主义是迄今为止世界最先进的思想文化。中国人民接受了马克思主义并将其与时代特征和中国实际相结合、与中国优秀传统文化相结合，创造了毛泽东思想、邓小平理论、"三个代表"重要思想、科学发展观等中国化的马克思主义，特别是创立了 21 世纪当代中国马克思主义——习近平新时代中国特色社会主义思想，使中国发生了翻天覆地的变化。马克思主义和中国化马克思主义是中华优秀文化的灵魂和精髓。坚定文化自信，如果丢掉马克思主义这个根本，就会失去灵魂、迷失方向。坚持文化自信，必须坚持马克思主义指导地位不动摇。

第二，中国特色社会主义道路自信、理论自信、制度自信是文化自信的核心要义，必须始终不渝地坚持。

中国特色社会主义是改革开放以来党的全部理论和实践的主题。中国共产党团结带领全国各族人民经过 40 年的不懈奋斗，始终高举中国特色社会主义伟大旗帜，取得了举世瞩目的成就。当前，同一些发达国家受困于金融危机、债务危机相比，同一些发展中国家政治动荡、社会混乱、陷入发展陷阱相比，我国发展尽管面临诸多困难和挑战，但我们仍可以自信地说"风景这边独好"。中华民族迎来了从站起来、富起来到强起来的伟大飞跃，在世界上高高举起了社会主义大旗，为解决人类问题贡献了中国智慧和中国方案。正如习近平总书记所言："当今世界，要说哪个政党、哪个国家、哪个民族能够自信的话，那中国共产党、中华人民共和国、中华民族是最有理由自信的。"[1] 中国特色社会主义道路的正确性、理论的指导性和制度的优越性决定了我们的道路自信、理论自信和制度自信，从而构成了我们文化自信的核心内容，极大地增强了文化自信的底气。坚定文化自信，必须始终坚持中国特色社会主义不动摇。

第三，中国共产党的领导是文化自信的根本保证，必须始终不渝地坚持。

历史和事实雄辩地证明，中国共产党从中华民族的文化血脉之中和人民的拥护爱戴之中吸取力量，代表了社会主义先进文化的前进方向。改革开放以来，在中国共产党的领导下，中国的快速发展与和平崛起，打破了长期处于主导地位的"西方中心论"，使中华民族的文化自信力得以重新振兴焕发。面对贬低、诋毁中华优秀传统文化，质疑、反对马克思主义，反对红色传统文化和社会主义文化的错误思潮，如果没有中国共产党的领导，就无法坚守我们的文化自信。削弱或否定中国共产党的领导，中华民族会再度丧失文化自信的勇气，甚至会

---

[1] 习近平：《在庆祝中国共产党成立 95 周年大会上的讲话》，《人民日报》，2016 年 7 月 2 日，第 2 版。

犯无可挽回的历史性错误。坚定文化自信，必须坚持党的领导不动摇。

第四，中华优秀传统文化是文化自信的深厚基础，必须始终不渝地坚持。

中华优秀传统文化所蕴含的中国精神和中国智慧，对开展社会主义改革开放，对推进中国特色社会主义伟大事业，对解决当代人类面临的共同难题都具有重要的价值意义。习近平总书记指出："中华民族生生不息绵延发展、饱受挫折又不断浴火重生，都离不开中华文化的有力支撑。中华文化独一无二的理念、智慧、气度、神韵，增添了中国人民和中华民族内心深处的自信和自豪。"[1]中华优秀传统文化奠定了我们文化自信的前提和基础，必须坚持中华优秀传统文化的滋养。

第五，红色传统文化和社会主义文化是文化自信的坚强基石，必须始终不渝地坚持。

每个时代都有每个时代的精神文化，每个时代都有每个时代的价值观念。社会主义先进文化体现了当代中国的社会性质，体现了当代中国的价值追求。人类社会发展的历史表明，对一个民族、一个国家来说，最持久、最深层的力量是全社会共同认可的核心价值观。社会主义核心价值观是当代中国精神的集中体现，是凝聚中国力量的思想道德基础，是决定社会主义文化性质和方向的最深层次要素。进入21世纪以来，积极培育和践行社会主义核心价值体系，切实把社会主义核心价值观贯穿于社会生活方方面面，使社会主义核心价值观内化于心，外化于行，最大限度地把全社会意志和力量凝聚起来，是坚定文化自信的价值依据。坚定文化自信，必须坚持红色传统文化、社会主义文化和社会主义核心价值观不动摇。

三、大力构建中国特色社会主义先进文化

中国特色社会主义进入新时代，中国特色社会主义文化建设也进入新时代，必须立足新方位，找准新坐标，抓住新机遇，把统一思想，凝聚力量作为中心环节，更加自信地建设中国特色社会主义先进文化，筑牢坚定的文化自信与自觉。

---

[1] 习近平：《高擎民族精神火炬吹响时代前进号角 筑就中华民族伟大复兴时代文艺高峰》，《人民日报》，2016年12月1日，第1版。

一要建设具有强大凝聚力和引领力的社会主义意识形态。

意识形态工作是一项极端重要的工作，是为国家立心、为民族立魂的工作。没有意识形态的自信，就没有文化自信。中国人民的文化自信，就是马克思主义理论自信、社会主义意识形态自信。检验意识形态工作做得好坏，不是看口号喊得响不响，关键要看凝聚人心、引领人心的效果好不好。要把社会主义意识形态凝聚力和引领力强不强作为判断意识形态工作效果的重要标尺，重在建设，以立为本，破立结合。通过锻造理想认同、确立信仰认同、增强理论认同、汇聚价值认同、凝聚利益认同、形成话语认同、营造情感认同等途径，运用个性化制作、可视化呈现、互动化传播等方式，加强传播手段和话语方式创新。用社会主义意识形态凝聚引领人心，要抓好马克思主义和中国化马克思主义特别是习近平新时代中国特色社会主义思想的理论武装，筑牢马克思主义的指导地位，把红色传统文化和社会主义文化融入主流意识形态建设，把红色资源利用好、把红色传统发扬好、把红色基因传承好。要以培养担当民族复兴大任的时代新人为着眼点，强化教育引导、实践养成、制度保障，发挥社会主义核心价值观的引领作用，把社会主义核心价值观融入社会发展各方面，转化为人们的情感认同和行为习惯。

二要深入挖掘中华优秀传统文化精华，重视吸收外来优良文化，做好我国优秀传统文化的创造性转换和发展，做好世界优良文化的创新性吸收和融合。

要加强对中华优秀传统文化的挖掘和阐发，使中华民族最基本的文化基因与当代文化相适应、与世界先进文化相结合，把优秀传统文化的精神标识提炼出来、展示出来，把优秀传统文化中具有当代价值、世界意义的文化精髓提炼出来、展示出来。把跨越时空、超越国界、富有永恒魅力、具有当代价值的中国文化精神弘扬起来。始终坚持不忘本来、吸收外来、面向未来，既向内看，又向外看；既向前看，又向后看，在推动中华文明创造性转化、创新性发展、创建性结合的过程中，激活其生命力，坚定文化自信。

三要繁荣发展社会主义文化，推动文化事业和文化产业发展。

要引导广大文化工作者坚持以人民为中心的文化发展导向，书写中华民族新史诗。要坚持把社会效益放在首位，引导文化工作者坚定文化自信，树立正确的历史观、民族观、国家观、文化观，自觉讲品位、讲格调、讲责任，坚决抵制低俗、庸俗、媚俗，用健康向上的文化作品和做人处事陶冶情操、启迪心智、引领风尚。要推出更多健康优质的网络文化产品。推动公共文化服务标准化、均等化，完善公共文化服务体系，提高基本公共文化服务的覆盖面和适用性。推动文化产业高质量发展，健全现代文化产业体系和市场体系，推动各类文化市场主体发展壮大，培育新型文化业态和文化消费模式，以高质量文化供给增强人们的文化获得感、幸福感，坚定中国人民的文化自信。

坚持社会主义方向的改革开放永不停步[1]

改革开放是中国的第二次革命，是中国特色社会主义发展的强大动力。40年的改革开放使中华民族的伟大文明和中国人民的精神面貌发生了深刻的历史性变化，取得了翻天覆地的成就，走出了一条相对落后的国家可以不经过资本主义制度的"卡夫丁峡谷"，而实现现代化的中国特色社会主义道路。总结改革开放的经验，最重要的是始终坚持解放思想、实事求是的思想路线不动摇，始终坚持社会主义市场经济改革方向不动摇；始终坚持四项基本原则不动摇。

一、成功开辟中国特色社会主义道路，回答了落后国家如何实现社会主义现代化，最终达到共产主义的时代课题

跨越资本主义制度的"卡夫丁峡谷"，开辟中国特色社会主义道路，为建设社会主义现代化强国，实现中华民族伟大复兴的中国梦找到了中国道路，为人类彻底解放和社会全面进步，实现共产主义远大理想提供了中国方案，这是中国改革开放所取得的最为震撼的历史性成就，也是中华民族为人类作出的最为伟大的历史性贡献。

我们处在什么样的时代，面对怎样的时代课题？马克思、恩格斯在《共产党宣言》中明确指出，我们的时代，即"资产阶级的时代"。马克思主义经典作家这里提出的"时代"概念，不是我们从党和国家发展角度所提出的"新时代"

[1] 本文原载《世界社会主义研究》，2018 年第 12 期。

概念，而是唯物主义历史观所阐述的大的"历史时代"概念。唯物史观大的"历史时代"是指占统治地位的社会形态所历经的整个历史进程，该历史时代的进程从该社会形态取代前一社会形态在人类社会占据统治地位起，历经兴盛、衰落，直到为下一社会形态所取代而不再占据统治地位止。马克思、恩格斯按照唯物史观关于社会形态演变理论，根据"经济的社会形态"的根本性质来划分历史时代，把历史时代划分为原始社会、奴隶社会、封建社会、资本主义社会等历史时代，经过无产阶级专政的社会主义过渡，将进入共产主义社会时代。从时代的根本性质和大的历史进程来看，从全球范围来讲，现在仍然是资本主义社会形态占主导地位的历史时代，这个时代又是经过社会主义过渡，最终取代资本主义而进入共产主义的历史时代，该时代充满了社会主义与资本主义两种制度、两条道路的斗争。

马克思主义是我们所处时代的历史最强音，它揭示了资本主义必然灭亡、共产主义必然到来的客观规律；指出了经过社会主义革命和无产阶级专政的社会主义过渡，实现社会主义现代化，最终达到共产主义的历史趋势，从而回答了最为迫切的时代课题。马克思主义经典作家回答该时代课题，主要解决了两大问题：一是关于为什么共产主义必然代替资本主义和通过什么样的途径过渡到共产主义的问题；二是关于在什么样的具体条件下发动社会主义革命，建立无产阶级专政的社会主义国家，走社会主义道路，创造条件最终过渡到共产主义的问题。

自从人类社会演化为对立的阶级社会以来，寻找没有阶级剥削、没有阶级压迫的平等、自由、公平、正义的大同社会，一直是人类的最高理想。从我国先秦诸子提出的"天下为公"思想，如在《礼记·礼运》中所表述的"大道之行、天下为公"的理想社会，到近代进步思想家提出的"大同"理想，如康有为提出的"人人相亲、人人平等、天下为公"的"大同"社会；从古希腊哲学家提出的理想世界，如柏拉图设计的"理想国"，到西欧的空想社会主义，如19世纪三大空想社会主义者圣西门、傅立叶、欧文设想的"共产主义"社会等；这些都显示出人类对消灭剥削制度、消灭阶级对立和阶级差别的理想社会的追求始终没有停止过。然而，设计这些理想社会的先贤们都只是提出了"过河的任务"，即描绘了河彼岸的美好，如何实现这一任务，怎样到达幸福的彼岸，并没有提出可行的办法，没有找到过河的"桥或船"的手段问题。

马克思恩格斯创立了科学社会主义，把人类美好社会的实现建立在科学的基础之上，论证了共产主义社会的历史必然性；科学地解决了通过无产阶级革命，建立无产阶级专政的社会主义社会的过渡，最终达到理想社会的正确途径，彻底解决了过河的问题。

关于发动社会主义革命，建立社会主义国家，走社会主义道路的具体历史条件，马克思主义经典作家给出一个结论、一个设想。他们一开始曾经作出社会主义革命至少是在西方几个主要发达资本主义国家同时胜利的结论；根据新的实践发展，又提出落后国家可以进行社会主义革命、走社会主义道路，从而跨越资本主义制度的"卡夫丁峡谷"的设想。

马克思主义经典作家最初关于社会主义革命在西方发达资本主义诸国同时胜利的结论，是建立在对社会历史一般发展规律的判断上。就社会历史一般发展规律来说，社会主义革命应当在资本主义生产力高度成熟，资本主义生产关系再也不能容纳其生产力发展的条件下爆发，也就是说，走社会主义道路的国家，先要经过资本主义的高度成熟，然后经过无产阶级革命，才能进入共产主义的第一阶段——社会主义。然而，后来的实践发展却超出了马克思主义经典作家的预判。东方国家包括俄国新的实际，促使科学社会主义创始人开始注意并研究东方相对落后国家走社会主义道路的不同情况。19世纪末到20世纪初，当东方落后国家出现社会主义革命的主客观条件时，马克思恩格斯及时研究了东方落后国家走社会主义道路的可能性问题。他们认为，在特定条件下，东方落后国家可以不通过资本主义的"卡夫丁峡谷"，即不经过资本主义制度的痛苦过程，而吸收资本主义所创造的一切积极成果，进行社会主义革命，走社会主义道路，实现社会形态的跨越式发展。他们以为，无产阶级力量有可能抓住这一历史性的机遇，走出一条"非资本主义"的发展道路，以通向人类美好的未来社会。

这样一来，他们就把相对落后的国家"建设什么样的社会主义，怎样建设社会主义"作为最迫切的时代课题提了出来。19世纪末20世纪初东方相对落后的国家，出现两种情况：一种是俄国类型。虽然已进入资本主义发展阶段，但相对西方发达资本主义国家仍然相对落后，留存大量的封建残余，是垄断资本主义统治链条上的薄弱环节；另一种是中国类型。尚未进入资本主义发展阶段，工人阶级人数较少，处于更为落后的殖民地或半殖民地半封建社会状况。

现实发展果然在马克思主义经典作家的科学预见之中。列宁分析了帝国主义历史阶段经济政治发展不平衡规律，提出社会主义革命可以率先在资本主义统治的薄弱环节突破的科学论断，成功地发动了俄国十月革命，建立了人类历史上第一个无产阶级专政的社会主义国家。科学社会主义从理论走向实践。社会主义革命的发生、社会主义制度的建立不是发生在西方发达资本主义国家，而是发生在虽已进入资本主义发展阶段，但仍处于垄断资本主义统治的薄弱环节的东方落后国家，第一次从实践与理论上证明了马克思主义经典作家关于非资本主义道路"跨越"的设想是可行的。

马克思关于非资本主义道路"跨越"的设想在实践上分为俄国和中国两种类型。这两种类型又分为两步，在相对落后国家具备一定的主客观条件，可以成功地进行社会主义革命，这是第一步。革命成功后，建设社会主义又是第二步。

列宁提出社会主义可以率先在资本主义统治的薄弱环节突破的科学论断，是对马克思主义经典作家科学社会主义理论和后来提出的非资本主义道路"跨越"设想的继承和发展。他所领导的俄国十月社会主义革命第一次印证了马克思主义经典作家科学社会主义及其非资本主义道路的"跨越"设想的科学性。然而，列宁只解决了第一种类型国家爆发社会主义革命、走社会主义道路的问题，尚未解决第二种类型国家爆发社会主义革命、走社会主义道路问题，更没有解决社会主义革命完成后，建设社会主义的第二步问题。

十月社会主义革命成功后，列宁领导俄国党和人民粉碎了国内反动派在国际帝国主义支持下发动的反革命内战后，开始了社会主义建设的初步实践。他所提出的"新经济政策"以及刚刚开始的社会主义建设的实践探索，提供了在落后国家建设社会主义的初步的理论和实践。

继列宁之后，斯大林领导苏联人民在实践中探索建设社会主义的道路问题。在他领导下所建立的社会主义制度的苏联模式，所走的社会主义建设的苏联道路，尽管取得了伟大的成就，但最终解体。苏联的崩溃和东欧的失败，从正反两个方面说明落后国家实现社会主义现代化的艰巨性、复杂性、长期性和曲折性。

20世纪90年代苏东社会主义建设，成就的方面为我们建设社会主义提供了可资借鉴的宝贵经验；失败的方面也从反面为我们建设社会主义提供了前车之鉴。东欧剧变既有资本主义西化、分化社会主义国家的外因，也有本国复杂多方面的内因。譬如，脱离本国实际，超越了世情国情，忽略相对于西方诸发达资本主义国家落后的生产力，忽略市场经济的必要性，逐渐形成了不适应的经济政治体制，束缚了社会主义生产力的发展，束缚了人民积极性的调动，束缚了社会主义制度优越性的发挥，从而陷入了发展困局，发展速度先快后慢，以致逐步落后于发达资本主义国家。为了解决发展中的问题，只有改革一条出路。然而由于苏东诸国采取了错误的改革路线，走上了资本主义邪路，最终酿成悲剧，这是苏东失败的直接原因。但最根本的内因是苏东诸国放弃了社会主义道路、丢掉了党的领导、背离了马克思主义。

对于马克思关于非资本主义道路的"跨越"设想而言，俄国十月社会主义革命和社会主义建设从理论和实践上突破了马克思主义经典作家的"同时胜利论"。积累了虽进入资本主义发展阶段但仍属于相对落后的国家开展社会主义革命、进行社会主义建设的经验。但比俄国更为落后的殖民地或半殖民地半封建国家如何进行社会主义革命，建设社会主义，走出一条非资本主义的发展道路问题尚未破解。回答这个重大课题的时代使命就落在了中国这个东方落后的大国肩上。

中国特色社会主义道路的成功开创破解了这一重大时代课题。按照马克思主义经典作家关于非资本主义道路的设想，落后国家可以不经过资本主义制度，通过民主主义和社会主义革命，建立社会主义制度，跳跃式地走上社会主义的发展道路。落后国家可以不经过资本主义制度的"卡夫丁峡谷"，建立社会主义制度，但资本主义已历经的市场经济充分发展、生产力高度成熟的自然历史过程却是不可逾越的。中国共产党人总结了社会主义诸国家建设的成功经验和失败教训，其中包括中国自身社会主义建设的经验教训，改革开放，建立与中国社会主义生产力状况相适应的社会主义市场经济体制，回答了"在落后的国家，什么是社会主义，怎样建设社会主义"这个首要的基本问题，成功地开创了中国特色社会主义新局面，完整地回答了马克思主义经典作家所提出的时代课题。

二、始终坚持解放思想、实事求是，坚持
社会主义市场经济的改革方向不动摇

我国 40 年改革开放的成功表明，必须坚持社会主义改革永不停步，全面深化改革。全面深化改革，既要解放思想、实事求是，又要始终确保改革的正确

方向，坚持中国特色社会主义道路不跑偏，这是能否在全面深化改革的重要领域和关键环节取得决定性胜利的根本所在。

从马克思列宁主义发展史来看，从科学社会主义发展史来看，无产阶级政党领导革命、建设和改革不能囿于经典作家既有的结论，不能照抄别国已有的经验，不能照搬他国的现成模式，要根据不断地变化的实际，在发展的理论指导下，用创新的实践解决发展的问题，就必须坚持解放思想、实事求是的思想路线。坚持解放思想、实事求是，是中国革命、建设、改革成功的根本经验。实事求是是胜利之本，只有坚持实事求是，我们党才会永远立于不败之地。习近平总书记深刻指出："实事求是，是马克思主义的根本观点，是中国共产党人认识世界、改造世界的根本要求，是我们党的基本思想方法、工作方法、领导方法。"[1] "实践反复证明，坚持实事求是，就能兴党兴国；违背实事求是，就会误党误国。"[2] 只有始终坚持实事求是的思想路线，树立实事求是的科学态度，发扬实事求是的优良传统，在坚持和贯彻执行党的正确路线这个重大政治问题上才能够做到坚定不移、毫不动摇。

解放思想是创新之源，是社会变革的先导。改革开放的一条基本规律就是，思想大解放，带来改革开放大发展，带来中国特色社会主义大发展。我国改革开放的成功，归功于解放思想的强大威力。邓小平同志提出："一个党、一个国家、一个民族，如果一切从本本出发，思想僵化，迷信盛行，那它就不能前进了，它的生机就停止了，就要亡党亡国。"[3] 只有始终坚持解放思想、创新发展，才能不断开拓前进，永葆生机和活力。

解放思想和实事求是互为条件、相互依存、辩证统一的。要做到实事求是，必须首先解放思想，而解放思想又必须符合实事求是。能否解放思想、实事求是，是一个政治问题，是一个关系到党和国家前途命运的问题。改革开放的历史就是一部不断解放思想、实事求是的创新历史。40 年来，解放思想、实事求是贯穿于改革开放全过程，中国特色社会主义每前进一步，都是靠解放思想、实事求是取得的，改革开放每前进一步，都是靠解放思想、实事求是推动的。

---

[1] 习近平：《在纪念毛泽东同志诞辰 120 周年座谈会上的讲话》，《人民日报》，2013 年 12 月 27 日，第 2 版。

[2] 习近平：《在中央党校春季学期第二批入学学员开学典礼上的讲话》，《学习时报》，2012 年 5 月 28 日，第 1 版。

[3]《邓小平文选》第 2 卷，人民出版社 1994 年版，第 143 页。

　　党的十一届三中全会以来，以邓小平同志为主要代表的中国共产党人，总结新中国成立以来正反两方面的经验，解放思想，实事求是，实现全党工作中心向经济建设的转移，实行改革开放，开辟了社会主义事业发展的新时期，逐步形成了建设中国特色社会主义的路线、方针、政策，阐明了在中国建设社会主义、巩固和发展社会主义的基本问题，创立了邓小平理论。

　　党的十三届四中全会以来，以江泽民同志为主要代表的中国共产党人，在建设中国特色社会主义的实践中，解放思想、实事求是，加深了对"什么是社会主义、怎样建设社会主义"和"建设什么样的党、怎样建设党"的认识，积累了治党治国新的宝贵经验，形成了"三个代表"重要思想。

　　党的十六大以来，以胡锦涛同志为主要代表的中国共产党人，坚持以邓小平理论和"三个代表"重要思想为指导，解放思想、实事求是，根据新的发展要求，深刻认识和回答了新形势下"实现什么样的发展、怎样发展"等重大问题，形成了以人为本、全面协调可持续的科学发展观。

　　党的十八大以来，以习近平同志为主要代表的中国共产党人，顺应时代发展，解放思想、实事求是，从理论和实践的结合上系统回答了"新时代坚持和发展什么样的中国特色社会主义""怎样坚持和发展中国特色社会主义"这个重大时代课题，创立了习近平新时代中国特色社会主义思想。

　　在中国特色社会主义发展道路上，创造性地确立社会主义市场经济体系，全力建设社会主义市场经济体制，是一场最深刻的体制机制革命，是中国共产党人领导中国人民解放思想、实事求是的结果。社会主义市场经济的确立和发展正是靠着解放思想、实事求是取得的。把社会主义制度与市场经济结合起来，这是中国共产党人带领中国人民对人类文明作出的最伟大的贡献，是中国特色社会主义道路成功的秘诀所在，是中国改革开放成功的基本经验。社会主义是迄今为止优于资本主义的制度文明，具有优于资本主义的制度优势。实行社会主义制度，可以避免两极分化，保证走共同富裕的社会主义光明大道。然而，社会主义实践者们却在社会主义建设道路的探索中，囿于复杂的主客观因素，致使社会主义制度优越性没有充分发挥出来，其中一个重要原因就是没有把市场经济利用起来。资本主义发明了市场经济，在资本主义文明的框架下最大限度地调动了人们发展经济的积极性，创造了资本主义的物质文明。同时市场经济存在巨大弊端，在资本主义私有制条件下，市场经济必然引发两极分化，

100

1921-2021

红色岁月

红色历程

红色史诗

红色经典

造成导致资本主义自我毁灭的社会矛盾。利用市场经济来发展社会主义生产力，用社会主义制度来制约市场经济弊端，把社会主义制度与市场经济有机结合起来，构建社会主义市场经济体制，这是中国特色社会主义改革开放的基本取向。坚持社会主义市场经济改革方向，建立健全社会主义市场经济体制，是中国特色社会主义进程中的一个带有根本性的理论和实践创新，解决了社会主义国家建设发展史上长期没有解决的重大问题。

改革开放 40 年来，围绕建立社会主义市场经济体制这个目标，我们全力推进经济体制以及其他各方面体制改革，使我国成功建成了充满活力的社会主义市场经济体制，实现了全方位开放，实现了从"站起来"到"富起来"再到"强起来"的历史性跨越，实现了经济总量跃居世界第二的历史性飞跃，极大调动了亿万人民的积极性，极大促进了社会生产力发展，极大增强了党和国家生机活力。总而言之，中国特色社会主义伟大事业不断取得胜利，都是靠不断地解放思想、实事求是，必须始终不渝地坚持解放思想、实事求是，坚持社会主义市场经济的改革方向。

三、始终坚持四项基本原则，坚持全面深化改革不动摇

坚持社会主义道路、坚持人民民主专政、坚持中国共产党的领导、坚持马克思列宁主义毛泽东思想这四项基本原则，是我们的立国之本。在社会主义现代化建设的整个过程中，必须坚持四项基本原则，反对走资本主义道路。坚持四项基本原则是党的基本路线的两个基本点之一，要保证改革开放和现代化建设的正确方向，必须要始终坚持四项基本原则。针对改革开放之初，社会上出现的否定马列主义、毛泽东思想，否定党的领导的资产阶级自由化思潮，邓小平在 1979 年 3 月党的理论工作务虚会上作了《坚持四项基本原则》的讲话，明确指出："每个共产党员，更不必说每个党的思想理论工作者，决不允许在这个根本立场上有丝毫动摇。如果动摇了这四项基本原则中的任何一项，那就动摇了整个社会主义事业，整个现代化建设事业。"[1]他强调指出："现在经济发展这么快，没有四个坚持，究竟会是个什么局面？"[2]"提出四个坚持，以后怎么做，还

---

[1]《邓小平文选》第 2 卷，人民出版社 1994 年版，第 173 页。
[2]《邓小平年谱（1975—1997）》下，中央文献出版社 2004 年版，1363 页。

有文章，还有一大堆的事情，还有没有理清楚的东西。"[1] 这就是说，既要始终不渝地坚持四项基本原则，又要善于结合新的情况更好地坚持四项基本原则。他进一步提出"四个坚持是'成套设备'"[2] 的重要思想，也就是说，四项原则是关系到我们国家的指导思想、领导力量、社会制度和国体，是不可分割的、不可动摇的整体，是我们的立国之本。

在建设中国特色社会主义事业的整个历史进程中，必须始终坚持四项基本原则。这是当今中国根本区别于历史上的封建主义旧中国和资本主义国家的根本标志。离开了四项基本原则，中国就不成其为社会主义国家，就不能建设中国特色社会主义。这就是坚持四项基本原则的根本政治意义。

必须始终坚持社会主义道路，坚定不移走中国特色社会主义道路，坚持坚持再坚持。只有社会主义才能救中国，只有社会主义才能发展中国，这是中国人民从五四运动到现在从切身体验中得出的不可动摇的历史性结论。坚持走社会主义道路，就必须坚定不移地走中国特色社会主义道路，中国特色社会主义是改革开放以来党的全部理论和实践的主题，是党和人民历尽千辛万苦、付出巨大代价取得的根本成就。中国特色社会主义道路是实现社会主义现代化、创造人民美好生活的必由之路，中国特色社会主义理论体系是指导党和人民实现中华民族伟大复兴的正确理论，中国特色社会主义制度是当代中国发展进步的根本制度保障，中国特色社会主义文化是激励全党全国各族人民奋勇前进的强大精神力量。全党要更加自觉地增强道路自信、理论自信、制度自信、文化自信，既不走封闭僵化的老路，也不走改旗易帜的邪路，保持政治定力，坚持实干兴邦，始终坚持和发展中国特色社会主义。

党的十八大以来，国内外形势变化和我国各项事业发展给我们提出了一个重大课题，这就是必须从理论和实践结合上系统回答新时代坚持和发展什么样的中国特色社会主义、怎样坚持和发展中国特色社会主义。习近平总书记指出："在道路、方向、立场等重大原则问题上，旗帜要鲜明，态度要明确，不能有丝毫含糊。"[3] 他反复强调，"在政治制度模式上，我们就是要咬定青山不放松、任

---

[1]《邓小平年谱（1975—1997）》下，中央文献出版社 2004 年版，1363 页。

[2]《邓小平年谱（1975—1997）》下，中央文献出版社 2004 年版，1363 页。

[3] 中共中央宣传部：《习近平总书记系列重要讲话读本（2016 年版）》，学习出版社，人民出版社，2016 年版。

尔东西南北风"。[1]改革开放以来，我们党每当遇到严峻挑战，党中央总是能够沉着冷静、把握得当、因应适宜，总是能够成功扭转危局、化危为机、开创新局，根本原因在于在方向问题上，我们头脑十分清醒，不断推动社会主义制度自我完善和发展，坚定不移走中国特色社会主义道路。

必须始终坚持人民民主专政，巩固人民民主专政的社会主义国体，巩固巩固再巩固。历史证明，在中国，照搬西方政治体制的模式是一条走不通的路。中国人民从长期的探索和奋斗中深刻认识到，要实现民族独立、人民解放和国家富强、人民幸福，就必须彻底推翻剥削阶级统治广大人民群众的政治制度，建立全新的人民民主的政治制度，真正由人民当家作主。人民民主专政的要义为：第一，坚持以工人阶级为领导阶级，以工人阶级的先锋队中国共产党为领导核心；第二，坚持以马克思主义、中国化的马克思主义作为人民民主专政的理论基础和思想指南；第三，坚持以工人阶级和农民阶级联盟为最主要的基础；第四，以一切热爱祖国、热爱社会主义事业的社会主义建设者为最广泛的联盟；第五，对少数敌人实行专政，对大多数人民群众实行最广泛的人民民主；第六，通过社会主义法制实施民主与专政；第七，运用人民民主专政的力量，大力发展社会主义生产力，实现共同富裕。

实行人民民主专政是我们的主要经验。毛泽东把马克思主义关于国家和无产阶级专政的一般原理同中国具体实际相结合，发展了无产阶级专政的学说，提出了人民民主专政的思想。他指出，总结我们的经验，集中到一点，就是工人阶级（经过共产党）领导的以工农联盟为基础的人民民主专政。这个专政必须和国际革命力量团结一致。这就是我们的公式，这就是我们的经验，这就是我们的主要纲领。人民民主专政是我国社会主义国家政权的实质和主要内容，坚持人民民主专政是我国社会主义制度的基本保障，是中国特色社会主义必须坚持的一个基本原则。

坚持人民民主专政是中国特色社会主义须臾不可离开的法宝。今天，我们仍然处于马克思主义经典作家所判定的历史时代，即社会主义与资本主义两个前途、两条道路、两种命运、两大力量生死博弈的时代，这就决定了国际领域内的阶级斗争是不可能熄灭的，国内的阶级斗争也是不可能熄灭的。在这样的国际国内背景下，必须建设强大的国防军，必须建设强大的公安政法力量，以

[1] 习近平在省部级主要领导干部学习贯彻十八届三中全会精神全面深化改革专题研讨班上的讲话。

人民民主专政的力量保卫和平、保卫人民、保卫社会主义。如果没有人民民主专政，就不足以抵制国外反动势力对我西化、分化、私有化、资本主义化的图谋，不足以压制国内敌对力量里应外合的破坏作用，人民民主专政是万万不可丢弃的。

必须始终坚持和加强党的领导，全面从严治党，加强加强再加强。中国共产党的领导地位，是在领导中国人民进行革命、建设、改革的长期实践中形成的，是历史的必然选择。在我们这样一个人口多、底子薄、经济文化发展很不平衡、多民族的发展中大国，坚持和改善党的领导，是我们事业胜利前进的根本保证。要把十几亿人的思想和力量统一和凝聚起来，齐心协力发展中国特色社会主义，没有中国共产党的坚强统一领导是不可想象的。必须有中国共产党这个核心力量，必须有中国共产党的坚强领导。否则，一盘散沙，四分五裂，不仅建设搞不起来，而且必然陷入混乱的深渊。这个认识，是总结近代以来中国发展的历程得出的结论，也是总结世界上很多国家特别是发展中国家发展的经验教训得出的结论。

改革开放事业发展到什么阶段，马克思主义执政党的建设就要推进到什么阶段。办好中国的事情，关键在党。中国特色社会主义最本质的特征是中国共产党领导，中国特色社会主义制度的最大优势是中国共产党领导。坚持和完善党的领导，是党和国家的根本所在、命脉所在，是全国各族人民的利益所在、幸福所在。中国共产党自成立起，一贯重视自身建设。在革命战争年代，党的建设就成为克敌制胜的"三大法宝"之一。新中国成立后，党的工作重心从夺取政权转移到治国理政。以毛泽东同志为核心的党的第一代中央领导集体，提出了执政党建设的一系列重要思想，明确指出中国共产党是全国人民的领导核心，是领导社会主义事业的核心力量，奠定了马克思主义执政党建设的基础。改革开放时期，我们党根据不同历史阶段的形势和任务，高度重视并切实抓好自身建设，不断提高执政能力和领导水平，不断开辟中国特色马克思主义执政党建设的新境界。

党的十八大以来，以习近平同志为核心的党中央，以坚定决心、顽强意志、空前力度推进全面从严治党，推动党和国家事业发生历史性变革、取得历史性成就，对党、对国家、对民族都产生了不可估量的深远影响。党的十九大站在新的历史起点上，号召全党"坚定不移全面从严治党，不断提高党的执政能力和领导水平"，必须毫不动摇地坚持和加强党的全面领导，坚持党要管党、全面从严治党，以加强党的长期执政能力建设、先进性和纯洁性建设为主线，以党的政治建设为统领，以坚定理想信念宗旨为根基，以调动全党积极性、主动性、创造性为着力点，全面推进党的政治建设、思想建设、组织建设、作风建设、纪律建设，把制度建设贯穿其中，深入推进反腐败斗争，不断提高党的建设质量，把党建设成为始终走在时代前列、人民衷心拥护、勇于自我革命、经得起各种风浪考验、朝气蓬勃的马克思主义执政党。毫不动摇地把党建设得更加坚强有力。

经过40年的改革开放考验，我们党变得更加成熟，更加强大，当之无愧地成为中国人民和中华民族的先锋队，成为国际共产主义运动的中流砥柱。面向新时代，站在新征程上，一方面要继承和发扬我们党加强自身建设的优良传统和宝贵经验，永葆马克思主义执政党的政治本色；另一方面要结合新的形势和任务，以习近平新时代中国特色社会主义思想为指导，按照新时代党的建设总要求，坚定不移全面从严治党，不断提高党的执政能力和领导水平，不断谱写马克思主义执政党建设更加绚丽的新篇章。

必须始终坚持马克思主义，把马克思主义与新的时代和实际相结合，结合结合再结合。坚持以马克思主义为指导，是中国特色社会主义鲜明的理论特质。与时俱进，是马克思主义鲜明的理论品格。在长期的革命斗争和社会主义现代化建设中，一代一代的中国共产党人将马克思主义基本原理与中国实际相结合，产生了毛泽东思想、中国特色社会主义理论体系和习近平新时代中国特色社会主义思想，解决了中国人民"站起来""富起来""强起来"的重大问题。

坚持马克思主义，必须按照马克思主义科学性的要求，与实践相结合：一是坚持与时偕行。理论要随时间、条件、地点的变化而发展，永远不能停留在一个固定的形态上。要根据新的实践，不断地充实新的内容，形成新的认识，用于指导实践。二是坚持实事求是。马克思主义是普遍真理，其创造性要求它必须要与各国具体实践相结合，形成适合本国国情的马克思主义，才能指导本国实践。三是坚持与大众结合。理论与实践相结合，就是与人民大众相结合。任何理论都来自大众，人民大众是实践的主体，既是物质财富的创造者，又是精神财富的创造者，在创造物质财富的过程中也创造了精神财富。任何理论家都必须从人民大众活生生的实践中吸收养分，从人民大众的创造性思维中吸收原始材料。同时，理论又必须掌握人民大众，才能发挥指导实践的作用。

发展马克思主义，必须采取科学的态度，这就要坚持理论联系实际的学风，以创新精神坚持和发展中国化的马克思主义。马克思主义中国化的创新绝不仅仅是技巧问题，也不只是学术问题，而是对待马克思主义的根本态度问题，即以解放思想、实事求是、与时俱进的科学态度对待马克思主义，把握好中国实际问题，力求把马克思主义与中国实际相结合，不断推进马克思主义的中国化、时代化和大众化。

党的十八大以来，以习近平同志为核心的党中央，在实践和理论创新的双向互动过程中，深刻把握世界历史的脉络和走向，深刻认识中国特色社会主义的本质和特点，深刻揭示中国发生根本性变革所蕴含的历史经验和发展规律，以高度的理论自觉和理论自信，为发展马克思主义作出原创性贡献，创立了习近平新时代中国特色社会主义思想，再次实现了马克思主义中国化的与时俱进，丰富发展了马克思列宁主义、毛泽东思想和中国特色社会主义理论体系。习近平新时代中国特色社会主义思想从理论和实践上回答了坚持和发展什么样的中国特色社会主义、怎样坚持和发展中国特色社会主义，进一步彰显了中国特色社会主义的时代特色、实践特色、理论特色、民族特色，开辟了中国特色社会主义实践新局面。

坚持全面深化改革，认真总结改革开放 40 年的历史经验，改革改革再改革。对改革开放最好的纪念，就是总结改革开放的宝贵经验，坚定不移地把社会主义改革开放进行到底。毫不动摇地坚持和发展中国特色社会主义，开拓中国特色社会主义更为广阔的发展前景，必须进一步深化改革、全面扩大开放。用一句话概括就是，全面深化改革，改革改革再改革，开放开放再开放，创新创新再创新，永不止步。